BASTEI
LÜBBE

André Brissaud

CANARIS

Aus dem Französischen
übersetzt von Georg Vogt

BASTEI
LÜBBE

BASTEI-LÜBBE-TASCHENBUCH
Band 61 042

Titel des Originals
»Canaris – le petit admiral,
prince de l'espionage allemand (1887–1945)«

Lizenzausgabe: Gustav Lübbe Verlag GmbH,
Bergisch Gladbach
Printed in Western Germany 1979
Einbandgestaltung: Jan Buchholz / Reni Hinsch
Gesamtherstellung: Ebner Ulm
ISBN 3-404-01160-0

Der Preis dieses Bandes versteht sich einschließlich
der gesetzlichen Mehrwertsteuer

Für Marie-Dominique Brissaud
und für meinen Freund Oberst Rémy

»Die geheime Aufklärung ist ein Dienst,
der nur Herren vorbehalten ist.«

OBERST NICOLAI, *Leiter des deutschen geheimen Nachrichtendienstes während des Ersten Weltkrieges*

ERSTER TEIL

Die Zeit der Illusionen

1. WIRKLICHKEIT UND LEGENDE

Am Montag, dem 9. April 1945, morgens um fünf Uhr dreißig ist es noch dunkle Nacht. Stiefelgetrampel und rauhe Kommandolaute wecken die Häftlinge im «Bunker» des Konzentrationslagers Flossenbürg. Es ist ein Lager wie viele andere, mit düsteren Baracken, die von elektrisch geladenem Stacheldraht umgeben sind. Es liegt am Rande eines bewaldeten Hügels in Nähe der alten deutsch-tschechischen Grenze.

Grelle Scheinwerfer erleuchten grausig den Haupthof, auf dem die Hinrichtungen stattzufinden pflegen. In der Zelle 21, in der Oberst Hans-Mathiesen Lunding, der Leiter des geheimen Nachrichtendienstes der königlich dänischen Armee, untergebracht ist, hört dieser, wie »Zelle 22« ausgerufen wird. Er hört das Schlüsselklirren beim Aufsperren des Schlosses, das Knarren einer heftig aufgerissenen Tür, den scharfen Befehl »Raus« und der Häftling der Zelle 22 wird abgeführt. Er ist mit Handschellen und Ketten an den Füßen gefesselt. Oberst Lunding kennt ihn gut: Oft ist er ihm auf dem Hof, wo die Bunkerhäftlinge, die nicht zur Zwangsarbeit eingeteilt waren, ihre kurzen Spaziergänge machen, begegnet. Doch ohne mit ihm mehr als einige Wortbrocken wechseln zu können. Er ist ein kleingewachsener, weißhaariger Mann mit rötlichem Gesicht, auffällig hellblauen Augen und einem milden Lächeln. Er trägt nicht die entehrende gestreifte Häftlingskleidung, auch nicht die Mütze und die Holzschuhe. Er trägt seine eigene persönliche Kleidung, einen dunkelgrauen Anzug, ein weißes Kragenhemd mit Krawatte. Wenn er sich im Freien aufhält, legt er sich einen weiten Tweedmantel um, in den er sich fröstelnd einhüllt. Sein Gang ist gebeugt, doch richtet er sich lebhaft und selbstbewußt auf, wenn ihn ein SS-Posten beiläufig anspricht. Alles an ihm beweist, daß er das Befehlen gewöhnt ist und sich gleichzeitig durchzusetzen versteht. Er hat eine tiefe, kaum hörbare, doch feste Stimme mit einem Schuß Ironie. Dieser kleine Mann macht den Eindruck von großer Charakterstärke, außergewöhnlicher Intelligenz und einem angeborenen Sinn für sittliche Werte und gesellschaftliches Verhalten.

Durch den Türspalt der Zelle 21 kann Lunding einen großen Teil des Flures übersehen und durch das gegenüberliegende Fenster beobachten, was auf dem Gefängnishof vorgeht. Lunding bemerkt das leichenblasse Gesicht seines Zellennachbarn, er sieht, daß dessen Nase und der rechte Backenknochen Schlagspuren aufweisen. Ein Wächter nimmt ihm die Handschellen und Ketten ab, die klirrend zu Boden fallen. Der kleine Mann reibt sich bedächtig die Gelenke, und sein Auge leuchtet kurz verächtlich auf, als ein SS-Mann ihn anbrüllt: »Los! Schnell!« und ihn zum Ende des Ganges stößt, wo sich das Büro des Lagerkommandanten befindet.

Die Wachen rufen weitere Zellennummern auf, insgesamt sechs.

Die Aufgerufenen kommen an Lunding vorbei, alle hocherhobenen, stolzen Hauptes, während die SS-Männer sie anbrüllen. Dann tritt für etwa fünf Minuten Stille ein – währenddessen verlas man wohl das Todesurteil –, danach hört Lunding das scharfe Kommando: »Alles ausziehen!«

Wahrhaftig, die SS tötet ihre Opfer nackt!

Das Drama nimmt unerbittlich seinen Fortgang. Beklommen, voll Spannung und mit tiefstem Mitgefühl hört Lunding plötzlich ein weiteres Kommando, dem Knallen einer Peitsche ähnlich: »Raus!« Im fahlen Dämmerlicht, wo der anbrechende Tag mit dem harten Scheinwerferlicht kämpft, das die Hinrichtungsstätte abgrenzt, sieht er durch einen Spalt in der Tür in Schattenumrissen den weißen Haarschopf und den nackten Körper seines Zellennachbarn vorbeihuschen. Er wird wohl der erste sein, der sterben muß! Lunding hält den Atem an. Er lauscht, ob er nicht einen Schuß hört. Er weiß ja, daß der Verurteilte Offizier ist und sogar die SS im allgemeinen einem Offizier den Tod durch Erschießen zubilligt. Obgleich – im Endeffekt dürfte kaum ein Unterschied zwischen dem Tod am Galgen und dem Genickschuß bestehen. Den Tod durch ein Erschießungskommando gibt es im Dritten Reich, das den Gesetzen der SS unterworfen ist, schon lange nicht mehr. Jedenfalls hört Lunding keinerlei Geräusche. Diese Stille bedeutet demnach, daß die Hinrichtung durch den Strang erfolgte. Er hatte keine Zeit, lange über diese Frage nachzudenken, denn bereits vier bis fünf Minuten später hallt der Ruf wider: »Der Nächste!« und man brüllt im Büro »Raus!«. Ein weiterer entblößter Mann schreitet seinem Schicksal im Morgengrauen entgegen. Eine Hinrichtung folgt der anderen, eine halbe Stunde lang.

Gegen sechs Uhr dreißig morgens entdeckt Prinz Philipp von

Hessen, ebenfalls Strafgefangener in Flossenbürg, in einem Raum neben der Lagerkommandantur, wo er im Arbeitskommando eingesetzt war, ein Bündel Kleidungsstücke und verschiedene Gegenstände. Er findet zwei Bücher: In dem einen liest er den Namen Dietrich Bonhöffer – es ist ein Goetheband mit Radierungen –, im anderen Buch mit dem Titel »Kaiser Friedrich der Zweite« von Ernst Kantorowicz den Namen Wilhelm Canaris. Er will die Bücher an sich nehmen, als ein SS-Mann auftaucht und anordnet, daß diese ebenso wie die Leichname und der sonstige Nachlaß verbrannt werden müssen.*

Etwa eine halbe Stunde später sieht Dr. Josef Müller vor seinem Zellenfenster Rauch aufsteigen. Später erzählt er: »Es war für mich das schwerste Erlebnis, daß durch das offene Zellenfenster vom Scheiterhaufen her nicht ganz verbrannte Hautfetzen hereinflogen, sozusagen als letzte Erinnerung an meine Freunde Canaris und Oster.«

So endete das Leben von Admiral Canaris, dem großen Meister der deutschen Spionage von 1935 bis 1944, einer der geheimnisvollsten Persönlichkeiten des 20. Jahrhunderts.

Weshalb erfolgte diese Hinrichtung durch den Strang – persönlich befohlen von dem bereits in seinem Berliner Tiefbunker eingeschlossenen Hitler, der dort selbst neunundzwanzig Tage später sein Ende finden sollte? Weshalb wurde dieses grausame Schicksal Canaris und fünf seiner Freunde auferlegt? Hatte sich Admiral Canaris des Hochverrats, des Landesverrats oder der geheimen Zusammenarbeit mit dem Feind schuldig gemacht? – Diese Fragen stellt sich Oberstleutnant Lunding am 9. April 1945, und sie stehen heute noch im Raum.

Die Chefs des »Intelligence Service« und des CIA

Vor mehreren Jahren machte mir Oberst Rémy – von General de Gaulle als der »Geheimagent Nr. eins« des Freien Frankreichs bezeichnet – eine recht eigenartige vertrauliche Mitteilung. Er erzählte in respektvoller und bewundernden Art von einem alten

* Es wurden zur gleichen Stunde gehängt und ihre Körper auf einem Scheiterhaufen verbrannt Admiral Wilhelm Canaris, Pastor Dietrich Bonhoeffer, Heeresrichter Dr. Karl Sack, Hauptmann Ludwig Gehre und Hauptmann Theodor Strünck.

Herrn, den er die Ehre hatte, 1942 in London kennenzulernen. Man hieß ihn den »alten Oberst«. Einige, darunter Rémy, nannten ihn liebevoll »Onkel Claude«. Es war Colonel Sir Claude Dansey, einer der bedeutendsten Köpfe des britischen Geheimdienstes, dessen Chef Sir Alexander Cadogan war. »Onkel Claude« war allein verantwortlich für die »ultra-secret« (strengst geheimen) Angelegenheiten, und er war es, der die wichtigsten Entscheidungen zu treffen hatte. »Onkel Claude«, so berichtete mir Rémy, wirkte unauffällig und über jeden Glanz des Erfolges erhaben. Mit Menschen und Geldmitteln, über die er verfügte, ging er sparsam um. Auf der ganzen Welt verstreut hatte er eine große Anzahl freiwilliger, unbezahlter Agenten, die man im Jargon des Geheimdienstes »ehrenwerte Berichterstatter« nannte. Sie waren einzig und allein beseelt von Vaterlandsliebe, Treue zum englischen Königshaus und dem britischen »Way of life«. Die ihm obliegenden Aufgaben erfüllte er im Herumreisen als Tourist. Zwei Worte sind es, so meinte Rémy, mit denen man meinen verehrten Freund genau charakterisieren kann: »ruhig« und »schweigsam«. Dann fügte er hinzu: Ich konnte nur einen einzigen Wunschtraum an ihm entdecken, und zwar den, sich nach dem Kriege in aller Ruhe mit demjenigen seiner Gegenspieler unterhalten zu können, welchen er am meisten schätzte – der ihm in mehr als nur einem Charakterzug ähnlich war –, und zwar mit dem Abwehrchef des Dritten Reiches, dem Admiral Wilhelm Canaris.

In Worten fast gleichen Inhalts hörte ich einige Monate später in Washington über Canaris sprechen. Denn der Chef des amerikanischen Geheimdienstes (Central Intelligence Agency = CIA), Allen W. Dulles, meinte mir gegenüber: »Admiral Canaris war ein außerordentlicher Mann und ein genialer Leiter seines Amtes. Gerade ich konnte mir dieses Urteil bilden, weil ich von November 1942 bis Kriegsende in Bern tätig war und unter anderem mit den im Untergrund lebenden Antinazi-Gruppen der deutschen Abwehr zusammenarbeitet. Dieser ungewöhnliche, rätselhafte Mann geht den Offizieren der alliierten Geheimdienste auch heute noch nicht aus dem Sinn... Ich hätte ihn gerne kennengelernt...«

Solche Worte der Bewunderung und Achtung, wie sie von zwei ganz großen, qualifizierten Gegenspielern von Canaris ausgesprochen wurden, beweisen die Größe seiner Persönlichkeit. Doch diese Würdigungen machen das Wesen des Chefs der deutschen Abwehr, um den sich seit nunmehr fünfundzwanzig Jahren schon zahlreiche

Legenden gewoben haben, noch rätselhafter. Sie sind zu einem der Leitthemen der Geschichte des Zweiten Weltkrieges neben der sonstigen Literatur über die Spionage geworden.

Sogar ein Film wurde über das Leben von Canaris gedreht, der aber weit von der historischen Wahrheit abweicht. »L'Amiral de l'ombre«: »Der Admiral, der aus dem Schatten kam«, so hieß der Film und hatte einen guten finanziellen Erfolg. Am 15. Januar 1969 wurde er auch im französischen Fernsehen, im Rahmen der Sendereihe von Armand Jamot, »Les Dossiers de l'écran«, gezeigt.* Im Anschluß daran fand in der üblichen Weise eine Diskussion darüber im Senderaum statt, an welcher ich selbst teilnahm. Ich war besonders überrascht von der großen Anzahl von Fragen und der Sachkenntnis der Fragesteller unter dem Fernsehpublikum. Sie riefen pausenlos an – es waren dreißig Anrufe in eineinhalb Stunden – und hätten beinahe die Fernsprechvermittlung lahmgelegt.

Ein Jahr danach war ich wieder an einer solchen Sendung beteiligt. Dieses Mal war die Sendung einem tschechischen Film über die Ermordung des berüchtigten SS-Führers Reinhard Heydrich gewidmet. Wiederum wurde ich im Verlauf der Diskussion dadurch überrascht, daß mehr als fünfzig Prozent der zahllosen Fernsehteilnehmer sich darauf bezogen, welche Rolle wohl... Admiral Canaris bei dieser Sache gespielt habe.

Die Neugier der Fernsehzuschauer war begründet, denn es wurde in unverantwortlicher Weise so viel Widersprüchliches über diese außergewöhnliche Persönlichkeit geschrieben, daß es unmöglich ist, sich über ihn eine klare Meinung zu bilden, ohne vorher in die Tiefe der Probleme eingedrungen zu sein. Canaris ist zu einem Mann mit tausend Gesichtern geworden. Zunächst erschien Canaris den Autoren als nationalistischer Antinazi, dann als antikommunistischer Patriot, der sich weniger den Zielen Hitlers als den von Hitler angewandten Methoden widersetzte, dann beschrieb man ihn als einen schlauen Fuchs, als Meister der Kunst des »Doppelspiels«, der gleichzeitig ein Diener Hitlers und Verschwörer gegen ihn war und der schließlich das Opfer seiner eigenen Machenschaften wurde... Wie dem auch sein mag, das Geheimnisvolle schwebt immer noch

* Anmerkung des Übersetzers: Eine Sendereihe über historische und allgemein interessierende Probleme aktueller Art mit Film und anschließender Live-Diskussion mit Fachleuten auf telefonische Fragestellungen der Fernsehzuschauer hin.

über der wahren Persönlichkeit von Canaris, der zweifellos zum Fürsten der Geheimdienste der Neuzeit und sicher auch zu einer der ungewöhnlichsten und undurchdringlichsten Gestalten der Geschichte wurde. Es gibt kein Ereignis auf der internationalen Szenerie zwischen 1934 und 1944, in dem nicht der mehr oder weniger stark von Schatten verschleierte Umriß des kleinen, weißhaarigen Admirals auf irgendeiner Ecke der Bildfläche auftaucht.

2. EIN ERFÜLLTES LEBEN ALS MARINEOFFIZIER

In dem Häuschen am Schlachtensee im Berliner Grunewald, das Admiral Canaris und seine Frau Erika während des Zweiten Weltkrieges bewohnen, schmückt ein großes Ölporträt die Eingangshalle. Es stellt Constantin Kanaris dar, den Helden des griechischen Unabhängigkeitskampfes von 1822 in griechischer Nationaltracht, mit einem Krummschwert in der Hand. Gern deutet Admiral Canaris seinen Gästen an, daß er von diesem prächtigen schnauzbärtigen Krieger abstamme. Man lächelt über diese schrullige Aussage, denn jeder weiß, daß kein einziger Tropfen griechischen Blutes in den Adern des Chefs der Abwehr fließt. Die Familienchronik beweist nämlich, daß seine Vorfahren Italiener, aus Sala Comacina bei Lenno am Comer See gebürtig, sind, die Ende des 18. Jahrhunderts nach Deutschland kamen, sich im Rheinland ansiedelten und sich dem Handel oder dem Bergbau widmeten.

Wilhelm Canaris kam am 1. Januar 1887 in Aplerbeck, Kreis Dortmund, als jüngstes von drei Kindern des Carl Canaris und seiner Ehefrau Auguste-Amélie, geb. Popp zur Welt. Sein Vater war ein charaktervoller, geistig hochstehender Mann; er war Direktor einer Eisenhütte in Duisburg. Den größten Teil seiner Kindheit und Jugendzeit verbringt Wilhelm Canaris auf dem ausgedehnten Familienbesitz in Duisburg-Hochfeld, wo er in jugendlicher Ausgelassenheit und Unbefangenheit nach Herzenslust in dem riesigen Park der Villa herumtollen und mit den Hunden spielen kann, was er zeit seines Lebens so gerne tut. Schon in früher Jugend kann er seinen zwei Lieblingsbeschäftigungen nachgehen: dem Tennisspiel auf eigenem elterlichen Tennisplatz und dem Reiten. Zu seinem fünfzehnten Geburtstag bekommt er eine prächtige Stute geschenkt.

Schon damals besitzt Wilhelm Canaris unwiderstehlichen Schalk und hintergründigen Humor, was manchmal bis an die Grenzen der Possenreißerei geht. »Über Wilhelmchen wurde immer gelacht«, erzählte eine seiner Schwestern, die vier Jahre älter war und ihn arg verhätschelte und verwöhnte. Er ist der Liebling des Vaters, der von Natur herb und zurückhaltend war, aber seine ernste Haltung den Schmeicheleien Wilhelms gegenüber nicht immer bewahren konnte. Auch seine Mutter mußte sich dem Charme des Sohnes beugen, der die Gabe hatte, sie auf einen ernsten Tadel hin mit der Antwort zu entwaffnen: »Mama, deine Blicke sind so durchdringend wie Röntgenstrahlen!« Später sagte mir ein Mitarbeiter von Admiral Canaris, der Oberst Otto Wagner, über ihn: »Wenn er seiner Laune freien Lauf ließ, konnte es ihm einfallen, Grimassen zu schneiden, um gewisse Posen von gestelzten Militärs nachzuahmen... Aber als die politische Situation Deutschlands verzweifelter wurde, war auch seine Haltung bitterernst.«

Vom Katholizismus angezogen

Schon seine Spielkameraden nennen ihn den »Kieker« (einer der stets beobachtet und alles wissen will), denn seine stete Aufmerksamkeit und Beobachtungsgabe sind groß, seine Neugier ist nie zu befriedigen. Auch ist er ein großer Tierfreund und bringt es fertig, sich den mißtrauischsten und widerspenstigsten Tieren zu nähern und sie ihm zutraulich zu machen. Außerdem zeigt er sittliche Grundsätze, die der christlichen Ethik tiefer und religiöser Gläubigkeit entsprechen. Zu letzterem muß gesagt werden, daß Canaris keine feste konfessionelle Bindung hatte. Offiziell ist er wohl protestantischen Glaubens und besuchte während eines bestimmten Lebensabschnitts regelmäßig mit seiner Frau und den zwei Töchtern den Gottesdienst von Pastor Niemöller in Dahlem, doch zieht ihn die Mystik katholischer Klöster stark an. Vielleicht ist dies von seiner Mutter vererbt, die, obgleich sie Protestantin war, einen gewissen Hang zum Katholizismus hatte. Vielleicht kommt es auch daher, daß die Familie von Wilhelm Canaris väterlicherseits von alters her dem katholischen Glauben angehörte. Denn sein Großvater nahm erst mit der Heirat die protestantische Religion seiner Ehefrau an.

Im Duisburger Realgymnasium ist Canaris ein guter Schüler und zeichnet sich durch seine Sprachbegabung, sein Interesse für Geschichte und durch sein phänomenales Gedächtnis aus.

Unerwartet stirbt im Herbst des Jahres 1904 Canaris' Vater während einer Kur in Bad Nauheim im Alter von zweiundfünfzig Jahren an einem Herzschlag. Für den siebzehnjährigen Jungen, der seinen Vater hochverehrte, war es ein schwerer Schicksalsschlag. Er übernimmt von ihm drei besondere Wesensmerkmale, die während seines ganzen Lebens seine Stärke bleiben: das Nationalbewußtsein, den besonders ausgeprägten Sinn für soziale Verantwortung und eine starke Abscheu gegen Gewaltanwendung, in welcher Form auch immer sie auftritt. Die Familie Canaris ist in politischer Hinsicht national-liberal eingestellt, hält von Bismarck mehr als vom Kaiser, gilt als ausgesprochen antimarxistisch, ist jedoch aufmerksam besorgt um das Wohlergehen ihrer Untergebenen aus allen Schichten. Eine militärische Tradition ist bei den Canaris nicht vorhanden. Im Gegenteil, man hat sogar gewisse Vorurteile gegen das »Junkertum« in der Armee. Man schätzt wohl die militärische Disziplin und Ordnung, doch für keines der Kinder wird diese »dürftige« Offizierslaufbahn vorgesehen. Gegenüber der Marine ist man indessen weniger negativ eingestellt als gegen das Offizierskorps des Heeres, da sie nicht so stark traditionsverbunden und weniger in feudalen Vorurteilen verhaftet war.

Lehrzeit der Diplomatie

Im Frühjahr 1905 beendet Wilhelm seine Gymnasialzeit mit Abschluß des Abiturs. Seine Mutter willigt ohne Widerspruch in seinen Wunsch ein, Marineoffizier zu werden. Am 1. April 1905 tritt er als Seekadett in die kaiserliche Marine zu Kiel ein, wo er bald seinen Vorgesetzten wegen seiner überdurchschnittlichen Fähigkeiten, seiner geistigen Beweglichkeit, seinem Gespür für Unterordnung und seiner zugleich starken, zurückhaltenden und anpassungsfähigen Persönlichkeit auffällt. Er ist ein guter Kamerad, allen gegenüber hilfsbereit, freimütig und voller Humor. Ein Crew-Kamerad sagt von ihm später, er sei »schnell zu hören, langsam aber zu reden und langsam zum Zorn« gewesen. Nach einem Jahr, in welchem er eine kurze infanteristische Grundausbildung erhält und eine dreimonatige Auslandreise auf einem Schulschiff durch das europäische Nordmeer bis in das Mittelmeer unternimmt, wird Wilhelm Canaris Fähnrich zur See. Nach dem Verlassen der Marineschule zu Kiel, nimmt er an einem Waffenlehrgang teil und erhält im Herbst 1907 ein Bordkommando auf dem Kreuzer »Bremen«, der in Mittel- und Südamerika stationiert ist. 1908 wird er bereits zum Leutnant der See befördert und hat als Ordonnanzoffizier Dienst bei seinem Kommandanten zu leisten. In einem Jahr eignet er sich fließende spanische Sprachkenntnisse an, was ihm später im Umgang mit politischen, militärischen und wirtschaftlichen Persönlichkeiten der Länder, in deren Gewässer die »Bremen« vor Anker ging, von großem Nutzen sein sollte. Seine ersten Erfahrungen in der Kunst des Umgangs mit Menschen und im diplomatischen oder halbdiplomatischen Verkehr besteht er dank seines angeborenen Taktgefühls und seiner Gewandtheit recht erfolgreich.

Als er die »Bremen« verläßt, schreibt sein Kommandant Kapitän Hopmann am 1. Dezember 1909, Canaris habe »viel Gewandtheit« bewiesen; er sei wohl »nicht der Typ des ungestümen Draufgängers, doch von ausgewogenem Naturell«, und daß er »mit schwierigen Aufgaben, die Takt und Diplomatie erfordern, betraut werden kann«.

Dann folgt ein Bordkommando auf einem Torpedoboot in der Nordsee und im Herbst 1912 auf dem Kreuzer »Dresden«, der wenig später in das östliche Mittelmeer zum Schutz der deutschen Interessen in dem inzwischen ausgebrochenen Krieg der Türkei mit den Balkanstaaten ausläuft. Dieser Aufenthalt im östlichen Mittelmeer ist für Canaris – mittlerweile zum Oberleutnant befördert – überaus lehrreich. Von seinem Kommandanten, dem Kapitän z. S. Köhler, wird er gezielt auf das Studium der Frage der Bagdadbahn angesetzt, wodurch er mit vielen politischen Persönlichkeiten vom »Goldenen Horn« und dem mittleren Orient in Verbindung kommt, 1913 kehrt die »Dresden« in die Heimat zurück, um kurz darauf die »Bremen« in Vera Cruz als ständig operierender Kreuzer im mittel- und südamerikanischen Seegebiet abzulösen. Canaris feiert Wiedersehen mit den Gegenden und mit Problemen, die er bereits gut kennengelernt hat.

Im Monat Juli 1914 erreicht die »Dresden« die Gewässer von Haiti und trifft sich dort mit dem Kreuzer »Karlsruhe«, der sie ablösen soll. Da bricht der Erste Weltkrieg aus, und anstatt nach Deutschland zurückzukehren, erhält die »Dresden« den Befehl zum Kreuzerkrieg gegen die alliierte Handelsschiffahrt entlang der südamerikanischen Küste. Anfang Oktober gliedert sich die »Dresden« dem Geschwader des Admirals Graf Spee im Pazifischen Ozean in Höhe der Osterinsel ein und nimmt an dem berühmten Seegefecht vor Coronel teil, das mit einem Sieg der deutschen Schiffe endet. Das inzwischen verstärkte britische Geschwader greift am 8. Dezember 1914 den deutschen Flottenverband vor den Falkland-Inseln an. Alle deutschen Schiffe werden in der Schlacht versenkt, nur der »Dresden« gelingt ein Entkommen. Unter dem Himmel des antarktischen Sommers 1914/1915 verbirgt sich der deutsche Kreuzer abwechselnd in einer Bucht, in einem Fjord oder in einem der unzähligen Meeresarme des Feuerland-Archipels. Die Mannschaft leidet oft an Lebensmittel- und Kohlenmangel, doch dank des diplomatischen Geschicks von Canaris gelingt es immer wieder, sich mit dem Notwendigsten zu versorgen. Einer seiner Kameraden meint später: »Ich bin mir klar darüber, daß wir uns mit der ›Dresden‹ niemals bis März 1915 hätten halten können, wenn Canaris nicht alles so meisterlich durchdacht hätte und sein Ideenreichtum sich nicht immer wieder aufs glänzendste bewährt hätte.«

Am 9. März 1915 geht die »Dresden« bei Mas a Tierra in chilenischem Seegebiet vor Anker, um sich mit Kohle zu versorgen. Plötzlich erscheint das einzige englische Schiff, das aus der Seeschlacht von Coronel entweichen konnte, der gefürchtete Kreuzer »Glasgow«. Der »Dresden« an Bewaffnung weit überlegen, eröffnet er sofort das Feuer aus allen Rohren. Der Kommandant des deutschen Schiffes entsendet den Oberleutnant zur See Canaris als Parlamentär an Bord der »Glasgow«, um gegen den britischen Angriff zu protestieren: Die »Dresden« befinde sich innerhalb der neutralen chilenischen Hoheitsgewässer, der Feuerüberfall verstoße folglich gegen internationales Recht. Mit eisiger Miene antwortet der englische Kommandant: »Ich habe Befehl, die ›Dresden‹ zu vernichten, wo immer ich sie antreffe: Das übrige wird auf diplomatischer Ebene zwischen Großbritannien und Chile geregelt werden.«

Kaum ist Canaris auf sein Schiff zurückgekehrt, feuern die Engländer eine Salve nach der anderen ab. Unter dem Eindruck totaler Feuerunterlegenheit entschließt sich Kommandant Lüdecke zur Versenkung seines Schiffes; er läßt die Bodenventile fluten. Auf der Insel Juan-Fernando Quiriquina wird die ganze Besatzung durch die chilenischen Behörden interniert.

Diese Situation behagt dem jungen Canaris ganz und gar nicht, und er entschließt sich zur Flucht. Er ist nicht der einzige unter den Offizieren, die unbedingt nach Deutschland zurückkehren wollen, aber er ist der einzige, der perfekt spanisch spricht und deshalb verhältnismäßig leicht in der südamerikanischen Bevölkerung untertauchen kann. Leicht wird ihm die Flucht nicht gemacht: Mit einem gestohlenen Boot gelangt Canaris auf das Festland und überquert in wochenlangen Märschen zu Fuß und zu Pferde das Andengebirge. Er legt in Mendoza eine Pause ein und marschiert weiter in Richtung Cordoba. Als er Santa Fe erreicht hat, fährt er in einem Boot den Paranáfluß hinunter und kommt zu Weihnachten 1915 endlich in Buenos Aires an. Mehr als acht Monate benötigt er zur Durchquerung des Kontinents vom Stillen Ozean bis zum Atlantik. Bei einer deutschen Auswandererfamilie namens von Bülow verbringt er in Avellaneda nahe bei Buenos Aires das Neujahrsfest.

Der Chilene Reed Rosas

Dank heimlicher Unterstützung verwandelt sich der deutsche Marineoberleutnant Wilhelm Canaris in den »jungen chilenischen Witwer Reed Rosas, der auf dem Wege nach Holland ist, um sich dort um eine Erbschaft aus dem Verwandtenkreise seiner englischen Mutter zu bemühen«... Sein chilenischer Paß ist gültig und überzeugend. Endlich findet er eine Überfahrtmöglichkeit an Bord eines Schiffes des Holländischen Lloyd, der »Frisia«. Niemand kommt während der Überfahrt auf den Gedanken, der junge Chilene Reed Rosas könnte jemand anderes sein als der, wofür er sich ausgab. Wirklich niemand, auch nicht seine britischen Reisegefährten, mit denen er sich anfreundet und dabei die Gelegenheit wahrnimmt, »sein mütterliches Englisch« aufzufrischen. Insbesondere auch nicht die junge Engländerin mit Vornamen Rosy, die die Augen des Reed Rosas so besonders verführerisch findet.

Als die »Frisia« im Ärmelkanal ankommt, wird sie von der britischen Admiralität kontrolliert und nach dem Hafen Plymouth umgeleitet. Die Kontrolloffiziere Seiner Majestät, die die Vernehmungen der Passagiere durchführen, bereiten dem »jungen Chilenen« keinerlei Schwierigkeiten, und er kann vor Erleichterung aufatmen, als dem Schiff die Genehmigung erteilt wird, seinen Kurs auf Rotterdam wieder aufzunehmen. Die Reise von Holland nach Deutschland verläuft, immer noch dank des chilenischen Passes, ohne Zwischenfall.

Nach einer kurzen Ruhepause bei seiner Tante Dorothea in Hamburg reist Canaris nach Berlin und meldet sich bei seinen Vorgesetzten, die ihm einen wohlverdienten Erholungsurlaub bewilligen. Nach Urlaubsende greift das Schicksal in den weiteren Ablauf der Marinelaufbahn von Canaris ein: Er wird in die fremdartige und geheime Welt der Spionage und Gegenspionage eingeführt. Ob dies auf eigenen Wunsch geschieht? Man weiß es nicht. Soviel ist sicher, daß er von seinen Vorgesetzten auf einen Lehrgang für geheimen militärischen Nachrichtendienst geschickt wird, der damals von dem legendären Walter Nicolai geleitet wurde, diesem aristokratischen Obersten, der den Krieg des Geheimdienstes wie eine Schachpartie führte und zu sagen pflegte: »... Die Spionage ist ein Dienst, der nur Herren vorbehalten ist...« Canaris wird diesen Lehrsatz nie vergessen und macht ihn später zum Leitgedanken der »Abwehr«.

Im geheimen militärischen Nachrichtendienst der Marine in Spanien

Wie Wilhelm Canaris durch die britische Blockade nach Spanien kam, weiß man nicht. Jedenfalls ist sicher, daß er Ende November 1916 in Madrid bei der Deutschen Botschaft in der Calle Castellane eintrifft – er ist immer noch der Anglo-Chilene Reed Rosas – und sich beim Botschafter Prinz Ratibor vorstellt. Dort lernt er den Botschaftsrat Graf Bassewitz kennen und freundet sich mit dem Legationssekretär Freiherrn Eberhard von Stohrer an, der in späteren Jahren Botschafter in Madrid sein wird, und mit dem Vizekonsul Walter Zechlin, dem späteren Pressechef im Auswärtigen Amt. Anschließend erfolgt die Vorstellung beim Militärattaché Kalle (er leitet auch die militärische Agententätigkeit in Frankreich), um dann dem Marineattaché Korvettenkapitän von Krohn zugeteilt zu werden. Mit Krohn verbindet ihn bald engste Freundschaft. Der Korvettenkapitän vermittelt ihm in der täglichen praktischen Tagesarbeit, was Geheimdienst wirklich bedeutet.

Dessen Aufgaben sind die Überwachung der alliierten Seestreitkräfte, insbesondere der britischen Flotte einschließlich der wichtigen Marinebasis Gibraltar, und die Kontrolle des alliierten und neutralen Schiffsverkehrs, um damit den Einsatz der deutschen Unterseeboote zu erleichtern. Auch hat er sich um die Versorgung der deutschen U-Boote und Hilfskreuzer von spanischen Häfen aus zu kümmern. Der Hauptauftrag Krohns an Canaris besteht darin, Mitarbeiter zu finden und anzuwerben, die innerhalb der spanischen Hafenanlagen an Spezialaufgaben für die deutsche Marine mitwirken können. Diese Agenten sollen den Schiffsverkehr überwachen oder Gespräche der Besatzungsmitglieder von alliierten oder in alliierten Diensten fahrenden Handelsschiffen mithören. Zusätzlich soll Canaris Geschäftsleute, die die notwendigen Versorgungsgüter besorgen können, und Schiffer von kleinen Küstenfrachtern ausfindig machen, die bereit und in der Lage sind, den Nachschub an Kohle, Öl und Lebensmitteln für die U-Boote und andere deutsche Schiffe durchzuführen. Das bedeutet, daß Reed Rosas sich weniger oft in Madrid aufhält und meist nach Barcelona, Valencia, Algeciras, Cadiz, Vigo, Bilbao und Santander unterwegs ist. Dank seines Passes als »Neutraler«, perfekter Beherrschung der spanischen Sprache und seiner genauen Kenntnis der Mentalität des iberischen Volkes und auch seiner unerschütterlichen Geduld bei unvermeidbaren Verzögerungen im Lande des »Aufschiebens der Arbeit auf morgen«, schafft Canaris in einem knappen Jahr die Grundlagen für herzliche und vertrauensvolle Verbindungen, oft solche von sehr freundschaftlicher Art, mit manchem der Männer, die zwanzig Jahre später führende Positionen im spanischen Staat und der Armee einnehmen werden. Eine Bestätigung darüber, ob die freundschaftlichen Beziehungen von Canaris zum »jüngsten Kommandeur in der spanischen Armee«, Francisco Franco y Bahamonde, aus dieser Zeit stammen, konnte ich nicht erhalten, doch wäre dies denkbar.

Während dieser Jahre 1916 bis 1917 gewinnt Canaris nicht nur eine tiefe Sympathie, sondern auch eine echte Liebe für das spanische Volk, der er während seines ganzen Lebens treu bleibt, in einer Empfindungsstärke, die weit über das Persönliche hinausgeht und sogar historische Bedeutung annehmen sollte, wie wir noch sehen werden.

Hier muß eine sich hartnäckig haltende Legende zerstört werden, die von vielen Journalisten, darunter Kurt Singer, immer wieder vorgebracht wird. Darin heißt es, Canaris hätte in dieser Zeit in Spanien »eine Frau getroffen, die er nie mehr vergessen konnte. Eine Frau, die ihr Leben hingab zugunsten des Aufstiegs von Canaris. Allein ihr Liebreiz habe sie ihm unvergeßlich gemacht... Sie hieß Margarethe Zelle und hatte sich das Pseudonym Mata Hari zugelegt«... Wir wollen uns nicht weiter in Einzelheiten über diese romanhafte »Idylle« Canaris-Mata Hari verlieren... Wir sind schon mittendrin in erotisch-politischer Phantasterei. Zur Untermauerung dieser böswilligen Aussage läßt man Canaris bereits Ende 1915 in Madrid ankommen! Ein Jahr früher! Es genügt die folgende Feststellung: Mata Hari hat Spanien Anfang Dezember 1916 endgültig verlassen, also wenige Tage nach der Ankunft von Reed Rosas alias Canaris, sie wurde in den ersten Wochen des Jahres 1917 in Frankreich verhaftet und vor Gericht gestellt, im Juli zum Tode verurteilt und am 15. Oktober 1917 erschossen. Auch wenn Canaris ein Super-Don Juan und Supermann gewesen wäre: wie hätte er denn in den wenigen Tagen (höchstenfalls zehn Tage) des gemeinsamen Aufenthalts in der spanischen Hauptstadt all die unglaublichen Abenteuer und Amouren mit der Tänzerin und Agentin erleben sollen, die man ihm großzügig (oder böswilligerweise) unterstellte? Auch wenn Canaris über jugendliches Auftreten, blaue Augen, feurigen Blick und ein schelmisches Lächeln verfügte, so hat er sicherlich nicht den Vorgänger von James Bond gespielt!

Solche zur Legende gewordenen Unwahrheiten verfälschen lediglich das wahre Bild von Canaris.

In italienischen Kerkern

Während der Sommermonate 1917 erkrankt Canaris an einer heftigen Malaria, die er sich in Südamerika zugezogen hatte, doch vor allem leidet er daran, daß er nicht wie seine Kameraden an der Front sein kann. Wir wollen nicht vergessen, daß er erst dreißig Jahre alt ist. Wenn von Krohn den Weggang von Canaris auch nur ungern sieht, befürwortet er dennoch sein Versetzungsgesuch zu aktivem Fronteinsatz. Berlin ist mit seiner Rückkehr nach Deutschland einverstanden. Unter dem Vorwand, er leide an Tuberkulose und wolle sich in der Schweiz auskurieren, erhält er die dafür notwendige Genehmigungen und verläßt Madrid in Begleitung eines seiner Freunde, eines spanischen, carlistischen Priesters, der ihm zur »Abschirmung« dienlich sein soll. Unbehindert überschreiten die beiden die französisch–spanische Grenze bei Hendaye, fahren per Eisenbahn über Toulouse, Montpellier, Marseille, Menton, Turin, Mailand in Richtung Schweiz. In Domodossola verhält sich der italienische Spionageabwehrdienst ausgesprochen mißtrauisch. Er hat die Personalbeschreibung über den falschen Reed Rosas erhalten, dem die alliierten Nachrichtendienste wegen seiner Aktivitäten in Spanien auf die Spur kamen. So werden die beiden Männer verhaftet und in ein Gefängnis geworfen. Sie werden pausenlosen Verhören unterzogen. Um seine Tuberkulose–Erkrankung glaubhafter zu machen, beißt Canaris sich in die Lippen, bis sie bluten, und sammelt das Blut im Spucknapf der Zelle. Es ist sein Glück, daß die italienische Spionageabwehr sich nicht im klaren darüber ist, was sie von der wirklichen Identität ihres Gefangenen halten soll. Jedenfalls ist sie überzeugt, daß es sich um einen deutschen Spion handelt, und sie läßt ihn trotz seiner Proteste nicht frei. Die Zeit verstreicht. Seine inzwischen alarmierten Madrider Freunde lassen einflußreiche diplomatische Beziehungen spielen, um nachzuweisen, daß Reed Rosas der echte Reed Rosas, also chilenischer Staatsangehöriger mit einer englischen Mutter, sei. Ob die italienische Gegenspionage wirklich von diesen Argumenten überzeugt war? Jedenfalls verweigert die Regierung in Rom Reed Rosas und seinem Begleiter die Weiterreise in die Schweiz und läßt sie auf einen spanischen Frachter bringen, der die Route Genua–Cartagena via Hafen Marseille befährt. Keinen Augenblick läßt sich Canaris täuschen. Er vermutet mit Recht, daß sich bei dem Zwischenaufenthalt in Marseille das Problem der fraglichen Identität erneut stellen wird, doch dieses Mal gegenüber der französischen Spionageabwehr, die wahrscheinlich bessere Informationen hat als die italienischen Abwehrdienste. Er vertraut auf seine Kenntnis der spanischen Mentalität, sucht den Kapitän des Frachtschiffes auf und appelliert an dessen Ritterlichkeit. Offenherzig bekennt er ihm, wer er sei, und legt sein Schicksal und das des carlistischen Priesters in seine Hände. Der Spanier zögert nicht lange, überspringt die Zwischenlandung in Marseille und steuert direkten Kurs auf Cartagena.

Als sich Canaris, von starkem Fieber geschüttelt und durch die italienische Kerkerhaft abgemagert, bei der Madrider Dienststelle meldet, glaubt Marineattaché von Krohn an eine Gespenstererscheinung. Nach guter Pflege, von einer »Angebeteten« bestens versorgt, nimmt Canaris bald wieder seine alte spanische Tätigkeit auf, doch bittet er Herrn von Krohn inständig, für ihn eine schnelle Rückkehrmöglichkeit nach Deutschland ausfindig zu machen.

Im Herbst 1917 bietet sich eine günstige Gelegenheit, Spanien zu verlassen: Ein deutsches U-Boot wird ihn heimlich auf der Reede von Cartagena an Bord nehmen. In der Morgendämmerung des 30. September soll es geschehen. Doch Canaris wartet zusammen mit zwei Begleitern vergebens. Auch am nächsten Tag erfolgloses Warten. Erst im Morgengrauen des 2. Oktober 1917 ist die Verbindung mit dem Unterseeboot hergestellt. Die drei Abreisekandidaten springen in ein von einem Spanier gerudertes Boot und erreichen das Unterseeboot, das zwei Meilen vor der Küste kurz auftaucht. Nur knapp fünf Minuten benötigt der Kommandant des U 35, von Arnauld de la Pérrière, und Canaris mit seinen zwei Begleitern ist an Bord und das Boot nimmt Kurs auf Pola.

Canaris als U-Boot-Offizier

Canaris – seit September 1917 zum Kapitänleutnant befördert – hatte um Versetzung zur U-Bootwaffe gebeten und nimmt deshalb im Winterhalbjahr an Ausbildungs- und Führungslehrgängen zum Kennenlernen seiner neuen Waffe in Kiel teil. Dabei macht er die Bekanntschaft einer Freundin der Schwester eines Kameraden: Erika Waag, die Tochter des 1913 verstorbenen Fabrikbesitzers Karl Friedrich Waag aus Pforzheim. Erika, ein wohlerzogenes junges Mädchen, kunst- und musikliebend, ist besonders schön. Wilhelm Canaris verliebt sich in sie, doch offenbart er seine Zuneigung nicht, weil er glaubt, so lange kein Recht dazu zu haben, als er täglich dem Tod vor dem Feinde ausgesetzt ist. Einige Wochen später wird er als Lehroffizier an die U-Bootschule nach Eckernförde abkommandiert, da er erst im Frühjahr 1918 als Kommandant eingesetzt werden kann. Mit seinem neuen U-Boot verläßt Korvettenkapitän Canaris Kiel, überwindet den Ärmelkanal, den Atlantik, die Meerenge von Gibraltar, kommt wohlbehalten in das Mittelmeer und erreicht endlich den österreichischen U-Boot-Stützpunkt Cattaro. Der Weltkrieg neigt sich seinem Ende zu, als Canaris noch mehrere erfolgreiche Angriffe auf alliierte Schiffseinheiten durchführt.

Anfang Oktober 1918 wird die Lage in Cattaro unhaltbar. Im jugoslawischen Hinterland ist der Aufstand gegen die Reste der Habsburger Herrschaft in vollem Gange, die Verkehrsverbindungen und Nachschubwege sind unterbrochen. Mit der dringend benötigten Versorgung an Öl, Kohle und Munition aus Deutschland kann nicht mehr gerechnet werden. Mitte Oktober gibt deshalb der deutsche Flottillenchef seinen Kommandanten die Order zum Rückmarsch nach Kiel. Elf Boote der U-Boot-Flottille laufen am 8. November 1918 mit wehender Kriegsflagge in Kiel ein. Dabei sieht Canaris vom Kommandoturm seiner U 128 aus die rote Fahne auf den Masten der im Hafen vor Anker liegenden Hochseekreuzer wehen. Am 9. November flieht Kaiser Wilhelm II. nach Holland, und am 11. November wird der Waffenstillstand im Wald von Compiègne unterzeichnet.

Vor der Revolution

Die Meuterei in Kiel, die Flucht des Kaisers, die rote Agitation und das sich über Deutschland ausbreitende Chaos, all das trifft Canaris zutiefst. Er hat keine vorgefaßte politische Meinung und glaubt, daß höchstens der sozialdemokratische Abgeordnete Gustav Noske einige Chancen hat, die Ordnung in Deutschland wiederherzustellen.

In der ersten Hälfte des Monats Januar 1919 hält er sich in Berlin auf, einem Berlin voller Barrikaden und von Geschoßlärm aus Maschinengewehren erfüllt, wo fünf Tage lang die Straßen von bewaffneten Haufen kontrolliert werden. Wie viele seiner Kameraden der Marine und des Heeres, will auch Canaris seinen Mann im Kampf gegen die Spartakisten stehen. Während die Freikorps vom Sozialisten Noske eiligst zu Hilfe gerufen werden und in die Hauptstadt einmarschieren, um sie wieder einzunehmen und sie von den Spartakisten zu säubern, meldet sich Canaris beim Stab der Gardekavallerieschützendivision im Hotel Eden, deren Kommandeur General von Hoffmann ist, deren Einsatz jedoch in Wirklichkeit unter dem Befehl des Hauptmanns Waldemar Pabst steht. Dieser beauftragt Canaris, in Süddeutschland die Aufstellung von Einwohnerwehren herbeizuführen. In der Nacht vom 14. auf den 15. Januar verläßt er Berlin. Gleichzeitig mit seinem offiziellen Auftrag will er aber auch einen anderen Befehl, und zwar den seines Herzens ausführen: er will das junge Mädchen Erika Waag, das ihm 1917 in Kiel begegnete, über ihre Zuneigung und ihre Zukunftspläne befragen. Ende Januar verloben sie sich.

Nach Berlin zurückgekehrt, wird Canaris Ende Februar von der Gardekavallerieschützendivision als Verbindungsoffizier und Beauftragter in Fragen der nationalen Einwohnerwehren zur Nationalversammlung nach Weimar entsandt. Nach Rückkehr schließt er sich in Berlin dem Stab der neu aufgestellten Marinebrigade Löwenfeld an, an deren weiterem Aufbau er besonderen Anteil hat.

Rosa Luxemburg und Karl Liebknecht

Während Canaris im Januar 1919 auf der Reise nach Süddeutschland unterwegs ist, ereignet sich ein ernster Vorfall, der später zur »Canarislegende« beitragen sollte: Die Ermordung zweier Spartakistenführer, Karl Liebknechts und Rosa Luxemburgs am 16. Januar 1919.

Am Abend des 15. Januar werden die beiden Anführer verhaftet, in das Hotel Eden gebracht und einer kurzen Vernehmung durch den Hauptmann Waldemar Pabst unterzogen. Dieser ordnet die Überführung der beiden in das Gefängnis Moabit an. Was hat sich nun eigentlich wirklich zugetragen? Darüber existieren verschiedene Darstellungen. Eines ist sicher, daß Rosa Luxemburg und Karl Liebknecht während des Transportes im Tiergartenviertel ermordet werden und daß der Leichnam des ersteren in den Landwehrkanal geworfen wird, wo man ihn erst am 31. Mai auffindet. Die amtliche Darstellung sagt später: »Karl Liebknecht wurde bei einem Fluchtversuch erschossen und Rosa Luxemburg ist von einem Unbekannten im Verlauf der Überführung in das Gefängnis getötet worden.«

Nachdem die Reichsregierung eine Untersuchung des Falles angeordnet hatte, wird ein Kriegsgericht zur Aburteilung von vier Offizieren eingeleitet, die des Mordes an Liebknecht verdächtig waren, und gegen andere, die am Mord von Rosa Luxemburg beteiligt gewesen sein sollen. Unter den letzteren befand sich der Leutnant Vogel. Kapitänleutnant Canaris fungiert als Beisitzer des Feldkriegsgerichts. Die vier Offiziere der ersten Mordanklage werden freigesprochen, der Hauptangeklagte des zweiten Falles, Leutnant Vogel, erhält eine geringe Gefängnisstrafe, aber nicht wegen Mittäterschaft am Mord, sondern wegen »Wachvergehens« und »Mißbrauchs der Dienstgewalt«.

Wenn wir so ausführlich über diesen Prozeß sprechen, dann deshalb, weil seit nunmehr fünfzig Jahren so viel Unwahres darüber geschrieben wurde und weil damit zusammenhängend Canaris das Ziel verschiedener schwerer Anschuldigungen war. Sicherlich vertritt Canaris die damals allgemein herrschende Auffassung der regierungstreuen Soldaten, daß Liebknecht und Rosa Luxemburg als aktive Kommunisten die »sichtbare Verkörperung des Gegners« gewesen sind. Aber kann man ihn deshalb beschuldigen, deren Mord organisiert zu haben...? Dennoch wurden solcherlei Beschuldigungen erhoben, allerdings schnell auch wieder aufgegeben. Dann macht man ihm aus Rache den Vorwurf, als Beisitzer des Gerichts mitgewirkt und Partei für die Angeklagten ergriffen zu haben. Doch das ist letztlich eine Anerkennung und keine Beschuldigung. Und während der folgenden Jahre verdächtigte man Canaris, er habe dem Leutnant Vogel wenige Tage nach der Verurteilung zur Flucht verholfen. Durch die felsenfeste Behauptung der Zeitung »Die Freiheit«, daß Hauptmann Pabst und Kapitänleutnant Canaris und Souchon an dem Entkommen mitgewirkt hätten, sehen sich die Militärbehörden gezwungen, eine weitere Untersuchung gegen die drei Offiziere einzuleiten. Sie werden verhaftet, dann wieder freigelassen, aber mit Stubenarrest im Königlichen Schloß zu Berlin belegt. Da jedoch eine neuerliche Untersuchung den Beweis erbringt, daß Canaris während der Zeitspanne der Verurteilung des Leutnants Vogel und seiner Flucht aus dem Gefängnis gar nicht in Berlin anwesend sein konnte, wird er für unschuldig erklärt und freigesprochen. Es sei hier vermerkt, daß sieben Jahre später, am 23. Januar 1926 der sozialdemokratische Abgeordnete Moses vor dem parlamentarischen Untersuchungsausschuß wegen der Meutereiversuche 1917 und der Meutereien 1918 den obigen Vorwurf gegen Canaris erneut vorbringt, wobei der unabhängige sozialistische Abgeordnete Dittmann seinen Kollegen Moses in der Weise unterstützt, daß er den Korvettenkapitän Canaris mit wilden Beschimpfungen wie »Mörder, Komplize, Lakai des Kaisers, Helfershelfer der Reaktion, Agent des Kapitalismus usw.« belegt. Eine amtliche Mitteilung des Reichswehrministers wäscht Canaris von allen Vorwürfen rein. Dennoch werden fünf

Jahre später, im Jahr 1931, wie wir noch sehen werden, dem Fregattenkapitän Canaris – seit einem Jahr Chef des Stabes der Nordseestation – seitens eines ehemaligen Rechtsanwalts Bredereck ähnliche Beschuldigungen vorgehalten, der auf dem Umweg über Canaris den damaligen Reichswehrminister General Groener politisch treffen will. Wie beim ersten Mal, so endet auch diese Affäre zugunsten von Canaris, nachdem eine gründliche Untersuchung die Haltlosigkeit der Anschuldigungen feststellte. Dies hätte eigentlich genügen müssen, doch die Abschlußerklärungen der Untersuchungskommission machen keinen Eindruck auf die »Legendenschreiber« und es tauchen diese unbegründeten Beschuldigungen später noch wiederholt auf*.

Teilnahme am Kapp-Putsch 1920

Hingegen ist der gegen Canaris erhobene Vorwurf einer Teilnahme am Kapp-Putsch dieses Mal gänzlich begründet. Es ist zu der Zeit, als er mit Kapitän zur See Max von Viebahn und Major von Gilsa der Adjutantur des Reichswehrministers Gustav Noske angehörte. Erneut stellt sich die Frage, ob seine Mitwirkung nur von passiver und vorübergehenden Art war. Bedingt durch das Wiederaufleben nationalsozialistischer Tendenzen, etwa in München der Gründung der Nationalsozialistischen Arbeiterpartei als Folge der harten Bestimmungen des Versailler Vertrages, den Niedergang der Wirtschaft und der schlechten Finanzlage. Als Folge der Niederlage und der Schwäche der Regierung, einschließlich der Parteistreitigkeiten, die durch die immer stärker werdenden Kommunisten geschürt werden, verschärft sich die oppositionelle Situation in Deutschland zusehends. Das allgemeine politische Klima ist explosiv, die junge Republik ist nicht nur von links, sondern auch von rechts her bedroht. In den Spartakisten, die eine Räterepublik nach sowjetischem Muster ausrufen wollen, erwächst die größte Gefahr. Und die Marinebrigade »Ehrhardt« führt am 13. März 1920 »Unter den Linden« eine Truppenparade mit Absingen des Deutschlandliedes durch. Ein hoher ostpreußischer Beamter, der Generallandschaftsdirektor Wolfgang Kapp, ruft mit Unterstützung des militärischen

* Vgl. Anhang, Dokument 2, S. 611.

Befehlshabers der Reichswehr, des Generals von Lüttwitz, eine neue »vaterländische Regierung« aus und setzt die rechtmäßige Regierung des Reichskanzlers Scheidemann ab. Die Regierung einschließlich des Reichsministers Noske flieht nach Stuttgart, Canaris bleibt in Berlin. Was soll nun Canaris tun? Er sieht sich vor die Wahl gestellt, sich entweder für die Reichswehr oder für einen politischen Minister zu entscheiden, mit dem er sich wohl gut versteht, sich aber anderenteils ihm gegenüber als Beauftragter der Armee fühlt. Canaris entscheidet sich für die Reichswehr. Die Begeisterung währt nur kurz, denn die »neue Reichsregierung« ist nicht fähig, normal zu regieren und noch weniger imstande, den Generalstreik zu beenden, der, von den Gewerkschaften ausgerufen, durchschlagenden Erfolg hat. Am 18. März setzt sich die Regierung des Reichskanzlers Scheidemann mit seinem Kabinett wieder in ihr Amt in Berlin ein. Zornentbrannt verlassen die Freikorps die Hauptstadt. Canaris wird mit einigen Kameraden in die Haftzelle des Polizeipräsidiums eingesperrt, doch bald wieder freigelassen, denn Reichskanzler Scheidemann ist klug genug, keine Verschlimmerung des Verhältnisses zur Reichswehr zu dulden. Dem Demokraten Dr. Geßler fällt nun als Nachfolger des Reichswehrministers Noske die schwere Aufgabe zu, mit Unterstützung des Generals von Seeckt die durch den gescheiterten Putsch verursachten Erschütterungen in der Armee zu überwinden. Canaris selbst tritt von der politischen Bühne ab und kehrt zu seiner Marine zurück.

Ein sonderbarer Seekadett: Reinhard Heydrich

Am 20. November 1919 verheiratet sich Wilhelm Canaris in Pforzheim mit Erika Waag. Die Zeit illegaler Machtergreifungen ist vorüber. Mit aller Energie widmet er sich nun dem Wiederaufbau der deutschen Marine, abwechselnd in Führungsstäben und an Bord von Schiffen, wobei er sich aktiv an allen Bestrebungen beteiligt, außerhalb der deutschen Grenzen, das heißt außerhalb der Reichweite der alliierten Kontrollkommissionen, die theoretischen und praktischen Forschungsarbeiten; besonders für Unterseeboote, fortzusetzen, so z. B. in Holland, Spanien, Finnland, Japan usw.

Als leidenschaftlicher Patriot und begeisterter Marineoffizier vertritt Canaris die Auffassung, daß eine moderne und schlagkräftige

Flotte für die Wiedererstarkung Deutschlands im Konzert der Weltmächte notwendig ist.

Im Sommer 1920 wird Canaris als Admiralstabsoffizier zum Kommando der Marinestation der Ostsee versetzt, und zwei Jahre später wird er Erster Offizier auf dem Kreuzer »Berlin«, dem Schulkreuzer für Seekadetten. Inzwischen ist er fünfunddreißig Jahre alt geworden. Unter seinen Seekadetten befindet sich eine etwas eigenartige Persönlichkeit, um nicht zu sagen eine auffällige Person: mehr als einen Meter neunzig groß, mit blauen, kaltblickenden etwas mongolisch geschnittenen Augen, die dem Gesicht einen leicht bösartigen Ausdruck verleihen, und mit einer stark hervortretenden, knochigen Nase, kurzgeschnittenem Haar und hellblond. Es ist der Seekadett Reinhard Heydrich, der später der Mitarbeiter und Stellvertreter Heinrich Himmlers und der verantwortliche Chef der Gestapo und des SD sein wird. Auf ihn wird Kapitänleutnant Canaris als stellvertretender Kommandant der »Berlin« bald aufmerksam, weniger vielleicht wegen seines äußeren Aussehens oder besonderer Qualitäten als Offiziersschüler, sondern wegen seiner musikalischen Begabung. Denn auch Erika Canaris besitzt außerordentliches musikalisches Talent und Heydrich spielt wie sie Geige. Als ihr Mann von dessen hervorragendem künstlerischen Können erzählt, lädt sie den Seekadett zu sich ein, hört ihn an und ist, wie viele andere vor und nach ihr, von seinem großen Talent begeistert. Sonntags gibt sie Hauskonzerte, wobei Heydrich bald ständiger Gast ist. Wie die Frau seines Chefs, zeigt er besondere Vorliebe für die Streichquartette von Mozart und Haydn. Schnell wird er zum Freund des Hauses, wozu auch sein gespanntes Zuhören bei Canaris' Erzählungen über die reichen Erlebnisse in Südamerika, Spanien und vom Mittelmeer und über die kurzen politischen Abenteuer in den Jahren 1919 und 1920 beiträgt. Zwei Jahre fast ist Reinhard Heydrich unter Canaris' Befehl, bis dieser mit der Beförderung zum Korvettenkapitän seine stellvertretende Kommandantenstelle auf der »Berlin« zwecks anderweitiger Verwendung verläßt.

Reisen und Versetzungen

Während er auf eine neue Verwendung wartet, unternimmt Canaris von Mai bis Oktober 1924 eine »Berufsbelehrungsfahrt« nach Japan.

Vermutlich handelt es sich dabei um Studien über die Fragen des U-Bootsbaues, denn um diese Zeit wurden auf der Kawasaki-Werft für die japanische Marine mehrere Unterseeboote nach deutschem Muster auf Kiel gelegt. Ab Oktober beginnt dann wieder ein neuer Abschnitt in der Marinelaufbahn von Canaris. Er wird zum Referenten im Stabe des Chefs der Marineleitung im Reichswehrministerium ernannt. Damit ist er im Zentrum der Marinepolitik der deutschen Republik gelandet. Während seiner vierjährigen Tätigkeit auf diesem Dienstposten unternimmt er häufig Reisen nach Holland, Finnland, Italien und ist mehrfach in Spanien. Auch Argentinien sieht er anläßlich eines sechswöchigen Erholungsurlaubs wieder.

Im Juni 1928 wird er Erster Offizier des in Wilhelmshaven beheimateten Linienschiffs »Schlesien«; am 1. Juli 1929 erfolgt seine Ernennung zum Fregattenkapitän, er verbleibt aber auf der »Schlesien« bis zum Oktober 1930. Dann erhält er die Position als Chef des Stabes des Kommandos der Marinestation der Nordsee. Er bleibt in Wilhelmshaven wohnen. Im November-Dezember 1929 verbringt er mit seiner Frau einen herrlichen vierzehntägigen Urlaub bei griechischen Freunden auf Korfu. Den darauffolgenden Sommer kehrt er anläßlich einer Mittelmeerkreuzfahrt der »Schlesien« dorthin zurück. Von dieser zweiten Reise bringt Canaris das Bild des griechischen Freiheitshelden Constantin Kanaris mit nach Hause, das ihm später so viel Spaß machen sollte, wenn seine Gäste es bewunderten. Zum 1. Dezember übernimmt er das Kommando der »Schlesien«, auf der er bekanntlich bereits zwei Jahre als Erster Offizier war und die er entsprechend gut kennt. Als Sechsundvierzigjähriger befehligt er somit eine der wichtigsten Schiffseinheiten der deutschen Flotte, wenn es sich auch um ein veraltetes Linienschiff aus der Zeit vor dem Ersten Weltkrieg handelt.

3. DIE NAZIS ERGREIFEN DIE MACHT

Zwei Monate nach Canaris' Kommandoübernahme der »Schlesien« beruft der greise Reichspräsident Generalfeldmarschall von Hindenburg am 30. Januar 1933 Adolf Hitler, 43 Jahre alt, zum Kanzler des Reiches. Das ist der bedeutsame 30. Januar 1933. Wie steht Canaris zur neuen Regierung, der augenblicklich nur drei Nationalsozialisten angehören: Hitler als Reichskanzler, Hermann Göring als Reichsminister ohne Portefeuille, Reichskommissar für Luftfahrt und Innenminister von Preußen, und Dr. Frick als Reichsminister des Innern?

Canaris teilt die Auffassung von Winston Churchill, der meinte, man könne nicht sagen, ob Hitler ein Mann sein wird, der einen neuen Krieg entfesselt, in dem die Zivilisation unwiderruflich unterginge, oder ob er vielleicht in die Geschichte als der Mann eingehen wird, welcher der großen deutschen Nation die Ehre und den Frieden des Geistes wiedergeben und sein Land durch Besonnenheit, Wohlwollen und Stärke auf den ersten Rang unter den europäischen Völkern zurückführen werde.

Canaris steht dem Nationalsozialismus nicht ablehnend gegenüber, wenn er auch nicht den Enthusiasmus der jungen Offiziere und eines großen Teils der Schiffsbesatzung teilt. Seine Haltung ist darin begründet, daß man sicherlich Deutschland von den Fesseln des auferlegten Versailler Vertrages befreien und der Flotte den ihr zustehenden Platz zurückgewinnen will, und daß man die Kommunisten unschädlich machen wird, deren wohlorganisiertes Ziel die Übernahme der Regierungsgewalt ist, was Canaris seit den Meutereien vom November 1918 seit jeher beunruhigte. Dr. Werner Best, ehemaliger SS-Obergruppenführer, sagt später mit Recht: Trotz der Schärfe seines Verstandes, seiner tiefen Skepsis, seiner Abscheu gegen Brutalität und alle Formen von Gewaltanwendung, kann Canaris zu dieser Zeit nicht sofort vorhersehen, welcher Verlauf der von Hitler eingeschlagene Weg nehmen wird. Nicht nur ihm allein ging es so! – »Als Patriot war Canaris anfangs davon überzeugt, daß das NS-Regime besser als das vorhergehende war, und daß man ihm jedenfalls folgen könne. Diese Auffassung hinderte ihn natürlich nicht daran, Kritik zu üben... wozu er um so mehr berechtigt war, weil er eine nationale deutsche Staatsidee verwirklicht haben wollte, die in aller Sauberkeit regierte.«

Hitler und sein »Gummilöwe«

Über einen Mann in der neuen Regierung ist Canaris stark beunruhigt: über den General Werner von Blomberg, den neuen Wehrminister, der wohl als treuer »Schüler« Feldmarschall von Hindenburgs gilt, doch innerlich bereits ein Gefolgsmann Hitlers ist. Denn Canaris ist bekannt, daß Blomberg nicht über die notwendige Willenskraft und über Durchstehvermögen verfügt. Was wird Blomberg aus der Reichswehr nun machen? So fragt sich auch Canaris.

Kaum an die Macht gekommen, erklärt Hitler mehr oder weniger unverblümt seine Absicht, alle durch den Versailler Vertrag diktierten militärischen Beschränkungen aufzugeben. Dennoch läßt die Verkündung des Gesetzes zur Einführung der Allgemeinen Wehrpflicht bis zum 16. März 1935 auf sich warten. Hitler ist während dieser zwei Jahre nicht untätig und bereitet insgeheim den Wiederaufbau der Reichswehr vor. In dieser Aufgabe hat er die Unterstützung des Generals Werner von Blomberg, den Hindenburg schätzte, weil er als Leiter der deutschen Militärdelegation bei der Abrüstungskonferenz des Völkerbundes viel Geschick bewiesen hatte und weil er ihn irrtümlicherweise für einen unpolitischen, »passionierten Soldaten und gewandten Mann von Welt« hielt. Blombergs Kameraden hingegen sehen ihn als eine nicht genügend gefestigte Persönlichkeit und erkennen ihn nicht als einen der Ihrigen an. In ihren Augen kann die imposante preußische äußere Erscheinung nicht über seine labile Schwäche und Unentschlossenheit hinwegtäuschen. Sie bezeichneten ihn als den »Gummilöwen«. Im Kriegsverbrecherprozeß in Nürnberg urteilt Generalfeldmarschall Gerd von Rundstedt über ihn wie folgt: »Wir haben ihn niemals recht verstanden. Er schwebte in einer anderen Sphäre. Er war ein Verfechter der Lehre von Rudolf Steiner, das heißt er war Anthroposoph. Eigentlich konnte ihn keiner recht leiden«.

General Werner von Blomberg unterliegt bald dem starken Einfluß Hitlers und dem nationalsozialistischen Gedankengut und erklärt in einem Tagesbefehl an die Armee zum 1. Juni 1933 ohne Umschweife, daß er sich glücklich fühlen würde, wenn die nationalsozialistische Bewegung sehr bald den angestrebten Totalitarismus erreichte, und fügt hinzu, die Zeiten einer unpolitischen Armee seien vorbei, die Armee habe von jetzt ab mit absoluter Hingebung der nationalsozialistischen Bewegung zu dienen. Der Chef des Wehrmachtsamtes bei Blomberg, Oberst Walter von Reichenau steht seit mehreren Jahren schon in persönlichen Beziehungen zu Hitler und gilt deshalb als Nationalsozialist. Gert Buchheit schreibt darüber, daß sein Charakter dem größten Teil seiner Offizierskameraden verdächtig erschien, daß er intelligent und ehrgeizig, energisch bis zur Brutalität war, jedoch auch sehr geschmeidig sein konnte, wenn es notwendig war, und daß er eine bedeutende Rolle als Berater des Reichswehrministers spielte. Hitler hält sich mangels militärischer Erfahrung damals geschickt von militärischen Dingen zurück und überläßt Blomberg und Reichenau allein die Entscheidungen, die sie für notwendig halten; sogar Personalentscheidungen wie die Ernennung des Generals Werner von Fritsch zum Oberbefehlshaber des Heeres am 3. Januar 1934 treffen sie selbst.

Der Hitler-Röhm-Konflikt

Während der ersten beiden Jahre des Dritten Reiches sieht sich der »Führer« manchen innenpolitischen Problemen gegenüber, besonders den sich immer mehr zuspitzenden Spannungen innerhalb der von Ernst Röhm geführten braunen Sturmkolonnen, der SA. Der Machtkampf zwischen dem Staatsmann und Politiker Hitler und Röhm, als dem Führer der vom revolutionären Geist der NSDAP getragenen braunen Sturmabteilungen, ist vielfältig und hinterhältig und schwankt zwischen der Absicht einer Auflösung der SA und einer Wiederaussöhnung hin und her. Aus dem Streit geht Hitler nach der blutigen Säuberungsaktion vom 20. Juni 1934, die als »Nacht der langen Messer« bekannt ist, als Sieger hervor. Der wesentliche Grund des Konflikts Hitler-Röhm liegt neben zahlreichen anderen strittigen Fragen, die eine Aussöhnung der beiden unmöglich machen, auf militärischem Gebiet.

Für alle unerwartet, gibt Hitler am 14. Oktober 1933 seine Absicht bekannt, sich aus der Abrüstungskonferenz zurückzuziehen und aus dem Völkerbund auszuscheiden, weil man Deutschland die Gleichberechtigung mit anderen Nationen verweigere. Das wirkt wie ein Donnerschlag am internationalen diplomatischen Himmel.

Damit tritt die Lösung der militärischen Fragen in den Vordergrund. Stets hat Hitler offen erklärt, daß eine seiner historischen Aufgaben die Schaffung einer neuen deutschen Armee sei. Aber womit soll diese Armee aufgestellt werden? Und wer wird den Oberbefehl erhalten? Für Röhm ist dies keine Frage mehr. Sie wird selbstverständlich in radikalster Weise gelöst werden. Denn nach seiner Auffassung stellt die SA nicht nur das Rückgrat der nationalsozialistischen Revolution dar, sondern sie bildet auch den Kern für eine zukünftige Revolutionsarmee, die für Hitler dasselbe werden sollte, was die Revolutionsheere der Französischen Revolution für Napoleon waren. Unaufhörlich wiederholt Röhm, daß die Zeit gekommen sei, die preußische Generalität – diese »Reaktionäre« und »alten Knöpfe« – hinwegzufegen, um endlich einer echten revolutionären Armee, einer »Volksarmee« Platz zu machen, von ihm und seinen Leutnanten geführt, »die bereits die Straßen und Plätze der deutschen Städte in der Hand haben«.

Im Februar 1934 legt Röhm dem Reichskabinett ein umfangreiches Memorandum obigen Inhalts vor: Die neue Armee soll sich aus den SA-Sturmabteilungen heraus aufbauen. Für sich beansprucht er den Oberbefehl über alle Streitkräfte, notfalls, so stellt er fest, würde er sich auch mit dem Posten des Reichswehrministers begnügen. Im Offizierskorps der Reichswehr schlägt dieser Plan wie eine Bombe ein, der Skandal ist ungeheuerlich. Die Reaktionen der Generalität reichen von leidenschaftlichem Zorn bis zu höhnischem Gelächter: dieser Hauptmann will sie kommandieren! Ist übrigens dieser SA-Führer nicht ein notorischer Homosexueller? Es ist einfach undenkbar! Hitler weiß sehr wohl von diesen Reaktionen und verhält sich Röhms Plänen gegenüber reserviert.

Während des ganzen Frühjahrs 1934 nutzen die SA-Führer jede Gelegenheit, ihre Stärke öffentlich zur Schau zu stellen, und halten Paraden, Vorbeimärsche, Gedenkfeiern, SA-Treffen ab und nehmen alles mögliche zum Anlaß, sich in Schmähungen und Herausforderungen zu ergehen. Nach Röhm und Heines ist es der SA-Gruppenführer von Berlin-Brandenburg, Karl Ernst, der feierlich verkündet: »Das Deutsche Volk ist durch den Marschtritt der SA-Kolonnen erwacht. Zwölf Jahre des Kampfes haben uns den Sieg gebracht. Wir werden es zu verhindern wissen, daß Deutschland wieder einschläft!«

Die »braune Pest« nimmt bedrohliche Ausmaße an. Doch Hitler läßt sich nicht beeindrucken. Am 11. April besteigt er in Kiel das Panzerschiff »Deutschland« und begibt sich zur Teilnahme an den Frühjahrsmanövern in Ostpreußen nach Königsberg. Der Reichswehrminister und der Oberbefehlshaber des Heeres und der Marine, General Werner von Fritsch und Admiral Erich Raeder, begleiten ihn auf der Überfahrt. Dabei kommt Hitler gleich auf den Kern der Sache zu sprechen, die ihn seit langem beschäftigt, den nahenden Tod Hindenburgs. Ohne Umschweife, von Blomberg unterstützt, benennt er sich als Nachfolger und fordert die Militärs auf, ihn dabei zu unterstützen. Und was soll die Gegenleistung sein? Die radikale

Reduzierung der Personalstärke und völlige Entmilitarisierung der SA. »Im Dritten Reich«, so sagt Hitler, »werden Heer und Marine weiterhin die einzigen Waffenträger der Nation«.

Einen Monat nach dieser Unterredung, die einen bedeutsamen Wendepunkt für das Dritte Reich darstellt, übermittelt General Werner von Fritsch dem Führer die einmütige Zustimmung der Generalität der Reichswehr, mit der er sich zuvor beraten hatte. Damit ist die Nachfolge Hindenburgs durch Hitler gesichert; in einigen Monaten wird er der uneingeschränkte Diktator sein: Hitler wird Führer und Reichskanzler des Deutschen Reiches. Als erstes muß er sein Versprechen an die Generale einlösen, und damit hat die entscheidende Stunde für Röhm und seine SA-Führer geschlagen. Unter Anführung von Himmler und Heydrich rollt die »Nacht der langen Messer« ab. Diese Treue der SS wird Hitler nicht vergessen und sie bleibt bis zu seinem Lebensende sein Lieblingskind.

Zur selben Zeit, in der Röhm unter den Kugeln seiner Mörder stirbt, richtet General Werner von Blomberg den folgenden Tagesbefehl an die Offiziere und Soldaten der Armee:

> An die Wehrmacht! Der Führer hat mit soldatischer Entschlossenheit und vorbildlichem Mut die Verräter und Meuterer selbst angegriffen und niedergeschmettert. Die Wehrmacht als der Waffenträger des gesamten Volkes, fern vom innerpolitischen Kampf, wird danken durch Hingebung und Treue! Das vom Führer geforderte gute Verhältnis zur neuen SA wird die Wehrmacht mit Freuden pflegen im Bewußtsein der gemeinsamen Ideale. Der Alarmzustand ist überall aufgehoben.
> gez. von Blomberg

Und am Abend des 1. Juli erhält Hitler folgendes Glückwunschtelegramm:

> Aus den mir erstatteten Berichten ersehe ich, daß Sie durch Ihr entschlossenes Zugreifen und die tapfere Einsetzung ihrer eigenen Person alle hochverräterischen Umtriebe im Keime erstickt haben. Sie haben das deutsche Volk aus einer schweren Gefahr gerettet. Hierfür spreche ich Ihnen meinen tiefempfundenen Dank und meine aufrichtige Anerkennung aus.
> Mit besten Grüssen
> von Hindenburg

Nun ist General Werner von Blomberg endgültig für das nationalsozialistische System gewonnen. In seiner Stellung als Reichswehrminister verfaßt er zusammen mit General Walter von Reichenau den Wortlaut eines Treuegelöbnisses auf Hitler. Der Text lautet:

> Ich schwöre bei Gott diesen heiligen Eid, daß ich dem Führer des deutschen Reiches und Volkes, Adolf Hitler, dem Obersten Befehlshaber der Wehrmacht, unbedingten Gehorsam leisten und als tapferer Soldat bereit sein will, jederzeit für diesen Eid mein Leben einzusetzen.«

Als die Nachricht vom Tode des Reichspräsidenten Generalfeldmarschall von Hindenburg vierundzwanzig Stunden später bekanntgegeben wurde, befiehlt General von Blomberg am 2. August 1934, unverzüglich alle Soldaten, Unteroffiziere und Offiziere auf den »Führer Adolf Hitler« zu vereidigen. Dieser von der Armee geleistete Fahneneid auf Hitler wird noch eine beachtliche Auswirkung auf die geistige Haltung derer haben, die noch den Waffenrock tragen werden. Denn dieser Eid verpflichtet den Soldaten nicht mehr »Volk und Vaterland« gegenüber, also zum Dienst gegenüber dem Gemeinwohl, sondern der Eid ist allein auf die eine Person Adolf Hitler bezogen. Es trifft zu, daß Blomberg und Reichenau glauben – wenigstens sagten sie so –, daß der Eid der Reichswehr auf Hitler in gleicher Weise den Führer auf die Reichswehr verpflichte und dadurch ein wechselseitiges Verhältnis der Treue, des Vertrauens und der gegenseitigen Achtung zwischen den Streitkräften und dem Staatschef sich herausbilden werde. Selbst General von Fritsch, ein Skeptiker von Natur aus und ein Mann, dem man allgemein gutes Urteilsvermögen und Sinn für richtige Entscheidungen nachsagte, selbst er glaubt, daß der zwischen Hitler und der Wehrmacht geleistete Treueid dem gleichkomme, der einst auf den Kaiser geschworen wurde. Bald sollte er seinen Irrtum einsehen! Denn Hitler ist nicht mit Wilhelm II. zu vergleichen.

Im Gegensatz zu ihm vertritt General Stieff zur selben Zeit (er wurde nach dem Attentat vom 20. Juli 1944 gehängt!) Freunden gegenüber die Auffassung, daß ihm der Eid des Führers keine ausreichende Gewähr biete, um als Gegengewicht gegen die Wahnsinnsideologie einer einzigen Partei zu wirken und es doch nicht gelingen werde, diese zu bremsen. Einige höhere Stabsoffiziere teilen Stieffs Meinung, nicht aber der Kapitän zur See Canaris, der als Monarchist wie General von Fritsch denkt und am 2. August 1934 gemeinsam mit seiner Besatzung der »Schlesien« im Hamburger Hafen den Treueid leistet. Vier Jahre später wird er die gleiche Auffassung haben wie damals Stieff...

4. DIE SS STREBT DIE KONTROLLE ÜBER DEN MILITÄRISCHEN NACHRICHTENDIENST AN

Die SS war als der große Sieger aus der »Nacht der langen Messer« hervorgegangen und hat den ihr von Hitler gewidmeten Leitsatz »Meine Ehre ist Treue« strikt befolgt. Heydrich, den wir schon als Seekadett unter Canaris kennengelernt haben, ist jetzt die »Nummer zwei« in der SS. Am 30. Juni 1934 wird er zum SS-Gruppenführer befördert. Auch Hitlers Vertrauen hat er gewonnen und das Zweigespann Himmler – Heydrich sitzt nunmehr sicher im Sattel.

Die SS vergrößert sich mehr und mehr: Am 26. Juli 1934 entläßt sie Hitler aus der nominellen Unterstellung unter den Stabschef der SA. Die Personalstärke der SS-Formationen wird von 100 000 Mann im Jahre 1933 auf 200 000 Mann gebracht, die SS-Formationen werden in drei neue Kategorien gegliedert: in die Allgemeine SS, die SS-Verfügungstruppe, die SS-Wachverbände. Die beiden erstgenannten Verbände tragen den Stahlhelm und bekommen die gleiche Waffenausstattung wie die Infanterieregimenter der Reichswehr.

Wir wollen uns hier nicht über die Geschichte der SS verbreiten, dieses »Schwarzen Ordens«, der mit einer vielverzweigten Organisation und einem weitgespannten Wirkungskreis von einer schwerverständlichen Ideologie schließlich in die niederträchtigste Kriminalität führte. Sie überzog das gesamte öffentliche Leben mit ihren verschiedenen Sonder- und Spezialdienststellen, wobei sie die zentrale Organisation der staatlichen Behörden und Parteidienststellen für sich ausnützte. Die SS schlich sich überall ein.

Bei der Person Heydrichs müssen wir länger verweilen, weil in der Folge viel über ihn in diesem Buch die Rede sein wird.

Reinhard, Tristan, Eugen Heydrich wurde am 7. März 1904 in Halle an der Saale, Gutchenstraße 20 geboren. Sein Vater war Leiter des Konservatoriums und Opernkomponist, seine Mutter Elisabeth, Maria, Anna, Amalie Krantz Tochter eines Dresdner Professors. Er ist nicht nur fast ein musikalisches Wunderkind, sondern verfügt als glänzender Schüler über eine weit überdurchschnittliche geistige Veranlagung. Dasselbe trifft auf sportlichem Gebiet zu, wie im Tennis, Schwimmen und Segeln, auch zeigt er als Elfjähriger bereits große Geschicklichkeit im Fechten, so daß er später zu einem der gefürchtetsten Degenfechter Deutschlands wird.

1922 tritt Heydrich als Seekadett in die Marine ein. Infolge seiner überdurchschnittlichen allgemeinen Fähigkeiten und seines scharfen mathematischen Verstandes fällt ihm die technische Ausbildung leicht. Außerdem zeigt er seine ausgeprägten sportlichen Qualitäten. Neun Jahre später wird seine Marinelaufbahn jäh unterbrochen und er wird im April 1931 wegen »Unehrenhaftigkeit« aus der Kriegsmarine entlassen. Der Grund war folgender: Die Tochter eines Leiters der marinetechnischen Abteilung der IG-Farben in Kiel, ein enger Freund von Großadmiral Raeder, erwartet von Heydrich ein Kind. Er verweigert die Anerkennung der Vaterschaft, denn er ist bereits mit der neunzehnjährigen blonden Schönheit Lina Mathilde von Osten verlobt, die er zu heiraten beabsichtigt. Ein militärisches Ehrengericht veranlaßt seinen Abschied ins Zivilleben. Als Stellungsloser bewirbt er sich, von seiner fanatisch nationalsozialistisch eingestellten Braut Lina gedrängt, bei der SS und trifft am 14. Juni 1931 mit Himmler zusammen. Einen Monat später erfolgt seine Aufnahme in die SS, und er steigt dann bald in schwindelerregender Schnelligkeit steil die Stufenleiter der SS-Hierarchie empor. Mit neunundzwanzig Jahren, am 21. März 1933, wird er SS-Oberführer (vergleichbar mit dem Grad eines Brigadegenerals). Bei seinem Tod am 27. Mai 1942 ist er bereits Obergruppenführer, was dem militärischen Rang eines Kommandierenden Generals entspricht. Er wird der erste Stellvertreter Himmlers, doch läßt sein dynamischer Ehrgeiz und sein Machtstreben ihn ernstlich hoffen, gegebenenfalls Nachfolger Hitlers zu werden.

Nach dem, was über ihn berichtet wird, ist Heydrich ein perfekter Technokrat, der nur einem Gott huldigt, und zwar dem der Macht als

Selbstzweck. In dieser Hinsicht unterscheidet er sich sehr vom Ideologen Himmler. Dessen scheinphilosophisches Gerede findet er außerordentlich lästig und hat für die nationalsozialistische Weltanschauung, dem »Mythos des XX. Jahrhunderts« Rosenbergs, die Theorien von Darré und von Günther, für die esoterischen Lehren eines Rudolf Hess oder Karl Haushofer nur ein Achselzucken übrig.

Himmler und Heydrich sind ausgesprochen gegensätzliche Figuren. Heydrich ist der elegante, sportliche Typ von nordischem Aussehen, ist eingebildet und empfindlich wie ein Star, ein hemmungsloser Frauenheld, den man den König der politischen Nachtlokale nennt. Kurz angebunden und von schneidender Schärfe in seinen Äußerungen, besitzt er eine wie bei einem Computer wohlgeordnete und systemvolle Gedankenführung, hat keinerlei Mitgefühl, außer mit sich selbst: genau das Gegenteil von Himmlers Art. Wie das echte Verhältnis der beiden zueinander war, läßt sich schwer erfassen. In einem Punkt jedoch gibt es keinen Zweifel: in dem Zusammenspiel der beiden spielt Heydrich die bestimmende Rolle in der ihm eigenen gerissenen Weise. Er analysiert genau die Schwächen des Reichsführers SS, berücksichtigt dessen Eitelkeit und Minderwertigkeitskomplexe, indem er ihm unauffällig und mit Bedacht seine Gedanken und Ausführungsvorschläge unterbreitet, um sie dann selbst in die Tat umzusetzen, und zwar in schlauester Art und Weise.

Der Leiter des Auslandsnachrichtendienstes der SS, Walter Schellenberg, der Heydrich unterstellt war, hat uns ein ähnliches Bild über ihn hinterlassen:

»Nachdenklich und ein wenig nervös schritt ich die Treppen zu seinem Arbeitszimmer hinauf... Heydrich saß hinter seinem Schreibtisch – eine große imponierende Gestalt mit einem langen, schmalen Gesicht und einer ungewöhnlich hohen Stirn. Weniger einnehmend waren die lange, scharfe Nase und die unruhigen, schrägen Augen, mit denen er mich ungeniert eine Zeitlang musterte. Als er mich schließlich begrüßte, frappierte mich seine Stimme – sie war für den großen, starken Körper viel zu hoch. Ganz entgegen meiner Erwartung vermied Heydrich es, sogleich von dienstlichen Dingen zu reden... Während er sich mit mir unterhielt, stand er auf und ging eine Weile im Zimmer auf und ab. Die breit ausladenden Hüften gaben seiner hohen Gestalt einen etwas femininen Einschlag. Und die stark aufgeworfenen Lippen schienen mir einen seltsamen Widerspruch zu den langen Händen zu bilden, deren Finger fast wie

Spinnenbeine wirkten. Plötzlich lenkte Heydrich auf ein anderes Thema über. Seine Stimme klang nun abgehackt... Wie schon bei der ersten Begegnung wurde ich immer wieder gezwungen, über diesen seltsamen und faszinierenden Mann nachzudenken... Keine Persönlichkeit, der ich auf meinem Wege durch das Dritte Reich begegnete, hat mich tiefer beeindruckt...«

Dieser Mann war der heimliche Angelpunkt, um den sich das NS-Regime drehte. Die Entwicklung einer ganzen Nation wurde indirekt von diesem starken Mann gesteuert.

Die Organisation des Sicherheitsdienstes

Im Sommer 1931 erklärt Himmler, daß die SS ein besonders leistungsfähiges Nachrichten- und Verbindungssystem brauche. Eine der Hauptaufgaben, die er der SS stelle, sei, ihm Nachrichten und Informationen zu liefern. Dafür habe er einen sorgfältig ausgearbeiteten Plan zur Aufstellung einer zivilen Organisation innerhalb der SS, eines »Sicherheitsdienstes (SD)«, der sich aus den intelligentesten und zuverlässigsten SS-Leuten zusammensetzen wird.

Mit außerordentlichem Elan geht Heydrich an die Verwirklichung des Planes und ist dabei vom Ehrgeiz beseelt, selbst der Chef des Geheimdienstes der SS zu werden. Nach einigen Jahren ist das Ziel erreicht: Er ist der gefürchtetste Mann des Dritten Reiches und der SD in seiner Auswirkung zum »Gehirn der Partei und des Staates« geworden. Der SD wird in kurzer Zeit zu einer Spionageorganisation, die vor keinem Mittel zurückschreckt, wenn es um Durchsetzung seiner Ziele geht. Heydrich erklärt: »Wir müssen so viel Erkundungen wie nur irgend möglich über die Menschen einziehen.« Dazu entwickelt er ein inneres Spionagenetz – SD-Inland genannt –, das sich aus V-Leuten, A-Leuten, Z-Leuten, H-Leuten (Geheimagenten, Vertrauensleuten, Informanten, Spitzeln usw.) zusammensetzt. In diesem Netz sammelt man alle möglichen Informationen wie Rechtsangelegenheiten, Struktur der Reichsbehörden, Stimmung in der Öffentlichkeit, Haltung der Bevölkerung (zuständiges Amt: IIIa–Lebensgebiete). Für Fragen des Volkstums im Dritten Reich, der völkischen Minderheiten, Rassenfragen, öffentliche Gesundheit war das Amt IIIb, für Kultur, Wissenschaft, Erziehung, Kunst, Presse usw. das Amt IIIc und für Angelegenheiten der Wirtschaft, Überwachung von Industrie und Gewerbe, der Versorgung, der Arbeitskräfte, des Handels usw. das Amt IIId zuständig. Nicht vergessen werden darf die Betreuung und Lenkung der »ehrenamtlichen Agenten« und die Gesellschaftsspionage, die dem Amt IIIg oblag. Es ist der SD-Inland, der das Höchstmaß an Erkundungen über das Privatleben der Mitglieder der NSDAP einzieht und sammelt. Denn Heydrich will alle Einzelheiten über sie und ihre Gegenspieler erfahren, das heißt alles, was ihm irgendwie und irgendwann einmal zur Nötigung oder Erpressung von Einzelpersonen oder Organisationen dienlich sein kann. Alles wird fein säuberlich und sorgfältig in einer riesigen Kartei zusammengetragen. Nichts darf der Wachsamkeit des SD entgehen, weder das Intimleben der führenden Persönlichkeiten im Reich, noch derer aus ganz Europa (letzteres ist die Aufgabe des SD-Ausland). So wird verständlich, daß dieses Instrument schnell zu einer besonders gefürchteten Waffe in der Hand Heydrichs wird*.

Von Kurt von Bredow bis Konrad Patzig

Zwischen 1919 und 1929 schlummert der deutsche militärische Nachrichtendienst, denn seine Tätigkeit wird durch die Bestimmung des Versailler Vertrages und die Überwachung durch die interalliierten Kontrollkommissionen stark eingeschränkt. Mit dem von Oberst Nicolai geschaffenen Nachrichtendienst des Ersten Weltkrieges ist er überhaupt nicht mehr vergleichbar. Ende 1929 wird General von Bredow mit der Neuorganisation des Nachrichtendienstes der Reichswehr beauftragt. Von Bredow, ein Nachkomme Bismarcks und zugleich Freund des Generals Kurt von Schleicher, ist ein mutiger, intelligenter und aufrichtiger Mann, der seine Aufgabe sehr wirkungsvoll erfüllt und trotz der nur beschränkt zur Verfügung stehenden Mittel einen wohlorganisierten militärischen Nachrichtendienst neu aufbaut. Im Mai 1932 wird er zur Unterstützung des neuen Reichskanzlers General von Schleicher als Chef des Ministeramtes in das Reichswehrministerium berufen und sein Bekannter, Kapitän z.S. Konrad Patzig, übernimmt am 2. Juni 1932 sein Amt als Nachfol-

* Die Abteilung SD-Inland wurde von Anfang bis Ende von Otto Ohlendorff, die Abteilung SD-Ausland anfangs von Heinz Jost, später von Walter Schellenberg geleitet.

ger. Dieser ist in erster Linie Seeoffizier und hat weniger große Neigungen für den Geheimdienst. Auch seine diplomatischen Fähigkeiten sind begrenzt, dennoch füllte er bis 1933 sein Amt gut aus.

Als Hitler Reichskanzler wird, sieht Patzig nicht ohne Bedenken, wie Oberst von Reichenau an die Stelle seines Freundes Bredow als Chef des Ministeramtes im Reichswehrministerium tritt. Die rücksichtslose Art von Reichenaus ist ihm zuwider. Noch schlimmer ist es, daß er ab Frühjahr 1934 durch die Verlegung der Büros des Sicherheitsdienstes von München nach Berlin gezwungen ist, mit dem arroganten und schonungslosen Reinhard Heydrich zusammenzuarbeiten, der das Recht für sich in Anspruch nimmt, Einblick in die Tätigkeiten der Abwehr zu erhalten. Immer häufiger mischt sich der SD in Sachen ein, für die allein die Abwehr zuständig ist. Wir erinnern uns, daß der offizielle Auftrag des SD »die Bekämpfung der ideologischen Gegner im Innern« ist, doch führt diese Aufgabe unweigerlich, etwa bei der Bekämpfung des Kommunismus, dazu, gegen ausländische Agenten tätig zu werden, was ohne Zweifel eigentlich zum Ressort der Abwehr gehört. Als Patzig erstmals Heydrich gegenübersteht, merkt er sofort, mit wem er es zu tun hat. Von diesem Augenblick an trägt er, in der Absicht, eine Waffe gegen den SS-Führer zu haben, alle erreichbaren Informationen über den gefürchteten Widersacher Heydrich zusammen. Das Verhältnis zueinander ist ausgesprochen feindselig. Die von Patzig angelegte »Akte Heydrich« schwillt mit den Notizen über die Vorgänge in der »Nacht der langen Messer« besonders an, denn darunter sind außerordentlich wichtige Zeugenaussagen über Heydrichs verbrecherisches Treiben, gegen die SA und sogar gegen Persönlichkeiten, die nicht Parteimitglieder sind. Unter Heydrichs Opfern aus jener Nacht sind besonders die Generale Kurt von Schleicher und Kurt von Bredow zu nennen, die auch ziemlich viel über Himmler und seinen Vertreter wußten. Doch Bredows Mörder suchten vergeblich in seiner Wohnung nach vertraulichen Dokumenten über die Naziführer. »Er hatte sie gesammelt, sie waren jedoch im Safe einer Bank verwahrt.« Es scheint, daß Konrad Patzig davon keine Unterlagen übernommen hat. Im Gegenteil, nach Mitteilung des Generals Erwin von Lahousen-Vivremont an mich wäre es zwar möglich, doch kann Lahousen es nicht belegen, daß diese Akten über die Naziführer seit 1937 oder 1938 in den Händen von Canaris gewesen sind. Wir werden Gelegenheit haben, noch darauf zurückzukommen.

Patzig erhält immer bessere Informationen über Heydrich, und Heydrich weiß das! Heydrich kann aber noch nicht zum offenen Angriff übergehen, denn die Gestapo des Jahres 1934 ist noch nicht zu der schrecklichen Apparatur der Erpressung und Verfolgung fähig, die sie drei Jahre später sein wird. Deshalb will man Patzig so geschickt wie möglich ausschalten und vermehrt laufend die Zwischenfälle zwischen SD und der Abwehr. Während einer Unterhaltung mit Canaris im Spätherbst 1934 bringt Patzig seinem Freund gegenüber klar zum Ausdruck, daß er die Abwehr verlassen will, weil die Schwierigkeiten mit der SS und vor allem mit Reinhard Heydrich entschieden zu groß sind:

»Der Chef des SD hat einen Vorwand gefunden, um mich zu beseitigen. Wir hatten einige Aufklärungsflüge über Polen unternommen, worauf Warschau eine diplomatische Note an die deutsche Regierung überreichte, daß sie solche Flüge als Verstöße gegen den deutsch-polnischen Nichtangriffspakt vom 26.1.1934 betrachte. Dieser Zwischenfall wäre im diplomatischen Bereich geblieben, wenn nicht Heydrich, der darüber informiert war, bei Blomberg interveniert hätte und seine Mißbilligung aussprach, denn ein solcher Vorfall, so sagt er, ›wäre schädlich für den guten Ruf des nationalsozialistischen Regimes‹. Blomberg hatte vorerst taube Ohren. Heydrich erneuerte seine Angriffe jedoch, nachdem er sich die wirksame Unterstützung des Obersten von Reichenau gesichert hatte. Blomberg ließ mich rufen und er machte mir heftige Vorwürfe.«

Patzig schlägt Canaris vor

Der ständigen Konflikte zwischen der Abwehr und der SS überdrüssig, fordert der General von Blomberg bei Admiral Raeder die Abberufung des Kapitäns zur See Konrad Patzig mit der Begründung, das seine Person an der Spitze der Abwehr für die Partei nicht mehr tragbar sei.

Als Raeder die Angelegenheit mit Patzig persönlich bespricht, ist dieser sichtlich erleichtert und erklärt dem Großadmiral, daß ihm das anmaßende Gebaren Heydrichs schon lange lästig sei und es sein sehnlichster Wunsch wäre, wieder ein Seekommando bei der Marine zu erhalten. Doch damit ist das Problem der Nachfolge noch nicht gelöst.

Da der neue Abwehrchef ein Mann sein muß, der ohne Schwierigkeiten mit der SS zusammenarbeiten kann, muß man sich fragen, warum General von Blomberg nicht einen den Nazis genehmen höheren Offizier des Heeres vorschlägt. Dies hat er auch getan, aber der Admiral Raeder beruft sich darauf, daß Patzigs Vorgänger, der General von Bredow, ein Heeresoffizier war und der Grund der damaligen Auswahl Patzigs der war, daß ein Marineoffizier das Ausland besser kennen würde, was für die Leitung des Nachrichtendienstes unerläßlich sei. Deshalb ist es erforderlich, daß die Abwehr weiterhin in Händen eines Marineoffiziers bleibt.

Von sich aus schlägt Konrad Patzig seinen alten Kameraden aus der Wilhelmshavener Zeit, den Kapitän zur See Wilhelm Canaris vor, ohne mit ihm vorher darüber gesprochen zu haben. Dieser hatte eben das Kommando auf der »Schlesien« abgegeben und seine Ernennung zum Festungskommandanten von Swinemünde erhalten. Patzig betont die Qualitäten von Canaris, doch Raeder ist gegen diese Wahl, weil er ihn persönlich nicht recht leiden kann. Er fürchtet die Zusammenarbeit mit einem Mann, dessen geistige Wendigkeit er kennt und der ihm etwas unheimlich vorkommt. Bewußt oder unbewußt glaubt er an die Canarislegende. Er ist davon überzeugt, daß Canaris bei der Ermordung von Karl Liebknecht und Rosa Luxemburg die Hände im Spiel hatte und daß er Vogel zur Flucht verhalf. Auch die Teilnahme am Kapp-Putsch macht er ihm zum Vorwurf. In verächtlichem Ton meint er über Canaris, »es ist etwas Balkanisches in ihm«. Raeder und Patzig prüfen, wer von den höheren Offizieren geeignet sein könnte, die Leitung der Abwehr zu übernehmen. Sie kommen immer wieder auf Canaris zurück, und Patzig betont seine Überzeugung wie folgt:

»Nur Kapitän zur See Canaris hat die echte Qualifikation. Vergessen Sie nicht, daß er durch die Schule von Oberst Nicolai ging und daß seine Arbeit im Nachrichtendienst in Spanien während des Krieges 1914 – 1918 von so nachhaltigem Erfolg war, daß die damals geschaffenen Einrichtungen noch heute funktionieren. Er ist ein Mann mit guter Auslandserfahrung, spricht mehrere Sprachen und hat auf der ganzen Welt freundschaftliche Verbindungen, die uns nützlich sein können.«

Dann zieht Patzig jenen Aktenvermerk vom Sommer 1933 aus der Zeit, als Canaris noch Kommandant des Linienschiffs »Schlesien« war, hervor und zeigt ihn Admiral Raeder. Es ist die Beurteilung des

Konteradmirals Bastian, in der steht: »Es wird empfohlen, Canaris in Kommandos zu verwenden, wo es auf scharfe Beobachtungsgabe und auf diplomatisches Geschick ankommt, dann aber auch in Stellungen, wo seine großen geistigen Fähigkeiten zur Geltung kommen, ohne daß seine durch nicht alltägliche Erlebnisse bedingten skeptischen Stimmungen sich auf einen allzu großen Personenkreis übertragen können.«

Raeder bleibt noch zurückhaltend, doch Patzig bedrängt den Admiral:

Canaris' scharfer Verstand und sein Gespür in der Kunst der Menschenbehandlung würden bei der eigentlichen Arbeit des Geheimdienstes die fehlende neueste Erfahrung auf diesem Gebiet ersetzen. Außerdem – und darauf käme es besonders an – kenne er Heydrich sehr gut, der ihm als Seekadett, als Canaris Erster Offizier auf dem Schulkreuzer »Berlin« war, zwei Jahre lang in Kiel unterstellt war. Der junge Heydrich habe seine Abende oft in der Familie Canaris verbracht und mit der Frau des Hauses gemeinsam Geige gespielt. Diese alte Bekanntschaft könnte die Beziehungen zwischen dem Chef des SD und dem Leiter der Abwehr erleichtern...

Anscheinend zieht dieses letzte Argument. Admiral Raeder entschließt sich, dem General Werner von Blomberg Canaris als Kandidat vorzuschlagen, vorausgesetzt, daß Canaris zustimmt. Nach einem Gespräch zwischen Patzig und Canaris, der schon glaubte, seine Marinelaufbahn in aller Ruhe in Swinemünde beenden zu können, wird er zu General von Blomberg gerufen.

Als er dem Minister und dem General Werner von Fritsch gegenübersteht, versteht es Canaris, weniger über die zukünftige Arbeit, sondern hauptsächlich von der dringenden Notwendigkeit zu sprechen, eine enge Zusammenarbeit, »in Freundschaft und Offenheit«, mit dem SD zu erreichen, besonders was das Verhältnis zu Heydrich betrifft. Mit seiner endgültigen Zusage hält er noch zurück und gibt seine Entscheidung erst vor dem Weihnachtsfest bekannt.

5. DIE VEREINBARUNG CANARIS – HEYDRICH: DIE »ZEHN GEBOTE«

In den Vorweihnachtstagen des Jahres 1934 fällt in Berlin Schnee. Die graue Fassade des alten, in wilhelminischem Stil erbauten Häuserblocks in der Bendlerstraße, dem Sitz des Reichswehrministeriums, ist vom Ostwind leergefegt. An den Fensterrahmen der riesigen Fenster, die bereits um sechzehn Uhr dieses Tages hell erleuchtet sind, fangen sich die weißen Schneeflocken. In einem Zimmer des Seitenflügels dieses Gebäudes, der der Abteilung Abwehr vorbehalten ist, stehen sich zwei Kapitäne zur See schweigend gegenüber. Der größere von beiden, Konrad Patzig, steht am Fenster, seinem Gesprächspartner mit vor der Brust verschränkten Armen kollegial zugewandt. Eingehend prüft er das glatte, rötliche Gesicht seines Kameraden Wilhelm Canaris, der trotz seiner erst siebenundvierzig Jahre schon weißhaarig ist. Die Stille wird durch Konrad Patzig unterbrochen, der sagt: »Ich wollte Ihnen das gespannte Verhältnis zwischen der Abwehr und der SS und meine Reaktionen auf das Machtstreben von Heydrich und auf Himmlers bornierte Denkweise erklären. Beunruhigt Sie das nicht?«

Ab 1. Januar 1935 hat sich Canaris entschieden, die Nachfolge Konrad Patzigs als Leiter der Abwehr anzutreten. Mit spöttischem Lächeln, seine Blicke aus den blauen Augen auf seinen Freund gerichtet, entgegnet er ihm in aller Ruhe und Gelassenheit: »Mit den Jungs werde ich schon fertig!«

Patzig stößt voll von Unruhe einen tiefen Seufzer aus und erklärt nach kurzer Pause, in der anscheinend der von Canaris aufgezeigte Fatalismus und die Ironie ihre ausgleichende Wirkung hatten: »Wollen wir hoffen, daß dieser Tag, auf lange Sicht gesehen, nicht der Anfang Ihres Endes sein wird.«

Die beiden Gegenspieler beobachten sich

Canaris hat die Worte Patzigs über seine besonderen Schwierigkeiten mit der SS im Gedächtnis behalten. Vor allem andern muß er zu einem rechten Arbeitsverhältnis mit Heydrich kommen, dann wird er die Abwehr reorganisieren und modernisieren müssen. Das erste Sichkennenlernen findet auf »neutralem Boden«, in einem Berliner

Restaurant statt. Es verläuft recht freundschaftlich, wenigstens scheint es so. Eines ist offensichtlich, daß der ehemalige Seekadett seinen ehemaligen Chef mit besonderer Freude wiedersieht, den er in seiner Jugend so sehr verehrt hat. Doch inzwischen hat sich der Mensch Heydrich stark verändert und ist zum Menschenverächter geworden. Die Menschen teilt er in zwei Kategorien ein: in solche, die er rücksichtsvoll behandeln muß und die dadurch glauben, mächtiger zu sein als sie wirklich sind, und die anderen, die auf jede Weise und schnellstens gedemütigt werden müssen. Den »kleinen Admiral« glaubt er gut zu kennen und weiß, daß er tüchtig und intelligent ist. Er betrachtet ihn aber mehr als einen Mann von Welt als von besonderer Aktivität, hält ihn für unentschlossen und ängstlich, und glaubt, daß es verhältnismäßig leicht sein wird, ihn in den Dschungel des Dritten Reiches zu locken, in dem Heydrich als eine der größten Raubkatzen sein Unwesen treibt. Heydrichs Ziel liegt fest: Beschneidung der bisher der Wehrmacht vorbehaltenen Kompetenzen und dafür Ausweitung des Einflusses der SS auf möglichst vielen Gebieten des Nachrichtendienstes. Er weiß, daß er in seinen Bestrebungen durch die Tatsache unterstützt wird, daß die Wehrmacht auf allgemeine Zusammenarbeit mit der von der SS geleiteten politischen Polizei angewiesen ist, was Festnahmen, Haussuchungen und ähnliche Aktionen betrifft, weil die Wehrmacht über keine eigenen Exekutivorgane dieser Art verfügt. Auch weiß er, und das ist äußerst wichtig, daß Canaris' Vorgesetzte, Feldmarschall von Blomberg und General von Reichenau, wie man sich damals ausdrückte, »angebräunt« sind.

Beide wollen um jeden Preis einen Konflikt mit der SS-Führung vermeiden und erwarten deshalb vom neuen Leiter der Abwehr, daß er ein Klima des gegenseitigen Verständnisses zwischen der Abwehr und der politischen Polizei schaffen wird. Aus diesem Grunde fühlt sich Heydrich gegenüber Canaris in der stärkeren Position. Aber er sollte seinen Gegenspieler unterschätzen! Später, als er den Admiral in Aktion sieht, wird er seine Untergebenen warnen und ihn als »einen alten Fuchs, vor dem man sich in acht nehmen muß«, bezeichnen.

Canaris gibt sich Heydrich gegenüber mit der Liebenswürdigkeit des »älteren Kameraden«. Sein Gesprächspartner ist darüber höchst erfreut, obwohl er der Marine seine damalige Entlassung nie vergessen kann und deshalb an einem Minderwertigkeitskomplex leidet, den er durch übertriebene Aggressivität gegen die Offiziere der Marine und des gesamten Offizierskorps abzureagieren versucht. Canaris erkennt bald, daß sich Heydrich, gegenüber der Zeit, als Canaris noch sein Vorgesetzter war, stark verändert hat. Der Bursche hat lange Zähne bekommen und erscheint ihm grauenerregend, er ist einesteils fasziniert von der hohen Intelligenz und anderntei1s empfindet er aber instinktive körperliche Furcht vor ihm. Seine etwas mongolisch geschlitzten Augen, sein kalter, stechender Blick wie der einer Schlange beunruhigen ihn. Canaris sieht sich einem höchst gefährlichen Gegner gegenüber, mit dem er scharf überlegt spielen muß, um ihm nicht in die Hände zu fallen. Die Nachfolge von Konrad Patzig enthüllt sich als äußerst schwierig. Am selben Abend schreibt Canaris in sein Tagebuch: »Heydrich ist ein brutaler Fanatiker, mit dem es schwer sein wird, offen und vertrauensvoll zusammenzuarbeiten.« Daß »im Haus gegenüber«, wie Canaris den Amtssitz der Geheimen Staatspolizei in der Prinz-Albrecht-Straße nennt, nicht Himmler, sondern Heydrich der wirkliche Chef ist, stellt er schnell fest. Die Beziehungen zu Himmler bleiben stets mäßig und farblos. Es gibt geringe persönliche Kontakte, weil Canaris keine hohe Meinung von Himmler hat, den er im Grunde als eine kleine, wildgewordene Beamtenseele beurteilt, dem die Macht zu Kopf gestiegen ist. Er ist grausam, hinterhältig und gleichzeitig feige und wenig klug. «Mit dem wird man schon fertig werden«, so meint Canaris, »leichter als mit Heydrich.«

Der erste Probefall: Heydrich gegen Gisevius

Canaris ist sich bewußt, daß er äußerst vorsichtig segeln muß, denn seine Route ist mit gefährlichen, ganz unerwartet auftretenden Felsenriffen übersät. Der Fall Gisevius beweist es ihm. Hans-Bernd Gisevius, Regierungsrat bei der Staatlichen Kriminalpolizei, lag seit längerem in ansteigender, ziemlich offener Feindschaft mit der Gestapo wegen ihrer zahlreichen Übergriffe auf allen Ebenen. Besonders widersetzte er sich als Regierungsrat im Ministerium des Innern der Einrichtung eines direkten Verbindungskommandos zwischen Gestapo und dem Reichskriegsministerium, und vertrat mit vollem Recht die Auffassung, daß eine solche Verbindung über das Innenministerium hergestellt werden müßte, besonders dann, wenn es sich um Fälle der Spionage handelte. Himmler und Heydrich wußten zwar von dessen feindlicher Einstellung, doch waren die beiden SS-Führer noch nicht mächtig genug, einem Ministerialbeamten offen entgegenzutreten. Sie warteten auf eine günstige Gelegenheit.

Als nun Admiral Canaris Chef der Abwehr wurde, erfährt Gisevius von dessen Stabschef, Oberst Oster, einem erbitterten Nazigegner, daß er volles Vertrauen zu Canaris haben und sich mit ihm offen aussprechen könne. Er sucht ihn so schnell wie möglich auf, um ihm seinen Standpunkt vorzutragen, ohne dabei seine SS-Gegnerschaft zu verheimlichen. Während des Gesprächs mit Canaris, zu dem auch der Leiter der Abteilung III der Abwehr (Gegenspionage), Rudolf Bamler, zugegen war, offenbart Gisevius freimütig seine Meinung. Canaris hört sich mit vollem Verständnis, wenn auch etwas skeptisch seine Ausführungen an. Das Letztere ist verständlich, denn er kann nicht glauben, daß die SS nur eine Gruppe von Verbrechern ist, wie Gisevius behauptet. Es muß doch Möglichkeiten der Zusammenarbeit geben... Was Canaris und Gisevius aber nicht ahnen, ist, daß Major Bamler nichts Eiligeres zu tun hat, als den Inhalt dieses Gesprächs an Heydrich weiterzugeben.

Am darauffolgenden Tag erhält Gisevius einen telefonischen Anruf von Heydrich. Dieser teilt ihm in ironischem Ton mit, daß er mit grossem Interesse von seinem gestrigen »Ausflug« in das Kriegsministerium zum neuen Chef der Abwehr erfahren habe. Im gleichen ironischen Ton spricht Gisevius sein Bedauern darüber aus, daß er – Heydrich – nicht habe anwesend sein können, zumal, so fügte er hinzu, es oft passiert, daß Dinge beim Weitererzählen meist entstellt widergegeben werden. Heydrichs Stimme schlägt um und er brüllt in das Telefon:

»Ich weiß sehr genau, was Sie treiben und worauf Sie hinauswollen. Sie wollen mein Nachfolger werden.«

»Aber, Herr Gruppenführer, Sie überschätzen mich. Sie wissen doch ganz genau, daß ich nicht einmal Mitglied der Partei oder der SS bin.«

»Doch, doch, ich weiß schon, mit wem ich es zu tun habe. Ich weiß viel mehr, als Sie ahnen. Aber nehmen Sie bitte zur Kenntnis, daß ich meine Todfeinde bis ins Grab verfolgen kann.«

»Daran habe ich noch nie gezweifelt, Herr Heydrich. Doch bin ich Ihnen für Ihre Offenheit außerordentlich dankbar. Ich werde nicht verfehlen, dies sofort meinem Minister zu melden.«

»Das können Sie ruhig tun.«
»Das werde ich auch tun.«
»Danke sehr.«
»Bitte sehr.«

Gisevius begibt sich tatsächlich zu Innenminister Frick, der darüber sehr empört ist und scharfe Beobachtung von Heydrich anordnet. Dieser zieht seine Krallen ein, wird den Vorfall aber nie vergessen. Der Kampf der beiden setzt sich jahrelang bis zum Tode Heydrichs fort.

Canaris, von dem Vorfall unterrichtet, zieht daraus seine Folgerungen. Die Leute vom »Haus gegenüber« sind erstens: gut unterrichtet; zweitens: reagieren sie sehr schnell; drittens: sind sie nicht so mächtig, wie sie zu sein glauben; und viertens: muß man vorsichtig gegenüber Personen wie Heydrich und Gisevius sein, die wohl entgegengesetzte Rollen spielen, deren Ausgang aber nicht vorhersehbar ist. Canaris wird deshalb Gisevius ein ganzes Jahr lang meiden.

Während der Verhandlungen mit Heydrich beweist Canaris diplomatisches Geschick. Die weniger wichtigen Punkte läßt er zugunsten seines Verhandlungspartners fallen,beharrt aber dafür nachdrücklich auf besonders wesentlichen Positionen. Er hat den Auftrag, mit der SS einen Kompromiß anzustreben, und so wird man sich auch einig. Dabei bringt es Canaris fertig, daß die Vereinbarungen im Wortlaut nicht allzu eng formuliert werden, mit dem Hintergedanken, sie später bei Bedarf in einem für ihn günstigen Sinne auslegen zu können.

Canaris und Heydrich kommen schließlich zu einer Vereinbarung, die in zehn Punkten die neue Kompetenzverteilung festlegt. Sie werden später die »Zehn Gebote« genannt. In dieser gegenseitigen Aufgabenabgrenzung bleibt die Gegenspionage grundsätzlich Sache der Abwehr, während die Gestapo weiterhin für alle mit der Strafverfolgung zusammenhängenden Angelegenheiten zuständig bleibt. Auf die Dauer bringt diese Abmachung jedoch keine Verbesserung der beiderseitigen Beziehungen. Der Grund ist darin zu suchen, daß der Begriff Gegenspionage nicht genau genug erklärt war und eine klare, eindeutige Definition tatsächlich schwierig ist. So beweist das bestehende und sich noch steigernde Mißtrauen auf diesem Gebiet nur zu gut das gespannte Verhältnis zwischen Wehrmacht und SS, das sich mit der Aufstellung der militärischen Organisation der Waffen-SS, womit Himmler in Konkurrenz zur Wehrmacht treten will, noch zuspitzen sollte. Zu diesem Mißtrauen kommt noch hinzu, daß es bei der Überwachungs- und Bespitzelungspraxis der Gestapo gegen alle politisch verdächtigen Personen häufig zu Übergriffen auf das Gebiet kam, für das die Abteilung Gegenspionage verantwortlich war.

Einverständnis über die Spionage, aber...

Durch die »Zehn Gebote« behält die Abwehr den Ausschließlichkeitsanspruch auf den militärischen gehcimen Nachrichtendienst, also die militärische Spionagetätigkeit. Auf die Forderung Heydrichs hin bleibt diese Tätigkeit der Nachrichtenbeschaffung streng auf den militärischen Bereich beschränkt. Die Vertrauensleute der Abwehr dürfen nicht in der politischen Nachrichtenbeschaffung tätig werden. Dafür muß der Sicherheitsdienst (SD) die bei ihm gelegentlich anfallenden militärischen Nachrichten an die zuständigen Stellen der Abwehr weiterleiten. Die Grenzen zwischen politischen und militärischen Nachrichten sind fließend, und es ist in der Tat unmöglich festzulegen, an welchem Punkt die Grenze zwischen einer militärpolitischen und einer rein militärischen Information liegt. Canaris läßt sich nicht über die Absichten Heydrichs täuschen. Die Unterschrift unter die Vereinbarung war noch kaum trocken, da mischt sich Heydrich bereits ohne Berücksichtigung der Abwehr in die militärische Spionage ein. Er unterläßt bewußt, seinen SD-Leuten irgendwelche Beschränkungen in ihrer Tätigkeit aufzuerlegen, insbesondere auch nicht, was die Nachrichtengewinnung über die Wehrmachtführung und deren Mitarbeiter betrifft, gegen die er wegen seiner Dienstentlassung offenes Mißtrauen hegt.

Aber auch Canaris hat nicht die Absicht, sich seinerseits auf die militärische Nachrichtengewinnung zu beschränken. Aus dem Marineoffizier Canaris war schon seit langem der politisch interessierte Mensch und Diplomat Canaris geworden. Er ist überzeugt davon, daß er mit genügend Geschick und Umsicht auf politischem Boden operieren kann, um stets selbst ausreichend über die außenpolitischen Probleme orientiert zu sein und um seine militärischen Vorgesetzten gleichzeitig mit den notwendigen authentischen Nachrichten versorgen zu können. Die Richtigkeit seines Selbstvertrauens wird durch die kommenden Ereignisse erwiesen. Canaris' weltmännischer

Geist, der dem Admiral Raeder so sehr mißfiel, findet in der Leitung der Abwehr ein Betätigungsfeld, das, wie es scheint, gewissermaßen auf ihn zugeschnitten war.

Hitler und Canaris

Es ist eigenartig, daß gerade die kosmopolitische Seite von Canaris Hitler von dem Zeitpunkt an, wo er ihn kennenlernte, so fasziniert hat. Der Führer ist von dem kleinen, weißhaarigen, gebildeten und tatkräftigen Mann beeindruckt, der sich auf Anhieb als der unersetzliche Spezialist aufdrängt und, wenn erforderlich, es versteht zu beweisen, daß er einen realistischen Gesamtüberblick über die Probleme der internationalen Politik sein eigen nennt. Hitler ist positiv von ihm voreingenommen, denn Canaris genießt in der großen Partei den Ruf, ein »zuverlässiger Mann« zu sein. Dies muß ausdrücklich gesagt werden, weil von seiten der »Linken« wiederholt gehaltlose, lautstarke Angriffe auf ihn gerichtet worden waren. Außerdem beweist sich Canaris als ein geduldiger Zuhörer, denn für ihn ist Aufmerksamkeit ein wichtiger Teil seiner Gesprächstechnik. Hitler mit seinem unablässigen Redeschwall bemerkt dies rasch und schätzt es an ihm. Außerdem hat Canaris das Privileg, nicht aus jener Militärkaste hervorgegangen zu sein, der der Führer gefühlsmäßig seit jeher Mißtrauen entgegengesetzt.

Schnell gewinnt Canaris sein Vertrauen. Da Hitler, als großer Bewunderer des britischen Geheimdienstes, ein ebenso gutes, wenn nicht sogar überlegeneres Instrument in der Hand haben möchte und den Aufbau eines großen Geheimdienstes wünscht, hat Canaris keinerlei Schwierigkeiten, sondern wird sogar von Hitler zur Ausweitung und Vergrößerung des Wirkungsbereiches der Abwehr ermutigt und erhält dafür Geldmittel in praktisch unbeschränkter Höhe genehmigt. Bis in die letzten Tage schenkt Hitler Canaris sein Vertrauen – das heißt aber nicht gegenüber der Abwehr, worauf wir noch zurückkommen werden – und will einfach nicht an den »Verrat« von Canaris glauben. Es bedurfte erst der Apokalypse von Berlin, um seine Hinrichtung zu befehlen.

Wir haben von den bestehenden Problemen zwischen der Abwehr und der SS gesprochen, doch bestehen im Dritten Reich noch viel mehr Nachrichtendienste. Offiziell sind es sieben an der Zahl, die, sofern sie sich nicht bekämpfen, zumindest aufeinander eifersüchtig sind. Wir werden sie aufzählen, ohne dabei ins Detail zu gehen, und es wird verständlich werden, warum Hitler sich über den aus den verschiedensten Quellen auf ihn zukommenden Berg von Nachrichten so entrüstet zeigt und schließlich niemandem mehr Glauben schenkt.

Neben der Abwehr, die dem Kriegsministerium untersteht, und dem SD unter Himmler, hat Hermann Göring 1934 eine Dienststelle eingerichtet, die sich besonders und erfolgreich mit der Überwachung und der Entschlüsselung des Telefon-, Telegrafen- und Funkverkehrs der ausländischen diplomatischen Dienststellen beschäftigte. Dies ist das sogenannte »Forschungsamt«; es ist der Luftwaffe unterstellt.

Wie in jeder Marinestreitkraft der Welt üblich, hat auch Admiral Raeder seinen eigenen Nachrichtendienst, der dem Oberkommando der Marine zugeteilt ist. Alfred Rosenberg hat im »Außenpolitischen Amt« seinen eigenen Nachrichtendienst, der von Ernst Bohle geleitet und der »Auslandsorganisation der NSDAP« untersteht. Daneben hat Himmler außer dem SD noch eine eigene Nachrichtendienststelle, die von Werner Lorenz geleitet wird und dem »Hauptamt Volksdeutsche Mittelstelle« zugeteilt ist. Schließlich hat auch das Auswärtige Amt seine Informationsabteilung. Sie wird später unter Ribbentrop als »Henke-Dienst« bekannt.

Canaris und das Auswärtige Amt

Theoretisch hatte die Abwehr kein Recht, sich mit der innenpolitischen Lage fremder Länder zu beschäftigen. Trotzdem nimmt Canaris in außerordentlich geschickter Weise Verbindung mit deutschen Persönlichkeiten auf, die über die neueste politische Situation in den befreundeten, neutralen und feindlichen Ländern besonders gut informiert sind. Das gelingt ihm mit Hilfe des Auswärtigen Amtes, das bald sein bester Mitarbeiter wird. Die Tatsache des guten Einvernehmens zwischen dem Spionagedienst und Außenministerien stellt für die Verhältnisse in den Ländern der freien Welt – ausgenommen die kommunistisch regierten Staaten – etwas ganz Besonderes dar, denn im allgemeinen hat die Diplomatie einen Schrecken vor internationalen Zwischenfällen und Spionageaffären. Schon Kapitän zur See Patzig hatte sich um eine gemeinsame Front Abwehr / Auswärtiges Amt als Gegengewicht gegen die verschiedenen Nachrichtenorganisationen der nationalsozialistischen Partei bemüht, doch scheiterte er an der ablehnenden Haltung des Staatssekretärs von Bülow, der sich für allein zuständig und verantwortlich für sein Ministerium erklärte. Auch gelang es ihm nicht, das traditionelle Mißtrauen von Außenminister von Neurath und seiner Beamten gegenüber militärischen Stellen auszuräumen. Canaris machte es ganz anders, es gelingt ihm, wo Patzig scheiterte; er sollte sogar noch mehr erreichen.

Sehr bald kommt es zu einem Vertrauensverhältnis mit einflußreichen Persönlichkeiten der diplomatischen Welt und verschiedenen Dienststellen des Auswärtigen Amtes. Er knüpft sogar ein freundschaftliches Verhältnis zum wichtigsten Mann des Auswärtigen Amtes an, dem Freiherrn Ernst von Weizsäcker, der damals Leiter der Politischen Abteilung war. Dieser wird 1938 zum Staatssekretär als Nachfolger von Hans Georg von Mackensen ernannt und bleibt es bis 1943, wonach er Botschafter beim Heiligen Stuhl wird. Gleich Canaris war er ehemaliger Marineoffizier und trat 1920 in den diplomatischen Dienst ein. Er war kein Gegner Hitlers, doch verabscheute er die Untaten der SA und SS und fand die Expansionspolitik Hitlers wie Rosenbergs Rassentheorie verwerflich. Canaris und von Weizsäcker schließen für die Zukunft engste Kontakte in gegenseitigem vollen Vertrauen und verstehen sich in der Kunst des passiven Widerstandes gegen die Maßlosigkeiten Hitlers. Wir werden es noch besonders bei dem Thema der Planung einer nazistischen Atombombe erfahren.

Die guten Beziehungen von Canaris zu Weizsäcker werden direkte Auswirkungen auf die Zusammenarbeit der Abwehr mit dem Auswärtigen Amt haben, auch dann noch, als Ribbentrop Minister in der Wilhelmstraße wird. Trotzdem wird es zu zahlreichen Zwischenfällen Canaris-Ribbentrop kommen, zumeist aufgrund der Eifersucht des letzteren, der seine Wut nicht verbergen kann, wenn Nachrichten auf dem militärischen Weg der Abwehr schneller zu Hitler gelangen, als über den seines Amtes.

Canaris hat auch noch weitere Trümpfe in der Hand. Er verfügt über einen ersten Entwurf für die Organisation der Nachrichtengewinnung auf wirtschaftlichem und politischem Gebiet durch deutsche Unternehmen im Ausland. Auf seine Veranlassung hin wird diese Organisation ausgebaut, und es werden damit neue Quellen durch die Initiative dieser deutschen Geschäftsleute erschlossen. An der Spitze der Organisation steht ein unbekannter Türke, der unter dem Decknamen »Baron Ino« Leiter der Import-Export-Großhandelsfirma »Transmare« in Berlin ist. Wahrscheinlich kannte ihn Canaris schon länger, vielleicht bereits seit dem Ersten Weltkrieg, als Canaris Dienst in Madrid tat, denn sie duzten sich und Canaris zeigte großes Zutrauen zu den von ihm gelieferten Informationen. Der Pseudobaron sollte dann zahlreiche wirtschaftliche und finanzielle Transaktionen auf Kosten der Abwehr durchführen und Canaris bei der Entsendung von Agenten in das Ausland unter dem Deckmantel der Handelsgesellschaft behilflich sein.

Ein besonders wertvoller Trumpf in Canaris' Spiel sind die häufigen Reisen, die ihm nicht nur Kenntnisse über Einzelprobleme in den verschiedenen Ländern vermitteln, sondern ihm zugleich ermöglichen, freundschaftliche Kontakte zu schließen. Mit der erstaunlichen Begabung, sich bei Menschen verschiedenster Nationen sprachlich voll verständlich machen zu können, vergrößerte der »kleine Admiral« seine Beziehungen und freundschaftlichen Verbindungen zusehends. Einige Namen von Personen verschiedenster Schattierungen, mit denen Canaris in Verbindung stand, seien aufgeführt: der Finne Marschall Mannerheim, der japanische Botschafter Oshima, die italienischen Generale Roatta und Amé, die Ungarn Admiral Horthy, von Kanya und von Hennyey, der Inder Subhas Chandra Bose, der Bulgare Zar Boris III., die Spanier Don Francisco Franco, Don Francisco Jordana, Don Juan Vigón oder der Großmufti von Jerusalem, Mohammed Amin Al Husseini.

In den folgenden Jahren treibt Canaris, oft entgegen der amtlichen Version, sein eigenes diplomatisches Spiel, beseelt von der alleinigen Sorge der Errettung seines Landes vor dem Unglück, in das Hitler es hineinführt. Vielleicht ist diese diplomatische Aktivität das Rätselhafteste an Canaris. In den folgenden Kapiteln werden wir den Schleier zu lüften versuchen, der über den außergewöhnlichen und oftmals unbekannten Vorgängen liegt, obgleich wir wissen, daß nicht alles aufgehellt werden kann, weil Archivunterlagen und Zeugenaussagen nur lückenhaft vorhanden sind. Vielleicht wird sich eines Tages noch Verschiedenes auffinden... Aber wir wollen nicht vorgreifen.

6. CANARIS REORGANISIERT DIE ABWEHR

Nach Übernahme seiner Funktion in der ersten Januarwoche 1935 versammelt der neue Chef der Abwehr alle Mitarbeiter, mit denen er in Zukunft direkt zusammenarbeitet, um sich ihnen bekanntzumachen. Er merkt sich ihre Namen, prägt sich ihr Gesicht ein, doch das genaue Kennenlernen und Beurteilen bleibt ihm für später vorbehalten. In seiner Begrüßungsrede sagt er unter anderem:

»Meine Herren, die Abwehr ist nur eine kleine Dienststelle in diesem großen Führungsstab. Wir werden versuchen, daraus einen kompletten Nachrichtendienst mit den Abteilungen Spionageabwehr, Sicherheit und Spionage zu machen, mit dem Ziel vor Augen, ein geschlossenes Ganzes, ein »Haus in sich«, zu werden. Wir übernehmen den Leitsatz meines legendären Vorgängers, des Obersten Nicolai, der gesagt hat: ›Spionage ist ein Dienst, der nur Herren vorbehalten ist‹.«

Die Offiziere betrachten den untersetzten, weißhaarigen Mann aufmerksam. Einer von ihnen erklärte mir später: »Das wirkte eindringlich, der Kontakt zwischen ihm und mir war hergestellt. Ich hatte einen väterlichen Vorgesetzten gefunden. Von Anfang an haben wir gut zusammengearbeitet und ich hatte das Gefühl, daß der Admiral mehr als nur ein hoher Offizier war, daß er eine besondere Persönlichkeit darstellte. Aus der alle möglichen Themen berührenden Besprechung, die er regelmäßig abhielt, entnahm ich, daß seine Aufgabe nicht von einem Auftrag, sondern von seinem Gewissen diktiert war, das ihm eingab, ausschließlich im Interesse seines Vaterlandes zu handeln. Er sah, wie Deutschland im Zuge des Machtzuwachses allmählich zur führenden Nation eines ›Großen Europa‹ in friedlicher Gemeinschaft werden könnte. Diese Auffassung hörte sich recht eigenartig an, währenddessen das Dritte Reich die Aufrüstung betrieb. Seine Akzentsetzung unterschied sich erheblich von dem, was die offizielle Goebbelssche Propaganda sagte. Ich ahnte schon, daß er sich bald der gewalttätigen Expansionspolitik Hitlers widersetzen würde, und ich war erfreut darüber, mit einem Menschen zusammenarbeiten zu können, der nicht an die Vorherrschaftsideen einer deutschen Rasse zu glauben schien, sondern viel mehr Wert auf humanitäre als auf militärische Probleme legte. Ich war begeistert von ihm. Und als er uns dann noch sagte, ›Spionage ist ein Vorbehaltsrecht für Herren‹, war mir plötzlich klar, daß wir unseren Herrn gefunden hatten.«

In der Tat, Canaris schuf einen echten »Geist der Abwehr«, der auf dem festen Vertrauen des »Alten« zu seinen Mitarbeitern und auf dem Glauben an deren Unbestechlichkeit beruhte. Eines Tages meinte er: »Die Abwehr muß nach den internationalen Spielregeln arbeiten und hat sich entsprechend der allgemein geltenden Regeln der Zivilisation an die Menschenrechte, das Völkerrecht und an die Moralgesetze zu halten. In der Abwehr brauche ich Gentlemen und keine skrupellosen Gangster.«

Nach dem Kriege schreibt der Oberstleutnant der Abwehr Oskar Reile folgendes: »Die Tätigkeit der Abwehr wurde vom Geist der Ritterlichkeit ihres Chefs Admiral Canaris überstrahlt. Gewaltmenschen waren ihm aus tiefster Seele zuwider. Er litt unsäglich, wenn anderen unverschuldetes Leid angetan wurde, und er half, Unglück zu lindern und in Not befindliche Menschen zu retten, wo immer er konnte... Unnachsichtig in Fragen der Disziplin und des ethischen Verhaltens hatte er verschärfte Verhöre, Nötigung und Erpressung streng verboten... Diese Einstellung des Abwehrchefs wurde Allgemeingut seiner Offiziere und sollte im Kriege bis an den fernsten Fronten ihre Früchte tragen.« Im Vorwort der französischen Übersetzung des Buches von Oskar Reile »Geheime Westfront« schreibt Colonel Rémy: »Mich auf die Berichte meiner Kameraden stützend, die der deutschen Abwehr in die Hände fielen, hatte ich mehrfach Gelegenheit öffentlich zu erklären, daß die Offiziere aus der Umgebung von Admiral Canaris persönlich dafür sorgten, daß die geltenden Gesetze des Völkerrechts und der Menschlichkeit, die sicher hart waren, in gleicher Weise und unter denselben Umständen eingehalten wurden, wie dies durch die französischen Offiziere geschah.«

Diese Verehrung für den »kleinen Admiral« war bei allen seinen Mitarbeitern einstimmig vorhanden. Nach seinem Tode wurde sie sogar zu einer Art fast religiöser Ergebenheit. Alle seine alten

Mitarbeiter, die ich seit Kriegsende befragt habe, brachten mir gegenüber diese edelmütige Gesinnung zum Ausdruck, alle ehemaligen Offiziere der Abwehr, die mich zum 8., 9. und 10. April 1970 zu ihrem Treffen nach Würzburg einluden, um sich in Gedenken, Freundschaft und dankbarer Verpflichtung des fünfundzwanzigsten Todestages ihres großen Vorbildes, Admiral Canaris, zu erinnern. Ich war sichtlich erschüttert, über ihn von den rund sechzig Abwehrleuten gemeinsam nur das Beste zu hören. Nur wenig Menschen und Vorgesetzte hinterlassen solch tiefe Eindrücke und Erinnerungen!

Das schwierige Problem der personellen Ergänzung

Bis 1935 hatte die Abwehr nach den Berichten von Abshagen nur eine geringe Personalstärke. Er sagt darüber: »Das Personal der Abwehr war keineswegs einheitlich zusammengesetzt. Es gab Offiziere, die ihre militärische Ausbildung vor 1918 erhalten hatten, die durch die Schule der von Seeckt geschaffenen und durch den Versailler Vertrag erlaubten Reichswehr gegangen waren, andre, die im Zuge der Aufrüstung und Heeresvermehrung eingetreten waren und endlich solche, die ihre Offizierslaufbahn erst unter Hitler begonnen hatten.« Abshagen stellt fest, daß die zu den drei ersten Kategorien zählenden Offiziere eine traditionelle Abneigung hatten, sich mit Fragen der Innenpolitik zu befassen, wohingegen die Offiziere der letzteren Kategorie politisch stark engagiert waren. Abshagen fügt hinzu: »Daraus ergab sich eine durch die militärische Disziplin nur oberflächlich überbrückte Kluft zwischen den älteren und jüngeren Offizieren.« Dies trifft zweifellos zu, doch tritt dieser Gegensatz in Zukunft nur in geringem Maße zutage.

Tatsächlich steht Canaris bei Beginn der Erneuerung und Vergrößerung der Abwehr vor dem schwierigen Problem der Personalergänzung. Hauptsächlich deshalb, weil der Nonkonformist Canaris die Auffassung vertritt, daß sich ein Offizier nicht automatisch für alle Verwendungen eignet. So war er z.B. mißtrauisch gegen Offiziere der Wehrmacht, die in erster Linie den Gehorsam gegenüber Vorgesetzten und das Befehlen gegen Untergebene gelernt haben und nur ihre Spezialausbildung zum Infanteristen, Artilleristen oder Kavalleristen erhielten, und er bezweifelt, daß diese notgedrungen auch für den geheimen Nachrichtendienst taugen sollten. Es hatte nichts mit

Korpsgeist zu tun, wenn ihm dafür Marineoffiziere besser geeignet erschienen. Selbstverständlich bekommen auch sie eine Spezialausbildung für ihre zukünftige Aufgabe im Geheimen Nachrichtendienst. Schon lange hat sich der Abwehrchef, wie sein Kollege vom britischen Intelligence Service, von der kindlichen Denkweise frei gemacht, daß die Anzahl der Sterne, der Achselstücke oder Streifen auf den Ärmeln auch die bessere Eignung für die verschiedensten Aufgabengebiete gewährleistet. Aus diesem Grunde ergänzt er ab 1939 mangels anderer Möglichkeiten, sich die geeigneten Leute direkt von den Universitäten und technischen Hochschulen zu holen, seinen Personalbedarf aus dem Zivilbereich mit Professoren, Juristen, Medizinern, Ingenieuren und sogar katholischen Priestern und evangelischen Geistlichen. Es kommt ihm in erster Linie darauf an, daß die Bewerber Auslanderfahrung und gute Fremdsprachenkenntnisse haben und neben ihrer Vorbildung ein hohes geistiges Format und insbesondere charakterliche Zuverlässigkeit besitzen. Manchmal irrte Canaris sich in einem Menschen, weil er sich in der Tat von Sympathien und Antipathien leiten läßt, allzuoft auch beurteilt er die Eignung eines Menschen nach dem ersten gewonnenen Eindruck. Doch soll Canaris, nach dem Urteil seiner wichtigsten Mitarbeiter, in der Auswahl, so schnell er sie auch getroffen hat, insgesamt eine glückliche Hand gehabt haben.

Hans Oster, der Rebell

Unter den Abteilungsleitern der Abwehr ist einer, von dem in diesem Buch noch oft die Rede sein wird, weil er eine bedeutende Rolle im Leben von Canaris wie für das Schicksal der Abwehr spielen sollte: der Major und spätere General Hans Oster.

Hans Oster wurde 1888 als Sohn eines evangelischen Pfarrers geboren, war im Ersten Weltkrieg Kavallerieoffizier und wechselte anschließend zur Reichswehr der Weimarer Republik über. Wegen einer skandalösen Liebesaffäre mit der Frau eines höheren Offiziers mußte er im Dezember 1932 seinen Abschied nehmen, wurde dann dank der Fürsprache General Halders, der ihn sehr schätzte, wieder eingestellt und dem militärischen Nachrichtendienst zugeteilt, wo er unter Generalmajor Kurt von Bredow und dann unter Kapitän zur See Konrad Patzig Dienst tat.

Somit ist Oster bei der Amtsübernahme von Canaris bereits ein altes Mitglied der Abwehr. Trotz des geringen Altersunterschieds von nur einem Jahr sind Auftreten und Charakter der beiden recht unterschiedlich. Aktiv, lebhaft, oft unbedacht in seinen Bemerkungen, läßt es Oster an der gebotenen Vorsicht und Schlauheit fehlen. Obgleich er mager und blaß war, war Oster ein gutaussehender, eleganter Mann, er trug ein Monokel, war von unbeschwerter, liebenswürdiger Natur und – ein namhafter Frauenheld. Er hatte draufgängerischen Mut, sein Haß gegen den Nationalsozialismus war tief eingewurzelt. Als absoluter Monarchist fühlte er sich immer noch mehr an seinen Fahneneid auf den Kaiser als an den ihm aufgezwungenen Eid auf Hitler gebunden. Dem Generalmajor Kurt von Bredow war er in Freundschaft und Verehrung verbunden. Als dieser durch Himmlers und Heydrichs SS in der »Nacht der langen Messer« am 30. Juni 1934 grausam ermordet wurde, war dies für Oster, der vorher bereits ein Gegner des Naziregimes war, der Anlaß, zum Widerstandskämpfer zu werden.

Canaris erfaßt bald die Gefühle und Ansichten Osters, die er aber nicht, noch nicht, mit ihm teilt und vor denen er die Augen verschließt. Oster vereinigt in sich alle Eigenschaften eines Tatmenschen, die Canaris gut für sich nutzen kann; er macht ihn zu seinem Stabschef und überträgt ihm später die Leitung der Zentralabteilung der Abwehr. Die beiden werden wohl nie echte Freunde, sie marschieren aber im Gleichschritt, wobei beide sich gegenseitig voll vertrauen. Trotzdem hatten sie nicht die gleiche Auffassung von vaterländischer Pflichterfüllung, wie wir später noch lesen werden. Gisevius, der mit ihm enger im Widerstand gegen Hitler zusammenarbeiten wird, hat über ihn ein etwas übertriebenes Loblied geschrieben, das nicht ganz der Wirklichkeit entspricht. Wir wollen es trotzdem erwähnen, weil es den Mann, der die rechte Hand von Canaris wurde, gut charakterisiert:

Oster war zu Großem befähigt. Weder Verlockungen aller Art, persönlich oder beruflich, die sich ihm in einem militärischen Nachrichtendienst boten, noch die unvermeidlichen Schwierigkeiten des illegalen Widerstandes mit versteckten Wegen und Verschleierungen, konnten ihn erschüttern. Man kann fast sagen, es sah so aus, als ob er den Dschungel nicht bemerkte, den er zu durchschreiten hatte. Hindernisse schreckten ihn nicht ab, er schaute ihnen ins Auge und er überwand sie ohne Zögern, wie ein passionierter Reiter. Seinen täglichen Dienst begann und beendete er stets mit guter Laune. Er ließ sich niemals unterkriegen und baute auf sein unerschütterliches Gottvertrauen.

Zwei enge Mitarbeiter von Canaris: Bürkner und »Piki«

Durch die Impulse des neuen Chefs wird die Abwehr personell verstärkt und vergrößert, gewinnt eine gewisse Selbständigkeit, hat enorme Geldmittel zur Verfügung und wird zu einer echten Geheimdienstorganisation nach dem Muster des britischen Intelligence Service. In zwei Stufen wird die Reorganisation und Weiterentwicklung der Abwehr durchgeführt: von 1935 bis 1938 und von 1938 bis 1941. Als dann Hitler das Reichskriegsministerium durch das Oberkommando der Wehrmacht (OKW) ersetzt und General Keitel mit dessen Führung beauftragt, wird eine Amtsgruppe »Abwehr« mit fünf Abteilungen gebildet: Die Abteilung Ausland, die drei bereits bestehenden Abteilungen Geheimer Meldedienst – Spionageabwehr und Sicherheit – Sabotage und Zersetzung, und dazu die Zentralabteilung. 1941 wird aus dieser Organisation das Hauptamt Auslandsnachrichten und Abwehr des OKW, in welches das Amt Ausland als Amtsgruppe eingegliedert wird*. Bald wird die Abwehr zu dem, was sich Canaris darunter vorstellte, doch wird jeder Abteilungsleiter seiner Abteilung im Rahmen der Eigenverantwortlichkeit seinen persönlichen Stempel aufdrücken.

Unter diesen Abteilungsleitern ist neben Hans Oster der Kapitän zur See und spätere Konteradmiral Leopold Bürkner, ein »treuer Seemann und rosenroter Optimist«, wie Canaris sagt, der mit ihm zusammen in Wilhelmshaven Dienst getan hatte und der ihn sehr schätzte. Aus Dienstaltersgründen ist er der Stellvertreter im Amt. Er ist Leiter der Abteilung Ausland, die die Verbindungsaufgaben zwischen der Abwehr, dem Kriegsministerium und dem Ministerium für Auswärtige Angelegenheiten wahrnimmt.

An der Spitze der Abteilung I (Geheimer Meldedienst) steht der Oberst Hans Piekenbrock. Ihn verbindet später mit Canaris ein besonderes Freundschaftsverhältnis. Er ist Rheinländer, großgewachsen, immer elegant angezogen, sehr vornehm wirkend, lebens-

* Im Anhang dieses Werkes ist die Organisation und Aufgabenverteilung mit den zahlreichen Untergliederungen (Dokument I) aufgeführt.

froh und stets zu Scherzen aufgelegt. Er erzählte mir später köstliche Anekdoten aus dem Dritten Reich und über seinen alten Chef, den er unendlich verehrt. Seine Intelligenz, sein scharfes, wohlüberlegtes Urteil und sein trockener Humor machen ihn bei Canaris besonders beliebt und geschätzt, der ihn wohlwollend nur »Piki« nennt. Zu ihm hat er absolutes Vertrauen, mit ihm kann sich Canaris freier als mit allen anderen Mitarbeitern aussprechen. Wenn der Abwehrchef überhaupt seine innersten Gedanken und Sorgen, die ihn bewegten, jemandem mitgeteilt hat, dann war es gegenüber Piekenbrock. Es ist ein Unglück für die Geschichtsschreibung, daß Piki mit den Erzählungen seiner vertraulichen Kenntnisse so gegeizt hat. Er hat manche Geheimnisse mit ins Grab genommen, von denen nur er allein gewußt haben kann. Im Laufe der Unterhaltung erzählte er mir hauptsächlich von seiner Abteilung I, und ich werde in diesem Buch noch Gelegenheit haben, seine Zeugenaussagen zu zitieren. Unter anderem erzählte er mir von den Plänen, die Canaris zu Beginn des Neuaufbaus der Abwehr hatte, aus denen die Eigenschaften und Ziele des »kleinen Admirals« ersichtlich wurden, um einen mächtigen militärischen geheimen Nachrichtenapparat zu schaffen.

»Vor allem anderen müssen wir die personelle Ergänzung und die Schulung der operativen Agenten vorantreiben«, sagt Canaris. »Die Operationellen sind die Speerspitze des Nachrichtendienstes in des Wortes wahrster Bedeutung. Ohne sie ist man nur auf das Sammeln von Gerüchten und Klatsch und auf die Auswertung der Presseinformationen angewiesen; man wartet dann hinter dem Schreibtisch, bis die Information auf einem silbernen Tablett gereicht wird. Das heißt, meine Herren, die Operationellen sind nicht alles, was wir brauchen. Wir benötigen außerdem auch Spezialisten, die die Ernte einfahren und die Spreu vom Weizen trennen.

Diese Spezialisten, das Gehirn eines Nachrichtendienstes, müssen hervorragende Sachkenntnisse haben. Denn die gesammelten Nachrichten sollen nicht nur verstanden, analysiert und zusammengefaßt werden, nein, sie müssen auf ihre Wichtigkeit hin ausgewertet und auf ihre Richtigkeit hin überprüft werden oder daraufhin geprüft werden, ob Vorsichtsmaßnahmen zu ergreifen sind. Was wir für die Abwehr brauchen, Sie haben es doch wohl verstanden, sind Männer und keine Maschinen. Wir brauchen Leute, die die Aufträge ausführen, möglichst intelligente und unbestechliche, und Chefs, die fähig sind als Vorreiter in diesem Schachspiel.«

Die Meinung des »Père Rivet«

Diese Worte der Admirals Canaris erinnern uns an die des »Père Rivet«, des berühmten Chefs des Zweiten Büros (dem militärischen Geheimdienst der französischen Armee), der nach Mitteilung von Michel Garder seinen Neulingen die wichtigsten Grundsätze ihres neuen Aufgabengebietes wie folgt erklärte:

»Sehen Sie, das Geheimnis des Nachrichtendienstes liegt weder in seinen Zielen, die sich leicht erraten lassen, noch in der verwirrenden Verfahrensweise. Es handelt sich darum, uns Menschen für die Nachrichtengewinnung und für die Sicherung der Nachrichtengewinnung mit all ihren Stärken und Schwächen, sei es schmutzige Bestechlichkeit oder selbstlose, uneigennützige Passion, nutzbar zu machen. Im Grunde ist es ein Pakt mit verschiedenen Aspekten, der zwei Menschen zusammenbringt: einen Offizier und einen Agenten... einen Anführer des Spiels und einen Ausführenden. Das ergibt eine Vielzahl von Einzelfällen, wobei hinter jedem einzelnen Fall ein aufregendes, menschliches Problem steht. Die Vielzahl der Nachrichtenquellen, die ständige Verbesserung der Kunst des Abschirmens dieser Quellen gegen Gefahren, das unablässige Bemühen, die Informanten oder Agenten über den augenblicklichen Bedarf auf dem laufenden zu halten... Das ist das Brevier für die Offiziere, die sich damit befassen müssen... das ist das wahre Geheimnis des Nachrichtendienstes.«

Das Zeugnis von Paul Leverkuehn

Für die von Canaris der Abteilung I gegebenen Anregungen haben wir die Aussage des Majors der Abwehr Paul Leverkuehn, der während des Krieges eine wichtige Rolle in der Türkei gespielt hat.

Leverkuehn schreibt:

»Als Ende 1934 Kapitän zur See Canaris den Nachrichtendienst übernahm, konnte nun auch eine systematische Erkundung der französischen Marine an der Kanal- und an der atlantischen Küste auf dem Wege über Holland/Belgien, den sogenannten Frankreich-Nord-Weg, in Angriff genommen werden. Dieser Dienst bedeutete die Erkundung der Kriegs- und Handelshäfen, ihrer Kapazitäten, Küstenbefestigungen, Kriegsschiffstypen und deren Bauweise. Dazu kamen die Einzelheiten der Bauart, Panzerung, Artillerie-Bestükkung usw. und schließlich mußten auch die Marineflugplätze und die im Küstenbereich gelegenen Landflugplätze festgestellt werden, sowie die Ölversorgung der französischen Marine und des Heeres, d.h. die Raffinerien und ihre Kapazitäten, und zwar sowohl nach ihrer Bedeutung für die Versorgung der Flotte als auch gegebenenfalls als Zielunterlagen für die Luftwaffe... Die Bearbeitung des französischen Küstengebietes wurde allmählich auch auf die französische Südküste mit Erfolg ausgedehnt, sowohl von Deutschland aus nach Westen und von Spanien aus von Süden her betrieben.

Um diese Erkundung zu ermöglichen, war es notwendig, in langer, mühsamer Arbeit Agenten zu gewinnen, und zwar waren diese meistens nicht Franzosen, sondern Angehörige anderer Nationen. Sie wurden bei der Dienststelle eingehend geschult. Eine solche Schulung bedeutete, daß sie zunächst einmal selbst mit der Bedeutung des zu erkennenden Gebiets vertraut gemacht werden mußten... Agenten für solchen Dienst sind meistens Personen, die aus einer Mischung von Passion und Abenteuerlust sich zu diesen Aufgaben bereit finden, oft sogar selbst melden. Der Offizier, der sie instruiert und auch führt, muß ein Vertrauensverhältnis zu ihnen gewinnen, das heißt, er muß davon überzeugt sein, daß er ihnen Vertrauen schenken kann, und sie müssen davon überzeugt sein, daß sie sich auf seine Hilfe verlassen können, wenn ihnen etwas passieren sollte. Mit Geld allein sind diese Aufgaben nicht zu bewältigen. Admiral Canaris legte den größten Wert darauf, daß alle Handlungen, die auf eine Pressung oder Erpressung von Vertrauensleuten hinauslaufen konnten, unterblieben. Auch war die sogenannte Provokation verboten. In solchen Dingen war er unnachsichtig und griff aufs schärfste durch, wenn seine Anordnungen nicht befolgt wurden. Sein Wunsch war, daß der Nachrichtendienst anständig und honorig geführt werden sollte.«

Wenig Frauen in der Abwehr

Durch Spionageromane und Filme angesteckt, glauben wir gerne den Erzählungen über aufsehenerregende Abenteuer schöner Spioninnen, die der Mata Hari nacheiferten. Wenn es auch im Zweiten Weltkrieg viele unbezahlte weibliche Agenten gegeben hat, so gab es nur wenig echte Spioninnen, wie »la Chatte«, alias Mathilde Carré, oder Lily Sergueiev. Diese Ausnahmen bestätigen die allgemeine Regel aller Nachrichtendienste: so wenig Frauen wie möglich!

Wie in ausländischen Nachrichtendiensten, so vermeidet man auch bei der Abwehr, dem weiblichen, dem sogenannten schwachen Geschlecht wichtige Aufträge zu erteilen. Obgleich es Tatsache ist, daß eine Frau ebenso mutig wie ein Mann sein kann und die gleiche Zähigkeit, Willenskraft und Verschwiegenheit besitzt, noch dazu, wenn sie, raffiniert und hübsch, sich leichter als ein Mann Zutritt in eine fremde Gesellschaft verschaffen kann. Wie dem auch sein mag, aber es ist so: nur im Kriege taucht das weibliche Element bei der Abwehr auf. Um es genau zu sagen, wenn man seither auf den Gängen der Abwehr zahlreichen Frauen begegnete, waren es nur Sekretärinnen oder Agentinnen mit ortsgebundenem Auftrag. Selten und dann nur in außergewöhnlichen Fällen wird eine Frau im aktiven Dienst der Nachrichtenbeschaffung eingesetzt. »In keinem Falle«, so sagte mir Abwehroberst Oskar Reile, »wurden deutsche Frauen für Spionagezwecke im Feindesland verwendet. Einige, darunter auch Ausländerinnen, arbeiteten innerhalb Deutschlands und in den von unseren Truppen besetzten Gebieten an kleineren Aufträgen, wie der Überwachung verdächtiger Personen.«

Canaris ist kein Frauenfeind, sondern er ist vorsichtig. Der Oberst der Abwehr Franz Seubert wiederholte mir folgende allgemeine Verhaltensregel des Admirals an seine Mitarbeiter:

Frauen in einem Nachrichtendienst können sicherlich nützlich sein. Man kann sie benutzen, aber man braucht nicht mit ihnen zu schlafen. Wer mit einer von diesen schläft, wird automatisch aus der Abwehr hinausgeschmissen.

Auf diesem Gebiet ist Canaris streng. Oberst Reile erzählte mir etwa folgende Geschichte, die sich 1935 zutrug:

Rittmeister Sosnowski, ein Offizier des polnischen Nachrichtendienstes, war als wohlhabender Zivilist getarnt nach Berlin gekommen. Er suchte und fand Eingang in Familien, deren Töchter im Kriegsministerium tätig waren. Mit drei von ihnen spann er Liebesbeziehungen an. Jedes dieser Mädchen glaubte, Sosnowski würde es heiraten. Entsprechende Andeutungen und Versprechungen hatte er ja gemacht. Sosnowski benutzte diese Beziehungen jedoch nur, um sich Material zum Zweck der Erpressung zu beschaffen. Er ließ fotografische Aufnahmen von Liebesszenen fertigen, die geeignet waren, die beteiligten Frauen aufs schwerste zu kompromittieren. Mit diesem Material erpreßte Sosnowski dann die Frauen, die ihm sexuell völlig hörig waren, und veranlaßte sie, ihm geheime Schriftstücke aus ihren Arbeitsstellen im Kriegsministerium zu liefern. Diese Sache wurde aufgedeckt und Sosnowski und seine Geliebten wurden verhaftet. Zwei von ihnen wurden deshalb wegen Landesverrats zum Tode verurteilt und hingerichtet, ohne ihre Treue zu Sosnowski aufzugeben. Die Dritte erhielt eine langjährige Freiheitsstrafe... Der traurige Held dieser Geschichte blieb am Leben und wurde gegen mehrere unserer von den Polen gefangengehaltenen Agenten ausgetauscht. Als Canaris über die Einzelheiten dieses Abenteuers unterrichtet wurde, erklärte er mir: »Wer von meinen Offizieren mit solchen Mitteln arbeitet, fliegt! Ich würde mit allen Mitteln gegen ihn vorgehen.« In solchen Dingen ließ Canaris nicht mit sich spaßen.

Die Abteilung II (Sabotage) von Groscurth

Der Hauptauftrag der Abwehrabteilung II (Sabotage und Zersetzung) war, im Hinterland des Feindes als Sabotageorganisation zu wirken. Damals die zahlenmäßig schwächste Abteilung, gewann sie erst im Kriege durch die Aufgabenstellung besondere Bedeutung. Ihre Aufgabe besteht darin, feindliche Verkehrsverbindungen zu zerstören, Nachrichtenverbindungen zu unterbrechen, Treibstofflager, Hafenanlagen, Verschiebebahnhöfe, Staudämme und Schleusen zu sprengen, aber auch innere Unruhen beim Gegner anzustiften, all das, was wir heute unter »subversiv tätig werden« verstehen. Solches geschieht durch zersetzende Propaganda bei politisch unsicheren, abtrünnigen Minderheiten hinter den feindlichen Linien und durch die Ausbildung von Partisanengruppen in verdecktem Kampf (Guerillas).

Canaris steht dem Gedanken der Sabotage anfangs ziemlich skeptisch gegenüber, weil er in seiner realistischen Abschätzung der Möglichkeiten sich davon keine wesentlichen oder gar entscheidenden Erfolge verspricht. Er ist der Auffassung, daß nach menschlichem Ermessen wirklich eintretende Sabotageerfolge in keinem Verhältnis zu den Folgen der Verbitterung im feindlichen Lager stehen. In der Hauptsache ist er aber gefühlsmäßig gegen Sabotageakte eingestellt, weil sie allzu große Gefahren für die unschuldige Zivilbevölkerung beiderlei Geschlechts mit sich bringen. Damit sind auch seine heftigen Vorwürfe gegen die berüchtigten »Kommandos« der britischen und amerikanischen Armee begründet. Trotz dieser Grundauffassung widersetzt sich Canaris nicht der Sabotageanwendung und läßt sich von dem Gedanken leiten, verpflichtet zu sein, alle Möglichkeiten auszuschöpfen, die der deutschen Heeresführung nützlich sein können. Aber nur unter einer Bedingung – und darin ist er unnachgiebig – daß die unter zivilisierten Mächten geltenden Gesetze der Kriegführung und Menschlichkeit respektiert werden. Wenn Hitler oder das Oberkommando der Wehrmacht auf Befehl Hitlers eine Aufgabe stellt, die gegen die Gesetze der Kriegführung und des Völkerrechts verstößt, gibt er solche Aufträge einfach nicht weiter. Dies ist in der Geschichte des Dritten Reiches einmalig, denn die Nichtausführung eines Führerbefehls zieht nach allgemeiner Gepflogenheit die standrechtliche Erschießung nach sich. Canaris wendet in solchen Fällen eine zweckmäßige Methode an, indem er die Befehle nur zögernd mit aufschiebender Wirkung behandelt, in der Absicht, daß sie durch neu eintretende Ereignisse in Vergessenheit geraten, oder er versucht durch breitangelegte Diskussionen die Angelegenheit zu verzögern, oder man tut so, als werde der Befehl ausgeführt und gibt sich dabei den Anschein großer Geschäftigkeit. In Wirklichkeit aber wird nichts unternommen.

Solche Fälle kommen zu Dutzenden, wenn nicht sogar zu Hunderten vor, die bekannten Affären »Weygand« und »Giraud« seien hier als Beispiel erwähnt.

Bis Anfang des Jahres 1939 wird die Abteilung II durch Major, später Oberst Helmuth Groscurth geleitet, einen hochgewachsenen, blonden, verschlossenen Mann mit Brille, dessen besondere Stärke auf dem Gebiet der Organisation liegt und zu dem Canaris besonderes Vertrauen hat.

Die Spionageabwehr

Die Abteilung III (Spionageabwehr) ist für Canaris von besonderer Bedeutung. Er bringt dies bereits in einer seiner ersten Dienstbesprechungen als Abwehrchef zum Ausdruck:

»Die Spionageabwehr ist für Deutschland von lebenswichtiger Bedeutung. Ungenügende Arbeit auf diesem Gebiet hätte zur Folge, daß unser Land fremden Agenten ausgeliefert wäre. Alle unsere militärischen Geheimnisse – es gibt viel mehr als man allgemein glaubt – und unsere geheime Industrie und Forschung wären unmittelbar bedroht. Vergessen Sie bitte nicht: Das französische Zweite Büro und der britische Intelligence Service haben bei uns viele Agenten angesetzt, die aus allernächster Nähe unsere geheime Aufrüstung verfolgen. Wir werden deshalb eine großangelegte Säuberungsaktion in Angriff nehmen müssen. Dabei wird die Abteilung Spionageabwehr bestmöglich vergrößert, soweit es unsere Mittel zulassen. Es ist eine schwere und langwierige, doch, ich betone nochmals, eine dringend notwendige Aufgabe. Wir können nur vorankommen, wenn wir unseren Rücken von Dolchstößen freihalten. Mit der Unterstützung anderer Dienststellen des Reiches können wir nicht rechnen, wir sind auf unsere eigene Initiative angewiesen. Es wird meine besondere Sorge sein, daß sich die Abteilung III kräftig entwickelt.«

Bis Kriegsausbruch wird die Abteilung III von dem Major, dem späteren General Rudolf Bamler geleitet, der dazu von General von Reichenau, dem Chef des Wehrmachtsamtes, ernannt wurde. Bamler ist ein Bewunderer des nationalsozialistischen Systems und steht in enger Verbindung zu den SS-Führern Heydrich, Ohlendorff, Schellenberg, Müller, Nebe und Best. Das mißfällt Canaris sehr, denn er fürchtet nichts mehr, als daß die SS Einblick in die Angelegenheiten der Abwehr nehmen könne, und er wünscht deshalb von seinen Mitarbeitern, daß die Beziehungen zu den Leuten vom »Haus gegenüber« auf das Allernotwendigste beschränkt werden. Er wartet nur auf eine günstige Gelegenheit, um Rudolf Bamler auszubooten. Sie bietet sich ganz zufällig 1939, als Bamler um seine Versetzung zur Truppe nachsucht. Diesem Wunsch legt Canaris keinerlei Hindernisse in den Weg.

Die Zeugenaussagen von Oskar Reile

Oskar Reile erklärt, daß 1935, als Canaris die Abwehr übernahm, die Spionageabwehr auf die strenge Kontrolle der Grenzen, die Überwachung verdächtiger Personen und Personenkreise und in bestimmten Fällen auf deren Post- und Telefonüberwachung innerhalb Deutschlands beschränkt war. Auf dem Sicherheitssektor gibt es wohl strenge

Vorschriften für Geheimkuriere, für die Bewachung von Militär-, Marine- und Luftfahrtanlagen und für die Bestellung von Sicherheitsbeauftragten zum Schutz geheimzuhaltender Rüstungsfertigungen und zur Abschirmung militärischer Ausbildungsstätten usw., es fehlt jedoch an Personal und an Geldmitteln, und was besonders hinderlich ist, die Spionageabwehr ist auf das Reichsgebiet beschränkt. Das hier wiedergegebene Überwachungssystem erweist sich als zwingend notwendig, ist aber recht lückenhaft. Deshalb muß eine Organisation ins Leben gerufen werden, die sowohl in Deutschland als auch im Ausland intensiv tätig werden kann.

»Aus diesem Grunde«, so sagt mir Oskar Reile, »schuf Canaris im Jahre 1935 die Gegenspionage als neuen Zweig der Abwehr und gab ihr folgenden Auftrag:

1. Personen anzuwerben, die zur Durchführung abwehrmäßiger Aufgaben im Ausland, insbesondere zur Beobachtung spionageverdächtiger Personen und zur Klärung gegnerischer Dienststellen und ihres Personals, verwendet werden konnten,

2. Mittel zu suchen, um auf geheimen Wegen in die Organisation der gegnerischen Dienste einzudringen und Einblick in ihre Arbeitsmethoden sowie ihre gegen das Reich gerichteten Absichten zu gewinnen,

3. Geheime Verbindungen zu erschließen, mit deren Hilfe den gegnerischen Nachrichtendiensten irreführende Meldungen zugespielt werden konnten.

Durch diese Richtlinien wurde der Schwerpunkt der Gegenspionagetätigkeit in die gegnerischen Länder verlegt, während die Zuständigkeit der anderen Sparten des III-Dienstes der Abwehr auf das Inland beschränkt blieb. Vom englischen Intelligence Service wird die Abwehrarbeit seit eh und je in ähnlicher Weise aufgeteilt. Sein militärischer Nachrichtendienst arbeitet mit der Sparte MI-5 hauptsächlich im Inland und mit der Sparte MI-6 schwerpunktmäßig im Ausland.«

Dann fügt Oskar Reile hinzu: »Mit dem der deutschen Gegenspionage gegebenen Auftrag wurden vor allem zwei Ziele verfolgt. Einmal wollte die Abwehr möglichst genau unterrichtet sein, welche Gefahren dem Reich von den gegnerischen Nachrichtendiensten drohten, um Gegenmaßnahmen treffen zu können. Zum andern sollten die V-Männer der eigenen militärischen Aufklärung, die in gegnerischen Ländern arbeiteten, geschützt werden... Wie außerordentlich wichtig diese Aufgabe für jeden Geheimdienst ist und bleiben wird, hat der englische Intelligence Service uns Deutsche im Jahre 1914 gelehrt. Unmittelbar nach Kriegsausbruch wurden die meisten deutschen V-Männer in England schlagartig festgenommen... Es ist unmöglich, ein zuverlässiges V-Männer-Netz in einem fremden Lande in wenigen Wochen oder Monaten aufzubauen, besonders nicht während eines Krieges... Die Art der Mittel, um die aufgezeigten Ziele der Gegenspionage zu erreichen, waren mannigfaltig... Hell oder dunkel sind die zahllosen, je nach Lage und Umständen wechselnden Wege, die im Geheimdienst beschritten werden müssen, um dem Vaterland zu dienen.«

Die wirkliche Arbeit der Abwehr

Diese Erklärungen über die geistigen Zusammenhänge bei der Abwehr, über den organisatorischen Aufbau, wie ihn Canaris ausgeklügelt hat, und über die Menschen, die die Abwehr führten und sie mit Leben erfüllten, geben uns die Gewähr dafür, den seit 1945 der Abwehr allgemein nachgesagten Irrtum zu entkräften, sie sei eine Organisation gewesen, in der man nur Material über die Naziverbrechen gesammelt und Pläne für die Widerstandsbewegung geschmiedet habe. Obwohl man das auch tat. Die Spionage und Gegenspionagetätigkeit in der Abwehr hatte weitaus größere Bedeutung, als man ihr in allen darüber erschienenen Büchern, mit Ausnahme des Buches von Buchheit, beimessen wollte. Die Abwehr erfüllte ihre Aufgaben mit Stetigkeit, Scharfsinn und Sachkenntnis. Viele Bände wären notwendig, wenn man die einzelnen Erfolge und Mißerfolge des »Bereichs Canaris« auf dem Gebiete der Spionage, Sabotage und Gegenspionage zwischen den Jahren 1935 und 1945 erzählen würde. Wir begnügen uns damit, an einigen Beispielen klarzumachen, was die Abwehr war, und vor allem zu zeigen, wie Canaris seine Mitarbeiter mit Menschlichkeit, Ritterlichkeit und Vaterlandsliebe geprägt hat und wie er dann schließlich vor die schmerzliche Wahl gestellt wurde: politischer Staat oder Vaterland.

ZWEITER TEIL

Die Augen werden wach

7. DER SPANIENKRIEG 1936

Als am 18. Juli 1936 in Spanien der Bürgerkrieg ausbricht, ist dies für Canaris keine Überraschung. Seit langem erfüllte ihn die Sorge über die Irrwege der spanischen Innenpolitik, des Volkes, das er so sehr liebte und so sehr gut kannte. Er war oft dort gewesen und hat viele spanische Freunde, die wir teilweise kennengelernt haben. Einige dieser Bekanntschaften stammen noch aus dem Ersten Weltkrieg.

Im Laufe der letzten Monate hatte sich die Lage in Spanien zusehends verschlechtert, eigentlich kann man schon seit dem Frühjahr 1936 vom Bürgerkrieg sprechen, denn Attentate und Verbrechen breiten sich schon um diese Zeit über ganz Spanien aus. Canaris ist gut informiert und weiß sehr wohl, daß die Milizen der revolutionären Linksextremisten ganz offen bewaffnet werden und eine Ausbildung unter der Parole »Verteidigung der Volksfront und Verhinderung des reaktionären Kurses« erhalten, sie aber in Wirklichkeit Jagd auf die Liberalen und die Sozialisten der Regierung machen, mit dem Ziel, selbst die Macht zu ergreifen und eine kommunistische Volksrepublik auszurufen. Canaris weiß außerdem, daß die Armeeführer einen kommunistischen Putsch zum 29. Juli oder 1. August befürchten und insgeheim versuchen, ihnen zuvorzukommen oder den Aufstand im Keim zu ersticken. Insgesamt gesehen, stehen auf beiden Seiten die »Bauern des Schachspiels« seit Juni bereit und erwarten den blutigen Zusammenstoß. Im Morgengrauen des 13.Juli wird der monarchistische Oppositionsführer des Parlaments, José Calvo Sotelo, in seiner Wohnung verhaftet und auf dem Abtransport ermordet. Viele Gemäßigte waren schon vor dem Verbrechen der Auffassung, daß Spanien zur Hölle geworden ist und man, um nicht selbst getötet zu werden, um sein Leben kämpfen muß. In dieser auf das Äußerste gespannten Situation ruft der Führer der militärischen Widerstandsgruppe, General Sanjurjo zum Aufstand gegen die Volksfrontregierung in der Nacht vom 17. zum 18. August auf. Nun sind die Würfel gefallen und es kommt zum Bürgerkrieg, der sich drei Jahre hinziehen soll und mehr als eine Million Menschenopfer kostet.

Fast in ganz Spanien kämpft die Armee mit mehr oder weniger

Erfolg gegen die Volksfrontrepublik. In Altkastilien und im traditionsbewußten Navarra bleiben die Nationalisten siegreich und schließen sich General Mola an. Ebenso in Aragon und in der Landschaft Alava und Galizien. Der andere Teil Spaniens, mit Ausnahme der Städte Sevilla, Cádiz, Córdoba, Granada, bleibt unter republikanischer Kontrolle. Doch was das Schlimmste für die Nationalisten ist, in Barcelona und Madrid mißlang die Militärrevolte. Doch es besteht noch eine Hoffnung, denn die Kolonialarmee in Marokko hat sich erhoben und sich unter den Befehl eines berühmten Generals, Held des Krieges im Rif-Gebirge, des Generals Francisco Franco y Bahamonde Salgago Prado (am 4. Dezember 1892 geboren, jetzt dreiundvierzig Jahre alt) gestellt, der, von den Kanarischen Inseln kommend, am 19. Juli 4 Uhr früh in Tetuan eintrifft. Diese Armee könnte Südspanien erobern und auf Madrid marschieren, während General Mola von Norden her angreift und die Hauptstadt in die Zange nimmt. Aber leider ist diese Armee noch in Afrika und benötigt zur Überwindung der Meerenge von Gibraltar Schiffe oder Transportflugzeuge. Weder das eine, noch das andere ist vorhanden, nachdem der größte Teil der Luftwaffe regierungstreu blieb und bei der Marine die meist kommunistischen Besatzungen gemeutert und siebzig Prozent ihrer Offiziere ermordet haben. Diese bittere Enttäuschung wird noch bestärkt durch die Bedrohung von republikanischen Schiffseinheiten, die, vom Schlachtkreuzer »Jaime II.« angeführt, Kurs auf Tanger nehmen. Doch eine schlechte Nachricht kommt selten allein: Am 20. Juli erfahren die Nationalisten, daß ihr Führer, General Sanjurjo bei einem Flugzeugunglück während des Starts in Portugal in Richtung Burgos und Pamplona den Tod fand.

Franco wendet sich zunächst an Mussolini

Da General Franco auf dem marokkanischen Territorium festgenagelt ist, errichtet er eine Luftbrücke »en miniature« zwischen Tetuan und Sevilla mit fünf alten »Breguet-19«, einer »Potez« , einer »Douglas« und einigen kleinen Wasserflugzeugen des Typs »Dornier«. Gleichzeitig setzt er in der Nacht auf Fischerbooten Legionäre und maurische Soldaten über die Meerenge von Gibraltar. 2065 Mann erreichen auf diese Weise die Iberische Halbinsel und verstärken die

Truppen des Generals Queipo de Llano, der Sevilla mit sage und schreibe einhundertdreißig Mann Garnisontruppen eingenommen hat. Aber das war alles nur ein Notbehelf. Das Gros der Afrikaarmee muß Gewehr bei Fuß warten. Daher stellte der Oberstleutnant Saenz de Buruga in Tetuan Franco die Frage:

»Wenn die Transportlage sich nicht bessert und damit die Hoffnungen auf eine Überführung der Afrikaarmee nach der Halbinsel vergeblich sind, was werden wir dann tun?«

Worauf Franco ihm antwortet: Alles, was machbar und notwendig ist... alles, mit einer Ausnahme, sich nicht zu ergeben. Sich Flugzeuge aus Frankreich zu verschaffen, steht für Franco außer Frage, denn die Pariser Regierung beliefert bereits die Republikaner Spaniens mit Waffen, Munition und Flugzeugen. Auch England hat kein Verständnis mehr für die Nationalisten, so daß nur Italien und Deutschland übrigbleiben. Zuerst wendet er sich an Mussolini und beauftragt seinen Freund Bolin, der bisher Auslandskorrespondent der Zeitung »ABC« in London war, mit der zweimotorigen »Dragon Rapide« nach Rom zu fliegen. Es ist die Maschine, die Franco von den Kanarischen Inseln nach Marokko gebracht hatte. Diese »Dragon Rapide« fliegt über Lissabon nach Biarritz, nimmt dort den Grafen Luca de Tena, Verleger der Zeitung »ABC« und Freund von Franco, und den Carlisten Antonio Goicoechea, der ein Bekannter von Mussolini und ein Freund von General Mola ist, auf und fliegt über Marseille nach Rom.

Am 25. Juli vormittags werden sie von dem italienischen Außenminister Graf Ciano freundlich empfangen. Doch Ciano ist nicht Mussolini. Er erklärt ihnen, daß sein Schwiegervater auf das telegrafische Hilfeersuchen Francos, das der italienische Konsul in Tanger am 24. Juli nachmittags an die italienische Regierung weitergeleitet hatte, sein »Nein« mit blauem Stift geschrieben hätte. Darin war um Lieferung von zwölf Flugzeugen gebeten worden. Antonio Goicoechea beauftragt daraufhin den Grafen Ciano, Mussolini an sein Versprechen zu erinnern, das er in den letzten Märztagen 1934 der vereinten Delegation der Carlisten und Alphonisten, die damals Goicoechea leitete, gegeben hatte, Waffen und Geld für die spanische Monarchie zur Verfügung zu stellen. Mussolinis Antwort bleibt negativ. Doch Goicoechea beharrt Ciano gegenüber auf seiner Auffassung und erklärt ihm, »das sei eine Situation, die völlig entgegengesetzt zu dem bisher gezeigten Geist des Duce stehen würde: Die

Monarchisten, Carlisten, Falangisten und Franco kämpften gemeinsam für einen Einheitsstaat, der mit dem italienischen faschistischen Staat vergleichbar wäre. Ciano nimmt nochmals Rücksprache mit seinem Schwiegervater und der Duce stimmt endlich der baldigen Lieferung von zwölf Transportflugzeugen vom Typ der dreimotorigen »Savoia Marchetti-81« an General Franco zu. Erst am 30. Juli starten die zwölf Flugzeuge nach Spanisch-Marokko. Unglücklicherweise stürzt eines von ihnen ins Meer, zwei andere müssen in Französisch-Marokko notlanden.

Auch nach Berlin reist eine Delegation

Gleichzeitig mit dem Hilfeersuchen an Mussolini schreibt Franco einen Brief an Hitler und versucht dasselbe. Er eröffnet sein Anliegen damit, daß sein Freund aus den marokkanischen Kriegen, Colonel Juan Beigbeder Atienza, der mehrere Jahre Militärattaché in Berlin war und zahlreichen Naziführern bekannt sei, als sein Vermittler sich am 22. Juli bereits mit einer dringenden Anfrage an den deutschen Militärattaché in Paris, den General Kühlenthal, gewandt habe. Es handelt sich um die Lieferung von Flugzeugen. Es sind zehn schwere Transportflugzeuge, die sofort über eine deutsche Privatfirma angekauft und durch deutsche Piloten nach Spanisch-Marokko überführt werden sollen. Zur gleichen Zeit bittet Franco den deutschen Geschäftsmann Johannes Bernhardt aus Tetuan, Mitglied der Partei und der Auslandsorganisation der NSDAP, und den NS-Parteileiter in Marokko, den Ortsgruppenführer Adolf Langenheim zu sich in sein Hauptquartier. Er legt ihnen seine Probleme dar, worauf am 22. Juli abends Bernhardt und Langenheim in Begleitung des spanischen Hauptmanns Francisco Arranz an Bord einer Junkers der Deutschen Lufthansa nach Berlin fliegen. In Stuttgart hat die Maschine einen längeren Zwischenaufenthalt. Sie fliegen dann weiter nach Berlin.

Der deutsche Empfang ist ziemlich kühl, denn seit gestern abend liegt bereits die Stellungnahme des Auswärtigen Amtes vor. Der Leiter der Politischen Abteilung, Dieckhoff, erklärt frei heraus:

»M.E. ist es unbedingt erforderlich, daß die deutschen amtlichen und Parteistellen sich in diesem Stadium den beiden Offizieren gegenüber auch weiter vollkommen

zurückhalten. Waffenlieferungen an die Aufständischen würden sehr bald bekannt werden. (Liberté hat bereits derartige Nachrichten gebracht.) Besonders auch für die Lage der deutschen Kolonien in Spanien und für die Lage der deutschen Handels- und Kriegsschiffe dort würde es außerordentlich nachteilige Folgen haben, wenn jetzt bekannt würde, daß wir die Aufständischen beliefern. Auch der irgendwo aufgetauchte Gedanke, daß deutsche Flugzeuglieferungen über das Ausland gehen und getarnt werden könnten, scheint mir praktisch undurchführbar und sollte nicht gefördert werden.
Eine andere Frage ist natürlich, ob die Vertreter von Franco für die Zeit nach einer etwaigen Machtübernahme schon jetzt hier Vereinbarungen treffen sollen. Jedenfalls sollten sich auch in dieser Hinsicht alle amtlichen Stellen zurzeit noch vollkommen heraushalten.«

An den Rand dieser Stellungnahme schreibt Außenminister von Neurath zwei Bemerkungen: »Richtig« und »Ja«. Doch das Außenministerium ist nicht die Partei. Gauleiter Bohle beauftragt drei Stabsleiter der Auslandsorganisation der NSDAP, den Dr. Wolfgang Kraneck, Robert Fischer und Burbach, die Besucher Bernhardt, Langenheim und den Hauptmann Francisco Arranz nach Bayreuth zu geleiten, wo sich Hitler zur Zeit bei den Wagnerfestspielen aufhält.

Entscheidende Intervention von Canaris

Das erste Zusammentreffen mit Hitler, bei welchem Francos Brief überreicht wird, fand am späten Abend des 26. Juli nach Rückkehr des Führers aus dem Festspielhaus statt. Unmittelbar nach diesem sehr kurzen Gespräch ruft er trotz vorgerückter Stunde Hermann Göring, den Kriegsminister Feldmarschall von Blomberg und Admiral Canaris zu sich, die alle drei in Bayreuth anwesend sind: Sollen wir den Rebellen Flugzeuge verkaufen? Müssen wir ihnen helfen und Waffen liefern? Hitler zögert und möchte einige Zeit vergehen lassen, bis er seine Entscheidung fällt. Aber andernteils ist diese nationalistische, militärische Revolte gegen den Kommunismus gerichtet... Feldmarschall von Blomberg weicht einer Stellungnahme aus, Reichsmarschall Göring steht der Sache ausgesprochen ablehnend gegenüber und meint, daß Deutschland, nachdem es ohne Zwischenfälle das Rheinland wiederbesetzen konnte, Gefahr laufen würde, bei Unterstützung der Aufständischen in ernste Schwierigkeiten mit Frankreich und England zu geraten. Admiral Canaris hingegen steht der Sache positiv gegenüber und erklärt weshalb.

Er kenne Spanien und das spanische Volk sehr genau und habe die politische Entwicklung in diesem Lande aufmerksam verfolgt, so sagt er. Es liegt klar auf der Hand, daß Stalin wie bisher auch weitere große Anstrengungen unternehmen wird, die spanischen Kommunisten zu unterstützen, sie zur Machtübernahme zu veranlassen und das Land zu bolschewisieren. Wenn diese Entwicklung so weiterginge, das heißt, wenn die Errichtung eines vom Kreml abhängigen kommunistischen Staates in Südwesteuropa Wirklichkeit werden würde, bedeute dies auf längere Sicht eine ernste Bedrohung, zunächst für Frankreich, das bereits eine Volksfrontregierung hat, und dann für alle Länder, so auch für Deutschland, die zwischen der UdSSR und einem sowjetischen Spanien liegen. In Spanien sei die Situation bereits seit mehreren Monaten explosiv geworden; der Mord an Calvo Sotelo gab das Signal zum Aufstand der Nationalisten, die das kommunistische Joch ablehnen.

Dann erklärt Canaris, daß er bei seinen mehrmaligen Spanienaufenthalten zahlreiche zivile und militärische Persönlichkeiten kennengelernt habe, darunter den General Franco. Er gibt von ihm ein sehr schmeichelhaftes Bild. Von Franco habe er, wie er sich ausdrückt, eine sehr hohe Meinung. Er sei ein außergewöhnlicher Mann, dessen Persönlichkeitswert noch höher als sein Verstand zu werten sei. Nicht daß es ihm an Intelligenz mangelte, weit davon entfernt, habe er einen berechnenden, an Bauernschläue grenzenden Mutterwitz. Er sei Pragmatiker, ohne Opportunist zu sein, und ein leidenschaftlicher Verfechter von Disziplin und Ordnung, der von seinen Leuten unbedingten Gehorsam und treue Pflichterfüllung verlange. Durch seine unerschütterliche Gelassenheit und seinen außerordentlichen Mut ist er bei den Spaniern so legendär geworden, daß sie ihn »hombria« nennen. Mit dreiunddreißig Jahren war Franco der jüngste General in Europa seit Bonaparte. Übrigens war er schon bei jeder neuen Beförderung in der spanischen Armee der jüngste des jeweiligen Dienstgrads gewesen. Aber General Franco ist nicht nur tapfer und wagemutig, er ist auch tatkräftig und klug, ein hervorragender Taktiker, aber kein Ideologe. Außerdem, dabei wendet sich Canaris betont an Hitler, sei Franco ein Mann von Härte gegen sich selbst, der keinen Alkohol trinkt, nicht raucht und keine Liebesabenteur kennt. »Ich wünsche hier keine Frauen, keine Trinkgelage und keine kirchlichen Zeremonien«, so soll er in Marokko seinen Soldaten erklärt haben. Dann fügt Canaris noch hinzu, daß dieser Ausschluß der Religion oder zumindest der Kirche aus der Mitte des militärischen Lebens nicht überraschen darf, denn Franco ist strenger ausübender Katholik, er will damit nur keinen Zwiespalt zwischen die Auffassungen der Armee und der Kirche bringen.

Admiral Canaris verschweigt Hitler gegenüber bewußt, daß Franco keine Sympathien für den Nationalsozialismus hat, daß er die nationalsozialistischen Rassengesetze des Jahres 1935 verwerflich findet, daß er die Überzeugung hat, der italienische Faschismus sei kein Importartikel für Spanien, und daß er eine betonte Ausländerfeindlichkeit aufweist, daß er eben ein echter Sapnier ist. Mit fast diabolisch zu nennendem Geschick versteht es Canaris, Hitlers und Blombergs Sympathien für Franco zu gewinnen. Dahingegen ist Göring zwar interessiert, wenn ihm auch Francos Ideale recht gegensätzlich zu seinen eigenen erscheinen, und er erklärt sich bereit, deutsche Flugzeuge gegen Devisen zu verkaufen. Verlockend erscheint ihm auch die Aussicht, neue Flugzeuge unter kriegsmäßigen Verhältnissen erproben zu können. Trotzdem, so meint Göring, sind ihm die Erfolgsaussichten der militärischen Erhebung in Spanien allzu zweifelhaft, als daß man sich zu stark in dieser Sache engagieren solle.

Hitler ist sich immer noch unschlüssig, er steht aber einer geheimen und begrenzten Unterstützung recht positiv gegenüber.

Hitler entschließt sich für die Unterstützung Francos

Canaris versucht nochmals in geschickter Weise für Franco einzutreten. Im Gegensatz zu Göring sieht er die Sache nicht unter dem Gesichtspunkt des Devisengewinns – »was nicht zu verachten ist« – oder der Luftfahrttechnik – »obwohl es ein ausgezeichnetes Erprobungsunternehmen sein könnte –«, sondern unter dem politischen Aspekt, den er zu Beginn des Gesprächs aufgezeigt hat. Anschließend erklärt Canaris – und das sollte Hitler endgültig überzeugen –, daß die Erfolgsaussichten für die Militärrevolte zum Teil davon abhängig sein werden, daß ihr Unterstützungshilfe gewährt wird. Außerdem habe er am späten Nachmittag erfahren, daß sich Mussolini jetzt bereit erklärt habe, Flugzeuge an Franco zu liefern. Endlich entscheidet sich Hitler für die Unterstützung der Nationalisten: Göring, von Blomberg und Canaris sollen die Einzelheiten der Durchführung am nächsten Tag mit den Beauftragten Francos durchsprechen. Es ist inzwischen vier Uhr morgens geworden, als sich die Herren in ihre Hotelzimmer zurückziehen.

Seit diesem 27. Juli ist Admiral Canaris zu dem unentbehrlichen Mann für die Verbesserung der Beziehungen des Dritten Reiches zu Franco-Spanien geworden, trotz der von Göring zeitweiligen gezeigten Eifersucht und einer gewissen frostigen Haltung des Auswärtigen Amtes. Nicht nur deshalb, weil man immer wieder auf seine Landeskenntnisse und sein Urteil über den spanischen Volkscharakter angewiesen ist, sondern auch wegen seiner persönlichen Beziehungen zu Franco und vielen anderen maßgeblichen nationalen Persönlichkeiten. Oft muß Canaris nach Spanien reisen, wenn es Schwierigkeiten zu beseitigen, Meinungsverschiedenheiten auszugleichen oder neue Vereinbarungen zu schließen gilt. Der Abwehrchef gewinnt dadurch das uneingeschränkte Vertrauen Francos; dafür macht er sich nicht gerade beliebt bei deutschen Dienststellen, über deren Köpfe hinweg er »auf Befehl« des Führers handelt.

Die gemeinsam getroffenen Entscheidungen

Der Vertreter des Reichskriegsministers von Blomberg, General Keitel, Hermann Göring und Admiral Canaris kommen mit den FrancoBeauftragten rasch zu einer Einigung über die Einzelheiten der Durchführung der Unterstützungshilfe für die Nationalisten. Man gründet die Firma »Hisma, Ltda« (Compania Hispano-Marroqui de Transportes), in der Johannes Bernhardt eine leitende Stellung erhält. Deren Tätigkeit erstreckt sich bald auf zahlreiche Sektoren des spanischen Wirtschaftslebens. Mit finanzieller Beteiligung Görings wird eine weitere Firma, die »Rowak« (Rohstoffe- und Waren-Einkaufsgesellschaft) gegründet. Später, 1937, werden mit dem starken Anwachsen der geschäftlichen Unternehmen von Bernhardt und durch die Bildung weiterer spanischer Handelsgesellschaften diese in einer neugegründeten Holding-Gesellschaft, der »Sofindus« (Sociedad Financiera Industrial Ltda.), zusammengefaßt.

Bernhardt, Langenheim und Hauptmann Francesco Arranz kehren eiligst nach Tetuan zurück, um Franco die gute Nachricht der

Zusage Hitlers zu übermitteln. Hauptmann Arranz überbringt dazu noch ein persönliches Schreiben von Canaris an Franco, in welchem er seinem Freund Franco seine Wünsche zum Gelingen ausspricht und ankündigt, daß Hitler beabsichtigt, ihm den Oberst der Artillerie Walter Warlimont als Beauftragten der drei Wehrmachtsteile Heer, Kriegsmarine, Luftwaffe zu akkreditieren. Dem Schreiben fügt er noch hinzu, daß er hoffe, bald Franco auf spanischen Boden treffen zu können und daß er einen seiner tüchtigsten Mitarbeiter der Abwehr nach Spanien abstellen werde: den Korvettenkapitän Leissner.

Franco seinerseits, dem bereits das Eintreffen von zwölf italienischen Flugzeugen für den nächsten Tag, den 30. Juli, durch Bolin angekündigt war, und der nun auf weitere zwanzig »Junkers-52« und sechs Jagdflugzeuge »Heinkel-51« deutscherseits rechnen kann, läßt Göring und Canaris eine wichtige Nachricht zukommen. Über den deutschen Konsul in Tanger, Wegener, kündigt tatsächlich der Ortsgruppenleiter Langenheim am 29. Juli folgendes an:

> »Auftragsgemäß teile mit: Hatte Unterredung mit General Franco. Zukünftige nationale Regierung Spaniens gebildet durch Direktorium der 3 Generäle Franco, Queipo de Llano, Mola; Präsidium General Franco. Unsere deutsche Auffassung über zukünftige kommerzielle, kulturelle und militärische Beziehungen mit Spanien dekken sich vollkommen mit General Francos Wünschen und Absichten.
> Heil Hitler! Langenheim Wegener

15 000 Mann kommen über die Luftbrücke

Franco ist weniger über die neue Junta der »Provisorischen Regierung« als über die Überführung seiner Truppen nach Spanien besorgt. Seit dem 29. Juli abends ist die »Junkers«-Maschine der Lufthansa, die gerade den Hin- und Rückflug Tetuan–Berlin durchgeführt hat, für den Truppentransport nach Sevilla im Einsatz. Mit dem Eintreffen der deutschen Ju-52-Transporter und der italienischen vom Typ Savoia-Marchetti-81 kann Franco die Bewegungen über die Luftbrücke auf 500 Mann und 15 Tonnen Material erhöhen. Ende August sind es bereits 15 000 Mann der Afrikaarmee, die auf diese Weise in die Heimat überführt werden. Sie stellen für die Nationalisten die Kerntruppen der spanischen Armee dar, insbesondere was die Legionäre und die maurischen Soldaten anbelangt.

Weder die geschwächten Einheiten von Queipo de Llano noch die wichtigen, aber bunt zusammengewürfelten Truppen von Mola – darunter die berühmten »Requettes« – können sich mit den Einheiten der »Regulares« und der »Tertio« messen. Franco, als Befehlshaber dieser schlagkräftigen, abgehärteten und disziplinierten Afrikaarmee, hat praktisch bereits, wenn auch noch nicht dem Namen nach, die Rolle des Oberkommandierenden der nationalistischen Streitkräfte übernommen. Ab Mitte August ist klargeworden, daß der Sieg der Nationalisten von dieser Afrikaarmee abhängen wird, an deren Aufbau Franco als junger Offizier damals besonderen Anteil hatte. Während der ganzen Zeit des blutigen und schonungslos geführten Bürgerkrieges wird Franco im Verlauf seiner Erfolge und beim Endsieg die wertvolle Hilfe und Unterstützung niemals vergessen, die Admiral Canaris ihm in der Stunde, als das Schicksal auf des Messers Schneide stand, spontan angetragen hat.

Das erste Gespräch Franco-Canaris

In den letzten Oktobertagen des Jahres 1936 fliegt Admiral Canaris von Berlin über Stuttgart in das Hauptquartier General Francos nach Salamanca. Von Stuttgart aus überfliegt er in großer Höhe ohne Zwischenlandung ganz Südfrankreich. Da Canaris befürchten muß, daß er in Frankreich zur Landung gezwungen wird, führt er in seiner Tasche einen Paß auf den Namen Juan Guillermo mit argentinischer Staatsangehörigkeit bei sich. Der Flug verläuft ohne Zwischenfälle, wenn auch der Chef der Abwehr nur einen Benzinkanister als Sitzplatz hat, weil man zwecks Gewichtsersparnis alle überflüssigen Dinge aus dem Flugzeug zugunsten der Zuladung von Kraftstoff entfernt hat.

Gleich nach seiner Ankunft in Salamanca wird Canaris bei Franco zum Mittagessen eingeladen, der sein Hauptquartier im bischöflichen Palais aufgeschlagen hatte, nachdem er zum Oberbefehlshaber der Nationalen Streitkräfte ernannt worden war. An diesem Essen nehmen neben Francos Frau, Doña Carmen noch General Luis Orgaz, Ausbildungsleiter der Truppen und des Stammpersonals, und der Bruder General Francos, Nicolas Franco, als politischer Sekretär für Auswärtige Angelegenheiten der Junta und Verbindungsmann zwischen dem Caudillo und der Junta, teil. Das beherrschende Thema bei Tisch ist die bevorstehende Offensive auf Madrid, die Franco für den kommenden 5. November befohlen hat, befehligt von General Mola*. Die Spanier geben sich optimistisch und sind noch im Freudentaumel der am 27. September erfolgten Einnahme von Toledo durch General Josi Enrique Varela, und der Einnahme von Oviedo am 17. Oktober durch General Mola, und der ersten Teilerfolge der Schlacht um Madrid zwischen 6. und 29. Oktober. Dabei wird sich Canaris hüten, das zu sagen, was er darüber denkt. Erst als er nach dem Mittagessen mit Franco allein ist, eröffnet er ihm seine Zweifel.

Die sowjetischen und französischen Hilfeleistungen für die Republikaner

Canaris legt Franco die Bilanz der ausländischen Hilfe für die Republikaner vor, so wie er sie nach den von den Agenten der Abwehr gelieferten Informationen zusammengestellt hat.

Sie ist ziemlich beunruhigend. Bis dato kann man die Anzahl der nach Spanien in die Internationalen Brigaden entsandten Freiwilligen auf 50 000 Mann schätzen. Der Zustrom an Lastwagen, Geschützen, Panzern, Flugzeugen, an Waffen und Munition reißt nicht ab. Canaris nennt einige sowjetische Schiffe, die die Dardanellen passiert und Kurs auf die republikanischen spanischen Häfen nehmen oder bereits aufgenommen haben: die »Karl Lepin«, »Transbalt«, »Shahter«, »Varlaam Avasanov«, »Aldecca«, »Georgi Dimitrov«. Ebenso zum Beispiel die »Kurak«, die mit 40 Lastwagen, 12 Panzerfahrzeugen, 6 Geschützen, 4 Flugzeugen, 700 Tonnen Munition und 1500 Tonnen Verpflegung vom Schwarzen Meer nach Barcelona

* Die große Offensive verzögert sich bis zum 8. November. Nach allgemeiner Ansicht, die weiter unten behandelt wird, hätte die Hauptstadt erobert werden können, wenn der Angriff bereits am 5. oder 6. November erfolgt wäre. Am 8. November trafen nämlich bereits die ersten Einheiten der Internationalen Brigaden zur Verstärkung der Verteidigung in der Hauptstadt ein (4000 Mann gut bewaffneter, fanatisch revolutionärer Kämpfer, darunter zahlreiche alte Soldaten des Krieges von 1914/1918), zugleich waren bereits viele sowjetische Panzer im Kampf gegen die Nationalisten im Einsatz. Die Nationalisten hatten wohl die Luftüberlegenheit, aber nur 3500 Mann verfügbar, was für die Einnahme einer Millionenstadt, die von Tausenden mit modernen russischen und französischen Waffen ausgerüsteten Männern verteidigt wurde, eine winzig kleine Zahl bedeutet.

unterwegs ist. Die auf demselben Kurs folgende »Komsomol« befördert 50 Lastautos, 5 Flugzeuge, 8 Panzerkampfwagen, 2000 Tonnen Kriegsgerät und Munition, 1000 Tonnen Verpflegung und 100 Tonnen Sanitätsmaterial. Admiral Canaris weist nachdrücklich auf diese beträchtliche Unterstützung hin und legt seinem Gesprächspartner nahe, mehr Hilfsmaßnahmen von Rom und Berlin zu erbitten.

General Franco ist sich der neuen Situation bewußt, die durch die Aufstellung der Internationalen Brigaden und den Zustrom sowjetischen und französischen Materials entstanden ist.

Ursprünglich, so meint er, war es ein Aufstand der Armee und der antimarxistischen Parteien gegen die Anarchie, in der die Volksfront Spanien an den Rand des Untergangs brachte, und gegen die drohende Gefahr einer roten Revolution. Heute sind es kosmopolitische Söldner, die Spanien eine fremde Ideologie aufzwingen und es Moskau unterwerfen wollen. Bis jetzt haben wir den Krieg mit den Berufssoldaten aus Marokko, den carlistischen und falangistischen Milizen und Freiwilligen geführt, die sich den schwachen Heereskontigenten nach deren Aufstand im Juli angeschlossen hatten. Künftig muß ich eine Armee aus den von uns kontrollierten Provinzen aufstellen.

Canaris weist darauf hin, daß eine Menge Material zur Ausrüstung dieser neuen Armee erforderlich sein wird, das Franco nur aus Italien und aus Deutschland beschaffen kann. Er spürt natürlich, daß dies dem Caudillo nicht angenehm ist, denn als nationalistischer von starkem Patriotismus beseelter Führer eines Volkes, das so sehr auf seine Unabhängigkeit bedacht ist, widerstrebt es ihm, noch mehr Unterstützung von den Italienern und Deutschen anzunehmen oder gar darum nachsuchen zu müssen. Deshalb sagt ihm Canaris, daß er von Hitler ermächtigt worden sei, ihm die Zusicherung zu geben, daß Deutschland, wenn es als Gegenleistung für verstärkte Unterstützung gewisse Zugeständnisse wirtschaftlicher Art fordern sollte, nichts verlangen wird, was die Unabhängigkeit Spaniens antasten könne. Anschließend übermittelt Canaris an Franco den Standpunkt der deutschen Regierung.

»Angesichts der zunehmenden französisch-sowjetischen Hilfe für die Republikaner glaubt man in Berlin nicht, daß die Kampfesweise Ihrer Truppen weder zu Lande noch in der Luft Erfolgsaussichten hat. In der Wehrmacht ist man sogar der Meinung, daß weiteres planmäßiges Zögern – wie Nichtausnutzung günstiger Gelegenheiten im Land- und Luftkrieg oder nicht konzentrisch, schwerpunktmäßig geführte Luftangriffe – dazu führen wird, daß bisher Erreichtes wieder gefährdet wird...«

»Ich darf weder den Feind auslöschen«, unterbricht ihn Franco, »noch die Städte, das Land, die Industrie und die Produktion vernichten. Das ist der Grund, weshalb ich mich nicht überhasten darf. Wenn ich mich mehr beeilen würde, dann wäre ich ein schlechter Spanier. Wenn ich schneller vorgehen würde, wäre ich kein Patriot, sondern ich würde mich wie ein Ausländer verhalten.«

»Ich weiß das wohl«, antwortet Canaris, »aber in Berlin argumentiert man anders. Die rasche Einnahme von Madrid ist politisch gesehen von entscheidender Tragweite, weil ihr die Anerkennung der nationalistischen Regierung durch Berlin, Rom und sicher auch Lissabon folgen wird und weil dies in den Augen Hitlers die einzige Rechtfertigung für wirksame Unterstützungsmaßnahmen darstellen wird.«

»Überlassen Sie mir Flugzeuge, Artillerie, Panzer und Munition, geben Sie mir Ihre diplomatische Unterstützung und ich werde Ihnen dafür äußerst dankbar sein. So habe ich es den Italienern gesagt und so wiederhole ich es für Herrn Hitler. Vor allem aber, bitte zwingen Sie mich nicht zur Eile. Drängen Sie mich nicht zum Sieg um jeden Preis, denn das würde den Tod von weiteren Tausenden von Spaniern, die Zerstörung großer Teile des Volksvermögens und damit die weitere Schwächung der Grundlagen meiner Regierung bedeuten. Ich werde Stadt für Stadt, Dorf für Dorf und eine Eisenbahnlinie nach der andern in meinen Besitz bringen. Anderweitige Verpflichtungen können mich von diesem Programmablauf nicht abbringen. Es wird wohl weniger Ruhm einbringen, aber für später zu mehr innerem Frieden führen. Wir sind uns sicher, daß wir Madrid bald einnehmen werden, und sollte es jetzt nicht gelingen, dann werden wir es später wiederholen und dann Erfolg haben.«

Canaris teilt den Standpunkt seines Freundes, der, wie er weiß, sehr unter den Schrecken dieses Bürgerkrieges leidet. Das Programm der Rückeroberung und schrittweisen Konsolidierung erscheint ihm human und weise und auf lange Sicht gesehen fruchtbringend. Wie man noch sehen wird, unterstützt Canaris während des weiteren Verlaufs des Bürgerkriegs Franco in diesem Sinne, sogar gegen die führenden Nazis und Faschisten, als diese Franco damit drohen, ihn fallenzulassen, wenn er sich nicht ihren Forderungen beuge.

Görings Bedingungen

Zunächst übergibt Admiral Canaris dem Caudillo die deutschen Bedingungen für eine ernsthaftere Hilfe im Luftwaffenbereich und betont dabei, daß Göring die Absicht habe, folgende militärische Verbände nach Spanien zu entsenden: eine Gruppe Bombenflugzeuge, eine Gruppe Jagdflugzeuge, eine Fern- und eine Nahaufklärungsstaffel, zwei Nachrichtenkompanien, zwei Pionierkompanien, drei schwere Flakbatterien und zwei Scheinwerferzüge. Der deutsche Text setzt voraus:

»a) daß die deutschen Verbände in Spanien unter deutschen Oberbefehl gestellt werden. Letzterer soll, was die Luftwaffenverbände betrifft, der alleinige Berater Francos sein und sich nur General Franco gegenüber für alle seine Tätigkeitsbereiche persönlich zu verantworten haben. Nach außen soll aber der Anschein der spanischen Befehlsgewalt gewahrt werden,
b) daß alle deutschen Verbände (Kampf-, Flugabwehr-, Aufklärungsverbände), die gegenwärtig in Spanien stationiert sind, einschließlich der rückwärtigen Dienste, in das unter Buchstaben a) genannte, aufzustellende Fliegerkorps eingegliedert werden,
c) daß die deutschen Luftwaffenstützpunkte genügend gesichert werden, notfalls durch Verstärkung der Bodentruppen,
d) daß sowohl bei den Operationen zu Lande als auch in der Luft zu einer rationelleren und aktiveren Kriegführung übergegangen wird und daß das Verfahren der kombinierten Zusammenarbeit Erde-Luft anzuwenden ist mit dem Ziel, die Häfen, die für die Anlandung russischer Verstärkungen von Bedeutung sind, schneller in die Hand zu bekommen.
e) Unter der Voraussetzung, daß General Franco ohne Einwände in diese Forderungen einwilligt, ist vorgesehen, die deutsche Unterstützung erneut zu verstärken.«

Admiral Canaris erklärt, daß Hitler günstigenfalls zur Aufstellung dieses Fliegerkorps bereit ist, das den Namen »Legion Condor« erhält und dessen Kommandeur General Hugo Sperrle* sein wird, Hitler aber nicht im Sinne hat, »Freiwillige« für das Heer abzustellen. (Hierzu konnte Feldmarschall von Blomberg als Gegner eines solchen Planes Hitler dann noch überreden.) Schließlich eröffnet er Franco, daß im Falle der Einnahme von Madrid durch die Nationalisten Deutschland am darauffolgenden Tag die nationalistische Regierung offiziell anerkennen und anschließend einen »Geschäftsträger bei der Nationalregierung« entsenden wird. Die Ernennung desselben ist durch Hitler bereits erfolgt, es wird General Wilhelm Faupel sein. Canaris fügt noch hinzu:

Faupel ist ein Offizier preußischer Art, der dem nationalsozialistischen Gedankengut voll ergeben ist. Diesc Mission verdankt er speziell dem Umstand, daß er während des Ersten Weltkriegs Kommandeur des bayerischen Regiments war, in dem Hitler als Gefreiter diente. Dem südländischen Volkscharakter steht er nicht sehr aufgeschlossen gegenüber, er spricht aber Spanisch, das er sich sich im Laufe eines längeren Südamerikaaufenthalts angeeignet hat.

Franco-Faupel unter vier Augen

Das Ergebnis des Gesprächs Franco mit Canaris läßt nicht lange auf sich warten: Am 7. November wird die »Legion Condor« offiziell aufgestellt (wirklich zusammengestellt ist sie erst Ende Dezember 1936), am 18. November erfolgt die offizielle Anerkennung der Regierung General Francos durch die deutsche Reichsregierung (und der italienischen Regierung), obwohl Franco Rückschläge erlitten hat und Madrid noch nicht einnehmen konnte. General Faupel wird zur Herstellung der diplomatischen Verbindungen als Geschäftsträger des Reiches bei Franco akkreditiert. Gleichzeitig wird der deutsche Beauftragte bei der republikanischen Regierung, Völckers,

* Im Verlauf des Zweiten Weltkriegs wird er Generalfeldmarschall. Sein Nachfolger als Kommandeur der »Legion Condor« wird General Helmuth Volkmann, dann General Wolfram von Richthofen, später ebenfalls Generalfeldmarschall.

nach Berlin zurückberufen. Am 28. November trifft Faupel in Salamanca ein.

Das erste Kontaktgespräch Franco-Faupel verläuft wenig erfolgreich. Franco mißtraut dem »preußischen Nazi«, wobei er sich nicht getäuscht hat. Faupel, der sich hartnäckig, ungeschickt und arrogant verhält, kommt aus dieser Unterhaltung recht pessimistisch gestimmt zurück. Nach seinen Worten macht Franco auf ihn einen sympathischen Eindruck, er ist »ein durch seinen offenen und anständigen Charakter von vorneherein für sich einnehmender Mann, dessen militärische Durchbildung und Erfahrung aber der Leitung der Operationen in ihrem jetzigen Ausmaß nicht gewachsen sind«. Nach dem Bericht Faupels, den er am 10. Dezember an das Außenministerium nach Berlin gibt, hat er, Faupel, dem General Franco eine ganze »Serie von Ratschlägen« erteilt:... »Es ist erforderlich, daß ein gleichmäßiger und ausreichender Nachschub an Waffen und Munition unbedingt sichergestellt wird..., daß gleichzeitig scharfe Befehle zur besseren Unterhaltung des Materials, insbesondere der Gewehre und Maschinengewehre, an die hiesige Truppe gegeben werden müssen, habe ich Franco gesagt... Die Ausbildung der Offiziere, Unteroffiziere und Mannschaften ist sehr schlecht. Sie muß energisch in die Hand genommen werden... Die wichtigste Maßnahme, von der Gewinn oder Verlust des Feldzuges in erster Linie abhängt, ist die Entsendung eines kampffähigen, vor allem im Zusammenwirken der Waffen aufs beste geschulten Verbandes, der zum Durchbruch angesetzt werden kann, bevor der Gegener durchbricht...«

Beim Durchlesen dieses ihm von Blomberg übergebenen Berichts macht Canaris ein bedenkliches Gesicht. Er kennt Franco zu genau und es ist ihm klar, daß auf eine solche Weise die deutsch-spanischen Beziehungen nicht verbessert werden! Canaris wird bald nach Spanien kommen müssen, um die Dinge wieder ins richtige Lot zu bringen. Dies wird nicht einfach sein.

Keine deutsche Division, aber...

Am 6. Dezember begibt sich Canaris zu einer deutsch-italienischen Konferenz nach Rom, an der Graf Ciano, General Roatta und die Generalstabschefs von Heer, Luftwaffe, Marine und der faschistischen Miliz teilnehmen. Canaris, vom deutschen Militärattaché in

Rom begleitet, vertritt Deutschland. Das Thema der Konferenz ist die »gründliche Prüfung der Spanienhilfe und Festlegung eines in Zukunft energisch und planmäßig durchzuführenden Programms«. Man erzielte ein Übereinkommen, wonach Italien und Deutschland von der Entsendung bereits bestehender, ganzer Truppenverbände Abstand nehmen würden. Nun aber hat Faupel in seinem Bericht die dringende Forderung Francos dargelegt, man möge ihm baldigst eine deutsche und eine italienische Division zur Verfügung stellen. Nach einem neuerlichen Gespräch zwischen Blomberg und Canaris ließ der Admiral Faupel wissen, daß Deutschland in allernächsten Zeit die »Legion Condor« nach Spanien entsenden werde, aber »keinesfalls eine Division, die besonders im Zusammenwirken der Waffen geschult ist«.

Italien aber geht, entgegen der Beschlüsse der Rom-Konferenz, in der Zusammenarbeit mit Spanien weiter als Deutschland und stellt von der zweiten Dezemberhälfte an die gut ausgerüstete Miliz der faschistischen »Schwarzhemden« der spanischen Armee zu gemeinsamem Kampf zur Verfügung. Die Offiziere und Mannschaften setzen sich aus Freiwilligen zusammen, von denen die Hälfte Kriegserfahrung aus dem Abessinienfeldzug mitbringt. Am 15. Januar 1937 wird die Stärke dieser Truppe auf eine Division geschätzt.

Ein auf die Zukunft ausgestellter Scheck

Wir wissen nun, welch eine wichtige Rolle Admiral Canaris während dieses Zeitabschnittes gespielt hat. Sie überschreitet den bloßen militärischen Rahmen und greift in den Bereich der Außenpolitik ein, um hier Ende 1940 eine historische Dimension zu erreichen*.

Es ist nicht damit getan, Franco eine »Legion Condor« zu schikken. Durch deutsche Vermittler müssen auch Waffen im Ausland, unter anderem in der Teschechoslowakei und in den Vereinigten Staaten gekauft werden. Oft ist Deutschland gezwungen, die notwendigen Devisen vorzustrecken, die es über London wieder zurückerhält, wo es Franco gelang, finanzielle Unterstützung zu erhalten. Die diesbezügliche Verhandlungen wurden teilweise über die spanische

* Die Dokumente im Anhang III geben Aufschluß über die intensive Beschäftigung des Admirals mit dem spanischen Problem.

Botschaft in Berlin geführt, wohin Canaris engen Kontakt durch seine alten Freunde, den Botschaftsrat Vargas und den Militärattaché Graf Roccamora hat, oder sie wurden zusammen mit dem Rüstungsbeauftragten Francos in London, Augusto Miranda, den Canaris ebenfalls seit langem kannte, getätigt. Durch diese rege Tätigkeit für die spanischen Nationalisten werden die freundschaftlichen Bande, die Canaris mit Franco verknüpfen, noch enger. Später werden wir feststellen können, daß die zwischen ihm und Franco bestehende intime Freundschaft noch eine wichtige Rolle während des Zweiten Weltkriegs spielen wird.

8. DIE ABWEHR WAR AUCH EIN... GEHEIMER MILITÄRISCHER NACHRICHTENDIENST

Schon bei der Übernahme der Geschäfte der Abwehr bringt Admiral Canaris sein Estaunen zum Ausdruck über die »absolute Leere«, die er im militärischen Nachrichtendienst, besonders was die Nachrichten aus Übersee und hauptsächlich aus den Vereinigten Staaten betrifft, vorfindet. Dem Abteilungsleiter I (Geheimer Meldedienst) Hans Piekenbrock gegenüber bemerkt er: »Durch ihre gewaltige Aufrüstung haben die Amerikaner bereits im Ersten Weltkrieg den entscheidenden Ausschlag zugunsten der Westmächte gegeben. Ich befürchte, daß es ebenso in einem zweiten Weltkrieg sein wird, wenn die Vereinigten Staaten mit eingreifen würden. Aus dieser Erwägung heraus ist es notwenidig, in aller Eile auf der anderen Seite des Atlantik ein geheimes Aufklärungsnetz aufzubauen. Ich messe dem eine große Bedeutung bei. Die damit beauftragten Offiziere müssen sehr sorgfältig und ohne Überstürzung nach geeigneten Personen Ausschau halten und sie nach ihrer Anwerbung gründlich in ihren Aufgaben schulen.«

»Dazu wird man Jahre brauchen, Herr Admiral«, seufzt Piekenbrock, »bis man in den USA Nachrichtenquellen geschaffen und die notwendigen Kurier- und Funkverbindungen eingerichtet hat.«

»Das weiß ich, und eben deshalb muß man sich schleunigst an diese Aufgaben machen.«

»Herr Admiral, ich schlage vor, daß Kapitänleutnant Erich Pheiffer, der als Abwehroffizier beim Stab des Marinekommandos der Nordsee in Wilhelmshaven sitzt, für diesen ›Stapellauf‹ beauftragt wird.«

»Einverstanden. Das ist der Mann, den wir brauchen, der eine eingehende Erkundung technischer Art in den Vereinigten Staaten einleitet und sich über den Rüstungsstand der amerikanischen Marine und Luftwaffe die Informationen holt. Aber ich halte nichts davon, wenn Kapitänleutnant Pheiffer in Wilhelmshaven bleibt. Ich kenne dieses Städtchen zu gut, als daß man dort für längere Zeit einen solchen Kommandoposten betreiben kann. Wilhelmshaven ist eine ›befestigte Kantine‹. Seine Dienststelle muß in eine benachbarte größere Stadt, zum Beispiel nach Hamburg verlegt werden.«

Die fünf Ziele in den USA

Verschiedene Nebenstellen der Abwehr im norddeutschen Bereich, in Hamburg, Bremen, Kiel und Wilhelmshaven übernahmen diese Aufgabe, mit dem Ziel, sich über folgende fünf Punkte Unterlagen zu beschaffen:

1. Sind in den Streitkräften, in der Rüstungsindustrie oder anderweitig in den USA Maßnahmen im Gange, die mit Vorbereitungen für einen Krieg in Zusammenhang stehen könnten?
2. Bestehen zwischen den USA und anderen Mächten Geheimverträge, die gegen das Reich gerichtet sind oder sich zum Nachteil Deutschlands auswirken können?
3. Mit welchen neuen Waffen und Geräten sind die Streitkräfte in den USA ausgerüstet? Insbesondere: Welche neuen Schiffs- und Flugzeugtypen sind in der amerikanischen Marine und Luftwaffe eingeführt worden? Wird an der Entwicklung weiterer Waffen und Geräte gearbeitet?
4. Erkundung der Flottenstützpunkte und Basen der USA, die im Kriegsfall Bedeutung erlangen konnten.
5. Klärung der US-Streitkräfte, und zwar ihrer Organisation, Stärke, Ausrüstung und Dislozierung.

Die wichtigsten Stellen der Abwehr, die sich mit der Nachrichtenbeschaffung über die Vereinigten Statten befassen, werden durch Piekenbrock, Groscurth und Bamler in der Hauptsache an Marineoffiziere vergeben. Ihnen gibt Admiral Canaris folgende Leitgedanken mit auf den Weg:

»Der Aufbau des geplanten Aufklärungsnetzes in den USA wird Jahre in Anspruch nehmen. In Anbetracht der weitreichenden Zielsetzung werden wir in den Vereinigten Staaten und anderen amerikanischen Ländern nur Menschen von mindestens durchschnittlicher Intelligenz als V-Leute verwenden können. Auch solche Personen kommen als geheime Quellen nur in Betracht, wenn sie Einblick in geheime Vorgänge haben oder ihn sich verschaffen können. Außerdem müssen sie verschwiegen sein. – Nicht auf die Zahl der V-Leute kommt es an, sondern auf ihre Qualität.«

»Auch sie sollen Menschen von möglichst hohem Niveau sein.«

»Dies gilt ebenso für die Kuriere, die wir als Verbinder zu wichtigen Quellen einspannen müssen, sofern wir mit Geheimtinten und postalischen Meldewegen nicht auskommen. Vor allem aber wünsche ich, daß alle diese Personen, Forscher, Werber, V-Leute und Kuriere, soweit möglich, eingehend geschult werden. Hierbei ist streng darauf zu achten, daß nur diejenigen V-Personen einander kennenlernen, die sich wegen späterer Zusammenarbeit unbedingt kennenlernen müssen. Bitte, denken Sie immer daran, daß die meisten der einzuspannenden Personen Zivilisten sind, keine Ahnung vom Geheimdienst haben und die Gefahren nicht kennen, die ihnen von den gegnerischen Nachrichtendiensten drohen. Unerläßlich ist deshalb, daß sie von Ihnen eingehend unterwiesen werden, wie sie sich im allgemeinen und in schwierigen Situationen zu verhalten haben. Es muß erreicht werden, daß sich alle unsere Vertrauensleute ganz sicher fühlen und gesammelt und ruhig an die Arbeit gehen. Deutsche Männer und Frauen wollen Sie bitte nur dann zur Mitarbeit heranziehen, wenn ihnen die Aufgabe wirklich zusagt.

Auf eines werden Sie besonders achten müssen, nämlich darauf, daß unsere V-Mann-Führer das feste Vertrauen ihrer Leute gewinnen. Wer dies nicht fertigbringt, ist in dieser Sache nicht zu gebrauchen. Die Forschung nach geeigneten Menschen wird im Heimgebiet vornehmlich in Kreisen durchzuführen sein, deren Angehörige des öfteren nach Amerika reisen oder dort Verwandte haben. Solche Personen werden unter Seeleuten, Künstlern und Kaufleuten am ehesten zu finden sein. Mit den im Heimatgebiet zu werbenden Menschen ist die Forschung dann in Amerika fortzusetzen. Dort werden wir in deutsch-amerikanischen Kreisen am leichtesten Freunde und Gehilfen finden.

Wenn ich Amerika sage, so meine ich nicht nur die USA, sondern auch andere amerikanische Länder. Ich denke, daß wir beispielsweise in Kanada, Mexiko, Brasilien und Argentinien verhältnismäßig leicht und ohne Gefahr für die Beteiligten Stützpunkte errichten können, von denen aus wir voraussichtlich günstigere Bedingungen für die Werbung von V-Leuten in den USA finden werden als vom Heimatgebiet aus. In den Nachbarländern der USA werden wir ferner nach Freunden forschen, die auch im Kriegsfalle jederzeit von ihrem Wohnsitz aus Reisen in die Vereinigten Staaten ausführen können. Die besten unter ihnen werden wir als Kuriere vorbereiten.

Schließlich ist notwendig, daß wir in Kanada, Mexiko, Brasilien und anderen amerikanischen Ländern Menschen finden, die als Post-Umleitstelle dienen können. Besonders im Kriegsfalle ist es unerläßlich, daß unsere in denUSA wohnenden V-Leute ihre Meldungen an Empfänger in neutralen Ländern richten können, von denen sie auf postalischen oder von Fall zu Fall festzulegenden Kurierwegen an unseren Dienst weitergeleitet werden.

Da im Falle eines Krieges mit den USA aus diesem Land eine direkte Übermittlung von Briefen nach Deutschland unmöglich wird, kann auf diese Post-Umleitstellen in neutralen Ländern nur dann verzichtet werden, wenn wir in der Lage sind, unsere Quellen mit Funkgeräten auszurüsten. Ich habe bereits veranlaßt, daß an der Entwicklung eines für den gedachten Zweck brauchbaren Funkgeräts gearbeitet wird. Es muß vor allem handlich sein und leicht versteckt werden können.

Ich hoffe und wünsche, daß es nicht zu einem Krieg kommt, besonders nicht mit den Amerikanern. Sie alle wissen aber, daß unser Land in letzter Zeit von Spionen aus Ost und West geradezu überschwemmt wird. Noch niemals war die Zahl der Strafverfahren wegen Landesverrats und Verrats militärischer Geheimnisse so groß wie in den letzten beiden Jahren. Daher ist es lebenswichtig für Deutschland, daß unser Dienst sich ein klares Bild über das militärische Potential der Großmächte erarbeitet. Dies ist äußerst dringlich, weil die politische Führung des Reichs keine zutreffende Vorstellung von der Wehrkraft der Großmächte hat.

Es ist traurig, daß unser Dienst, der militärische Nachrichtendienst des deutschen Reiches, selbst über die Streitkräfte der USA, der stärksten Großmacht in der Welt, zur Zeit so gut wie nichts Authentisches aussagen kann. Aus diesem Grunde bitte ich Sie, sich mit aller Kraft der gestellten Aufgabe zu widmen. Hoffentlich werden wir in zwei Jahren wenigstens das Gerippe eines weltweiten Aufklärungsdienstes erstellt haben. Diese gegenwärtige Nachrichtenleere ist sehr gefährlich, weil wir nicht in der Lage sind, unsere Regierung sachverständig zu beraten und gegebenenfalls vor gefährlichen Plänen und Unternehmungen zu warnen.«

Die unheilvolle Konkurrenz

Die »absolute Nachrichtenleere« ist schnell überwunden und der Aufbau eines V-Männer-Netzes in den USA geht zur Zufriedenheit des Admirals rasch voran, so daß 1936/1937 bereits eine Übersicht über die US-Streitkräfte vorhanden ist, die wohl noch lückenhaft, aber brauchbar ist.

Daß andere deutsche Nachrichtendienste sich ebenfalls in den Vereinigten Staaten betätigten, bedeutete einen Schaden für die Abwehr. Darüber hat Oberst Oskar Reile folgendes festgehalten:

»Entgegen der zwischen Canaris und dem Reichssicherheitshauptamt getroffenen Absprache begannen auch andere deutsche Ämter und Organisationen in amerikanischen Ländern geheimdienstlich zu arbeiten. So betätigten sich dort neben Vertretern und Agenten der Gestapo solche des gerade entstandenen SD (Sicherheitsdienst) und der Auslandsorganisation der NSDAP sowie der Arbeitsfront. Zeitweise tauchten in amerikanischen Ländern sogar Agenten des Reichsverbandes der deutschen Luftfahrtindustrie auf. Dies geschah zunächst ohne Wissen der Abwehr und später gegen ihren Einspruch. Am verhängnisvollsten wirkte sich aus, daß manche Beauftragte und V-Männer der genannten Ämter und Organisationen mit blindem Eifer an die Erledigung ihres geheimen, meist politischen Auftrags herangingen, ohne ausreichend geschult zu sein und ohne ihre Tätigkeit mit derjenigen der Abwehr abzustimmen. Dies führte dazu, daß mehrere deutsche Geheimdienste nebeneinander und unabhängig voneinander ein und dieselben deutsch-amerikanischen Kreise durchforschten und dann in ihnen Vertrauensleute anwarben.

Dabei konnte es nicht ausbleiben, daß Freunde, die für verschiedene deutsche Dienste verpflichtet wurden, hierüber sprachen und voneinander wußten, wer ihre Auftraggeber waren und welche Aufgaben jeder hatte... Gerade dies hatte Canaris zu verhindern gesucht. ›Viele Köche verderben den Brei‹, so dachte er.

Auf diese Weise mußte es zu der sogenannten Traubenbildung kommen. In manchen Orten wußten fünf, sechs und mehr Personen voneinander, daß sie für deutsche Geheimdienste tätig waren... Das Nebeneinander der verschiedenen Dienste führte zu schweren Pannen, ja, zu Tragödien. Eine Anzahl von V-Männern bezahlte hierfür mit ihrem Leben. Überdies waren diese Mißerfolge außenpolitisch für das Reich ungemein schädlich.«

Der rührige »Dr. Ranken«

Die Sache mit dem Bombenzielgerät »Norden« aber wird einer der größten Erfolge der Abwehr in den Staaten. Anfang des Jahres 1937 macht Kapitänleutnant Erich Pheiffer in Hamburg die Bekanntschaft eines Geschäftsmanns Dr. Ranken, der während mehrerer Jahre in den Staaten tätig war. Es ist nicht sein richtiger Name, doch die Abwehroffiziere nennen ihn so und wir tun es auch. Bald entwickelt er von seiner Wohnung in der Sophienstraße aus, inzwischen mit dem Dienstgrad eines Majors eingestuft, eine rege Aktivität gegen die Vereinigten Staaten. Als erstes stellt er einen alten Freund an, den südafrikanischen Staatsbürger Frédéric Joubert Duquesne, der schon lange vor dem Ersten Weltkrieg im Burenkrieg für den deutschen Nachrichtendienst gearbeitet hatte und sein abenteuerliches Leben in der Welt der Spionage nicht lassen konnte. Augenblicklich ist er in New York als Spezialist für Aeronautik tätig. Die beiden bauen mit Unterstützung einiger Stewards der Hamburg-Amerika-Linie und des Norddeutschen Lloyd, der eine von Hamburg, der andere von New York aus, ein riesiges Spionagenetz auf, das bald die ganzen Vereinigten Staaten überspannt.

Im Laufe des Sommers 1937 kommt einer der Stewards in Dr. Rankens Büro und bringt ihm zwei sorgfältig eingerollte Blaupausen, die von einem gewissen »Paul« stammen, den er in einer New Yorker Bar, die häufig von Deutsch-Amerikanern besucht wird, kennengelernt habe, und der in dem Industriewerk Norden als Fließband-Kontrolleur beschäftigt sei. Dieser ließ erkennen, daß es sein sehnlichster Wunsch sei, dem neuen Deutschland zu helfen. Dann meinte er noch, daß die beiden Blaupausen sehr wertvoll seien. Dr. Ranken stellt dem Überbringer die übliche Frage:

»Wieviel will er denn dafür haben?«

»Nichts, überhaupt nichts! Er will nichts anderes als nur Deutschland damit helfen.«

Die beiden Blaupausen sind für Dr. Ranken zu kompliziert, um sie bewerten zu können, und er schickt sie deshalb an das Luffahrtministerium nach Berlin. Die Antwort aus Berlin ist enttäuschend:

Keinerlei Interesse. Sicherlich handele es sich um jemanden, der auf alle mögliche Art und Weise an Geld zu kommen versucht. Aber Dr. Ranken gibt sich mit dieser Antwort nicht zufrieden. Er kann einfach nicht glauben, daß ein Mensch, der jegliche Bezahlung ablehnt, absolut wertlose Pläne liefern könne. Er fährt einige Wochen später von Bremerhaven nach New York, um das Nachrichtennetz zu überprüfen und weiterzuentwickeln. Dr. Ranken hat eine Kabine 1. Klasse auf der »Bremen« gebucht und gibt sich als »deutscher Ingenieur auf Geschäftsreise in die Vereinigten Staaten« aus.

Das Bombenzielgerät »Norden«

In New York angekommen, entwickelt Dr. Ranken in Zusammenarbeit mit Duquesne und anderen V-Leuten eine rastlose Tätigkeit, wobei er seine Wohnung ständig wechselt. Unter anderem informiert er sie über Sabotageanweisungen, die aber nur im Falle eines Krieges zwischen Deutschland und den Vereinigten Staaten durchgeführt werden dürfen. Nach einiger Zeit kann er sich endlich des Mannes annehmen, der ihm die zwei Blaupausen zusandte und dafür kein Geld haben will. Das Zusammentreffen findet in der Wohnung von »Paul« statt, der ihm von Anfang an erklärt, daß »Paul« nicht sein wahrer Name sei und er in Wirklichkeit Hermann Lang heiße.»

Er ist ein großgewachsener Bursche mit breiten Schultern, klobigen Händen eines Arbeiters, braunem Gesicht mit Koteletten, und macht bei oberflächlicher Beurteilung den Eindruck eines wenig gesprächigen, wenn nicht sogar mißtrauischen Menschen. Aus seinem eisernen Brillengestell heraus starrt er Dr. Ranken eine Zeitlang an. Dann weicht endlich seine Zurückhaltung und er sprudelt mit der detaillierten Beschreibung seiner beruflichen Tätigkeit los. An dem, was er anfangs erzählt, ist Ranken nur wenig interessiert, aber plötzlich richtet er sich in seinem Sessel auf, als »Paul« ohne jegliche Emotion von seiner geheimen Arbeit bei der Firma Norden berichtet, in der er an der Entwicklung eines von den US-Luftstreitkräften in Auftrag gegebenen neuen, sehr vervollkommneten Zielgeräts für Bombenschützen arbeitet.

»Die beiden ersten Planpausen, die ich ihnen übergeben ließ, stellen nur einen Teil dieses Projekts dar«, sagt Lang. »Auf der ganzen Welt gibt es nichts, was diesem Gerät gleichkommt, und ich möchte gerne, daß es Deutschland auch besitzt. Mir geht es in den Vereinigten Staaten gut und werde auch gut behandelt, aber mein Mutterland ist mir unvergeßlich. Ich will, daß Deutschland diese großartige Erfindung kennenlernt, wer weiß, ob dies nicht eines Tages von Nutzen sein kann.

Dr. Ranken stockt der Atem, als Lang aus seiner neben ihm stehenden Aktentasche Planpausen herauszieht, die auf den ersten Blick denen ähnlich sind, die er in Hamburg erhalten hat. Und Lang erklärt weiter:

»Meine Arbeit besteht darin, die Montage des Zielgeräts Norden zu kontrollieren. Aus diesem Grunde kann ich Ihnen die Pläne selbst liefern. Abends nehme ich Stück für Stück mit nach Hause, und wenn meine Frau, die nichts davon weiß, sich schlafen legt, zeichne ich sie ab. Zwei Teile aus dem vollständigen Plan habe ich Ihnen durch den Steward zukommen lassen. Hier sind zwei weitere.«

Dr. Ranken schaut Lang erstaunt an. Sie zeichnen jede Pause mit der Hand nach...! Dieser einfache Mann hat keinerlei Ahnung von modernen Spionagemethoden und ist noch nie auf den Gedanken gekommen, daß Dokumente mittels Mikrofotografie kopiert werden können... Er gratuliert ihm für seine Vaterlandsliebe »im Namen des Führers«, schließt ihn in die Arme und ist zutiefst erschüttert von der Charakterstärke dieses Mannes, der von der Liebe zu Deutschland durchdrungen, jegliches Geld ablehnt. Er fragt ihn:

»Und wieviel von diesen Plänen haben Sie noch?«

»Dreiviertel davon habe ich schon fertig. Das letzte Viertel des Gesamtplans wird in etwa vierzehn Tagen fertig sein.« So entschließt sich Dr. Ranken, seine Rückkehr nach Deutschland um etwa zwei Wochen zu verschieben. Schon einen Tag nach dem Zusammentreffen mit Lang kann er dem Steward, dessen Schiff nach Hamburg zurückfährt, drei Viertel dieser Pläne übergeben. Sorgfältig werden sie auf dem Schiff versteckt. Und als Dr. Ranken am Vorabend seiner Rückreise vierzehn Tage später seinen Abschieds-Drink mit Lang nimmt, sind bereits zwei weitere Kuriere beauftragt, die restlichen Planpausen nach Deutschland bringen zu lassen.

Gückwünsche von Canaris

Kaum in seinem Büro in Hamburg angekommen, ruft Dr. Ranken in Berlin an und bittet um ein Gespräch mit Admiral Canaris. Dieser stimmt sofort zu, und Ranken begibt sich mit einem Koffer voll wertvoller Planpausen per Bahn eiligst nach Berlin. Vierundzwanzig Stunden später, nachdem er den kompletten Satz Pläne über das Bombenzielgerät Norden dem Chefexperten der aeronautischen Forschung bei der Abwehr übergeben hatte, geht er zum Tirpitzufer. Auf einem Konferenztisch liegen die Pläne vor dem Admiral und seinen engsten Mitarbeitern ausgebreitet, zwei weitere aeronautische Fachleute waren hinzugezogen worden. Dr. Ranken wird rot vor Freude, als Admiral Canaris ausruft:

»Um Himmels willen! Ranken, sind Sie sich eigentlich bewußt, was Sie uns mitgebracht haben?«

Er will gerade antworten, als einer der Fachleute aufgeregt meint: »Monatelang... vor Monaten haben wir über dieses Gerät reden hören und versuchten einen Weg zu finden, um eines Exemplars dieses Zielgeräts habhaft zu werden, dem letzten Schrei amerikanischen technischen Fortschritts! Und Sie, Sie bringen uns alle Detailpläne! Ganz unter uns, das deutsche Zielgerät, das Hermann Görings Luftwaffe zur Zeit in Benutzung hat, ist keinen Pfifferling wert. Ihre Sache hier, sie wird unsere Bombenstrategie völlig verändern, die Treffgenauigkeit wird sich erheblich vervielfachen...«

Canaris kann sich der Bemerkung nicht enthalten:

»Und von diesem Wunderding sagten die sogenannten Experten unserer Luftwaffe, es sei keinen Heller wert! Ich werde sogleich mit

General Udet sprechen, er ist einer der wenigen intelligenten Männer des Luftwaffenministeriums.«

Und wirklich bestätigt General Udet vierzehn Tage später Canaris die Tatsache, daß Lang unzweifelhaft »eine Perle von unschätzbarem Wert« gefunden habe. Sofort wird die Konstruktion eines Probemodells des Zielgeräts Norden beschlossen. Von da ab reißen die Telefonanrufe der Luftwaffeningenieure bei der Abwehr nicht mehr ab. Wie Canaris es vorhersah, werden sie mit Tausenden von Fragen über die amerikanischen Fertigungsmethoden überschüttet. Canaris läßt den Fragestellern in ironischem Ton antworten, daß es recht schwierig sei, sich mit »Herrn Paul« telefonisch in Verbindung zu setzen, um ihnen die erbetenen Antworten binnen einer Stunde liefern zu können.

Hermann Lang kommt nach Berlin

Nach langen, aber ergebnislosen Verbindungsaufnahmen mit Lang, weist schließlich Canaris den Dr. Ranken an, den New Yorker Burschen mit allen Mitteln zu überreden, zu einem kurzen Aufenthalt mit seiner Frau und bei Erstattung sämtlicher Kosten nach Deutschland zu kommen. Endlich stimmt Lang zu, und er trifft im Laufe des Sommers 1938 mit seiner Frau in Berlin ein. Als man ihm das nachgefertigte Muster des Zielgeräts zeigt, ist er für einige Momente sprachlos. Er konnte sich einfach nicht vorstellen, daß man trotz der von ihm gelieferten vollständigen Plänen in solch kurzer Zeit ein Probemodell nachbauen könne. Eingehend prüft er es und wendet sich anschließend an die Luftwaffeningenieure, die neben Dr. Ranken stehen, und meint: »Eine einwandfreie Arbeit!«

Mehrere Wochen lang führt er tägliche Gespräche mit den deutschen Fachleuten und erklärt ihnen die bei der Firma Norden angewandten Methoden der Serienfertigung des Zielgeräts.

...und kehrt nach New York zurück

Admiral Canaris befällt in seinem ihm eigenen Mitgefühl für andere Menschen zeitweilig eine gewisse Unruhe wegen Langs Zukunft. Es quält ihn der Gedanke, daß es Langs letzte Reise in die Vereinigten

Staaten sein könnte, und er besteht deshalb darauf, daß man ihm durch Dr. Ranken eine Mitteilung folgenden Inhalts zukommen läßt:

»Der Chef der Abwehr hat mich gebeten, Ihnen aufgrund der großen Verdienste, die Sie sich für Deutschland erworben haben, mitzuteilen, daß er glaubt, es wäre besser für Sie, nicht wieder in die Staaten zurückzukehren... und auf keinen Fall mehr dort ihre bisherige Beschäftigung wieder aufzunehmen. Admiral Canaris lädt Sie deshalb ein, hierzubleiben, wobei Sie hier eine angenehme Bleibe und ein gesichertes Einkommen erhalten werden. Es wird Ihnen eine Stellung entweder im technischen Dienst der Luftwaffe oder in einem der großen Rüstungsbetriebe vermittelt werden, in der Sie Ihre technischen Kenntnisse auf dem Gebiete der Herstellung des Zielgeräts Norden bestens verwerten können.«

Lang ist sich über das ihm gemachte Angebot sehr unschlüssig, lehnt aber dann den Vorschlag von Canaris ab, weil seine Frau das Leben in den Vereinigten Staaten vorzieht. Im Herbst 1938, gerade als die Sudetenkrise ihren Höhepunkt erreicht hatte, fährt das Ehepaar Lang auf einem Passagierdampfer nach New York zurück. Für die Abwehr bedeutet dies das Ende des Falles Lang.

Indessen werden wir 1941 Hermann Lang wiedertreffen. Als ich nach dem Kriege General Erwin von Lahousen danach fragte, wie er über den Deutsch-Amerikaner, der seine Wahlheimat verraten hatten, dächte, verteidigte er Hermann Lang mit den Worten: »Mit Sicherheit ist er niemals ein Spion gewesen, wenn man darunter einen Menschen versteht, der Nachrichten gegen Entgelt liefert. Ich sehe ihn als einen deutschen Patrioten, der seinem Vaterland den Vorzug vor seiner Wahlheimat gab. Das war auch die Meinung von Admiral Canaris.«

Ein »streng geheimer« Fall

Über einen anderen Fall ist das Urteil von Admiral Canaris viel schärfer und mit Recht härter. Ich meine den Fall des Henri Aubert.

In den ersten Oktobertagen des Jahres 1937 war es, als der Leiter der Abwehrnebenstelle in Bremen einen seiner Offiziere, den Kapitänleutnant und späteren Fregattenkapitän Dr. Fritz Unterberg-Gibhardt zu sich in sein Büro ruft und ihm einen streng geheimen Auftrag anvertraut:

»Es ist keine Routineangelegenheit, die ich Ihnen zu sagen habe – meint der Chef und zieht an seiner Zigarre –, sondern eine Sache, die mit aller Vorsicht zu behandeln ist. Sie werden sich mit einem französischen Marinefähnrich treffen... Allerhöchste Geheimhaltung, Unterberg! Sie dürfen auch mit keinem Ihrer Kameraden der Dienststelle darüber sprechen... Im Augenblick ist es noch ein Buch mit sieben Siegeln, für die Abwehr meine ich. Admiral Canaris, Piekenbrock und ich, jetzt auch Sie, sind die einzigen, die davon wissen. Die Kenntnis kommt von ganz oben, verstehen Sie, weil das Auswärtige Amt es an uns weitergeleitet hat, hoffentlich bringen sie es fertig, uns damit kurzzuschließen... Vielleicht ist der Betreffende ein Spitzel und ich werde diesen Verdacht entsprechend berücksichtigen müssen. Ihnen obliegt es, dies aufzuklären. Sie werden so bald als möglich mit ihm reden müssen, passen Sie auf, ob er sich nicht in Widersprüche verwickelt. Gedächtnis und aufmerksame Beobachtung sind das wichtigste in unserem Geschäft... Bringen Sie ihn zum Reden, lassen Sie ihn wiederholen, nochmals reden und achten Sie darauf, ob alles zusammenstimmt...«

Nachdem der Leiter der Abwehrnebenstelle sich eine neue Zigarre angesteckt hatte, erklärt er Unterberg den Auftrag, den er auszuführen hatte: Die Deutsche Botschaft in Paris hat folgende »g.Kdos-Mitteilung« an das Auswärtige Amt gegeben, die zuständigkeitshalber die Abwehr zu erledigen hat: Ein junger Franzose, der sich als Seekadett ausgibt und es durch Vorlage seines Personalausweises scheinbar nachweist (»Aubert Henri, geboren 12. Juli 1914 zu Paris, Beruf Offizier, Nationalität französisch«), hat sich bei der Deutschen Botschaft vorgestellt, will »seine Dienste anbieten« und Deutschland »bestimmte Geheimdokumente von großer Wichtigkeit« zur Verfügung stellen. Da eine solche Sache nicht zum Aufgabenbereich einer Botschaft gehört, wurde sie zuständigkeitshalber an die Abwehr weitergegeben. Dann fährt der Chef in seinen Erklärungen fort:

»Canaris hat mich gebeten, mit dem jungen Mann in Verbindung zu treten. Er glaubt, daß es sich um einen Spitzel des Zweiten Bureaus handelt. Da ein Zusammentreffen auf französischem Boden zu gefährlich ist, wird Belgien oder Holland dafür vorgesehen. Ich habe gleich an Sie gedacht, Unterberg, weil Sie diese Länder gut kennen... und weil Sie Holländisch und Französisch sprechen... Ein solcher Auftrag kann übrigens nur an einen Marineoffizier gehen, weil das angebotene Material die Marine betrifft. Auch muß der

Verkaufswert der angebotenen Ware abgeschätzt werden, denn dieser junge Mann will sich nach unseren Informationen aus Paris für seine Leistung gut bezahlen lassen.«

»Ich danke Ihnen, daß Sie an mich gedacht haben«, sagt Unterberg zu seinem Vorgesetzten. »Sie können gewiß sein, daß ich mich mit aller Kraft dafür einsetzen werde.«

»Ich glaube, daß Ihnen dieser Auftrag Freude macht.«

Unterberg entscheidet sich für ein Treffen in Antwerpen, weil es nach seiner Auffassung für seinen Gesprächspartner einfacher und unauffälliger ist nach Belgien, statt nach Holland zu kommen. Durch die Deutsche Botschaft in Paris wird alles in die Wege geleitet, so daß Aubert weiß, in welchem Hotel er abzusteigen hat und unter welchem Namen ihn Unterberg am vorletzten Sonntag im Oktober, um 11 Uhr vormittags treffen wird.

Der Abwehroffizier Unterberg trifft mit Aubert zusammen

Kaum ist Unterberg aus Antwerpen nach Bremen zurückgekehrt, macht er über seine Eindrücke in sein Tagebuch folgende Eintragungen:

Sonntag... Oktober. Fast die ganze Nacht habe ich mit Lesen verbracht, weil ich nicht einschlafen konnte(...)

10 Uhr 58: Komme soeben in seinem Hotel an. Ich frage nach Monsieur A. Es wird telefoniert.

Der Herr erwartet Sie auf seinem Zimmer.

Bis hierher verläuft alles planmäßig. Nehme den Fahrstuhl, klopfe an die Zimmertür Nummer 23. Es nähern sich Schritte, man öffnet die Tür.

Ich bin überrascht. Sehe mich nicht einer, sondern zwei Personen gegenüber: Einem Mann mit etwa fünfundzwanzig Jahren und... einer meines Erachtens gleichaltrigen jungen Dame. Der junge Mann kommt auf mich zu, reicht mir die Hand und wir wechseln zur Begrüßung allgemeine Höflichkeitsworte. Die junge Frau nähert sich ihrerseits, Aubert stellt sie als »seine Frau« vor. Ich mache eine Verbeugung und sehe A. mit freundlicher Miene an. Er entgegnet mir mit einem etwas verkrampften Lächeln. A. ist groß gewachsen, sieht gut aus, hat gleichmäßige und gefällige Gesichtszüge. Nach einem Verräter sieht er nicht aus. Seine »Frau«, in Wirklichkeit seine

Geliebte, ist jung und macht einen anscheinend energischen, hartherzigen, keinesfalls graziösen Eindruck. Schön? Sicher nein, aber auch nicht häßlich. Auberts Gesicht, das ziemlich weich und wenig männlich erscheint, bildet zu dem seiner Freundin einen Kontrast. A. muß es an Charakter fehlen.

Mir ist sofort klar, daß er diesem Mädchen hörig ist. Sie ist es, der wir diesen auserwählten Nachwuchs verdanken. Meine Arbeit kann unter gewissen Umständen peinlich werden. Wenn ich auf meine innere Stimme hören würde, müßte ich dem jungen Mann, der mir von Anfang an sympathisch ist, sagen: »Gehe nach Frankreich, auf dein Schiff zurück! Erfülle deine Pflicht als Seemann und Offizier... Verlasse dieses Weibsbild, lasse sie laufen, töte sie, mache was du willst, nur nicht das, was du dir vorgenommen hast!...«

Anfang November 1937 wird Unterberg zu Canaris nach Berlin gerufen. Als er in Tempelhof landet, erwartet ihn bereits ein Major der Abwehr. Kaum haben sie im Auto Platz genommen, das sie zum Tirpitzufer bringt, sagt der Major zu Unterberg:

»Herzlichen Glückwunsch! Was glauben Sie, was Admiral Canaris zu mir sagte, als er sich mit dem Inhalt und dem Wert der Geheimdokumente vertraut gemacht hatte, die Sie aus Antwerpen mitbrachten? ›Der Unterberg kann für ein Jahr auf Urlaub gehen. Das was er hier zusammengesammelt hat, kommt der Arbeit eines ganzen Jahres gleich‹...«

Als Unterberg das Büro des »Alten« betritt, kommt dieser ihm mit ausgestreckten Armen entgegen. Seine Augen strahlten voller Zufriedenheit, als er sagt:

»Unterberg, du hast vorzügliche Arbeit geleistet. Ich beglückwünsche dich. Das Material ist erstklassig. Erzähle mir ein wenig, wie sich alles zugetragen hat. Ich will ganz offen sein, mein Junge, ich bin nicht gerade besonders überzeugt von der Sache gewesen, als ich dich zur Kontaktaufnahme nach Antwerpen fahren ließ. Die Geschichte war mir einfach zu happig... Ein Offiziersanwärter der französischen Kriegsmarine, der sich mir nichts, dir nichts anbietet, sein Vaterland zu verraten. Das ist ein tolles Ding... Aber erzähle mir nun, was für einen Eindruck macht denn dieser junge Verräter?«

Unterberg berichtet über seine Eindrücke, wobei sich des Admirals Gesichtsausdruck plötzlich verändert. Auf dem rosigen Gesicht des »kleinen Admirals« bemerkt man Traurigkeit und leichte Enttäuschung, als er das Gespräch zusammenfaßt und sagt:

»Welch ein Unglück! Unterberg, ich weiß was ich sage. Gratulieren wir uns, daß dieses Mädchen existiert, denn ohne es wäre der Junge niemals zu uns gestoßen. Du verstehst mich doch, dies bedeutet mir etwas, weil er ein Mariner ist – die Nationalität ist dabei belanglos – der so tief stürzt. Du selbst bist auch ein Seemann, du mußt mich verstehen... Ach, die Frauen...! Verstehst du jetzt, warum ich keine Frauen als Agentinnen haben will?... Es ist eine Schande!...«

Der Geheimkode der französischen Kriegsmarine

Weil Unterberg zu anderen Aufgaben abberufen wurde, übergibt er die Bearbeitung des Falles Henri Aubert an einen seiner Mitarbeiter. Diesem bleibt nur noch die Aufgabe, mit dem jungen Offiziersanwärter ständige Verbindung zu halten und ihn zur Lieferung immer interessanter werdenden Materials zu drängen, was ihm auch voll gelingt. Zunächst schickt Aubert den Deutschen, nachdem er von seiner längeren Kreuzfahrt nach dem Fernen Osten zurückgekehrt war, eine Menge äußerst wichtiger Dokumente zu. Inzwischen zum Leutnant zur See auf einem Schlachtkreuzer auf der Reede von Toulon befördert, setzt Aubert die Übermittlung von Nachrichten und Geheimpapieren höchster Wichtigkeit unter Benutzung eines Briefkastens der belgischen Post fort. Zum Höhepunkt kommt es mit der regelmäßigen Zusendung von jeweils Teilausschnitten des... Geheimkodes der französischen Kriegsmarine!

Als die Abwehrnebenstelle Bremen und Canaris davon erfahren, können sie es kaum glauben, daß es sich wahrhaftig um die geheimen Schlüsselunterlagen der französischen Kriegsmarine handelt. Damit ist man deutscherseits in der Lage, alle Befehle über Schiffsbewegungen der französischen Marine und deren Nachrichtenaustausch untereinander oder den Ein- und Abgang von Nachrichten der hohen Admiralität zu entziffern. Den Deutschen bleibt nur noch, sie auszuwerten. Die ganze Sache ist so unwahrscheinlich, daß man zwischen Zweifel und heller Begeisterung hin- und hergerissen ist. Fregattenkapitän Fritz Unterberg erklärt nach Kriegsende dem Commandant Jacques Abtey vom französischen Zweiten Büro:

»Wir fragten uns, ob es sich wirklich um den Geheimkode handelte. Um diese riesige Summe Geld zu verdienen, hätte ein ausgekochter Agent einen Kode erfinden können, der dem echten technisch ähnlich gewesen wäre, vorausgesetzt, daß der echte Geheimkode ihm zur Verfügung gestanden hätte.«

Ein Teilstück nach dem andern kommt an, und bald gelingt es dem Entschlüsselungspersonal der Abwehr, die kompletten Schlüsselunterlagen zusammenzusetzen, nachdem immer mehr Kodesätze bei ihnen eintreffen. Ein großartiger Erfolg, den die Abwehr für sich buchen kann!

Das Zweite Bureau ist »schachmatt«

Genauso ungewöhnlich ist die großartige Leistung des französischen Zweiten Büros, dem es gelingt, nachdem Aubert entlarvt und eingekerkert wurde, die deutsche Abwehr drei Monate lang irrezuführen, indem es weiterhin ganz regelmäßig Teile der Schlüsselunterlagen aus der Gefängniszelle durch Aubert zusenden läßt. Selbstverständlich hat inzwischen die französische Kriegsmarine einen neuen Schlüssel, aber sie wartet auf die Freigabegenehmigung des Zweiten Büros, um ihn in Kraft zu setzen.

Schließlich werden Aubert und seine Geliebte, die beteuert hat, nichts von der Tätigkeit ihres Freundes zu wissen, vor ein Militärgericht gestellt. Erst durch die Presse erfährt die Abwehr, daß sie drei Monate lang hinters Licht geführt wurde... Aubert, der das schändlichste Verbrechen seines Berufsstandes begangen hat – Verrat an seinen Kameraden, an seinen Waffenbrüdern, Verrat seinem Vaterland gegenüber – konnte nur die schwerste Strafe treffen. Er wurde zum Tode verurteilt, vor der Front degradiert und anschließend auf dem Schießplatzgelände von Toulon durch Erschießen hingerichtet. Ungeachtet der Tatsache, daß er mutig in den Tod ging und sein Handeln bereute, hat er den Leitspruch mißachtet, der in großen goldenen Lettern auf der Kommandobrücke der französischen Kriegsschiffe geschrieben steht: »Ehre und Treue«. Die Todesstrafe war die gerechte Sühne für seinen schändlichen Verrat.

Canaris verfolgen die Gedanken an das traurige Ende von Henri Aubert für lange Zeit. Während des Krieges kommt er immer wieder darauf zurück, wenn er den Verrat eines Seemanns brandmarken und den unheilvollen Einfluß gewisser Frauen auf charakterschwache Männer deutlich machen will.

Von diesen beiden Spionagefällen wurde hier erzählt, vom Bombenzielgerät Norden wie vom Geheimkode der französischen Kriegsmarine, um nachdrücklich klarzustellen, was manche neuere Historiker anscheinend vergessen haben: Admiral Canaris war in erster Linie Chef der Abwehr, das heißt Leiter des geheimen Nachrichtendienstes und der Spionageabwehr der deutschen Wehrmacht. Es ist aber auch sichtbar geworden, daß dabei die Politik und Diplomatie insbesondere von 1938/1939 an immer mehr den Vorrang gewannen. Er ließ seinen engsten Mitarbeitern, wie Hans Oster, Hans Piekenbrock, Helmut Groscurth, Erwin von Lahousen, Egbert von Bentivegni und anderen, zu denen er volles Vertrauen hatte, freie Hand in der Führung ihrer Abteilungen Nachrichtenbeschaffung, Sicherheit und Spionageabwehr. Trotzdem hat auch er sich stets darum gekümmert, wie wir noch sehen werden. Es könnte noch von vielen anderen Spionagefällen berichtet werden, die denen von Hermann Lang und Henri Aubert ähnlich sind, um damit aufzuzeigen, daß Canaris nicht ausschließlich der »Salonverschwörer« war, als den man ihn uns gelegentlich hinstellen will. Diese Berichte sollten in Wirklichkeit nur ein wenig zu dem Thema dieses Buches beitragen, das vor allem einen Versuch darstellt, den Schleier zu lüften, der immer noch über der ungewöhnlichen Persönlichkeit des Admirals Canaris liegt.

Ich behalte mir vor, eines Tages einmal auf die großen Spionage- und Spionageabwehrfälle, die mehr oder weniger geheimnisumwittert sind, zurückzukommen. Manche davon sind der Öffentlichkeit völlig unbekannt.

9. EINE GROSSANGELEGTE INTRIGE: DER FALL TUCHATSCHEWSKIJ

Als Canaris im Dezember 1934 nach seiner Ernennung zum Leiter der Abwehr ein Haus zu mieten sucht, findet er ein hübsches Häuschen in der Döllestraße im vornehmen Wohnviertel Dahlem im Süden Berlins. Ein merkwürdiger Zufall will es, daß Heydrich einige Häuser weiter und Heinrich Himmler fünfhundert Meter davon entfernt wohnen! Ende Januar 1935 richtet sich Frau Canaris mit ihren beiden Töchtern dort ein. Sie ist darüber erfreut, den ehemaligen Seekadetten Reinhard Heydrich wiederzusehen und mit ihm, wie einst von 1922 bis 1924, die Musikabende wiederaufnehmen zu können. Lina Heydrich und Erika Canaris schließen gute Freundschaft. »Bald wurde es zur Gewohnheit, daß man wechselweise gemütliche Abende bei den Canaris' oder bei uns feierte, die der Musik gewidmet waren«, wie Frau Heydrich später erzählt. »Mein Mann und Admiral Canaris sprachen in meiner Anwesenheit nie über die Politik. Die Konversation zwischen uns vier wurde über Literatur, Philosophie, Kunst, über Reiseerlebnisse des Admirals, aber meist über Musik geführt. Mein Mann und Frau Canaris konnten stundenlang allein über Haydn und Mozart reden. Ich glaube, daß Reinhard davon sehr angetan war. Dies war seine einzige echte Entspannung, denn er arbeitete volle vierundzwanzig Stunden hintereinander durch, es sei denn, daß er manchmal Zeit zum Fechten, Reiten oder Fliegen fand.* Übrigens bewunderte er Frau Canaris als wahre Musikvirtuosin sehr.«

Zu Beginn des Frühjahrs 1936, kurz nach dem Rheinlandeinmarsch der Wehrmacht, kauft sich Canaris in der Nähe des Schlachtensees im Stadtteil Zehlendorf am Rande des Grunewalds ein Haus. Weil die Heydrichs Zehlendorf besonders hübsch finden, wollen sie sich ebenfalls dort niederlassen. Es ist ein seltsamer Zufall, daß einige der wichtigsten Persönlichkeiten, denen wir in diesem Buch immer wieder begegnen werden, im selben Viertel wohnen: Oberst Oster, Polizeipräsident von Berlin Wolf Heinrich Graf Helldorf, Regierungsrat Hans-Bernd Gisevius, Leiter der Kriminalpolizei Artur Nebe und Walter Schellenberg, Chef des SD-Ausland.

Schellenberg, der Jüngste im SD

Wenige Monate bevor er starb, habe ich Schellenberg in Italien getroffen und befragt. Er ist 1910 geboren und damit der jüngste unter der gefürchteten Mannschaft um Heydrich. Er ist intelligent, feinsinnig, kultiviert, stammt aus einer angesehenen Familie, ist äußerst begeisterungsfähig, sportlich und elegant und sieht gut aus.

* Lina Heydrich hat wohlgemerkt nicht erwähnt, daß ihr Mann auch der »König der Nachtlokale« in Berlin war.

Die dunklen Augen und sein Lächeln wirken auf das sogenannte schwache Geschlecht leicht verführerisch. Es hat nicht den Anschein, daß es zwischen Schellenberg und Frau Heydrich andere als nur freundschaftliche Beziehungen gegeben hat, auch wenn diese Freundschaft sehr eng wurde. Der junge Mann vertraut der schönen Lina die Zuneigung seines Herzens an. Sie findet in ihm einen aufmerksamen Gesprächspartner, der mehr Zeit für sie übrig hat als ihr Ehemann. Doch ist Heydrich voll wilder Eifersucht, obgleich er es selbst in puncto ehelicher Treue nicht allzugenau nimmt. Im Anschluß an einen Ausflug, den Schellenberg zusammen mit Lina zum Plöner See unternommen hat, macht Heydrich Schellenberg eine fürchterliche Szene. Schellenberg gibt sein Ehrenwort, daß nichts passiert sei, was den Wutanfall eines Ehemannes rechtfertigen könnte. Die Sache ist damit erledigt, doch vermeidet Schellenberg, wie er selbst zu mir gesagt hat, in der Zukunft das Zusammensein unter vier Augen mit der Frau seines Chefs. Indessen setzt er seinen Aufstieg in Heydrichs Umgebung fort und gewinnt zusehends dessen Vertrauen. Oft geht er mit dem Ehepaar Heydrich aus und verkehrt mit beiden in der besten Berliner Gesellschaft. Gemeinsam besuchen sie Theater, Konzerte und Galerien, häufig verbringen sie den Nachmittag oder Abend mit Bridgespielen, was Heydrich die »angenehme Intimität im Familienkreis« nennt. An einem solchen Tag lernt Schellenberg in Heydrichs Haus Canaris kennen. Der junge SS-Führer ist von der Persönlichkeit des Admirals gefangen. Seitdem unterhalten die beiden recht freundschaftliche Beziehungen zueinander. Während des Sommer nimmt Schellenberg regelmäßig an den Krocket-Turnieren auf dem Anwesen der Familie Canaris teil. Ebenso regelmäßig trifft er den Abwehrchef auf den Reitwegen im Tiergarten, wo sie Seite an Seite reitend, über ihre dienstlichen Probleme plaudern.

Bei einem dieser Ausritte, Anfang Januar 1937, kommt Schellenberg auf die Sowjetunion und die derzeitigen Beziehungen zwischen Berlin und Moskau zu sprechen. Er erörtert mit Canaris die Wiedereinführung der traditionellen Dienstgrade in der Roten Armee und die Einführung der neuen Würde des »Marschalls der Sowjetunion« durch Stalin. Auch spricht er vom jüngsten Marschall der Roten Armee, Michail Nikolajewitsch Tuchatschewskj. Canaris erwidert, daß er ihm nie begegnet sei, wohl viel vom ihm gehört habe durch die deutschen Generale, die ihn während seines Deutschlandaufenthalts um 1922 herum bei seiner Teilnahme an den großen Reichswehrmanövern mit einer Gruppe von sowjetischen Offizieren begleitet haben. Außerdem hat er von denen gehört, die ihn als Lehrgangsteilnehmer an einem Offizierslehrgang für die Rote Armee beim Führungsstab der Reichswehr erlebten und von denjenigen deutschen Offizieren, die mit Tuchatschewskij in der deutsch-sowjetischen Kommission Verbindung hatten, von der die Durchführung der Konvention von 1923 überwacht wurde.

»Ja«, meint Schellenberg, »Tuchatschewskij kennt unser Land recht gut. Fünfmal ist er zwischen 1925 und 1932 in Berlin gewesen und hat mit verschiedenen unserer Generale Freundschaften geschlossen. Er scheint sehr deutschfreundlich zu sein...«

»Auf Blomberg hat er einen vorzüglichen Eindruck gemacht«, meint Canaris, »sicherlich weniger wegen seiner technischen Fähigkeiten, als vielmehr wegen seiner weltmännischen Art, seiner geschliffenen Eleganz, die sich scheinbar stark von dem ungehobelten Benehmen seiner Kollegen abhebt.«

Damit endet die Unterhaltung.

Canaris weist die Forderung Heydrichs zurück

Wenige Tage danach lädt Heydrich unter irgendeinem Vorwand den Chef der Abwehr zum Mittagessen ein. Nach dem Essen bringt er die Sprache auf die Sowjetunion, über deren politische und militärische Struktur er sehr wenig wisse, und meint, daß er darüber gerne Unterlagen sammeln möchte. Vor allem läge ihm daran, sich über die derzeitigen Führer der Roten Armee zu informieren. Er weiß, daß der Admiral leicht Zugang zu den Archiven des Wehrmachtführungsstabes hat. Ob er ihm nicht für einige Tage die Unterlagen über die sowjetischen Generale, die sich vor der nationalsozialistischen Machtergreifung in Deutschland aufgehalten haben, zur Verfügung stellen könnte? Tuchatschewskij interessiere ihn besonders. Canaris spitzt die Ohren und erinnert sich an die Bemerkungen Schellenbergs. Was führt die SS wohl im Schilde? Sucht Heydrich Unterlagen, um damit gewisse NS-feindliche deutsche Generale zu belasten, sie gar des Verrats anzuklagen, oder hat er etwas anderes im Sinn? Der Admiral verhält sich ausweichend. Doch Heydrich fragt erneut, denn es ist für ihn besonders wichtig. Geschickt entzieht sich Canaris einer Antwort, obwohl er sie ohne Schwierigkeiten geben könnte. Er hat nämlich soeben erst brandneue, hochinteressante Nachrichten aus London und Paris über Marschall Tuchatschewskijs Verhalten erfahren. Seit einem Jahr hat Canaris dienstlich mit Heydrich zu tun und erkennt allmählich Heydrichs hintergründige Seele. Zusehends wächst sein Mißtrauen. Heydrich kann seine Enttäuschung über Canaris' ausweichendes Verhalten nicht verbergen und meint:

»Ich weiß, daß durch unsere Vereinbarung in den ›Zehn Geboten‹ Spionage und Spionageabwehr ausschließlich in Ihren Verantwortungsbereich fällt. Aber heute handelt es sich nicht um eine militärische Angelegenheit. Auf dem politischen Bereich wünscht der Führer genaue Auskunft über die derzeitigen Befehlshaber der Roten Armee, er hat mich beauftragt, ihm diese Unterlagen zu liefern.«

»Ich bedaure sehr, aber ohne eine klare, eindeutige Weisung, die vom Führer unterschrieben ist«, antwortet Canaris, »kann ich Ihnen die schriftlichen Unterlagen aus dem Zentralarchiv des Wehrmachtführungsstabes nicht aushändigen.«

Ein Anflug von kaltem Haß sprüht aus Heydrichs Augen. Rasch gewinnt er seine Fassung wieder und antwortet:

»Gut, Herr Admiral, ich werde es dem Führer melden!«

Mehrere Tage hört er nichts mehr über die russischen Akten, bis man ihm plötzlich eines Morgens mitteilt, in der vergangenen Nacht sei ein Feuer in den Diensträumen der Abwehr und des Oberkommandos der Wehrmacht ausgebrochen, das beträchtlichen Schaden angerichtet habe. Als er sich an die Brandstelle begibt, stellt Canaris mit Überraschung fest, daß die betroffenen Büroräume diejenigen sind, in denen die Rußlandunterlagen und insbesondere die Dossiers über die sowjetischen Generale, die mit der Reichswehr Verbindung gehabt hatten, aufbewahrt wurden... Nach Canaris' Ansicht ist der geheimnisvolle Brand von Heydrich veranlaßt worden. Zorn und Abscheu überkommen ihn. Was soll er tun? Soll er sich beim Führer beschweren? Ihm wird nicht geglaubt werden. Es wird besser sein abzuwarten und herauszubringen, was Heydrich anzettelt. Erst dann wird er Entsprechendes unternehmen können.

Monate vergehen. Canaris hat oder hat scheinbar den Vorfall vergessen. Da findet er am späten Nachmittag des 11. Juni 1937* auf seinem Schreibtisch den Wortlaut eines von Radio Moskau verbreiteten amtlichen sowjetischen Kommuniqués vor:

»Nach gerichtlicher Untersuchung wurde das Verfahren gegen Tuchatschewskij, Yakir, Oborewitsch, Kork, Eidemann, Primakow und Putna, die vor einigen Tagen durch die Organe des Volkskommissariats des Innern verhaftet wurden, dem Sondertribunal des Obersten Gerichtshofes der Sowjets überstellt. Die Verhafteten sind des Bruchs militärischer Pflichten (Treueid), des Landesverrats und des Verrats am sowjetischen Volk und an der Roten Armee der Arbeiter- und Bauernklasse angeklagt. Die sich im Laufe der gerichtlichen Untersuchungen ergebenden Tatbestände haben die Teilnahme der Angeklagten an einem Staatsstreich bewiesen, wie bei Gamarnik, der unlängst Selbstmord beging, in Zusammenarbeit mit führenden Militärkreisen einer fremden, sowjetfeindlichen Macht. Im Dienste des militärischen Nachrichtendienstes dieses Staates haben die Angeklagten systematisch geheime Nachrichten über die Rote Armee weitergegeben und Sabotage mit dem Zweck der Schwächung der sowjetischen militärischen Macht verübt. Damit versuchten sie, die Niederlage der Roten Armee im Falle eines Angriffs auf die Sowjetunion vorzubereiten, mit dem Ziel, die Rückgewinnung der Macht durch die Großgrundbesitzer und Kapitalisten herbeizuführen.

Alle Beschuldigten haben sich in sämtlichen Punkten der Anklage für voll schuldig erklärt. Die Verhandlung findet heute, am 11. Juni, unter Ausschluß der Öffentlichkeit vor dem Sondertribunal des Obersten Gerichtshofes der Sowjets statt. Den Vorsitz führt der Präsident des Militärtribunals, Ulrich. Das Gericht setzt sich zusammen aus dem stellvertretenden Volkskommissar der Verteidigung Jegorov, dem Oberbefehlshaber der Luftstreitkräfte Alksnis, den Marschällen Budjonny und Blücher, dem Generalstabschef der Roten Armee Schaposchnikow, dem Kommandeur der Militärregion Weißrußland Below, dem Kommandeur der Militärregion Leningrad

* Canaris kam am Vorabend von einem Parisaufenthalt anläßlich der Weltausstellung zurück.

Dybenko, dem Kommandeur der Militärregion Nördlicher Kaukasus Kaschirin, dem Kommandierenden General des VI. Kosaken-Kavallerie-Korps Goriatschew.«

Am Tage darauf, dem 12. Juni, findet Canaris eine weitere, kurzgehaltene Mitteilung aus Moskau vor, die besagt, daß Tuchatschewskij, Yakir, Oborewitsch, Kork, Eidemann, Primakow und Putna durch Erschießen hingerichtet worden sind.*

Admiral Canaris errät noch nicht den wahren Hintergrund, doch ahnt er bereits einen Zusammenhang zwischen diesen sowjetischen Verlautbarungen und seinen Gesprächen mit Schellenberg und Heydrich im Januar dieses Jahres. Hat die SS dabei mitgewirkt? Und welche Rolle hat sie dabei gespielt?

Stalin hat »Sorgen«

Wodurch ist eigentlich die Affäre Tuchatschewskij, eine der dunkelsten kriminellen Machenschaften unserer Zeit, hochgespielt worden? Canaris wird darüber wenig erfahren, hingegen wird er den größten Teil des wirklichen Geschehens erahnen, zumindest das, was wir seit Kriegsende und besonders seit 21. Oktober 1961 wissen, als Alexander Scheljepin und Nikita Chrutschschew anläßlich des XXII. Parteikongresses der Kommunistischen Partei der Sowjetunion die Angelegenheit neu zur Sprache brachten.

In diesem Jahr 1936 macht sich Stalin seit geraumer Zeit Gedanken über den Geist der Generalität der Roten Armee, die zu einer der mächtigsten Armeen der Welt geworden ist. Am 20. November 1935 hat er wohl Woroschilow, Blücher, Budjonny, Jegorow und Tuchatschewskij (letzterer ist der jüngste General mit zweiundvierzig Jahren) die Würde als Marschall der Sowjetunion verliehen, doch entdeckt er an ihnen und besonders an Tuchatschewskij, dem angesehensten unter ihnen, eine geistige Unabhängigkeit und eine Art von »Kastengeist der Generale«. Dies beunruhigt ihn stark. Die Integration der Roten Armee in die Partei erscheint ihm ungenügend. Was könnte passieren, wenn die Marschälle und die Generale eines Tages seine Autorität nicht mehr anerkennen würden? Die

* Angeblich sollen sie in der Kellern des NKWD durch Genickschuß hingerichtet worden sein.

zukünftigen Beziehungen zwischen der Sowjetunion und dem nationalsozialistischen Deutschland sind jetzt vorrangig. Stalin tendiert zu einer Verständigung mit Hitler, um so mehr, weil er einen bewaffneten Konflikt drohend näherkommen sieht. Er möchte, daß sich Deutschland gegen den Westen wendet und will sich Deutschlands als Schrittmacher bedienen, um den Weltkapitalismus aus den Angeln zu heben. Er muß Hitler davon überzeugen, daß er die Westmächte mehr zu fürchten hat als die Sowjets. Von Moskau dazu ermutigt, wird Hitler sicherlich Österreich und anschließend die Tschechoslowakei angreifen, was wiederum das Eingreifen Englands und Frankreichs zur Folge haben wird. Daraus wird sich ein langer und aufwendiger Krieg entwickeln, der die beiden Gegner ganz erheblich schwächen wird. Dann wird die Stunde des sowjetischen Eingreifens in Europa schlagen!

Die Führer der Roten Armee denken ganz anders. Insbesondere ist es Tuchatschewskij, der einen Präventivkrieg gegen Deutschland führen will, weil ihm die deutsche Wiederaufrüstung Sorgen verursacht. Er hält mit seinen Gedankengängen nicht zurück, weder bei dienstlichen Beratungen noch in der Sitzung des Obersten Sowjets. Stalin ist darüber höchst erzürnt. Wer ist eigentlich der Chef im Kreml? Wer ist für die sowjetische Politik verantwortlich? Der Diktator fühlt eine zweifache Gefahr: im Innern die Gefahr eines Militärputsches und nach außen den Ausbruch eines Präventivkrieges, den er auf jeden Fall verhindern will. Ein solcher Krieg würde nach Stalins Meinung alle kapitalistischen Länder mit Hitler-Deutschland vereinen, und es würde eine gemeinsame Front im Kampf gegen den »bolschewistischen Aggressor« entstehen. Zwei Sätze aus der damaligen Schrift Trotzkis lassen Stalin keine Ruhe: »Durch seine unheilvolle Politik erleichtert Stalin den bonapartistischen Elementen die Arbeit. Sollte ein militärischer Konflikt ausbrechen, dann hätte ein Tuchatschewskij oder sonstwer wenig Mühe, das Regime mit Hilfe aller antisowjetischen Kreise in der Sowjetunion zu stürzen.«

Die Stalinsche Methode

Wie kann Stalin dem entgegenwirken? Immer mehr gewinnt er die Überzeugung, daß Tuchatschewskij und einige andere »bonapartistische« Generale ein Komplott gegen ihn schließen. Da aber der Marschall ein zu bedeutendes Ansehen bei der Bevölkerung hat, kann er ihm nicht offen entgegentreten. Auch stürzen kann er ihn nicht, denn die ganze Armee steht hinter ihm. Mit der Stalin eigenen Verschlagenheit findet er eine gänzlich niederträchtige Lösung: Tuchatschewskij durch die Armee selbst veruteilen zu lassen, ihr die Beweise seines verräterischen Handelns in die Hand geben! Die Vorwürfe gegen den Marschall müssen so schwerwiegend sein, daß Woroschilow und andere die Verteidigung des Marschalls nicht nur ablehnen, sondern ihn sogar anklagen, und zwar wegen Bildung eines Komplotts zusammen mit den Trotzkisten und den deutschen Generalen.

Zunächst bildet Stalin die höheren Stäbe der Polizei um. Er entläßt Jagoda und setzt dafür den Generalinspekteur der russischen Geheimpolizei NKWD, Jeshow, unter Ernennung zum Volkskommissar des Innern ein. Ihm legt er seinen Verdacht gegen die Rote Armee im allgemeinen und gegen Tuchatschewskij im besonderen dar. Er erhält den Auftrag, die Untersuchung selbst zu führen. In unmißverständlichem Ton sagt ihm Stalin:

»Ich habe all das Geschwätz und die Intrigen satt. Ich will endlich Klarheit haben! Aber Vorsicht, Genosse! Eines mußt du wissen: Die einzige Möglichkeit, mein Vertrauen zu gewinnen und den Posten, den ich dir gab, zu behalten, ist nicht, mir zu melden, daß das Komplott nicht mehr besteht, sondern indem du mir Beweise an die Hand gibst. Hast du verstanden!«

Der NKWD tritt mit dem Doppelagenten Skoblin in Aktion

Jeshow hat Stalin verstanden. Wenn er seine Haut retten will, muß es ihm gelingen, die »Beweise« herbeizubringen. Genosse Nicolai Iwanowitch Jeshow wird die Sache hundertprozentig aufklären. Stalin hat mit ihm eine gute Wahl getroffen, er kennt ihn genau: Von zwerghaftem, schwindsüchtigem Aussehen, asthmatisch, krankhaft an Komplexen leidend, pathologisch bedrückt, verbittert, bösartig, sadistisch und heuchlerisch. Mit einem Wort, so, wie man sich einen geheimen Großinquisitor vorstellen würde, jedoch mit hündischer Fügsamkeit gegenüber seinem Herrn.

Jeshow kann sich die sogenannten Beweise auf dem Wege über

den zweiundvierzig Jahre alten zaristischen General Nicolai Skoblin beschaffen, der mit dem ehemaligen Ballettstar der Petersburger Hofoper, der schönen Nadeshda Vassilievna Plewitzkaja verheiratet ist. Sie leben beide in Paris im Exil.

Nicolai Skoblin ist der offizielle Vertreter von General Miller, dem Oberhaupt der Weltorganisation der russischen Exiloffiziere (ROVS). In Wirklichkeit hat die ehemalige Tänzerin schon immer als kommunistische Agentin, erst für die GPU, dann für den NKWD gearbeitet, und ihr Mann ist ebenfalls Agent für Moskau geworden. Wie dem auch sei, Skoblin bleibt ein eingeschworener Gegner der Roten Armee und hauptsächlich Tuchatschewskijs, dessen Überwechseln zur Revolutionsarmee er als Treuebruch ansieht. Skoblins Wunschtraum ist, mit Hilfe der Deutschen, die er gut kennt, eines Tages nach Moskau zurückzukehren und Stalins Platz einzunehmen... Aus diesem Grund unterhält er mit den Deutschen laufend Verbindung, so auch mit Heydrich, den er durch Baron Wrangel kennt und mit Informationen belieferte. Jeshow weiß das alles. So schickt er ihm Anfang Dezember 1936 zwei seiner besten Agenten, Sarowskij und Spiegelglass, nach Paris. Bald sind sie sich mit Skoblin handelseinig. Der NKWD wird den General Miller verschwinden lassen (Skoblin wird dann der Chef der Emigrantenorganisation), dafür ist ihnen Skoblin behilflich, Tuchatschewskij auszuschalten, indem er ihnen die Beweise seiner konspirativen Zusammenarbeit mit den Trotzkisten und bestimmten Personen der Reichswehrführung liefert.

Skoblin erkennt darin sofort die Chance, seinen verhaßten Feind Tuchatschewskij zu beseitigen, die Rote Armee seiner besten Führer zu berauben, und die Deutschen davon zu überzeugen, daß sich unter diesen Umständen ein Angriff auf die Sowjetunion lohnen würde. Skoblin selbst würde dann eine Regierung bilden, die Überreste des Kommunismus beseitigen und ein deutsch-russisches Bündnis schließen, das Rußland und Deutschland zu den Herren Europas machen würde... Im Geiste sieht er sich bereits in Moskau.

Um keine Zeit zu verlieren, macht er sich gleich an die Zusammenstellung eines tendenziösen Berichts über die soeben von Tuchatschewskij in London geführten Gespräche, die dieser anläßlich der Teilnahme als offizieller Vertreter des sowjetischen Staates an den Trauerfeierlichkeiten für König Georg V. geführt hatte. Zusätzlich berichtet er von einem Gespräch Tuchatschewskijs mit dem Oberbefehlshaber der französischen Armee, General Gamelin in Paris. Dann reist er nach Berlin, wo er Heydrich treffen soll.

Heydrichs machiavellistische Idee

Das Treffen Heydrich-Skoblin findet unter vier Augen in einem separaten Salon des Hotels Adlon statt. Natürlich bleibt das Gesprächsthema unbekannt, doch gibt es keinen Zweifel, daß Skoblin über den Besuch von Sarowskij und Spiegelglass in Paris spricht. Später erklärt mir Schellenberg:

»Noch am selben Abend ließ mich Heydrich rufen. Selten hatte ich ihn in solch aufgeräumter Stimmung erlebt. Er sagte mir, er habe sensationelle Informationen erhalten, daß Tuchatschewskij ein einen von langer Hand vorbereiteten Präventivkrieg gegen Deutschland, zusammen mit den Engländern und Franzosen, zu führen gedenke. Dann fügte er hinzu: ›Wenn der Führer diesen Bericht lesen wird, bekommt er einen Tobsuchtsanfall. Er wird die derzeitigen Annäherungsbemühungen mit Moskau sofort abbrechen. Wer kann es wissen? Vielleicht wird seine Wut das Signal für den Aufbruch nach dem Osten sein und den Beginn der Verwirklichung des Programms bedeuten, das er in seinem Buch ›Mein Kampf‹ niedergeschrieben hat. Andererseits zeigt der Bericht – er ist nach meiner Überzeugung nicht deutlich genug, aber wir werden es schon hinkriegen –, daß Tuchatschewskij mit bestimmten Generalen der Wehrmacht enge Kontakte hat oder gehabt hat. Es läßt sich beweisen, daß diese Kontakte einen zweifachen Militärputsch zum Ziel haben, und zwar in Moskau und in Berlin, um Stalin und um den Führer aus dem Wege zu räumen. Wir können zwei Fliegen mit einer Klappe schlagen: Die Rote Armee führerlos machen und die Wehrmachtsführung beseitigen, die dem Nationalsozialismus immer noch feindlich gegenübersteht... Haben Sie mich verstanden, Schellenberg?«

Dieser gab mir gegenüber offen folgendes zu:

»Im ersten Augenblick war mir nicht ganz klar, worum es sich handelte und was zu tun sei. Dagegen wußte Heydrich ganz genau, was er wollte. Am Heiligen Abend ging Heydrich und Himmler zum Führer. Heydrich erzählte mir, daß er ihm in Anwesenheit von Heß und Bormann seinen Plan vortrug: Man müßte ausreichend Schriftstücke besorgen, aus denen hervorgeht, daß Tuchatschewskij und verschiedene seiner Generale der Roten Armee mit bestimmten Generalen der Wehrmachtsführung konspirierten, um in ihrem Land die Macht zu ergreifen, und Mittel und Wege finden, diese Dokumente Stalin in die Hände zu spielen. Heydrich sagte mir, daß er Hitler schnell für diesen Plan gewonnen habe, der jedoch ausdrücklich darauf bestanden habe, keinesfalls dürfe der Eindruck erweckt werden, die darin verwickelten deutschen Generale hätten direkt gegen Hitler selbst konspiriert. Offensichtlich wollte Hitler nicht den Teufel an die Wand malen...«

Heydrich läßt sodann Schellenberg, SS-General Hermann Behrens, Wilhelm Höttl vom Sicherheitsdienst und einen weiteren SD-Agenten, Alfred Naujocks, zu sich kommen. Naujocks wird in der Folgezeit noch viel von sich reden machen. Heydrich trägt in großen Zügen die Angelegenheit vor und erklärt, daß es für die Zusammenstellung der gefälschten Schriftstücke notwendig sei, sich die schriftlichen Unterlagen des Oberkommandos der Wehrmacht zu beschaffen, die dort über die Kontakte Tuchatschewskijs mit deutschen Generalen vor der Zeit Hitlers in Verwahrung gehalten werden. Dazu brauche man die Hilfe von Admiral Canaris. Schellenberg soll das Gelände sondieren, dann wird sich Heydrich mit dem Abwehrchef in Verbindung setzen, und Behrens und Naujocks sollen die Lücken der authentischen Dokumente auf ihre Weise »vervollständigen«. Heydrich fügt hinzu:

Dann werden wir die Fotokopien dieser Schriftstücke teuer an die Russen verkaufen und werden so tun, als ob sie aus den Geheimakten des SD gestohlen worden wären. Gleichzeitig werden wir vortäuschen, daß deutscherseits eine Untersuchung des Verrats eingeleitet wird. Der Führer will aber nicht haben, daß dabei Namen genannt werden. Stalin wird diese Unterlagen vermeintlich vom eigenen Geheimdienst erhalten und davon überzeugt werden, daß das Material echt ist. Auf diese Weise wird Stalin dann Tuchatschewskij hochgehen lassen.

Heydrich kann nicht ahnen, daß Stalin gar nicht überrascht sein wird und daß in Wirklichkeit Stalin selbst die ganze Angelegenheit eingefädelt hat.

Wir haben bereits gelesen, daß Canaris nicht auf die Forderung Heydrichs zur Herausgabe von Unterlagen einging. Wie wird er trotzdem seinen Plan verwirklichen?

Hitler hat strikte Anweisungen gegeben, das Oberkommando der Wehrmacht dürfe von den Vorgängen in der Tuchatschewskij-Angelegenheit nichts erfahren. Er befürchtet wohl mit Recht, einer der deutschen Generale könnte den sowjetischen Marschall warnen. Heydrich kann deshalb Canaris nicht ein weiteres Mal drängen, ihm die benötigten Dokumente auszuliefern. Nun, wenn es so nicht geht, dann eben anders! Er bereitet deshalb ein Kommandounternehmen auf die Diensträume der Abwehr vor, mit der Absicht, die Panzerschränke aufzubrechen und sich möglichst viel von den Unterlagen anzueignen. Diese Aktion erscheint selbst einem Dutzend SD-Agenten, die sich in Einbrecher verwandeln sollen, phantastisch. Für Heydrich jedoch ist jedes Mittel zum Erreichen seiner Ziele recht.

Die Einbrechermannschaft wird in drei Gruppen aufgeteilt, wobei jede von einem »Einbruchexperten« des Dezernats für Verbrechensaufklärung begleitet wird. Sobald das Unternehmen beendet ist, soll ein kleiner Brand gelegt werden, um alle Spuren zu verwischen und um eine möglichst große Verwirrung zu stiften. Die vielleicht zu gewissenhaft-gründlichen SD-Agenten machen ihre Sache so gut, daß das Feuer sich zu einem größeren Brand ausweitet. Beträchtliche Teile der Dokumente werden durch das Feuer und die Löscharbeiten der alarmierten Garnisonfeuerwehr aus den Berliner Kasernen völlig vernichtet. Während des entstandenen Durcheinanders hat sich das SD-Kommando unter Mitnahme der wichtigen Beute unbemerkt abgesetzt. Heydrichs Freude war entsprechend groß. Doch was kümmert es Heydrich, daß ein ganzes Stockwerk der Dienststelle der Abwehr ausgebrannt ist und in den Mauern des Gebäudes sich breite Risse zeigen? Schließlich heiligt der Zweck die Mittel.

Benesch wird geimpft

Über die Bedeutung der gefälschten SS-Dokumente und über die Art und Weise, wie die Fotokopien dieser »Dokumente« den Russen in die Hand gespielt wurden, gibt es verschiedene Lesarten. Sicher weiß man aber, daß dieses Schriftstück etwa fünfzehn Seiten aus Briefen enthielt, die wahrscheinlich zum Großteil aus Berichten eines deutschen Agenten der Abwehr stammen, der beauftragt war, die zwischen der Reichswehr und der Roten Armee bestehenden Verbindungen zu erforschen. Außerdem enthielt es Niederschriften von Telefongesprächen zwischen deutschen Generalstabsoffizieren, Kopien abgefangener Briefe und verschiedene verschlüsselte dienstliche Anweisungen. Der fetteste Brocken stammte aus einem angeblichen Schreiben von Tuchatschewskij selbst und aus einem angeblich von Canaris verfaßten Bericht an den Führer.

Der NKWD-Chef Jeshow ist mit den Nazifälschungen nicht zufrieden. Er weiß, daß Marschall Woroschilow den Wahrheitsgehalt dieser Dokumente anzweifeln wird. Um die These des Verrats und der Komplottbildung zu untermauern, braucht er eine hohe ausländische Persönlichkeit, die nicht in die Angelegenheit verwickelt ist und in einem freundschaftlichen Verhältnis mit Moskau steht. Diese soll Stalin eine Mitteilung zukommen lassen, die besagt, daß Tuchatschewskij der Führer eines Komplotts sei. Eine solche Information würde den Wahrheitsgehalt des deutschen Schriftstücks erhärten. Für diese Rolle wäre zweifellos der tschechische Staatspräsident Eduard Benesch am besten geeignet. Durch mehrere Agenten wird Benesch entsprechend »geimpft« und gibt die »Informationen« an den sowjetischen Botschafter M. Alexandrowskij weiter. Dieser übermittelt die Nachrichten des gegen seinen Chef gerichteten Komplotts unverzüglich Stalin, der alsbald in den Besitz der unechten Nazi-Schriftstücke gelangt. Die Folge davon ist bereits bekannt.

Die Erschießung Tuchatschewskijs bedeutet den Anfang einer großangelegten Säuberungsaktion im Offizierskorps der Roten Armee. Am Rande sei erwähnt, daß von den neuen Richtern des Sondertribunals des Obersten Gerichtshofes der Sowjets im Verlauf der folgenden Wochen sieben erschossen wurden. Darunter die Marschälle Jegorow und Blücher und General Alksnis, der Oberbefehlshaber der sowjetischen Luftstreitkräfte. Die Stalinsche Säuberungsaktion traf die elf stellvertretenden Verteidigungskommissare ebenso wie drei von fünf Marschällen, fünfundsiebzig von achtzig Mitgliedern des obersten Kriegsrats, dreizehn von fünfzehn Armeebefehlshabern, siebenundfünfzig von fünfundachtzig Korpskommandeuren, hundertzehn von hundertfünfundneunzig Divisionskommandeuren, zweihundert von vierhundertsechs Brigadekommandeuren... Schätzungsweise wurden in dieser Zeit etwa dreißigtausend Offiziere beseitigt, was etwa die Hälfte des Berufsoffizierskorps bedeutet.

Canaris wußte von Tuchatschewskijs Schuld

Admiral Canaris hat lange Zeit nichts über die Einzelheiten des gegen Tuchatschewskij angestrengten Verfahrens gewußt. Über Heydrichs infames Vorgehen war er höchst empört. Es hat ihm das wahre Geischt Heydrichs aufgezeigt der, um seine Ziele zu erreichen, zu allem fähig ist. Zweifellos hat Canaris von diesem Zeitpunkt an die Tätigkeiten der SS mit immer kritischeren Augen betrachtet. Wenn er auch im einzelnen die Rolle, die Stalin dabei gespielt hat, nicht kannte, ist er über die Verurteilung und Hinrichtung Tuchatschewskijs nicht sonderlich überrascht, denn ... er wußte, daß sich der Marschall des Verrats, ja sogar des Hochverrats, schuldig gemacht hat.

Admiral Canaris erzählte Lahousen, daß er um diese Zeit aus London und Paris Bericht erhalten hätte, die bewiesen, daß Tuchatschewskij bereits gewesen wäre, militärische Geheimnisse den Engländern und Franzosen preiszugeben, um die beiden Staaten für einen Präventivkrieg gegen Deutschland auf die Seite der Sowjets zu ziehen. Folglich war der von Skoblin gefertigte Bericht an Heydrich nicht einmal so unwahr, wenn auch der zaristische General Skoblin ihn mit eigenen Gedanken vermischt hatte. Diese Enthüllungen wirkten auf die Engländer schockierend. Sie allein hätten ausgereicht, den Marschall wegen militärischen Geheimnisverrats zum Tode zu verurteilen, falls es Stalin gewußt hätte. Die Engländer waren so vor den Kopf geschlagen, daß sie kein Wort davon glauben wollten. Sie waren vielmehr der Auffassung, daß die Zahlenangaben des sowjetischen Marschalls bewußt übertrieben waren. Sie stimmten mit den Schätzungen der Intelligence Service-Agenten aus Rußland nicht überein. Infolgedessen nahmen sie auch die Informationen wohl höflich, aber mit äußerster Zurückhaltung auf.

Als Canaris davon erfahren hatte, machte er darüber in sein Tagebuch Aufzeichnungen und sprach mit Oster. Man kann verstehen, daß er kein Sterbenswörtchen zu Heydrich gesagt hat, doch weiß man nicht, weshalb er seinen Kriegsminister von Blomberg nicht unterrichtet hat.

Man weiß, daß Tuchatschewskij in Paris von General Gamelin, dem Oberbefehlshaber der französischen Armee, ebenfalls kühl empfangen wurde. Seine Antwort war, daß Frankreich keinen Grund hätte, die defensive Haltung gegenüber Deutschland aufzugeben, solange das Deutsche Reich keine kriegerischen Angriffsabsichten hätte.

»Aber dann wird es zu spät sein!« rief Tuchatschewskij aus.

»Ein Präventivkrieg stünde nicht nur im Gegensatz zu den Leitgedanken der französischen Politik, er würde auch von der Mehrheit des französischen Volkes abgelehnt«, antwortete Gamelin.

Joseph und Emil

Canaris zu Lahousen:

»Tuchatschewskij kehrte tief enttäuscht nach Moskau zurück. Alles was er den Engländern und Franzosen soeben offenbart hatte, hat nichts genutzt. Stalin hatte von dieser echten Verratshandlung keine Ahnung, er hat aber Tuchatschewskij wegen jenes Verratsdelikts erschießen lassen, das ihm Heydrich angedichtet hat!«

Als mir General Lahousen diese Worte von Canaris wiederholte, meinte er, daß ihr Gespräch im Frühjahr 1939 stattgefunden haben müßte und daß Canaris dann noch hinzugefügt hätte: »Die mörderische Torheit eines Diktators, der Furcht hat, ist grenzenlos. Für die Durchführung eines Massakers findet er stets irgendein dunkles Individium, wie diesen Jeshow, und einen Ohrenbläser wie Chruschtschew, der nach der Hinrichtung Tuchatschewskijs ausrief: ›Stalin ist das größte Genie, der Herr und Meister der Humanität.‹ Geben Sie acht, Lahousen! Der Herrgott allein weiß, ob unser ›Emil‹* es eines Tages nicht genauso wie Josef Stalin machen wird! Als ausführende Organe werden ihm dann Himmler und Heydrich dienen und Goebbels wird ihn verherrlichen.«

* »Emil« wurde Hitler von den nationalsozialistischen Gegnern in den Kreisen der Abwehr genannt. Während des Krieges tauften ihn die Hitlergegner dann »Julius«. Warum man ihm die beiden Vornamen gab, blieb unbekannt.

10. HITLER ENTHÜLLT SEINE DUNKLEN PLÄNE

Die beispiellose Säuberungsaktion durch Stalin in der Roten Armee beunruhigt Canaris sehr, denn er glaubt, daß eine ähnliche Aktion, wie die mit Tuchatschewskij, in Deutschland nicht undenkbar sei. Wird das Beispiel Moskaus nicht ansteckend wirken? In den vergangenen Monaten hat sich Mißstimmung zwischen Hitler und der Wehrmacht breitgemacht. Im Herbst 1937 schien die Spannung von Tag zu Tag zuzunehmen. In den einzelnen Abteilungen des Kriegsministeriums herrscht eine Stimmung, die an die Wochen vor dem 30. Juni 1936, der dunklen »Nacht der langen Messer« erinnert. Man spürt das Gewitter in der Luft hängen, weiß aber nicht, wann und wo der Blitz einschlagen wird.

Am Vormittag des 6. November erfährt Canaris, daß am Vortag eine streng geheime Konferenz unter Vorsitz Hitlers im Reichskanzleramt stattgefunden hat. Sie hat von 16 Uhr 15 bis 20 Uhr 30 gedauert. Daran nahmen teil: Kriegsminister Generalmarschall von Blomberg, der Oberbefehlshaber der Kriegsmarine, Generaladmiral Raeder, der Oberbefehlshaber der Luftwaffe, Generaloberst Hermann Göring, der Reichsaußenminister, Freiherr von Neurath, und Oberst Friedrich Hoßbach, Mitglied des Wehrmachtführungsstabes und Militäradjutant des Führers, der mit den Verbindungsaufgaben zwischen der Wehrmacht und dem Kanzleramt beauftragt war. Allem Anschein nach handelte es sich um eine wichtige Besprechung. Von dem, was besprochen wurde, ist nichts durchgesickert. In Anbetracht des Stellenwertes der Teilnehmer vermutet Canaris, daß tiefgreifende militärische Probleme erörtert worden sind. Er als Abwehrchef hätte eigentlich davon unterrichtet werden müssen. Nichts dergleichen geschah. Sowohl Blomberg als auch Fritsch bleiben stumm, ihre Gesichter sind ernst, ihre Lippen zusammengepreßt. Von dem Admiral Raeder kann der Abwehrchef kaum eine Unterrichtung erwarten, da die beiden relativ wenig miteinander sprechen. Und Göring? Auf ihn braucht er nicht zu rechnen. Neurath? Ihn kennt Canaris zu wenig, um ihm Vertrauliches zu entlocken. So bleibt nur Oberst Hoßbach übrig. Die Verbindung mit ihm beschränkt sich nur auf das dienstlich Notwendige, wenn sie auch Sympathie füreinander empfinden, die ihren Ursprung in den gemeinsamen Bedenken über die »Irrtümer des Nazismus« hat.

Canaris läßt es keine Ruhe. Was braut sich da zusammen? Bis zum 11. November muß er warten. Bis zu dem Tag, an dem er den Chef des Generalstabes, General d. Art. Beck, in seinem Büro aufsucht. Seit einigen Monaten gewinnen die beiden ständig enger werdendes Vertrauen zueinander. Zwischen ihnen gibt es keine rangmäßigen Verbindungen, doch haben sie häufig dienstlich miteinander zu tun. Dadurch haben sie sich näher kennen- und schätzengelernt.

Der Chef der Abwehr achtet Generalstabschef besonders wegen seiner Klugheit, seines ausgeglichenen Wesens, seiner Geistesschärfe und wegen seines Charakters. Der Historiker Gert Buchheit schreibt später von ihm, daß er ein in der preußisch-deutschen Tradition tief verwurzelter Offizier war, dessen ausgeprägtes Verantwortungsgefühl und hohe Moral sich die großen Meister deutscher Kriegskunst zum Vorbild nahm, daß er ein ernster Mensch war, der allen Dingen auf den Grund ging, wohlwollend aktiv, willensstark; der besonders arbeitsam war und nur die Verbesserung und Aufwärtsentwicklung der deutschen Armee als Ziel vor Augen hatte. Er war ein Mann, der Äußerlichkeiten verabscheute und schöpferische Gaben wie rationales Denken in glücklichster Weise in sich vereinigte.

Canaris weiß, daß Beck bei seiner Ernennung zum Chef des Generalstabes des Heeres einem gemeinsamen Freund gegenüber erklärt hat: »Ich befürchte sehr, daß wir in einen Krieg hineingezogen werden, bevor wir mit einiger Aussicht auf Erfolg verteidigungsbereit sind. Wir müssen alle Hebel in Bewegung setzen, um den Ausbruch eines Krieges zu verhindern. Ich frage mich, ob die ganze Welt sich dessen bewußt ist.«

Canaris findet eine solche Auffassung, von einem hohen Offizier ausgesprochen, nicht ungewöhnlich, dessen Aufgabe darin besteht, offensive oder defensive Vorbereitungen für den Fall eines Krieges treffen zu müssen. Er denkt genauso wie Beck. Überdies weiß der Admiral, daß Beck ein Mann ist, der sich sehr gewissenhaft über die Rückschläge in der deutschen Außenpolitik unterrichtet, der sein Gesichtsfeld nicht auf das militärische Gebiet beschränken will und die Entwicklung des Hitlerregimes mit kritischen Augen verfolgt. Je mehr sich Hitlers Regierung zur Diktatur hin verändert, je mehr sie sich zusehends von der Legalität und den moralischen Grundsätzen eines zivilisierten Staatswesens entfernt und die Gleichschaltungsbestrebungen der NSDAP die Unabhängigkeit anderer Organisationen zunichte machten, desto mehr sieht Canaris in Beck den Mann, der versucht, die Wehrmacht vor dem nazistischen Einfluß zu bewahren. Deshalb werden seine Sympathien für Beck immer größer. Sie haben dieselben Probleme.

»Hitler führt Deutschland ins Verderben«

An diesem 11. November 1937 ahnt Canaris, daß Beck ihm etwas sehr Ernstes zu sagen hat. Die beiden Männer suchen sich. Canaris ist zu geschickt, als daß er von sich aus seine Gedanken offenlegt, bevor dies sein Gesprächspartner offenherzig ihm gegenüber tut. Der sehr intelligente, aber weniger listige Beck – er ist nicht der schlaue Fuchs, wie der Abwehrchef – gibt schließlich das folgende Stichwort:

»Hitler führt Deutschland ins Verderben. Wir müßten ihn daran hindern, bevor es zu spät ist!«

Damit deckt General Beck seine Karten auf. Canaris tut es ebenso, indem er sagt:

»Wenn sich die Politik des Führers als eindeutig kriegstreiberisch herausstellen sollte und das deutsche Volk das wüßte, dann wäre es ein leichtes, die Regierung zu stürzen und das Regime zu ändern. Will denn Hitler wirklich den Krieg? Wenn das der Fall sein sollte, dann muß sofort gehandelt werden: Es muß alles getan werden, um ihm die Macht zu entreißen.«

Die beiden haben sich verstanden.

Unter dem Siegel der Verschwiegenheit zieht General Beck sodann ein Schriftstück aus der Schreibtischschublade und erklärt, daß es sich um einen von Oberst Hoßbach verfaßten Bericht über die am 5. November 1937 stattgefundene streng geheime Besprechung handele. Wenn Hoßbach seine Schweigepflicht gegenüber General Beck gebrochen habe, dann nur deshalb, weil er die Äußerungen des Führers für folgenschwer einschätze. Beim Vorlesen dieses Berichts sei Beck völlig niedergeschlagen gewesen. Er wollte gerne die Meinung des Chefs der Abwehr darüber hören und bittet ihn um strengste Verschwiegenheit. Er reicht Canaris das Schriftstück hin. Dieser entfaltet es und beginnt zu lesen. Von Seite zu Seite wird dessen Gesichtsausdruck immer ernster. Der Abwehrchef ist vom Inhalt dieses Papiers ersichtlich entsetzt. Wovon handelt es?

Die Einleitung ist klar formuliert. Hitler stellt fest:

»Der Gegenstand der heutigen Besprechung ist von derartiger Bedeutung, daß dessen Erörterung in anderen Staaten wohl vor das Forum des Kabinetts gehörte. Ich aber sehe gerade im Hinblick auf die Materie davon ab, diese in dem großen Kreise des Reichskabinetts zum Gegenstand der Besprechung zu machen. Meine nachfolgenden Ausführungen sind das Ergebnis eingehender Überlegungen und der Erfahrungen meiner viereinhalbjährigen Regierungszeit. Ich will den anwesenden Herren meine grundlegenden Gedanken über die Entwicklungsmöglichkeiten unserer außenpolitischen Lage auseinandersetzen, wobei ich Sie bitte, meine Ausführungen im Interesse einer auf weite Sicht eingestellten deutschen Politik als meine testamentarische Hinterlassenschaft für den Fall meines Ablebens anzusehen.«

Hoßbach sagt später dazu: Alle hielten den Atem an, starrten gespannt auf Hitler, sogar Göring war unruhig. Was wird er uns nun eröffnen?

Vier Stunden lang spricht Hitler, ohne eine Pause einzulegen, und ohne daß einer der Teilnehmer auf den Gedanken kommt, ihn mit einer Frage zu unterbrechen.

»Größter Gewinn unter geringstem Einsatz«

Zunächst erklärt Hitler, daß es notwendig sei, größeren Lebensraum für die achtzig Millionen Deutschen zu gewinnen. Das Gebiet, das das Reich zur Sicherstellung der Ernährung brauche, könne nur in Europa und nicht in den Kolonien gesucht werden. Auch die Rohstoffquellen seien zweckmäßigerweise im unmittelbaren Anschluß an Deutschland und nicht in Übersee zu suchen.* Zur Lösung der deutschen Frage könne es nur den Weg der Gewalt geben, dieser wird niemals risikolos sein... Für Deutschland laute die Frage, wo größter Gewinn unter geringstem Einsatz zu erreichen ist...

* Das hat er bereits in seinem Buch »Mein Kampf« geschrieben: »Darüber muß man sich doch wohl klar sein, daß die Wiedergewinnung der verlorenen Gebiete nicht durch feierliche Anrufungen des lieben Herrgotts erfolgt oder durch fromme Hoffnungen auf einen Völkerbund, sondern nur durch Waffengewalt.« [Seite 708]

Hitler fährt dann mit längeren Ausführungen über die politische Situation der beiden Haßgegner England und Frankreich fort, woraus er den Schluß zieht, daß England in dekadentem Niedergang sei und das englische Mutterland nur im Bunde mit anderen Staaten und nicht aus eigener Kraft in der Lage sei, seinen Kolonialbesitz zu verteidigen. Die Stellung Frankreichs sei weniger katastrophal, denn die Einwohner seines Kolonialbesitzes stellten einen militärischen Machtzuwachs dar. Trotzdem seien die innenpolitischen Schwierigkeiten dieses Landes groß und könnten zum Zusammenbruch führen.

Weiter erklärt Hitler: Stelle man an die Spitze der nachfolgenden Ausführungen den Entschluß zur Anwendung von Gewalt unter Risiko, dann bleibt nur noch die Beantwortung der Fragen »wann« und »wie«.

Dem Führer widerstrebt es allgemein, an seinem Schreibtisch sitzend zu sprechen. Deshalb erhebt er sich, geht einige Schritte, hält ein, stellt sich breitbeinig hin und setzt seine Ausführungen fort. Drei Lösungen hat er im Auge.

Der Fall Nummer 1, der den Zeitraum zum Handeln zwischen 1943 und 1945 umfaßt. Es ist die Zeit, in der die Ausbildung des deutschen Offizierkorps annähernd beendet sein wird und die Ausrüstung und Bewaffnung der Wehrmacht auf den modernsten Stand gebracht sein wird. Bei längerem Zuwarten würde sich die überlegene Stärke Deutschlands gegenüber den Nachbarländern zu unseren Ungunsten verändern.

Er erklärt: Sicher sei nur, daß wir nicht länger warten können... Sollte er, der Führer, noch am Leben sein, so sei es sein unabänderlicher Entschluß, spätesten 1943/45 die deutsche Raumfrage zu lösen. (Hoßbach-Niederschrift)

Der größte Teil der gänzlich überraschenden Entscheidungen Hitlers zwischen 1933 und 1939 erklärt sich überwiegend mit der ihm innewohnenden Angst, sterben zu müssen, bevor er sein Werk, für das ihn die Vorsehung bestimmt habe, vollendet hat: Deutschland zu Größe und Ruhm zu führen.

Der Fall Nummer 2 ist vorgesehen, wenn die sozialen Spannungen in Frankreich sich zu einer derartigen innenpolitischen Krise auswachsen sollten, daß die französische Armee zur Wiederherstellung von Ruhe und Ordnung eingesetzt werden muß und für eine Kriegsverwendung nach außen ausgeschaltet würde. Dann sei »der Zeitpunkt zum Handeln gegen die Tschechei gekommen«, sagte er (Hoßbach-Niederschrift).

Der Fall Nummer 3 ist vorgesehen, wenn Frankreich durch einen Krieg mit einem anderen Staat, zweifellos Italien, so sehr gefesselt ist, daß es gegen Deutschland nicht vorgehen kann. In diesem Falle wird die anderweitige Bindung eines Teils der französischen Armee ausgenutzt werden müssen.

Das erste Ziel: Österreich und die Tschechoslowakei

Hitler zeigt dann in der Folge auf, wie er zu handeln gedenkt:

> Zur Verbesserung unserer militärpolitischen Lage müsse in jedem Fall bei einer kriegerischen Verwicklung unser erstes Ziel sein, die Tschechei und gleichzeitig Österreich niederzuwerfen, um die Flankenbedrohung eines etwaigen Vorgehens nach Westen auszuschalten. Bei einem Konflikt mit Frankreich sei wohl nicht damit zu rechnen, daß die Tschechei am gleichen Tage wie Frankreich uns den Krieg erklären würde. In dem Maße unserer Schwächung würde jedoch der Wille zur Beteiligung am Kriege in der Tschechei zunehmen, wobei ihr Eingreifen sich durch einen Angriff nach Schlesien, nach Norden oder nach Westen bemerkbar machen könne.
>
> Sei die Tschechei niedergeworfen, eine gemeinsame Grenze Deutschland-Ungarn gewonnen, so könne eher mit einem neutralen Verhalten Polens in einem deutsch-französischen Konflikt gerechnet werden. Unsere Abmachungen mit Polen behielten nur so lange Geltung, als Deutschlands Stärke unerschütterlich sei, bei deutschen Rückschlägen müsse ein Vorgehen Polens gegen Ostpreußen, vielleicht auch gegen Pommern und Schlesien in Rechnung gestellt werden.
>
> Bei Annahme einer Entwicklung der Situation, die zu einem planmäßigen Vorgehen unsererseits in den Jahren 1943/45 führe, sei das Verhalten Frankreichs, Englands, Italiens, Polens, Rußlands voraussichtlich folgendermaßen zu beurteilen:
>
> An sich glaube der Führer, daß mit hoher Wahrscheinlichkeit England, voraussichtlich aber auch Frankreich die Tschechei bereits im stillen abgeschrieben und sich damit abgefunden hätten, daß diese Frage eines Tages durch Deutschland bereinigt würde. Die Schwierigkeiten des Empire und die Aussicht, in einen langwährenden europäischen Krieg verwickelt zu werden, seien bestimmend für eine Nichtbeteiligung Englands an einem Kriege gegen Deutschland. Die englische Haltung werde gewiß nicht ohne Einfluß auf die Frankreichs sein. Ein Vorgehen Frankreichs ohne die englische Unterstützung und in der Voraussicht, daß seine Offensive an unseren Westbefestigungen sich festlaufe, sei wenig wahrscheinlich. Ohne die Hilfe Englands sei auch nicht mit einem Durchmarsch Frankreichs durch Belgien und Holland zu rechnen, der auch bei einem Konflikt mit Frankreich für uns außer Betracht bleiben

müsse, da er in jedem Fall die Feindschaft Englands zur Folge haben müßte. Naturgemäß sei eine Abriegelung im Westen in jedem Fall während der Durchführung unseres Angriffs gegen die Tschechei und Österreich notwendig (Hoßbach-Niederschrift).

Während Hitler in langen Schritten die mit einem riesigen Gobelin bespannte Wand hinter seinem Schreibtisch entlangschreitet, setzt er unter den faszinierten Blicken seiner Zuhörer den Monolog fort. Offensichtlich macht er seine Wunschträume zur Realität, wenn er sagt:

Von der Seite Italiens seien gegen die Beseitigung der Tschechei keine Einwendungen zu erwarten; wie dagegen seine Haltung in der österreichischen Frage zu bewerten sei, entzieht sich der heutigen Beurteilung und sei wesentlich davon abhängig, ob der Duce noch am Leben sei. Das Maß der Überraschung und der Schnelligkeit unseres Handelns sei für die Stellungnahme Polens entscheidend. Gegen ein siegreiches Deutschland wird Polen – mit Rußland im Rücken – wenig Neigung haben, in den Krieg einzutreten.
Einem militärischen Eingreifen Rußlands müsse durch die Schnelligkeit unserer Operationen begegnet werden; ob ein solches überhaupt in Betracht kommen werde, sei angesichts der Haltung Japans mehr als fraglich.
Trete der Fall 2 – Lahmlegung Frankreichs durch einen Bürgerkrieg – ein, so sei infolge Ausfalls des gefährlichsten Gegners die Lage jederzeit zum Schlag gegen die Tschechei auszunutzen.
In gewissere Nähe sähe der Führer den Fall 3 gerückt, der sich aus den derzeitigen Spannungen im Mittelmeer entwickeln könne und den er eintretendenfalls zu jedem Zeitpunkt, auch bereits im Jahre 1938, auszunutzen entschlossen sei.
Nach den bisherigen Erfahrungen beim Verlauf der kriegerischen Ereignisse in Spanien sähe der Führer deren baldige Beendigung noch nicht bevorstehend. Berücksichtige man den Zeitaufwand der bisherigen Offensiven Francos, so könne eine Kriegsdauer von etwa noch drei Jahren im Bereich der Möglichkeit liegen. Andererseits sei vom deutschen Standpunkt ein hundertprozentiger Sieg Francos auch nicht erwünscht; wir seien vielmehr an einer Fortdauer des Krieges und Erhaltung der Spannungen im Mittelmeer interessiert. Franco im ungeteilten Besitz der spanischen Halbinsel schalte die Möglichkeit weiterer italienischer Einmischung und den Verbleib Italiens auf den Balearen aus. Da unser Interesse auf die Fortdauer des Krieges in Spanien gerichtet sei, müsse es Aufgabe unserer Politik in nächster Zeit sein, Italien den Rücken für weiteren Verbleib auf den Balearen zu stärken (Hoßbach-Niederschrift).

Man wird mit Erstaunen feststellen, daß Hitler keinerlei militärisches Bündnis mit dem faschistischen Italien in Erwägung zieht, sondern in eigener Selbständigkeit und unter Ausnutzung dieser sich nur einmal bietenden Gelegenheit den Feldzug gegen die Tschechei beginnen und durchführen will, wobei der Überfall auf die Tschechei »blitzartig schnell« erfolgen müsse.

Andererseits glaubt er, daß er sich bei der Einverleibung Österreichs und der Tschechoslowakei ausreichender Lebensmittel bedienen könne, um die zusätzlichen fünf bis sechs Millionen Deutschen zu ernähren, unter Zugrundelegung daß... eine zwangsweise Emigration aus der Tschechei von zwei Millionen Tschechen, aus Österreich von einer Million Österreichern, darunter die gesamte jüdische Bevölkerung der beiden Länder, zur Durchführung gelange.

Bedrückendes Schweigen folgt auf Hitlers Redeschwall, erzählt Hoßbach später. Der riesige Raum ist von Lüstern erleuchtet, deren Schein die vergoldeten Dinge und den rosaroten Marmor des sogenannten »Führerbüros« erstrahlen lassen, das er fast nie als Arbeitsraum benutzt. Jeder der Zuhörer starrt vor sich hin. Sie sind sich völlig im klaren, daß im Augenblick keine Bedenken vorgebracht werden können: Hitler hat beschlossen, bei der erstbesten Gelegenheit das Problem des deutschen Lebensraumes – wie es der Professor der Geopolitik Karl Haushofer formuliert – mit Waffengewalt zu lösen.

Blomberg, Fritsch, Neurath und Göring nehmen dazu Stellung

Nach dem Bericht von Oberst Hoßbach löst der Vortrag Hitlers »eine weit ausgedehnte Diskussion« aus – in Wirklichkeit waren es nur fünfzehn Minuten –, die »zeitweilig sehr scharfe Formen annahm, vor allem in einer Auseinandersetzung zwischen Blomberg und Fritsch einerseits und Göring andererseits«.

> Feldmarschall von Blomberg und Generaloberst von Fritsch wiesen bei der Beurteilung der Lage wiederholt auf die Notwendigkeit hin, daß England und Frankreich nicht als unsere Gegner auftreten dürften und stellten fest, daß durch den Krieg gegen Italien das französische Heer nicht in dem Umfange gebunden sei, daß es nicht noch mit Überlegenheit an unserer Westgrenze auf den Plan treten könne. Die mutmaßlich an der Alpengrenze gegenüber Italien zum Einsatz gelangenden französischen Kräfte veranschlagte Generaloberst von Fritsch auf etwa 20 Divisionen, so daß immer noch eine starke französische Überlegenheit an unserer Westgrenze bliebe, der als Aufgabe nach deutschem Denken der Einmarsch in das Rheinland zu unterstellen sei, wobei noch besonders der Vorsprung Frankreichs in der Mobilmachung in Rechnung

zu stellen und zu berücksichtigen sei, daß abgesehen von dem ganz geringen Wert unseres derzeitigen Standes der Befestigungsanlagen – worauf Feldmarschall von Blomberg besonders hinwies – die für den Westen vorgesehenen vier mot. Divisionen mehr oder weniger bewegungsunfähig seien. Hinsichtlich unserer Offensive nach Südosten machte Feldmarschall von Blomberg nachdrücklich auf die Stärke der tschechischen Befestigungen aufmerksam, deren Ausbau den Charakter einer Maginot-Linie angenommen hätte und unseren Angriff aufs äußerste erschwere.

Schließlich wird der Einwurf des Außenministers von Neurath, daß nach seiner Meinung ein Krieg zwischen Italien und den Franzosen bzw. Engländern nicht so unmittelbar bevorstände, wie der Führer es anscheinend glaube, von Hitler mit den Worten abgetan, in Wirklichkeit könne ein solches Ereignis sich bereits im Sommer 1938 entwickeln.

Wenn auch die zaghaften Einlassungen von Blomberg, Fritsch und Neurath durch Hitler mit einer Handbewegung vom Tisch gefegt werden, scheint es trotzdem so, wie wenn sie ihren Eindruck auf Hitler nicht verfehlt haben, denn er wiederholt zweimal, daß er auf keinen Fall glaube, daß England und Frankreich es zu einem Krieg mit dem Dritten Reich kommen lassen werden, nur um die Unabhängigkeit Österreichs und der Tschechoslowakei zu gewährleisten.

Bei Ende der Besprechung erklärt Göring, indem er sich auf die Ausführung des Führers bezieht, daß er »es für geboten erachte, an einen Abbau unseres militärischen Spanienunternehmens zu denken«. Gleichzeitig erklären Blomberg und Fritsch, daß sie ebenfalls dieser Meinung seien, aber daß die Hilfe für Franco zur Bekämpfung des Kommunismus bis zu einem noch festzulegenden Zeitpunkt andauern müsse. Hat Göring den Einwand der beiden Generale mißverstanden, weil er mit solcher Erregung seinen Standpunkt verteidigt, daß es zu einer lautstarken Diskussion kommt, die zu einem Streit ausartet? Hitler macht dem kurz und scharf ein Ende. Er stimmt Göring, Fritsch und Blomberg mit den Worten zu, »den Entschluß einem geeigneten Zeitpunkt vorzubehalten«.

Am Rande sei erwähnt, daß weder Hitler noch seine Zuhörer während der Konferenz die Vereinigten Staaten in ihre Überlegungen mit einbezogen haben, deren außerordentlich großes Industriepotential stetig anwächst und gegebenenfalls auf eine beachtliche Kriegsproduktion umgestellt werden könnte. Dieses »Vergessen« ist bestürzend.

Nachdem Canaris den Inhalt des Hoßbach-Berichts gelesen hat, starrt er Beck mit vielsagenden Blicken an: Die Pläne des Führers erscheinen ihm als das Werk eines Verrückten. Er sagt:

»Schließlich wird Hitler unter den unmöglichsten Voraussetzungen einen Krieg auslösen. Seine Begründungen bauen auf einer völlig falschen Lagebeurteilung auf.«

Beck meint dazu seufzend: »Der Bann, den Hitler auf das deutsche Volk ausübt, müßte gebrochen werden.«

»Das ist leichter gesagt als getan«, bemerkt Canaris. »Ich glaube, daß weder eine Militärrevolte, noch ein Volksaufstand oder eine sonstige Art spontaner Rebellion die geringste Erfolgschance haben. Neben der Tatsache, daß die Polizei sich in den Händen der SS befindet, kontrolliert und leitet die Partei den ganzen Nachrichten- und Propagandaapparat. Die öffentliche Meinung ist mit überwältigender Mehrheit auf der Seite Hitlers. Wie kann man dem deutschen Volk, das von Frieden beseelt ist, klarmachen, daß die Pläne Hitlers das deutsche Volk auf die Schlachtbank führen. Eine Revolution von oben, ob durch eine Verschwörung innerhalb der Partei, durch Regierungsmitglieder, durch die Industrie oder die Wirtschaft ausgelöst, wird keinen Erfolg haben. Dann bleibt also, so werden Sie mir sagen, noch die Wehrmacht. Ich bin skeptisch.«

»Sie haben guten Grund, skeptisch zu sein! Die Kriegsmarine und die Luftwaffe sind vom nationalsozialistischen Geist durchsetzt. Das Heer ist es auch, aber sicherlich weniger, weil der größte Teil der Truppenoffiziere sich aus verschiedenerlei Gründen mit dem neuen Regime verbunden fühlt: aus Gründen der Disziplin, des dem Führer persönlich geleisteten Treueids, der Überzeugung, daß die Armee der Diener des Staates ist, welche Regierungform er auch immer haben mag, und aus Gründen der fanatischen Verbundenheit mit dem Naziregime, das Deutschland vor dem Kommunismus und dem Arbeitslosenelend bewahrt hat...

Auch kann man noch hinzufügen, daß die Mehrheit der Offiziere, Generale und Admirale eingeschlossen, mit der Wiederaufrüstung einverstanden sind und keinen Anlaß haben, in Opposition zu Hitler zu treten, weil der erreichte Erfolg – im Augenblick jedenfalls – ihren Wünschen entspricht. Was kann getan werden?«

»Ich werde eine Gegen-Denkschrift an Generaloberst von Fritsch richten, in welchem ich die Wahnsinnsideen Hitlers, eine nach der anderen, widerlegen werde. Dann werden wir anraten, was sich zu tun empfiehlt.«

Diese Denkschrift wird tatsächlich verfaßt und Fritsch am 12. November zugeleitet. Doch dann hört man nichts mehr davon.

Dr. Schacht, der ehemalige Reichsbankpräsident und derzeitige Wirtschaftsminister, der die gegen alle Grundsätze geordneter Staatsführung verstoßenden Methoden der Naziführer mißbilligt, ist im Begriff, seine Ämter im Dezember 1937 niederzulegen. Gelegentlich eines Gesprächs mit Canaris über General Beck sagt er ihm:

»General Beck ist ein äußerst ehrenwerter Mann mit hoher Kultur. Sein Wissen ist umfassend auf sehr vielen Gebieten: Er besitzt als Chef des Generalstabs das Vertrauen der gesamten Wehrmacht. Doch leider ist er mehr der intellektuelle als der handelnde Typ. Ich glaube nicht, daß er sich dazu eignet, Maßnahmen zu ergreifen, um sich den Absichten des Führers entgegenzustellen.«

Das ist auch die Ansicht von Canaris, der – wir wollen es festhalten – Beck in manchen Charakterzügen ähnelt. Er bezweifelt ebenfalls die Durchschlagskraft von Beck. Aber wer könnte denn verhindern, daß Hitler das deutsche Volk in ein wahnwitziges Abenteuer stürzt?

»Mischen Sie sich nicht in die Politik ein«

Die oppositionelle Haltung verschiedener Generale gegenüber Hitler ist Canaris wohlbekannt. Sie beruht weniger auf der gegensätzlichen moralischen Meinung über die angewandten Nazimethoden, sondern auf der sehr konträren Auffassung gegenüber der neuen Außenpolitik des Deutschen Reiches. Ganz allgemein gesehen, ist die Generalität gedanklich auf die Lehren Bismarcks ausgerichtet, die, durch Seeckts Richtlinien abgeschwächt, folgende Grundgedanken beinhalten: Freundschaft mit Rußland und China, Mißtrauen gegen Japan, Geringeinschätzung Italiens, strikte Neutralität gegenüber England und Frankreich, Haß gegen Polen und um einen Grad abgestuft gegen die Tschechoslowakei. Hitler denkt und handelt völlig anders, entgegengesetzt zur allgemein geltenden militärischen Auffassung über die Außenpolitik eines Landes. Er betreibt eine Politik der Annäherung an Polen, strebt einen Freundschaftspakt mit

Japan und Italien an und interveniert in Spanien gegen die sowjetischen, französischen und englischen Interessen. All das zusammengenommen, so meinen die Generale, ist politisch und militärisch gesehen völlig falsch. Sie sagen sich, daß über kurz oder lang diese Politik eine Gegenaktion Englands und Frankreichs zur Folge haben wird. Angesichts der Tatsache, daß die Sowjets jetzt mit Frankreich verbündet sind, haben beide Einzelverträge mit der Tschechoslowakei geschlossen, so daß auch ein Konflikt mit Moskau erwartet werden muß, sobald die Westmächte sich gegen Hitler stellen. Das alte Schreckgespenst eines Zweifrontenkrieges taucht auf.

Am 12. Januar 1938 haben hundertzehn monarchistisch eingestellte Offiziere anläßlich der Gedenkfeier zu Kaiser Wilhelms II. Geburtstag in Stolp den Kronprinzen zum »König von Deutschland« ausgerufen. Diese symbolische Handlung bleibt ohne Folgen, ist aber bezeichnend für eine verschrobene Geisteshaltung.

Wenige Tage vorher haben sich verschiedene Generale – von mehreren Seiten dazu ermutigt – zusammengetan und eine Abordnung zu Feldmarschall von Blomberg geschickt, um ihn zu bitten, ihre großen Bedenken an Hitler weiterzuleiten:

»Die vom Reichskanzler verfolgte Poltik bereitet uns allergrößte Sorge«, sagten sie ihm. »Wir rechnen damit, daß Sie ihn auf vernünftige Auffassungen zurückführen. Das Vertrauen, das wir Ihnen entgegenbringen, bedeutet für Sie Verpflichtung. Haben nicht bisher alle Chefs der Reichswehr stets so gehandelt, wenn sich dem deutschen Volk schwerwiegende Entscheidungen stellten? Machen Sie sich das Beispiel Ihrer Vorgänger zu eigen. Sie werden damit in den Augen der Nation an Größe gewinnen...«

Der »Gummilöwe« kennt diese Sprache, er weiß aber auch, daß, wenn er der gleichen Ansicht wäre und diese dem Führer vortragen würde, Hitler nicht einmal hinhören würde. Canaris überrascht es nicht, als er erfährt, daß Blomberg in brüskem Ton geantwortet hat:

»Meine Herren, die Wehrmacht soll sich nicht auf das Terrain der Politik begeben. Ihre Aufgabe besteht darin, gegebene Befehle auszuführen und nicht über sie zu diskutieren. Die Zeiten sind vorüber, als die Reichswehr sich erlauben konnte, den Kanzler zu schulmeistern. Befolgen Sie meinen Rat: Kehren Sie zurück, zu Ihrer eigentlichen Aufgabe und mischen Sie sich nicht in die Politik ein!«

Bald wird der »Gummilöwe« keine Gelegenheit mehr haben, solche Ratschläge zu erteilen...

Mit dieser Antwort erreicht Blomberg nur Mißtrauen und wachsende Verachtung bei seinen Untergebenen: Eine solche Hörigkeit dem Regime gegenüber ist unwürdig. Um so schlimmer für ihn! – sagten sie. Aber das sind nur leere Worte. So ganz Unrecht hat der Marschall nicht, denn diese Opponierenden sind der derzeitigen Situation nicht gewachsen, die für sie völlig neu und ungewöhnlich ist. Blomberg teilt die außenpolitischen Traumbilder Hitlers, er befürchtet nur, daß sie zum jetzigen Zeitpunkt nicht verwirklicht werden können. Dieser Punkt ist der einzige, worin er nicht mit dem Führer übereinstimmt.

Hitler mißtraut seinen Generalen

Andererseits ist Hitler davon überzeugt, daß Blomberg, Fritsch und Neurath unnachgiebige Gegner seiner Pläne sind. Damit meint er in erster Linie die beiden Erstgenannten. Er glaubt, daß sie gegen jegliches militärisches Wagnis, das von Deutschland ausgeht, eingestellt sind. In seinen Augen wollen die Generale mit ihren Einwänden nur die traurige Tatsache vertuschen, daß sie nicht gerne kämpfen wollen! Zu Joachim von Ribbentrop äußert er später einmal: »Diese verweichlichten Generale können wohl paradieren, aber sie sind nicht fähig, die von mir gebotene Gelegenheit wahrzunehmen, sich Ruhm auf dem Schlachtfeld zu erwerben!«

»Schon seit langem haben diese Herren mit den roten Streifen an den Hosen* die Lehren eines Moltke und eines Schlieffen verraten, vergessen und verkauft«, sagt er später dem Gauleiter Hans Frank: »Diese dünkelhafte Junkerkaste ist in Wirklichkeit nur eine Ansammlung von Hohlköpfen, Lüstlingen und sterilen Unruhestiftern... Ich habe mich in ihnen sehr geirrt... Sie sind ideenlos und glauben alles zu wissen... Der Große Generalstab ist die letzte Freimaurerclique, die ich noch nicht aufgelöst habe.«

Weil diese Herren nicht auf ihn hören wollen, weil sie von dem Ausmaß an Aufgaben, die von ihnen gefordert werden, entmutigt zu sein scheinen, weil sie es ablehnen, an seinen unfehlbaren Instinkt zu glauben, der ihn zu klarerem Denken befähigt –, von diesen Herren

* Die Generalstabsoffiziere der Wehrmacht tragen an den Hosen zwei senkrecht nebeneinander verlaufende karmesinrote Streifen.

läßt er sich nicht noch einmal enttäuschen. Er wird sie absetzen und dafür andere einsetzen, die »nach seiner Pfeife tanzen«... Hitler wartet nur auf eine günstige Gelegenheit, um ohne viel Aufhebens Blomberg und Fritsch loszuwerden. Blomberg selbst wird ihm neben Göring und Himmler behilflich sein, die von ihm erstrebte »Reinigung« der hohen Kommandoführung der Wehrmacht vorzunehmen.

11. ALLE MITTEL SIND RECHT

Schweigend sitzt Admiral Canaris im Mercedes, der ihn vom Anhalter Bahnhof quer durch Berlin in sein Haus nach Zehlendorf bringt. Der neben ihm sitzende Piekenbrock bestreitet die Unterhaltung allein. Der Admiral wirkt abgespannt, erschöpft. Auf den vereisten, fast menschenleeren Straßen kommt das Auto nur langsam vorwärts. Es ist an diesem Samstag, dem 22. Januar 1938 eisig kalt in Berlin, beinahe so kalt wie an der Front von Teruel, wo er vom 12. bis 14. Januar Gespräche mit seinem Freund Franco geführt hat, bevor er am 15. nach Salamanca und von dort aus nach Rom reiste und am 20. Januar mit Graf Ciano und den Chefs der italienischen Generalstäbe zweitägige Besprechungen geführt und die Probleme erörtert hat, die durch die ungünstige Veränderung der militärischen und politischen Lage in Spanien entstanden waren. »Piki« erkundigt sich über seine Rundreise, er erhält aber nur stückweise eine Antwort. Der Admiral ist übermüdet. Entgegen der sonstigen Gewohnheit, erzählt er nicht einmal eine seiner Anekdoten. Da macht ihn eine Bemerkung seines Mitarbeiters plötzlich neugierig:

»Der Marschall von Blomberg hat sich während Ihrer Abwesenheit in Spanien wiederverheiratet.«

»Der ›Gummilöwe›?«

»Jawohl, Herr Admiral. Hitler und Göring waren Trauzeugen. Die Hochzeit ist ganz diskret vorbereitet worden. Erst am Tag vor der Vermählung, am 11. Januar, ist das Geheimnis gelüftet worden. Und auch nur im allerengsten Kreis von etwa zehn Personen. General von Fritsch ist erst in letzter Minute durch Blomberg unterrichtet worden. Wir haben es nur durch einige in der Tagespresse veröffentlichte Zeilen erfahren.«

»Und wer ist die neue Marschallin Blomberg?«

»Ich habe keine Ahnung. Es ist eine gewisse Eva oder Luise Gruhn, vierundzwanzig Jahre jung. Man sagt, sie sei ein netter Kerl.«

Neun Personen im ganzen

Piekenbrock berichtet Canaris, was ihm der Luftwaffenhauptmann und Adjutant Blombergs, von Böhm-Tettelbach* darüber erzählt hat. Dieser war mit der organisatorischen Vorbereitung der Hochzeit beim Bürgermeisteramt des Stadtteils Tiergarten betraut, welche in einem großen Saal des Kriegsministeriums stattgefunden hat. Neben dem Standesbeamten waren nur die drei Adjutanten im Raum anwesend, als um 11 Uhr 45 des 12. Januar der Feldmarschall mit seiner Braut eintrat. Blomberg war in kleinem Gesellschaftsanzug, das heißt nur mit dem EK I und dem Halsorden des Pour le mérite geschmückt. Die zukünftige Ehefrau war in grauem Wollkostüm mit weißer Seidenbluse mit großem offenem Kragen, sie trug keinerlei Schmuck und hatte einen riesigen Strauß roter Rosen im linken Arm. »Piki« beschreibt noch näher: Wie Böhm-Tettelbach sagte, verhielt sich das Paar schweigend, wie die anderen auch. Es war nicht die Atmosphäre wie sonst bei einer Trauung. Vielleicht deshalb nicht, weil sie den Führer erwarteten.

Hitler und Göring trafen wie vorgesehen um 11 Uhr 50 ein. Der erstere trug schwarze Hosen und braunen Rock, mit EK I auf der Brust und ohne die Hakenkreuzarmbinde. Göring erschien in der Uniform eines Luftwaffengenerals mit großer Ordensschnalle. Dann stellte Blomberg Fräulein Gruhn vor. Ein Adjutant reichte Hitler einen Strauß gelber Rosen, den er der zukünftigen Ehefrau übergab. Sie legte den Strauß zu den roten Rosen. Dann nahm man an einer mit einer braunen Tischdecke belegten Tafel Platz: das Brautpaar in der Mitte, Hitler rechts von Fräulein Gruhn, Göring links vom Marschall. Die drei Adjutanten des Marschalls und ein Adjutant des Führers gingen beiseite und stellten sich an einem Fenster auf. Der

* Die beiden anderen Adjutanten des Marschalls waren damals: Hauptmann Riebel für das Heer (an der Ostfront gefallen) und Kapitänleutnant H. von Wangenheim für die Kriegsmarine.

an der gegenüberliegenden Tischseite sitzende Standesbeamte begann dann mit seiner Amtshandlung. Auf die formelle Frage, ob das Paar bereit sei, die Ehe miteinander einzugehen, antwortete der Marschall mit einem entschlossenen »Ja«, ebenso, nur etwas leiser doch schnell, tat es auch Fräulein Gruhn. Der Standesbeamte machte die Eintragung in das standesamtliche Register, dann leisteten die beiden Neuvermählten ihre Unterschrift. Nun unterschrieben Hitler und Göring als Trauzeugen. Anschließend übergab der Standesbeamte, so wie es im Dritten Reich vorgeschrieben war, ein Exemplar des Buches »Mein Kampf« an das Paar, wobei er mit einem Seitenblick auf den Autor des Buches schaute, der aber keine Miene verzog.

Hitler und Göring sprachen dem Paar ihre Glückwünsche aus, dann gratulierten die Adjutanten und zuletzt der Standesbeamte. Ein Hochzeitsempfang oder Frühstück waren nicht vorgesehen. Böhm-Tettelbach begleitete Hitler und Göring an ihre Wagen und kehrte dann in den Saal zurück. Allein das auf der Tafel zurückgelassene Buch »Mein Kampf« zeigte an, was soeben stattgefunden hatte. Der Marschall von Blomberg hatte vergessen, das Buch seines Herrn und Meisters mitzunehmen.

Diese letztere Anekdote brachte Canaris zum Lächeln, als er sich von Piki verabschiedete und ihm einen geruhsamen Sonntag und auf Wiedersehen bis Montag früh im Büro am Tirpitzufer wünschte.

Es kommt zu einer »Affäre Blomberg«

Am frühen Montagnachmittag des 24. Januar erzählt Oberst Oster in einem Gespräch unter vier Augen Canaris von Gerüchten, die seit einigen Tagen in der Berliner Gesellschaft umlaufen, und wonach die neue Frau des Marschalls von Blomberg keine einwandfreie Vergangenheit habe. Ob wohl Hitler davon weiß, der noch am gleichen Abend auf den Obersalzberg zurückkehren mußte? Oster weiß es nicht, doch hat er den Eindruck gewonnen, als sei man in Görings Umgebung ziemlich aufgeregt. Canaris macht sich Sorgen darüber: Ob es vielleicht ein von der SS verübter Anschlag auf die Wehrmacht ist? Um eine »Mesalliance« im Sinne des deutschen militärischen Ehrenkodex kann es sich doch nicht handeln, da sonst Göring als ehemaliger kaiserlicher Offizier nicht den Trauzeugen gemacht hätte. Oster betont, daß es sich nur um ein Gerücht handelte und daß er keine näheren Informationen habe.

Am gleichen Nachmittag geht Canaris zu General Keitel, dem Leiter des Wehrmachtsamtes seit Herbst 1935, um mit ihm einige die Abwehr betreffende Fragen zu besprechen. Canaris schätzt Keitel wegen seiner ungekünstelten Art und seiner enormen Arbeitskraft, andernteils ist er ihm gegenüber skeptisch, weil er die Verkörperung des Gefolgsmannes und pflichtgetreuen Soldaten gegenüber dem Führer darstellt. Doch Canaris' Neigung zu Toleranz und Versöhnlichkeit zeigte sich immer dann, wenn es galt, schwierige Dinge, die mehr oder weniger offen gegen die Nazis gerichtet sind, zu erledigen. Keitel seinerseits achtet und bewundert den »kleinen Admiral«, dessen starke und vielseitige Persönlichkeit Eindruck auf ihn macht.

Im Laufe der Unterhaltung informiert ihn Keitel über Gerüchte, die über die neue Ehefrau Blombergs in Umlauf seien. Er erklärt Canaris, daß der Polizeipräsident Graf Helldorf ihm mitgeteilt habe, er besitze einen Vorgang über die Marschällin Blomberg, aus dem hervorgeht, daß sie »von recht einfacher Herkunft« sei, und daß ihn das Vorliegen dieser Akte vor das schwierige Problem stellen würde: Sollte er die Akte vernichten oder nicht? Keitel hätte ihm darauf geantwortet, er müßte das Schriftstück in den Geschäftsgang geben. Daraufhin hätte Helldorf vorgeschlagen, die Angelegenheit dieser Mesalliance dem Oberbefehlshaber des Heeres, Generaloberst von Fritsch, zu unterbreiten. Dieser könnte entscheiden, ob die Einberufung eines Ehrengerichts notwendig wäre. Keitel hätte mit einem Kopfschütteln verneint und empfohlen, sich Hermann Göring mitzuteilen. Denn auch er wäre Offizier und kenne die geistige Einstellung des Offizierkorps in solchen Dingen. War er denn im übrigen nicht auch direkt davon betroffen, nachdem er selbst Trauzeuge gewesen war? Helldorf, so sagte Keitel, habe schließlich diese Lösung für ausgezeichnet gehalten. Das besagte Schriftstück müsse er vermutlich während des vergangenen Wochenendes Göring vorgelegt haben.

Canaris wundert sich darüber, daß Keitel sich nicht selbst an Blomberg gewandt hat und das über ihn verbreitete Gerede ihm mitgeteilt hat. Sein Sohn Ernst Wilhelm Keitel und Leutnant des Heeres ist doch mit der Tochter des Marschalls, Dorothea von Blomberg, verlobt. Außerdem hält sich der Marschall seit dem 20. Januar, dem Tag der Beerdigung seiner Mutter in Eberswalde, in Berlin auf.

Keitel hätte Gelegenheit gehabt, mit Blomberg zu sprechen. Warum hat er es nicht getan? Diese Haltung findet Canaris recht eigenartig. Andererseits, warum beteiligt man Göring an einer Sache, die innerhalb des Heeres bleiben müßte?

Durch andere Probleme voll ausgelastet, streicht Canaris diese Geschichte aus seinem Gedächtnis. Alles in allem ist die Blomberg-Affäre weniger ernst als er befürchtet hatte, denn eine Mesalliance, eine Heirat unter Stand, ist im Dritten Reich von geringerer Tragweite als zu Kaisers Zeiten. Und wenn Hitler und Göring Trauzeugen waren, dann wird diese Tatsache ausreichen, um böse Zungen zum Schweigen zu bringen.

Die Absetzung Blombergs

Neue Sorge überfällt Canaris am Tag darauf, am 25. Februar abends. Beim Verlassen seiner Dienststelle trifft er den Adjutanten des Führers, Oberst Hoßbach, der gerade auf dem Wege zu Generaloberst von Fritsch ist, welcher seine Privatwohnung im Gebäudeblock der Bendlerstraße hat. Die ungeheuerlichen Vorwürfe Hoßbachs über Blomberg machen ihn nachdenklich, dessen Bemerkung jedoch: »Es ist ernster als Sie denken, außerdem gibt es eine neue Affäre, die diesmal den Oberbefehlshaber des Heeres betrifft...«, bringen Canaris in allergrößte Bestürzung. Hoßbach verabschiedet sich eilig, ohne daß der Admiral ihn Näheres hat fragen können. Was soll das alles bedeuten? Wahrhaftig, die Atmosphäre der Berliner Gesellschaft ist undurchsichtig! Wo bleibt die reine Luft der spanischen Sierra?

Als der Admiral am frühen Vormittag des Mittwoch, den 26. Februar, zum Tirpitzufer kommt, spricht man unter dem Siegel der Verschwiegenheit nur von der Entlassung Blombergs... Die Dinge scheinen eine ernste Wendung zu nehmen! Der Grund dieser Entscheidung ist im Kriegsministerium nicht bekannt, auch nicht, ob sie bald amtlich bekannt wird. Persönlich bedauert Canaris den Weggang des »Gummilöwen« nicht, er hat ihn nie als einen echten Chef anerkannt. Nach seinen Worten habe er weder den Weitblick besessen, noch sei er fähig Menschen zu führen, weil es ihm am festen Charakter fehle. Dafür aber hätte er verstanden, dies alles geschickt zu verbergen. Canaris kommt auf seinen früheren, ersten Gedanken zurück: Die ganze Angelegenheit ist von der SS eingefädelt. Aber warum und auf welche Weise?

Ein brisantes Schriftstück

Mittags unterhalten sich im Dienstzimmer des Abwehrchefs Oster, Piekenbrock und der Admiral über die »Mesalliance«. Der Regierungsrat Gisevius läßt sich soeben melden. Er kommt vom Polizeipräsidenten von Berlin, dem Grafen Helldorf, und vom Leiter der Kriminalpolizei, Artur Nebe. Was er soeben über die Angelegenheit Blomberg erfahren habe, ist bestürzend, ist ein Riesenskandal.

Anfang vergangener Woche, als die Hochzeit in der Tagespresse bekanntgemacht worden war, begannen Gerüchte über die neue Ehefrau umzulaufen. Man sprach von einer Sittengeschichte. Ein Polizeiinspektor, der neugieriger als andere oder »gesteuert« war, überlegt sich, ob in dieser Sache nicht etwas nachzuprüfen wäre. Daraufhin wird er am Mittwoch, dem 19. Januar, die Zentralkartei des Einwohnermeldeamtes durchblättern. Was er dabei entdeckt, verschlägt ihm die Sprache. Er begibt sich zum Hauptbüro des Sittendezernats, von dort zum Dezernat für Bekämpfung unzüchtiger Bilder und Schriften. Das Ergebnis seiner Nachforschung treibt ihn in Erfüllung seiner Pflicht sofort zu seinem Vorgesetzten und er meldet ihm die Einzelheiten. Dieser stürzt zu seinem Regierungsdirektor, der zum Vizepräsidenten, dieser wiederum eilt schleunigst zum Polizeipräsidenten von Berlin, dem Grafen Wolf Heinrich von Helldorf, nach dem Alexanderplatz. Dessen Bestürzung wäre nicht größer gewesen, wenn ein Blitz in seinem Büro eingeschlagen hätte. Der Präsident kann sich den Tatsachen nicht verschließen: Die vorliegenden Dokumente beweisen eindeutig, daß die neue Gattin des Kriegsministers eine Dirne war!

Luise Margarethe Eva Gruhn, 1914 geboren, stammt aus dem Berliner Arbeiterviertel Neukölln, wo ihre Mutter einen ziemlich anrüchigen »Massagesalon« betrieb. Mutter Gruhn ist bereits zweimal wegen Prostitution und Begünstigung der Sittenlosigkeit bestraft worden. Die Akte auf dem Schreibtisch des Polizeipräsidenten besagt außerdem, daß die noch recht junge Eva Abenteuer gehabt habe, die sie mehrere Male in Konflikt mit der Sittenpolizei verwikkelt haben. Insbesondere ist sie beschuldigt worden, an nächtlichen

Sex-Parties teilgenommen zu haben, wo zahlende Gäste und bezahlte Gastgeberinnen sich in paradiesischem Kostüm verlustierten, von der Prostitution in Wohnungen gelebt zu haben (heute würde man sagen, das junge Mädchen war ein Callgirl), sich für pornographische Aufnahmen mit Partnern beiderlei Geschlechts zur Verfügung gestellt zu haben und einen Handel mit diesen unsittlichen Bildern betrieben zu haben. Fünf solcher Aufnahmen befinden sich in der Akte. Siebzehn bis achtzehn Jahre war Eva Gruhn alt, als sich 1931/32 diese Dinge abspielten. Noch eine weitere Geschichte steht in der Akte: Von einem Liebhaber, der sie Anfang 1933 verlassen haben soll, ohne die Liebesgebühr von sechzig Mark zu bezahlen, und den sie deshalb gerichtlich verklagt habe.

Graf Helldorf ist sprachlos. Obwohl er in solchen Sachen schon mancherlei erlebt hat, was aus der Akte ersichtlich wird, will ihm einfach nicht in den Kopf gehen. Mit der Lupe vergleicht er auf den Photos das Gesicht des nackten, blonden Mädchen. Es besteht kein Zweifel! Es ist wahrhaftig die neue Gattin des Kriegsministers . . . Was soll er tun? Sein Dienstweg ist genau vorgezeichnet. Doch diese Angelegenheit geht über die Kompetenzen als Polizeipräsident hinaus; es ist eine Staatsaffäre. Wen soll er benachrichtigen? Soll er es Himmler, dem obersten Chef der deutschen Polizei und Reichsführer der SS melden? Graf Helldorf, der zugleich SA-Führer ist, verwirft diesen Gedanken, dem obersten Chef der SS ein solch brisantes Schriftstück in die Hand zu geben, das er als tödliche Waffe gegen die Führung der Wehrmacht ausspielen könnte. Die »Braunen« mißtrauen den »Schwarzen«! Mutig entschließt er sich, die Angelegenheit über den Kopf der SS-Führung hinweg dem Kriegsminister selbst mitzuteilen.

Am Donnerstag, dem 20. Januar, fährt Helldorf, mit der Akte Gruhn unter dem Arm, in die Bendlerstraße zu General Keitel, dem engsten Mitarbeiter Blombergs. Was wird Keitel unternehmen? Wird er den Kriegsminister, seinen Vorgesetzten, Freund und Verwandten aufsuchen und ihm die Akte zeigen? Es ist bekannt, daß Keitel sich für nicht zuständig erklärt hat und Helldorf den Rat gibt, sich an Hermann Göring zu wenden. Wie wenn er nicht gewußt hätte, daß der Befehlshaber der Luftwaffe schon seit langem danach trachtet, Blombergs Nachfolger zu werden!

Freitag, den 21. Januar, ruft Graf Helldorf beim »Werderschen Markt«, dem Dienstsitz des Reichskriminalamts, dessen Leiter Artur Nebe ist, an und bittet ihn, in sein Büro zu kommen. Wenn Nebe auch SS-Brigadeführer ist und damit dem Leiter des Reichssicherheitshauptamts (RSHA) Reinhard Heydrich direkt untersteht, hat er zu Helldorf volles Vertrauen und kennt ihn als zuverlässigen Freund.

Artur Nebe wurde als Sohn eines Berliner Lehrers geboren, ist Abiturientenjahrgang 1914, machte den Ersten Weltkrieg mit, wurde mit dem EK I ausgezeichnet und kehrte mit dem Dienstgrad eines Oberstleutnants aus dem Krieg heim. Er ist eine außergewöhnliche Persönlichkeit. Seine Leidenschaft für die Verbrechensbekämpfung bestimmt seinen zukünftigen Beruf. Er wählt die Kriminalistenlaufbahn. Als sich ihm 1933, inzwischen vierzig Jahre alt, alle Türen öffnen, geht sein Lebenstraum in Erfüllung, daß auch seine schlimmsten Feinde seine berufliche Meisterschaft voll anerkennen.

Parteimitglied seit 1931, gelingt es ihm, den Reichsinnenminister Dr. Frick und den Chef der deutschen Polizei, Kurt Daluege, 1933 von der Notwendigkeit zu überzeugen, eine zentrale Kriminalbehörde zu schaffen. In ganz kurzer Zeit wird diese Dienststelle einem Scotland Yard und FBI ebenbürtig. Als Himmler im Juli 1936 zum Reichsführer SS und Heydrich zum Chef des RSHA ernannt wird, wird selbstverständlich die wichtige Kriminalpolizeibehörde von Nebe der SS-Organisation unterstellt. Weil Nebe aber unersetzlich ist, bleibt er Leiter der Kripo im Rahmen einer besonderen Abteilung des RSHA, wie es auch zum Beispiel der SD-Innen, der SD-Ausland und die Gestapo sind.

Für Nebe ist es schwierig, sich unter den SS-Führern zu behaupten. Himmler und Heydrich erkennen wohl seine fachlichen Qualitäten an – das heißt, sie können nicht auf ihn verzichten – sie sind sich aber über dessen ideologische Auffassung nicht sicher. Besonders Heydrich spürt, daß er ihm nicht trauen kann. Darin haben sie gar nicht unrecht, weil Nebe rechtzeitig erkannt hat, daß Heydrich in des Wortes wahrster Bedeutung der »Erzengel des Bösen«, ein machtgieriger Terrorist ist und daß Himmler ein seltsam krankhafter Schwärmer, ein vom »Teutonenkult« und anderen pseudometaphysischen und esoterischen Hirngespinsten Besessener ist. So paradox es klingen mag, Artur Nebe wird zum größten SS-Gegner innerhalb der SS, nachdem er sich von dem krankhaften Gebaren seiner beiden Chefs überzeugt hat und feststellen mußte, in welch ein Nest von Übeltätern er hineingeraten war. Seine innere Ablehnung gegen das anmaßende Verhalten und die ideologischen Irreden der SS wächst in gleichem Maße wie seine oppositionelle Einstellung zu Hitler selbst. Artur Nebe, den Gründer und Leiter einer Organisation zur Verbrechensbekämpfung, schmerzt es zutiefst, daß der Staat tatsächlich zur Verkörperung des Verbrechens wurde, was nicht vorhersehbar war. Darin liegt der Grund, weshalb Nebe recht bald, wahrscheinlich bereits seit 1934, insgeheim, mit allen verfügbaren Mitteln, sich den legalisierten Verbrechen widersetzt. Wir werden Gelegenheit haben, auf Artur Nebe später zurückzukommen, der zu einem der zuverlässigsten Freunde von Admiral Canaris wird.

Auch Nebe rät dazu, Göring zu unterrichten

Als Graf Helldorf Artur Nebe über die Akte Gruhn informiert, sagt dieser kein Wort. Ganz nüchtern betrachtet er die pornografischen Aufnahmen. Voll Ungeduld fragt Helldorf, was er denn davon halte? Die Antwort fällt erschreckend aus:

»Nach meiner Meinung will man damit den Feldmarschall von Blomberg abschießen. Vermutlich ist es ein genau vorausberechneter und perfekt ausgeführter Anschlag der Gestapo...«

»Die Gestapo weiß aber davon noch nichts!«

»Glauben Sie, daß Heydrich nicht weiß, daß die Eva Gruhn eine Prostituierte war? Heydrich, der über jeden, selbst über Hitler, über Göring und Himmler, auch über Sie und mich Unterlagen besitzt! Wenn die wichtigste Persönlichkeit der deutschen Wehrmacht eine unbekannte Frau heiratet, dann können Sie sicher sein, daß Heydrich weiß, wer sie ist.«

»Aber was nun?«

»Zunächst hätte ich gerne gewußt, wer dem liebestollen Marschall diese Dirne in die Arme laufen ließ...«

»Was soll ich mit der Akte machen? Ich kann die ganze Angelegenheit doch nicht unter den Tisch fallen lassen. Soll ich sie Himmler oder Göring vorlegen?«

»Es ist besser, zu Göring zu gehen. Der wird dann sofort den Führer unterrichten. Wenn Sie den Vorgang an Himmler geben, wer weiß, zu welcher Erpressung er gegenüber Blomberg fähig ist. Er wird ihm ständig damit drohen, es Hitler zu sagen...«

Am Samstag, dem 22. Januar, fährt Helldorf gelassen nach Karinhall, wo er Göring die ganze Angelegenheit darlegen muß. Es folgt eine wortreiche, geschwollene Unterhaltung, denn der dicke Hermann ist bekannt für sein schauspielerisches Talent. Er spielt den Entrüsteten, den zutiefst Erschütterten. Tut er nur so, oder ist er es wirklich? Später vermutet man sogar, daß er mehr oder weniger der Urheber dieses teuflischen Anschlags gewesen sei. Die Wahrheit wird man nie erfahren. »Das muß ich dem Führer melden!« sagte er.

Am Sonntagabend des 24. Januar ist Göring in der Reichskanzlei und bespricht sich kurz mit Oberst Hoßbach. Beschwörend spricht er vom »Ruf der Frau von Blomberg«, wobei er seufzend die Blicke zum Himmel richtet und darüber Klage führt, daß »immer ihm die heiklen Aufgaben zufielen, wenn es darum geht, dem Führer unangenehme Nachrichten zu überbringen«. Und heute sei es wiederum der Fall. Dann geht er zu Hitler.

Göring bei Hitler

Erst am darauffolgenden Vormittag, Dienstag, 25. Januar, erfährt Oberst Hoßbach aus dem Munde des Führers Einzelheiten aus dem Gespräch.

»Nachdem Hitler mich auf strengste Geheimhaltung gegen jedermann hingewiesen und mir aufgetragen hatte, mich tagsüber ständig zu seiner Verfügung in der Reichskanzlei aufzuhalten, setzte er mir folgendes, zunächst in ruhiger Rede beginnend, auseinander: Der Kriegsminister habe ihn in größte Verlegenheit gebracht, ihm über die Herkunft seiner Frau die ›Unwahrheit‹ gesagt und ihn als Trauzeugen zugezogen, obwohl seine Frau eine sittenpolizeilich überwachte und mehrfach vorbestrafte Person sei. Bei der Beisetzung Ludendorffs* – und nun ließ er die Katze aus dem Sack – habe der Minister ihn um die Heiratsgenehmigung gebeten und von seiner Erwählten als aus kleinen Kreisen stammend gesprochen. Von ihrem üblen Leumund habe Blomberg nichts erwähnt, nur einmal kurz von einer gewissen Vergangenheit geredet,

* Die Beisetzung Ludendorffs hatte am 22. Dezember 1937 stattgefunden. Die Trauerfeier in München, an der auch Hitler teilnahm, wäre beinahe in Frage gestellt worden, weil starker Schneefall eine Verspätung vieler Eisenbahnzüge zur Folge hatte, so daß ein Teil der geladenen Gäste nicht rechtzeitig eintreffen konnte.

worunter er, Hitler, Andeutungen hinsichtlich des Lebensalters verstanden habe. Es folgten dann eine Lobeshymne auf die Verdienste Blombergs um die Annäherung Wehrmacht-Partei, die vom Offizierskorps nicht gewürdigt würden, sowie auf die Treue Blombergs zu Hitler und der Ausdruck seines Schmerzes, einen so treuen Mitarbeiter verlieren zu müssen. Blomberg sei als Kriegsminister mit Rücksicht auf die Vergangenheit seiner Frau unhaltbar geworden. Diese Ausführungen trafen mich nun insoweit nicht völlig unvorbereitet, als die Eheschließung Blombergs der Anlaß zahlreicher Gerüchte in jüngster Zeit gewesen war, und doch war ich im Augenblick angesichts der Möglichkeit tief betroffen, daß der oberste aktive Soldat, der von Amts und Pflicht wegen als berufener Hüter über die Ehre der Wehrmacht zu wachen hatte, seinen Ruf in unbegreiflicher Weise aufs Spiel gesetzt und damit das Ansehen des Offizierskorps schwer geschädigt hatte.«

Oberst Hoßbach ist von Hitlers Mitteilung nicht allzu überrascht, weil er über die Gerüchte über Frau von Blomberg bereits allgemein unterrichtet ist. Hingegen ist der Oberst darüber sehr bestürzt, daß der ranghöchste Offizier – von Amts wegen Hüter der Ehre der Wehrmacht – seinen Ruf in solch einer Weise aufs Spiel setzen konnte und damit auch das Ansehen des Offizierskorps auf das schwerste geschädigt habe.

Und Hoßbach hat keinen Zweifel, daß, bevor der Tag zu Ende geht, ein neuer Theatercoup ihn in höchste Aufregung stürzen werde.

Ein Besucher, der den Oberst Hoßbach nicht ausstehen kann, kommt zu Hitler: der Reichsführer der SS Himmler. Sein Besuch dauert länger als eine Stunde. Nachdem der Herr in der schwarzen Uniform gegangen ist, ruft Hitler Oberst Hoßbach zu sich. Er trifft den Kanzler, sichtlich wütend, in seinem weiträumigen Arbeitszimmer auf- und abgehend. Er tobt:

»Wenn so etwas bei einem Feldmarschall passiert, dann ist alles auf der Welt möglich. – Aber auf das, nein, auf das war ich nicht gefaßt! Das ist zuviel.«

Hitler erklärt, daß Himmler ihm soeben ein Schriftstück, mit dem Namen von Fritsch auf dem Aktendeckel, überbracht habe, woraus hervorgehe, daß der Oberbefehlshaber des Heeres ein Homosexueller sei und von einem gefährlichen Verbrecher erpreßt werde. Hoßbach kann eine solche Anschuldigung einfach nicht glauben und erklärt, daß nur ein Geständnis aus dem Munde Fritschs ihn von dieser Anschuldigung überzeugen könne. Hitler reicht ihm das Schriftstück hin.

Nach Durchsicht ist der Oberst der Auffassung, daß die Dokumente keinerlei entscheidende Beweiskraft besitzen. Er glaubt sogar, daß es sich um eine schlecht frisierte Sache handelte. Diese Meinung vertritt er dem Führer gegenüber, der aber nicht gewillt ist, die Begründungen Hoßbachs anzuhören. Hoßbach beharrt auf seiner Meinung, sie wirkt aber nicht überzeugend genug. Hitler beendet das Gespräch, wobei er Hoßbach ausdrücklich untersagt, irgend etwas davon an Fritsch weiterzugeben. Der Oberst antwortet ihm, daß er einen solchen Befehl nicht mit seinem Gewissen vereinbaren könne.

Noch am selben Abend fährt Hoßbach zu Fritsch und unterrichtet ihn über die ungeheuerlichen Beschuldigungen Himmlers. Fritsch wird erst rot, dann leichenblaß vor Zorn und ruft mit heller Stimme wutentbrannt aus: »Das ist alles erstunken und erlogen. Wie kann sich der Führer zu solch unsauberen Verdächtigungen hinreißen lassen? – Wenn er mich los sein will, genügt ein Wort und ich werde meinen Abschied erbitten.«

»Ich glaube nicht, daß das so einfach sein wird«, meint Hoßbach. »Ich habe den Eindruck, daß insbesondere Himmler und Heydrich einen Schlag gegen das innere Gefüge der gesamten Wehrmacht führen wollen –, erst mit dem Fall Blomberg, jetzt verstärkt mit dem Fall Fritsch – um endgültig die Armee in die Rolle eines Handlangers ihrer Ziele und abenteuerlichen Pläne zu zwingen...«

»Man müßte wissen, ob diese Schweinerei, die man gegen mich inszeniert hat, von Hitler selbst oder von anderen, vermutlich von Himmler oder Heydrich, stammt. Ich persönlich neige zu der zweiten Version. Jetzt bleibt zu tun, den Führer von der Haltlosigkeit dieser Anschuldigungen zu überzeugen und er würde erkennen, daß er selbst das Opfer einer Intrige wurde.«

»Morgen werde ich den Führer sprechen«, versichert Hoßbach.

Das ist zuviel für Canaris

Als am Mittwoch, dem 26. Januar, im Büro des Abwehrchefs Gisevius dem Admiral, Oster und Piekenbrock berichtet, was er von der Affäre Blomberg erfahren hat – vom Fall Fritsch ist noch nicht die Rede –, haben sie alle nur einen Gedanken: Wie konnte bloß der elegante und weltgewandte Marschall so leichtfertig in ein Abenteuer hineinschliddern, das alle Einbildungskraft übersteigt. Doch die Tatsachen lassen sich nicht leugnen.

Oberst Oster ist bestürzt. Es ist ihm noch immer nicht klar, daß nicht alles, was auf Generalsepauletten glänzt, Gold ist. Lange sitzt Canaris ohne ein Wort zu sagen dabei. Er schaut sie alle der Reihe nach an, Oster, Gisevius, Piekenbrock. Schon früher hat er das klägliche Ende des »Gummilöwen« vorausgesagt, aber einen solchen Skandal wie diesen, erwartete er nicht. Das ist für Canaris einfach zuviel. Weder Oster noch Gisevius oder Piekenbrock begreifen, warum der Abwehrchef sie stillschweigend verläßt. Ähnlich wie wenn »eine Krankenschwester aus dem Zimmer eines Sterbenden hinausgeht«, sagt Gisevius später davon. Er begibt sich kopfschüttelnd zur Tür und murmelt beiläufig vor sich hin:

»Und mit Fritsch soll auch etwas nicht stimmen...«

Mehr sagt Canaris nicht, weil auch er noch nichts Näheres weiß. Doch die Bemerkung von Oberst Hoßbach vom Vortag, daß es eine neue Affäre gäbe, die diesmal den Oberbefehlshaber betreffe, geht ihm nicht aus dem Sinn.

Eigentlich ist es erstaunlich, daß der Chef der Abwehr nicht besser unterrichtet ist. H.B. Gisevius hat es so formuliert:

> Schacht ist Reichsminister. Canaris ist Chef des militärischen Geheimdienstes. Sollte es nicht möglich sein, von beiden Positionen aus Näheres in Erfahrung zu bringen? Welch eine Verkennung der Realitäten! Minister sein, bedeutet heute nicht mehr, als eine relative Sicherheit gegen allzu dreiste Bespitzelungen zu haben: bei einem so verdächtigen Mann wie Schacht bedeutet es nicht einmal dieses, sondern höchstens die Garantie, aus außenpolitischen Gründen etwas später verhaftet zu werden als wir gewöhnlichen Sterblichen. So weit haben es die Minister inzwischen durch ihre Passivität gebracht: sie sind nicht mehr verantwortliche Politiker, die an den großen Entscheidungen mitzuwirken haben, sie haben als Fachbeamte die Befehle ihres Führers entgegenzunehmen. Auf politische Informationen haben sie keinerlei Anspruch.
>
> Und so unglaublich es klingt, noch weniger Anspruch auf innenpolitische Informationen besitzt der Chef des militärischen Geheimdienstes. Seit im Jahre 1935 durch Blomberg und Reichenau jene verhängnisvolle Abgrenzung der Interessensphären zwischen Wehrmacht und SS hingenommen wurde, darf die »unpolitische« Wehrmacht keinen politischen Nachrichtendienst unterhalten. Sie darf nur noch rein militärische Spionage betreiben. Erst die bitteren Erfahrungen dieser Fritsch-Krise werden Canaris überzeugen, daß unter seiner stillschweigenden Duldung dieser Instruktion bewußt zuwidergehandelt werden muß, sollen die Generäle nicht abermals von der Gestapo überspielt werden. Fortan wird Oster seinen eigenen Geheim-

dienst einrichten, damit man in der Bendlerstraße* rechtzeitig erfährt, was in dem Dreieck Reichskanzlei-Karinhall-Gestapo ausgeheckt wird.**

Eine widerliche Gegenüberstellung

Die nun folgenden achtundvierzig Stunden, Mittwoch auf Donnerstag, 26./27. Januar 1938, sind voller Dramatik und stellen einen entscheidenden Wendepunkt im Dritten Reich dar. Sie werden schwerwiegende Folgen nach sich ziehen und von größter Bedeutung sein, weil sie in den folgenden sieben Jahren nicht nur das Schicksal der anwesenden Akteure, sondern auch das von Millionen von Menschen bestimmen.

Am Vormittag des 26. Januar meldet Oberst Hoßbach Hitler, daß er entgegen dem ihm gestern abend erteilten Befehl den Generaloberst Fritsch besucht habe. Dessen Erklärungen hätten ihn von seiner Unschuld überzeugt. Der Führer scheint es mit Erleichterung aufgenommen zu haben, denn er soll Fritsch als Nachfolger Blombergs vorgesehen haben, wird später berichtet. Doch wenige Stunden später, nachdem Himmler und Heydrich mit Hitler konferiert hatten, teilt er Hoßbach mit, die gegen Fritsch erhobenen Anschuldigungen seien leider nicht nur wahr, sondern wohlbegründet. Er fügt hinzu: Homosexuelle, ob hohen oder niederen Standes, werden immer lügen! – Hoßbach schlägt dann vor, den Fall an ein Ehrengericht zu verweisen. Aber Hitler lehnt ab und entschließt sich, den General von seinem Amt als Oberbefehlshaber des Heeres zu beurlauben.

Dann erhält Hoßbach den Auftrag, Fritsch für diesen Abend in die Reichskanzlei zu bestellen, wobei Hitler noch hinzufügt: »Dies aber nicht, um Fritsch Gelegenheit zu seiner Rechtfertigung zu geben, er wird doch nur die Unwahrheit sagen, sondern um ihn bei mir einem Belastungszeugen, einem gewissen Schmidt, der bei der Gestapo in Haft ist, gegenüberzustellen.«

Als der Oberbefehlshaber des Heeres am Abend in die Reichskanzlei kommt, ist er der festen Zuversicht, den Führer von seiner

* Bendlerstraße: Sitz des Kriegsministeriums und des Oberkommandos des Heeres.

** Reichskanzlei: Amtssitz Hitlers. – Prinz-Albrecht-Straße Nr. 8 ist der Sitz der Gestapo mit Heydrich. – Karinhall, die Residenz Görings, ein Jagdschloß. Seine Diensträume sind in der Leipziger Straße, im Haus des preußischen Ministerpräsidenten.

Unschuld überzeugen zu können. Am Eingang wird er von Hoßbach empfangen. Dieser weiht ihn noch kurz in sein mit Hitler geführtes Gespräch ein und teilt ihm mit, daß er die Gegenüberstellung eines Mannes zu erwarten habe. Aufs höchste erregt betritt Fritsch das Arbeitszimmer des Führers, während sich Hoßbach weisungsgemäß in ein kleines Vorzimmer zurückzieht. Göring ist bereits bei Hitler, als der General eintritt. Offiziell teilt Hitler ihm mit, daß er des Vergehens gegen den Paragraphen 175 des Strafgesetzbuches beschuldigt werde. Fritsch weist die Anschuldigung erregt und entrüstet zurück. Hitler sagt dazu nichts, sondern läßt den Belastungszeugen vorführen und fragt ihn, ob er die vor ihm stehende Person als diejenige wiedererkenne, von der in seinem Vernehmungsprotokoll durch die Gestapo die Rede sei.

Der »Kronzeuge« Schmidt bestätigt dies ohne zu zögern. Es sei tatsächlich der Herr, der an einem Abend im November 1934 (also vor vier Jahren!) einem jungen Homosexuellen in der Nähe des Bahnhofs Lichterfelde nachgegangen sei und mit ihm homosexuelle Handlungen begangen habe. Er, Schmidt, habe sich dann diesem jungen Mann genähert und ihn zum »Singen« gebracht. Am Tage darauf habe er tatsächlich eintausendfünfhundert Mark als Schweigegeld gegen Quittung in Empfang genommen.*

Fritsch erklärt, daß dieser Mann lüge. Er nimmt es auf sein Ehrenwort, daß er diesem Mann niemals in seinem Leben begegnet sei. Doch Hitler nimmt das Ehrenwort des Generals nicht an. Er entläßt Schmidt zurück zur Gestapo. Sodann schlägt er Fritsch vor, »ohne ein gerichtliches Verfahren seinen Abschied zu nehmen«, wobei sich beide Seiten zum Stillschweigen über diesen Fall verpflichten sollen. Fritsch jedoch sieht keinerlei Veranlassung, ihm auf diese Weise entgegenzukommen und lehnt diesen Vorschlag ab. Er wiederholt seine volle Unschuld und fordert die Einleitung eines kriegsgerichtlichen Verfahrens gegen sich. Hitler lehnt ab. Er deutet dem General seine Beurlaubung bis auf weiteres an und erklärt, daß er den Justizminister beauftragen werde, eine gerichtliche Untersu-

* Der als Belastungszeuge auftretende Gelegenheitsarbeiter Otto Schmidt war wegen Diebstahls, Unterschlagung und Erpressung mehrmals zu Gefängnisstrafen verurteilt worden. Schmidt hatte sich besonders darauf spezialisiert, Homosexuelle zu erpressen.

chung einzuleiten. Fritsch verabschiedet sich, ohne auch nur ein Wort zu antworten.

Eine halbe Stunde später, kurz vor Mitternacht, trifft der zu Hitler befohlene Chef des Generalstabs, General Beck, in der Reichskanzlei ein. In Gegenwart von Göring eröffnet ihm Hitler die »Affäre Fritsch«. Beck, der den Oberbefehlshaber sehr gut kennt, ist entsetzt und bestreitet den Wahrheitsgehalt der Gestapounterlagen. Er fordert, daß ein gründliches Ermittlungsverfahren eingeleitet werden solle. Außerdem bittet er den Führer, daß er ihm eine sofortige Verbindungsaufnahme mit Fritsch gestatte. Hitler ist damit einverstanden. Beck rast im Auto zum Kriegsministerium und geht zu Fritsch, der ihm ehrenwörtlich seine Unschuld beteuert. Beck kehrt in die Reichskanzlei zurück und berichtet Hitler von seinem Gespräch. Hitler scheint keinerlei Interesse an den Vorschlägen Becks zu haben. Er unterbricht ihn und bittet ihn..., daß er die Nachfolge von Fritschs antrete. General Beck lehnt höflich, aber bestimmt ab und erklärt, daß es nicht in Frage kommen könne, Fritsch seines Amtes zu entheben, solange nicht das Untersuchungsergebnis eines Militärgerichts und nicht nur das von der Gestapo vorläge.

Das eigenartige Verhalten Blombergs

Am gleichen Mittwoch, dem 26. Januar vormittags, hatte Göring im Auftrag des Führers mit Feldmarschall von Blomberg ein Gespräch unter vier Augen*. Dieser war von der Mitteilung völlig überrascht, daß er aufgrund der Gerüchte über die Vergangenheit seiner Frau nicht mehr länger Kriegsminister bleiben könne. Einzelheiten erwähnte Göring nicht. Er gestand dem Marschall nicht einmal das Recht zu, das jeder Beschuldigte hat, die einzelnen Punkte der Beschuldigungen zu erfahren, um darauf seine Verteidigung aufbauen zu können. Durch Görings Worte völlig gebrochen, antwortete Blomberg, daß er mit seiner Frau darüber sprechen müßte. Dies lehnte Göring nicht ab, gab ihm aber zu verstehen, daß, auch wenn

* Der Wortlaut des Gesprächs ist nur insoweit bekannt, wie Blomberg selbst bei seinen Vernehmungen 1945 in Nürnberg vor den amerikanischen Untersuchungsrichtern ausgesagt hat. (Anhang, Dokument 4)

die Ehe sofort rückgängig gemacht werden würde, was relativ einfach wäre, wenn Blomberg es wünschte, er trotzdem das Ministeramt nicht behalten könnte. Blomberg fügte sich.

Das Überraschende an der Sache ist, daß Blomberg keinen Versuch gemacht hat, die Ehre seiner Frau zu verteidigen, ein Gespräch mit Hitler zu erwirken, um Erklärungen über die Anschuldigungen gegen seine Frau zu erhalten, oder zu fordern, daß die Angelegenheit vor ein Ehrengericht gebracht werde.

Was aber noch mehr überrascht, ist, daß der ausgebootete Marschall am Donnerstag, dem 27. Januar, in Zivil in der Reichskanzlei zur Abschiedsmeldung beim Führer erscheint. Hitler empfängt ihn sofort, vermeidet dabei geschickt, über die Gründe seiner Absetzung zu sprechen, indem er die Sache bereits als erledigt ansieht und den Exminister bittet, ihm bei der Regelung der neu entstandenen Situation behilflich zu sein. Blomberg erkundigt sich nicht nach dem Grund seiner Dienstenthebung, sondern fühlt sich durch die Bitte des Führers geschmeichelt und bespricht mit ihm seine Nachfolge!

Er schlägt den General von Fritsch als Nachfolger vor.

»Fritsch kommt nicht in Frage. Er wird auch gehen«, antwortete Hitler.

Blomberg ist darüber äußerst erstaunt, fragt aber nicht, weshalb...

»Dann müßte die Wahl auf Göring als Dienstältesten treffen.«

Hitler schaut seinen Gesprächspartner erstaunt an. Ist er so ahnungslos oder macht er sich mit seiner Antwort über ihn lustig? Er meint es ernstlich. Dann erwidert der Führer:

»Nein! Der kommt ebenfalls nicht in Frage, er ist zu bequem und oberflächlich, er hat keinen Arbeitseifer und keine Ausdauer...«

Die großen Hoffnungen des beleibten Hermann zerrinnen im Nichts durch die kategorische Ablehnung des Kanzlers, der seinen Parteifreund genau kennt.

Dann erwidert Blomberg laut, wie wenn er mit sich ein Selbstgespräch führte:

»Wenn dem so ist, dann kann nur der Führer selbst das Kriegsministerium übernehmen.«

Man weiß nicht genau, wie Hitler auf diesen Vorschlag reagiert hat. Vielleicht entspricht diese Antwort einem in Hitler bereits seit langem gereiften Entschluß? Oder griff er den Vorschlag Blombergs im Fluge auf, als er vor das Problem der Nachfolge gestellt war, was in der Folge eine Serie von folgenschweren Entscheidungen nach sich zog?*

Bevor sich Blomberg von Hitler verabschiedet*, erteilt er einen weiteren Ratschlag mit ernsten Nachwirkungen. Er schlägt den General der Artillerie Wilhelm Keitel als Chef des Oberkommandos der Wehrmacht vor.

Keitel beim Kanzler

Es liegt in der Macht Hitlers, schnelle Entscheidungen zu treffen. Kaum hat Blomberg den Rücken gekehrt, ruft Hitler General Keitel zu sich. Sie führen ein langes Gespräch über die neue militärische Aufbauorganisation. Im Laufe dieses Gesprächs wird Keitel auch beauftragt, den Fall Fritsch in die Hand zu nehmen, soweit es die kriegsgerichtliche Behandlung des Falles anbelangt.

Dann sagt er ihm »Ich vertraue auf Sie. Sie sollen mir stets zur Seite stehen. In Angelegenheiten der Gesamtwehrmacht sind Sie mein Vertreter und erster Berater. Den alleinigen, zusammengefaßten Oberbefehl über die Wehrmacht behalte ich mir selbst vor, ich übernehme ihn mit Ihrer Unterstützung. Außerdem möchte ich einen neuen Adjutanten haben, der mein und Ihr Vertrauen besitzt und nicht das anderer Dienststellen.«

Keitel, der praktisch seine Karriere in den Stäben des Ministeriums gemacht hat, befindet sich damit auf der höchsten Rangstufe. Seine hohe Dienststellung steigt ihm nicht in den Kopf, denn dazu hat er einen viel zu kühlen Verstand, doch fühlt er sich Hitler gegenüber zu ergebener Dankbarkeit verpflichtet, der ihn, trotz fehlender Führungsqualitäten, aufgrund seiner organisatorischen Begabung und seines großen Arbeitseifers auf diese Weise auszuzeichnen wußte. Von diesem Tage an wird Keitel zum bedingungslosen Werkzeug Hitlers. Umgehend erfüllt er ihm den zuletzt genann-

* Vg. hierzu Anhang, Dokument 4.

* Hitler hat den Marschall gebeten, Deutschland für ein Jahr zu verlassen. Der Exminister geht mit seiner Frau nach Italien und kehrt kurz vor Kriegsausbruch nach Bayern zurück. Dort bleibt er bis 1945 wohnen. Von den Amerikanern verhaftet und in das Nürnberger Gefängnis gebracht, stirbt er 1946 in der Haft, vor Beginn des »Hauptkriegsverbrecher-Prozesses«.

ten Wunsch und schlägt als Nachfolger von Oberst Hoßbach seinen früheren Mitarbeiter Major Schmidt vor.

»Einverstanden«, sagt Hitler, »der neue Adjutant soll ab morgen, Freitag, seinen Dienst antreten.«

In die Bendlerstraße zurückgekehrt, unterrichtet General Keitel den Leiter der Rechtsabteilung der Wehrmacht, Dr. Rosenberger, über die gegen Fritsch erhobenen Beschuldigungen und bittet ihn um die Ausarbeitung eines Entwurfs für ein Memorandum über das einzuschlagende Verfahren. Es soll dem Führer vorgelegt werden.

Hermann Görings Rolle

Als Admiral Canaris erfährt, was sich in den beiden letzten Tagen ereignet hat – und noch weiß er nicht alles –, fühlt er sich einesteils von der Niederträchtigkeit dieser Intrigen angeekelt, anderenteils aber auch empört über die von Männern wie Blomberg und Fritsch gezeigte menschliche Schwäche. Seine berufliche Erfahrung hat ihm schon so oft bewiesen, daß der einzelne Mensch meist anders ist als er zu sein vorgibt. Auch dachte er ziemlich harmlos, wenn er glaubte, daß der moralische Verfall bei der herrschenden sozialen, politischen und militärischen Führungsschicht vor den vorhandenen traditionellen Grundsätzen haltmachen würde. Er muß sich von der Tatsache überzeugen lassen, daß es in allen Kreisen Schurken und Schwächlinge gibt. In der Sache Fritsch sieht er noch nicht ganz klar, je mehr Einzelheiten er aber erfährt, desto mehr ändert sich sein Urteil über den bis auf weiteres seines Dienstes enthobenen General. Nicht, daß er ihn für schuldig hält, nein, er ist enttäuscht darüber, daß er der Situation so hilflos gegenübersteht. Das herrische Auftreten, seine hochmütige Art, war das alles nur Fassade, nur Oberfläche? Künftig wird Canaris weniger den Menschen Fritsch unterstützen als demjenigen helfen, der es unternimmt, sich der Unterminierung der Wehrmacht durch Partei- und SS-Intriganten zu widersetzen. Denn von jetzt ab ist er voll davon überzeugt, daß es die SS, in der Hauptsache Himmler und Heydrich, ist, die die ganze Sache inszeniert hat.

Ist Göring vielleicht ihr Helfershelfer, wie damals in der »Nacht der langen Messer«, oder gar der Ursprung allen Übels? Was den Fall Fritsch angeht, hält Canaris mit seiner Meinung zurück, doch im Fall Blomberg ist er ziemlich sicher, daß Göring die Sache ausgeheckt hat. Canaris weiß, wie sehr Göring von der Übernahme des Postens als Kriegsminister träumt, um über die drei Wehrmachtsteile Heer, Luftwaffe und Kriegsmarine herrschen zu können. Canaris sieht die erste Bestätigung seiner Auffassung in folgendem: Bereits vor der Hochzeit Blombergs habe Göring gewußt, wer Eva Gruhn war. Hat er sie mit Hilfe der Gestapo in die Arme Blombergs getrieben? Hat er Nachforschungen nach der Geliebten Blombergs anstellen lassen, als er von der Liaison des Marschalls erfuhr? Hat er dabei etwas Anrüchiges entdeckt und sich entschlossen, die »bewegte Vergangenheit« dazu auszunutzen, Blomberg in Mißkredit zu bringen und ihm damit den Ministersessel streitig zu machen? In beiden Punkten hat er eine niederträchtige Rolle gespielt und für beides brauchte er die Mithilfe der Gestapo, das heißt Himmlers und Heydrichs. Canaris glaubt sogar, obwohl er die Akte Gruhn noch nicht gelesen hat, daß die einzelnen Bezichtigungen durch die Schergen der Gestapo stark aufgebauscht worden sind. Die Machenschaften Görings liegen jedenfalls klar auf der Hand. Erstens hat er sich als Trauzeuge zur Verfügung gestellt. Zweitens drängte Göring, als Blomberg das Hochzeitsdatum auf Frühjahrsende ansetzen will, daß es auf den 12. Januar – Görings Geburtstag – festgelegt wird. Er will damit Blomberg ausstechen, bevor sich Hitler in seine Nachforschungen einschalten kann. Drittens verleitet er Blomberg, und das ist der raffinierte Schachzug, sich dem Führer anzuvertrauen und ihn zu bitten, ebenfalls den Trauzeugen zu machen. Wenn dann Göring die Bombe platzen läßt, wird Hitler umso aufgebrachter gegen Blomberg sein und annehmen, daß er hintergangen worden sei und in eine schmutzige Sache hineingezogen wurde.

Wenige Tage nachdem er Piekenbrock seine Ansicht über die von Göring gespielte Rolle mitteilte, erhält Canaris eine unerwartete Bestätigung. Der Reichskriminaldirektor Artur Nebe erzählt ihm, daß der Polizeiinspektor, der die Affäre Blomberg ins Rollen gebracht habe, im Jahre 1933 mit Rudolf Diels zusammengearbeitet habe, dem damaligen Vertreter... Hermann Görings und Begründer der Gestapo. Dieser Polizeiinspektor sei 1936 aus der Staatspolizei ausgeschieden und in die Dienste der Kriminalpolizei in Berlin übergetreten. Die »Fernsteuerung« liegt für Canaris klar auf der Hand und es klärt sich damit auch so manches im Verhalten Görings in der Folgezeit auf. »Es ist eine Schande«, sagt Canaris zu General Beck, dem er seine Enthüllungen sofort weitergibt. Beide stimmen in ihrer Auffassung überein, daß ein Regime, das solche Führer hat, verdammenswert sei und der Sturz dieser Regierung beschleunigt werden müsse. Ob wohl Hitler davon weiß? Damals glauben Canaris und Beck, diese Frage verneinen zu können. Der Verlauf der Affäre Fritsch sollte diese ihre Meinung ändern.

Die Wehrmacht wird gleichgeschaltet

Der 4. Februar 1938 wirkt wie ein Donnerschlag. Hitler gibt offiziell bekannt, daß der Kriegsminister, Feldmarschall von Blomberg, von seinem Amt aus »Gesundheitsrücksichten« zurückgetreten sei und daß der Oberbefehlshaber des Heeres, Generaloberst Freiherr von Fritsch, ebenfalls aus »gesundheitlichen Gründen« um Entbindung von seinen Amtspflichten nachgesucht habe. Keiner ist sonderlich überrascht darüber. Für alle aber völlig überraschend ist die anschließende Mitteilung, daß zwei wichtige Ministerien, das Wirtschafts- und das Außenministerium, mit Parteigenossen neu besetzt worden seien: Dr. Funk trete an die Stelle von Dr. Schacht und Joachim von Ribbentrop werde Nachfolger des Freiherrn von Neurath. Wie der Einschlag einer Bombe wirkt schließlich die Bekanntgabe folgenden Führererlasses:

Die Befehlsgewalt über die gesamte Wehrmacht übe ich von jetzt an unmittelbar persönlich aus.
Das bisherige Wehrmachtsamt im Reichskriegsministerium tritt mit seinen Aufgaben als »Oberkommando der Wehrmacht« und als mein militärischer Stab unmittelbar unter meinen Befehl. An der Spitze des Stabes des Oberkommandos der Wehrmacht steht der bisherige Chef des Wehrmachtamtes als »Chef des Oberkommandos der Wehrmacht« . Er ist im Range den Reichsministern gleichgestellt.
Das Oberkommando der Wehrmacht nimmt zugleich die Geschäfte des Reichskriegsministeriums wahr. Der Chef des Oberkommandos der Wehrmacht übt in meinem Auftrag die bisher dem Reichskriegsminister zustehenden Befugnisse aus.
Dem Oberkommando der Wehrmacht obliegt im Frieden nach meinen Weisungen die einheitliche Vorbereitung der Reichsverteidigung auf allen Gebieten.
Berlin, den 4. Februar 1938

gez. Adolf Hitler
Führer und Reichskanzler
gez. Dr. Lammers
Reichsminister und Chef der Reichskanzlei
gez. Keitel
Chef des Oberkommandos der Wehrmacht.«

General Walter von Brauchitsch wird unter gleichzeitiger Beförderung zum Generalobersten zum Oberbefehlshaber des Heeres ernannt und Göring erhält den Marschallstab als Generalfeldmarschall der Luftwaffe, was ihn nicht darüber hinwegtröstet, daß Hitler ihm die Stelle des Kriegsministers versagt hat. Sechzehn Generale, die im Verruf standen, keine Parteianhänger zu sein, werden verabschiedet, weitere vierundvierzig Generale und zahlreiche hohe Stabsoffiziere werden auf andere Dienstposten versetzt.

Die Umbildung der obersten Führung der Wehrmacht nahm nicht, wie Canaris befürchtete, das Ausmaß der Stalinschen Säuberungsaktion nach dem Fall Tuchatschewskij an. Doch sollte die »Gleichschaltung« der Soldaten der Wehrmacht in der Zukunft noch schwerwiegende Folgen nach sich ziehen. Die durch die Vereinigung des Reichspräsidentenamtes mit dem des Reichskanzlers vor vier Jahren geschaffene Lage wirkt sich jetzt voll aus, indem Hitler sich selbst das Amt des Kriegsministers und des Obersten Befehlshabers der Wehrmacht anmaßt. Damit wird der von allen Soldaten geforderte Treueid noch unabdingbarer. Von diesem Tage an werden seine hohen verantwortlichen militärischen Mitarbeiter, so wie in den anderen Bereichen, Leute sein, die nicht nur seinen Befehlen gehorchen, sondern auch dieselbe Geistesrichtung wie er vertreten.

Mit diesen Maßnahmen hat Hitler die gegen seine Pläne gerichteten Bemühungen der Militärs zunichte gemacht. Er hat die Wehrmacht besiegt, gedemütigt und vergewaltigt. Sie ist ihm jetzt gehorsam ergeben. Der Umstand, wie der Führer auf die schamloseste Weise seine Gegner ausschaltet, hat, mit Ausnahme von einigen wenigen wie Beck, von Witzleben, von Stülpnagel, Halder und Canaris, auf die Führer der Wehrmacht die Anerkennung ihrer Machtlosigkeit gegen den Diktator zur Folge. Selbst Fritsch wird dieser fatalistischen Einstellung unterliegen.

Ein Theatercoup: Es gibt einen Rittmeister von Frisch

Inzwischen hat der Justizminister Gürtner die Akte Fritsch erhalten. Sein Gutachten legt er dem Führer vor und rät ihm, kein Gerichtsverfahren gegen Fritsch einzuleiten, das sich auf derlei Unterlagen stütze. Später mußte Gürtner feststellen, daß man ihm nicht die vollständigen Unterlagen zur Verfügung gestellt hatte, die dazu verholfen hätten, eine noch negativere Auffassung zu vertreten.

Gürtner sagt zu Hitler: »Die erhobenen Anschuldigungen sind recht anfechtbar und man müßte die Sache vielleicht nochmals genau überprüfen, bevor man weitere Schritte unternimmt.«

Hitler aber setzt sich über diese einsichtige Empfehlung hinweg. Daraufhin schlägt Gürtner vor, die Ermittlungen von zwei Kriegsrichtern, dem Dr. Biron und Dr. Karl Sack und einem Ministerialrat des Justizministeriums, Dr. Hans von Dohnanyi, fortführen zu lassen. Rechtsanwalt Rüdiger Graf von der Goltz werde die Verteidigung übernehmen. Hitler erklärt sich damit einverstanden, ordnet jedoch zusätzlich an, daß die Gestapo gleichlaufende Ermittlungen neben denen des Gerichts führe. Auch behalte er sich das Recht zur Eröffnung des Verfahrens und der Urteilsbestätigung vor.

Es hat den Anschein, wie wenn die Gestapo schnell die Oberhand gewinne. Sie hat ja auch genug Zeit zur Vorbereitung gehabt! So führt sie zum Beispiel, entgegen allen militärischen Regeln, Vernehmungen ehemaliger Adjutanten und Ordonnanzen des Generals durch und vergrößert damit unnötigerweise den Zeugenkreis. Als einziger Zeuge bleibt der »Kronzeuge« Schmidt übrig. Auf ihn konzentriert sich nun der Untersuchungsrichter und der Verteidiger.

Zunächst fällt es ihnen nicht schwer, verschiedene von Schmidt geschilderte Details zu entkräften: Der General hat niemals in der Ferdinandstraße in Lichterfelde gewohnt, er ist Nichtraucher, er hat nie einen Mantel mit Pelzkragen getragen usw. Dann stoßen sie auf eine fast unglaubliche Tatsache: Rechtsanwalt von der Goltz, der auf die Idee kam, ein Berliner Adreßbuch aus dem Jahre 1934 durchzublättern, entdeckt dabei einen Namen »von Frisch« – ohne »t« –, Rittmeister a.D., wohnhaft in Lichterfelde, Ferdinandstraße... Somit sagte Schmidt wohl die Wahrheit, nur verwechselte er den Rittmeister von Frisch mit dem General von Fritsch! War diese Namensverwechslung Zufall oder war sie gesteuert? Die Antwort auf diese Frage wird sich bald ergeben. Man kommt dahinter, daß die Gestapo seit langem weiß, daß Rittmeister von Frisch ein Homosexueller ist. Dem Untersuchungsrichter gegenüber sagt Frisch aus, daß ihn Anfang Januar 1938 ein Gestapobeamter besucht habe, ihn ausführlich vernommen und aufgefordert habe, die Bankkontoauszüge des Jahres 1934 vorzuzeigen. Weiterhin erklärt er, daß er im November 1934 in der Nähe des Bahnhofs Lichterfelde homosexuelle Handlungen begangen habe und daß Schmidt ihn zum Sprechen brachte. Er habe ihm daraufhin eintausendfünfhundert Reichsmark gegen Quittung als Schweigegeld ausbezahlt.

Als Canaris von diesem sensationellen Coup erfährt, ruft er aus:

»Kein Gericht kann nunmehr die Anklage gegen Fritsch aufrechterhalten!«

Canaris durchschaut die SS immer noch nicht! Aber vor allem auch Hitler hat er noch nicht voll erkannt!

Als der Präsident des Kriegsgerichts, General Heitz, sich mit den Kriegsgerichtsräten Biron und Sack bei Hitler meldet und ihm mitteilt, daß der wirklich Schuldige gefunden wurde und sie das Verfahren gegen Fritsch einstellen wollen, erklärt der Führer:

»Nach meiner Auffassung bleibt General Fritsch so lange verdächtig, bis Schmidt nicht widerrufen hat.«

Damit geht der Kampf weiter. Schmidt muß vorgeführt werden, um zu widerrufen. Jetzt befürchten Canaris, Oberst Hoßbach und die Kriegsgerichtsräte, daß die Gestapo eingreift. Sie könnte in dreierlei Richtung tätig werden: Gegen General von Fritsch, gegen Rittmeister von Frisch und gegen Schmidt. Ein »Selbstmord« von einem der drei würde alles ins richtige Geleis bringen. Als Canaris diese seine Befürchtungen mit dem Justizminister bespricht, meint dieser:

»Ihre Befürchtungen sind wirklich gerechtfertigt, denn die Gestapo schreckt vor nichts zurück. Nehmen Sie bitte meine Worte wörtlich.«

Tatsächlich greift die Gestapo ein. Rittmeister von Frisch wird von ihr verhaftet. Er hat insofern Glück, daß seine Zeugenaussage vor dem Kriegsrichter Dr. Sack unter Eid abgelegt, in den Akten aufgezeichnet und hinterlegt worden ist, so daß sie gegebenenfalls vor dem Tribunal verlesen werden kann. Er wird von der Gestapo auf die übelste Weise mißhandelt, um den Widerruf seiner Aussage zu erreichen. Doch er bleibt standhaft. Inzwischen hält der Kronzeuge Schmidt die Anschuldigungen gegen den General aufrecht. In diesem Stadium sind keine Nachweise neuer Tatbestände zu erwarten. Der Beginn des Prozesses wird auf den 10. März festgesetzt.

Nur eine einzige Gerichtssitzung, dann...

Der Vorsitzende des Kriegsgerichts ist nominell Dr. Sellmer, in Wirklichkeit aber übt der Oberbefehlshaber der Luftwaffe, Generalfeldmarschall Göring, als ranghöchster Offizier den Vorsitz aus. Generaloberst von Brauchitsch vertritt das Heer, Generaladmiral Raeder die Kriegsmarine. Vertreter der Anklage ist der bisherige leitende Untersuchungsrichter Dr. Biron. Der Justizminister und einige Rechtsexperten wohnen der Hauptverhandlung bei.

In der ersten Sitzung beschäftigt man sich nur mit dem Belastungszeugen Schmidt. Er bleibt bei seiner Aussage, und der Verteidigung gelingt es nicht, ihn zum Widerruf seiner Aussage zu bewegen. Nach einer Verhandlungspause verkündet Marschall Göring, daß sich das Gericht aus triftigen Gründen, »das Reichsinteresse betreffend«, vertagen müsse.

Hitler hat nämlich soeben den Befehl zum Einmarsch in Österreich erteilt, dem sogenannten »Anschluß« an das Reich.

Ob der Zeitpunkt des Anschlusses Österreichs in besonderem Maße vom Fritsch-Prozeß beeinflußt worden ist, wie es verschiedene Geschichtsschreiber behaupten, kann möglich sein, weil die fest eingeplante »Lösung der österreichischen Frage« durch den Fritsch-Prozeß insofern vorangetrieben wurde, daß er die für Organisation und Ablauf Verantwortlichen sonst zu sehr behindert hätte. Ich teile voll und ganz die Auffassung des deutschen Historikers Gert Buchheit: Der Einmarsch Österreich sollte von der innenpolitischen Krise der Wehrmacht ablenken. Hitler hoffte, daß der triumphale Anschluß Österreichs verhindern würde, daß der Freispruch von Fritschs als Vorwand für einen Staatsstreich dienen könnte. In dieser Hinsicht sollte er recht behalten.

Freispruch, aber keine Rehabilitierung

Der Fritsch-Prozeß wird am 17. März wiederaufgenommen und endet am 18. März mit dem Freispruch des Generals von Fritsch. Und zwar gesteht Schmidt bei einem erneuten Verhör, daß er tatsächlich die Unwahrheit gesagt habe und daß er zu den früheren Aussagen gezwungen worden sei. Auf die Frage des Verteidigers, wer ihn dazu gezwungen habe, schweigt er voller Angst. Als der Richter intensiv weiterfragt, um zu erfahren, ob ihn jemand bedroht habe, falls er nicht zu seinen bisherigen Aussagen stünde, antwortete er, der Gestapobeamte Meisinger habe ihm heute früh noch gesagt, wenn er seine früheren Aussagen widerrufen würde... »dann würde ich in den Himmel fahren«, so sagt Schmidt aus. Der Anklagevertreter Dr. Biron beantragt, daß die erwiesene Unschuld des Angeklagten zu Protokoll genommen wird. Selbstverständlich fordert der Verteidiger Fritschs Freispruch und sagt in heftigen Worten, was er von der Art und Weise, wie hier eine Affäre hochgespielt wurde, denkt. Bei der Gestapo herrscht betretene Unruhe. Sie wird sie überstehen, sogar gut überstehen.

Die Art wie Hitler auf den Freispruch von Fritschs reagiert, ist bezeichnend und wird Canaris Hitlers Mittäterschaft an dieser ungeheuerlichen Verletzung der Amtspflichten beweisen.

Man sollte denken, daß der erwiesenen Unschuld des Generals von Fritsch eine vollständige Rehabilitierung folgte. So wie die Dinge bislang liegen, könnte sie in verschiedener Weise erfolgen: Durch eine öffentliche Erklärung des Führers, durch eine Verurteilung der Verleumder und der Anstifter des Prozesses, durch eine personelle Umbildung der Gestapoführung, durch die Wiedereinsetzung General von Fritschs in der Wehrmacht in allen Ehren oder, wenn dies wegen der zwischen Hitler und Fritsch entstandenen Gegensätze nicht möglich sein könnte, die Beförderung zum Generalfeldmarschall. Nichts Derartiges geschieht. Hitler ordnet sogar an, daß der Freispruch von Fritsch nicht veröffentlicht wird! Erst am 31. März läßt sich der »Führer und Oberste Befehlshaber der Wehrmacht« zu einer kleinen Geste herab. Fritsch erhält ein Handschreiben Hitlers, in dem er scheinheilig versichert, wie glücklich er sei, festzustellen, daß seine Ehre niemals öffentlich verletzt worden sei. Außerdem, so fügt er hinzu, habe der Einsatz der Wehrmacht beim Anschluß Österreich bewiesen, welch ausgezeichnetes Können und welch vollendete Leistung Fritsch vollbracht habe. Sonst nichts.

General von Fritsch nimmt sein Schicksal mit Schweigen hin. Im Juni wird er zum Regimentschef des Artillerieregiments Nr. 12 ernannt. Ende August 1939 schreibt er in einem Brief an seine Freundin Baronin Schutzbar: Für ihn sei im Hitlerdeutschland kein Platz mehr, weder im Krieg noch im Frieden. Er werde mit seinem Regiment in den Krieg ziehen und werde nur eine Zielscheibe sein. An der Spitze seines Regiments stirbt er am 22. September 1939 vor Warschau den Soldatentod. Ihm steht das Recht auf ein Staatsbegräbnis zu. General von Brauchitsch hält die Trauerrede und spricht dabei einen Satz, der auf höhere Weisung in den Presse- und Rundfunkberichten von der Zensur gestrichen wurde:

»Der Generaloberst ist hingegangen zur großen Armee – in unseren Taten, wenn sie seinen Forderungen entsprechen, wird er fortleben.«

Das Schicksal des Kronzeugen Schmidt ist kurz erzählt. Die Gestapo verzeiht ihm den Widerruf seiner damaligen Aussage nicht. Er »verschwindet« Anfang April 1938.

Was zurückbleibt ist, daß man nie mit Sicherheit erfahren wird, ob Göring der wirkliche Initiator der beiden Skandale um Blomberg und Fritsch oder ob er nur – bewußt oder unbewußt – ein Instrument der SS war. Von zweitrangigem Interesse ist es, ob Hitler und Göring manipuliert worden sind, währenddessen sie glaubten, das Spiel in der Hand zu haben. In Canaris' Augen ist ihr Verhalten schändlich, auch dann, wie man sicher weiß, wenn die Drahtzieher dieses teuflischen Anschlags Himmler und Heydrich heißen.

12. DER ANSCHLUSS ÖSTERREICHS

Mitte Februar bereits – die Fritsch-Affäre hatte noch nicht den schmachvollen Höhepunkt erreicht – verhehlt Canaris seinen Freunden gegenüber nicht mehr den Abscheu, den er gegen Heydrichs Machenschaften und die mehr als zweideutige Haltung Görings empfindet. Allerdings quält ihn jetzt eine andere Sorge: die österreichische Sache.

Am 11. Februar ist der österreichische Bundeskanzler Schuschnigg zu einer Aussprache mit Hitler auf dem Obersalzberg eingetroffen. Am Tag darauf wird er empfangen. Das Drama nimmt seinen Lauf. Gleich beim ersten Gespräch unter vier Augen fordert Hitler in einem keinen Widerspruch duldenden Ton: – Die Straße frei für den Nationalsozialismus in Österreich! – Er behandelt Schuschnigg in einer Weise, wie es noch keinem Regierungschef vor ihm ergangen ist:

Sch: »Dieser wundervoll gelegene Raum ist wohl schon Schauplatz mancher entscheidenden Besprechung gewesen, Herr Reichskanzler.«

H: »Ja, – hier reifen meine Gedanken. – Aber wir sind ja nicht zusammengekommen, um von der schönen Aussicht und vom Wetter zu reden.«

Sch: »Ich möchte zunächst danken, Herr Reichskanzler, daß Sie mir die Gelegenheit zu dieser Aussprache gegeben haben; ich versichere vor allem, daß es uns mit dem Abkommen vom Juli 1936 sehr ernst ist und daß uns alles daran liegt, die noch bestehenden Schwierigkeiten und Mißverständnisse aus dem Weg zu räumen. Wir haben jedenfalls alles dazu getan, um zu beweisen, daß wir dem Sinn und Wortlaut des Abkommens gemäß eine deutsche Politik zu führen entschlossen sind.«
H: »So, das nennen Sie eine deutsche Politik, Herr Schuschnigg? Sie haben im Gegenteil alles dazu getan, um eine deutsche Politik zu vermeiden. Sie sind z.B. ruhig im Völkerbund geblieben, obwohl das Reich austrat. Und das nennen Sie deutsche Politik?«
Sch: »Aus dem Völkerbund auszutreten, hat niemand von Österreich verlangt. Wir konnten auch nicht annehmen, daß ein solcher Schritt Österreichs erwünscht sei; demm zum Zeitpunkt des Abkommens vom Juli 1936 war das Reich schon längst ausgetreten, ohne an uns jemals eine bezügliche Aufforderung zu richten. Wir glaubten im Gegenteil durch unser Verbleiben im Völkerbund der gemeinsamen Sache zu nützen und wurden in dieser Auffassung vom gleichfalls ausgetretenen Italien bestärkt; ganz abgesehen davon, daß Österreich schon aus staatsfinanziellen Gründen aus dem Völkerbund nicht austreten könnte.«
H: »Das ist ganz selbstverständlich, daß Sie auszutreten hatten. Übrigens hat Österreich überhaupt nie etwas getan, was dem Deutschen Reich genützt hat. Seine ganze Geschichte ist ein ununterbrochener Volksverrat. Das war früher nichts anderes wie heute. Aber dieser geschichtliche Widersinn muß endlich sein längst fälliges Ende finden. Und das sage ich Ihnen, Herr Schuschnigg: Ich bin fest dazu entschlossen, mit dem allen ein Ende zu machen. Das Deutsche Reich ist eine Großmacht, und es kann und wird ihm niemand dreinreden wollen, wenn es an seinen Grenzen Ordnung macht.«
Sch: »Ich kenne Ihre Auffassung über die österreichische Frage und die österreichische Geschichte, Herr Reichskanzler, aber Sie werden verstehen, daß ich hier grundlegend anderer Meinung bin. Für uns Österreicher ist die ganze eigene Geschichte ein sehr wesentliches und wertvolles Stück deutscher Geschichte gewesen, das sich aus dem gesamtdeutschen Bilde nicht wegdenken läßt. Und die österreichische nationale Leistung ist sehr beträchtlich.«

H: »Das sagen Sie, Herr Schuschnigg. Ich sage Ihnen, ich werde die ganze sogenannte österreichische Frage lösen, und zwar so oder so! Glauben Sie, ich weiß nicht, daß Sie die österreichische Grenze gegen das Reich befestigen lassen...«

Sch: »Davon ist keine Rede –.«

H: »Lächerliche Sprengstollen lassen Sie in Brücken und Straßen treiben...«

Sch: »Davon müßte ich auch etwas wissen...«

H: »Glauben Sie doch nicht, daß Sie auch nur einen Stein bewegen können, ohne daß ich es schon am anderen Morgen in allen Einzelheiten erfahre.«

Sch: »Es kann sich höchstens um primitive Sicherungen handeln, die wir – zum Teil als Antwort gegen die tschechoslowakischen Straßensperren – vorkehren müssen, und zwar gleichmäßig an allen Grenzen, auch am Brenner. Einen Schutz gegen illegale Einbrüche kann man uns nicht verargen.«

H: »Ich brauche nur einen Befehl zu geben, und über Nacht ist der ganze lächerliche Spuk an der Grenze zerstoben. Sie werden doch nicht glauben, daß Sie mich auch nur eine halbe Stunde aufhalten können? Wer weiß – vielleicht bin ich über Nacht auf einmal in Wien; wie der Frühlingssturm! Dann sollen Sie etwas erleben! Ich möchte es den Österreichern gerne ersparen; das wird viel Opfer kosten; nach den Truppen kommt dann die SA und die Legion; und niemand wird die Rache hindern können, auch ich nicht!«

Das kann man keine Verhandlungen nennen, denn Schuschnigg bleibt keine andere Wahl: Wenn er Blutvergießen vermeiden will, dann muß er nachgeben. Oder kann er ihm ein kategorisches »Nein« entgegensetzen? Das würde bedeuten, außer acht zu lassen, daß kaum mehr als achtzehn Prozent der Bevölkerung hinter ihm stehen und daß von diesen achtzehn Prozent kaum ein Viertel bereit wäre, die Unabhängigkeit Österreichs mit der Waffe in der Hand zu verteidigen. (Das sind vier Prozent der österreichischen Gesamtbevölkerung.)

Österreich im Großdeutschen Reich?

Als am frühen Nachmittag des 13. Februar Canaris mit seinem Freund Piekenbrock das Ergebnis des Gesprächs Hitler – Schuschnigg vom Vortag durchspricht, ruft er aus: »Österreich wird in den allernächsten Tagen nazistisch!« Canaris war kein Gegner des Anschlusses Österreichs an das Reich. Im Gegenteil, er hat zutiefst bedauert, daß durch den Einspruch der Alliierten der freiwillige Zusammenschluß der beiden deutschen Staaten 1919 verhindert worden ist. Noch jetzt sieht er die Möglichkeit einer solchen Vereinigung auf dem Wege von außenpolitischen Verhandlungen. Besonders deshalb, weil sie aus freiem Entschluß und ohne Erpressung durch das übermächtige Dritte Reich erfolgen könnte. Von seiner Grundeinstellung her ist Canaris ein Gegner von Gewaltanwendung, sowohl unter Einzelpersonen als auch unter einzelnen Staaten. Trotzdem wird er zu einem Instrument der Gewaltpolitik, wie sie Hitler gegenüber Österreich anwendet. Glaubt er vielleicht, seine eigenen Vorstellungen und Überzeugungen höheren Interessen opfern zu müssen, die seinem Gewissen und innerstem Wesen zuwiderläuft? Genau das ist es und das wird die Tragik von Admiral Canaris bis 1939 bleiben. Sicherlich ist es nicht der Ehrgeiz, eine führende Rolle anzustreben, auch keine Charakterschwäche, die man ihm bei einer solchen Kehrtwendung angesichts seines persönlichen tragischen Schicksals anlasten könnte. In vorliegendem Falle ist das Pflichtgefühl der entscheidende Faktor, das heißt, augenblicklich die eigene Überzeugung zurückzustellen und am Aufbauwerk eines großen Reiches mitzuwirken, das anscheinend ein höheres Wesen lenkt. Alles weist darauf hin, daß Canaris in diesem Jahr 1938 so dachte.

Der Kalte Krieg

Am 13. Februar, gegen 16 Uhr wird Canaris zu Keitel in die Privatwohnung gerufen. Der Chef des Oberkommandos der Wehrmacht kommt gerade vom Obersalzberg zurück, wo er als Statist an der Seite Hitlers am Gespräch mit Schuschnigg teilgenommen hat. Er hat einen »Führerbefehl« mitgebracht. Dem ebenfalls herbeigerufenen General Jodl erklärt er, daß ein Plan auszuarbeiten sei, der militärischen Druck auf Österreich vortäuschen soll, um damit den österreichischen Bundespräsidenten Miklas zur Ratifizierung der Berchtesgadener Vereinbarungen Hitler – Schuschnigg vom Vortag zu zwingen. Kurze Zeit darauf erscheint der Reichminister für Volksaufklärung und Propaganda, Dr. Josef Goebbels, bei Keitel. Zu viert beraten sie die Möglichkeiten des Vorgehens. Unter den Gerüchten, die zur Einschüchterung Österreichs verbreitet werden sollen, sind folgende:

»1. Keine tatsächlichen Bereitschaftsmaßnahmen in Heer und Luftwaffe durchführen. Keine Truppenverschiebungen und -Bewegungen.
2. Falsche, aber glaubwürdige Nachrichten lancieren, die auf militärische Vorbereitungen gegen Österreich schließen lassen.
a) durch V-Männer in Österreich.
b) durch unser Zollpersonal an der Grenze.
c) durch Reiseagenten.
3. Solche Nachrichten können sein:
a) Im Bereich des VII. Armeekorps soll Urlaubssperre verhängt sein.
b) In München, Augsburg und Regensburg wird Eisenbahnleermaterial zusammengezogen.
c) Der Militärattaché in Wien, Generalleutnant Muff, ist zu Besprechungen nach Berlin berufen worden. (Dies trifft tatsächlich zu.)
d) Die Grenzpolizeistellen an der österreichischen Grenze haben Verstärkungspersonal eingezogen.
e) Zollbeamte berichten von bevorstehenden Übungen der Gebirgsbrigade in der Nähe von Freilassing, Reichenhall und Berchtesgaden.«

Auch soll vermehrt reger militärischer Funkverkehr betrieben werden, der den Anschein der Ankunft von Truppenverstärkungen im bayrischen Grenzgebiet erwecken soll.

Canaris in München

Keitel, Jodl und Canaris überarbeiten zusammen mit Dr. Goebbels die Vorschläge des Täuschungsmanövers, die am selben Abend dem Führer telefonisch zur Zustimmung vorgelegt werden. Um 2 Uhr 40 trifft das Einverständnis des Führers in Berlin ein. Vor Tagesanbruch fahren Canaris und zwei seiner Mitarbeiter, Groscurth und Piekenbrock, nach München, um die verschiedenen beschlossenen Maßnahmen mit dem Leiter der Abwehrstelle München, Oberstleutnant Rudolf Graf Marogna-Redwitz, auszulösen.

Graf Marogna-Redwitz entstammt einer alteingesessenen bayrisch-katholischen Familie und ist einer der angesehensten Mitarbeiter des Admirals. Seitdem er die Münchner Abwehrstelle leitet, ist die offizielle Verbindung zum österreichischen militärischen Nachrichtendienst sein besonderes Aufgabengebiet. Mit seinen österreichischen Kollegen steht er in guter freundschaftlicher Verbindung, vor allem mit dem Oberst im Generalstab des Bundesheeres Böhme, der, bevor er Generalstabschef wurde, Leiter des österreichischen Nachrichtendienstes war, mit dem Nachrichten-Oberstleutnant Erwin von Lahousen-Vivremont. Graf Marogna-Redwitz kann sein Unbehagen nicht verbergen und meint zu Canaris:

»Ist nicht zu befürchten, daß diese Täuschungsmanöver wörtlich aufgefaßt werden könnten? Ich meine damit nicht von Österreich, sondern von den Regierungen Frankreichs, Englands und Italiens. Das könnte uns aber weit bringen...«

Der von Sorgen erfüllte Canaris gibt offen zu, daß es auf keinen Fall zu einem bewaffneten Konflikt kommen darf, und antwortet:

»Da sich zur Zeit die Wehrmachtführung durch die Schaffung des Oberkommandos der Wehrmacht in der Umgliederung befindet, ist es undenkbar, daß sich der Führer in ein solches Risiko begibt. Wenn man bluffen will, muß man wenigstens die Mindestanzahl von Trümpfen in der Hand haben. Übrigens, militärisch hat Hitler keinen einzigen Trumpf in der Hand. Die Wehrmacht ist nicht im geringsten bereit, einer Kriegserklärung Englands und Frankreichs etwas entgegensetzen zu können. Wenn sich darüber hinaus noch Mussolini einmischen würde...«

»Das ist ein Fehler«

Das österreichische Drama treibt auf den Höhepunkt zu. Hitlers drohende Haltung nimmt ständig zu, währenddessen Schuschnigg ihm immer weniger entgegensetzen kann. Das österreichische Volk erliegt der Anziehungskraft des Großdeutschen Reiches. Die Westmächte sind nicht gewillt einzugreifen, um die Unabhängigkeit Österreichs zu retten. Am 9. März kündigt Schuschnigg auf einer Rede in Innsbruck an, daß er sich entschlossen habe, am Sonntag, 13. März, eine Volksabstimmung durchzuführen. Er glaubt damit Hitler in Schwierigkeiten bringen und die Freiheit seines Landes retten zu können:

»Männer und Frauen im freien Österreich, ihr seid aufgerufen, euch vor der ganzen Welt zu bekennen: Ihr sollt sagen, ob ihr den Weg, den wir gehen, die sich die soziale

Einheit und Gleichberechtigung, die endgültige Überwindung der Parteienzerklüftung, den deutschen Frieden nach innen und außen, die Politik der Arbeit zum Ziele setzt, ob ihr diesen Weg mitzugehen gewillt seid. Die Parole lautet:
Für ein freies und deutsches, unabhängiges und soziales, für ein christliches und einiges Österreich! Für Friede und Arbeit!
Und die Gleichberechtigung aller, die sich zu Volk und Vaterland bekennen!«

»Ach, der Unglückliche!« meint Canaris, als er Schuschniggs Entscheidung erfährt. »Damit hat er sein eigenes Todesurteil unterschrieben.«

Mussolini ist derselben Auffassung, wenn er dem österreichischen Militärattaché, Oberst Liebitsky in Rom gegenüber äußert:

»Das ist ein Fehler! Der Kanzler sollte Zeit gewinnen, anstatt die Sache zu überstürzen...Sagen Sie Ihrem Kanzler, daß er mit einer Bombe spielt, die ihm in der Hand explodieren wird! Auch ein nur durchschnittliches Wahlergebnis wird nicht beweiskräftig genug sein. Wenn der Volksentscheid ein hervorragendes Ergebnis bringen würde, dann würde man sagen, daß das Ergebnis gefälscht worden sei.«

Als Schuschnigg Mussolini mitteilen läßt, daß er seine Anordnungen bereits getroffen habe und sie nicht mehr umgestoßen werden könnten, meint der Duce:

»Nun, dann interessiert mich Österreich nicht mehr...«

Der »Plan Otto« ist nicht fertig

Als Hitler in der Reichskanzlei zu Berlin von der Entscheidung Schuschniggs erfährt, braust er nicht etwa voller Wut auf, er lächelt nur. Er ruft Göring an und sagt: »Eine solche Herausforderung kann ich nicht hinnehmen! Der Volksentscheid darf auf keinen Fall stattfinden. Mit diesem Vorgehen hat Schuschnigg unsere Absprachen gebrochen. Am 12. Februar, in Berchtesgaden, habe ich mich bereit erklärt, ihm eine letzte Chance zu geben. Um so schlimmer für ihn...«

Am 10. März, 10 Uhr, wird Keitel zu Hitler in die Reichskanzlei gerufen. Nach einem kurzen Gespräch geht Keitel zu General Beck, dem Chef des Generalstabs, und teilt ihm mit:

»Der Führer wünscht, daß Sie sich sofort bei ihm melden und Vortrag über die für einen eventuellen Einmarsch in Österreich getroffenen Vorbereitungen halten.«

»Aber wir haben doch noch nichts vorbereitet. Nichts, wirklich nichts«, antwortet Beck.

»Und was ist mit dem Plan ›Otto‹ vom 24. Juni 1937?«

»Dabei handelt es sich um eine eventuelle militärische Intervention zur Verhinderung der Wiedereinsetzung des Hauses Habsburg. Das ist etwas ganz anderes.«

Keitel reagiert mit einem Achselzucken und fährt mit Beck zum Führer. Dort treffen sie bereits die Generale Manstein und Jodl. Hitler erklärt ihnen kategorisch:

»Für ein Eingreifen fremder Mächte besteht keine Gefahr. Weder England, noch Frankreich, noch die Tschechoslowakei werden einen Finger rühren. Enthalten Sie sich überflüssiger Kommentare und beschränken Sie sich auf die Ausführung meiner Befehle: Bereiten Sie die Durchführung des Planes ›Otto‹ vor, er läßt sich genau auf die jetzige Situation anwenden.«

Als General Beck dazu bemerkt, daß die Durchführung des »Planes Otto« den Aufmarsch einer Panzerdivision und des VIII. und des XIII. Korps voraussetzt, jedoch noch keinerlei Vorbereitungen für deren Mobilisierung getroffen worden sei, schäumt Hitler vor Wut und brüllt los:

»Bin ich der oberste Befehlshaber der Wehrmacht oder bin ich es nicht? Jetzt, wo ich blitzschnell handeln muß, da sagen Sie mir, daß nichts vorbereitet sei, daß in allerletzter Minute improvisiert werden müsse! Machen Sie es, wie Sie es wollen!« schrie er. »Aber unsere Truppen müssen am Sonnabend, dem 12. März, in Wien sein!«

»Wenn sie noch Zeit zum Aufmarsch an der Grenze haben sollen«, bemerkte Keitel und schaute auf die Uhr, »müssen die entsprechenden Befehle noch heute abend vor 18 Uhr erteilt werden.«

»Gut! Veranlassen Sie alles Erforderliche!« befahl Hitler.

Keitel, Beck, Manstein und Jodl eilen zur Bendlerstraße zurück und machen sich sofort an die Arbeit. Alle davon betroffenen Dienststellen und Truppenteile sind rasch auf höchste Alarmvorbereitungen gebracht. General Keitel spricht mit Admiral Canaris und teilt ihm die Führerentscheidung mit. Der ebenfalls im Büro anwesende General Beck hat soeben seine Anordnungen an den Kommandierenden General des dafür mobilgemachten XVI. Panzerkorps, den Generalleutnant Heinz Guderian, gegeben und meint dann resignierend:

»Sei es wie es sei, doch wenn der Anschluß wirklich stattfinden sollte, muß man anerkennen, daß der Zeitpunkt ausgesprochen gut ausgewählt ist...«

Canaris schaut ihn erstaunt an, äußert sich aber nicht dazu. Er begibt sich auf der Stelle nach München, in der Absicht, von dort aus schnellstens nach Wien zu kommen, sobald der »Plan Otto« angelaufen ist.

Die Sache ist im Laufen

Nachdem am 11. März 1938 um 12 Uhr 45 ein Ultimatum zum Widerruf des Volksbegehrens an Schuschnigg gestellt war, unterzeichnet Adolf Hitler zwei Schriftstücke, die das Todesurteil für die Unabhängigkeit Österreichs bedeuten. Das erste ist die »Weisung Nr. 1 der Operation ›Otto‹« und beinhaltet die politischen und militärischen Absichten Hitlers. Das zweite Schriftstück, »Weisung Nr. 2 der Operation ›Otto‹«, befiehlt der deutschen Wehrmacht den Einmarsch nach Österreich, das auf das Ultimatum nicht eingegangen ist*.

Eine Stunde vorher entschließt sich in Wien in Anwesenheit von rund dreißig hohen Staatsbeamten im Roten Salon des Bundeskanzleramtes am Ballhausplatz die österreichische Regierung zum Rücktritt. Der Bundeskanzler und der Präsident der Bundesrepublik Österreich treten an das von der österreichischen Rundfunkanstalt »Rawag« aufgestellte Mikrofon. Genau 19 Uhr 45 ist es, als der Rundfunkansager ankündigt:

»Der Herr Bundeskanzler spricht zu Ihnen!«

Schuschnigg gibt das Berliner Ultimatum bekannt und spricht von gefälschten Nachrichten, die deutsche Nachrichtendienste verbreitet haben, um das österreichische Volk in Schrecken zu versetzen. Dann fährt er mit wohlgesetzten, erhebenden Worten fort:

»Der Herr Bundespräsident hat mich beauftragt, dem österreichischen Volk mitzuteilen, daß wir der Gewalt weichen. Da wir um keinen Preis, auch in dieser ernsten Situation nicht, ein Blutvergießen unter Deutschen wollen, haben wir der österreichischen Armee den Befehl erteilt, sich ohne Widerstand zu leisten zurückzuziehen und die Entscheidungen abzuwarten, die die nächsten Stunden brin-

* Vgl. Anhang, Dokument 5.

gen werden... Ich verabschiede mich vom österreichischen Volk und rufe aus tiefstem Herzen aus: »Gott schütze Österreich!«

Dem neuen Kanzler Seyss-Inquart bleibt es überlassen, die erste nationalsozialistische Regierung in Wien zu bilden.

Was wird Mussolini machen?

Trotzdem ist Hitler von sorgenvoller Unruhe erfüllt. Seitens der Engländer und der Franzosen befürchtet er wohl kein Eingreifen. Denn Frankreich steckt wieder einmal in einer Regierungskrise und das neue Kabinett Léon Blum wird nicht vor dem 17. März vorgestellt werden können... Und wie sieht es in England aus? England verfolgt seit mehreren Jahren eine »Appeasement-Politik«, eine Politik der Befriedung in Europa, die darin besteht, daß es alle Vertragsbrüche Hitlers duldet, hinter dem Rücken seiner Verbündeten ein Flottenabkommen mit dem Dritten Reich abschließt, was Deutschland zum U-Bootbau ermutigt, jegliches aktive Eingreifen gegen Hitlers Rheinlandeinmarsch ablehnt usw. Aus diesem Grunde hat Hitler vor den Engländern keine Angst. Hingegen bereitet ihm ein mögliches Eingreifen Mussolinis Sorgen. Hitler erinnert sich daran, daß der Duce anläßlich des österreichischen Putsches am 25. Juli 1934 Divisionen an der österreichisch-italienischen Grenze aufmarschieren ließ. Italien fühlt sich als Beschützer des Landes Österreich. Doch hat Mussolini Schuschnigg im Laufe ihrer Zusammenkünfte darauf aufmerksam gemacht, daß er nicht mehr mit ihm rechnen könne, es sei denn als Vermittler in seinen Streitigkeiten mit Deutschland. Aber Mussolinis Absichten über seine endgültige Haltung, die er sowohl Schuschnigg als auch von Neurath und Ribbentrop gegenüber äußerte, sind recht zweideutig und unklar. Hitler befürchtet deshalb immer noch eine plötzliche Kehrtwendung Mussolinis, denn dessen impulsive Art ist ihm bekannt.

Am 11. März morgens schickt Hitler den Prinzen Philipp von Hessen mit einem Schreiben zu Mussolini, in welchem er den Entschluß, mit der Wehrmacht in Österreich einzurücken, mitteilt. Mit einem Sonderflugzeug kommt er in Rom an und wird am gleichen Nachmittag von Mussolini im Palazzo Venezia empfangen.

Mussolinis Antwort läßt auf sich warten. Die Nervosität Hitlers wächst. Endlich um 22 Uhr 25 klingelt das Telefon, der Prinz von Hessen ist am anderen Ende der Leitung. Hitler nimmt den Hörer und lauscht:

H: Ich komme eben zurück aus Palazzo Venezia. Der Duce hat die ganze Sache sehr freundlich aufgenommen. Er läßt Sie sehr herzlich grüßen. Man hätte ihm die Sache von Österreich aus mitgeteilt, am Montag hätte Schuschnigg es mitgeteilt. Da hätte er gesagt, das wäre eine vollkommene Unmöglichkeit, ein Bluff, man könnte so etwas nicht machen. Darauf hätte er ihm geantwortet, das wäre leider schon so festgesetzt und man könne davon nicht abgehen. Dann hätte Mussolini gesagt, damit wäre Österreich eine abgetane Angelegenheit für ihn.

F: Dann sagen Sie Mussolini bitte, ich werde ihm das nie vergessen.

H: Jawohl.

F: Nie, nie, nie, es kann sein, was sein will. Ich bin jetzt auch bereit, mit ihm in eine ganz andere Abmachung zu gehen.

H: Jawohl, das habe ich ihm auch gesagt.

F: Wenn die österreichische Sache jetzt aus dem Weg geräumt ist, bin ich bereit, mit ihm durch dick und dünn zu gehen, das ist mir alles gleichgültig.

H: Jawohl, mein Führer.

F: Passen Sie mal auf – ich mache jetzt auch jedes Abkommen – ich fühle mich jetzt auch nicht mehr in der furchtbaren Lage, die wir doch eben militärisch hatten für den Fall, daß ich in den Konflikt gekommen wäre. Sie können ihm das nur mal sagen, ich lasse ihm wirklich herzlich danken, ich werde ihm das nie, nie vergessen.

H: Jawohl, mein Führer.

F: Schön.

H: Dann wollte ich noch sagen, daß heute nachmittag der französische Geschäftsträger hier angefragt hat, um Graf Ciano zu sprechen, im Auftrage seiner Regierung wegen Österreich. Und der Graf Ciano hat refusiert, ihn anzunehmen und daraufhin hat der Geschäftsträger mitgeteilt, daß sie dann von x-gesprochenen weiteren Verhandlungen absehen würden, mit Italien.

F: So, ich danke Ihnen.

Als Hitler den Hörer auflegt, stehen ihm die Tränen in den Augen. Nunmehr weiß Hitler, daß er auf seinen Einmarschbefehl nach

Österreich keinen Widerstand von internationaler Seite mehr zu befürchten braucht. Nach dieser Nachricht entschließt er sich, persönlich sein Geburtsland zu besuchen.

Als erste geht die Gestapo an die Arbeit

Um 1 Uhr nachts starten zwei große Transportflugzeuge von Berlin-Tempelhof aus nach Wien. An Bord ist die auserlesene Blüte des Sicherheitsdienstes der SS mit Heinrich Himmler selbst an der Spitze; er trägt nicht die übliche schwarze, sondern eine feldgraue Uniform, Walter Schellenberg und ein Begleitoffizier des SD, dem Leiter der noch im Aufbau befindlichen Abteilung »Judenbekämpfung«, namens Adolf Eichmann, der später noch zu schrecklicher Berühmtkeit kommen soll.

Um 4 Uhr morgens landen die Transportmaschinen auf dem Flugplatz Wien-Aspern. Im Kraftwagen sausen die SS-Offiziere zum Bundeshaus, dem Sitz der österreichischen Regierung. Dort herrscht großes Kommen und Gehen. Konferenzen und kleinere Sitzungen lösen sich ab, in den Vorzimmern und Wandelgängen buhlen wild gestikulierende Männer um noch vakante Regierungsposten. Eine unübersehbare Menschenmenge belebt den Platz vor dem Regierungsgebäude, obwohl es noch dunkle Nacht ist. Die Polizeigewalt wurde bereits von der österreichischen SA und SS übernommen. Diese tragen weiße Armbinden. Im Flur des Erdgeschosses trifft Schellenberg zufällig auf Dr. Miklas, den österreichischen Bundespräsidenten, und Dr. Skubl, den österreichischen Polizeichef. Völlig niedergeschlagen verlassen die beiden das Gebäude, ohne daß Schellenberg etwas unternimmt. Denn er weiß ja, daß sie draußen von der österreichischen SS verhaftet werden, die bereits entsprechende Weisungen erhalten hat. Während Himmler und Schellenberg auf Heydrichs Ankunft am Vormittag warten, treffen sie die dringendsten Maßnahmen gegen etwaigen Widerstand und für das Anlaufen einer sorgfältig vorbereiteten dreifachen Aktion. Zunächst gegen den geheimen österreichischen Nachrichtendienst, dann gegen politische Widersacher und endlich gegen die Juden.

Die erste Aktion ist ein Schlag ins Wasser. Als Schellenberg dem österreichischen Oberst Ronge, dem Nachfolger von Oberst Böhme als Leiter des Nachrichtendienstes gegenübersteht, muß er überraschend erfahren, daß Admiral Canaris in Begleitung von Abteilungsleitern der Abwehr bereits zwei Stunden zuvor einen Besuch abgestattet hat und verschiedene für ihn besonders interessante Akten mitgenommen hat. Neben Oberst Ronge steht ein großer, stattlicher Oberstleutnant, es ist Erwin von Lahousen-Vivremont, sein Stellvertreter. Dieser kann sich eines zufriedenen Lächelns nicht erwehren, angesichts der offensichtlichen Wut Schellenbergs. Gut so! Die Abwehr war dem SD um eine Nasenlänge zuvorgekommen. Die fünf für Heydrich und Schellenberg so begehrenswerten, vom österreichischen Nachrichtendienst zusammengestellten Akten über Hitler, Göring, Himmler, Heydrich und... Canaris befinden sich bereits in Besitz des »kleinen Admirals«. Heydrich wird darüber furchtbar toben, denkt Schellenberg. So ist es auch gewesen, als er es Heydrich eine Stunde später meldet. Ihnen bleibt der Trost, daß alle anderen Akten und Aufzeichnungen des österreichischen Nachrichtendienstes in ihre Hände fallen und sich Oberst Ronge bereit erklärt, in Zukunft für den SD zu arbeiten. Der ebenfalls dazu aufgeforderte Oberstleutnant Erwin von Lahousen-Vivremont lehnt eine Mitarbeit für den SD strikt ab. Wenig später tritt er in die Dienste der Abwehr über und wird dort einer der wertvollsten engen Mitarbeiter von Admiral Canaris.

Diese Enttäuschung läßt den unterdrückten Ärger der SS nicht ruhen. Die Wut steigert sich. Vom vorläufigen Befehlsstand im Hotel Metropol aus setzt Heydrich seine Schergen zur Suche nach allen wirklichen und angeblichen Gegnern des Nationalsozialismus an. Zugleich weist er die ihm ergebene österreichische Polizei an, Massenverhaftungen durchzuführen, um »alle unbesonnenen Kundgebungen, die die Volksbegeisterung stören könnten, zu vermeiden«. Innerhalb von zwei Tagen werden allein in der Bundeshauptstadt etwa sechsundsiebzigtausend Personen verhaftet. In den Kellern des Hotel Metropol sind folgende Persönlichkeiten zusammengepfercht: Der ehemalige Bundespräsident Dr. Miklas, der ehemalige Bundeskanzler Dr. Schuschnigg, Ludwig Baron Rothschild, der spätere österreichische Bundeskanzler Dr. Figl, der ehemalige Polizeichef Dr. Skubl, der ehemalige Informationsminister Perntner, alle Redakteure des »Telegraf«, Erzherzog Maximilian Prinz zu Hohenberg, Fanny Prinzessin von Starhemberg, die Finanzleute Krupnik und Sigismund Bosel, der sozialistische Abgeordnete Danneberg und viele andere. Die genaue Zahl der erfolgten Massenerschießungen, die in die Hunderte geht, wird man nie erfahren. Was Adolf Eichmann betrifft, so legt er den Grundstein für das, was ab 20. August 1938 das »Zentrale Auswanderungsbüro der Juden« genannt wird, und dessen Aufgabe die Vorbereitung der Vertreibung von zweihundertfünfzigtausend österreichischen Juden sein wird.

Die Operation »Otto« verläuft planmäßig

Währenddessen läuft die Operation »Otto« planmäßig ab. Seit 3 Uhr morgens des 12. März überschreiten die Spitzen der Infanterie des VIII. Korps österreichisches Hoheitsgebiet. Die Zöllner sehen tatenlos zu, wie die Schlagbäume hochgehoben werden. An zahlreichen Stellen zerschlagen Bewohner der benachbarten Orte die Grenzbäume mit Äxten. Frauen und Kinder überreichen den deutschen Soldaten Blumen. Bei Tagesanbruch stößt die Vorhut der 2. Panzerdivision mit den Panzer-Aufklärungsabteilungen 5 und 7 aus Kornwestheim und München und dem Kradschützenbataillon 2 aus Bad Kissingen über die Grenze auf Linz und in Richtung St. Pölten vor. Um 9 Uhr 12 überschreitet der Kommandeur der 2. Panzerdivision, General Guderian, mit dem Gros seiner Division die Grenze. Am Ende der Kolonne marschiert die Leibstandarte Adolf Hitler mit Sepp Dietrich als Kommandeur.

In seinen »Erinnerungen« schreibt Guderian:

> »... Die Bevölkerung sah, daß wir in friedlicher Absicht kamen, und der Empfang war überaus herzlich. Die alten Soldaten des Ersten Weltkrieges standen mit ihren Kriegsdekorationen auf der Brust am Wege und grüßten. Die Fahrzeuge wurden bei jedem Halt geschmückt, die Soldaten mit Lebensmitteln versehen. Es gab Händeschütteln, Umarmungen, Freudentränen. Kein Mißklang störte den von beiden Seiten ersehnten, bereits mehrfach vereitelten Anschluß. Die Kinder eines Volkes, die eine unglückliche Politik durch lange Jahrzehnte getrennt gehalten hatte, fanden zueinander und jubelten sich zu.«

Erst am Mittag erreicht die 2. Panzerdivision Linz. Der Vormarsch verzögert sich durch die schlechten Straßenverhältnisse infolge von Glatteis, das die Gleiskettenfahrzeuge ins Rutschen brachte, aber auch durch... Betriebsstoffmangel. Der Nachschub konnte nicht folgen.

Hitler, der im Flugzeug von Berlin nach München kam, verbringt den Vormittag im Wehrmacht-Hauptquartier und schließt sich dann seinen nach Österreich vorrückenden Truppen an. Um 15 Uhr 50 überschreitet er bei Braunau am Inn, seinem Geburtsort, die österreichisch-deutsche Grenze. Vorweg eine ansehnliche Eskorte, unter anderem mit General Keitel, Gauleiter Bürckel, Dr. Dietrich, den persönlichen Adjutanten des Führers von Heer, Luftwaffe, Kriegsmarine, der SA und der SS mit dreiundzwanzig Personenautos und dreizehn Lastkraftwagen der Polizei und der SS.

Vor seinem Geburtshaus macht er kurz halt, betritt es aber nicht, sondern blickt es nur mit innerer Ergriffenheit an, und setzt seine Fahrt nach Linz fort. Auf dem dortigen Marktplatz erwarten ihn dicht zusammengedrängt mehr als sechzigtausend Menschen. Der Platz ist viel zu klein, um die jubelnde Menschenmenge zu fassen, die ihm begeistert »Sieg Heil! Sieg Heil! Ein Volk, ein Reich, ein Führer!« zuruft.

Angesichts dieses Freudentaumels unwiderstehlicher Begeisterung, die ihm entgegenbrandet, entscheidet er sich endgültig für den Anschluß Österreichs, wovor er noch einige Stunden vorher zurückscheute. Vom Balkon des Rathauses aus ruft er mit rauher Stimme den Menschen zu:

»Wenn die Vorsehung mich einst aus dieser Stadt heraus zur Führung des Reiches berief, dann muß sie mir damit einen Auftrag erteilt haben, und es kann nur der Auftrag gewesen sein, meine teure Heimat dem Deutschen Reich wiederzugeben.«

Tränen rollen über sein Gesicht, als er den Balkon verläßt.

Nach 25 Jahren in Wien

Unter dem Glockengeläut aller Kirchen hält Hitler am 14. März 1938, um 17 Uhr 30, seinen Einzug in die Hauptstadt Wien. Welch eine Genugtuung für ihn, der damals am 24. März 1913 Wien wutentbrannt verlassen hatte und seither nie wieder zurückgekehrt war. Wir wollen uns zurückerinnern, was er in seinem Buch »Mein Kampf« darüber schrieb:

»...Widerwärtig war mir das Rassenkonglomerat, das die Reichshauptstadt (Wien) zeigte, widerwärtig dieses ganze Völkergemisch von Tschechen, Polen, Ungarn, Ruthenen, Serben und Kroaten usw., zwischen allem aber als ewiger Spaltpilz der Menschheit – Juden und wieder Juden – ... Je länger ich in dieser Stadt weile, um so mehr stieg mein Haß gegen das fremde Völkergemisch, das diese alte deutsche Kulturstätte zu zerfressen begann...«

In einem Spalier wogender Menschenmassen fährt er in das Stadtzentrum ein. Es ist ein Triumphzug ohnegleichen. Alle Häuser, sogar die Kirchen sind mit Hitlerfahnen geschmückt. Es ist eine Begrüßung, wie sie in einem solchen Ausmaß noch keinem Menschen beschieden war, weder einem siegreichen Feldherrn, noch einem Kaiser oder König. Hier auf der Straße findet die Volksabstimmung statt, wo neunzig Prozent der Bevölkerung ihrer Freude durch Heilrufe Ausdruck geben. Die Journalisten der ganzen Welt sind verblüfft, die Diplomaten sprachlos. Was hier vor sich geht, ist keine Annexion, es ist wahrhaftig ein Anschluß, die Vereinigung zweier Länder, die zueinander gefunden haben. Das ist keine Vergewaltigung, sondern eine Liebesheirat.

Nach einer großartigen Militärparade, die am 15. März durch die Hauptstraßen der ehemaligen österreichischen Hauptstadt führte, kehrt Hitler am 16. März nach Berlin zurück, wo ihm eine begeisterte Menschenmenge einen stürmischen Empfang bereitet. Bis zur Volksabstimmung und der Wahl des Großdeutschen Reichstags, die über die Angliederung Österreichs an das Reich entscheiden soll, herrscht in Deutschland und Österreich überschwengliche, fieberhafte Begeisterung. Die Goebbelssche Propaganda rollt über das ganze »Großdeutsche Reich«. Währenddessen wird Österreich buchstäblich mit Anweisungen und Erlassen überschüttet, mit dem Zweck, alle seine Behörden und Dienststellen mit den deutschen gleichzuschalten. Hitler selbst unterstützt die Propagandawelle und hält zahlreiche Reden und Versammlungen ab, ihm zur Seite alle Naziführer. Am 10. April gewinnt Hitler bei der auf dem ganzen Reichsgebiet durchgeführten Wahl 99,08 Prozent Ja-Stimmen. In Österreich sind es sogar 99,75 Prozent der Stimmen. Nur (angeblich) 10 000 von 4 Millionen österreichischer Wähler stimmen gegen ihn. Die Sache ist gelaufen, Österreich ist deutsch, der Anschluß ist Wirklichkeit.

Für die Leitung der Abwehrstelle in Wien braucht man einen Mann, der mit der Mentalität der Österreicher vertraut ist. Canaris zögert nicht lange und ernennt dafür den Oberst Rudolf Graf Marogna-Redwitz, der bisher, wie wir wissen, in München bei der Abwehr tätig war. Er genießt das wohlverdiente volle Vertrauen von Canaris. Eine gewichtige Rolle wird Graf Marogna-Redwitz noch in den Kriegsjahren spielen, weil die Abwehr von Wien aus in die Balkanländer hineinwirken wird. Dabei wird Marogna-Redwitz als NS-Gegner oft Aktionen des SD und der Gestapo in diesen Gebieten erfolgreich verhindern können. Bei der SS ist er deshalb bald verhaßt und sie nimmt an ihm 1944 blutige Rache*.

H.B. Gisevius schreibt über ihn: Wenn später einmal die Geschichte der Befreiung Österreichs geschrieben werden sollte, dann wird der Name dieses bayrischen Grafen an erster Stelle glänzen. Genügend Zeugen aus den südosteuropäischen Ländern werden die von ihm laufend zuteil gewordenen Hilfe bestätigen, einem außergewöhnlichen Menschen, der in des Wortes wahrster Bedeutung ein Europäer war.

Knapp zwei Wochen nach seiner Dienstübernahme in Wien, schickt Marogna-Redwitz Canaris einen vertraulichen Bericht über die Ausschreitungen der Gestapo in ganz Österreich zu. »Diese SS-Narren sind Verbrecher!« äußert sich Canaris zu Piekenbrock, als er ihm den Bericht vorliest.

Nach Meinung von Piekenbrock war die innere Einstellung von Canaris genauso, wie es Karl Heinz Abshagen in seinem Buch beschreibt: »Canaris hatte schon wenige Tage nach vollzogenem ›Anschluß‹ den Eindruck gewonnen, daß der durch keinen ernsthaften Widerstand der Westmächte beeinträchtigte glatte Verlauf dieses ersten unblutigen Hitlerschen Eroberungszuges große künftige Gefahren in sich barg. In der Rede Hitlers beim Einzug in Wien hatte er mit beinah physischem Übelsein deutliche Vorzeichen des kommenden Cäsarenwahns festzustellen geglaubt. Der billige Erfolg mußte – das spürte Canaris mit einer Sicherheit, von der er wußte,

* Er war in das Attentat auf Hitler am 20. Juli 1944 mit verwickelt, wurde verhaftet und vom Volksgerichtshof in Berlin zum Tode verurteilt. Das Urteil wurde am 12. Oktober 1944 vollstreckt.

daß sie ihn nicht trog – Hitler zu neuen und gefährlicheren Unternehmungen anstacheln. Und der Widerstand an den leitenden Stellen der Wehrmacht würde noch schwächer sein als bisher. Der Glaube: ›Der Führer wird es schon schaffen‹ und: »Die anderen wagen ja doch nicht einzugreifen«, hatte eine scheinbar eindeutige Bestätigung erfahren. Aus solchen Gedankengängen heraus erklärt sich Canaris' unwirsch hingeworfene Bemerkung gegenüber einem österreichischen Generalstabsoffizier, der ihm in diesen Tagen vorgestellt wurde: »Ihr Österreicher seid an allem Schuld. Warum habt Ihr nicht geschossen?!«

13. MIT FRANCO BIS ZUM SIEG

Salamanca, Dienstag, 11. Januar 1938. Aus Berlin kommend, setzt die Lufthansamaschine auf das verschneite Flugfeld auf. Wenige Minuten später begrüßt der Legationssekretär bei der deutschen Botschaft Strille den Admiral Canaris, der Franco dringend sprechen muß. Der Diplomat teilt ihm jedoch mit, daß General Franco eilig an die Front von Teruel mußte und den Admiral bitte, dorthin nachzukommen. Von der Aussicht, einen Teil Spaniens mit dem Auto durchqueren zu müssen, ist Canaris nicht sonderlich begeistert. Doch die gebotene Möglichkeit, an Ort und Stelle den Verlauf der Schlacht bei Teruel mitzuerleben, versöhnt ihn wieder. Die ganze Weltpresse nämlich berichtet in Schlagzeilen auf der Titelseite von der plötzlichen Wendung, die diese Schlacht genommen hatte. Bevor er sich auf den Weg nach Aragon macht, frühstückt er mit seinem alten Bekannten, dem deutschen Botschafter Eberhard von Stohrer. Dieser gibt ihm ein ziemlich düsteres Bild über die militärische Lage bei der Nationalarmee ab.

Der Botschafter berichtet, daß, allen Erwartungen zum Trotz, sich die Roten an der Teruelfront ziemlich stark gezeigt und ihre Positionen behaupten konnten, die Stadt selbst letzten Freitag, 7. Januar, zurückerobern konnten und außerdem einen neuen Angriff auf die Stellungen der Nationalisten westlich und nördlich von Teruel unternommen hätten. Im Augenblick dauere die Schlacht noch an. Die wichtigste Erkenntnis aus dem bisherigen Verlauf der Kämpfe sei, daß es den Roten in den vergangenen Monaten mit Unterstützung und unter Führung ausländischer Organisatoren und Offiziere gelungen sei, ihren Truppen neuen Angriffsgeist einzuhämmern. Dadurch hätten sie die Initiative zurückgewonnen.

Canaris meint dazu:

»In anderen Worten, die militärische Lage der Nationalisten, die sich nach der Auflösung der Nordfront günstig entwickelte, hat sich erheblich verschärft.«

»Sie ist ernst, aber noch nicht bedrohlich. Persönlich glaube ich nicht daran, daß es Franco in absehbarer Zeit gelingen wird, den Roten einen entscheidenden Schlag zu versetzen. Ich frage mich, ob und wie er den Erfolg der Roten stoppen will, um selbst Siegesaussichten zu haben. In Anbetracht der ausländischen Unterstützung, die die Roten heute und nach einem Sieg bei Teruel in noch größerem Ausmaß erhalten, ist es Franco kaum, wenn nicht sogar unmöglich, mit seinen eigenen Kräften siegreich zu bestehen.«

»Folglich stellt sich uns, den Deutschen und den Italienern, einmal mehr die Frage, ob wir, soweit wir das können, Franco neue Mittel für seinen Kampf zuführen müssen«, antwortet Canaris.

»Genauso ist es. Wahrscheinlich müssen wir uns zu sehr großen Opfern bereit finden, um ihm den Sieg zu ermöglichen oder um zu verhindern, daß er nicht zu einem Verhandlungsfrieden gezwungen sein wird. Das gäbe eine ›rosarote‹ Lösung des spanischen Problems, das heißt weder weiß noch rot. Die hier eingesetzten deutschen und italienischen Militärs befürworten eine weitgehende Unterstützung ohne jede Einschränkung.«

Hitler will keinen totalen Sieg Francos

Darauf erwidert Canaris dem Botschafter nichts, denn er weiß leider zu gut, daß Hitler eine verstärkte Hilfe für Franco nicht will. Seitdem er den von Oberst Hoßbach zusammengestellten Bericht der Besprechung mit den Oberbefehlshabern vom 5. November 1937 in der Reichskanzlei gelesen hatte, macht sich der Abwehrchef über die Hitlerschen Pläne keine Illusionen mehr.

Hitlers Haltung gegenüber Franco ist weder ideologisch bestimmt, noch vom Gefühl her geleitet, sie ist nur auf seine eigenen Expansionspläne in Richtung Österreich und Tschechoslowakei ausgerichtet. Wie wir bereits wissen, hat Hitler in dieser Besprechung erklärt, daß aus deutscher Sicht ein totaler Sieg Francos nicht wünschenswert sei und daß er vielmehr daran interessiert sei, den Krieg in Spanien weitergehen zu lassen und damit die Spannung im Mittelmeerraum zu erhalten. Das ist klar und deutlich ausgedrückt.

Canaris ist sich über den Kurs der Hitlerschen Spanienpolitik völlig klar: Gewährung von nur bescheidener Unterstützung, die ausreicht, um Francos Dankespflicht zu erhalten, Deutschland wirtschaftliche Vorteile auf der spanischen Halbinsel zu verschaffen, und zu verhindern, daß die Republikaner die Oberhand gewinnen. Jedenfalls keine zu große Hilfe, die sonst dem Caudillo einen allzu raschen Sieg erleichtern würde. Der Wunsch Hitlers, daß die Spannung im Mittelmeer weiter andauern solle, verfolgt einen doppelten Zweck. Einmal will er damit die Aufmerksamkeit der Welt von zwei Problemen ablenken, die er so schnell wie möglich erledigen möchte, der Einverleibung Österreichs und der Tschechoslowakei. Gleichzeitig will er Mussolini immer mehr in den spanischen Krieg verwickeln, was unweigerlich verstärkten Einsatz seiner Kräfte in Spanien und zugleich Verringerung seiner Heimatarmee in Italien zur Folge haben würde. So müßte er die Annexion Österreichs als ersten Schritt und dann der Tschechoslowakei als zweiten Schritt hinnehmen, ohne eingreifen zu können. Mit stetig steigender Bindung in einem lange andauernden, kostspieligen und verlustreichen Krieg verliert er die Handlungsfreiheit mehr und mehr und kommt gegenüber England und Frankreich in eine gefährliche Lage. Hitler kann damit rechnen, daß der Duce über kurz oder lang erkennen wird, daß es klüger ist, sich Deutschland anzuschließen, wenn er den Westmächten die Stirn bieten will.

Die Vorschläge von Stohrers

Canaris' Wissen über die geheimen Absichten Hitlers ist der Grund, warum er sich die Vorschläge von Stohrers anhört und nichts darauf erwidert. Eine Antwort wäre wohl bestimmt an das Auswärtige Amt weitergegeben worden.

»Wenn wir davon ausgehen, daß Franco entschlossen ist, den Krieg energischer als bisher weiterzuführen, erscheint es mir nicht ausreichend, ihm nur mit Lieferung von Kriegsmaterial ein militärisches Übergewicht zu verschaffen«, sagt Stohrer zu Canaris.

»Das ist auch meine Meinung«, antwortet Canaris.

»Im Gegenteil, Deutschland und Italien müßten erheblich mehr technisches Personal und Generalstabsoffiziere zur Verfügung stellen. Doch nur unter der Voraussetzung, daß unseren Leuten im weiteren Kriegsverlauf sehr viel mehr Selbständigkeit, das heißt Entscheidungsbefugnis in der Durchführung der Befehle des Oberkommandos eingeräumt wird. Daß dabei die einheitliche Befehlsführung in den Händen Francos bleibt, ist selbstverständlich. Ich weiß wohl, daß das bei der bekannten Mentalität der Spanier auf ernste Schwierigkeiten stoßen wird. Deshalb bedarf es eines Fingerspitzengefühls, aber auch fester Entschlossenheit. Da militärisch gesehen, abgesehen von der Berücksichtigung der internationalen Lage, die Zeit gegen Franco arbeitet, gilt auch hier das Sprichwort: Schnelle Hilfe ist doppelte Hilfe.«

Canaris denkt sich (aber spricht es nicht aus): Aber Hitler will nichts geben und Blomberg wird mit Sicherheit die Entsendung von Generalstabsoffizieren verweigern, auch wenn Franco mit Stohrers Vorschlag einverstanden wäre.

»Ich werde den Führer über Ihre Pläne unterrichten«, ist Canaris' einsilbige Antwort.

An der Front von Teruel

Gleich nach dem Frühstück fährt Canaris mit Baron von Stohrer zu Franco nach Aragon. Die Fahrt bei fünfzehn bis zwanzig Grad klirrender Kälte ist beschwerlich. Die Nacht verbringen sie in Almazan zwischen Calatayud und Monreal del Campo. Erst am frühen Nachmittag des Mittwoch, 12. Januar, treffen sie in Francos Hauptquartier ein, nachdem sie durch starke Schneestürme mit dem Auto nur sehr langsam vorwärts kamen. Franco empfängt Canaris auf seinem Feldgefechtsstand, der aus zwei Schlafwagen, einem Speisewagen und einem weiteren Eisenbahnwaggon als Geschäftszimmer besteht. Es ist so bitterkalt, daß der Geschäftszimmerwaggon an eine ständig unter Dampf stehende Lokomotive angekuppelt und beheizt werden muß, um eine einigermaßen erträgliche Temperatur zum Arbeiten zu gewährleisten.

Zuerst nimmt Canaris an einem ausführlichen Lagevortrag des Abschnittkommandeurs General Davila, des Generals Varela, dem operativen Führer der von der Madridfront zugeführten Truppen, und des Generals Aranda, der den Frontabschnitt Huesca-Saragossa befehligt, teil. Er entnimmt aus dem Lagebericht, daß die militärische Situation nicht der entspricht, wie sie ihm von Baron von Stohrer geschildert wurde. Franco erklärt Canaris, daß er sich aus zweierlei Gründen entschlossen habe, der Garnison Teruel zu Hilfe zu kommen. (Beide Gründe sind für seine Denkweise typisch): Der erste Grund sei militärischer Art. Er wolle die Gelegenheit nutzen, um starke Kräfte der Republikaner zu zerschlagen. Der zweite Grund sei ein humanitärer und psychologischer. Er habe sich geschworen, nie zuzulassen, daß eine Stadt, die sich den Nationalisten angeschlossen hatte, in die Hände der Roten fiele, weil es ziemlich sicher sei, daß die Nationalarmee nicht besiegt werden dürfe, wenn sie auch nicht immer siegreich sein könne. Auf diese Weise werde die Kampfmoral seiner Truppen beständig bleiben und nicht etwa sinken, wie es bei den Truppen der Volksfront drohe.

Wie steht es um Franco?

Das Jahr 1937 war geprägt von einer geschickten Zusammenfassung der verschiedenen politischen Richtungen und der Bestätigung der vollen Autorität Francos. Er hat alle Anhänger der Nationalen Bewegung verschiedener Richtungen unter die Dachorganisation einer einzigen Sammelpartei* zusammengefaßt und mit Gespür und Entschlossenheit sowohl die Führer der Falangisten als auch der Karlisten mattgesetzt. Bei der Schaffung dieser Sammelpartei spielte sein Schwager Serrano Suñer, Ehemann der Schwester der Frau des Caudillo, eine entscheidende Rolle. Serrano Suñer, der aus Madrid geflohen war, wo die Republikaner seine zwei Brüder erschossen hatten, war Ende Februar 1937 in Salamanca angekommen. Innerhalb weniger Wochen verdrängte er Nicolas Franco aus der Stelle als politischer Berater des Caudillo.

Der Erlaß über diese neue Ordnung wurde am 19. April veröffentlicht. Ein weiterer Erlaß vom 4. August desselben Jahres bekräftigte den totalitären Charakter der politischen Vorstellungen Francos:

* »Falange Española Tradicionalista y de las Juntas Ofensivas Nacional-Dindicalistas«, zumeist in Kurzform FET genannt.

»Unser Staat wird ein totalitäres Instrument im Dienste der nationalen Geschlossenheit sein. Das ganze spanische Volk wird am Funktionieren dieses Staates mit den Familien, den Kommunalverwaltungen und den Gewerkschaften teilhaben. Dies geschieht nicht durch politische Parteizugehörigkeit. Wir lehnen ein politisches Parteiensystem und dessen Folgen scharf ab, wie zum Beispiel nicht organisiertes Wahlrecht und Vertretung durch gegenseitig sich bekämpfende Parteien im Parlament, wie wir es zur Genüge kennengelernt haben.« Um keinerlei Zweifel aufkommen zu lassen, wird in dem Erlaß vom 4. August erklärt: »Als Schöpfer der historischen Epoche, in der Spanien seine geschichtliche Bestimmung erreichte und zugleich die Ziele der Bewegung verwirklichte, übt der Caudillo die völlig unumschränkte Gewalt in vollstem Umfang aus. Der Caudillo ist verantwortlich vor Gott und der Geschichte.«

Auf militärischem Gebiet gelang es Franco trotz ungenügender materieller Mittel, im Gegensatz zu den Roten, die immer noch mehr Nachschub erhielten, den ganzen Norden des Landes den Republikanern zu entreißen und Oviedo, Santander und das Gebiet der Biscaya (Bilbao am 19. Juni) in Besitz zu nehmen. Indessen verloren die Nationalisten am 3. Juni einen ihrer besten Führer, den General Mola, er kam bei einem Flugzeugunglück in der Nähe von Burgos ums Leben. Dies wirkte sich auf die Moral der Truppe ungünstig aus, weil sie um diese Zeit (7. bis 26. Juli) in schwere Abwehrkämpfe gegen die Großoffensive der Republikaner vor Madrid, besonders vor Brunete, verwickelt waren. Das Jahr 1937 endete mit einer weiteren Offensive der Republikanischen Armee, diesmal bei Teruel.

Auf diplomatischem Gebiet hatte Franco mit den Deutschen sowohl als mit den Italienern viele Schwierigkeiten. Dabei spielte Canaris die Rolle eines Hirtenhundes und sorgte dafür, daß die militärische Unterstützung für seinen Freund Franco weiter bestehen blieb. Außerdem erreichte er ohne direktes Zutun Francos, aber mit dessen Einverständnis, daß Hitler im August dieses Jahres den General Faupel in Salamanca durch den Botschafter Eberhard von Stohrer ablösen ließ. Stohrer, ein zuvorkommender Karrierediplomat von stattlichem Äußeren, war Legationssekretär an der deutschen Botschaft in Madrid gewesen, als Canaris im Ersten Weltkrieg beim geheimen Nachrichtendienst an der Botschaft tätig war. Bald nach dessen Dienstantritt bei Franco in Salamanca zeigte sich, daß

Stohrer weniger als sein Vorgänger sich mit der Beobachtung der politischen Intrigen bei den Nationalisten beschäftigte, sondern bestrebt war, die wirtschaftlichen Interessen Deutschlands in Spanien zu fördern. Diese Tätigkeit erschien hauptsächlich Hermann Göring ungenügend, der sich dann selbst für diese Angelegenheit zu interessieren begann. »Seine ungewöhnlich große persönliche Unterstützung für General Franco«, so sagte er zu seinen Mitarbeitern, gebe ihm »das Recht auf entschiedene Forderungen bezüglich der Sicherung der deutsche Kriegsbeute.« Er beschloß, einen Sonderbeauftragten nach Salamanca zu schicken, »um General Franco die Pistole auf die Brust zu setzen«. Zweifellos waren es nur leere Worte. Als Hitler von dem ungestümen Auftreten Görings hörte, beauftragte er Canaris, nach Salamanca zu reisen und die getrübten deutsch-spanischen Beziehungen wieder ins richtige Lot zu bringen.

Franco bildet seine erste Regierung

Während der Unterhaltung Francos mit Canaris über die militärische Lage bei Teruel kündigt er ihm an, daß die Junta verschwinden werde und durch eine echte Regierung ersetzt werden würde. Unter dem Siegel der Verschwiegenheit verrät er ihm das Rezept, wie er vorgehen müsse, um die verschiedenen nationalen politischen Gruppen dabei zu berücksichtigen, ohne daß sich eine benachteiligt fühle, aber auch keine zu groß werden könne. Selbstverständlich werde Ramon Serrano Suñer (der Cuñadisimo genannt) Innenminister, wärend General Comte Gomez Jordana den Posten als Außenminister erhalte. So wäre das Gleichgewicht mit einem Falangisten und einem monarchistischen General an der Führungsspitze hergestellt. Die Besetzung der restlichen Regierungsposten machten sogar Franco Sorgen. Er werde den monarchistischen General Martinez Anido zum Minister für Öffentliche Ordnung, den politisch neutralen General Davila zum Verteidigungsminister und den Karlistenführer Comte de Rodezno zum Justizminister ernennen. Der Industrielle Juan Antonio Suanzes, ein Jugendfreund Francos, erhalte das Ministerium für Industrie und Handel, Alfonso Pena Boeuf werde Minister für Öffentliche Arbeiten und Andre Amado Minister der Finanzen. Die drei letzteren seien Fachleute mit uneingeschränkt loyalem Verhalten gegenüber Franco.

Auf die Frage Canaris', ob eine solche Regierung lebensfähig wäre, antwortete Franco mit einem Lächeln: »Der Caudillo bin ich! Alle meine Minister werden den Offizierseid auf den Caudillo schwören.«

»Wenn ich recht verstehe, wird damit Spanien ein Königreich ohne König und Sie selbst ein ungekrönter König!«

»Genauso ist es!«

Worauf Canaris meint: »Aber verleitet der Totalitarismus nicht dazu, einen Weg einzuschlagen, wie ich ihn allmählich zur Genüge in Deutschland kennenlerne?«

Daraufhin kramt Franco in einem auf dem Tisch liegenden Stapel Zeitungen und reicht Canaris eine Ausgabe der francistischen Wochenzeitung »Noticiero« vom 8. Januar 1938 hin und bittet ihn, einen wohlfundierten, vom Geist der Humanität getragenen Artikel über die Juden zu lesen, der vom großen Romanschriftsteller Pio Baroja stammt, in welchem er gelassen und methodisch die antisemitischen Rassentherorien Hitlers widerlegt, ohne dabei nur einmal den Führer, Rosenberg oder andere Nazi-Ideologen zu erwähnen.

Eine solche Haltung kann Canaris nicht überraschen, denn er kennt seinen Freund zu genau. Über die Auffassung Francos schreibt der englische Biograph Francos, Brian Crozier, wie folgt: »Franco nahm deutsche Hilfe entgegen und wußte, daß er noch mehr brauchen würde, bis der Bürgerkrieg durchgestanden war. Daher war es politisch klug, eine faschistisch wirkende Partei zu schaffen, und sich Caudillo titulieren zu lassen. Aber das hieß nicht, daß er sich von den Nazis Vorschriften machen lassen werde, und noch viel weniger, daß sein Regime offenkundig widersinnige Theorien über Juden und Arier übernehmen werde.«

Offen sagt Canaris, was er von den Absichten Hitlers gegenüber Franco weiß. Dabei erklärt er Franco näher, daß nicht alle führenden deutschen Persönlichkeiten Hitlers Standpunkt teilen. Die baldige Beendigung des Bürgerkriegs als Ziel einer deutsch-spanischen Politik dürfe nicht darauf abgestellt sein, ständig Druck auf das nationalspanische Oberkommando auszuüben – auch die Italiener fordern dies ständig von Berlin –, sondern im Einklang mit der materiellen Unterstützung Deutschlands und Italiens eine verstärkte Heranziehung des spanischen Menschenpotentials für die Nationalarmee durchzuführen. Dann fügt Canaris hinzu: »Ich werde diese dem Grafen Ciano auseinandersetzen, den ich kommenden Donnerstag, den 20. Januar, in Rom treffen werde.«

»Ich bin voll dieser Meinung. Das läßt sich machen und stellt die einzig passende Lösung für eine zukünftige Regierung und das spanische Volk dar. Zur Zeit bin ich, militärisch durch Teruel gebunden, nicht imstande, und das brauche ich weder Hitler noch Ciano zu verschweigen, eine Offensive größeren Ausmaßes in den nächsten Monaten zu beginnen. Weder an der Front von Madrid noch an der katalonischen Front. Vielleicht im Frühjahr... Wie ich über die mir reichlich zugedachten Ratschläge der Italiener denke, ich sagte es! Man sollte dem Grafen Ciano zu verstehen geben, daß mir der militärische Beistand der Italiener wohl sehr wertvoll ist, ich jedoch niemals vor diesen Herren, die die italienische Armee vertreten, strammstehen werde.«

Canaris in Rom

In Rom fällt Canaris auf, daß die Italiener, voran Mussolini, über Franco selbst und seine militärischen Operationen recht ungehalten sind. Trotz allem seien sie noch einmal bereit, ihr Hilfeversprechen zu erneuern. Doch für eine begrenzte Zeit, nicht mehr als vier bis sechs Monate, wie Ciano meint. Canaris plädiert für Franco, doch Ciano erwidert ihm:

»Es muß eine wirksamere Befehlsorganisation innerhalb der Armee und eine weit bessere Zusammenarbeit der verschiedenen Truppenteile gewährleistet sein. Wenn wir für unsere Anstrengungen nur Mißerfolge ernten, dann ist eine Fortsetzung unserer militärischen Hilfe nicht mehr möglich.«

Für Canaris ist es nicht einfach, die Italiener zu beschwichtigen, und er betont Ciano gegenüber:

»Nach Bereinigung der militärischen Situation vor Teruel wird sich General Franco auf kleinere Einzelaktionen beschränken, um damit den Gegner zu demoralisieren und das Selbstvertrauen seiner Truppen zu steigern. Er hat mir zugesichert, im Frühjahr die große Offensive zu starten. Um sie durchführen zu können, wird er die derzeitige Frontlinie stark befestigen, so daß er sie mit geringen Kräften halten und sich mit Schwerpunkt auf die Offensive vorbereiten kann. Momentan werden vierzigtausend neue Rekruten eingezogen. Er hat aber kaum noch Panzerabwehrwaffen, es mangelt ihm an schweren Infanteriewaffen einschließlich des dazugehörigen Geräts.«

»Ich hatte den Eindruck gewonnen«, antwortet Ciano, »wie wenn Franco den entscheidenden Angriff zurückstellen möchte, weil ein Scheitern des Angriffs für ihn die Niederlage im Krieg bedeuten würde oder zumindest einen engültigen Sieg unmöglich machen würde. Ich wünschte, mein Eindruck würde sich als falsch herausstellen.«

Als Canaris am Sonnabend, dem 22. Januar, nach Berlin zurückkehrt, legt er erst einen Ruhetag ein und berichtet am darauffolgenden Montag den deutschen Militärs und Diplomaten über das Ergebnis seiner Reise nach Spanien und Italien. Doch in Zukunft muß das Thema Spanien bei Canaris wegen sonstiger Inanspruchnahme an die zweite Stelle zurücktreten, denn andere ernste Sorgen bedrücken ihn: Erst die Affäre Blomberg, dann der Fall Fritsch und schließlich der Anschluß Österreichs...!

Die Großoffensive der Franco-Truppen im Raum Aragon

Es regnet in Strömen, als Canaris am 4. April 1938 morgens in Petrola, fünfunddreißig Kilometer nordwestlich von Saragossa, eintrifft. Dort hat Franco in dem von Grafen Villahermosa ihm zur Verfügung gestellten prunkvollen Palais sein Hauptquartier aufgeschlagen. Freudestrahlend begrüßt der Caudillo seinen Freund und erzählt ihm sofort von seiner großen Siegeszuversicht:

»Seit gestern haben die Truppen im Norden das große Wasserkraftwerk von Tremp besetzt, wodurch die Stromzufuhr für die katalonische Industrie unterbrochen wurde. Sort, Balaguer, Frage, Flix, Gandesa und Morella, sechzig Kilometer von Vinaroz und Castellon entfernt, sind in unserer Hand. Wir stehen vor den Toren von Tortosa und Lerida. Der Angriff wird sowohl auf Tortosa, die Ebromündung und Vinaroz, als auch auf Castellon in Richtung Valencia weiter vorgetragen. In wenigen Tagen werden wir die Mittelmeerküste erreicht haben, wodurch dann das von den Republikanern besetzte Gebiet zweigeteilt wird*. Die Tage der Regierung in Barcelona sind gezählt, wir sind dem Sieg nahe.«

* Im Norden das Industriegebiet Kataloniens, die lebenswichtige Basis für die Kriegsanstrengungen der Volksfront, aber nunmehr von der Energieversorgung abgeschnitten. Im Süden der Raum um Madrid und Valencia, dem landwirtschaftlichen Gebiet Spaniens.

Canaris ist aufrichtig erfreut über die erfolgreiche Großoffensive von Aragon, die am 9. März auf Weisung Francos mit fünf Armeekorps unter dem Oberbefehl von General Davila gestartet worden war.

Bei Franco herrscht solch großer Optimismus, daß er gegenüber Canaris die Möglichkeit des Herausziehens der Legion Condor andeutet. Er erklärt ihm, daß die Verhandlungen mit dem Nichteinmischungsausschuß und die Rücksichtnahme auf die Empfindlichkeit der Franzosen und Engländer es geraten erscheinen ließen, die ausländischen Freiwilligen auf beiden Seiten abzuziehen. Er sei bereit, die Modalitäten des Abzugs der Legion Condor zu überdenken und stelle mit den italienischen Kontingenten ähnliche Überlegungen an. Canaris solle diese Frage mit General Veith, dem deutschen Militärberater besprechen, damit er dann die Einzelheiten mit General Kindelan und dem Kommandeur der Legion Condor abklären könne.

Canaris empfiehlt Franco dringend, General Veith zum jetzigen Zeitpunkt noch nicht einzuschalten, er wolle die Sache erst dem Botschafter von Stohrer vortragen. Franco ist damit einverstanden. Im weiteren Gespräch entwickelt Franco dann ausführlich seine Gedanken über eine militärische Zusammenarbeit Spaniens mit Deutschland und Italien in Friedenszeiten.

Noch am gleichen Abend trifft Canaris Botschafter von Stohrer in Salamanca und setzt ein Telegramm an das Auswärtige Amt in Berlin auf. Ribbentrop antwortet sofort darauf und meint, daß »der Augenblick gekommen sei, mit Franco das Verfahren der zukünftigen politischen Zusammenarbeit zwischen Deutschland und Spanien näher zu umreißen«, und erarbeitet einen »Entwurf für einen deutsch-spanischen Freundschaftsvertrag«, den er dem Führer vorlegt. Ribbentrop wird enttäuscht, denn Hitler erklärt ihm, daß er einem Handelsabkommen gegenüber seinem Vorschlag den Vorzug einräume, der realistisch gesehen keinen großen Wert habe. Nachdem Hitler das Telegramm von Canaris gelesen hatte, fügte er hinzu, daß es nach seiner Meinung gar nicht so schlecht wäre, wenn das Reich seine Truppen zurückziehe, hauptsächlich die Kampfflugzeuge. Man müßte sich natürlich mit den Italienern einigen.

Obgleich sich die militärische Lage der Franco-Armeen von Tag zu Tag bessert, hält die Beunruhigung Francos über die Masse an Waffenlieferungen für die Republikaner aus Frankreich an. Denn allein dies ermöglicht ihnen die Fortsetzung des Widerstands. Aus diesem Grunde bittet er Anfang Mai 1938 die Deutschen, ihm bis zu einem noch festzulegenden Zeitpunkt die Freiwilligen weiter zu belassen. Stohrer schickt diesen Antrag telegrafisch an Ribbentrop und fügt hinzu: »Franco hat mir versprochen, Sie zu gegebener Zeit und in aller Offenheit wissen zu lassen, wann er nach seiner Auffassung glaubt, mit dem Herauslösen der Legion Condor beginnen zu können.« (In Wirklichkeit erfolgt der Abzug der Legion erst 1939 mit dem Endsieg der Franco-Truppen.)

Francos Hauptsorge gilt zur Zeit der politischen Situation, nicht der militärischen. Am internationalen Himmel ziehen dunkle Gewitterwolken auf. Die von Hitler ausgelöste Sudetenkrise im Spätsommer nimmt immer bedrohlichere Formen an. Eine allgemeine Ausweitung des Konflikts scheint nicht ausgeschlossen, im Gegenteil, Franco befürchtet, daß der so greifbar nahe Sieg ihm noch entgehen könnte.

Seit Anfang September stoppt plötzlich der deutsche Nachschub an Kriegsmaterial, weil es Deutschland selbst für Mitteleuropa benötigt. Franco wird sich dessen bewußt, daß im Falle eines größeren Konflikts Nationalspanien auf seine eigenen Quellen angewiesen sein werde. 1940 sollte er sich daran zurückerinnern. Außerdem droht Frankreich in einem Kriegsfall mit dem Einmarsch in Katalonien und Marokko. Er ergreift deshalb Vorkehrungen und läßt entlang den Pyrenäen und in Marokko Befestigungsanlagen bauen. Mit Unterstützung der Briten setzt die französische Regierung den Nervenkrieg gegen Franco fort. Der französische Generalissimus Gamelin läßt Franco auf Umwegen eine Mitteilung zukommen, die besagt, daß Frankreich die Unterstützung der Republikaner einstellen und volle Neutralität im spanischen Bürgerkrieg wahren werde, sofern der Caudillo in einem bevorstehenden europäischen Krieg nicht auf der Seite Deutschlands eintrete. Tatsächlich hatte sich Franco bereits dazu entschlossen, neutral zu bleiben, wenn er dadurch sein Regime retten könnte, gleichgültig, was die Deutschen von solcher Undankbarkeit auch halten mochten. Die Botschaft Gamelins wurde ihm durch den Leiter des nationalspanischen militärischen Nachrichtendienstes, General Ungria überbracht. Der Caudillo schaut ihn offen an und erklärt:

»In Ordnung. Bestellen Sie ihnen, wenn es Krieg gibt, wird Spanien neutral bleiben, solange sie ihre Zusagen einhalten, sich aus unserem Krieg herauszuhalten.«

Die Deutschen sind unzufrieden

Mit dieser Erklärung werden die Beziehungen Francos zu Deutschland schwer belastet. Hitler wird ihm diese an Frankreich gegebene Neutralitätszusage nie verzeihen. So notiert Staatssekretär von Weizsäcker nach einem Gespräch mit dem spanischen Botschafter in Berlin am 2. November 1938 im Auswärtigen Amt folgendes: »Als Herr Magaz ein Wort von der Beständigkeit der spanischen Politik fallen ließ, bemerkte ich, man habe sich bei uns doch etwas gewundert, mit welcher Eilfertigkeit Spanien in den kritischen Septembertagen der französischen Regierung eine Neutralitätszusage erteilt habe. Der Botschafter suchte seine Regierung mit der überaus kritischen Lage Weiß-Spaniens in diesem Augenblick zu entschuldigen. Ich ließ ihm diese Ausrede aber nicht durchgehen.«

Einige Tage zuvor war Admiral Canaris wieder einmal beauftragt worden, Franco aufzusuchen, zwecks »Bereinigung des deutsch-spanischen Verhältnisses«. Der Caudillo wollte weitere Kriegsmateriallieferungen aus Deutschland erreichen, das Auswärtige Amt stimmte jedoch nur für den Preis wirtschaftlicher Konzessionen zu, die Franco bislang bewußt verzögerte. Die Verfolgung des Ribbentropschen Planes, Franco zur Unterzeichnung eines politischen Vertrags zu bewegen, obgleich ihn Hitler verworfen hatte, bliebe ebenso notwendig wie die Beantwortung bestimmter Fragen über die Gestaltung der zukünftigen Beziehungen Francos zu Deutschland.

Bevor Canaris Berlin nach Richtung San Sebastian verließ, wo er den Caudillo treffen sollte, unterhielt er sich mit Ribbentrop, der ihm folgendes mit auf den Weg gab:

»Die politische Fragestellung unserer Beziehungen zu Spanien lautet: 1. Wollen wir den Versuch machen, Franco zu einem vollen militärischen Erfolg zu verhelfen? Wenn ja, dann bedarf er einer starken militärischen Hilfe, die erheblich über das hinausgeht, was er heute beantragt hat. 2. Oder wollen wir dagegen nur erreichen, daß das Gleichgewicht der militärischen Kräfte mit den Roten erhalten bleibt? In diesem Fall bedarf es gleichfalls unserer Unterstützung, wofür, soweit Deutschland in Frage kommt, das jetzt angeforderte Material von Bedeutung wäre. 3. Wenn wir Franco neben der Legion Condor keine weitere Hilfe geben, kann er nichts anderes als irgendeinen Kompromiß mit der Roten Regierung erreichen.

Weiter Ribbentrop: So ist die Sachlage, die mit Franco zu erörtern wäre. Und wenn wir das angeforderte Material liefern, werden wir erneut die Lieferungen von Gegenleistungen abhängig machen. Außerdem bittet Sie, Herr Admiral, der Führer, mit dem Caudillo die weitere militärische Operationsführung zu besprechen. Oberstleutnant von Funck* hat nämlich den Eindruck, daß die Gesamtorganisation Francos, vom Standpunkt eines deutschen Generalstabsoffiziers aus gesehen, recht mangelhaft sei. Wie es auch sein mag, meint der Führer, daß Sie keine Nachprüfungen dieser Art anstellen, sondern nur eine Reorganisation anregen sollten.«

Canaris ist gegen eine politische Säuberungsaktion

In San Sebastian angekommen, nimmt Canaris wie stets seine Mission so wahr, daß die beiderseitigen Interessen zum Zuge kommen, wobei er insbesondere Franco behilflich ist, seine Schwierigkeiten mit Berlin auszubügeln**. Allerdings scheint im Verlauf der Unterhaltung am 26. Oktober ein Schatten auf die engen freundschaftlichen Beziehungen der beiden gefallen zu sein, als sie auf die Säuberungsaktionen in den national-spanischen Gebieten zu sprechen kommen.

Canaris weiß von den zahlreichen Grausamkeiten, die seit Beginn des Bürgerkrieges seitens der Republikaner verübt worden sind. Er weiß aber auch von den furchtbaren Vergeltungsmaßnahmen, die seitens der Nationalisten in den sogenannten befreiten Gebieten begangen wurden. Sein Unbehagen richtet sich gegen den Minister für Öffentliche Ordnung, den General Martinez Anido, der die

*Oberstleutnant von Funck war Militärattaché bei der deutschen Botschaft Franco-Spaniens.

**Anhang: Telegramm von Canaris an Ribbentrop vom 27. Oktober 1938.

Vergeltungsmaßnahmen in einer Rücksichtslosigkeit leitet, die bislang nur der Gestapo oder der Tscheka angemessen waren. Als Canaris dieses gleichermaßen menschliche und politische Problem bei Franco anschneidet und eine großmütige Amnestie für wünschenswert hält, hört er seinen Gesprächspartner in ganz gelassenem Ton sagen, »daß er eine lange Liste von roten Verbrechern besitze, die einer gerechten Bestrafung zugeführt werden müssen«. Canaris versucht aufzuzeigen, daß ein entsprechender Großmut sich für einen Sieger geziemen würde, doch der Caudillo bleibt Canaris' Vorhaltungen gegenüber taub.

»Wenn die Lage umgekehrt wäre, dann wären die republikanischen Vergeltungsmaßnahmen ebenso mörderisch«, sagt der Caudillo.

Canaris, dessen Wesen von tiefer Menschlichkeit erfüllt war, zeigt sich über eine solche Haltung empört. Er verabscheut die Anwendung von Gewalt, erst recht Racheakte. Aber handelt es sich hier wirklich um Rachsucht? Der »kleine Admiral« erkennt im Laufe der Unterhaltung über dieses Thema, daß sich für seinen Freund der Feind, den er in jahrelangem Kampf teilweise vernichtet hat, als das sogenannte »Antispanien« darstellt. Mit »Antispanien« könne man nicht vernünftig reden, man könne ihm nicht verzeihen, man versuche nicht, es zu überreden, sondern man vernichtet es. Wenn der »Befreiungskrieg« beendet werde, dann werde man diejenigen ausrotten, die die Kämpfe überleben, denn die Kluft zwischen den »Roten« und den »Weißen« könne nur zugeschüttet werden durch Reue und Unterwerfung unter die Francodoktrin, sofern nicht diejenigen, die »Rote« bleiben, zugrunde gehen... Über solche absurden Perspektiven ist Canaris sehr bestürzt. Wohl weiß er, daß Franco kein blutdürstiger Typ wie Himmler und Heydrich ist, doch ist er derart von seiner Idee besessen, daß sein Gerechtigkeitssinn in Rücksichtslosigkeit umschlägt. Canaris hat die Beispiele der Nazis vor Augen und warnt Franco vor pauschalen Bestrafungen und vor übereilten Gerichtsurteilen, aber auch vor gefährlichem Ansteigen der Denunziationen, die sich zumeist auf Einzeltaten beziehen. Darauf versichert Franco Canaris, daß nur diejenigen bestraft würden, die sich wirklicher Verbrechen schuldig gemacht hätten. Doch leider ist bekannt, daß dieses Wort dem Sinn nach sehr weit ausgelegt wird und daß die francistische Säuberungsaktion unzählige Menschenopfer kosten wird.

Der Krieg ist beendet

Zwei Wochen nach dieser Unterredung in San Sebastian sind die republikanischen Armeen an der Ebrofront in voller Auflösung begriffen. Dann wirft am 23. Dezember Franco seine Truppen in eine großangelegte Offensive nach Katalonien. Barcelona fällt am 27. Januar 1939 in die Hand der Francotruppen. Am 6. Februar gehen die führenden Männer der Republikaner, wie Azana, Negrin, Martinez Berrio gemeinsam und zu Fuß über die französische Grenze. Am 21. Februar nimmt Franco den Vorbeimarsch seiner siegreichen Truppen in Barcelona ab. Am 26. März treten die Francotruppen zum Angriff auf Madrid an und sind am 28. März Herr der Hauptstadt. Der Rest Spaniens* wird kampflos besetzt. Am 1. April 1939 erläßt General Franco in Burgos seinen letzten Kriegs-Tagesbefehl:

»Heute haben die Nationalen Truppen nach Entwaffnung und Gefangennahme der Roten Armee ihre letzten militärischen Ziele erreicht. Der Krieg ist beendet.«

Der Antikominternpakt

An diesem denkwürdigen Tag ist Canaris in San Sebastian, dem Sitz der Regierung, kann aber Franco nicht sprechen, weil dieser seit Kriegsbeginn zum ersten Mal krank mit Grippe zu Bett liegt. Dafür führt er zwei Gespräche mit General Comte Gomez Jordana, dem spanischen Außenminister.

Canaris war einige Tage früher nach Spanien gekommen, um bei der Unterzeichnung des deutsch-spanischen Freundschaftspakts anwesend zu sein**. Auch wollte er von Franco die Zustimmung zur sofortigen Veröffentlichung des Beitritts Spaniens*** zum Antikominternpakt mit Deutschland, Italien und Japan erreichen. Aber Franco liegt mit Grippe zu Bett... So bespricht Canaris diese Frage mit Jordana. Die Spanier möchten gerne, daß sich Deutschland noch einige Zeit gedulde, um vor der Veröffentlichung des spanischen

*Valencia, Alicante, Murcia, Almeria, Jaen, Ciudad Real, Albacete, Cuenca und Guadalajara.

**Er wurde von Botschafter von Stohrer und General Jordana in Burgos unterzeichnet.

***Geheim erklärt am 20. Februar 1939 und vereinbart, daß der Beitritt bis zur Beendigung des Bürgerkrieges geheimgehalten werden solle.

Beitritts noch das spanische Gold, das die Republikaner weggeschafft haben, von Frankreich zurückzubekommen und bis die Franzosen das Kriegsmaterial, das für die Roten bestimmt war, und die spanischen Handelsschiffe zurückgeliefert hätten. Als Canaris zur Entscheidung drängt, läßt Franco über Jordana sagen, daß er um zwei bis drei Wochen Aufschub bitten würde. Ribbentrop, der inzwischen konsultiert wurde, läßt die Antwort übermitteln, daß der Führer die Ansicht vertrete, daß keine Veranlassung bestehe, mit der offiziellen Veröffentlichung des Beitritts zu warten, denn »Frankreich wird das Kriegsmaterial für die Roten und die spanischen Handelsschiffe viel schneller ausliefern, wenn Franco eine klare, eindeutige Position bezieht«. Canaris wird ersucht, »sehr energisch bei Jordana zu intervenieren und mit ihm einen Tag in dieser Woche, andernfalls den 5. April, zu vereinbaren für das Datum und die Art und Weise der Veröffentlichung des spanischen Beitritts«. Canaris führt diese Bitte gehorsam aus, Jordana bleibt zurückhaltend. Doch von seinem Krankenlager aus gibt Franco endlich nach. So wird also der Beitritt Spaniens zum Antikominternpakt am 7. April veröffentlicht, sechs Tage nachdem die Nationalisten ihren Sieg verkündeten.

DRITTER TEIL
Die Ungewißheit

14. WAHL ZWISCHEN ZWEI MÖGLICHKEITEN: NAZISTAAT ODER DEUTSCHES VATERLAND?

Wenige Tage nach dem Anschluß übergibt der Oberstleutnant Erwin von Lahousen, bisher Abteilungsleiter Gegenspionage in Wien, alle seine Akten an seinen deutschen Nachfolger, den Oberst Rudolf Graf Marogna-Redwitz. Auf Empfehlung des letzteren und des Majors Helmuth Groscurth, Abteilungsleiter II – Sabotage –, bewirbt sich Lahousen um die Übernahme bei der Abwehr. Die Persönlichkeit von Admiral Canaris, den er nur flüchtig kennengelernt hat und sehr schätzt, zieht ihn besonders an. Ende April erreicht ihn die freudige Nachricht von Generaloberst Beck, daß er nach Berlin zur Abwehr kommandiert sei. Der Befehl wird durch einen telefonischen Anruf Groscurths mit den Worten bestätigt, daß ihn »der Alte« am Tirpitzufer erwarte.

Das »Haus Canaris« war nicht nazistisch

Als Lahousen das Arbeitszimmer von Canaris betritt, ist Helmuth Groscurth anwesend. Vom ersten Augenblick an fühlt sich der österreichische Offizier heimisch. Der Abwehrchef gibt ihm klar zu verstehen, daß sein Haus nicht nazistisch sei. Später sagte mir Lahousen: »Die Auffassung des Admirals überzeugte mich um so mehr, weil sie genau meiner Einstellung entsprach, wie er bereits durch Oberstleutnant Groscurth und einige meiner österreichischen Kameraden, die mich kannten und über meine Meinung Bescheid wußten, erfahren hatte.«

Canaris fragt ihn, ob es unter seinen Kameraden des österreichischen Nachrichtendienstes noch Leute gäbe, die gegebenenfalls für die Abwehr arbeiten würden. Auf meine bejahende Antwort meinte Canaris näher:

»Verstehen Sie uns recht, Oberst Lahousen, die Hauptsache ist, daß Sie uns keinen Nazi bringen. In der Funktion als stellvertretender Abteilungsleiter I – Spionage –, die mein Freund Piekenbrock leitet und der Sie zugeteilt sind, kann man in dieser Abteilung und in unserem Bereich besonders auf den verantwortlichen Stellen keine

Mitglieder der NSDAP, SA oder SS, auch keine Parteisympathisanten dulden.«

Der schweigsame Groscurth, ein großer blonder Bursche mit Brille, lächelt in sich hinein. Der Admiral merkt das und tut so, wie wenn er böse wäre: »Warum lachst du?«

»Weil Sie, Herr Admiral, eben das Glaubensbekenntnis der Abwehr vorgetragen haben, so wie ein Nazi die fünfundzwanzig Punkte des Parteiprogramms der NSDAP aufsagen würde.«

»Das ist doch nicht dein Ernst! Du weißt doch sehr wohl, daß kein Nazi nur einen einzigen Punkt des Parteiprogramms kennt und daß sogar unser heißgeliebter Führer sie nicht alle aufzählen kann...«

Der »kleine Admiral« nimmt den »Langen« an

Das kurze Zwiegespräch mit Lahousen zeigt auf, daß dieser vom »Alten« anerkannt wird. Diese spontane gegenseitige Sympathie wird bald zu einer echten Freundschaft. Wer den Admiral genauer kennt, wundert sich vielleicht darüber. Hauptsächlich weil er über einen Meter achtzig groß ist und der »kleine Admiral« nämlich ein instinktives Vorurteil gegen großgewachsene Leute hat, nachdem er selbst nur etwas über einen Meter sechzig mißt. »Das ist ein Kidnapper«, sagt er oft, wenn er einen besonders großgewachsenen, robust aussehenden Menschen beschreiben will. Die Angewohnheit Lahousens, ein wenig nach vorne gebeugt zu gehen, ziemlich leise und langsam und nur nach reiflicher Überlegung zu sprechen, mag wohl ein mildernder Umstand gegenüber seiner Größe gewesen sein. Es ist auch möglich, daß der scharfe Verstand und die Ausgewogenheit der Gedanken des typischen Österreichers Canaris besonders ansprach, der die zackigen Soldaten altpreußischer Art noch weniger leiden konnte als die großgewachsenen Leute. Wie dem auch sei, in Zukunft sieht man den »kleinen Admiral«, wenn er auf Reisen geht, selten ohne den »Langen« an seiner Seite, wie er ihn freundschaftlich nennt.

Als ich General Lahousen einmal fragte, ob er sich als einer der engsten Freunde des Admirals Canaris einstufen würde, antwortete er mir:

»Innerhalb des Amtes Ausland/Abwehr muß man zwischen den intimen Freunden und den engen Vertrauten des Admirals unterscheiden. Zu ersteren gehörte Oberst Oster und Oberst Piekenbrock. Ich gehörte zum zweiten Kreis. Was das betrifft, waren mir die Gedankengänge und die Ansichten, die die Tätigkeit der Abwehr bestimmten, gut bekannt und folglich auch unsere eigentliche Arbeit, aber ich war nicht eingeweiht in seine politischen Motive oder Ziele. Wie Sie wissen, war Canaris nicht einfach! Canaris war eine Person des reinen Intellekts, der in seinem interessanten, komplizierten Wesenszug bei sauberer Grundeinstellung die Gewalt an sich haßte und folglich ebenso – was für einen Soldaten eigenartig erscheinen mag – den Krieg verabscheute. Er haßte Hitler, seine Lehre, sein System und noch mehr seine Methoden. Verstehen wir uns: Er verabscheute Hitler von dem Tag an, wo er Gelegenheit hatte, seine Methoden kennenzulernen, als er die Möglichkeit hatte festzustellen, daß der Nationalsozialismus gleichermaßen eine politische Bewegung mit antichristlichem Charakter und ein Herrschaftsinstrument war, dazu bestimmt, Deutschland in einen Angriffskrieg zu stürzen. Der Hitlerkrieg bedeutet somit ein Unglück und eine Katastrophe größten Ausmaßes, das Ende Deutschlands als freie unabhängige Nation. Doch gäbe es, nach Ansicht Canaris', ein noch viel schlimmeres Unglück: den Triumph dieses von der SS Himmlers geprägten Systems, das mit allen nur möglichen Mitteln verhindert werden müßte.«

Das Arbeitszimmer von Canaris

Lahousen fügte noch folgende Bemerkung hinzu, die einer näheren Beschreibung wert ist:

»Das Arbeitszimmer des Admirals Canaris symbolisierte sein Wesen und seine Auffassung besonders gut.« Wenn der Besucher das Arbeitszimmer von Canaris betritt, ist er von der Einfachheit der Ausstattung des Raumes überrascht. Auf dem Fußboden liegt kein Teppich, es gibt keinen Klubsessel, nur Stühle. An den Wänden wechseln sich Landkarten und Bilder ab: Bilder der früheren Chefs des militärischen Abwehrdienstes, darunter das des legendären Obersten Nicolai, das Bild General Francos mit eigenhändiger Widmung, das seines alten Rauhhaardackels »Seppl«, den Canaris so besonders gern hatte und der jetzt als Nachfolger ebenfalls einen Rauhhaardackel »Kaspar«, als neuen Partner seiner Dackelhündin

»Sabine«, hat. Die beiden Dackel sind unzertrennliche Begleiter ihres Herrn. Sogar wenn er am Schreibtisch arbeitet, liegen sie zu seinen Füßen. Zwischen den Fenstern bemerkt man einen prachtvollen japanischen Holzschnitt, ein Geschenk des Botschafters Oshima, eines guten Freundes des Admirals. In der Mitte des Raumes steht ein großer, einfacher Schreibtisch mit zahlreichen Schubfächern, wie man ihn in allen Schreibstuben findet. Auf dem Schreibtisch steht ein verkleinertes Modell des Kreuzers »Dresden«, auf dem bekanntlich Canaris an den Seeschlachten von Coronel und vor den Falklandinseln teilnahm. Daneben steht ein eigenartiger Briefbeschwerer in Bronze, ebenfalls ein Geschenk Oshimas, der jedem Besucher besonders auffällt. Er stellt drei aneinander gelehnte Äffchen dar, die in ihrer Pose anzeigen, daß man verstehen muß zu schweigen, so zu tun als ob man nichts sehe und auch nichts höre, dem Leitsatz, den Canaris seinen Untergebenen gegenüber immer wieder betont. In einer Ecke des Raumes befindet sich ein eisernes Tischchen mit einer Wasserschüssel, einer Wasserkanne, einer Kochplatte und einer Kaffeekanne darauf. Hinter dem Schreibtisch steht neben einem großen Panzerschrank ein langer Tisch, vollgestapelt mit Büchern, denn der Hausherr ist ein »Bücherwurm«. Nach dem Krieg sagt darüber Dr. Werner Best:

»Trotz seiner vollausgefüllten Tätigkeit hörte er nicht auf, sich weiterzubilden. Zu Weihnachten hatte er die Gewohnheit, seinen Freunden und Bekannten Bücher zu schenken. Unter denen, die ich bekam, befanden sich Werke theologischen, geschichtlichen und philosophischen Inhalts.

Dieses Arbeitszimmer von Canaris entsprach eher dem eines Intellektuellen als dem eines militärischen Führers. Was das Fehlen des amtlich gelieferten Führerbildes betrifft...«

Die zwei Gruppen innerhalb der Führungsspitze der Abwehr

Nachdem Canaris Lahousen seinem neuen Vorgesetzten, Oberst Piekenbrock, vorgestellt hatte, macht dieser seinen Antrittsbesuch bei Oberst Oster.

»Angeregt von irgendeinem dummen Gedanken – so sagte mir Lahousen, grüßte ich, als ich in das Büro von Oberst Oster eintrat, den ich zum ersten Male sah, mit ›Heil Hitler‹. Wie von einer Wespe gestochen zuckte Oster auf seinem Stuhl zusammen und bemerkte: ›Lahousen, wenn ich nicht wüßte, wer Sie sind, wenn Admiral Canaris mir von Ihnen nicht ausführlich erzählt hätte, würde ich Sie hinauswerfen. Merken Sie sich, hier gibt es niemals, niemals ein ›Heil Hitler‹. Sie müssen sich darüber klar sein, Sie müssen wissen, daß an der Spitze des Reichs ein Verbrecher steht!‹

Nun wußte ich endgültig, wie Canaris, Groscurth, Piekenbrock und Oster dachten und in welcher politischen Umgebung ich mich am Tirpitzufer befand.«

Lahousen erklärte mir noch näher:

»In der Abwehr war Canaris unser geistiger Führer. Alle waren wir von seiner Persönlichkeit fasziniert und beeinflußt. Canaris war, wie immer man ihn betrachten mag, ein Mensch, ein Mann von hohen Qualitäten, nicht nur des reinen Intellekts, er war auch besonders geistreich.«

»Es gab innerhalb der Abwehr zwei Gruppen, die, obwohl sie hinsichtlich ihres Wollens und ihres Handelns stark ineinander ververflochten waren, doch irgendwie auseinander gehalten werden müssen... Ich muß erklären, daß diese Gruppen oder dieser Kreis nicht etwa als Organisation im technischen Sinne oder als Verschwörerklub anzusehen gewesen ist. Das hätte völlig dem Wesen Canaris' widersprochen. Es war vielmehr eine geistige Organisation von gleichgesinnten Leuten, von Leuten, die sehend und wissend waren, wissend durch ihre Dienststellungen, die sich verstanden haben und gehandelt haben, aber jeder für sich selbst, seiner eigenen Individuali ät entsprechend. Daher die Differenzierung, von der ich eingangs sprach. Es wurde nicht von jedem einzelnen das gleiche verlangt, sondern Canaris wandte sich jeweils an die Personen, die er für eine bestimmte Aufgabe nach seinem Wissen um die innere Haltung dieses Menschen für geeignet hielt...«

»Die eine Gruppe, die man als den Kreis Canaris bezeichnen kann, umfaßte in der Ausland-Abwehr, das heißt in den Spitzenstellungen, vor allem Canaris selbst als den geistigen Führer, ferner den damaligen General Oster, zu dieser Zeit Chef der Zentralabteilung und Leiter der Ausland-Abwehr, meinen Vorgänger, den damaligen Oberstleutnant Groscurth, der mich in diesen Kreis um Canaris 1938 noch in Wien eingeführt hatte; weiter den Chef der Abteilung I, den damaligen Oberst Piekenbrock, der mit Canaris eng befreundet war, den Nachfolger Piekenbrocks, den Oberst Hansen, der nach dem 20.

Juli 1944 hingerichtet wurde; meinen Nachfolger, Oberst von Freytagh-Loringhoven, der am 26. Juli 1944 vor seiner Verhaftung Selbstmord beging; dann in einer gewissen Differenzierung, die für alle zutrifft, den Chef der Abwehrabteilung III, Oberst von Bentivegni, und in all diesen Abteilungen verschiedene Personen, die zum größten Teil im Zusammenhang mit den Ereignissen des 20. Juli 1944 hingerichtet oder ins Gefängnis geworfen wurden. Ich muß in diesem Zusammenhang – nicht den genannten Gruppen angehörend, aber als Mitwisser von Aktionen, die die Nichtbefolgung oder Verhinderung von Mordbefehlen und anderen Greueltaten beinhaltet haben – den Chef der Abteilung Ausland, den damaligen Admiral Bürckner, ebenfalls nennen...«

»Die zweite und viel kleinere Gruppe war verbunden mit General Oster als geistiger Führer jener Leute im Amt Ausland-Abwehr, die sich schon 1938, dann für mich klar erkennbar 1939/1940 und in späterer Folge aktiv mit Plänen und Absichten befaßten, die darauf zielten, den Entfeßler dieser Katastrophe, Adolf Hitler, mit Gewalt zu beseitigen.«

Zu dieser Gruppe gehören oder gehörten später Männer wie Hans von Dohnanyi und sein Schwager Pfarrer Dietrich Bonhoeffer, Pastor Eberhard Bethge, ein Verwandter der beiden Vorgenannten, Rechtsanwalt Joseph Müller, der Botschafter Ulrich von Hassell, auch kann man teilweise Hans Bernd Gisevius, Arthur Nebe, Graf Helldorf, Otto John und einige andere hinzuzählen.

Canaris und die Gruppe Oster

Wir müssen hier noch das Verhältnis von Admiral Canaris zu der »Gruppe Oster« und deren Untergrundtätigkeit im Jahre 1938 näher erklären.

Canaris weiß genau, was er von den Verbindungen Osters zu halten hat, aber er bleibt im Hintergrund. Staatssekretär v. Weizsäkker, ein großer Bewunderer von Canaris, pflegte zu sagen, daß der Admiral in sich die Klugheit einer Schlange und die Unschuld einer Taube vereinigte. Canaris gefiel sich wirklich dem Wesen nach in der Intrige. Er bleibt gern neben oder hinter den Dingen, war informiert und war immer bereit, notfalls selbst einzugreifen. Oberst Otto Wagner hat mir gesagt: »Die Ereignisse im Jahre 1938, insbesondere der Fall Blomberg und der Fritsch-Prozeß, haben ihm die Augen geöffnet. So begann er sich immer mehr Sorgen um die Wendung, die die Ereignisse nahmen, zu machen. Sein Verständnis und sein Geist für den Widerstand erwachte. Die Menschen, die von den Nazis verfolgt wurden, wandten sich an ihn und man nannte ihn damals bereits den ›Vater der Geächteten‹.«

Fabian von Schlabrendorff schreibt später über ihn: »Canaris war der Leiter der Abwehr im Oberkommando der Wehrmacht. Er haßte Hitler und den Nationalsozialismus. Aber er fühlte sich nicht berufen, um von sich aus eine große Aktion zu unternehmen. Doch hielt er den Schutzschild über Oster. Er gestattete es, daß der Apparat der Abwehr, soweit er Oster unterstand, benutzt wurde, um die Organisation der deutschen Widerstandsbewegung aufrechtzuerhalten, zu stärken und ihr neue Kräfte zuzuführen.«

Aufgrund seiner Unruhe, seiner krankhaften Angewohnheit, sich mit einem Schleier der Tarnung zu umgeben, schließlich auch mit dem Feind sein Spiel zu treiben, anstatt ihm direkt entgegenzutreten, sieht sich der kleine Admiral gezwungen, wie einer der Angehörigen der Abwehr berichtet, Nebensächlichkeiten auf die Seite zu schieben, mit seiner Energie sparsam umzugehen, um die Übersicht über den riesigen Verantwortungsbereich der Abwehr zu behalten.

Dies ist einer der eigenartigsten Aspekte der Persönlichkeit Canaris, die man aufzuhellen versuchen muß, weil ohne diese Erklärungen seine Handlungsweise in der Zukunft unverständlich wäre.

»Sie sind alle Verbrecher«

Man erinnere sich an die Unterhaltung, die Canaris mit seinem Vorgänger Conrad Patzig am Heiligen Abend des Jahres 1934 führte und an seine Bemerkung, daß er mit diesen Anfängern schon gut auskommen werde, womit er die SS meinte.

Drei Jahre später, fast auf den Tag genau im Dezember 1937, sitzen sich Patzig und Canaris in einer ruhigen Ecke des bekannten Berliner Restaurants »Horcher«, in der Martin-Luther-Straße, beim Essen gegenüber. Wo kann man sich ungezwungener und ungestörter unterhalten, als in einem großen Restaurant? meinte Canaris am Telefon, als er seinen Freund zum Essen einlud.

Der Konteradmiral Patzig hörte seinem Amtsnachfolger aufmerksam zu, der ihm deutlich mit zurückgehaltener Wut ein düsteres und blutrünstiges Bild der dunklen Machenschaften des Zweigestirns Himmler-Heydrich aus dem Jahre 1937, und da hauptsächlich von der Tuchatschewskij-Affäre, ausmalte. Canaris endigt mit den entrüsteten Worten: »Sie sind alle Verbrecher!«

Conrad Patzig nickt zustimmend und schlägt ihm dann vor:

»Sie können nicht weiterhin Leiter des Abwehrdienstes bleiben. Reichen Sie Ihr Abschiedsgesuch ein und ich werde in meiner Eigenschaft als Chef des Personalamts der Kriegsmarine dafür sorgen, daß Sie ein gutes Marinekommando bekommen.«

Niedergeschlagen schüttelt Canaris verneinend den Kopf. Mit Resignation und leiser Stimme antwortet er:

»Nein, das geht nicht, denn nach mir würde Heydrich kommen.«

Das erschütternde Drama von Canaris spiegelt sich in zwei authentischen Unterhaltungen wider, von denen Admiral Patzig berichtete. Sie zeigen die Entwicklungen auf, denen sich der Abwehrchef im Kampf gegen die Realität der SS gegenübersieht. Darin wird ganz klar die Alternative gestellt: Naziregime oder deutsches Vaterland? Die Entscheidung für eine dieser beiden Möglichkeiten wird Admiral Wilhelm Canaris geradewegs zu dem von der SS errichteten Galgen im Hof des Bunkers im Konzentrationslager Flossenbürg im Morgengrauen des 9. April 1945 hinführen.

Freunde von »Sensationen« oder bestimmte Anhänger von Canaris stellen ihn heute so hin, wie wenn er schon immer Hitlergegner gewesen wäre, alles schon im voraus kommen sah, wie wenn er im Mittelpunkt des »großen Widerstandes« gegen Hitler gestanden hätte. Die Wahrheit ist zu gleichen Maßen einfacher, aber auch komplizierter. Einfacher weil, wie Oberst Wagner es festgestellt hat, ihm nicht erst Ende 1937 und Anfang 1938 die Augen geöffnet wurden. Schwieriger insofern, als sich der Gedanke des Widerstandes bei Canaris immer weiter fortentwickelte. Zunächst versuchte er nur, sich der Übergriffe der SS zu erwehren, dann, nach der Tuchatschewskij-Affäre und anderer ihm zufließenden Informationen über die Gestapomethoden, begann er zu begreifen, daß er es mit Menschen zu tun hatte, die skrupellos ihre verbrecherischen Ziele durchsetzen wollten. Es vergeht einige Zeit bis er erkennt, daß der »Kleinkrieg« gegen diese Auswüchse des Systems nicht ausreicht und daß sie nur ein Anzeichen dafür sind, daß das Hitlerregime durch und durch verbrecherisch ist und daß keine Aussicht besteht, das

Dritte Reich von diesen schlechten Elementen zu befreien. Je länger das Regime bleibt und seinen Machteinfluß auf das Volk ausüben kann, um so mehr läuft man Gefahr, daß das noch anständige Gewissen verdorben und das ganze deutsche Volk allmählich zersetzt wird. Deshalb müßte Hitler selbst und gleichzeitig seine Helfershelfer beseitigt werden.

Bleiben oder den Abschied nehmen?

1938 war Canaris noch nicht am Ende der Steigerung seines Widerstands angelangt. In seiner grundanständigen Ehrauffassung fragt er sich, ob es nicht ehrenhafter und im Grunde genommen zweckmäßiger wäre, jetzt bereits Hitler weitere Mitarbeit zu versagen und seinen Abschied aus der Armee zu nehmen.

Der deutsche Historiker Gert Buchheit ist einer der wenigen, die verstanden haben, daß Canaris vor der schmerzlichen Alternative stand: dem Nazistaat oder dem Vaterland zu dienen. »Man kann nicht Gott und dem Mammon dienen«, sagte der Evangelist. Und Buchheit schreibt mit Recht, daß der Admiral sich in einen Gewissenskonflikt hineingezogen fühlte, daß ihm sein inneres Gleichgewicht geraubt und keine ruhige Minute mehr gelassen habe, und ihn deshalb ständig auf Reisen trieb. Wie der ewige Jude sei er von Ort zu Ort, von Land zu Land gezogen, obwohl er sogar während des Krieges die Möglichkeit gehabt hätte, einen Ausweg aus dieser Situation zu finden, sofern er sich hätte entschließen können, aus dem Dienst auszuscheiden. Canaris habe aber die Auffassung vertreten, daß er auf seinem Posten ausharren müsse, denn letztlich ging es bei ihm um etwas mehr als nur um seine persönliche Ansicht über Hitler und das Dritte Reich. Hier ging es vor allem um die Schlüsselstellung in der mächtigen Organisation der Abwehr mit ihren Tausenden von Agenten, ihren auf der ganzen Welt verstreuten Nachrichtenquellen, ihrem Riesenbudget an ausländischen Devisen. In humanitärer Sicht ging es bei ihm darum, an der hohen Auffassung über die Menschenrechte, das internationale Recht und die Moralgesetze festzuhalten.

Es muß festgestellt werden, daß seine Amtsniederlegung eine echte Katastrophe bedeutet hätte, weil die sofortige Übernahme der Abwehr durch Heydrich die Folge gewesen wäre.

Der seelische Konflikt von Canaris wirkte sich auch auf andere Gebiete aus. Er erarbeitete nicht graue Theorien moralischer Rechtfertigung eines Widerstands in einem totalen Staat. Solche moraltheologischen Argumente rangen ihm nur ein Lächeln ab. Seine Entscheidung, sich intensiv auf das weite Gebiet der Staatspolitik in Krieg und Frieden zu wagen, ist aus humanitärem Antrieb heraus erfolgt. H. B. Gisevius meinte darüber: »Die Beweggründe, mit deren Hilfe er seinen Standpunkt verteidigte, waren mir bewußt geworden, denn trotz tiefer Religiosität war sein fester Glaube an einen gerechten und strafenden Gott eigenartigerweise mit einem fast fatalistischen Glauben an die Unerbittlichkeit des Schicksals verknüpft. Er glaubte nicht an einen ›lieben‹ Gott, der sich durch eine pragmatische Politik schmeicheln ließ, der als ›Realist‹ später eintretende Putsche und Attentate und die unsühnbaren Verbrechen des Mordes an Millionen von Menschen verzeihen würde. Er glaubte, daß Grausamkeiten, von denen er durch seine Dienststellen voll informiert war – worunter er seelisch und physisch sehr litt –, ihre Sühne auf Erden finden müßten. Paradoxerweise idealisierte der legendenumwobene Chef des Hitlerschen militärischen Geheimdienstes das rauhe Kriegshandwerk, das er als eine der ritterlichsten Tugenden ansah, der Verteidigung für eine geheiligte Sache, gewidmet einer von Gott gesegneten Nation.«

Unglücklicherweise verliert Canaris im Laufe der Jahre und seiner an Abenteuern reichen Laufbahn viel von seinen Illusionen. Bis 1938 hat er noch den echten Glauben an die Nation und seine Wehrmacht. Seit der Affäre Blomberg und dem Fritschprozeß ist sein Glaube an die Gerechtigkeit einer Sache mehr und mehr geschwunden. Seit Kriegsbeginn ist er von tiefer Skepsis erfüllt, und es steigert sich von Tag zu Tag seine Überzeugung, daß alle seine Hoffnungen auf einen schnellen und gewaltsamen Sturz der Tyrannei vergeblich sind. Wenn es ihm gelingen wird, seinen Fatalismus und seine quälende Resignation zu besiegen, wird ihm nur mehr übrig bleiben, seine Bemühungen zur Verhinderung der Ausbreitung von Barbarei, Mord und Willkür zu vervielfachen.

15. DAS ERSTE KOMPLOTT GEGEN HITLER

Einen Monat nach dem Anschluß Österreichs ruft am 21. April 1938 Hitler Keitel zu sich und gibt ihm den Auftrag, die Ausführungsbestimmungen für den Plan »Grün« neu zu überarbeiten. Plan »Grün« bedeutet schlicht und einfach die Auslöschung der Tschechoslowakei durch das Dritte Reich. »Die Absicht eines blitzartig durchzuführenden Angriffs auf die Tschechoslowakei ohne Rechtfertigung und ohne geeigneten äußeren Anlaß wird verworfen«, sagt Hitler. »Eine solche Handlungsweise könnte feindliche Reaktionen der öffentlichen Weltmeinung hervorrufen und brächte uns in ernste Schwierigkeiten...« Er regt an:... »Blitzschnelles Handeln aufgrund eines unvorhergesehenen Zwischenfalls – zum Beispiel Ermordung des deutschen Botschafters in Prag während einer antideutschen Kundgebung – durch den das Reich in unerträglicher Weise provoziert würde und der wenigstens einem Teil der Weltöffentlichkeit gegenüber die moralische Berechtigung zu militärischen Maßnahmen gibt.«

Als ob Hitler einen einzigen Augenblick daran gedacht hätte, die Sudetenfrage durch Verhandlungen zu lösen. »Die Festlegung des Zeitpunkts, wann wir die Operation beginnen, behalte ich mir selbst vor«, erklärte er.

Am 20. Mai berät Keitel mit Hitler, den Plan »Grün«. »Keine Eile«, meint Hitler, »ich habe nicht die Absicht, in allernächster Zukunft eine militärische Aktion gegen die Tschechoslowakei auszulösen.«

Hitler nimmt die Herausforderung an

Was ereignet sich dann? Man wird es sicherlich niemals richtig erfahren. Sicher ist nur, daß die tschechische Regierung am Tage darauf bekannt gibt: Deutschland hat mobilgemacht, der Krieg steht nahe bevor, aus diesen Gründen ist eine gewisse Anzahl tschechischer Reservisten einberufen worden. Die ganze Weltpresse übernimmt diese sensationelle Meldung aus Prag. In allen Hauptstädten breitet sich Angst und Schrecken aus. Nur Berlin verhält sich ruhig, denn nichts davon ist wahr. Aber warum eigentlich solch eine Hetzkampagne? Wollte Präsident Benesch vielleicht Frankreich und England aus der abwartenden Haltung herauslocken, um die beiden Staaten selbst zu einer Vormobilmachung zu bewegen? Wenn das der Fall wäre, wird Benesch es bereuen müssen, weil diese falsche Handlungsweise im September auf ihn zurückschlagen wird.

Hitler, der von der westlichen Presse scharf angegriffen und bezichtigt wird, daß er Angst habe und nicht fähig sei, seine Drohungen wahrzumachen, überkommt maßloser Zorn. Er nimmt die Herausforderung an. Am Abend des 28. Mai versammelt er die obersten Führer der NSDAP und andere Persönlichkeiten des Dritten Reiches um sich und kündigt ihnen an, »daß er sich die tschechische Provokation nicht mehr gefallen lassen wird!« Zwei Tage später ruft er Keitel zu sich und gibt ihm die Anweisung für eine Reihe von Direktiven, die mit folgendem Satz beginnen: »Es ist mein unabänderlicher Entschluß, die Tschechoslowakei in absehbarer Zukunft durch eine militärische Aktion zu zerschlagen«, und gibt ihm folgenden Befehl: »Die Vorbereitungen haben sofort zu beginnen... die Ausführung der neuen Weisung muß spätestens ab 1. Oktober 1938 sichergestellt sein.«

Das Aufbegehren General Becks

Hitler hat alles vorausgesehen, nur nicht, daß einige unter den höchsten militärischen Führern es ablehnen könnten, ihm in seinen Plänen zu folgen. Er dachte, nachdem er sich Blombergs und des Generalobersten von Fritsch entledigt hatte, damit die gesamte Generalität zum Gehorsam gezwungen zu haben. Dem ist aber nicht so. Denn einesteils wächst der Widerstand gefährlich an, weil sich die Stunde der Entscheidung nähert, andernteils bildet sich die Opposition um Beck herum, den Chef des Generalstabs, der bei seinen Kollegen wegen seines militärischen Könnens, seiner herausragenden Stellung und seiner untadeligen Gesinnung ein hohes Ansehen genießt.

Schon damals, als General Beck am 23. April durch Keitel von der Absicht Hitlers erfuhr, daß er der Tschechoslowakei ein Ende bereiten wolle, entschloß er sich zu einer ausführlichen Denkschrift mit Datum vom 5. Mai, in der er alle Punkte seiner Befürchtungen und Bedenken niederlegte. Die Begründungen lassen sich wie folgt zusammenfassen: Die von Hitler verfolgte Politik führe unweigerlich zum Krieg. Nicht zu einem begrenzten Krieg, sondern zu einem Zweiten Weltkrieg, dessen Ausgang nur die totale Vernichtung Deutschlands sein kann. Das ist genau das, was auch Admiral Canaris denkt, dem Beck sein Memorandum zeigt, bevor er es am 7. Mai an General von Brauchitsch, dem Oberbefehlshaber des Heeres übergibt. Diese Denkschrift erscheint fast prophetisch. Wenn General Beck sich in der etwaigen Geschlossenheit Englands und Frankreichs bei der tschechischen Frage geirrt hat, genügt es, das Wort »Tschechoslowakei« durch das Wort »Polen« zu ersetzen und die Behauptungen des Generals und sein Urteil über die wirkliche derzeitige Lage scheinen wie »eine düstere Prophezeiung, eine Ankündigung allen Unglücks, das auf Deutschland niederzustürzen begann« (Wolfgang Foerster).

Die Lektüre des Beck-Memorandums treibt Hitler zu höchster Erbitterung. Er erklärt Brauchitsch gegenüber: »Das ist verrückt! Anstatt mich zu hemmen, sollten meine Generale mein Vorgehen nach Kräften unterstützen! Nach alldem werde ich nicht mehr verlangen, daß sie meine Befehle begreifen, sondern daß sie sie ausführen!«

Dann verbiß er sich seinen Zorn und fragte Brauchitsch: »Wie viele Personen haben die Denkschrift gelesen?«

»Sehr wenige«, erwiderte Brauchitsch, »fünf oder sechs...«

Hitler war beruhigt. Achselzuckend legt er die Denkschrift beiseite.

»Dieser Beck ändert sich nicht«, fuhr er in ruhigerem Ton fort. »Hat dieser Unglücksvogel mir nicht ein Jahr vor dem Anschluß prophezeit, wenn ich Österreich besetze, müsse ich gegen Frankreich, die Tschechoslowakei, England, Belgien, Rußland, Polen, Litauen und wer weiß noch alles kämpfen? Und nun frage ich Sie: Was ist passiert?«

»Nichts«, erwiderte Brauchitsch, der sich bei diesem Gespräch gar nicht wohl in seiner Haut fühlte. »Erinnern Sie ihn daran!« sagt Hitler zu Brauchitsch beim Herausgehen.

Daraufhin läßt er Keitel zu sich kommen, wie wir bereits gelesen haben, um ihm seinen unwiderruflichen Entschluß zu eröffnen und das Ausführungsdatum auf »spätestens 1. Oktober« festzulegen. Nachdem Beck davon erfuhr, arbeitet er eine neue Stellungnahme mit neuen Analysen aus und kommt dabei zur gleichen Schlußfolgerung wie bei der vorhergehenden Denkschrift: »Ein unter ähnlichen

Voraussetzungen ausgelöster Konflikt kann nur in einer europäischen Katastrophe enden!« Die neue Denkschrift vom 29. Mai erleidet dasselbe Schicksal wie die erste.

»Das ist eine getarnte Rebellion«

Der Chef des Generalstabes entschließt sich dann zu ungewöhnlichen Maßnahmen. Die Zeit eilt, die Lage wird immer kritischer. Hitler befiehlt den Bau des Westwalls gegenüber Frankreich intensiv voranzutreiben (die spätere Siegfriedlinie). Er führt die Dienstverpflichtung ein und verbietet allen ausländischen Militärs das Betreten der Grenzgebiete des Reiches. Truppenübungen im Divisionsverband, ja sogar im Korpsverband und in Kriegsstärke mehren sich. Alle diese Maßnahmen zwingen Beck zum Handeln. Admiral Canaris und Oberst Oster, die er in diesen kritischen Tagen mehrfach trifft, ermutigen ihn. Am 16. Juli übergibt Beck an Brauchitsch ein Schreiben, in dem er all die Argumente erneut aufgreift und darlegt, die er bereits in den vorhergehenden Denkschriften vorgebracht hat. Dieses Mal ist aber seine Folgerung eine ultimative Aufforderung.. .

»Auf Grund meiner vorausgegangenen Darlegungen halte ich mich heute für verpflichtet ... die dringende Bitte auszusprechen, den Obersten Befehlshaber der Wehrmacht zu veranlassen, die von ihm befohlenen Kriegsvorbereitungen einzustellen und die Absicht der gewaltsamen Lösung der tschechischen Frage so lange zurückzustellen, bis sich die militärischen Voraussetzungen dafür grundlegend geändert haben.« ...Wohl zum letzten Mal biete hier das Schicksal die Gelegenheit an, »das deutsche Volk und den Führer selbst zu befreien von dem Alpdruck einer Tscheka und von den Erscheinungen eines Bonzentums, die den Bestand und das Wohl des Reichs durch die Stimmung im Volk zerstören und den Kommunismus wiederaufleben lassen«.

Als Brauchitsch Beck die Frage stellt, welche Maßnahmen er dann für notwendig halte, antwortet Beck:

»Alle Befehlshaber müssen sich zusammenschließen, bei Hitler vorsprechen und ihn zwingen, seine Kriegsvorbereitungen zurückzunehmen.«

»Und wenn er auf seinen Absichten beharrt?« fragt Brauchitsch.

»Wenn das der Fall wäre, dann müssen wir ihm geschlossen unseren Rücktritt erklären.«

»Aber das ist ein Akt des kollektiven Ungehorsams, wozu Sie die Herren auffordern!« ruft Brauchitsch aus. »Das ist eine getarnte Rebellion.«

Beck hat diese Reaktion erwartet und rechtfertigt sich mit einer Flut von Argumenten. Er sagt unter anderem:

»Es stehen hier letzte Entscheidungen über den Bestand der Nation auf dem Spiele. Die Geschichte wird diese Führer (der Wehrmacht) mit einer Blutschuld belasten, wenn sie nicht nach ihrem fachlichen und staatspolitischen Wissen und Gewissen handeln. Ihr soldatischer Gehorsam hat dort eine Grenze, wo ihr Wissen, ihr Gewissen und ihre Verantwortung die Ausführung eines Befehls verbietet. Finden die militärischen Führer aber kein Gehör für ihre Warnungen und Ratschläge, dann haben sie vor dem Volk und vor der Geschichte das Recht und die Pflicht, von ihren Ämtern zurückzutreten. Tun sie das geschlossen, so ist ein Krieg unmöglich und das Vaterland ist vor dem Untergang bewahrt... Außergewöhnliche Zeiten verlangen außergewöhnliche Handlungen!«

Brauchitsch kennt die pessimistischen Ansichten seines Generalstabschefs sehr wohl, doch daß er es so weit treiben würde, daran dachte er niemals. Er ist sich unschlüssig, ob er ihm auf diesem Wege folgen soll, nachdem er darauf völlig unvorbereitet ist und ihm die entstehenden Konsequenzen unkalkulierbar erscheinen. Auch ist Brauchitsch nicht von der Richtigkeit der Voraussagen des Generalstabschefs überzeugt, daß sich ein Vorgehen gegen die Tschechoslowakei unweigerlich zu einem großen Krieg ausweiten könnte. Beck ist sehr enttäuscht, als ihn Brauchitsch um Bedenkzeit bittet.

Der Generalstreik der Generale findet nicht statt

Was wird der Oberbefehlshaber des Heeres jetzt tun? Nichts! Was werden die Generale, wie Wagner, von Stülpnagel, von Manstein, Adam, Thomas, von Witzleben, Olbricht machen? Sie sind sich mit Beck einig, trotzdem wird der »Generalstreik der Generale« nicht stattfinden...

Canaris ist darüber nicht überrascht, als Beck ihm die Enttäuschung, daß er im Stich gelassen wurde, offenbart. In ruhigem Ton sagt ihm der »kleine Admiral«:

»Sie glaubten, daß sie Ihnen folgen würden und haben sich auf ihr Gerede verlassen. Ich kenne sie doch, sie sind Sklaven.«

Tatsächlich ziehen Brauchitsch und andere ihre Karriere dem Wohl ihres Landes vor und bringen eher ihr Vaterland in Gefahr, als daß sie sich gegen den Hitlerstaat wenden. In der Besprechung vom 4. August 1938, an der Brauchitsch etwa zwanzig Generale um sich versammelt, sind sie geschlossen gegen eine kriegerische Auseinandersetzung mit der Tschechoslowakei. Aber alle, mit Ausnahme von Beck, folgen mehr oder weniger der Auffassung des Generals von Reichenau, der seine Stimme gegen den um sich greifenden Pessimismus erhebt und erklärt:

»Die Frage, ob es ratsam sei, Krieg zu führen oder nicht, ist nicht unsere Sache, das ist Sache des Führers. Ihm bleibt es überlassen, die beste Lösung zu finden.«

»Zudem könnte uns nichts von unserem Treueid auf den Führer entbinden«, fügt General Busch hinzu. »Auch ich kenne die schwachen Stellen unserer Armee. Trotzdem würde ich deshalb die Befehle des Führers ausführen, da jede andere Haltung ein Mangel an Disziplin wäre.«

Als Beck die oben geäußerten Ansichten Canaris und Oster wiederholt, ruft Oster empört aus:

»Sie sind unbelehrbar! Nur um »Emil« gegenüber nicht ungehorsam zu sein, lassen sie sich auf die Schlachtbank führen und sind, soweit notwendig, bereit, Millionen junger Deutscher, das ganze deutsche Volk, mit in dieses Blutbad hineinzuziehen.«

Nach kurzem Schweigen meint Oster weiter:

»Nun ja, wenn sie nicht handeln wollen, dann müssen eben wir das Nötige veranlassen, was vor dem 1. Oktober gemacht werden muß.«

Canaris glaubt nicht an die Verschwörung

Canaris sagt dazu nichts. Er glaubt nicht an die Wirksamkeit der Verschwörung, die er wohl unterstützt und bei der Oster der eigentliche Motor ist. Er weiß genau, daß Beck die Unterstützung der Generale Wilhelm Adam (Chef des Truppenamts im OKH), Heinrich von Stülpnagel (2. Generalquartiermeister), Georg Thomas (Beauftragter für Heeresmotorisierung), Erwin von Witzleben (Befehlshaber Wehrbereich III Berlin) und Friedrich Olbricht (Chef des Allgemeinen Heeresamts) hat. Aber die anderen? Beim Heer sind es wenige, bei der Luftwaffe und Kriegsmarine kein einziger, der einen von Beck geleiteten Staatsstreich gutheißen würde. Neben den genannten Generalen gibt es selbst einige Zivilpersonen, die mitzumachen bereit sind, aber was können sie schon gegen die SA und SS ausrichten? Unter ihnen sind hervorragende Persönlichkeiten, wie Wolf-Heinrich Graf Helldorf, der Polizeipräsident von Berlin, der Gauleiter von Schlesien, Josef Wagner, Professor Johannes Popitz, der ehemalige preußische Finanzminister, Ernst von Weizsäcker, Staatssekretär im Auswärtigen Amt, der ehemalige Botschafter in Rom, Ulrich von Hassel, Erich Kordt, der Legationsrat im Auswärtigen Amt, Carl Friedrich Goerdeler, der ehemalige Oberbürgermeister von Leipzig und frühere Preiskommissar, dann Arthur Nebe, der Reichskriminaldirektor und noch einige andere, darunter der geschickte und wendige Reichsbankpräsident Hjalmar Schacht, der sich am Rande des Widerstands hin- und herbewegt, manchmal geneigt ist, Beistand zu leisten, dann sich aber wieder in einer Art hochmütiger Verachtung von den Männern des Widerstands zurückzieht, die er ihren geistigen Werten nach als zu gering einschätzt.

Canaris bleibt äußerst skeptisch, trotzdem können die Widerständler die große Linie ihres Vorhabens vor ihm ausbreiten. Er wird ihnen helfen und alles tun, was in seinen Kräften steht.

Beck nimmt seinen Abschied

Trotz der mehr oder weniger offenen Gegnerschaft seiner wichtigsten Generale bleibt Hitler fest bei seinem Entschluß. Am 15. August anläßlich einer Truppenübung in Jüterbog, erklärt er den teilnehmenden Generalen des Heeres, daß er mehr denn je entschlossen sei, die tschechoslowakische Frage noch im Herbst mit Gewalt zu lösen. Der militärischen Tradition entsprechend zieht Beck aus den Worten des Führers seine Konsequenzen und teilt bereits am 18. August Brauchitsch mit, daß er um die Enthebung aus seinen Ämtern bitte. Drei Tage später nimmt Hitler das Rücktrittsgesuch Becks an. Hitler ist erleichtert! Er bittet jedoch Beck sich zu verpflichten, daß sein Rücktritt erst nach geraumer Zeit veröffentlicht werden dürfe. Als Vorwand macht er die gespannte außenpolitische Lage geltend. Nachdem sich Beck damit einverstanden erklärt hat, bestellt Hitler General Franz Halder zu seinem Nachfolger.

Am 27. August vormittags versammeln sich die wichtigsten Offiziere des Oberkommandos des Heeres im geräumigen Dienstzimmer des Generalstabschefs. Oberst Hoßbach hat diese Szene beschrieben:

»Am 27. August 1938 vormittags waren die Oberquartiermeister und die Abteilungsleiter des Generalstabes des Heeres in das zum Tirpitzufer hinausliegende große Dienstzimmer des Chefs des Generalstabes befohlen. Als wir das Zimmer betraten, stand Beck – hochaufgerichtet, unbeweglich gegenüber dem Gruß jedes einzelnen, die Hände gefaltet, das feine durchgeistigte Antlitz übernächtigt, fast überirdisch wirkend, den Blick der großen, schönen Augen in die Ferne gerichtet, neben seinem am Fenster stehenden Schreibtisch und hielt uns eine in Form und Aufbau klassische, im Inhalt weise Ansprache von etwa einviertelstündiger Dauer. Ihr Sinn war, den versammelten Offizieren nochmals das Ringen des Generalstabschefs um die unabhängige, freie schöpferische Aufgabe des Generalstabes klarzumachen, die er erstrebt, aber unter den obwaltenden Verhältnissen nur unvollkommen erreicht hätte. Der Mahnruf zu Unabhängigkeit der Urteilsbildung und zu Charakterfestigkeit im Handeln war von größter Eindringlichkeit. Beck hatte die Rede mit der Bekanntgabe seines Rücktritts eingeleitet und beschloß sie mit dem Ausdruck des Dankes an seine Mitarbeiter... Nach Charakter, Anlagen und Können sollte Beck der letzte wahre Generalstabschef Deutschlands gewesen sein.«

Bevor Beck Berlin verläßt, fügt er an seine Denkschrift vom Juli 1938 noch ein zusätzliches Blatt mit folgender Erklärung hinzu: »Um vor dem zu erwartenden Urteil der Geschichte unsere Position klar zu definieren und um den Ruf der Wehrmachtsführung reinzuhalten, halte ich mich heute für verpflichtet, als Chef des Generalstabes zu erklären, daß ich es abgelehnt habe, die Abenteuer gutzuheißen, in die der Nationalsozialismus hineinführen könnte. Ein Endsieg Deutschlands ist unmöglich.«

Halder, die Schlüsselfigur der Verschwörung

Nach dem Rücktritt Becks bemüht sich Canaris möglichst rasch mit dessen Nachfolger Halder in Fühlung zu kommen. General Halder, 1884 geboren, aus einer bayrischen Offiziersfamilie stammend, geht als General ein vorzüglicher Ruf voraus. Klar und bestimmt im Auftreten, mit ironisch lächelnden Zügen, kurzem Bürstenhaarschnitt, einen Zwicker auf der Nase, von katholischer Konfession, ein kulturell hochstehender Mensch. Seit 1937 ist er bei Beck der zweite Mann im Generalstab und hat über Hitler dieselbe Meinung, er kritisiert offen dessen Kriegspolitik. Anscheinend ist dem Führer die Auffassung Halders unbekannt. Oster hat früher unter ihm gearbeitet und kennt ihn deshalb persönlich gut. So bringt er Halder und Canaris leicht zu einem Gespräch zusammen. Die Kontakte sind gut. Halder hat als Anhänger eines Putsches gegen Hitler bereits seit Ende Juli Verbindung mit Dr. Schacht angeknüpft. Bald wird General Halder zur Schlüsselfigur der Verschwörung.

Über Canaris' Aktivitäten in jenen Sommermonaten 1938 berichtet uns K. H. Abshagen wie folgt: »Canaris bearbeitete den General anhand des umfangreichen bei ihm einlaufenden Nachrichtenmaterials aus dem Ausland. Er war in diesen Monaten überhaupt unermüdlich in seinen Bemühungen, den führenden Militärs, außer Halder besonders Brauchitsch, Keitel und Raeder, die Gefahren auszumalen, die aus Hitlers Kriegsabsichten gegen die Tschechoslowakei für Deutschland erwachsen mußten. Er scheute sich nicht, das Kriegspotential und die Entschlossenheit der Westmächte – übrigens auch die Widerstandsbereitschaft der Tschechoslowakei – stärker zu untermalen, als das seiner inneren Überzeugung entsprach. Für die Erhaltung des Friedens schienen ihm solche Übertreibungen und Notlügen gerechtfertigt, und er war den Generalen gegenüber insofern skeptisch, als er glaubte, sie nur dadurch zum Widerstand gegen Hitler bewegen zu können, daß er ihnen für den Fall des Krieges die Wahrscheinlichkeit einer eignen Niederlage möglichst plastisch vor Augen führte.«

Der Plan für den Staatsstreich

In enger Zusammenarbeit mit Admiral Canaris, bei der Oster als Vermittler fungiert, bereitet General Halder einen Plan zur Beseitigung Hitlers und seines Regimes vor. Er gilt, für die Zeit vor einem bewaffneten Konflikt mit der Tschechoslowakei, mit dem einzigen Ziel, den Frieden unter allen Umständen zu erhalten und unter dem Schutz der Wehrmacht eine neue Regierung nach freier Entscheidung des deutschen Volkes zu bilden.

Dafür sind schon zum Handeln bereit: General von Witzleben, der Wehrkreisbefehlshaber III Berlin, General Walter Graf von Brockdorf-Ahlefeldt, Kommandeur der 23. Infanteriedivision in Potsdam, Oberst Paul von Hase, Kommandeur des Infanterieregiments 50 in Berlin, der Polizeipräsident von Berlin Graf Helldorf, der sicher ist, daß er seinen Adjutanten, den Grafen von der Schulenburg, und Arthur Nebe, den Kripochef auf seiner Seite hat.

Hauptziel ist die Besetzung der Reichskanzlei, die durch einen Handstreich gegen die SS-Wache erfolgen soll, und die Besetzung der Nachrichtenzentralen durch das Heer (Rundfunk, Telegrafen- und Fernsprechamt, Druckereien usw.), um Gegenbefehle der Regierung zu verhindern. Dann bliebe noch die Besetzung des Regierungsviertels und anderer wichtiger Gebäude der Reichshauptstadt, besonders der SS- und SD-Kasernen. General Erich Hoepner sollte mit seinen Panzertruppen die Hauptstraßen nach Berlin sperren und damit Anmarschversuche von Nazi-Formationen aus der Provinz verhindern. Nach dem Putsch sollte der Ausnahmezustand über ganz Deutschland verhängt werden, was als reine Übergangsmaßnahme gedacht war. Wie wir bereits gelesen haben, sollten sobald wie möglich allgemeine Wahlen von den zivilen Stellen zur Bildung einer konstitutionellen, parlamentarischen Regierung vorbereitet werden.

Canaris kritisiert den Plan

Das Nervenzentrum der Verschwörung und der Ausarbeitung des Putschplans liegt verständlicherweise bei der Abwehr. Von hier gehen alle Fäden aus. Canaris ist im grundsätzlichen mit dem Plan einverstanden, doch glaubt er, daß das Wachregiment Berlin nicht direkt am Putsch beteiligt werden sollte, um deren Soldaten nicht unnötigerweise in Gewissenskonflikte zu bringen. Man sollte es erst nach beendeter Aktion einsetzen. Ebenso ist Canaris gegen die Absicht, die Reichskanzlei durch Potsdamer Truppen besetzen zu lassen. Er fordert, daß die Verhaftung des Führers so unauffällig wie möglich erfolgen solle. Eine kleine Gruppe junger, schneidiger Offiziere sollte unter irgendeinem plausiblen Vorwand in die Reichskanzlei geschickt werden, Hitler verhaften und ihn auf allerschnellstem Wege aus der Reichskanzlei und aus Berlin entführen.

Zur Besprechung dieses letzten Vorschlags begibt sich in der ersten Septemberhälfte General von Witzleben zu Oberst Oster. Drei Offiziere der Abwehr, Korvettenkapitän Franz Liedig, Oberstleutnant Helmuth Groscurth, Major Friedrich Wilhelm Heinz und der Kriegsgerichtsrat beim Reichsgericht in Leipzig, Hans von Dohnanyi, sind bereits anwesend. Der letztere wird später eine der überragendsten Persönlichkeiten im Widerstand gegen Hitler sein. Im Laufe der Besprechung kommt man überein, daß Heinz einen Trupp von zwanzig bis dreißig Freiwilligen zusammenstellen soll, die General von Witzleben in die Reichskanzlei begleiten und den Führer festnehmen sollen. Halder, Witzleben und Canaris lehnen den Gedanken, Hitler dabei zu töten, grundsätzlich ab. »Die Säuberung darf nicht blutig verlaufen«, sagen sie. Heinz und Oster vertreten die Auffassung, daß ein lebender Hitler für das III. Korps von Witzleben von viel größerem Wert wäre und daß es sicherer wäre, ihn »unmittelbar nach Bereinigung der Lage« zu töten. Das leuchtet auch ein. Halder, Witzleben und Canaris jedoch lehnen einen Mord – auch an einem Diktator – ab.

Ein Sendbote geht nach London

Die große Schwäche des Vorhabens, seine fundamentale Schwäche, besteht in der Tatsache, daß man es von politischen Faktoren abhängig macht, wenn auch einige, die anders denken, überhaupt nichts davon halten. Um im Hinblick auf eine Erneuerung Deutschlands die Hände außenpolitisch freizuhaben, müsse die englische Regierung informiert werden. Die Führer des Widerstandes sind sich dessen bewußt und haben deshalb bereits mehrere Sendboten nach London entsandt. Sie sollten in erster Linie die Briten vor der drohenden Kriegsgefahr warnen und die britische Reaktion sondieren für den Fall, daß in Deutschland ein Staatsstreich durchgeführt werde.

Der erste dieser Sendboten ist ein enger Freund von Canaris, Ewald von Kleist-Schmenzin, ein alter Nazigegner, gläubiger Christ und überzeugter Monarchist. Mit Reisepaß und Personalausweisen versehen, die ihm Canaris verschafft hat, trifft Kleist am 18. August in London ein und kehrt am 23. August wieder nach Deutschland zurück. Während dieses kurzen Aufenthalts hatte er Gelegenheit, Robert Vansittart, den diplomatischen Chefberater der englischen Regierung, Lord Lloyd und Winston Churchill zu sprechen. Leider mißtraut man in London der deutschen Opposition, da fast alle Staatsmänner die internationale Situation und die Taktik im Vorgehen gegen Hitlerdeutschland gleichermaßen einschätzen: Es geht darum, mit Hitler zu einem Kompromiß zu kommen.

Ein Schreiben Winston Churchills

Winston Churchill ist vom Besuch Herrn von Kleists beeindruckt. So übergibt er ihm am 19. August folgenden Brief:

Sehr geehrter Herr von Kleist!

Mit Ihnen habe ich einen Mann empfangen, der bereit ist, sich mit allen damit verbundenen Risiken für die Erhaltung des Friedens in Europa und für eine dauerhafte Freundschaft zwischen dem französischen, britischen und deutschen Volk im Rahmen der Wahrung der gegenseitigen Interessen einzusetzen.

Ich bin überzeugt, daß ein Überschreiten der tschechischen Grenze durch deutsche Truppen und die deutsche Luftwaffe erneut einen Weltkrieg heraufbeschwören wird. Ich bin wie Ende Juli 1914 sicher, daß England mit Frankreich marschieren wird und es ist klar, daß die Vereinigten Staaten entschlossene Nazigegner sind. Für Demokraten ist es schwierig, ruhig Blut zu behalten und sich auf eine bestimmte Politik festzulegen, aber die Vorstellung, daß Deutschland ein kleines Nachbarland angreift, was blutige Kämpfe zur Folge hat, würde im ganzen britischen Empire Empörung wachrufen und folgenschwere Entscheidungen nach sich ziehen.

Ich bitte Sie, geben Sie sich darüber keiner Täuschung hin! Einmal begonnen, würde ein solcher Krieg bis zum bitteren Ende durchgestanden werden. Man darf nicht nur daran denken, was in den ersten Monaten eines Konflikts geschehen würde, sondern vielmehr daran, in welcher Lage man sich im dritten und vierten Kriegsjahr befinden wird. Es wäre ein Irrtum zu glauben, daß Luftangriffe auf die Zivilbevölkerung, selbst wenn es viele Tote gäbe, das britische Empire daran hindern würden, seine volle militärische Kraft zu entfalten, auch wenn wir sicherlich mehr leiden müssen, als wir das letzte Mal gelitten haben. Durch Anwendung neuer wissenschaftlicher Methoden wird unsere U-Bootwaffe die Vorherrschaft haben und wir werden sowohl die Freiheit der Meere als auch die Unterstützung des größeren Teils der Welt für uns haben. Je mehr Opfer die Luftangriffe anfangs verursachen werden, desto weniger ist der Krieg gutzumachen. Es ist selbstverständlich, daß alle Nationen, die am

Krieg beteiligt sind, dann bis zum Endsieg oder bis zum Tode kämpfen werden.

Da ich gedacht habe, daß es gut wäre, wenn Sie eine klare Botschaft von mir in Händen haben, um sie ihren deutschen Freunden mitzuteilen, die die Erhaltung des Friedens wünschen und ihre Hoffnungen auf ein großes Europa setzen, in dem England, Frankreich und Deutschland zum Wohl der arbeitsamen Bevölkerung zusammenwirken, habe ich mich an Lord Halifax gewandt. Seine Exzellenz hat mich gebeten, Ihnen in seinem Namen zu erklären, daß der Standpunkt der Regierung Seiner Majestät, was die Tschechoslowakei betrifft, in der Rede des Premierministers vom 24. März 1938 vor dem Unterhaus dargelegt wurde. Diese Rede muß im ganzen gelesen werden und ich bin nicht befugt, auszugsweise einzelne Sätze daraus zu zitieren. Ich weise Sie aber auf die Schlußpassage hin, die sich darauf bezieht...

Wenn Frieden und Krieg auf dem Spiel stehen, werden nicht allein die legalen Verpflichtungen in dieser Hinsicht eingehalten werden, sondern es wäre, wenn es Krieg gäbe, wenig wahrscheinlich, daß er auf die Länder beschränkt bliebe, die diese Verpflichtungen übernommen haben. Es ist absolut unmöglich vorherzusagen, wo er enden würde und welche Regierungen daran teilnehmen würden. Der unerbittliche Zwang der Ereignisse könnte sich kraftvoller auswirken als es alle offiziellen Erklärungen besagen, und in diesem Falle wäre es nicht ausgeschlossen, daß auch andere Nationen – unabhängig von denen, die von Anfang an betroffen sind – sofort in diesen Konflikt mit hineingezogen würden. So ist besonders der Fall naheliegend, daß Großbritannien und Frankreich, die seit längerer Zeit in Freundschaft verbunden und durch ihre Belange eng miteinander verknüpft sind, an den gleichen Idealen der demokratischen Freiheiten festhalten und entschlossen sind, diese zu verteidigen.

Ich bin davon überzeugt, daß eine friedliche Lösung der tschechischen Frage das Terrain für eine Allianz zwischen unseren Ländern, eine Allianz, die auf der Größe und der Freiheit jedes dieser Völker aufgebaut ist, vorbereiten würde...

Kleist übergibt nach Rückkehr nach Berlin den Brief an Canaris und Oster. Fabian von Schlabrendorff erhält den Auftrag, das Schreiben zu fotokopieren und je eine Kopie an Beck und an Canaris auszuhändigen. Das Originalschreiben erhält von Kleist zurück, der es auf seinem Gutshaus in Schmenzin in Pommern gut verwahrt.

Der Besuch von Kleists in London ist nach Meinung Halders wohl nicht ganz umsonst gewesen, aber im Ergebnis unbefriedigend. Er schickt deshalb einen eigenen Vertrauensmann, den pensionierten Oberstleutnant Böhm-Tettelbach, in die englische Hauptstadt. Dieser macht aber auf seine englischen Gastgeber keinen besonderen Eindruck.

Einige Tage später informiert auf Veranlassung von Staatssekretär von Weizsäcker, einem Freund von Canaris, der deutsche Botschaftsrat in London, Theodor Kordt, am 5. September persönlich Lord Halifax, daß der Angriff auf die Tschechoslowakei auf den 1. Oktober festgesetzt sei, und daß die Verschwörer fest zum Handeln entschlossen wären. Die Reaktion von Lord Halifax wissen wir nicht, doch macht sich Chamberlain bereits berechtigte Hoffnung auf eine Zusammenkunft mit Hitler.

Am 14. September gibt der britische Premierminister bekannt, daß er den Führer besuchen werde, »um zu einer friedlichen Lösung der tschechischen Frage zu kommen«.

Canaris war gerade mit Lahousen und einigen Offizieren der Abwehr beim Mittagessen, als er von dieser Neuigkeit erfährt. Der Admiral ist außer sich.

»Stellen Sie sich vor, der macht diesem Menschen einen Besuch!« Er wiederholt es mehrfach und läuft erregt im Zimmer hin und her. Er ruft aus: »Wozu haben wir dann unsere Vertrauensleute nach London geschickt, wenn das das Ergebnis sein soll?«

Unter diesen Umständen ist ein Putsch gegen Hitler unmöglich geworden.

16. DIE TSCHECHOSLOWAKEI MUSS STERBEN

Ein Ausspruch Friedrich des Großen: Angreifer ist der, der seine Gegner dazu zwingt, die Waffen zu ergreifen – geht Canaris im Kopf herum. Die zwei Gespräche Hitlers mit Chamberlain, in Berchtesgaden am 15. September und in Bad Godesberg am 29. September 1938, stellen einen Theatercoup dar. Hitler ist davon berauscht und weit davon entfernt, sich zu einer Änderung seines Vorhabens bereit zu erklären, sich für Verhandlungen zum Erhalt des Friedens bereit zu finden, sondern sie werden seinen Größenwahn noch steigern und ihn dazu verleiten, sich in weitere Abenteuer zu stürzen und die ganze Welt in einen Krieg hineinzuziehen.

Canaris erkennt, daß er sich leider im Widerstandswillen Englands und Frankreichs getäuscht hat. Er muß feststellen, daß England militärisch noch nicht genügend vorbereitet ist und deshalb einen Krieg vermeiden muß, um nicht in die Enge getrieben zu werden und zu Zugeständnissen gezwungen zu sein, die es nicht erfüllen kann. Was Frankreich betrifft, das damals bereits unfähig war, auf die Remilitarisierung des Rheinlands und des Ruhrgebiets zu reagieren, weil es von der Volksfrontregierung geschwächt war, die gegen ihre militärischen Einrichtungen seit der Annexion Österreichs passiven Widerstand entgegensetzte, ist jetzt ebenfalls gezwungen, den Krieg zu verhindern und die Tschechen gegenüber der Hitlerschen Gier im Stich zu lassen. Aber Canaris ist der Meinung, daß Frankreich und England sich auf die Dauer nicht länger passiv verhalten werden und eines Tages zu den Waffen greifen werden. Er sieht diesem Zeitpunkt mit Fatalismus entgegen. Hat ihm nicht General Halder selbst in den letzten Septembertagen gesagt: »Was wollen wir tun? Hitler hat ein unwahrscheinliches Glück! Ihm gelingt alles...« Mehr noch als Halder glaubt.

Ein streng geheimer Bericht

Der Chef der Abwehr hat einige Gründe zu vermuten, daß Hitler wirklich alles gelingen würde. In seinem Schreibtisch liegt nämlich ein bedeutsamer Bericht – Streng geheim –, der die Anzeichen des nahen Todesstoßes gegen die Tschechoslowakei enthält. Dieser Bericht der Abteilung I – Spionage – ist das Resümee aus den bisher unveröffentlichten Nachrichten aus Prag, Paris und London.

Zwei Tage nach dem Gespräch Hitler-Chamberlain in Berchtesgaden hat der tschechoslowakische Präsident Eduard Benesch den französischen Botschafter, Monsieur de Lacroix, rufen lassen und ihm mitgeteilt, daß er nicht mehr in der Lage sei, seine bisherigen Positionen – Bewilligung einer Autonomie des Sudetenlandes innerhalb der tschechischen Staatsrepublik ohne jegliche Grenzkorrekturen – aufrechtzuerhalten. Er müßte sich jetzt Hitler gegenüber nachgiebiger verhalten. Er beabsichtige, auf bestimmte Gebiete* mit überwiegend deutscher Bevölkerung, die eine Fläche von rund achttausend Quadratkilometer und mit fast einer Million Deutscher ausmachen, zu verzichten. Das wäre vielleicht ein Weg, den Streit mit Hitler zu beenden, ohne daß es zu einem tödlichen Schlag gegen den Bestand der Tschechoslowakischen Republik kommen würde. Diese Gebiete lägen vor seinen Befestigungslinien. Auch der englische Botschafter, Mr. Newton, sei zum Präsidenten gerufen worden, er habe ihm dasselbe wie den Franzosen mitgeteilt.

An diesem Tag, dem 17. September, hat Präsident Benesch seinen Gesundheitsminister Jaromir Nečas mit einem Memorandum, die Absicht der Abtretung dieser Gebiete an Hitler betreffend, nach Paris geschickt (der Text liegt dem Bericht in Anlage bei). An das Memorandum war eine Landkarte angefügt, auf der der Präsident Benesch eigenhändig mit Rotstift die Gebiete gekennzeichnet hat, die an das Dritte Reich abgetreten werden sollten.

In Paris ist das Memorandum dem ehemaligen Präsidenten des Staatsrats, Léon Blum, übergeben worden, der es sofort durch M. Blumel, seinen ehemaligen Kabinettschef, an den derzeitigen Staatspräsidenten Eduard Daladier weiterleitete. Daladier soll, wie aus sehr gut informierter Quelle verlautete, äußerst bestürzt gewesen sein, als er davon erfuhr**.

Jaromir Nečas ist anschließend nach London weitergereist und hat in gleichem Sinne beim Foreign Office vorgesprochen.

Somit sind die französische und die englische Regierung über Beneschs Absichten voll unterrichtet und stehen der Absicht der

* Das Gebiet um Eger im Nordwestteil Böhmens, das Gebiet um Reichenberg und Aussig im Nordosten, das Gebiet um Jägerndorf und Troppau, in der Nähe von Glatz, an der schlesischen Grenze.

**Dieses Memorandum – sechsseitig, maschinengeschrieben, mit handschriftlichen Randbemerkungen versehen, doch ohne Unterschrift – schloß mit einem handschriftlichen Nachsatz von Benesch: »Ich bitte Sie sehr darum, diese Absicht auf keinen Fall publik werden zu lassen, sonst sähe ich mich gezwungen, es zu dementieren. Bitte sagen Sie auch nichts davon Osusky (tschechischer Botschafter in Paris), denn er wäre damit nicht einverstanden.«

Nach Kenntnisnahme hebt Daladier die Arme hoch und ruft vor Georges Bonnet ärgerlich aus: »Ach! Wenn Benesch doch mit den sudetendeutschen Führern in dieser großzügigen Weise verhandelt hätte, dann hätte er Erfolg gehabt!«

Gebietsabtretung an das Dritte Reich nicht mehr völlig ablehnend gegenüber.

Oberst Hans Piekenbrock, der Verfasser dieses Berichts, beobachtet seinen Chef, der, mit sorgenvoller Miene die Ellenbogen auf den Schreibtisch gestützt und die Hände vor den Augen, ganz leise zu ihm sagt:

»Mein ›Piki‹, das Problem haben Sie sehr gut umrissen. Wenn Benesch schon bereit ist, eine Million Sudetendeutscher Hitler zu überantworten, dann wird man bei etwas mehr Nachdruck ihn auch zur Abtretung des Gebiets der restlichen zwei Millionen dreihunderttausend Sudetendeutscher veranlassen können. Die Engländer und Franzosen würden erleichtert sein, weil sie gar nicht gewillt sind, die Tschechoslowakei zu retten. ›Piki‹, es handelt sich doch um folgendes: Hitler will nicht nur das Sudetenland ›wiedergewinnen‹, er will die Tschechoslowakei demontieren. Das heißt, es wird einen kroatischen Staat und ein Protektorat geben und beide werden unter der Macht Hitlers stehen... Das ist jetzt unausweichlich. Paris und London müssen sich sagen: Da Benesch selbst zu solch großen Konzessionen bereit ist, sehen wir wirklich nicht ein, warum wir deshalb einen Weltkrieg riskieren sollen...«

Hitler hat freie Hand für den Osten

Canaris hat die Situation richtig erkannt. Nach einer gefährlichen Spannungszeit, die durch die allgemeine Mobilmachung der tschechischen Streitkräfte am 23. September, 22.30 Uhr, hervorgerufen worden war und währenddessen ganz Europa zu den Waffen griff, wird Winston Churchill von dem Ergebnis der Münchener Konferenz vom 29./30. September zu folgendem verächtlichem Ausspruch verleitet:

»Die Regierung Seiner Majestät mußte zwischen Schmach und Krieg wählen. Sie hat die Schande gewählt. Und trotzdem wird es Krieg geben.«

Ebenso wie Churchill denkt auch Canaris.

Die deutschen Generale sehen ihren Putschplan einige Tage vor der beabsichtigten Revolte davonschwimmen und – sicher nicht ohne Groll – salutieren vor dem Mann, der Kriege gewinnt, ohne eine Schlacht zu schlagen.

Das deutsche Volk und ganz Europa fühlen sich von einem Alpdruck befreit und man ist des Glaubens, daß der Friede für lange Zeit gesichert sei. Diese Gefühle drückt Dr. Goebbels während eines Frühstücks Hitler gegenüber am 28. September in folgenden freimütigen Worten aus: »Mein Führer, wenn Sie glauben, daß das deutsche Volk gerne Krieg führt, irren Sie sich. Ich war gestern abend während des Truppenvorbeimarsches unter der Berliner Menschenmenge. Von Enthusiasmus war keine Spur, die Menschen machten auf mich einen mürrischen und furchtsamen Eindruck. Sie wollen keinen Krieg!« Doch Hitler hört nicht hin. Für ihn ist es die Hauptsache, daß Frankreich und England seine Forderungen anerkannt haben, was bedeutet, daß sie stillschweigend einverstanden sind und ihm damit freie Hand für den Osten lassen, unter der Bedingung, daß er auf jegliche Absichten gegenüber den Westmächten verzichtet. Das bedeutet für ihn den Sieg und, wie Canaris sich ausdrückt, den Anfang für die Verwirklichung eines Traumes, den Hitler als »seinen Auftrag« deutet:

Ein »Tausendjähriges Reich« für mehr als einhundertfünfzig Millionen Deutsche im Herzen Europas erstehen zu lassen.

In der Hoffnung bald in Prag einzumarschieren (er rechnet gut), unterzeichnet Hitler am frühen Morgen des 1. Oktober 1938 einen Befehl für General von Brauchitsch, die Gebiete zu besetzen, noch bevor sie von der Tschechoslowakei abgetreten werden. Dann ernennt er Konrad Henlein zum Reichskommissar für die Sudetenländer. Ab 14.00 Uhr überschreitet die Wehrmacht ohne einen Zwischenfall die tschechische Grenze. Mit den vorrückenden Truppen werden durch Spezialabteilungen der Wehrmacht (Abwehr II) Bunker, strategisch wichtige Punkte und alle auf dem Vormarschweg liegenden Verteidigungsanlagen gesprengt. Im Laufe einer Woche wird das gesamte Befestigungssystem der Tschechoslowakei geschleift.

Am 3. Oktober sitzt Major Groscurth, der Abteilungsleiter II, auf einem bequemen Sofa im weiten Salon des »Parkhotels« in Karlsbad. Dort hat General von Reichenau am Vormittag sein Stabsquartier aufgeschlagen. In einem Klubsessel langgestreckt, nachdem er sich einige Flaschen Champagner aus dem Keller des Hotels organisiert hat, brüllt er mit beschwipster Stimme und schaut dabei Groscurth an:

»Welch ein Saustall! Die Nachrichtenverbindungen klappen nicht.

Die Panzerkolonnen kommen seit Stunden nicht mehr weiter, weil die blöden Instandsetzungsdienste nicht nachkommen! Und die Dummköpfe, die den Fall »Grün« ausgearbeitet haben (den Angriffsplan gegen die Tschechoslowakei), waren nicht in der Lage, Versorgungsstellen auszuwählen! Wenn der Feind wüßte, in welch besch... Lage wir uns befinden! Benesch ist blöde, daß er alles mit sich machen läßt... !«

Major Helmuth Groscurth beobachtet den General von Reichenau, der einer der wenigen Mitglieder des Generalstabs ist, der Nazi ist. Ob es die Wirkung des Alkohols ist? Reichenau tönt weiter:

»Mit einem alten Schießeisen hätte jeder beliebige tschechische Bauer unsere Armee aufhalten können! Wenn man bedenkt, daß die Tschechen innerhalb eines Jahres eine Armee von siebenhundertfünfzigtausend Mann mobilisieren konnten und daß sie eine Luftwaffe mit eintausenddreihundertsechzig Flugzeugen haben... Es ist unglaublich, daß sie alles mit sich haben machen lassen!«

Major Groscurth bleibt still. General Reichenau wundert das nicht, weil er ihn kennt und weiß, daß er auch nach mehreren Gläsern Champagner schweigsam bleibt. Groscurth ist ebenso wie Reichenau erstaunt, aber aus anderen Gründen! Er ist eben durch das Sudetengebiet gefahren, kurz nachdem die ersten Einheiten der Wehrmacht die Grenze überschritten. Nicht die Unordnung bei der Wehrmacht beschäftigt ihn, sondern das Verhalten von Himmlers Spezialeinheiten, den »SS-Kommandos«*, die im Gefechtsstreifen der 4. Division operieren. Er findet es skandalös. Im Bericht, den er für Admiral Canaris zusammenschreibt, meldet er:

»Im Abschnitt der 4. Division hat die SS-Standarte ›Germania‹ in viehischster Weise gehaust und gemordet... Ich habe ein unglückliches Mädchen gesehen, das von einer Bande dieser Strolche neunmal vergewaltigt worden ist. Ihr Vater wurde ermordet, die Mutter in einen Keller gesperrt und ihrem traurigen Schicksal überlassen. Ohne Zweifel handelt es sich um ein tschechisches Mädchen. Es besteht aber auch kein Zweifel darüber, daß diese SS-Soldaten glauben, was in unseren Zeitungen über die von den Tschechen

* Diese neu aufgestellten »SS-Kommandos« wurden zum ersten Mal eingesetzt. Aus diesen gingen die berüchtigten »Einsatzkommandos« des SD hervor, die im rückwärtigen Kampfgebiet der Wehrmacht in Polen, auf dem Balkan und besonders in Rußland eingesetzt wurden und mit ihren verbrecherischen und sadistischen »Säuberungsaktionen« Terror über die gesamte Zivilbevölkerung verbreiteten.

begangenen Grausamkeiten an unseren sudetendeutschen Volksgenossen steht. Trotzdem ist dies keinerlei Grund, den elterlichen Bauernhof anzuzünden. Diese Übergriffe sind unentschuldbar, auch wenn dieser Bauernhof einer sudetendeutschen Familie abgenommen worden ist, die jetzt obdachlos ist.«

Während von Reichenau eine neue Flasche Champagner leert und sich leise mit einem der Offiziere seines Stabes bespricht, der ihm verschiedene Schreiben zur Unterschrift vorlegte, überdenkt Groscurth noch einmal die Ereignisse des Nachmittags. Zunächst hatte er Besuch bei der Frau von Konrad Henlein, dem Leiter der Sudetendeutschen Partei, gemacht, die er sehr unruhig und besorgt antraf. Sie fürchtete um das Leben ihres Mannes: »Sie versuchen alles, um ihn loszuwerden«, erzählte sie Groscurth. »Er hat bei der Gestapo ebenso viele Feinde wie bei den Tschechen. Heydrich haßt ihn besonders. Er neidet ihm seinen hiesigen Einfluß. Ich habe Angst...«

Der Abwehrmajor glaubte zunächst, sie würde übertreiben. Doch als er in Eger, der alten Sudetenstadt, ankam, wo er mit dem Vertreter Henleins, Karl Hermann Frank zusammentraf, erzählt ihm dieser ebenfalls von der hinterhältigen Hetze gegen seinen Chef. Dann beklagte er sich heftig über die Gestapo, die Massenverhaftungen unter der örtlichen Zivilbevölkerung vorgenommen habe, »um den Reichsdeutschen die Einwanderung und die Besetzung freier Stellen zu ermöglichen, nicht nur solche, die von den Tschechen, sondern auch von Sudetendeutschen besetzt waren«. Und Frank fügte hinzu:

»Glauben Sie mir, wir sind zu der Auffassung gekommen, daß der Kampf, den wir um unsere Freiheit gegen die Tschechen geführt haben, nichts gegenüber dem ist, was uns jetzt erwartet, um unsere eigene Lage und unsere Heimaterde gegen die Reichsdeutschen zu behaupten.«

Bevor Helmuth Groscurth nach Karlsbad zu General von Reichenau zurückfuhr, schrieb er in sein Tagebuch ein: »Von Eger Weiterfahrt nach Marienbad. Dort Rücksprache mit dem Kommandierenden General, dem Chef des Stabes und Oberstleutnant Köhler vom Gruppenkommando XIII*. Es herrschte beträchtliche Aufregung,

* Eine der Sondereinheiten der Abwehr bildeten Kampftrupps (K-Truppe), die unter der Führung von Major Theodor von Hippel von der Abteilung II der Abwehr standen.

weil die Gestapo bereits anfing mit umfangreichen Verhaftungen von Leuten der SdP (Sudetendeutsche Partei). Auch in Eger hatten wir von Frank gehört, daß Schwierigkeiten entstanden seien. Frank hatte kurzerhand zwei Leute festgesetzt, die im Auftrag des SD gegen Henlein noch in den letzten Tagen gehetzt hatten. Auf Empfehlung des Kommandierenden Generals XIII. Armeekorps fand eine Besprechung mit dem Kreisleiter Senator Frank statt, einem ehemaligen österreichischen Generalstabsoffizier. Dieser sprach sich in den heftigsten Worten gegen die Verhaftungen seitens der Gestapo aus. Es sollen bereits zweihundert Verhaftungen erfolgt sein. Senator Frank sprach von den ›Lausbuben‹ der Gestapo, die ihm alles zerschlügen... Senator Frank teilte weiter mit, daß auch innerhalb des Freikorps eine Aufbruch-Clique gebildet sei, die stark gegen Henlein hetzt. Er schilderte weiter, daß ein infamer Machtkampf bereits jetzt ausgebrochen sei.« Es sei unerläßlich, dies dem Oberbefehlshaber General von Reichenau und seinem Chef des Stabes in Karlsbad vorzutragen.

»Ich finde den Führer genial«

Im Salon des »Parkhotels« überlegt sich Groscurth, ob er Reichenau von seiner Reise berichten soll oder nicht? Der Offizier des Stabes ist weggegangen, Groscurth ist mit dem General allein. Dieser öffnet eine neue Flasche Champagner. Bevor der Abwehrmajor sich zum Sprechen entschließt, stimmt General von Reichenau eines seiner Lieblingslieder an, weshalb Groscurth klugerweise schweigt. Dann meint der Oberbefehlshaber:

»Wenn man so alles überdenkt, Groscurth! Die Tschechoslowakei am Boden, ohne daß ein einziger Schuß gefallen ist! Es ist nicht überraschend, wenn ich nach allem, was geschehen ist, unseren Führer als genial ansehe! Er kennt keine Angst, auch nicht wenn der hohe Einsatz im Spiel ihn dazu verleiten würde, ungeachtet ob er verlöre, Krieg gegen die Westmächte zu führen. Glauben Sie, Groscurth, wenn unser Führer ein Pokerspieler wäre, könnte er jeden Abend Zehntausende von Mark gewinnen!«

Er leert ein Glas Champagner und bricht in helles Gelächter aus und sagt: ...»Aber es ist ein Spiel mit hohem Einsatz. Wirklich! Aber die Partie hat erst begonnen. Ich will Ihnen ein Geheimnis anvertrauen: In allernächster Zeit wird der Führer die ganze Tschechei liquidieren, nicht nur das Sudetenland. Nein! Die ganze Tschechei! Und das ist noch nicht alles. Nur etwas Geduld! Es wird nicht lange dauern, dann werden Sie feststellen, daß der Führer zu ganz großen Dingen fähig ist. Nicht nur hier...!«

Reichenaus Gesicht wurde feierlich, er rückt sich sein Monokel im rechten Auge zurecht und fixiert den Abwehrmajor, wie wenn er sich mit dem Gesagten großtun wollte. Groscurth wagt den Gedanken auszusprechen, daß sich die Politik Hitlers im Augenblick darauf beschränke, die Volksgenossen deutscher Abstammung ins Reich heimzuführen und fügt hinzu: ...»Was die Rest-Tschechei, das heißt Böhmen und Mähren, anbelangt, von der Slowakei gar nicht zu sprechen, das ist ein anderes Paar Schuhe! Man darf nicht vergessen, daß die Integrität der Rest-Tschechei durch das Münchener Abkommen garantiert worden ist. Und dieses Mal könnten die westlichen Demokratien auf eine aggressive Handlung des Dritten Reiches sehr viel schärfer reagieren.«

Doch Reichenau, mit rotem Gesicht, unterbricht ihn und meint: ...»Dazu sind sie nicht fähig! Soll ich Ihnen sagen, was der Führer über Chamberlain und Daladier denkt? Chamberlain sei nur ein alter Knacker, den der Führer glatt in die Tasche stecke, und Daladier sei nichts anderes als ein kleiner Bäckermeister*.«

General von Reichenau hebt den Kopf, scheint nachzudenken und fährt fort: »Ich weiß das alles. Ich bin Optimist. Ich hasse den Krieg. Aber es wird keinen geben. Sie können es mir glauben, Groscurth!«

Major Groscurth merkt, daß es noch nicht der richtige Zeitpunkt wäre, die Angelegenheit über die Behandlung der Tschechen durch die Gestapo und die Ausschreitungen gegen die Sudetendeutschen, die er dem General melden wollte, vorzubringen.

Nach Berlin zurückgekehrt, teilt Major Groscurth Admiral Canaris seine Eindrücke mit, der selbst erst mit Oster von einer Fahrt durch die annektierten Gebiete des Sudetenlandes zurückgekommen war. Der Admiral ist schlecht gelaunt, enttäuscht, pessimistisch wie noch nie. Die Ellenbogen auf den Schreibtisch gestützt, schaut er seine Mitarbeiter Groscurth, »Piki«, Oster, Lahousen, Bürkner und Jenke traurig an und erklärt in kaum wahrnehmbarem Ton:

* Als Groscurth später davon Canaris und Oster und einigen höheren Offizieren der Abwehr erzählt, meint Canaris: »So spricht ein Malergeselle von einem Bäckermeister.«

»Hitler hat die ganze Welt geblufft... Dadurch daß Chamberlain keinerlei Risiko auf sich nehmen wollte und den Worten Hitlers Glauben schenkte und er sich sicher fühlte, den Frieden zu retten, wenn er die Hitlerschen Forderungen akzeptieren würde, hat er den unvermeidlichen Krieg verursacht. Was sich vorgestern am 9. Oktober zugetragen hat, ist charakteristisch: Währenddessen der britische Premierminister in London erneut darauf hinwies, ›daß eine neue Ära des Friedens und der guten Beziehungen in Europa‹ angebrochen sei, erklärte Hitler in Saarbrücken: ›Es würde gut sein, wenn man in Großbritannien allmählich gewisse Allüren der Versailler Epoche ablegen würde. Gouvernantenhafte Bevormundung vertragen wir nicht mehr! Erkundigungen britischer Politiker über das Schicksal von Deutschen oder von Reichsangehörigen innerhalb der Grenzen des Reichs sind nicht am Platz...‹ Hitler ist berauscht bei dem Gedanken, daß er bald die ganze Welt beherrschen würde. Er zögert nicht Chamberlain herauszufordern: ›...Wir möchten alle diesen Herren den Rat geben, sich mit ihren eigenen Problemen zu beschäftigen und uns in Ruhe zu lassen!‹

Aus englischer Quelle kann ich Ihnen die Reaktion des britischen Premiers sagen. Sie ist verblüffend. Als Chamberlain von der Rede Hitlers erfuhr, erklärte er kurz und bündig Sir Horace, daß sie sich auf festem Boden befänden, denn Hitler habe ihm sein Wort gegeben und er vertraue ihm. Er und Hitler hätten den Frieden in Europa gesichert. Trotz des Respekts, den ich Chamberlain entgegenbringe, behaupte ich: dieser Mann ist verrückt oder altersschwach. Warum erkennt er nicht, daß die Sudetensache für Hitler nur eine Etappe vor dem Tod der ganzen Tschechoslowakei ist? Er weiß doch, daß Hitler während er wutentbrannt vom Münchener Abkommen und der Rolle Chamberlains sprach, ausrief: ›Dieses Kamel hat mich daran gehindert, in Prag einzuziehen!‹«

Was kann man gegen Hitler unternehmen?

Der Admiral schweigt. Die Zukunft sieht trübe aus... In einigen Monaten, in einem Jahr spätestens, wird es Krieg geben, den Zweiten Weltkrieg... Kann man ihn noch aufhalten? Wie wenn er auf diese unausgesprochenen Gedanken eine Antwort geben wollte, ergreift Canaris das Wort:

»Das deutsche Volk will keinen Krieg. Und sogar die entschiedendsten Gegner Hitlers sehen im Augenblick keine Möglichkeit mehr, sich seiner zu entledigen...«

»Wir müssen wieder bei Null anfangen«, sagt Oster erregt.

»Ja...aber mit wem? Das Vertrauen der militärischen Führer zur Regierung ist ernstlich erschüttert, weil Hitler die Kraft der Wehrmacht überschätzt und weil früher oder später diese Fehleinschätzung Deutschland in die Katastrophe stürzen wird. Und was dann? Beim Oberkommando der Wehrmacht und des Heeres oder anderswo haben sie ihre Meinung nicht geändert, sondern sie sind alle in eine gleichgültige Resignation verfallen. Auch wir resignieren..., auch wenn es mit Wut und Empörung geschieht. Die Offiziere und Soldaten sind einer wahren Erfolgspsychose wehrlos ausgesetzt, Sie konnten es im Sudetenland feststellen. Die Tatsache, daß das Ausland nicht eingegriffen, sondern alles gutgeheißen hat, hat die Position Hitlers in der Wehrmacht in unvorstellbarem Maße gestärkt. Nein, meine Herren, glauben Sie mir, die Gelegenheit, den »Emil«, wie Oster sagt, zu beseitigen, ist verpaßt. Denn wenn es zu einem ähnlichen Putsch wie den Kapp-Putsch kommen sollte, dann würde ein furchtbarer Bürgerkrieg Deutschlands Existenz gefährden. Wir haben einen Tunnel betreten, der eine plötzliche Biegung macht und wir deshalb das Licht am Tunnelausgang nicht sehen können...«

Hitler besichtigt die tschechischen Befestigungswerke

Am Tage nach dieser deprimierenden Besprechung, fährt Major Groscurth mit dem Zug nach Karlsbad, wo er sich mit Konrad Henlein treffen soll. Kaum dort angekommen, erfährt er, daß der Führer sich entschlossen habe, sich erneut auf sudetendeutsches Gebiet zu begeben, diesmal zur Besichtigung der tschechischen Grenzbefestigungen gegenüber Österreich im Grenzstreifen nördlich von Linz. Am 16. Oktober begleitet Groscurth Henlein nach Linz.

Am nächsten Tag schließen sie sich Hitler und dem General von Leeb, dem Kommandierenden General des dortigen Bereichs, an, die in einer Wagenkolonne nach Norden in Richtung Böhmisch-Krumau unterwegs sind. Endlich halten sie bei einem kleinen Dorfwirtshaus zur Einnahme des Mittagsessens. Groscurth ißt an der Tafel des Führers, an dessen Seite Konrad Henlein, von Seyss-

Inquart, der Gauleiter von Österreich, die Generale Ritter von Leeb und Ritter von Schobert, eine Anzahl Offiziere der Wehrmacht und der SS, darunter SS-Obergruppenführer Brückner. Das Essen ist mehr als einfach: Schinken, Wurst, gekochte Kartoffeln und Kuchen. Bier wird in Anwesenheit Hitlers bewußt sehr mäßig getrunken, der Führer trinkt Limonade und ißt etwas Haferflockensuppe und eine Wiener Cremeschnitte. An diesem Tage ist Hitler in einer eigenartigen Gemütsverfassung, bald schimpft er heftig auf Chamberlain und die Engländer, bald ergeht er sich in Begeisterung, wenn er von den Siegen schwärmt, die er in Zukunft über sie davontragen werde.

In seinen wertvollen Tagebuchaufzeichnungen ist bei Major Groscurth vom gleichen Abend folgendes zu lesen:

»Der Führer hielt gleich nach Beginn des Essens einen langen Vortrag über die politische Lage. Mit lauter Stimme berichtete er über die letzte Entwicklung und über die Möglichkeiten, die sich in der Zukunft ergäben. Die Leute aus den Nebenzimmern, einschließlich der Chauffeure, traten in die offene Tür und hörten sich diesen Vortrag mit gespitzten Ohren an; ebenso konnte die Zivilbevölkerung des Gasthofes sich alles anhören. Die Art und Weise des Vortrages, die laute heftige Stimme und die lebhaften Gesten, ferner der wilde Blick des Führers berührten mich in jeder Weise unsympathisch, und ich teile keineswegs die Ansicht der Leute, die immer von der Person des Führers fasziniert sind. Der Inhalt des Vortrages war in höchstem Maße gefährlich.«

Hitler ging nicht auf Einzelheiten ein, sondern erging sich nur in wüsten Drohungen gegen »die Feinde des Nationalsozialismus und des Dritten Reichs«. Feind Nummer eins ist England. »Die Engländer«, so sagt er, »immer die Engländer sind es, die mich kritisieren. Sie sind schlappe Hunde, dekadent, und werden von degenerierten, schwachen Aristokraten oder alten Narren wie Chamberlain einer ist, geführt. Dennoch wagen sie es, sich ihm in den Weg zu stellen. Ich lasse es mir nicht mehr länger gefallen! Ich werde sie angreifen und vernichten! Die Franzosen auch! Diese lateinischen Hunde... Parasiten! Alle Politiker in Frankreich sind bestechlich, welche politische Richtung sie auch haben mögen! Verjudetes Gesindel! Sie werden zerstampft, ausgerottet, wenn sie jemals wagen sollten, sich mir in den Weg zu stellen!«

Eigenartigerweise wendet sich Hitler sodann mit seinen Angriffen den Ungarn zu, die im Grunde genommen Verbündete der Deutschen und selbstverständlich auch des faschistischen Italiens sind. Doch Hitler hat als geborener Österreicher die Antipathie vieler Österreicher gegen die ungarischen Nachbarn geerbt. Zweifellos ist dieses angeborene Vorurteil während der Sudetenkrise durch das zaghafte Verhalten Ungarns verschlimmert worden. Man warf ihnen vor, sie hätten gegen die Tschechoslowakei nur zögernd Stellung bezogen. Einige Monate früher hatte Hitler anläßlich des Staatsbesuchs von Admiral Horthy, dem ungarischen Reichsverweser, ihn seine Absichten wissen lassen und gesagt: »Wer mittafeln will, muß auch mitkochen!«

»Schlappe Hunde, Schweine, slawische Schwächlinge«, so beschimpfte sie Hitler und erklärt seinen verblüfften Zuhörern, daß er es nicht versäumen würde, die Ungarn zu zwingen, wenn sie nicht das Glück hätten, unter dem Schutz seines Freundes Mussolini zu sein.

Dann fährt er fort: »Die Polen sind ebenfalls Slawen. Aber sie sind ein völlig anderes Volk. Ich bewundere die Polen. Ich vergleiche sie mit dem großen Volk der Jugoslawen. Sie haben vor nichts Angst. Ich verstehe mich mit den Polen. Ich werde meinem Freund Lipski (den polnischen Außenminister) kundtun, daß er auf mich rechnen kann.«

Groscurth beugt sich zu seinem Nachbarn, dem Major Günther Blumentritt, und flüstert ihm zu: »Also dieses Jahr noch kein Krieg mit Polen!«

Dann erhebt sich Hitler hastig und begibt sich an seinen Wagen. Die Autokolonne setzt sich wieder in Bewegung und man fährt zu einem Gut des Fürsten Schwarzenberg. Es war vorgesehen, daß die kleine Gruppe einen hohen Turm im Schwarzenbergschen Park besteigen sollte, von wo aus man eine besonders schöne Aussicht auf die bewaldeten Hänge des Böhmerwaldes hat. Leider fiel Nebel ein, als die Kolonne dort ankam. Die Stimmung des Führers änderte sich plötzlich, er ist schweigsam. Er schaut den Turm hoch, fröstelt etwas und geht an sein Auto zurück.

»Ich habe mich entschlossen, die ganze Tschechoslowakei einzugliedern«

Zwei Tage später ist Hitler wieder unterwegs, diesmal nach Mähren. Dort will der Führer die alten tschechischen Befestigungen besuchen, die sich von der deutschen Grenze an den Steilhängen der böhmischen Berge bis zur polnischen Grenze entlangziehen. Für diese Besichtigung brachte ein Sonderzug aus Berlin etwa fünfzig Generalstabsoffiziere, darunter auch die Generale Keitel und von Brauchitsch. Die Besichtigung der Befestigungswerke findet am Vormittag unter der Führung und Leitung von Oberst im Generalstab Warlimont statt. Hitler ist von der Besichtigung stark beeindruckt, doch sollte seine Reaktion später eigenartig sein.

Als sich die Militärs wieder in einem kleinen Landgasthof zum Essen zusammenfinden, entwickelt und verbreitet sich Hitler über die Grundsätze seiner Politik.

Er sagt, er sei in München getäuscht worden. Man habe alles getan, seine Empfindsamkeit und sein Gefühl zu beeinflussen und habe damit Erfolg gehabt. Das deutsche Volk selbst habe dabei mitgeholfen, indem es auf die Heucheleien der Westmächte hereingefallen ist und »seine schwachen Seiten des Humanitätsgefühls« wachgerufen habe. Er fährt fort: »Ich versichere Ihnen, jetzt sehe ich die Dinge klarer. Ich war töricht, daß ich es geschehen ließ. Das war ein Augenblick der Schwäche. Das eindringliche Bitten Chamberlains, die Befürchtungen des deutschen Volkes, die Bedenken meiner Generale... ich habe nachgegeben. Aber damit ist es jetzt vorbei. Ich komme auf meinen anfänglichen Plan zurück und bin entschlossen, die ganze Tschechoslowakei in das deutsche Reichsgebiet einzugliedern. Und zwar sofort!«

Die Zuhörer sind wie versteinert.

Ein Canaris nahestehender Offizier hat Worte des Führers in einer Notiz festgehalten. Danach ist er der Überzeugung gewesen, daß die Aktion Tschechoslowakei weder eine Mobilisierung der Wehrmacht noch viel Zeit und Kosten benötige. Um Böhmen und Mähren einzuverleiben, brauchte Hitler die Armee nicht. Alles werde auf politischer Ebene – die vorbereitenden Maßnahmen seien bereits getroffen – erledigt werden. Zu Keitel und Rundstedt gewandt sagt Hitler: »Sie haben nichts anderes zu tun als nur an den Führer zu glauben und die Wehrmacht einsatzbereit zu halten. Vertrauen Sie auf mich. Das, worüber wir sprechen, wird keinen Krieg auslösen. Ich kenne jetzt meine Gegner genau. Sie werden deshalb nicht in den Krieg eintreten. Ich bitte Sie nur dafür zu sorgen, daß die Einsatzbereitschaft der Streitkräfte sichergestellt bleibt. Keine Mobilisierung, keine unnötigen Verteidigungsmaßnahmen. Es mag sein, daß die

Tschechen entrüstet schreien werden, wir werden ihre Alarmrufe ersticken, bevor sie ihnen aus der Kehle fahren. Und wer würde ihnen schon zu Hilfe kommen?!«

Der Abwehroffizier und Warlimont empfehlen sich bald heimlich aus dem Gasthof und schlendern in der schwach scheinenden Sonne durch die vom Regen völlig aufgeweichte Dorfstraße. General von Rundstedt, der Kommandierende General des Abschnitts, schließt sich ihnen ein kurzes Stück an. Die drei Offiziere gehen schweigend dahin, denn sie sind von dem eben Gehörten völlig niedergeschlagen. Der General begibt sich zu seinem Wagen und der Offizier der Abwehr schaut ihm lange nach. Er erinnert sich, daß ihm Admiral Canaris die Auffassung Rundstedts erzählt hat, als die Wehrmacht in das Sudetenland einmarschierte: »Es wird ein böses Ende nehmen, Canaris, wie lange soll diese Komödie noch dauern?« Der Abwehrchef habe dazu geschwiegen, doch Groscurth gegenüber hat Canaris später gesagt:

»Ich hatte große Lust ihm zu antworten: Wenn Sie das wahre Wesen des Nationalsozialismus und das geringe Format der schwachen westlichen Politiker berücksichtigen, dann wird diese Komödie viel länger dauern als Sie denken! Aber er wollte mir nicht glauben...«

Die Verschwörungsabsichten gegen Hitler sind auf dem Tiefpunkt angelangt. General Halder steht immer noch unter dem Eindruck des Überraschungserfolges der Kapitulation der Westmächte in München und ist mehr denn je zur Vorsicht geneigt. Er ist nicht bereit, an vorbereitenden Besprechungen teilzunehmen und will nichts unternehmen, solange England und Frankreich nicht tatsächlich eingeschritten sind. Er verspricht, sich an die Spitze eines Putsches zu stellen, »wenn der Krieg erklärt« sei. Doch zu Canaris sagt er: »Ich bin davon überzeugt, daß sich Hitler genau an die Geheimabmachungen, die vorab mit London und Paris beschlossen wurden, hält.« Auch Staatssekretär von Weizsäcker ist mutlos geworden und meint zu Canaris: »Das Barometer steht auf Frieden, auch im Osten.« Dr. Schacht, ein Anhänger der Auffassung, daß Hitler sofort bei Beginn des Staatsstreichs zu verhaften sei, um den Frieden zu retten, redet wohl, tut aber nichts. Goerdeler setzt seine Agitation fieberhaft fort, doch seine Wirkung ist gleich Null. Bei General Beck sieht man nicht klar. Oster, unter den skeptischen Augen von Canaris, sammelt Dokumente und Beweisstücke, um nachzuweisen, daß Großbritannien und Frankreich gemäß ihrer Münchener Verpflichtungen den Bestand der Rest-Tschechei zu garantieren, sich dieses Mal mit aller Macht den Versuchen Hitlers widersetzen müssen, die Tschechei in die Hand zu bekommen.

Die Hitlersche »Eingebung« sollte wieder einmal Triumphe feiern. Mit teuflischer und draufgängerischer Gerissenheit wird er den Tschechen den Todesstoß versetzen, ohne daß die Westmächte trotz der Warnungen der Nazigegner, nur einen Finger rühren.

Wer hat die Engländer unterrichtet?

Am 11. März 1939 führt der Leiter des britischen Geheimdienstes ein Telefongespräch mit Sir Alexander Cadogan, dem Ständigen Unterstaatssekretär des Foreign Office, der ihn bittet, sofort zu ihm zu kommen. Die beiden treffen sich im Auswärtigen Amt. Der Chef des Geheimdienstes übergibt dem Unterstaatssekretär einen entschlüsselten Spruch folgenden Inhalts:

Am 15. März sechs Uhr wird die deutsche Wehrmacht in Böhmen und in Mähren eindringen. Mit dem Ziel Verwirrung zu stiften – es ist ratsam, es nicht mit der Hauptoperation zu verwechseln – werden irreguläre Truppen einige Stunden vorher die Grenze überschreiten. Ein befristetes Ultimatum wird an die zivilen Machthaber und den Befehlshaber der tschechischen Armee gestellt werden, mit der Aufforderung, die Waffen niederzulegen, die tschechischen Flugzeuge auf den Flugplätzen abzustellen und die Truppen in den Kasernen festzuhalten. Die Übergabe des Ultimatums wird erst in letzter Minute erfolgen. Das Wichtigste wird der Überraschungsmoment der Aktion sein.

Man hat behauptet, daß diese Nachricht aus Deutschland gekommen sei. Aber kam sie nicht vielleicht aus Prag selbst? Erich Kordt bemerkt in seinem Tagebuch, daß Oster die Mitteilung an die Briten weitergab. Dafür liegt aber keinerlei Bestätigung vor, wenn es auch möglich erscheinen mag. Jedenfalls steht fest, daß, falls Oster der Absender gewesen sein sollte, es ohne Kenntnis von Canaris geschah. Da der britische Geheimdienst über den Verfasser obigen Textes keinerlei vertrauliche Auskunft gab, bleibt man über den Absender im ungewissen.

Wir stellen fest, daß die englische Reaktion darauf gleich Null ist.

Sir Alexander Cadogan schreibt später in seinem Tagebuch, die Nachricht sei so gewesen, wie wenn man ein Pferd vom Schwanz her aufzäumte. Aber was sollte das alles? Er zeigte die Mitteilung dem Außenminister und dem Premierminister. Und wie reagierten diese? Es fällt ihnen gar nicht ein, deshalb das Kabinett zwecks Unterrichtung einzuberufen oder mit ihren engsten Beratern die Sachlage zu besprechen...Wait and see! Abwarten und sehen was kommt. Dies mag unglaubhaft klingen, leider ist es wahr.

Die Franzosen wurden durch ihren Luftwaffen-Attaché in Berlin, den Capitaine Stehlin, benachrichtigt. Er habe soeben im eigenen Flugzeug das Gebiet zwischen Dresden und der Tschechoslowakei überflogen und beobachten können, daß große Truppenkolonnen auf dem Marsch in Richtung Böhmen wären. Die Reaktion der Franzosen war auch nicht anders als die der Engländer.

Auf welche Weise werden die Tschechen vorgewarnt?

Ebenfalls am 11. März 1939, um sieben Uhr morgens, sitzt ein mittelgroßer Mann mit kurzem preußischem Haarschnitt und ebensolchem preußischen Auftreten, mit grauem Übermantel in der Bahnhofswirtschaft des tschechoslowakischen Ortes Turnov vor einer Tasse Kaffee. Der Wartesaal ist mit Reisenden überfüllt. Im Lärm der Unterhaltungen ruft der Bahnhofsbeamte dazwischen: »Schnellzug nach Prag fährt in Kürze ab!« Die Reisenden drängen sich durch die Fahrkartensperre und streben dem Bahnsteig zu. Ein anderer Zug fährt ein, eine neue Menschenmenge drängt in die Bahnhofswirtschaft. Der mittelgroße Mann im grauen Übermantel ist sichtlich unruhig. Immer wieder schaut er um sich herum, erhebt sich plötzlich und geht auf einen hageren, lebhaften Mann mit stechenden Augen und typisch militärischer Haltung, die auch die schwere Pelzjoppe nicht verbergen kann, zu, der eben zur Tür hereinkommt. Sie geben sich schweigend die Hand und verlassen die Bahnhofsgaststätte.

Als sie in ein Auto vom Typ Tatra einsteigen, das mit laufendem Motor auf sie wartet, sagt der mittelgroße Mann im grauen Übermantel zu seinem Begleiter:

»Hauptmann Fryc, das ist schön, daß Sie gekommen sind. Heute kann ich Ihnen etwas besonders Wichtiges sagen... Es ist dramatisch für Sie.«

»Mein lieber Steinberg, jedes Mal wenn wir uns treffen, haben Sie mir sehr wichtige Dinge zu sagen.«

Hauptmann Fryc, eines der Asse vom tschechischen Geheimdienst des Oberstleutnant Moravets, öffnet die Wagentür und setzt sich Paul-Hans Steinberg, alias »Voral«, gegenüber, von dem er wenig mehr weiß, als daß er Deutscher ist und bei der deutschen Abwehrstelle in Dresden arbeitet... Und daß er dem tschechischen Geheimdienst seit zwei Jahren die sensationellsten Nachrichten liefert, die sich stets als echt erwiesen haben. Dieser Agent wird als »A-54« in der Kartei des tschechischen Geheimdienstes geführt. Bis zum Eingang einer neuen Order werden wir von Steinberg-Voral unter diesem Decknamen sprechen.

Das Kraftfahrzeug fährt in Richtung Prag ab.

»Was gibt es denn Neues?« fragt der tschechische Offizier ungeduldig.

»In Berlin ist die endgültige Entscheidung gefallen. Am 15. März um sechs Uhr tritt die Wehrmacht auf Prag an. Hitler hat entschieden, daß von diesem Tag an die Tschechoslowakei zu existieren aufgehört haben wird. Böhmen und Mähren werden unter ein Protektorat gestellt, die Slowakei wird zum selbständigen Staat ausgerufen.«

Hauptmann Fryc ist einer Ohnmacht nahe, nur mit Mühe kann er noch atmen. Er ist sicher, daß A-54 die Wahrheit sagt.

Auf dem Weg nach Prag hält das Auto vor der geheimen Wohnung in Brenow, Haus Nr. 4 der Straße U Prvni Batterie, die dem tschechischen Nachrichtendienst gehört. Dort wird A-54 von mehreren tschechischen Offizieren, unter anderem vom Leiter der Abteilung »Operationelle Planung« des tschechischen Nachrichtendienstes befragt. Alle von ihm preisgegebenen Einzelheiten klingen überzeugend. Er ist über die kommenden Ereignisse so gut unterrichtet, daß er sogar die vorbereitenden Maßnahmen bis zum 15. März im einzelnen darlegen kann. Außerdem teilt er ihnen mit, daß ab 13. März in den Gebieten um Brünn, Iglau und in anderen Orten mit deutschen Minderheiten, Unruhen ausbrechen werden*. Zum Schluß der Befragung faßt A-54 seine mündlichen Erklärungen nochmals schriftlich zusammen, dann bringt man ihn weiter nach Prag.

* Diese Informationen bestätigen sich: Am 13. März überfallen sechshundert Deutsche die Gendarmerieposten von Stonarov bei Iglau. In Brünn und Iglau selbst brechen Unruhen aus.

Die Offiziere des tschechischen Geheimdienstes sind sprachlos. Demnach wird also das Todesurteil für die Zweite Tschechoslowakische Republik bald gesprochen sein. Was ist zu veranlassen? Doch trotz dieser gründlichen Befragung steht noch eine Frage offen, auf deren Beantwortung die tschechischen Offiziere noch vierundzwanzig Stunden warten müssen:

Wer ist dieser außergewöhnliche A-54?

Wer nicht hören will, stellt sich taub...

Oberstleutnant František Moravets, der bereits durch Angehörige des französischen zweiten Büros (Spionage) über die deutschen Vorbereitungen informiert ist, kommt die Nachricht des A-54 nicht ganz überraschend. Aber die sehr kurze Frist bis zum Eintritt dieser Katastrophe zwingt ihn zu sofortigem Handeln. Geradewegs begibt er sich in das Palais Kolovratsky, den Sitz der Regierung. In seiner Begleitung ist der Chef des Generalstabs Bohuslav Fiala, den er bereits vertraulich unterrichtet hat. Über diese Demarche liegt eine schriftliche Aussage von Oberst Frantisek Moravets* vor: »Wir begaben uns am selben Tag, an dem A-54 in Prag eingetroffen war, zum Ministerrat. Das Eintreffen des verabredeten Telegramms, das uns bestätigen sollte, daß die Wehrmacht, einschließlich Polizei und SA-Einheiten, eine militärische Aktion auf uns unternehmen werden, haben wir nicht abgewartet. Es sollte uns am nächsten Tag erreichen. Die Regierungsmitglieder waren ausgerechnet bei einer Sitzung. Wir wurden im Vorzimmer empfangen. Der Außenminister wies unsere Informationen zurück und bezeichnete sie als falsch und Unruhe stiftend. Er sagte ausdrücklich: Herr Oberst, ich weiß, daß Sie ein vorzüglicher Nachrichtenoffizier sind und Sie davon auch selbst überzeugt sind. Dieses Mal jedoch ließen Sie sich von Ihren Agenten ein Märchen erzählen. Wenn die Ereignisse, wie Sie festzustellen glaubten, in Vorbereitung wären, müßte ich als Außenminister zu allererst davon unterrichtet sein... Bewahren Sie ruhig Blut und bringen Sie mir in Zukunft keine solche Unruhe stiftenden, die Öffentlichkeit in Aufruhr versetzenden Nachrichten mehr.«

* Anläßlich eines persönlichen Gesprächs in Paris etwa zehn Jahre nach dem Krieg, übergab er mir eine Kopie der Aufzeichnung, als er mir seine Kenntnisse über den ungewöhnlichen Geheimagenten A-54 enthüllte.

Anschließend wendet sich Oberst Moravets an die anderen Minister und bittet sie eindringlich, den vom Agenten A-54 gemeldeten Tatsachen Glauben zu schenken. Leider reagieren sie in der gleichen Weise:

»Der Verteidigungsminister General Syrovy versicherte, daß kein Angriff auf unser Land zu befürchten wäre, es sei denn, Deutschland hielte das für notwendig. Aber, so meinte er, dieser Augenblick sei noch nicht gekommen. Ein anderer Minister telefonierte mit dem Botschaftsrat an der tschechischen Botschaft in Berlin und fragte an, was es in der Reichshauptstadt Neues gäbe und ob man ein verändertes Verhalten auf Regierungsseite feststellen könne. Der Botschafter antwortete, daß in Berlin alles ruhig wäre, und daß die hohen deutschen Persönlichkeiten sehr freundliche Beziehungen zu unseren tschechischen Repräsentanten unterhielten. Er, der Botschaftsrat, wüßte nichts, was auf eine Verschlechterung der deutsch-tschechischen Beziehungen hinweisen könnte.«

Angesichts dieses Versagens der Regierung, so mußte mir Oberst František Moravets später sagen, habe er sich entschlossen, wenigstens seine Dienststelle zu retten und sei deshalb zum britischen Luftwaffen-Attaché in Prag gegangen. Major Harald Gibbson, Beauftragter des britischen Intelligence Service in der Tschechoslowakei, begleitete ihn. Nachdem er auf die vom Agenten A-54 gelieferten Informationen hingewiesen hatte – ohne dabei den Engländern seine Quelle zu verraten – habe er mit ihnen besprochen, wie sie mit einem Flugzeug Prag unter Mitnahme möglichst vieler Geheimpapiere verlassen könnten. Der Plan war schnell festgelegt: Ein Linienflugzeug der holländischen Fluggesellschaft KLM überflog regelmäßig Prag ohne Zwischenlandung. Am Spätnachmittag des 14. März werde auf Anforderung der Engländer und mit Zustimmung der KLM das Flugzeug auf dem Flugplatz Ruzyne bei Prag landen und elf Mann mit den mitgebrachten Kisten an Bord nehmen. Um 17 Uhr 15 werde die Maschine mit Kurs auf London starten.

Und Oberst Moravets fügte noch hinzu:

»Was mich am meisten beunruhigte, war die Sorge, einen möglichst großen Teil unseres Archivs, insbesondere die Listen und Geheimakten unserer wichtigsten Agenten, wegzubringen, ohne daß die Gestapo und die SD-Agenten Heydrichs, die uns seit zwei bis drei Wochen überwachten, Lunte riechen würden. Einer meiner Offiziere, Alois Frank, der erst kürzlich von der Straße Na Piave zum

Uralska-Platz umgezogen war, war der einzige Offizier der Dienststelle, der nicht unmittelbar von den deutschen Agenten beschattet wurde. Er übernahm mit seinem Privat-PKW Tatra 75 den Transport der wichtigsten Geheimunterlagen von Dejvice in eine Villa in Podbaba im Pendelverkehr.

Ohne daß irgend jemand vorher benachrichtigt wurde, auch nicht die nächsten Angehörigen, wählt Oberst Moravets am 14. März nach dem Mittagessen die Offiziere seines Geheimdienstes aus, die wie üblich von ihren Privatwohnungen in ihr Büro gingen. Nur Major Frank fuhr direkt zum Flugplatz. Um 16 Uhr 15 verlassen die zehn anderen Offiziere das Dienstgebäude des Generalstabs durch eine Hintertür, zwängen sich in drei Personenautos und erreichen auf verschiedenen Wegen den Flugplatz Ruzyne. Die Zollformalitäten und Ausweiskontrollen sind schnell erledigt, die Kisten bereits an Bord der KLM-Maschine. Alle steigen ein. Um 17 Uhr 30 hebt das Flugzeug von tschechischem Boden ab. In Ruzyne ahnt niemand, daß sich Offiziere des militärischen Geheimdienstes an Bord befinden und neben ihrem persönlichen Gepäck noch einige sorgfältig verschlossene Kisten äußerst wertvoller, streng geheimer Dokumente mit sich führen. Ein neues Leben für die elf Offiziere beginnt, als sie spät nachts in Croydon landen, wo sie von Oberst J. Kalla, dem tschechischen Luftwaffen-Attaché in London, erwartet werden.

Über die Bedeutung dieser Flucht sagt die Würdigung in den Memoiren des Präsidenten Benesch aus:

»Für uns war es von außerordentlicher Wichtigkeit, daß die ganze Gruppe der Offiziere des geheimen Nachrichtendienstes der tschechischen Armee von Prag nach London hat fliehen können, und zwar noch am Vorabend der Besetzung durch die Nazis und unter Mitnahme der wichtigsten Geheimakten. Diese Offiziere unter Leitung des Obersten František Moravets haben ohne Unterbrechung besonders enge Verbindung mit ihrem Heimatland gehalten. Sie hatten sich mir in einem Brief für eine gemeinsame Aufgabe zur Verfügung gestellt, den ich in Chicago erhalten habe und den sie mir kurz nach ihrer Ankunft in London am 14. März 1939 geschrieben haben. Sie setzten ihre Tätigkeit sofort nach Ankunft fort, zunächst in Übereinstimmung mit der britischen Armee, später auch mit der französischen Armee.«

In der Nacht vom 14. auf den 15. März 1939 wurde durch einen Befehl Hitlers, nach einem bejahenden, aber erzwungenen Kopfnikken von Präsident Emil Hacha, dem Nachfolger Eduard Beneschs nach der Konferenz von München, die Tschechoslowakei von der Landkarte Europas gelöscht. Die Wehrmacht tritt auf Prag, Pilsen, Olmütz, Iglau, Brünn an. Um 9 Uhr morgens erreichen trotz vereister Straßen und heftiger Schneestürme die ersten Einheiten des Generals von Blaskowitz Prag. Vier Stunden später halten drei Personenwagen vor dem Gebäude des Generalstabs der tschechischen Armee, das inzwischen von der Wehrmacht besetzt worden war. Klirrender Frost, Winterwetter, Schneegestöber. Ein kleiner Mann, fröstelnd in einen weiten schwarzen Uniformmantel gehüllt, mit einer Admiralsmütze der Kriegsmarine auf dem Kopf, entsteigt einem der Autos und geht schnellen Schrittes in das von etwa einem Dutzend Offiziere umgebene Gebäude zu. Admiral Canaris ist dabei, von den Räumen Besitz zu ergreifen und die Abwehrstelle Prag einzurichten. In seiner Begleitung befinden sich zwei ehemalige österreichische Offiziere.

Im Hof des Gebäudes liegt ein großer, schneebedeckter Haufen von Asche. Überall liegen verstreut verkohlte Aktenschränke, leere Aktendeckel herum. Es sind die Reste des Archivs des tschechischen Geheimdienstmaterials, die nicht mit nach London genommen werden konnten. In den Diensträumen des Geheimdienstes herrscht Leere. Einer der Begleiter von Canaris, Major Himmer, brummt:

»Die Tschechen haben uns hinters Licht geführt.« Worauf der Admiral sich an ihn wendend meint:

»Der Oberst Moravets war gut informiert!«

Der neue Leiter der Abwehrstelle Prag wird Oberst von Kornatski, bei ihm ist sein Stellvertreter, Major von Engelmann, der ihm die Frage stellt:

»Wann glauben Sie, daß die Offiziere des tschechischen Geheimdienstes vom Einmarsch der Wehrmacht erfahren haben können?«

Canaris schmunzelt und antwortet zynisch:

»Zweifellos zur selben Zeit, als wir es erfahren haben!«

Inzwischen bewegt sich eine kleine Autokolonne Richtung Prag und erreicht endlich bei Einbruch der Dunkelheit die Stadt. Die Fahrzeuge fahren in schneller Geschwindigkeit durch die matterleuchteten, fast menschenleeren Straßen, überqueren die Moldaubrücke, schlittern durch die engen Gassen der Altstadt und erreichen die Steilauffahrt zum Hradschin. Vor den Toren präsentieren die Wachen der »Leibstandarte Adolf Hitler«. Weit und breit ist kein Tscheche zu sehen. Im Ehrenhof des Schlosses halten die Autos an, Hitler steigt aus und verschwindet im Schloß*.

Eine Stunde nach ihm kommt Präsident Hacha auf dem Hradschin an. Sein Sonderzug durfte auf Hitlers Befehl Berlin erst am späten Vormittag verlassen. Hacha ist völlig verdutzt als er Hitler antrifft, der soeben im Begriff ist, Weisungen an General Blaskowitz zu diktieren. Hacha glaubt, er leide unter Halluzinationen**. Ohne ihm viel Zeit zu lassen, sich von seiner Überraschung zu erholen, bittet ihn der Führer, ihm die Mitglieder seines Kabinetts und die wichtigsten Persönlichkeiten der Zivilverwaltung vorzustellen. Per Telefon werden sie eiligst herbeigerufen. Dann werden sie dem Führer einzeln vorgestellt, er erteilt ihnen seine Anweisungen, und sie ziehen sich gesenkten Haupts und ohne ein Wort zu sagen, wieder zurück.

Die Amtsübergabe, wenn man überhaupt so sagen kann, ist damit erledigt. Hitler begibt sich in den weiträumigen Bankettsaal, der im Licht von Hunderten von Kerzen erstrahlt. Er geht zum Fenster und tritt auf den Balkon hinaus. Inzwischen hat der Schneesturm nachgelassen, wenn es auch immer noch schneit. Lautlose Stille. Die Hauptstadt liegt in Todesschlaf versunken unter ihm. Die Straßenbeleuchtung der Karlsbrücke durchdringt das Dunkel der Nacht. Es ist bitter kalt, Hitler fröstelt und tritt bald wieder in den Saal zurück. Ganz plötzlich wendet er sich entgegen seiner sonstigen Gewohnheit dem großen kalten Büfett zu, auf dem Prager Schinken, Salate aller Art, kalter Braten, Geflügel, Käse, Obst und Bier angerichtet sind. Er ergreift ein volles Glas »Pilsner«, hebt es an seine Lippen und

* Hitler hatte am 15. März 1939 um 6 Uhr 30 Berlin mit dem Sonderzug nach Böhmisch-Leipa verlassen. Dort erwartete ihn eine Kraftfahrzeugkolonne.

**Zeugenaussage von Erich Kempka, Hitlers Leibchauffeur.

leert es in einem Zuge. Er verzieht sein Gesicht und lacht dann laut heraus. Es ist das erste Mal, daß man ihn Alkohol trinken sah. Er feiert eben seinen außerordentlichen Triumph auf seine Weise. Ist es nicht wirklich eine der glorreichsten Stunden seines Lebens? Hat er nicht eben die Tschechoslowakei mit einem einzigen Fußtritt beseitigt, ohne daß nur ein einziger Schuß abgegeben wurde und ohne daß die Westmächte im geringsten daran dachten, einen Finger zu rühren?

Admiral Canaris, der vor wenigen Minuten mit Herrn von Neurath, dem neuernannten Reichsprotektor für Böhmen und Mähren, den großen Saal betreten hatte, hat diese Szene beobachtet und Piekenbrock davon erzählt:

»Ich beobachtete ihn und sagte mir, daß dieser Mann, gleich einem entlaufenen Tiger, sich nicht die Zeit nehmen würde, die eben in das Reich eingegliederten achtzehn Millionen neuer Untertanen zu verdauen, sondern bald zu einem neuen Sprung nach vorwärts ansetzen werde.«

Dann nimmt er wieder sein pessimistisches Leitmotiv auf, das seine engen Mitarbeiter zur Genüge kennen, und fährt fort:

»Die durch den Anschluß Österreichs ausgelöste Kettenreaktion, durch den Sudeteneinmarsch und diesen Coup von Prag beschleunigt, ist nicht rückgängig zu machen. Wir stürzen uns Hals über Kopf mit beschleunigtem Tempo in den Weltkrieg, das heißt in die schlimmste Katastrophe, die Deutschland je erlebt hat.«

17. AM SCHEIDEWEG

Am 31. März kündigt der britische Premierminister im Unterhaus an, daß die britische Regierung »sich sofort verpflichtet fühlen würde, Polen mit allen Mitteln zu unterstützen, für den Fall irgendeiner Handlung, welche die polnische Unabhängigkeit in Gefahr bringen würde und die polnische Regierung es als ihr Lebensinteresse erachten sollte, mit ihren nationalen Kräften Widerstand zu leisten«. Das sind klare Worte.

Am nächsten Morgen reiten Erich Kordt und Canaris zusammen im Tiergarten. Nach kurzem Galopp Seite an Seite, hält Canaris sein Pferd an, ebenso sein Begleiter. Mit vom Wind gerötetem Gesicht wendet sich Canaris an Kordt, den Kabinettschef Joachim von Ribbentrops:

»Was ist dieser Chamberlain doch für ein Dummkopf! Seine Erklärung vor dem Unterhaus wird nichts nützen. Im Gegenteil! Glaubt er denn wirklich, daß man dem Führer mit dem Finger drohen könne? Glaubt er denn, daß dieser kapitulieren wird und bekennen wird: Gut Kamerad, Sie haben gewonnen. Ich gebe auf! Ich will keinen Zweifrontenkrieg führen.«

Erich Kordt lächelt dazu, aber der »kleine Admiral« ist an diesem Morgen schlecht gelaunt. Er fährt fort:

»Die Polen sind keinesfalls eine zweite Front! Nicht das ist es, was die Deutschen fürchten! Ich habe über Polen mehr Informationen als ich brauche, und ich gebe sie alle an das Oberkommando des Heeres weiter. Polen bedeutet für uns keine Bedrohung! Wir werden einmarschieren, wann wir wollen. Das ist eine Leichtigkeit. Was für ein Idiotenvolk sind doch diese Leute in London! Wenn sie Deutschland einkreisen wollen – und das ist heute die einzige Möglichkeit Hitler aufzuhalten – dann wird es ihnen nicht mit einer Kette aneinandergereihter Gänseblümchen gelingen. Was sie brauchen, ist eine Mauer aus Stahl. In Warschau haben sie bloß Gänseblümchen!«

Da kommt General Halder angeritten und schließt sich ihnen an. Die drei Reiter traben bis an das Ende der Allee, gehen dann in den Schritt über und reiten der Stallung zu, wo sie die Pferde dem Pferdepfleger übergeben. Gemeinsam gehen sie dann zur Bendlerstraße, wobei der General zu Canaris meint:

»Ich habe den Eindruck, daß es gut wäre, wenn Ihr Freund Kordt noch einmal nach London reisen würde. Die Briten glauben anscheinend, daß ihr Vertrag mit Polen alles in Ordnung bringt. Sie täuschen sich!«

»Bloß die Briten scheinen es nicht zu wissen! Welche Idioten! Was für Dummköpfe!« antwortet Canaris.

»Ich habe mir ziemlich viel Gedanken darüber gemacht und ich bin darin nicht der einzige«, erwidert Halder. »Der Abschluß eines anglorussischen Paketes wäre schwer zu verdauen. Dies würde mit

Sicherheit die Einkreisung Deutschlands bedeuten. Andererseits wäre es das einzige Hindernis, vor dem Hitler haltmachen würde. Hitler hat mit Keitel und Brauchitsch ein Gespräch gehabt und beide sagten ihm, daß er nur dann nach Polen einmarschieren könne, wenn sich nicht die Briten und die Russen gegen uns verbünden. Hitler wird es nicht wagen, wenn die Russen gegen uns sind.«

Dann wendet sich der General an Kordt: »Sie sollten das den Briten sagen. Ich denke ungern an ein Deutschland, das von den Westmächten und den Bolschewiken in die Zange genommen wird. Aber ich befürchte, daß das das einzige Mittel wäre.«

»Können Sie sich frei machen?« fragt Canaris Kordt.

»Im Augenblick ist es unmöglich, ich werde aber mit Weizsäcker darüber sprechen«, antwortet Kordt.

Erst am 15. Juni ergibt sich für Erich Kordt die Möglichkeit, nach London zu fliegen.

Am selben Abend, es ist der 1. April, kommt Canaris von der Reichskanzlei zurück, wo er ein Gespräch mit Hitler hatte. Auf dem Flur seiner Dienststelle trifft er Oster und Gisevius, schiebt sie in sein Büro und brummt dabei vor sich hin:

»Ich komme gerade von einem Narren!... Das ist einfach unmöglich! Er ist verrückt!... Verrückt!... Hören Sie zu!... Er ist verrückt!«

Entgeistert schauen Oster und Gisevius den Admiral an. Und Canaris berichtet, daß er einen voller Wut schäumenden Hitler vorgefunden habe, der sein Arbeitszimmer mit Riesenschritten durchquerte, mit den Fäusten auf den marmornen Tisch trommelte und unaufhörlich fluchte. Mit furchterregenden Blicken habe er dann folgende Drohung ausgesprochen: »Ich werde diesen dreckigen Engländern einen Teufelstrank brauen!«

Von diesem Auftritt war Canaris entsetzt, Oster und Gisevius versuchen ihn zu beruhigen. »Das rasende Großmaul!« sagen sie ihm und fügen hinzu, daß Hitler jetzt durchschaut sei, eingekreist sei. Er könne wohl noch einen Krieg beginnen, aber was er nicht mehr könne, ist, neue Verwirrungen zu stiften, noch einmal die Dinge in Unordnung zu bringen, die Menschen in Deutschland und in Europa durcheinanderzuwirbeln, bis sie nicht mehr wissen, was bereits Krieg oder was noch Frieden ist. Das kann er nicht mehr!... Die Fronten seien klar getrennt... Was Oster und Gisevius auch sagen, Canaris bleibt skeptisch: Er hat einen Wahnsinnigen gesehen und »nur der Herrgott weiß, was ein Wahnsinniger alles anrichten kann«!

Es mag heute eigenartig klingen, im Augenblick will Hitler keinen Konflikt mit Polen. Einige Tage vorher hat er zu Brauchitsch gesagt:

»Zur Zeit laufen sehr wichtige Verhandlungen mit Polen. Sie beziehen sich auf die Regelung aller deutsch-polnischen Streitfragen. Ich will nicht, daß es mit Polen zu einem Konflikt kommt. Ich habe mich der Unterstützung der ukrainischen Unabhängigkeitsbestrebungen enthalten, weil ich die Warschauer Regierung nicht verstimmen wollte. Auch habe ich nicht mehr die Absicht, die Rückgabe Westpreußens oder der oberschlesischen Gebiete zu verlangen. Ich bleibe Optimist was die Möglichkeit betrifft, zu einem gegenseitigen Einvernehmen zu kommen.«

Währenddessen strebt der Regierungschef in Warschau, Oberst Josef Beck, einen Bruch mit Berlin an, und will sich dem westlichen Lager anschließen. Er vervielfachte die Unterdrückungen gegen die Deutschen, und die polnische Presse ergeht sich in ungewöhnlicher Schärfe. So ruft Hitler am 3. April Keitel zu sich und diktiert ihm seine neue Weisung, den »Fall Weiß«:

»Die gegenwärtige Haltung Polens erfordert es, über die bearbeitete Grenzsicherung Ost hinaus die militärischen Vorbereitungen zu treffen, um nötigenfalls jede Bedrohung von dieser Seite für alle Zukunft auszuschließen. Das deutsche Verhältnis zu Polen bleibt weiterhin von dem Grundsatz bestimmt, Störungen zu vermeiden. Sollte Polen seine bisher auf dem gleichen Grundsatz beruhende Politik gegenüber Deutschland umstellen und eine das Reich bedrohende Haltung einnehmen, so kann eine endgültige Abrechnung erforderlich werden. Das Ziel ist dann, die polnische Wehrkraft zu zerschlagen, und eine den Bedürfnissen der Landesverteidigung entsprechende Lage im Osten zu schaffen... Die politische Führung sieht es als ihre Aufgabe an, Polen in diesem Falle womöglich zu isolieren, das heißt den Krieg auf Polen zu beschränken... Die Ziele im Aufbau der deutschen Wehrmacht bleiben weiterhin durch die Gegnerschaft der westlichen Demokratien bestimmt. Der ›Fall Weiß‹ bildet eine vorsorgliche Ergänzung der Vorbereitungen, ist aber keineswegs als die Vorbedingung einer militärischen Auseinandersetzung mit den Westgegnern anzusehen... Die Aufgabe der Wehrmacht ist es, die polnische Wehrmacht zu vernichten. Hierzu ist ein überraschender Angriffsbeginn anzustreben und vorzubereiten...«

Dieser Weisung liegt ein Anlageschreiben »Vorbereitungsfristen« bei, das mit folgenden Worten beginnt: »Nach Führerweisung hat die Bearbeitung so zu erfolgen, daß die Durchführung ab 1. September 1939 jederzeit möglich ist.«

Die Wirkung auf Canaris, als Keitel ihm die Weisung »Fall Weiß« übermitteln läßt, ist in einem Ausspruch gegenüber Helmuth Groscurth enthalten, der sich zu dieser Zeit in dem Arbeitszimmer des Admirals aufhielt:

»Der Führer irrt sich, wenn er glaubt, einen Krieg auf Polen beschränken zu können: Prag ist der Wassertropfen, der den Krug zum Überlaufen bringt, und die Engländer werden nicht wieder mit dem Regenschirm Chamberlains zu uns kommen, sondern mit den Geschwadern der Royal Air Force.«

Der Admiral teilt die Meinung von General Beck, der immer wieder mit vollem Recht betont, daß die Zeiten des Zweikampfes zwischen Völkern, wie es noch Ende des 19. Jahrhunderts der Fall war, ihr Ende gefunden hätten und daß jeder Krieg, der von Deutschland ausgelöst wird, unweigerlich zu einem europäischen Krieg oder zweiten Weltkrieg führen werde.

Die Spannung in Europa wächst von Tag zu Tag. Die Aufspaltung in zwei Lager zeichnet sich ab. Ein Vertrag nach dem andern bricht auseinander: Mussolini hat die Vereinbarungen von Rom mit Frankreich aufgekündigt. Hitler kündigt das englisch-deutsche Flottenabkommen... Am 28. April gibt Hitler in einer Rede vor dem Reichstag öffentlich seine Forderungen gegenüber Polen bekannt: Die Freie Stadt Danzig soll in das Deutsche Reich zurückkehren. Deutschland soll eine Autobahn und eine Eisenbahnverbindung durch den Polnischen Korridor erhalten, worüber Deutschland frei verfügen kann und die den gleichen exterritorialen Charakter für Deutschland hat, wie der Korridor für Polen. Als Gegenleistung bietet er: Anerkennung aller wirtschaftlichen Rechte Polens in Danzig, deren Ausmaß von den Polen selbst festgelegt werden soll und wohin ihnen freier Zugang gewährt wird. Ferner Feststellung und Anerkennung des noch festzulegenden Grenzverlaufs zwischen Deutschland und Polen. Abschluß eines Nichtangriffspakts auf fünfundzwanzig Jahre; das heißt, so sagt Hitler, ein Pakt, der vermutlich seine eigene Lebenszeit überdauern wird. – Nach kurzer Atempause fährt Hitler dann fort: Die polnische Regierung hat mein Angebot abgelehnt. Dann, wobei er sich in seiner Rede steigert, geißelt er die deutschfeindlichen Maßnahmen der Warschauer Regierung, die einen englisch-polnischen Beistandspakt erreichen will. Er brüllt: Jetzt ist das Maß voll! Diese Verbindung steht in klarem Widerspruch zu dem Abkommen, das ich damals mit dem Marschall Pilsudski geschlossen habe. Von diesem Abkommen war nur ein einziger Pakt ausgenommen: Der französisch-polnische Pakt.

Auf diese Rede reagiert Oberst Beck, der polnische Regierungschef, sauer, obgleich sie doch auch vernünftige Vorschläge enthält. Am 5. Mai lehnt er erneut jede geringste Änderung des Danzigstatuts ab. Das Memorandum Becks an die deutsche Regierung ist in einem solch anmaßenden Ton gehalten, daß Hitler außer Fassung gerät. Nun, wenn der polnische Oberst nicht hören will, dann wird er es fühlen! Er wird bald merken, was es heißt, einem »böhmischen Gefreiten« die Stirn zu bieten.

Am 21. Mai zeigt sich die Reichshauptstadt im Festtagskleid. Graf Ciano trifft in Berlin ein. Hakenkreuzfahnen, grün-weiß-rote Fahnen, Girlanden, Säulen mit Liktorenbündel, mit dem römischen Adler und dem Hitlerschen Hoheitsadler geschmückt, Bankette, Paraden, Massenkundgebungen... Man ließ es an nichts fehlen zu Ehren des italienischen Außenministers, des Schwiegersohnes des Duce, der den Stahlpakt unterzeichnen wird. Hitler lächelt freundlich, Göring strahlt, Ribbentrop gibt sich heiter, Graf Ciano, mit stolzgeschwellter Brust, ist sich seiner Wichtigkeit bewußt. Italien und Deutschland wollen von nun an Seite an Seite marschieren. Gegen wen eigentlich? Die Worte Ribbentrops und Cianos im Radio machen es deutlich: Ab heute haben sich einhundertfünfzig Millionen Deutsche und Italiener entschlossen, Seite an Seite zu marschieren, um ihren nationalen Aufstieg und die unabdingbaren Lebensrechte zu verteidigen. Sie bilden zusammen mit ihren Freunden auf der ganzen Welt einen unbesiegbaren Block.

Wieder einmal mehr ist Canaris argwöhnisch, denn er kennt Italien und die Italiener zu gut. General Roatta, der ehemalige italienische Geheimdienstchef, jetzt Militärattaché in Berlin, Canaris' großer Freund, hat ihm die Sorgen des Duce anvertraut. Dieser befürchtet nämlich, daß er in ein Abenteuer hineingezogen wird, von dem er keineswegs überzeugt ist. Jetzt, da der Stahlpakt unterzeichnet ist und er Vorteile daraus zieht, will er auch die Gefahren ausschalten. Der Duce braucht noch eine längere Friedensperiode, die sich »auf mindestens drei Jahre ausdehnen müßte«. Er will seine Artillerie neu aufbauen, den Bau verschiedener Kriegsschiffe beenden, mehrere Truppenteile motorisieren und außerdem noch die Weltausstellung in Rom vorbereiten, die ihm besonders am Herzen liegt. Im Stahlpakt ist es Hitler, der das Schwert schwingt, wohingegen sich der Duce mit dem Ölzweig, dem Zeichen des Friedens begnügt. So schreibt Mussolini am 30. Mai an Hitler, daß Kriegsanstrengungen erst ab 1943 Aussicht hätten zum Sieg zu führen... Das faschistische Italien möchte nichts überstürzen, wenn es auch davon überzeugt sei, daß ein Krieg unvermeidlich geworden sei. »Italien kann eine verhältnismäßig größere Anzahl von Männern als Deutschland mobilisieren. Dieser Fülle von Männern entspricht eine Bescheidenheit von Mitteln. Italien wird also – im Kriegsplan – mehr Leute als Mittel liefern, Deutschland mehr Mittel als Leute.«

Auf diesen Brief, der Hitler durch General Conte Ugo Cavallero übergeben wird, antwortet er postwendend: »Duce, Sie brauchen keine Angst zu haben. Vor 1942–1943 wird es keinen Krieg geben. Alle eventuell auftretenden Schwierigkeiten werden sich zwischenzeitlich im Geiste gegenseitiger Freundschaft regeln lassen.«

Mussolini kann erleichtert aufatmen.

Die Befehlshaberbesprechung vom 23. Mai 1939

Am Abend der Unterzeichnung des Stahlpakts, dem 22. Mai 1939 – dem Jahr XVII der Faschistischen Ära – bittet Hitler General Keitel zu sich in die Reichskanzlei und teilt ihm mit, daß er für den nächsten Tag eine Befehlshaberbesprechung einberufen wolle.

Den in der neuen Reichskanzlei im Arbeitszimmer des Führers versammelten Generalen* eröffnet Hitler die große Linie der Politik, die er für Deutschland einzuschlagen beabsichtige. U. a. erklärt er:

> »... Er wollte ein einigermaßen tragbares Verhältnis mit Polen unterhalten, damit könne er aber jetzt nicht mehr rechnen... Der Pole sei für uns kein zusätzlicher Feind.

* Nach den Nürnberger Dokumenten (L-79, USA-27) nahmen daran teil: Der Führer Hitler, Generalfeldmarschall Göring, Großadmiral Raeder, Admiral Schniewindt, die Generale Keitel, Milch, von Brauchitsch, Halder und Bodenschatz, die Obersten Jeschonnek und Warlimont, Oberstleutnant Schmundt, Korvettenkapitän Albrecht und die Hauptleute Engel und von Below.

Polen werde immer auf der Seite unserer Gegner stehen. Trotz eines Freundschaftsabkommens habe in Polen immer die Absicht bestanden, jede Gelegenheit gegen uns auszunutzen... Jede unserer Machtvergrößerungen beunruhige sie, und dies sei der Grund, warum sie uns stets den Erfolg streitig machen wollen... Danzig sei nicht das Objekt, worum es gehe. Es handle sich für uns um die Erweiterung des Lebensraumes im Osten und um die Sicherstellung der Ernährung, sowie um die Lösung des Baltikumproblems... Zwingt uns das Schicksal zur Auseinandersetzung mit dem Westen, sei es gut, einen größeren Ostraum zu besitzen... Es handle sich nicht mehr um Recht oder Unrecht, sondern um Sein oder Nichtsein von achtzig Millionen deutschen Menschen...«

Mit einem Glas Limonade in der Hand macht Hitler eine kurze Pause. Er trinkt nur schluckweise, das ist ein Zeichen dafür, daß er Magenbeschwerden hat und seine Nerven überreizt sind. Trotzdem weiß er sich stets zu beherrschen und fährt in seinen Ausführungen fort:

»...Polens innere Festigkeit gegen den Bolschewismus ist zweifelhaft, daher sei es auch eine zweifelhafte Barriere gegen Rußland... Polen bedeutet keine Bastion gegen Asien. Deshalb entfällt auch die Frage, Polen zu schonen. Es bleibt der Entschluß, bei erster passender Gelegenheit Polen anzugreifen... An eine Wiederholung der Tschechei ist nicht zu glauben. Es wird zum Kampf kommen... Es dürfe nicht zu einer gleichzeitigen Auseinandersetzung mit dem Westen, Frankreich und England, kommen. Deshalb muß man Polen isolieren. Das Gelingen der Isolierung ist entscheidend...«
Mit energischer Stimme fährt Hitler fort:
»Unsere Aufgabe besteht darin, die Operationen so vorzubereiten, daß wir mit dem Beginn des Feldzuges dem Feind einen Schlag versetzen oder, besser gesagt, den Vernichtungsschlag versetzen. Seine, Hitlers, Aufgabe sei es, Polen zu isolieren und zu verhindern, daß die Westmächte zu Hilfe kommen. Dies sei Sache einer geschickten Politik. Daher müsse er sich den endgültigen Befehl zum Losschlagen selbst vorbehalten...«

Zusammenfassend meint Hitler:

»Wir werden nicht in einen Krieg hineingezwungen werden, aber um ihn herum kämen wir nicht. Die Herren mögen bedenken, daß die Geheimhaltung die entscheidende Voraussetzung für einen Erfolg sei. Auch gegenüber Italien und Japan müsse die Zielsetzung geheim bleiben... Die Studien dürften nicht den Generalstäben überlassen werden, denn die Geheimhaltung sei dann nicht mehr gewährleistet. Dafür müsse ein kleiner Studienstab beim Oberkommando der Wehrmacht eingerichtet werden...«

Für die Generalität war das, was Hitler ihnen darlegte, nichts Neues. Schweigend ziehen sie sich zurück, wenn sie sich auch innerlich sagen müssen, daß jetzt der Krieg nähergerückt sei, daß die Frist bis zum ersten Feuerschlag davon abhängig sein werde, wann Hitler die Einkreisung Polens beendet haben wird.

Die Legion Condor kehrt zurück

Nach drei langen Jahren des Schreckens geht der Krieg in Spanien zu Ende. Hammer und Sichel liegen im Staub. In allen Dörfern und Städten Spaniens weht die rot-goldene Fahne mit dem Pfeilkreuzbündel. Die internationalen Brigaden verstreuen sich in alle Winde. Die Italiener räumen die Balearen-Inseln und die Legion Condor mit den Einheiten der Luftwaffe, die Hitler Franco zur Unterstützung gab, kehren ebenfalls in die Heimat zurück*. Am 6. Juni 1939 werden sie in Berlin feierlich empfangen. Im Lustgarten findet eine Paradeaufstellung mit anschließendem Vorbeimarsch statt.

In Anbetracht der wichtigen Rolle, die die Luftwaffe in Spanien spielte, empfängt Göring die Legion als erster. Nachdem zu Ehren und zum Gedenken an die dort Gefallenen alle Gefechte und Schlachten aufgerufen wurden, an denen die Legion teilnahm, beschließt er seine Gedenkrede mit den Worten: »Wir besitzen heute eine starke Wehrmacht in einem noch stärkeren Deutschland, weil die Vorsehung uns einen Führer mit unbändigem Siegeswillen geschenkt hat. In dieser glanzvollen Stunde wollen wir unserem Führer unsere unverbrüchliche Treue und unerschrockenen Einsatzwillen geloben. Sie sind zum Kampf ausgezogen und sind mit dem stolzen Gefühl des Siegers zurückgekehrt.«

Canaris sitzt mit der Generalität und Admiralität auf der Ehrentribüne. Er kann sich kaum eines Lächelns erwehren, wenn er sich daran erinnert, wie er den dickleibigen Marschall im Juli 1936 absichtlich übergangen hat, und welche Schwierigkeiten gerade

* Insgesamt haben sechzehntausend Deutsche für Franco gekämpft oder gedient, darunter zahlreiche Ausbilder und Zivilpersonen. Die Legion Condor selbst zählte nur sechstausend Mann, ergänzt durch dreißig Panzerabwehrkompanien (davon sind dreihundert Mann gefallen). Die Unterhaltungskosten betrugen dreihundertvierundfünfzig Millionen Reichsmark.

Göring der deutschen Waffenhilfe und Unterstützung für Franco dauernd entgegengesetzt hat.

Dann ergreift Hitler das Wort. Auch er spielt gelassen den Scheinheiligen: Er schätze sich über den Sieg Francos glücklich, obgleich er achtzehn Monate vorher die Hoffnung aussprach, daß der Krieg möglichst lange dauern und Franco keinen totalen Sieg davontragen solle. Aber was soll es! Das ist jetzt unwichtig. Er erklärt: »Kameraden, ich schätze mich glücklich, Sie begrüßen zu können und noch glücklicher, Sie vor mir zu sehen, denn ich bin stolz auf Sie!... Die dort gesammelte Kriegserfahrung befähigt Sie, den jungen Soldaten unserer neuen Wehrmacht Vorbild und Erzieher zu sein. Damit werden Sie beitragen zum Vertrauen unseres Volkes auf die Unbesiegbarkeit unserer Armee und auf den Wert unserer Waffen... Sie wissen jetzt, was sich ereignen würde, wenn die bolschewistischen Horden unser Land überwältigen würden. Sie haben gegen diese Geißel der Menschheit Seite an Seite mit unseren italienischen Waffenbrüdern und unter dem tapferen Kriegsherrn Franco gekämpft, der niemals am Sieg zweifelte, und unter dessen Führung wir dem edlen spanischen Volk einen neuen Aufstieg wünschen. Es lebe das spanische Volk und sein Führer Franco! Es lebe das italienische Volk und sein Duce Mussolini! Es lebe unser Volk und das Großdeutsche Reich!«

Canaris, der neben General Halder sitzt, flüstert ihm zu:

»Bin ich froh, daß er nicht noch selbst ›Heil Hitler!‹ gerufen hat.«

Erich Kordt besucht Lord Vansittart

Im Laufe des Monats Juni verschlechtert sich die internationale Lage mehr und mehr. In ganz Europa gewöhnt man sich allmählich an den Gedanken, daß ein Krieg unvermeidlich ist. In Berlin und Rom, ebenso wie in London, Paris und Warschau werden maßlose Hetzreden gehalten. Die wildesten Gerüchte schwirren herum. Ein Dementi folgt dem anderen, trotzdem nimmt die Spannung zu. Nichts kann die gegenwärtige gespannte Atmosphäre beseitigen. Im Gegenteil, die polnische Presse gießt pausenlos neues Öl ins Feuer. Sie nennt Hitler einen Feigling, den schon eine einzige polnische Kavallerieattacke in die Knie zwingen würde, und derlei Geschwätz mehr. Oberst Beck selbst heizt die Leidenschaften zusätzlich an. Die deutsche Presse schlägt entsprechend zurück und ergeht sich in einer Flut von Beschimpfungen auf Polen. Hitler gerät in einen üblichen Wutanfall, der bald in wilde Leidenschaftlichkeit umschlägt. Keiner behält kühlen Kopf. Immer mehr kommt man zur Überzeugung, daß die tödliche Explosion unvermeidlich ist.

Doch die Gegner Hitlers haben den Mut noch nicht verloren, um den Frieden zu retten. Im Mai war Goerdeler in London und wurde von Winston Churchill empfangen. Ihm berichtete er ausführlich über die deutsche Widerstandsbewegung. Auch von Schlabrendorff hat Churchill besucht. Dann fliegt Erich Kordt am 15. Juni nach London, trifft dort mit seinem Bruder Theo zusammen und führt mit Sir Robert Vansittart im Hause eines wallisischen Freundes, Dr. Philip Conwell-Evans, ein Gespräch. Der Erste Diplomatische Ratgeber Seiner Majestät Regierung macht später bedauerlicherweise irreführende, nicht zutreffende Angaben über sein Gespräch mit den Brüdern Kordt.

Zu Beginn des Gesprächs legt Erich Kordt klar, daß er nicht gekommen sei, um seine persönlichen Auffassungen darzulegen, sondern daß er als Sprecher einer in Deutschland einflußreichen Gruppe von Persönlichkeiten – dabei die Generale Beck und Halder, Admiral Canaris, hohe Staatspolitiker wie Weizsäcker und Schacht sowie führende Staatsbeamte wie Graf Helldorf und Nebe –, die sich geschlossen der Hitlerschen Politik widersetzten, weil sie davon überzeugt seien, daß diese Politik zum Kriege führen müsse. Sie alle seien willens, sich mit den Engländern zu verständigen, mit dem Ziel, die Pläne Hitlers zu vereiteln.

»In dieser Hinsicht«, sagt Erich Kordt, »haben sie England bereits vor München gedrängt, den Führer klar und deutlich zu warnen, daß die Fortsetzung seiner Aggressionspolitik in Europa England zwingen werde, sich, wenn notwendig, mit Waffengewalt entgegenzustellen.«

»Ich befürchte, daß das bereits zu spät ist«, bemerkt Vansittart. »Wir haben doch schließlich dargelegt, daß wir einen Garantievertrag mit Polen geschlossen haben!«

»Mit dieser Garantieerklärung gegenüber Warschau haben Sie ihm freie Hand gelassen in der Definition des Begriffes Aggression! Sie haben die Initiative aus der Hand gegeben. In Polen gibt es sehr gefährliche Gruppen! Seitdem Sie dieser Garantieerklärung zugestimmt haben, befürchtet meine Widerstandsgruppe, daß polnische

Gruppen irgendwelche Zwischenfälle provozieren könnten, die Hitler als Rechtfertigungsgrund benutzen könnte, um Polen anzugreifen.« – »Die Garantien sind nach unserer Kenntnis eher geeignet, Hitler zu reizen, als ihn abzuschrecken«, entgegnet Kordt.

»Warum?«

»Weil Sie ihm das Argument an die Hand geben, daß eine Einkreisung Deutschlands beabsichtigt sei, was mit Recht oder Unrecht im deutschen Volk nachhaltigen Eindruck macht«, legt Kordt dar und fährt fort: »Denn das Land, vor dem sich Hitler fürchtet, ist die Sowjetunion.«

Vansittart zieht die Augenbrauen hoch.

»Meine Freunde haben volles Vertrauen in die friedlichen Absichten der britischen Regierung. Sie sind der Auffassung, daß eine Koalition, wenn sie zustande käme, keine aggressiven Zwecke verfolgen würde. Andernteils wären sie über die Annäherungsversuche Großbritanniens an die Sowjetunion beunruhigt. Doch nach reiflicher Überlegung und nicht ohne Zögern billigen sie die Annäherung. Als denkbar ungünstig wird aber angesehen, daß die zwischen England und der Sowjetunion eingeleiteten Verhandlungen noch immer zu keinem Ergebnis geführt haben.«

Kordt schöpft tief Atem. Vansittart bleibt stumm und wartet, daß er weiterspricht. Denn was der Deutsche jetzt sagen wird, ist für Vansittart von besonderer Wichtigkeit:

»Wir haben einige zuverlässige Informationen darüber, daß Hitler Schritte getan hat, um mit der Sowjetunion in ein Verhandlungsgespräch zu kommen, und daß diese Schritte nicht auf Ablehnung der anderen Seite gestoßen sind. Aber das, was sie bisher gemacht haben, konnte nicht im geringsten die Pläne Hitlers zur Öffnung nach Osten durchkreuzen. Ich bin gekommen Sie zu warnen – und meine Freunde warnen Sie – daß, wenn Sie jetzt Ihre heterogene Koalition, Großbritannien, Frankreich, Sowjetunion, nicht zustande bringen und sich Hitler statt dessen mit Stalin einigt, dies Krieg bedeutet.«

Kordt spricht mit Betonung und fügt hinzu: »Ich habe es ganz genau erfahren.«

Vansittart fühlt sich persönlich getroffen. Was ihm Erich Kordt eben gesagt hat, überrascht ihn sehr. Eigentlich müßte er jetzt seine Karten auf den Tisch legen, aber er lügt.

»Keine Angst!« sagt er, »dieses Mal wird Hitler keine Chancen haben, uns zu übertölpeln. Er wird uns nicht schlafend vorfinden.«

Dann fügt Vansittart jene Worte hinzu, die Erich Kordt triumphierend nach Rückkehr Canaris und seinen Freunden erzählt:

»Beruhigen Sie sich. Wir schließen ganz bestimmt das Abkommen mit der Sowjetunion ab.«

Diese seine Feststellung ist völlig unzutreffend. Vansittart weiß genau, daß die Verhandlungen mit Moskau schlecht laufen und daß nur durch ein Wunder die dummen und starrköpfigen Vorurteile Chamberlains zerstreut werden könnten. Noch heute stellt man sich die Frage, warum eigentlich diese ungeheuerliche Lüge Vansittarts?

Als Erich Kordt nach Berlin zurückkehrt und von seinem Gespräch berichtet, herrscht sichtliche Erleichterung im Kreis der Widerständler. Sogar Canaris läßt sich täuschen. Jetzt kann Hitler wüten und toben, soviel er will, es wird 1939 keinen Krieg geben, denn er wird sich auf keinen Fall in einen Zweifrontenkrieg einlassen.

18. IST TROTZ ALLEM EIN KRIEG VERMEIDBAR?

Während Admiral Canaris sich am 9. August anschickt, in Begleitung von General Keitel nach Salzburg zu fliegen, vertraut er Erich Kordt an: »›Emil‹ ist mitten in einer Krise. Man könnte sagen, er kommt zu keinem Entschluß.«

Die Stimmung des Führers ist abscheulich. Auf dem Berghof, seinem Wohnsitz, schimpft er nicht nur auf die Polen, sondern auch auf die Russen, sie seien von einer Schwerfälligkeit sondergleichen. Auch gegen die Japaner wettert er, die jetzt die Absicht hätten, sich als Vermittler zwischen den Diktaturen und den Demokratien aufzuspielen, und schließlich beschimpft er auch die Italiener, die »Schaumschläger« seien.

Ribbentrop vertraut auf die Italiener

Während eines Mittagessens mit der Familie Ribbentrop auf Schloß Fuschl am 10. August erhält Canaris erneut die Bestätigung über Hitlers schlechte Stimmung.

Der deutsche Außenminister, der mit Hitler am Abend zuvor beisammen war, gibt nun Canaris einen weiten Überblick über die

Außenpolitik und erklärt dann wichtigtuerisch, daß ihm der Führer die Vollmacht für Verhandlungen über ein Handelsabkommen und einen Nichtangriffspakt mit Moskau gegeben habe. Dabei hebt er den Stimmungsumschwung Hitlers hervor und fragt sich ganz offen, wohin dieser eigentlich hinauswolle. Er gibt auch zu, daß er die immer stärker werdenden antiitalienischen Äußerungen seines Gebieters über Deutschland nicht mehr verstehen könne. Ribbentrop, der sich als der Schöpfer der Achse Rom-Berlin hinstellt, spielt sich zum Fürsprecher des Duce auf und bürgt für dessen Loyalität und Entschlossenheit, die Bedingungen des Stahlpakts zu erfüllen. »Ich hoffe«, so sagt er, »der Besuch Graf Cianos am 12. August in Berchtesgaden wird die Mißverständnisse zerstreuen...« Ribbentrop bringt seine Überzeugung gegenüber Canaris zum Ausdruck, daß Italien bei einem zukünftigen Konflikt sofort auf seiten Deutschlands mit in den Krieg ziehen werde. Dem schweigenden, doch innerlich ironisch denkenden Canaris führt er die strategischen Erfolge vor Augen, die das Eingreifen der italienischen Flotte gegen die englischen Positionen im Mittelmeer haben werde und wie den Engländern mit einhundert Unterseebooten die Straße von Gibraltar versperrt werde. Bei dieser Bemerkung will Canaris laut herauslachen, was er nur dadurch unterdrückt, daß er einen großen Bissen Wiener Torte herunterschluckt. Ribbentrop träumt weiter von einem italienisch beherrschten Mittelmeer und von einem von Deutschland beherrschten Ärmelkanal und Atlantik, wodurch die Engländer auf ihrer Insel eingesperrt und erstickt würden... Von der englischen Flotte, der ersten Seemacht der Welt, hält er ebensowenig wie von der französischen Flotte, der zweitstärksten der Welt, die er als gering einschätzt!

Als Canaris diese grotesken Worttiraden seinen Freunden erzählt, meint er dazu:

»Glauben Sie mir, wenn die große Schlacht im Mittelmeer beginnen wird, dann werden wir uns auf ein Floß begeben und zuschauen, wie die ›beefs‹ mit den Italienern Katz und Maus spielen.«

Am 12./13. August hat Ribbentrop in Berchtesgaden die Gelegenheit feststellen zu müssen, daß er sich über die italienischen Absichten getäuscht hat. Obgleich Hitler den Stahlpakt überschwenglich lobt, erklärt Ciano in einer ausführlichen Begründung, daß Italien nicht kriegsbereit sei, daß es Zeit brauche, daß... die Aussichten auf einen Sieg jetzt nur zu fünfzig Prozent bestünden, wohingegen die

Siegesaussichten in drei oder vier Jahren sich auf achtzig Prozent erhöhen würden. Ribbentrop hört es mit Bestürzung, Hitler dagegen begreift Ciano nicht. Er nimmt keine Rücksicht auf die Argumente seines Gesprächspartners, denn er ist zum Zuschlagen entschlossen, und er wird losschlagen. Er wird Polen und alle, die sich ihm in den Weg stellen, vernichten...

Ciano, demgegenüber Hitler kein Wort von seinen Verhandlungen mit Stalin verlauten läßt, kehrt bitter enttäuscht, in seiner Eitelkeit gekränkt, nach Rom zurück und berichtet dem Duce von seiner Reise. »Zusätzlich zum offiziellen Bulletin«, schreibt Ciano in sein Tagebuch, »habe ich ihm offen meine Meinung über die Situation, die deutschen Persönlichkeiten und die Ereignisse mitgeteilt. Ich kehre nach Rom zurück, angeekelt von Deutschland, von seinen Führern und von seiner Verhaltensweise. Sie haben uns belogen und betrogen. Und heute sind sie im Begriff, uns in ein Abenteuer hineinzuziehen, das wir nie gewollt haben und das die Führung und das Volk in Gefahr bringen kann... Die Deutschen sind die Verräter und wir selbst brauchen keine Skrupel zu haben, wenn wir sie verlassen...«

Die Reaktionen Mussolinis sind widersprüchlicher Natur. Zunächst überwiegen seine tiefverwurzelten antideutschen Gefühle und er gibt seinem Schwiegersohn in allen Punkten recht. Wenige Augenblicke später erklärt er, daß es Ehrensache sei, mit Deutschland zu marschieren. Später wieder lehnt er die im Stahlpakt eingegangenen Verpflichtungen ab und betont, daß Italien nicht kriegsbereit sei und daß Hitler zwischen Rußland und den Westmächten zerrieben werde... Einige Tage später wird der Duce noch unentschlossener sein.

Das Gespräch Keitel-Canaris vom 17. August 1939

Nach Rückkehr von Schloß Fuschl wird Canaris von seinem italienischen Freund, dem General Mario Roatta, während er mit ihm zu Mittag ißt, über den Inhalt des Gesprächs Ciano-Hitler informiert. Er bestätigt ihm, daß Italien zur Zeit keinen Krieg wünsche.

Als Canaris wieder zum Tirpitzufer zurückkehrt, melden ihm Piekenbrock und Lahousen, daß die Abwehr eben einen recht seltsamen Auftrag vom Oberkommando der Wehrmacht erhalten habe:

sie sollten für ein »Unternehmen Heydrich« einhundertundfünfzig polnische Uniformen besorgen.

»Der Name des Unternehmens läßt auf eine sehr unsaubere Sache schließen«, meint Piekenbrock.

»Ich habe ein Schreiben verfaßt, in welchem ich anfragte, was der Abwehr die Ehre gäbe, Uniformen an Heydrich zu liefern. Der SS-Standartenführer Heinz Jost vom SD war heute morgen im Auftrag seiner Dienststelle bei uns.«

»Von wem stammt der Befehl?« erkundigt sich Canaris.

»Von Keitel, es ist aber ein Führerbefehl«, antwortet Piekenbrock.

»Ich werde sofort mit Keitel und Heinz Jost sprechen«, sagt Canaris.

Wir besitzen eine Notiz aus den Tagebuchaufzeichnungen von Canaris (der größte Teil des Tagebuches ist verlorengegangen), in welcher er seine Bemühungen beschreibt, General Keitel davon zu überzeugen, in welch tödliche Gefahr Deutschland hineinschliddert. Hier ist der Bericht über die Besprechung Keitels mit Canaris vom 17. August 1939:

> »Ich melde Keitel meine Besprechung mit Jost. Er sagt, daß er sich um dieses Unternehmen nicht kümmern könne, da der Führer ihn nicht unterrichtet habe und ihm lediglich hat sagen lassen, daß wir Heydrich polnische Uniformen zur Verfügung stellen sollten. Er ist einverstanden, daß ich den Generalstab unterrichte. Er sagt, daß er von derartigen Unternehmungen nicht viel hält, daß aber nichts zu machen sei, wenn sie vom Führer befohlen wären, er könne den Führer nicht fragen, wie er sich die Ausführung dieses speziellen Unternehmens dächte. Bezüglich Dirschau hat er entschieden, daß das Unternehmen nur durch die Armee durchgeführt werden soll.«*

Über diese Aufzeichnung erübrigt sich jeglicher Kommentar. Sie macht die damalige Denkungsweise von Canaris und die Unterwürfigkeit des Generals Keitel deutlich.

Telegrammaustausch zwischen Hitler und Stalin

Die Ereignisse überstürzen sich. Die telegrafischen Nachrichtenverbindungen Moskau-Berlin sind überlastet, pausenlos folgt ein Telegramm auf das andere. Fieberhaft beschleunigt Hitler die Angele-

* Der vollständige Text dieser Aufzeichnung: Anhang VI.

genheit. Am 19. August abends wird der deutsch-russische Handelsvertrag in Berlin unterzeichnet. Die Russen schlagen vor, daß der politische Teil des Vertrages in Moskau unterschrieben werden soll, etwa um den 26. oder 27. August. Hitler kann nicht so lange warten, weil er im Geiste das Angriffsdatum gegen Polen bereits auf den frühen Morgen des 26. August festgelegt hat. Er benötigt den Vertrag, um damit die westlichen Hauptstädte »k.o.« zu schlagen.

Am 20. August 16 Uhr 45 schickt er ein persönliches Telegramm an Stalin: »Ich akzeptiere den ... Entwurf des Nichtangriffspakts, halte es aber für dringend notwendig, die mit ihm noch zusammenhängenden Fragen auf schnellstem Wege zu klären... Es ist zweckmäßig, keine Zeit zu verlieren... Die Spannung zwischen Deutschland und Polen ist unerträglich geworden... Ich schlage Ihnen daher noch einmal vor, meinen Außenminister am Dienstag, 22. August, spätestens aber am Mittwoch, 23. August, zu empfangen. Der Reichsaußenminister hat die umfassendste Generalvollmacht zur Abfassung und Unterzeichnung eines Nichtangriffspakts, sowie des Protokolls ... Ich würde mich freuen, Ihre baldige Antwort zu erhalten. Adolf Hitler.«

Mit steigender Nervosität erwartet Hitler die Reaktion des Herrn aus dem Kreml. In langen Schritten durchmißt er am 21. August ruhelos den riesigen Salon auf dem Berghof. Die Mitglieder seiner nächsten Umgebung und die Dienstboten machen sich unsichtbar, selbst Eva Braun vermeidet nach Möglichkeit, ihm unter die Augen zu kommen. Beängstigende Stille herrscht im ganzen Haus. Doch Hitlers Unruhe ist unnötig, denn Stalin legt ebenfalls großen Wert, wenn nicht noch mehr, auf den Abschluß dieses Pakts.

Um 22 Uhr 50 desselben Tages trifft endlich die Antwort Stalins auf dem Berghof ein. Nur einem einzigen Satz gilt Hitlers Aufmerksamkeit: »Die Sowjetregierung hat mich beauftragt, Ihnen mitzuteilen, daß sie einverstanden ist mit dem Eintreffen des Herrn von Ribbentrop in Moskau am 23. August.« Der Freudenausbruch Hitlers ist einmalig. Seine Augen strahlen, er wirft die Arme hoch und ruft begeistert aus: »Ha, ha! Wir haben gewonnen! Jetzt habe ich die Welt in der Tasche... Jetzt können wir es uns leisten, jedem auf den Kopf zu spucken!«

Kurz vor Mitternacht erfährt die ganze Welt durch den Rundfunk die bestürzende Nachricht.

Am nächsten Morgen, als die sensationellen Schlagzeilen die erste Seite der Berliner Tagespresse füllen, ist Erich Kordt eben dabei, auf dem Reitweg im Tiergarten anzugaloppieren. Er ist an Walter Schellenberg, dem Leiter des SD-Ausland, vorbeigeritten, kaum daß sich die beiden grüßten. Plötzlich kommt ihm Canaris entgegen, der ihn bereits mit sonderbarem Gesichtsausdruck erwartet. Auf dieses Zusammentreffen legte Kordt heute keinen besonderen Wert und seine Befürchtungen waren begründet. Tatsächlich spricht Canaris ihn an:

»Guten Morgen, Kordt! Haben Sie die Zeitungen gelesen? Nach Ihren Informationen hätten die Briten praktisch bereits im Juni einen Vertrag mit den Russen abgeschlossen... Was sagen Sie nun?«

Erich Kordt macht ein verärgertes Gesicht und der »kleine Admiral« fährt schonungslos fort:

»Nun, lieber Freund, wie konnten Sie sich nur derart einwickeln lassen? Heute können Sie feststellen, daß unser »Emil« doch schlauer ist, als Sie meinen und auch viel schlauer als Ihre englischen Freunde in London...«

Während sie mit den Pferden in den Schritt übergehen, meint Canaris mit bitterem Lächeln:

»Sie hat schon begonnen... die Katastrophe, meine ich! Überall da drüben«, mit einer ausholenden Bewegung mit der linken Hand weist er auf die Dienstgebäude des Kriegsministeriums in der Bendlerstraße, »sind die Silber- und Goldfasane* zutiefst beeindruckt von dem was sich soeben ereignet hat. Sie lernen bereits die Internationale für den kommenden Staatsempfang Stalins in Berlin.«

Die Befehlshaberbesprechung vom 22. August auf dem Berghof

Zwei Stunden später fliegt Canaris mit einigen anderen Generalen im Sonderflugzeug von Berlin nach Berchtesgaden. Dort treffen sie kurz

* »Silber- und Goldfasane«: Als Silberfasane bezeichnete man scherzhaft die Generalstabsoffiziere, weil sie silberdurchwirkte Kragenspiegel trugen. Goldfasane waren die Stabsoffiziere des Kriegsministerium, die nicht Generalstabsoffiziere waren, sie trugen golddurchwirkte Spiegel.

vor Mittag ein. Schnell geht es mit dem Wagen zum Obersalzberg hinauf, wo sie sich im großen Salon des Berghofs versammeln. Etwa hundert Offiziere in Uniform sind da, es sind die ranghöchsten Dienstgrade des Heeres, der Luftwaffe und der Kriegsmarine. Es ist keine Geheimbesprechung, wenn auch die dort behandelten Themen der Geheimhaltung unterliegen. Deshalb ist auch kein Stenograf zur Führung eines offiziellen Besprechungsprotokolls anwesend. Doch drei oder vier Generale machen sich heimlich Notizen, darunter Admiral Boehm, General Halder, Oberst Warlimont und besonders Admiral Canaris, der sich in die hinterste Ecke des großen Saales gesetzt hat und umfangreiche Stenogrammnotizen niederlegt.

»Ich habe Sie zusammengerufen«, beginnt Hitler seinen Vortrag, »um Ihnen ein Bild der politischen Lage zu geben, damit Sie Einblick tun in die einzelnen Elemente, auf die sich mein Entschluß, zu handeln, aufbaut und um Ihr Vertrauen zu stärken.«
»Ich faßte den Entschluß zu einer Auseinandersetzung mit Polen bereits im Frühjahr, dachte aber, daß ich mich zunächst in einigen Jahren gegen den Westen wenden würde und dann erst gegen den Osten.«

Aus der langen Rede Hitlers wollen wir uns einige charakteristische Sätze ins Gedächtnis zurückrufen.* Er sagte:

»In der Zukunft wird es wohl niemals einen Mann geben, der mehr Autorität hat als ich... die Tatsache, daß wohl niemand, so wie ich, das Vertrauen des ganzen deutschen Volkes hat. Mein Dasein ist also ein großer Wert-Faktor. Ich kann aber jederzeit von einem Verbrecher, von einem Idioten beseitigt werden.«
Soll der Krieg jetzt bereits stattfinden? Hitler meint dazu:
»Die kraftvolle Persönlichkeit des Duce ist mir die Gewähr für Italiens Bündnistreue... Wir haben nichts zu verlieren, nur zu gewinnen. Außerdem haben wir keine andere Wahl. Unsere wirtschaftliche Lage ist so schwierig, daß wir nur noch wenige Jahre durchhalten können. Göring kann das bestätigen. Uns bleibt nichts anderes übrig, als als erste zuzuschlagen oder wir werden früher oder später vernichtet werden... Für die Wehrmacht ist es von besonderer Wichtigkeit, daß sie den Siegermächten des Ersten Weltkrieges die Stirn bietet, indem sie im Rahmen einer begrenzten Auseinandersetzung mit Polen ihre Streitkräfte erprobt. Sie wird dabei

* Es gibt fünf verschiedene, oft voneinander abweichende Versionen über diese Konferenz vom 22. August 1939. Wir haben uns an die vollständigste und am wenigsten umstrittene des Ministerialrats Dr. Helmuth Greiner, dem Kriegstagebuchführer des Wehrmachtsführungsstabes, gehalten, die er nach den Angaben von Oberst Warlimont zusammengestellt hat und die durch die Stenogrammnotizen von Admiral Canaris ergänzt wurden.

selbst an Vertrauen gewinnen und ihr Prestige wird sich in den Augen der Welt vergrößern.«

Dann sagt Hitler noch: »Ich halte jetzt den Zeitpunkt zur Isolierung Polens für gekommen. Der Spannungszustand ist auf die Dauer unerträglich geworden. Wir müssen mit rücksichtsloser Entschlossenheit das Wagnis auf uns nehmen. Wie im letzten Jahr und im vergangenen Frühjahr bin ich davon überzeugt, daß dieser Akt, so kühn er auch sein mag, von Erfolg gekrönt sein wird...«

Der Führer verhehlt nicht die Möglichkeit des Eingreifens von Frankreich und England, doch hätten diese tatsächlich keinerlei ausreichende Mittel, um Polen zu Hilfe zu kommen. Und er bekräftigt, daß eben deshalb der Krieg von kurzer Dauer sein werde, und daß die Westmächte immer mit der Hoffnung gespielt hätten, daß Deutschland nach der Eroberung Polens mit Rußland in Konflikt geraten würde. Dieser ihr Wunschtraum hat sich zerschlagen.

»Sie haben nicht mit meiner großen Entschlußkraft gerechnet. Unsere Gegner sind kleine Würmchen. Ich sah sie in München. Ich war überzeugt, daß Stalin nie auf das englische Angebot eingehen würde. Rußland hat kein Interesse an der Erhaltung Polens und dann weiß Stalin, daß es mit seinem Regime zu Ende ist, einerlei ob seine Soldaten siegreich oder geschlagen aus einem Krieg hervorgehen... Im Zusammenhang mit dem Handelsvertrag sind wir in das politische Gespräch gekommen. Vorschlag eines Nichtangriffspaktes. Dann kam ein universaler Vorschlag von Rußland. Vor vier Tagen habe ich einen besonderen Schritt getan, der dazu führte, daß Rußland gestern antwortete, es sei zum Abschluß bereit. Die persönliche Verbindung mit Stalin ist hergestellt. Von Ribbentrop wird übermorgen den Vertrag schließen. Nun ist Polen in der Lage, in der ich es haben wollte. Wir brauchen keine Angst vor der Blockade zu haben. Der Osten liefert uns Getreide, Vieh, Kohle, Blei, Zink. Es ist ein großes Ziel, das vielen Einsatz fordert. Ich habe nur Angst, daß mir noch im letzten Moment irgendein Schweinehund einen Vermittlungsvorschlag vorlegt. Jetzt, nachdem ich die politischen Voraussetzungen geschaffen habe, liegt es an den Soldaten, vorwärts zu marschieren!«

...Voraussichtlich am Samstag, dem 26. August!

Nach einer Unterbrechung von einer Stunde zur Einnahme des Mittagessens, setzt Hitler seine Ausführungen um 15 Uhr fort:

»Natürlich ist es unmöglich, mit Sicherheit vorauszusagen, wie die Haltung Frankreichs und Englands sein wird. Es kann auch anders kommen bezüglich England und Frankreich... Ich rechne mit Handelssperre, nicht mit Blockade, ferner mit Abbrechen der Beziehungen. Eisernste Entschlossenheit bei uns... eine lange Friedenszeit würde uns nicht guttun... Nicht Maschinen ringen miteinander, sondern Menschen. Bei uns ist qualitativ der bessere Mensch... Ich werde den propagandistischen Anlaß zur Auslösung des Krieges geben, gleichgültig ob glaubhaft oder nicht. Der Sieger wird später danach gefragt, ob er die Wahrheit gesagt hat oder nicht... Bei Beginn und während der Operationen kommt es nicht auf das Recht an, sondern auf den Sieg...«

Jetzt weiß Canaris, warum man bei ihm hundertfünfzig polnische Uniformen bestellt hat: für das »Unternehmen Heydrich«* ...

Hitler stellt das zu erreichende Ziel heraus, indem er sagt:

»Die Aufgabe der Wehrmacht wird es sein, rücksichtslos die polnischen Streitkräfte zu zerschlagen, auch wenn sich im Westen ein Krieg entwickeln sollte. An Munition und Gerät braucht nicht gespart zu werden. Die Operationen müssen mit unerbittlicher, brutaler Gewalt geführt werden. Eine schnelle Entscheidung ist notwendig.«

Abschließend meint Hitler: »Unsere Armeen müssen blitzschnell handeln. Ich wiederhole es noch einmal, das Ziel ist die Zerschlagung Polens. Ich habe vollstes Vertrauen in die Tapferkeit und die Schlagkraft des deutschen Soldaten. Ebenso bin ich überzeugt, daß die Wehrmacht den hohen Anforderungen gewachsen sein wird und alle auftretenden Schwierigkeiten siegreich überwinden wird.«

Nach kurzer Atempause erklärt Hitler: »Wahrscheinlich werde ich den kommenden Samstag früh als Angriffszeitpunkt bestimmen.«

Mit diesen Worten beendet er seine Rede und verläßt mit großen Schritten die Versammlung, wobei er Göring, Halder, Keitel und Brauchitsch bittet, ihm zu folgen.

Folglich wird am Samstag, dem 26. August 1939, der Krieg seinen Anfang nehmen. Halder, Canaris und andere teilen jedoch diese Ansicht nicht. Sie glauben, daß es trotz der kriegerischen Ansprache noch die Möglichkeit für eine friedliche Lösung gibt. Denn Hitler hat unter anderem zwei Probleme unberücksichtigt gelassen. Er rechnet mit Italiens Kriegseintritt auf deutscher Seite, und er glaubt nicht an ein bewaffnetes Eingreifen der Engländer und Franzosen, nachdem er jetzt den Nichtangriffspakt mit Stalin abgeschlossen hat. Nun aber, und davon ist Canaris überzeugt, wird Italien nicht mitmachen,

* Das Kommandounternehmen gegen den Sender Gleiwitz, das, von Heydrich und Naujocks veranlaßt, als Vorwand für den Angriff auf Polen am 1. September 1939 dienen sollte.

England und Frankreich jedoch mit der Waffe in der Hand Polen unterstützen, im Falle daß es angegriffen wird. Die Absage des Duce und die Entschlossenheit der Westmächte könnten vielleicht ausreichen, um Hitlers Entschluß rückgängig zu machen? Canaris glaubt es oder er hofft es wenigstens.

Noch ein weiterer Grund gibt Canaris Hoffnung, daß der Friede gerettet werden kann: Er hat erfahren, daß Hitler im Anschluß an die Besprechung den Großadmiral Raeder empfangen hat, der ihm seine Befürchtungen mitteilte und davor gewarnt haben soll, die Entschlossenheit der Engländer nicht zu unterschätzen. Er weiß über die Stärke der englischen und französischen Flotte zu gut Bescheid. Der Führer hat überraschenderweise nicht dagegen gewettert, sondern dem Oberbefehlshaber der Kriegsmarine geantwortet:

»Beruhigen Sie sich, ich werde diese Schwierigkeiten ohne Krieg auf dem alleinigen Weg der Diplomatie überwinden. Die Verhandlungen mit London sind zur Zeit im Gange. Zu gegebener Zeit erhalten Sie endgültige Weisungen.«

Henderson bei Hitler

Am 23. August empfängt Hitler auf seinem Berghof den britischen Botschafter Neville Henderson. Dieser überbringt ihm ein Schreiben des Premierministers Neville Chamberlain, eine höchst bedeutsame Mitteilung an den Führer, um ihn an der Ausführung des Nichtwiedergutzumachenden zu hindern. Hitler ist über den schulmeisterlichen Ton des Schreibens erzürnt, außerdem auch deshalb, weil der Premierminister den festen Willen bezeugt, sich zum Mittler zwischen Deutschland und Polen aufzuspielen. Wie lange noch will sich England unaufhörlich in Dinge einmischen, die es nichts angehen? Es kommt zu einem heftigen Wortwechsel. In der Antwort an Chamberlain gibt Hitler unmißverständlich zu verstehen, daß sich Deutschland von niemandem einschüchtern läßt, und sollten England und Frankreich Maßnahmen der Mobilisierung ergreifen, dann werde auch er die Gesamtmobilmachung befehlen.

»Ich bin jetzt fünfzig Jahre alt«, sagt Hitler zu Henderson, »es ist besser, wenn ich den Krieg jetzt beginne, als wenn ich im fünfundfünfzigsten oder im sechzigsten Lebensjahr stehe.«

Dem Botschafter stehen die Tränen in den Augen. Alles um ihn herum bricht zusammen, er, der blindlings in gutem Glauben von Hitlers Friedenswillen überzeugt war. Der Führer setzt ihm wie folgt zu:

»Bei der nächstbesten Provokation seitens der Polen werde ich entsprechende Maßnahmen ergreifen. Jetzt ist die Zeit gekommen, die Danzigfrage in der einen oder anderen Weise zu lösen! Sagen Sie es ihnen!«

Auf dem Rückflug nach Berlin wehklagt Henderson: »Ich sehe keinen Ausweg mehr... keinerlei Ausweg mehr. Es ist einfach unmöglich, mit Hitler zu verhandeln...«

Die Situation erscheint wirklich aussichtslos, denn beide verfolgen ihre fixe Idee.

General Brauchitsch und der ganze Führungsstab der Wehrmacht haben ihr Kriegshauptquartier in Zossen, etwa fünfunddreißig Kilometer südlich von Berlin aufgeschlagen. Der Angriffsbefehl ist auf den frühen Morgen des 26. August festgelegt worden. Nur die Stunde »H«, die Stunde des Angriffbeginns, bleibt noch offen. Oder könnte der Befehl rückgängig gemacht werden? Hitler hat nämlich den Wehrmachtführungsstab angewiesen, die Bereitstellung der Truppen in ihren Ausgangspositionen habe so zu geschehen, daß die Einheiten jederzeit durch einen Gegenbefehl angehalten werden können. Die Mehrzahl der Generale glaubt daraus folgern zu können, die befohlenen Maßnahmen würden noch lange keinen Krieg bedeuten. Sie seien wohl nur dazu bestimmt, den Druck auf Polen zu verstärken.

Göring schaltet sich ein

Am Donnerstag, dem 24. August, steigt die fieberhafte Spannung in Europa weiter an. In Danzig ist die Luft wie zum Bersten. Im Reich ziehen die motorisierten Kolonnen auf den Straßen nach Osten. In Frankreich strömen die einberufenen Reservisten zu ihren Sammelstellen. In Belgien und in Polen wird die Teilmobilmachung ausgerufen, in Holland werden zwischen Nijmegen und Maastricht Minen verlegt. Von Washington aus richtet Präsident Roosevelt an Hitler einen Appell für einen Verhandlungsfrieden. Der Vatikansender strahlt einen Aufruf Papst Pius' XII. aus, der sich an die ganze Menschheit richtet, sich zu besinnen, bevor es zu spät sei. In England versammeln sich das Unterhaus und das Oberhaus in der Westminster Abtei. Nach einer entschlossenen Rede Chamberlains vor dem Unterhaus und einer Ansprache Lord Halifax' in gleichlautendem Sinne vor dem Oberhaus, erwirkt die Regierung Chamberlain die Verabschiedung des Notstandsgesetzes – Emergency Powers Bill – mit vierhundertsiebenundvierzig Ja- gegen vier Neinstimmen.

In Karinhall, der Residenz des Reichsmarschalls Göring, ist um 14 Uhr eine geheimnisumwitterte Persönlichkeit angekommen, um an den zweiten Mann des Dritten Reiches einen Appell zu richten. Es ist der schwedische Großindustrielle Birger Dahlerus, ein in Wirtschafts- und politischen Kreisen Londons wohlangesehener Mann und ein guter Bekannter Görings seit 1934.

»Es ist mehr denn je notwendig, daß jegliches Mißverständnis zwischen England und uns ausgeräumt wird«, sagt Göring zu ihm, »denn eine furchtbare Katastrophe wäre die Folge. Ich habe an Sie gedacht, eine vertrauensvolle Mission zu übernehmen. Wären Sie bereit, mich in meinen Bemühungen um die Verhinderung eines zweiten Weltkriegs zu unterstützen?«

»Das versteht sich von selbst«, antwortet Dahlerus.

»Ich bedanke mich sehr dafür«, erwidert Göring bewegt. »Könnten Sie nach Berlin zurückfahren und sich zur Verfügung halten? Ich werde Ihnen meine Direktiven im Laufe des Abends telefonisch durchgeben.«

Um 20 Uhr 30 ruft Göring Dahlerus an und meint: »Es läuft alles gut. Sie sollten sofort nach London reisen, Chamberlain aufsuchen und ihm sagen, daß wir seine Rede vor dem Unterhaus aufmerksam gelesen hätten und daß noch nichts verloren sei, solange das Nichtwiedergutzumachende noch nicht durchgeführt sei. Sagen Sie ihm auf mein Ehrenwort als Staatsmann und als Offizier, daß ich, obwohl ich die stärkste Luftwaffe der Welt befehlige... alles tun würde, was in meiner Macht stünde, um einen Krieg zu verhindern. Ein Sonderflugzeug erwartet Sie in Tempelhof. Fliegen Sie sofort los und halten Sie mich bitte über Ihre Gespräche auf dem laufenden.«

Eine Stunde später bringt das Flugzeug Birger Dahlerus von Tempelhof aus nach England. Trotz intensivster Bemühungen des schwedischen Großindustriellen, der fortlaufend zwischen Berlin und London hin und her pendelte, sollten seine Friedensbemühungen scheitern.

Der Vormittag des 25. August ist für Hitler mehr als unerfreulich. Die Nachrichten aus dem deutsch-polnischen Grenzgebiet sprechen von vermehrten, teilweise schweren Zwischenfällen. Insbesondere in Bielitz gab es bei einem Zusammenstoß acht Tote und zahlreiche Verletzte auf deutscher Seite. Hitler tobt: »Diesmal ist meine Geduld zu Ende«, schreit er. »Es ist unmöglich, daß sich eine ähnliche Situation wiederholt!« Daraufhin schreibt er persönlich an Mussolini und teilt ihm mit, daß er höchstwahrscheinlich gezwungen sei, die Feindseligkeiten gegen Polen in Kürze zu eröffnen. Das Datum erwähnt er dabei nicht.

Kaum hat er dieses Schreiben beendet, dämpft eine Nachricht aus Moskau seine kriegerische Stimmung. Er hatte nämlich am 23. August Stalin durch Ribbentrop bitten lassen, eine ansehnliche Militärmission nach Berlin zu entsenden. Er war der Meinung, daß die Anwesenheit zahlreicher russischer Offiziere in der Reichshauptstadt die Engländer davon überzeugen würde, daß der deutsch-russische Pakt mehr als nur ein Nichtangriffspakt sei und daß die beiden Vertragspartner sich auf weitere Punkte der gegenseitigen Unterstützung geeinigt hätten. Ein Telegramm des deutschen Botschafters in Moskau, Friedrich Werner Graf von der Schulenburg, ließ diese Hoffnung entschwinden: Molotow ließ ausrichten, daß die Militärdelegation im Augenblick nicht abkömmlich sei, sie würde aber in... absehbarer Zeit kommen*. Diese böswillige Antwort beweist Hitler, daß Stalin damit zum Ausdruck bringen will, er werde sich strikt an die Bestimmungen des Nichtangriffspaktes halten.

Eine weitere Nachricht sollte die Absichten des Führers ändern: Der Botschaftsrat von Selzam von der deutschen Botschaft in London sandte ihm soeben eine Eilmeldung über die politische Atmosphäre in England.
Der Inhalt des Berichts bereitet Hitler Sorgen:

> »Honorierung polnischer Garantie ist zu einem nicht mehr diskutierbaren Ehrenpunkt geworden. Gesamtbild ist das ruhiger Bereitschaft und der Zuversicht gegenüber einem Krieg, den man nicht wünscht, jedoch als kaum mehr vermeidbar betrachtet.«

* Sie traf erst am 2. September 1939 in Berlin ein, das heißt also zu spät, um die von Hitler beabsichtigte Wirkung auf die Engländer zu haben.

Sollte sich Hitler in der Haltung der Briten getäuscht haben? Seine Entscheidung folgt spontan: Er muß mit letzter Anstrengung versuchen, England und Polen zu entzweien. Er läßt sofort Keitel rufen.

Zu Mittag trifft der Chef des Oberkommandos der Wehrmacht in der Reichskanzlei ein.

»Ich brauche noch Zeit«, sagt Hitler zu Keitel. »Kann der Aufmarsch der Truppen gestoppt werden?«

»Ich glaube schon, daß man sie anhalten kann, unter der Voraussetzung, daß der Befehl auf der Stelle übermittelt wird. Wir haben nur noch wenig Zeit.«

»Wie lange ist die Mindestfrist, die Sie für die Befehlserteilung an die Truppe brauchen?« fragt Hitler.

»Fünfzehn Stunden, mein Führer!«

»Lassen Sie bis dahin alle Marschbewegungen der Truppe widerrufen. Zu gegebener Zeit werde ich meine endgültigen Weisungen erteilen.«

Hitlers erstaunlicher Vorschlag an England

Keitel war verschwunden, da bittet Hitler um 13 Uhr 30 den englischen Botschafter Sir Neville Henderson zu sich. Als dieser Hitler gegenübersteht, glaubt er seinen Ohren kaum, was Hitler ihm sagt:

»Ich habe mich entschlossen, einen letzten Versuch zur Vermeidung des Nichtwiedergutzumachenden zu unternehmen. Ich bin bereit, England einen Vorschlag zu machen, der von einer noch nie dagewesenen Tragweite ist. Sie wissen, daß ich ein Mann großer Entschlüsse bin und daß ich die Gewohnheit habe, meine Taten mit meinen Worten in Einklang zu bringen.«

Und Hitler schlägt ganz einfach eine Allianz mit den Engländern auf folgender Grundlage vor:

1) Wiederangliederung Danzigs und des Korridors an Deutschland mit Hilfe der Engländer. 2) Deutsche Garantieerklärung für die neuen polnischen Grenzen. 3) Ein Abkommen über die deutschen Kolonien. 4) Verzicht auf jede Grenzkorrektur im Westen Deutschlands. 5) Begrenzung der Rüstungen. Als Gegenleistung verpflichtet sich Deutschland ehrenwörtlich, das Britische Empire mit der deutschen Wehrmacht zu verteidigen, von wen auch immer das Empire bedroht werden würde...

Henderson macht große Augen. Muß man Hitler ernstnehmen? Wie im Traum hört er, wie ihm Hitler versichert: »Ich bin Künstler, kein Politiker. Wenn die polnische Angelegenheit geregelt ist, dann möchte ich mein Leben als Künstler, nicht als Kriegstreiber beenden. Ich habe wirklich keine Lust, Deutschland in ein gigantisches Heerlager zu verwandeln. Ich werde es nur tun, wenn man mich dazu zwingt. Wenn die polnische Sache erledigt ist, werde ich mich zurückziehen…«

Neville Henderson kehrt in die Botschaft zurück und erfährt zur gleichen Zeit wie Hitler in der Reichskanzlei von der Unterzeichnung eines englisch-polnischen Bündnisses. Die Vertragsklauseln lassen keinerlei Zweifel aufkommen: Wenn Deutschland einen einzigen Kanonenschuß auf Polen abgibt, wird England ebenso wie Frankreich in Ausführung des französisch-polnischen Pakts dem Aggressor den Krieg erklären.

Hitler liest an seinem Schreibtisch die vom DNB (Deutschen Nachrichtenbüro) übermittelten acht Punkte des Vertrages. Er wird bleich vor Schrecken. Wie versteinert sitzt er da und blickt vor sich hin. Es ist 15 Uhr. Um 15 Uhr 02 erhebt er sich, geht zur Tür, öffnet sie und ruft dem im Vorzimmer wartenden General von Vormann zu:

»Plan Weiß!«

General von Vormann weiß sofort, was das bedeutet: Der Angriff auf Polen wird morgen bei Tagesanbruch beginnen. Er eilt zum Telefon und gibt den Führerbefehl an das OKW durch. Die Kriegsmaschinerie der deutschen Wehrmacht wird nach dreistündigem Anhalten wieder in Gang gesetzt.

Um 17 Uhr 30 empfängt Hitler den französischen Botschafter François Coulondre und erklärt ihm: »Ich möchte keinen Konflikt mit Ihrem Land… Es wäre mir schmerzlich, zu denken, daß es dazu kommen könnte, wegen Polen gegen Frankreich kämpfen zu müssen… Aber die Entscheidung liegt nicht bei mir. Bitte sagen Sie das Herrn Daladier…« Er werde Frankreich nicht angreifen. Doch sollte Frankreich in den Konflikt eintreten, dann werde er den Krieg bis zum Ende durchstehen…

Während dieser entscheidenden Stunden hielt sich Canaris ständig in seinem Büro auf. Schon seit Beginn dieser Woche war alles in Hochspannung versetzt. Wohl ist er nicht über alle Vorgänge unterrichtet, doch aus dem was er weiß, kann er die Wirkung der kalten Dusche aus England erkennen: Krieg? Frieden? Krieg oder Friede?... Seine Nerven sind aufs höchste angespannt. Er verstärkt die Vorsichtsmaßnahmen der Spionageabwehr, um das gegnerische Ausland nicht wissen zu lassen, was im deutschen Lager vor sich geht. Seine Abteilung I – Spionage – heizt er tüchtig an, um möglichst viel Neues aus Warschau, Paris, London, Washington, Moskau und Rom zu erfahren. Wie man sich denken kann, sind Canaris und seine Mitarbeiter pausenlos tätig. Und trotzdem findet er in dieser dienstlichen geistigen Belastung noch Zeit, sich mit der im Herzen brennenden Frage zu beschäftigen: Wie kann Hitler, um den Frieden zu sichern, gestürzt werden?

Im Verlauf einer Zusammenkunft in Canaris' Büro besprechen sich wieder einmal die Generale von Witzleben, Halder, Thomas mit Canaris, Oster und Gisevius über die Möglichkeit, den Führer zu beseitigen. Die Widerständler sind sich untereinander nicht einig. Gisevius, der Sprecher von Dr. Schacht, erklärt, daß dieser sich jeder Aktion Hitlers entgegenstellen wird, nicht aber durch einen Staatsstreich, sondern durch das verfassungsmäßige Recht, das vorschreibt, vor einer Kriegserklärung müsse das Reichskabinett angehört werden. Halder neigt zusammen mit Oster zu einer gewaltsamen Beseitigung Hitlers, aber er ist der Auffassung, daß dieses Attentat nicht von den obersten Stellen der Wehrmacht ausgehen sollte, denn es würde damit die Autorität und Moral seiner Führung ebenso zerstört. Er würde bevorzugen, daß es von anderer Ebene aus durchgeführt werden soll. »Aber durch wen?« fragt Oster zornig. Keine Antwort. General Thomas erklärt, daß ein sogenannter legaler Staatsstreich in seinen Augen Utopie sei: Fünfundsiebzig Prozent der Bevölkerung und neunundneunzig Prozent der jungen Offiziere stünden hinter Hitler... Man dreht sich im Kreise. Sie kommen zu keiner Lösung, so scheint es.

An diesem 25. August um 18 Uhr trifft der italienische Botschafter in der Reichskanzlei ein, um Hitler die Antwort Mussolinis zu übermitteln. »Endlich« , sagt der Führer, der seit Stunden ungeduldig auf sie wartete. Zunächst liest er das persönliche Schreiben des Duce, dann die offizielle Antwort. Beide Schreiben schlagen wie eine Bombe ein! Mussolini erklärt ganz offen: Italien ist nicht kriegsbereit!... »Es ist für mich einer der tragischsten Augenblicke, Ihnen sagen zu müssen, daß es uns an den wichtigsten Materialien und notwendigsten Waffen fehlt und Italien außerstande ist, in den Krieg einzutreten...«

Hitler entläßt Attolico mit merklicher Kühle. Kurz danach hört General Halder, der eben in das Arbeitszimmer Hitlers trat, wie Hitler zu Ribbentrop ganz leise sagt: »Die Italiener machen es genauso, wie anno 1914!«

Halder, der von der Antwort des Duce noch nichts weiß, findet den Führer »ziemlich zusammengebrochen« vor. Er wollte gerade Befehle des Führers entgegennehmen, dieser jedoch scheint ihn kaum zu sehen, so war er mit sich beschäftigt. Peinliche Minuten verstreichen. Endlich, um 19 Uhr 30 hat sich Hitler gefaßt und läßt Keitel, heute bereits zum zweitenmal, rufen. Als sich dieser bei ihm meldet, sagt ihm sein Herr und Meister in niedergeschlagenem Ton:

»Widerrufen Sie sofort den Angriffsbefehl!... Ich muß die Situation neu überdenken... Ich muß mir einen Gesamtüberblick über die internationale Lage verschaffen... Ich muß sehen, daß ich das britische Eingreifen noch verhindern kann... Ich brauche Zeit zum Verhandeln...« Als die Nachricht vom Widerruf der Angriffsbefehle bei der Abwehr bekannt wird, meint Oster in genüßlicher, selbstzufriedener Art:

»Die Westmächte sind nicht umgefallen, die ›Achse‹ ist zerbrochen. Hitler ist alleingelassen! Seine Befehle und Gegenbefehle haben wenigstens den Vorteil, daß sie unsere Position stärken, indem Hitler in den Augen der Militärs sein Prestige verspielt hat. – Das kommt davon, wenn ein Gefreiter Krieg führen will!... Er hat sich selbst einen Schlag versetzt, von dem er sich nie wieder erholen wird. Er ist ein erledigter Mann! Alles geht nun seinen von uns gewünschten Gang. Es bleibt nur noch die Frage zu klären, wie wir uns am einfachsten und elegantesten dieses nunmehr demaskierten Scharlatans entledigen können.«

Oster hat nicht ganz unrecht. Denn alle Offiziere, von Keitel bis zum jüngsten Leutnant, die auf dem Anmarsch nach Polen sind, sind wütend. Die Spähtrupps müssen zurückgerufen werden, Die Fahrzeugkolonnen und die Artillerie müssen angehalten werden, die Panzer müssen von vorne auf die rückwärtigen Bereitstellungsräume zurückgenommen werden, dafür muß die Infanterie vorn ablösen. Die Transportflugzeuge, die Fallschirmjäger an bestimmten strategisch wichtigen Punkten absetzen sollten, müssen zurückbeordert werden, und so weiter.

»Das ist ein Wahnsinn!« sagen die Offiziere. »Will man uns vor unseren Soldaten lächerlich machen? Rin in die Kartoffeln – raus aus den Kartoffeln! Das ist wieder einmal das Werk verteufelter Diplomaten!...«

Keitel ist sehr besorgt, denn ähnliche Rückschläge geben nicht nur Anlaß zur Verwirrung, sondern man läuft Gefahr, daß die deutsche Kriegsmaschinerie vollständig in Unordnung gerät.

»Der Friede ist für zwanzig Jahre gerettet«

Sehr früh am nächsten Morgen ist Oster noch in bester Stimmung. Denn alles hat gut geklappt: Bis zum letzten Vorposten konnten die Gegenbefehle durchgegeben werden. Auch Canaris strahlt voller Zufriedenheit. Er schätzte es gewohnheitsmäßig, nach Stunden größter Nervenanspannung seine Nervosität nachträglich dadurch abzureagieren, daß er seine vertrauten Mitarbeiter arglos fragte, weshalb sie eigentlich so aufgeregt wären. Auch er steht unter dem Eindruck, daß sich eine historische Wende anbahnt.

»Was sagen Sie nun?« fragt Canaris mit strahlendem Gesicht Gisevius. »Von diesem Schlag erholt er sich nie wieder. Der Friede ist für zwanzig Jahre gerettet!«

Regierungsrat Gisevius erwidert ihm aber weniger optimistisch:

»Aber nur, wenn wir zustoßen! Sonst werden Himmler und Ribbentrop ihren Gegeneinfluß geltend machen, dann haben wir in einer Woche die gleiche Situation...«

»Ausgeschlossen!« erwidert Canaris.

Nach dem Kriege erinnert sich Gisevius an diese Unterhaltung und schreibt darüber:

»... Stärker noch als sein durchdringender Verstand für die politischen Realitäten, war bei Canaris sein intuitives Gefühl für das irreale Geströme. Selten habe ich einen Menschen erlebt, der so genau fühlte, worauf die Dinge hinaus wollten. Meistens war er von diesen irrealen Realitäten so gepackt, daß er darüber nicht zu einer äußeren Aktion kam. Doch an diesem 26. August wurde er von Intuition und Verstand gleichermaßen betrogen. Ich bin mir ganz sicher, er wollte mir nichts vormachen, er wollte auch sich selber nicht in Illusionen wiegen. Nein, dieses ›ausgeschlossen!‹, mit dem er mich abfertigte, war durchaus echt. Für ihn war tatsächlich der Friede für zwanzig Jahre gerettet – es sollte die einzige falsche Lagebeurteilung sein, die ich jemals aus seinem Munde gehört habe.

Folgerichtig lehnte es der Admiral ab, irgend etwas zu unternehmen. Er bestärkte Oster in der gleichen Richtung. Alles würde nun seinen wunschgemäßen Gang nehmen. Hitler war ein erledigter Mann. Nur eines konnte ihn noch retten, nämlich daß wir Zivilisten die Generale durch übereilte Forderungen störrisch machten, statt eine verheißungsvolle Entwicklung ausreifen zu lassen.

So nervenaufreibend die Tage vor dem 25. August gewesen waren, so dramatisch der Tag selber mit seinem Auf und Nieder der Ereignisse verlief, genau so gleichmütig, ich könnte auch sagen apathisch, verstrichen die folgenden sechs Tage – und genauso undramatisch vollzog sich am 31. August das Unwiderrufliche.«

Am 31. August 1939 erfährt Hitler, daß die Polen keinesfalls mit sich über die Punkte verhandeln lassen, die er vorsorglich für die Ankunft eines polnischen Sonderbotschafters zusammengestellt hatte. Was er von den Polen haben will, kann er nur mit Gewalt erreichen. Die Würfel sind gefallen!

Um 12 Uhr 40 ruft er Keitel zu sich und übergibt ihm die »Weisung Nr. 1 für die Kriegsführung«. Sie beginnt wie folgt: »Nachdem alle politischen Möglichkeiten erschöpft sind, um auf friedlichem Wege eine für Deutschland unerträgliche Lage an seiner Ostgrenze zu beseitigen, habe ich mich zur gewaltsamen Lösung entschlossen... Der Angriff auf Polen ist gemäß der im ›Plan Weiß:‹ vorgesehenen Vorbereitung durchzuführen... Angriffstag: 1. September 1939. Zeitpunkt des Angriffs: 4 Uhr 45...«

Vor dem einberufenen Reichstag wiederholt Hitler den Ablauf der Ereignisse im Monat August und kommt dann auf die Ziele seines Kampfes zurück: Danzig, den Korridor, die veränderten deutsch-polnischen Beziehungen usw. Hitler hatte den Reichstag zufällig am 1. September um 10 Uhr morgens einberufen und erschien statt in der braunen Parteiuniform als Führer der NSDAP in der feldgrauen Uniform der Wehrmacht. Dabei erklärt er:

»Ich will jetzt nichts anderes sein als der erste Soldat des Deutschen Reiches. Ich habe damit wieder jenen Rock angezogen, der mir selbst der heiligste und teuerste war. Ich werde ihn nur ausziehen, wenn ich siege oder – ich werde dieses Ende nicht überleben!«... »Es gibt ein Wort, das ich niemals gekannt habe, das heißt: Kapitulation... Einen November 1918 wird es in der deutschen Geschichte niemals wieder geben!...«

»Das ist Deutschlands Ende!«

Es war am 31. August kurz nach Mittag, als Canaris erfährt, daß Keitel vom Führer die »Weisung Nr. 1 für die Kriegführung« erhalten hat, und daß der Angriff auf den Morgen, 4 Uhr 45 festgesetzt sei. Dies bedeutet für den Admiral Canaris den Zusammenbruch seiner Hoffnungen, die er gegen alle Vernunftgründe immer noch hatte, die Katastrophe verhindern zu können. Sein Kampf um den Frieden ist verloren. Der Krieg beginnt, das Schicksal Deutschlands nimmt seinen unerbittlichen Lauf.

Gisevius, der auf dem Weg in das Büro von Oster ist, steigt die Treppen zum Gebäudeflügel der Dienststelle der Abwehr am Tirpitzufer hinauf. Als er im zweiten Stockwerk angelangt war, bemerkt er, wie Admiral Canaris von oben mit einigen höheren Offizieren eilig die Treppe herunterkommt. Gisevius will ausweichen, denn nach außen hin verleugneten sie möglichst ihre Bekanntschaft. Doch Canaris bemerkt ihn, läßt seine Begleiter vorweggehen und nimmt den Regierungsrat beim Arm und schiebt ihn in das Halbdunkel eines Flurs:

»Was sagen Sie nun?«

Gisevius kann nicht so schnell antworten, als Canaris ihm mit tränenerstickter Stimme sagt:

»Das ist das Ende Deutschlands!«

19. DIE VERNICHTUNG POLENS

Am 3. September 1939 erklärten England um 11 Uhr und Frankreich um 17 Uhr Deutschland den Krieg. Damit ist der Zweite Weltkrieg, der fünfzig Millionen Tote kostet, ausgebrochen. An jenem Abend sitzen Canaris und seine Frau mit einigen Abteilungsleitern der Abwehr und Dr. Werner Best, dem Verbindungsmann des SD, beim Abendessen. Der »kleine Admiral« ist von der Eröffnung der Feindseligkeiten mit den Westmächten zutiefst betroffen. Er ist der Meinung, daß der Krieg viele Jahre dauern kann. Seine Mitarbeiter sind optimistischer, darunter der Leiter der Abteilung III – Spionageabwehr– Oberst Egbert von Bentivegni. Sie meinen, daß in wenigen Monaten wieder Friede sein wird. Canaris ist einfach sprachlos, er ist mit den Nerven fertig. Um 22 Uhr zieht er sich wie üblich mit seiner Frau zurück.

Major Seubert bekommt eine leichte Ohrfeige

Am nächsten Morgen gegen 7 Uhr 30 beendet Major Seubert seinen Nachtbereitschaftsdienst, währenddem er die Lagekarte zu führen hatte, indem er die deutsche und polnische Truppenteile darstellenden Fähnchen auf eine große Wandkarte steckte. Er markiert damit den gegenwärtigen Stand des Vorrückens der Wehrmacht, nach den letzten über Telefon und Fernschreiber eingegangenen Meldungen. Leise öffnet sich die Tür und der Admiral tritt ein, setzt sich ohne ein Wort zu sagen vor die Lagekarte. Während Seubert noch einige Fähnchen steckt und der Admiral ihm zusieht, sagt er plötzlich zu ihm:

»Seubert, wir haben einen großen Sieg errungen.«

»Jawohl, Herr Admiral, einen großen Sieg errungen«, antwortet Seubert zurückhaltend kühl.

»Ja, Seubert, einen großen Sieg. Man muß nur daran glauben...«

Der Admiral erhebt sich und reicht seinem jungen Untergebenen die Hand. Der solide, kräftige und dynamische junge Major erwidert mit einem ziemlich starken Händedruck. Da verzieht der Admiral sein Gesicht vor Schmerz, denn die Fassung seines Ringes drückte sich in die Haut, und gibt dem jungen überraschten Major eine leichte Ohrfeige. Dann geht er wortlos hinaus.

Sich selbst überlassen, faßt sich Seubert an die Wange. Was tun? Das ist eine grobe Beleidigung! Soll er die Ohrfeige zurückgeben? Soll er ihn zum Zweikampf fordern? Er ist noch in Gedanken versunken, als Canaris wieder erscheint, auf Seubert langsam zugeht, ihm die Wange streichelt und fragt:

»Habe ich Ihnen weh getan?«

»Nein... Herr Admiral...«, Stammelt Seubert.

Canaris hält dem Major seine rechte Hand vor das Gesicht und zeigt ihm die blutunterlaufenen Druckstellen seines Ringes. Er sagt:

»Aber mir!«

Und der Chef der Abwehr zieht sich wieder zurück, ebenso leise und langsam, wie er gekommen ist. Zurück bleibt der verblüffte Seubert, der ihm damit sehr viel näher gekommen ist. Oberst Seubert erzählte mir dreißig Jahre später diese Anekdote in Erinnerung an den »kleinen Admiral« mit einem nachdenklichen Lächeln und meinte, daß Canaris damals nervlich wohl sehr angespannt war, sich aber stets zu beherrschen wußte und nie das Gefühl für Menschlichkeit verlor.

Der »Blitzkrieg«

Der Feldzug in Polen läuft, insgesamt gesehen, genau nach Plan ab. Hitler hält sich der Einmischung in die Operationsführung fern und beschränkt sich auf seine Rolle als Führer des Reichs und Oberster Befehlshaber, indem er vom 3. September an seine Truppen begleitet, um sie durch seine Anwesenheit zu beflügeln.

Die erstaunte Weltöffentlichkeit nimmt Anteil an der neuen Strategie, die man »Blitzkrieg« nennen wird, mit ihren kühnen Panzervorstößen in perfekter Zusammenarbeit mit den Schlachtfliegern und den Sturzkampfbombern (Stukas), den Zangenbewegungen, den Einkesselungen und Brückenkopfbildungen. Was bei dieser neuen Technik des Krieges besonders entscheidend zu sein scheint, ist mehr die Schnelligkeit als die Feuerkraft. Daraus folgert man, daß die Lineare Verteidigung – wie sie sich zum Beispiel auf starre Befestigungslinien, wie die Maginotlinie, oder auf die Grabensysteme des Ersten Weltkriegs stützte – das ungünstigste aller nur denkbaren Verteidigungssysteme ist. Denn wenn eine solche Linie einmal von Panzerkräften durchstoßen wird, ist es schwierig, wenn nicht sogar unmöglich, die eigenen Kräfte für einen Gegenstoß wieder in die Hand zu bekommen.

Dieser erfolgreiche »Blitzkrieg« gegen Polen ist in der ungewöhnlich kurzen Zeit von achtzehn Tagen beendet, nur die festen Plätze Warschau, Modlin und Hela leisten nach dem 19. September noch

Widerstand. Hitler wird damit in seinem Glauben bestärkt, daß die von ihm geschaffene Wehrmacht imstande sei, alle ihr in Zukunft auferlegten Aufgaben zu lösen. Von dieser Blitzkriegidee ist er völlig besessen. Nach Schilderung eines Mitarbeiters Canaris, glaubte Hitler, daß diese Idee es gewesen sei, die seine kriegerische Zielsetzung bestimmte. Seit dieser Zeit habe er mehr und mehr Interesse an dieser seiner militärischen Fähigkeit gezeigt, die er bei seiner »universellen Begabung« bisher vernachlässigt habe. Er wäre nicht Hitler gewesen, wenn er – dabei die unumstrittenen Verdienste des Generalstabes vergessend – sich nicht engstirnig in der Idee verrannt hätte, die Kommandostruktur nach seinem eigenen Ermessen zu reorganisieren.

Die Erfolge des »Blitzkriegs« berauschten aber ebenso die Generalität. Sie erwarten jetzt nur noch den schnellen Frieden, der normalerweise ihnen die Krönung des militärischen Erfolges bringt. Sie haben die Feindseligkeit am 1. September mit der von Hitler gegebenen Zusicherung begonnen, daß England und Frankreich nicht den Krieg erklären würden. Obgleich sie von dem Ereignis des 3. September ebenso überrascht werden wie Hitler, hat er sehr bald wieder das Vertrauen der Generale zurückgewonnen, indem er ihnen zusicherte, daß das Eingreifen der Westmächte nur eine Geste der Solidarität gegenüber Polen darstelle. Polen werde bald besiegt sein, dann werden die Engländer und Franzosen sich eines besseren besinnen, so daß man mit einem Verhandlungsfrieden noch vor Winterbeginn rechnen könne. Folglich beruhe alles auf der Tüchtigkeit der Generale, einen glänzenden Sieg über Polen davonzutragen. Die Tatsache, daß die Engländer und Franzosen trotz ihrer Kriegserklärung im Westen nicht angegriffen haben, bestätigte die Voraussagen des Führers und habe damit das Vertrauen der Generale auf seine »Intuition« erhöht.

»Polen wird von der Landkarte ausradiert«

Diese Einmütigkeit der Generalität war nicht überall vorhanden. Unter denen, die am Polenfeldzug teilnehmen, sind bereits einige, die von dem, was sie mitansehen mußten, zutiefst erschüttert sind. Wenn sie auch auf die Schrecken des Krieges innerlich vorbereitet waren, so überstiegen die Abscheulichkeiten, die von den Naziideologen vorbereitet und von Himmlers SS begangen wurden, ihre Vorstellungen. Sie entdecken alsbald die grausame Wahrheit. Canaris ist der allererste unter ihnen.

Keiner von ihnen weiß, daß diese Verbrechen ein Teil eines genau ausgeheckten Planes von Hitler sind, mit denen er insgeheim Himmler am 22. August, am Abend desselben Tages, an dem die Befehlshaberbesprechung auf dem Obersalzberg stattfand, beauftragte. An diesem Abend sagte er dem Reichsführer der SS:

»Polen wird von der Landkarte der Nationen verschwinden. Was im rückwärtigen Heeresgebiet passiert, wird vermutlich nicht die Zustimmung der Generalität finden. Deshalb soll die Armee nicht an der Liquidierung der polnischen Berufssoldaten und der Juden beteiligt werden. Dies wird die Aufgabe der SS sein...« Die SS habe zwei grundsätzliche Aufgaben zu erfüllen: 1) Sie hat sicherzustellen, daß Polen niemals wieder aufersteht. Deshalb muß der polnische Adel, die polnische Intelligenz vom Lehrer bis zum Wissenschaftler ausgerottet werden. Zugleich sollten die Polen auf den Stand von Heloten, von Untermenschen, zurückgeführt werden. 2) Sie hat sofort Vorausmaßnahmen, keine endgültigen, gegen die polnischen Juden zu ergreifen, das heißt gegen drei Millionen Polen: soviel macht der jüdische Bevölkerungsteil aus. Am nächsten Tag gibt Himmler Heydrich alle Vollmachten zur Durchführung dieses »Führerbefehls«. Dieser stellt sofort fünf SD-Einsatzkommandos auf, die der Wehrmacht beim Vormarsch folgen und entsprechend des Fortschreitens des Vordringens nach Polen die polnische Führungsschicht zu liquidieren haben.

Zur Verschleierung der wirklichen Aufgabe, die Hitler den Kommandos gegebenhatte, gegenüber der Wehrmacht, deklariert Heydrich seinen Auftrag mit »Kampf gegen unsere Feinde hinter der Front, Festnahme der unsicheren Elemente, Abwehr von Spionage und Entwaffnung«. Doch sehr bald werden Bedenken in der Wehrmacht laut und lösen ernste Gegenströmungen aus.

Im Sonderzug des Führers am 12. September 1939

Am 12. September kommt Canaris in Begleitung von Oberst von Lahousen auf dem Bahnhof in Illnau/Schlesien an, wo die Sonderzüge des Führers und Ribbentrops stehen. Sie gehen in den Privatwaggon von General Keitel, der an den Führerzug angehängt ist. Als Canaris und Lahousen eintreten, bemerken sie, daß Joachim von Ribbentrop bei Keitel sitzt*.

Unmittelbar nach Austausch der üblichen Begrüßungen, erklärt der Außenminister, sich direkt an Canaris wendend, seine Auffassung über die Möglichkeiten, den deutsch-polnischen Krieg auf politischem Wege zu beenden. Canaris hört zu, sagt aber kein Wort, um so mehr denkt er darüber nach. Als sich dann Ribbentrop, mit dem Bewußtsein, ein vorzügliches Exposé abgegeben zu haben, zurückzog, faßt Keitel die Lösungsmöglichkeiten zusammen und erläutert sie wie folgt:

»... Fall 1: Eine vierte Teilung Polens wird stattfinden, wobei Deutschland sein Desinteressement zugunsten der Sowjetunion mit Bezug auf das Land östlich der Narew-Weichsel-San-Linie ausspricht. Fall 2: Für den verbleibenden Teil wird ein unabhängiges Polen errichtet, eine Lösung, die dem Führer am besten zusagen würde, weil er dann mit einer polnischen Regierung über die Wiederherstellung des Friedens im Osten verhandeln könnte. Fall 3: Der Rest Polens löst sich auf. a) Litauen wird das Gebiet von Wilna angeboten, b) Galizien und die polnische Ukraine werden unabhängig. (Vorausgesetzt, daß dieses außenpolitische Arrangement der Sowjetunion recht ist.) Für den Fall 3b würde ich geeignete Vorbereitungen mit den Ukrainern zu treffen haben, daß, wenn dieser Fall Tatsache wird, durch die Organisation Melnik (O.U.N.) ein Aufstand erregt werden kann, der auf die Vernichtung der Juden und der Polen abzielt. Ein politisches Übergreifen dieser Bewegung in Richtung auf die Sowjet-Ukraine (Idee einer Groß-Ukraine) müßte unbedingt verhindert werden. (Hierzu eine Bleistiftnotiz: Die Voraussetzungen hierfür erscheinen nicht mehr gerechtfertigt)...«

Canaris bemerkt sodann, und das ist eine gewohnte Taktik, daß ihm Keitel noch keine klare Weisung über den »Ukraineraufstand« erteilt habe und somit die Angelegenheit wohl noch im Stadium der

* Es gibt ein wichtiges Dokument über diese Besprechung vom 12. September 1939 in Ilnau. Es ist eines der wenigen noch vorhandenen Auszüge aus dem persönlichen Tagebuch von Canaris. Der vollständige Text ist im Anhang wiedergegeben. Diese Aufzeichnung ist erhalten geblieben, weil Lahousen den Text nach den Angaben von Canaris selbst entworfen hat, wovon er sich mit Zustimmung des Abwehrchefs eine Abschrift machte und sie in seiner »Raritätenmappe« aufbewahrte. Sie ist mit handschriftlichen Bemerkungen von Canaris versehen.

Planung sei. Es sei überflüssig zu betonen, daß die ungeheuerliche Zumutung Ribbentrops einfach dilettantisch sei, weil sie die praktischen Voraussetzungen völlig verkennen würde. Der Abwehr sei es dank der engen Kontakte zu den ukrainischen Nationalisten wie Melnik gelungen, Kampftrupps von einigen hundert Mann aufzustellen, die entsprechend ausgebildet und geeignet seien, solche Untergrundtätigkeiten wie Zersetzung der feindlichen Truppe, Sabotage an Verkehrsanlagen im feindlichen Operationsgebiet und im Hinterland, durchzuführen. Die Abwehr habe aber keinerlei politisch-terroristische Unternehmen vorbereitet, insbesondere nicht in dem von Ribbentrop beabsichtigen Umfang.

»Die Welt wird die Wehrmacht dafür verantwortlich machen!«

Nachdem Keitel und Canaris die Regelung der Propagandamaßnahmen in Polen besprochen hatten, deren Verantwortlichkeit ausschließlich beim Chef der Propagandakompanien verbleiben soll, die Dr. Goebbels unterstellt sind, schneidet der Admiral in aller Offenheit ein Thema an, das ihn besonders bewegt: das Thema der Massenerschießungen in Polen.

»Ich muß Sie darauf hinweisen«, so sagt er, »daß mir zur Kenntnis kam, daß Erschießungen und Repressalien durchgeführt wurden oder geplant sind, die sich insbesondere gegen die Intellektuellen*, den Adel und die polnische Geistlichkeit richten, also gegen die Elemente, die, zu Recht oder Unrecht, als die wahrscheinlichen Führer des nationalen Widerstandes gelten können. Solche Grausamkeiten sind undenkbar. Denn die ganze Welt würde die Wehrmacht für solche Greueltaten verantwortlich machen, weil sie unter ihren Augen geschehen seien.«

»Über diese Säuberungsmaßnahmen ist vom Führer entschieden worden«, antwortete Keitel kühl. »Der Führer und Oberste Befehlshaber der Wehrmacht hat mir gesagt, daß, wenn die Wehrmacht diese Befehle nicht durchführen wolle oder sie nicht gutheißen

* Im November 1939 wurden nahezu sämtliche Professoren der Universität Krakau in einem Konzentrationslager interniert. Davon verstarben achtzehn – der zehnte Teil. Nach und nach wurden die meisten zwar wieder entlassen, andere aber kamen nach Dachau und Auschwitz.

würde, sie dann die Anwesenheit einiger SS-Sondereinheiten neben der Wehrmacht akzeptieren müsse, die seine Befehle ohne zu zögern ausführten. Dafür werde in jedem militärischen Bereich neben dem Militärbefehlshaber ein ziviler Befehlshaber der SS eingesetzt werden und mit der Aufgabe der Liquidierung – einer politischen Flurbereinigung und völkischen Ausrottung – betraut werden.«

Canaris ist sich darüber im klaren, daß es sinnlos wäre, weiter auf diese Sache einzugehen. Wenige Tage später, als er in Wien gegenüber seinem Freund, dem Vizeadmiral Leopold Bürkner, dem Leiter der Abteilung Ausland/Abwehr, auf diese Unterredung hinwies, sagt er: »Ein Krieg, der unter Hintansetzung jeglicher Ethik geführt wird, kann niemals gewonnen werden. Es gibt auch eine göttliche Gerechtigkeit auf Erden.«

Als Canaris durch Keitel von der Absicht Hitlers erfährt, Warschau, das immer noch Widerstand leistet, bombardieren zu lassen, macht dieser auf die schweren politischen Auswirkungen, hauptsächlich im Ausland, aufmerksam. Keitel antwortet ihm, daß diese Maßnahmen einzig und allein durch den Führer und Marschall Göring entschieden werden. »Manchmal werde ich über die besprochenen Themen unterrichtet, aber nicht immer«, antwortet er.

In diesem Augenblick betritt Hitler mit General Jodl den Eisenbahnwaggon und wendet sich sofort an Canaris, was für Nachrichten er von der Front im Westen habe. Canaris antwortet: »Nach den vorliegenden Informationen und Berichten müssen wir darauf schließen, daß die Franzosen Truppen und Artillerie besonders im Raum Saarbrücken zusammenziehen, um einen Angriff großen Stils vorzubereiten.«*

Warum betont Canaris den Umfang der offensiven Vorbereitungen? Hofft er damit, daß der Führer unter dem Eindruck der Gefahr weniger brutal gegen die Polen vorgehen würde und seine Pläne der Teilung Polens und der totalen Vernichtung noch einmal überdenken werde? Wahrscheinlich hofft er dies. Doch in dieser Hinsicht unterschätzt er seinen Gesprächspartner. Hitler läßt sich nichts vormachen. Offensichtlich ist er sehr gut über die Lage im Westen orientiert.

Hitler sagt darauf: »Ich kann mir nicht vorstellen, daß die Franzo-

* Was sich als richtig erweisen sollte, mit Ausnahme dessen, daß es kein »Angriff großen Stils», sondern ein Angriff mit begrenztem Ziel blieb.

sen gerade in der Gegend von Saarbrücken angreifen sollten, wo unsere Stellungen am stärksten sind. Dort haben wir unsere A-Werke und außerdem werden sie sich dort zweiten und dritten Stellungen gegenüber finden, die wenn möglich, noch stärker befestigt sind. Ich betrachte den Bienwald und den Pfälzer Wald als unseren schwächsten Punkt, trotz des von anderer Seite erhobenen Einwands, daß ein Angriff gegen eine bewaldete Zone aussichtslos ist. Ich bin in dieser Hinsicht anderer Meinung. Ein Abenteuer über den Rhein ist immerhin möglich, obgleich wir dort schon vorbereitet sind. Ich halte es nicht für wahrscheinlich, daß ein Angriff durch Belgien und Holland, eine Verletzung der Neutralität, versucht wird. Jedoch für einen Angriff großen Stils gegen den Westwall ist Zeit erforderlich.«

Keitel und Jodl stimmen den Gedankengängen des Führers zu. Jodl meint noch, daß die Artillerievorbereitung für einen Großangriff mindestens drei bis vier Wochen in Anspruch nehme, daher würde der Angriff selbst erst im Oktober stattfinden.

Worauf Hitler fortfährt: »Ja, im Oktober ist es schon ziemlich kalt und unsere Leute werden in geschützten Bunkern sitzen, währenddessen die Franzosen im Freien liegen und angreifen müssen. Jedoch selbst wenn der Franzose einen der schwächsten Punkte im Westwall erreichen sollte, werden wir in der Zwischenzeit in der Lage sein, vom Osten das heranzubringen, was ihm eine solche ›Abreibung‹ versetzt, daß ihm Hören und Sehen vergeht. Daher bleibt nur der Weg durch Belgien und Holland. Ich glaube nicht daran, aber es ist nicht unmöglich. Deshalb müssen wir wachsam sein.«

All diese Gespräche beweisen, daß die Ausrottungsmaßnahmen gegenüber der polnischen Bevölkerung im Gehirn Hitlers nicht erst als Ergebnis der sich steigernden Verbitterung während des Feldzuges entsprungen sind, sondern daß im Gegenteil ein Vernichtungsprogramm unter gröbster Verachtung jeglicher Gedanken der Menschlichkeit bereits vorher ausgearbeitet war und das Hitler heuchlerisch »politische Flubereinigung« nannte.

Daß Canaris nach seiner Rückkehr von Ilnau nach Wien über das dort Erlebte mit tiefster Entrüstung sprach, war selbstverständlich. Von diesem Tage an beginnt der Abwehrchef zusammen mit seinen engsten Mitarbeitern mit der Sammlung von Beweismaterial über die in Polen begangenen Nazi-Verbrechen. Bei jeder Gelegnheit wird er unter dem Siegel der Verschwiegenheit die zahlreichen Beweisstücke herzeigen, die er in Zukunft in seiner Aktentasche herumträgt. Sie sollen Zeugnis ablegen über den durch Hitler befohlenen und von Himmler und Heydrich durchgeführten Völkermord.

Die Vernichtungsaktion der SS

Die Aktivitäten der SD-Kommandos sind erheblich. Die Heydrich-Leute verhaften Lehrer, Professoren, Beamte, Kaufleute, Ärzte, Geistliche, Großgrundbesitzer in dem Maße, wie die Wehrmacht vormarschiert. Von den 690 Geistlichen der Diözese von Kulm-Pelpli wurden 518 eingesperrt, davon 214 erschossen. Die politischen Häftlinge werden in ein Lager nach Soldau gebracht. Sie werden durch verschiedenartige Hinrichtungsmethoden auf Befehl Heydrichs vom Leben in den Tod befördert. Am häufigsten wendet die Gestapo dabei die sogenannte »Sonderbehandlung« an, die mit dem offiziell beschönigenden Ausdruck »getötet im Verlaufe eines Fluchtversuchs« umschrieben wird. In ganz kurzer Zeit gehen in Soldau mehr als sechshundert polnische Intellektuelle zugrunde. Am 27. September 1939 zieht Heydrich über die Aktion des SD in Polen das Fazit: »In den von uns besetzten Gebieten wurde die polnische Elite zu etwa drei Prozent ausgerottet.«

In Himmlers Augen war dies alles noch nicht genug, er sah die Anzahl der liquidierten Polen für noch viel zu gering an. Deshalb schickt der Reichsführer SS Mitte September ein weiteres SS-Kommando unter der verantwortlichen Führung des SS-Obergruppenführers Udo von Woyrsch nach Polen. Diese Spezialeinheit wird mit der Vernichtung der polnischen Juden im Raum Kattowitz beauftragt. Hierüber unterrichtet Heydrich den Generalquartiermeister in Polen, Eduard Wagner, mit den Worten, daß mit der Aktion Woyrsch die Politik der SS in Polen in ein neues Stadium getreten sei. Fünfhunderttausend in Danzig, Ostpreußen, Posen und Oberschlesien lebende Juden werden in »polnischen Ghettos konzentriert, um später nach Übersee deportiert zu werden«.

Während einer Ansprache vor der Leibstandarte »Adolf Hitler« am 7. September 1940 gibt Himmler die Verbrechen in Polen mit dem Bemerken zu, sie seien zum größten Nutzen Deutschlands erfolgt, und sagt weiter:

»Ich möchte Ihnen einiges über die Deportationen sagen, die in

Polen während einer Temperatur von über vierzig Grad Kälte stattgefunden haben. Wir mußten Tausende und aber Tausende von Polen deportieren. Wir mußten hart bleiben. Sie müssen dies verstehen und auch gleich wieder vergessen. Wir mußten hart durchgreifen und Tausende von führenden polnischen Leuten erschießen. Wir mußten diesen Härtebeweis erbringen... Ich möchte es Ihnen noch einmal sagen, selbst wenn Sie lamentieren: Es ist oft leichter mit einer Kompanie im Gefecht vorzurücken, als einer feindlich gesinnten Bevölkerung niederster Kulturstufe Herr zu werden, sie zu erschießen, zu deportieren, die heulenden und wimmernden Weiber einzufangen und dann noch die deutschen Bewohner zu schützen und sie über die russische Grenze in Sicherheit zu bringen. Noch etwas will ich anführen: Wir müssen in der gesamten Waffen-SS gleichermaßen verfahren wie es die Allgemeine SS und die Polizei begonnen haben. Wir müssen wissen, daß die Tätigkeit der Männer in der grünen Uniform ebenso wichtig ist, wie die unsrige. Es ist notwendig, daß Sie die Tätigkeit der Männer vom SD oder der Sicherheitspolizei als einen Teil unserer gesamten Aufgabe betrachten, die genauso wichtig ist wie unsere Aufgabe, mit der Waffe in der Hand zu kämpfen.«

Die Wehrmacht begehrt auf

Die Verbrechen des Schwarzen Korps sind von einem Ausmaß, daß die Wehrmacht aufzubegehren beginnt. Generaloberst Johannes von Blaskowitz verfaßt einen Bericht, der Hitler vorgelegt wird:

»Die Sachlage untergräbt die militärische Ordnung und Disziplin. Die Massenerschießungen müssen umgehend verboten werden... Die deutsche Wehrmacht ist nicht dazu da, einer Verbrecherbande Hilfestellung zu geben.« Hitler nimmt davon kaum Notiz. General Walter von Reichenau wendet sich ebenfalls gegen die Untaten der SS, obgleich er als Hitleranhänger bekannt ist. Auch Minister Hans Frank schaltet sich ein, und Admiral Canaris schürt das schwelende Feuer. Generaloberst Gerd von Rundstedt, der Militärbefehlshaber der besetzten Gebiete, versichert der polnischen Bevölkerung , »daß die Wehrmacht die Zivilbevölkerung nicht als ihren Feind ansieht«, und daß sie dazu da sei, deren »Hab und Gut und Rechte zu wahren...« Je mehr die Verbrechen zunehmen, um so ungehaltener werden die Militärs. In Berlin steigt die gespannte Lage. Auf Anregung von Canaris und Oberst Oster verlangen die Offiziere des Oberkommandos der Wehrmacht »die unverzügliche Auflösung der SS-Totenkopfverbände und die Absetzung ihrer SS-Führer, um dieser Situation ein Ende zu bereiten, die für das deutsche Volk entsprechend ist«.

Hitler reagiert auf seine Weise. Er läßt der Generalität sagen, daß das Schwarze Korps die Repressalien fortsetzen und sogar noch intensivieren werde: »In unserem Kampf können wir uns nicht um Recht oder Unrecht kümmern... In diesem besonderen Falle müssen sich unsere Prinzipien unseren Methoden unterordnen... Wir müssen verhindern, daß eine neue polnische Intelligenz aufersteht und wir müssen das Großdeutsche Reich von dem jüdischen und polnischen Gesindel reinigen...«

Einige Tage darauf hat Hitler mit Keitel ein Gespräch, um ihm zu erklären, was Halder später als den »diabolischen Plan für Polen« bezeichnet:

»Der Lebensstandart in Polen ist auf drakonische Weise zu senken und so niedrig zu halten, daß die Leute gerade am Rand des Verhungerns sind. Es wird einen erbitterten Kampf geben, geführt mit Methoden, die im Gegensatz zu den Prinzipien stehen, denen wir sonst huldigen...«

General Keitel nimmt dies zur Kenntnis, ohne jeglichen Protest!

Die Rettung des Rabbiners...

Kurz vor Ende des Polenfeldzuges sucht der amerikanische Generalkonsul in Berlin, Geist, seinen alten Bekannten, den Staatsrat Helmuth Wohlthat auf, um mit ihm eine »äußerst delikate Sache« zu besprechen. Er erbittet Wohlthats Rat und Hilfe für einen bestimmten Fall, »an dem höchste politische Kreise in Washington besonders interessiert seien«: Es handelt sich darum, in dem eben durch die Wehrmacht eingenommenen Warschau einen Rabbiner ausfindig zu machen, der sowohl in religiöser wie in wissenschaftlicher Hinsicht als einer der geistigen Führer des Judentums in Osteuropa gilt. Washington möchte, daß der Rabbiner in das neutrale Ausland in Sicherheit gebracht werde. »Ich kenne die Einstellung Ribbentrops in dieser Hinsicht und glaube, daß es zwecklos wäre, sich an das

Auswärtige Amt zu wenden. Deshalb komme ich zu Ihnen, weil ich Sie gut kenne. Seitens der Amerikaner kann ich Ihnen absolute Geheimhaltung zusichern, denn ich bin mir bewußt, daß mit jeder Tätigkeit in gewünschtem Sinne ein erhebliches Risiko für die Beteiligten verbunden sein wird.«

Staatsrat Wohlthat bittet um Bedenkzeit und verspricht zu prüfen, was sich machen ließe.

Am Tage darauf sucht Wohlthat Admiral Canaris am Tirpitzufer auf und wiederholt wortwörtlich die von Geist am Vortag vorgebrachte Bitte. Er stellt Canaris die Frage, ob er helfen wolle und könne. Canaris ist sofort zu einer Hilfe bereit, denn er erkennt die Bedeutung dieser Sache in Anbetracht des Interesses, die »höchste politische Stellen in Washington« – vergessen wir nicht, daß die Vereinigten Staaten damals noch neutral waren – dafür zeigen. Er verspricht dem Bittsteller, daß er durch einen seiner Abwehroffiziere versuchen werde, den Rabbiner ausfindig zu machen.

Canaris beauftragt persönlich sofort den Leiter der Abwehrstelle in Warschau, den Major, späteren Oberstleutnant Johannes Horaczek, dem es tatsächlich, wenn auch unter größten Schwierigkeiten, gelingt, im damals noch brennenden Warschau den Rabbiner aufzufinden und ihn vor der Nase der Gestapo zu »verhaften«. Mit falschem Paß versehen und von einem Vertrauensmann der Abwehr begleitet, gelangt der Rabbiner einige Wochen später auf neutrales rumänisches Gebiet. Von dort aus erreicht er New York, wo er bei Ankunft von den höchsten Persönlichkeiten der jüdischen Vereinigungen feierlich empfangen wurde.

Trotz stärkster Beanspruchung ist Canaris stets bereit, auch unter großem Risiko, Menschen, die in Gefahr sind, Hilfe zukommen zu lassen, ungeachtet der Nationalität derselben. Man könnte mannigfache Beispiele anführen. Auch alte Freunde hat er dabei nicht vergessen!

Vor dem Krieg pflegte Canaris freundschaftliche Beziehungen mit dem polnischen Militärattaché in Berlin, dem Rittmeister Szymanski. Sie verkehrten gesellschaftlich miteinander. Anläßlich einer privaten Abendeinladung in Canaris' Villa am Schlachtensee am 23. August 1939, informiert er seinen Freund, daß Hitler für den 26. August morgens den Angriffsbefehl auf Polen erteilt habe und rät ihm, sich mit seiner Familie in Sicherheit zu bringen und sofort nach Warschau zurückzukehren. Der polnische Rittmeister befolgt den Rat des

Admirals und reist am 29. August in seine Heimat ab. Als Major fällt Szymanski im Krieg gegen Deutschland.

Kaum war der Polenfeldzug beendet, kümmert sich Canaris um das Schicksal von Frau Szymanska und deren Kinder. Sie wohnen in Lublin. Da er weiß, welchem Schicksal die polnische Führungsschicht durch die SS ausgesetzt ist, bittet der Admiral seinen Major Horaczek, nach Lublin zu fahren und die Familie zu der alten Mutter von Frau Szymanska nach Warschau zu bringen, die dort in einem unzerstörten Haus in der Ulonka-Straße wohnen soll. Der Auftrag wird durchgeführt. Künftig sollte es der Familie unter dem Schutz der Abwehr an nichts mehr fehlen.

Als Canaris Anfang November wieder nach Warschau kommt, macht er alsbald bei Frau Szymanska Besuch. Er teilt ihr seine große Besorgnis über die Zukunft Polens und des polnischen Volkes mit und empfiehlt ihr, mit der Familie schleunigst in ein neutrales Land auszureisen. Trotz des Kummers über ihren vermißten Mann und der Venichtung ihres Vaterlandes denkt Frau Szymanska an die Zukunft ihrer Kinder und geht auf den Vorschlag von Canaris ein. Er veranlaßt alles Weitere, was zur Rettung notwendig ist, wie Beschaffung von Personalausweisen, Geldmittel und Transportmöglichkeit usw.* In der Schweiz mietet er eine komfortable Villa, in der Frau Szymanska bei Ankunft ein riesiges Blumengebinde von roten und weißen Rosen, den polnischen Nationalfarben, vorfindet. Außerdem liegt noch ein Scheckheft einer Schweizer Bank bereit, worüber man sich erzählt, daß es ihr vom »kleinen Admiral« zur Verfügung gestellt worden sei.

20. DIE DEUTSCHE ATOMFORSCHUNG

Im Krieg der Geheimdienste um die Atomforschung blieb eine Frage ein Vierteljahrhundert unbeantwortet: Warum ist es den deutschen Atomwissenschaftlern, unter denen sich mehrere Nobelpreisträger befanden, nicht gelungen, für Hitler eine Atombombe zu bauen? Als diese Wissenschaftler nach 1945 von den Alliierten befragt wurden, gaben sie zur Antwort, sie hätten ihre Forschungen »gebremst«. Das

* Die Ehefrau und die Kinder des Majors posthum zum Obersten beförderten Szymanski leben heute in England.

ist zutreffend. Aber sie haben darüber geschwiegen, zumindest diejenigen, die davon wußten, warum und mit welcher Unterstützung sie sich »passiv verhalten« konnten, angesichts der unerbittlich strengen Diktatur Hitlers und ohne dabei in den Bannstrahl der Gestapo zu gelangen. Auch dabei spielte der Admiral eine entscheidende Rolle!

Anfang Oktober 1939 empfängt Ernst Freiherr von Weizsäcker, der dienstälteste leitende Staatssekretär im Auswärtigen Amt, seinen vertrauten Freund Canaris bei sich zu Hause. Der Chef der Abwehr war mit einer dicken Aktentasche voller Schriftstücke und Photos gekommen, den Beweisunterlagen für die auf Hitlers Befehl durch die SS begangenen Verbrechen in Polen. Die dabei abgegebenen Erklärungen erhöhten noch die Beweiskraft der Untaten. Weizsäkker ist zutiefst erschüttert. Beide sind der gleichen Meinung: Solche Tatsachen schaden dem guten Ansehen der deutschen Wehrmacht in der Welt auf das höchste, weil diese Verbrechen unter ihren Augen geschehen konnten, ohne daß sie etwas dagegen unternahm. Sie könnten das deutsche Volk international in eine Kollektivschuld verstricken, weil es das verbrecherische Regime geduldet hat und seinem Führer blindlings gefolgt sei.

Eine »Geheime Reichssache«

Diese beiden Männer haben neben ihrer Nazigegnerschaft und der gleichen Herkunft aus der Kriegsmarine die Umsicht und die große Gabe der Verstellung gemeinsam. Sie haben zueinander vollstes Vertrauen, so daß sie untereinander offen Probleme erörtern können. Weizsäcker ist für Canaris ein wertvoller Verbündeter, da er über alles, was auf militärischem und politischem Gebiet vor sich geht, orientiert ist. Was er nicht in seiner Stellung als Staatssekretär bei Joachim von Ribbentrop erfahren kann, erfährt er durch seine Gesinnungsgenossen im Oberkommando des Heeres und von Canaris aus dem Oberkommando der Wehrmacht. Deshalb hat er auch keine Hemmungen, auf das als »Geheime Reichssache« deklarierte Problem der deutschen Atomwaffe zu sprechen zu kommen, nachdem ihm Canaris an jenem Abend im Oktober 1939 seine Aufzeichnungen über die abscheulichen Vorgänge in Polen zeigte.

Wenn Ernst von Weizsäcker über das Atomproblem Bescheid weiß, so kommt es daher, weil ausgerechnet sein Sohn, der junge

Wissenschaftler Carl Friedrich von Weizsäcker, Assistent bei dem damals bereits berühmten Physiker Professor Werner Heisenberg ist. Als wir später über einen verletzenden Brief Einsteins an Roosevelt sprachen, in welchem Ernst von Weizsäcker als Nazi beschimpft wurde, sagt der Sohn Weizsäckers: »Damals wußte Einstein nicht, er konnte es übrigens gar nicht erfahren haben, daß mein Vater der deutschen Widerstandsbewegung angehörte. Wenn diese Tatsache öffentlich bekannt gewesen wäre, dann wäre sein Widerstand völlig zwecklos gewesen. Mein Vater war es, der mich davon abhielt, in die Nazipartei einzutreten.«

Canaris hat keinerlei Kenntnis vom Atomproblem. Wovon er nur ganz oberflächlich weiß, sind die Lehren von Einstein und daß es eine Atomkernspaltung geben soll, die eine ungeheure Energie freiwerden läßt. Auch von Arbeiten des Franzosen Frédéric Joliot-Curie hat er schon gehört, der erst kürzlich, Ende 1938 / Anfang 1939, ein einfaches, aber sensationelles und anschauliches Experiment durchgeführt und den Beweis erbracht hat, daß sich im Versuch von Fermi (1934) bei der Bombardierung eines Urankerns mit Neutronen eine doppelte Kernspaltung ergab, die eine gewaltige Energie frei machte. Er weiß außerdem, daß zwei deutsche Chemiker, Otto Hahn und Fritz Strassmann, denselben Versuch der Kernspaltung auf chemischer Grundlage durchgeführt haben. Aber wem kann das alles viel nutzen? Der Chef der Abwehr hat davon keine Ahnung.

Freiherr von Weizsäcker zieht eine kleine Akte aus dem Schreibtischfach hervor, öffnet sie und erläutert oberflächlich, wie weit die Atomforschung fortgeschritten sei und was für eine internationale Bedeutung sie habe. Dabei erklärt er auch, daß diese Atomversuche im Endeffekt sich zu einer neuen Energiequelle für die Industrie entwickeln und leider auch militärische Anwendung finden könne.

Reorganisation der deutschen Forschung

Auf der ganzen Welt arbeitet man im Jahre 1939 an der Lösung des Problems der Uranspaltung. Die Franzosen haben darin einen beträchtlichen Vorsprung vor den anderen Nationen. Die Deutschen wissen dies und sind darüber beunruhigt. Nach der Entdeckung des Prinzips der Kernspaltung durch Otto Hahn und Fritz Strassmann nehmen sich führende Nazis der Sache an, um die Forschung voranzutreiben. Sie wird – wie so oft im Dritten Reich, um die Macht zu teilen – zweigleisig unter verschiedener Leitung betrieben. Der eine Leiter ist Abraham Esau, ein starrsinniger Nazibürokrat, Direktor der Reichsanstalt für das Eichwesen im Ministerium für Wissenschaft, Erziehung und Volksbildung, der für die Abteilung »Wissenschaftliche Physik« verantwortlich ist. Der andere ist ein gewisser Erich Schumann (ein Nachkomme des bekannten Komponisten, ein zweitrangiger Physiker, dafür aber fanatischer Parteigänger), Professor an der wissenschaftlichen Abteilung des Wehrmachtswaffenamtes, ein Freund von General Keitel. Die Unfähigkeit der beiden legte die Schaffung und das Studium ernsthafter Forschungsgruppen lahm.

Ende April 1939 wird eine Neuorganisation notwendig. Abraham Esau gründet den »Uran-Verein« und beruft sechs Wissenschaftler: Joos, Hanle, Geiger, Hattauch, Both und Hoffmann. Er richtet sich in Berlin am Kaiser-Wilhelm-Institut ein, an dem bereits der bedeutendste deutsche Physiker, Werner Heisenberg, und sein Assistent Carl Friedrich von Weizsäcker, arbeiten. Schumann seinerseits bildet eine weitere Uran-Forschungsgruppe. Deutschland, das bisher an Mangel an Uranerz leidet, wird durch den Einmarsch in die Tschechoslowakei dieser Sorge enthoben. Die Folge ist, daß ab Juni 1939 der Export an Uranerz aus den tschechischen Minen von Joachimsthal nach dem Ausland eingestellt wird.

Die französischen Fortschritte bereiten den Deutschen Sorge, und die Wissenschaftler auf der anderen Seite des Atlantik, die sich über die wahren Ziele der Hitlerschen Politik keine Illusionen machen, stellen sich die Frage: Wie weit sind die Fortschritte der Atomforschung in Deutschland seit dem großen Sprung nach vorne, den die Entdeckung der Kernspaltung darstellt, gediehen? Denn es ist kaum denkbar, daß ein eroberungssüchtiges Regime, wie es das Hitlerregime darstellt, nicht die ungeheuren militärischen Möglichkeiten erkennt, die in der Entdeckung von Hahn und Strassmann liegen, auch wenn sie sich noch im theoretischen Stadium befinden. Ihre Befürchtungen werden durch die Nachricht bestätigt, daß die Nazis von einem Tag auf den andern die Ausfuhr von Uranerz der tschechischen Bergwerke gänzlich gesperrt haben. Dem nach den Vereinigten Staaten emigrierten ungarischen Physiker Leo Szilard gelingt es, Albert Einstein zu einem Brief an den Präsidenten Roosevelt zu überreden, worin dieser die amerikanische Regierung auffordert, die Herstellung einer Atomwaffe vorzusehen. Fünf Jahre später wird

Einstein sagen: »Wenn ich das gewußt hätte, dann hätte ich diesen Brief niemals unterschrieben.« Tatsächlich haben sich alle nach den Vereinigten Staaten ausgewanderten Wissenschaftler in der angeblichen atomaren Bedrohung durch die Nazis schwer getäuscht.

In Wirklichkeit ist Deutschland weit von einem Atomprogramm entfernt, denn die Forschungen werden ohne eine Leitkonzeption, in einem unglaublichen Durcheinander und nur mit beschränkten Mitteln betrieben. Damals weiß selbst Heisenberg noch nicht, ob sich eine Kettenreaktion in der Praxis durchführen läßt! Im August 1939 wird Werner Heisenberg zum Direktor des Kaiser-Wilhelm-Instituts ernannt. Als der große Chemiker Otto Hahn durch Heisenberg persönlich von dieser Ernennung erfährt, bemerkt er:

»Ach! Ihr Physiker, hoffentlich werdet ihr euch trotzdem nicht an die Herstellung einer Uranbombe machen. Wenn Hitler eine derartige Waffe bekommen sollte, dann würde ich Selbstmord begehn.«

Heisenberg antwortet ihm darauf:

»Keiner von uns wird sich in welcher Art auch immer an der Konstruktion, Erprobung und Anwendung von Uranbomben beteiligen. Was uns interessiert, ist die Lehre der Elementarteilchen und die Beherrschung von Nuklearreaktionen.«

Gleichzeitig mit der Ernennung Heisenbergs wird das Kaiser-Wilhelm-Institut vom »Amt Hilfswaffen« beschlagnahmt. Hat sich Heisenberg mit der Übernahme dieser Stelle als Direktor in die Reihe der Nationalsozialisten eingegliedert? Darüber erzählt er später folgendes: »Ich kam im August 1939 von einer Amerikareise zurück, unter anderem aus dem Grunde, die deutsche Wissenschaft zum Teil zu retten, beziehungsweise den Physikern meines Landes zu helfen, den Krieg zu überstehen und sich den Problemen für die Zeit nach dem Kriege zu widmen. Ich war nämlich der Überzeugung, daß Hitler und Deutschland besiegt würden.«

Diese glaubhaft erscheinende Erklärung gibt einen Gedanken wider, der sich mit denen von vielen Widerstandskämpfern des Regimes deckt, die inzwischen für Deutschland weiterarbeiten.

Wie kann man den Nazis Widerstand leisten?

Im amerikanischen Nationalarchiv zu Washington befindet sich ein Teil eines von Himmler handgeschriebenen Briefes an den Gestapochef Heinrich Müller, Professor Heisenberg nicht zu töten, weil er für die Weiterentwicklung der deutschen Wissenschaft unersetzlich sei. Bedauerlicherweise trägt dieses Fragment eines Briefes kein Datum, doch nimmt man mit Sicherheit an, daß er aus dem Jahre 1938 stammt. In diesem Jahr erging sich nämlich die SS-Zeitschrift »Das Schwarze Korps« in einer eine Seite langen wüsten Beschimpfung über Heisenberg und versuchte dabei die Grundlagen seiner Lehre über »die physikalischen Prinzipien der Quantentheorie« zu widerlegen. Heisenberg schreibt darüber später:

»In einer Diktatur ist ein aktiver Widerstand nur durch solche Leute möglich, die den Anschein erwecken, Anhänger dieses Systems zu sein. Wer öffentlich gegen das Regime Stellung bezieht, vergibt sich gleichzeitig alle Möglichkeiten eines wirksamen Widerstandes, oder er begnügt sich mit gelegentlicher und unverfänglicher Kritik. Dann aber ist der politische Einfluß gleich Null. Und wenn sie einen Zusammenschluß geistig Gleichgesinnter wagen, z. B. Studenten, werden sie alsbald im Konzentrationslager landen. Die Opferung des Lebens bleibt damit praktisch unbekannt, weil einem das Recht genommen ist, darüber zu sprechen.« Heisenberg fügt noch hinzu, als er auf die Offiziere des 20. Juli zu sprechen kommt, die das Attentat auf Hitler wagten: »Ich schäme mich sehr vor den Männern des 20. Juli 1944, denn sie haben uns echten Widerstand vorgelebt und dabei ihr Leben geopfert. Ihr Beispiel beweist aber auch, daß eine wirksame Opposition ohne eine vorgetäuschte Sympathie für die herrschende Staatsgewalt nicht möglich ist.«

Genauso stellt sich die Haltung von Canaris dar!

»Während des Sommers 1939«, erzählte Heisenberg, »hat Flügge eine Studie in der Zeitschrift ›Naturwissenschaften‹* veröffentlicht, in der er beschreibt, auf welche Weise die Atomkernspaltung zu einer Kettenreaktion führen könne. Es ist möglich, daß die durch diese Veröffentlichung unter uns angeregte Diskussion eine gewisse Neugier bei amtlichen Stellen hervorgerufen hat. Aber zu keiner Zeit hat man vor Kriegsausbruch seitens der Regierung oder der Mitarbeiter des Amtes ›Hilfswaffen‹ ernsthaft das Uraniumprogramm studiert. Erst danach wurde eine Gruppe von Physikern und Chemi-

* »Ein Kubikmeter Uranoxyd mit einem Gewicht von 4,2 Tonnen würde ausreichen, um einen Kubikkilometer Wasser (Gesamtgewicht eine Milliarde Tonnen) in einer hundertstel Sekunde 27 Kilometer hochzuschleudern.«

kern gebildet, mit dem Zweck, das Studium des Problems der Kettenreaktion zu betreiben.«

So weit ist es also schon! Canaris hat andächtig zugehört und stellt dann die Frage:

»Was kann die »Kettenreaktion« auslösen?«

»Nach Mitteilung meines Sohnes etwas furchtbar Zerstörendes. Etwa gleich der Wirkung einer Bombe mit mindestens der millionenfachen Kraft aller bislang bekannten schwersten Bomben.«

Canaris sperrt vor Erstaunen den Mund auf.

»Ja, und eben deshalb sind mein Sohn und seine Kollegen darauf aus, nicht in diesem Sinne zu arbeiten. Sie wollen Hitler kein derartiges Vernichtungsinstrument in die Hand geben.«

Die beiden Freunde sind sich einig und beschließen, untereinander und im Rahmen ihrer Möglichkeiten, die Herstellung einer derart gefährlichen Waffe auf alle nur mögliche Weise zu bremsen. Durch den jungen Atomphysiker wird Canaris über den Fortgang der Forschungen und der Anweisungen, die den Wissenschaftlern durch die hohen Nazibehörden gegeben werden, laufend unterrichtet. Admiral Canaris seinerseits verstärkt den Schutz der Wissenschaftler des Kaiser-Wilhelm-Institutes und schirmt sie gegen die Nachforschungen durch Heydrichs Gestapo und des SD ab. Diese Vereinbarung sollte vielfache Folgen nach sich ziehen.

21. FRIEDE IST UNMÖGLICH

Bereits zu Beginn des Krieges beantragt Canaris bei Hitler die Genehmigung der Mittel, um die Wirksamkeit der Abwehr beträchtlich erhöhen zu können, um »den mannigfachen Aufgaben gewachsen zu sein, die neu auf den militärischen Geheimdienst zukommen werden«. Da Canaris immer noch gutes Ansehen beim Führer genießt und dieser nicht im geringsten ahnt, welch innere Einstellung Canaris vertritt, erteilt ihm Hitler die unbeschränkte Vollmacht zur Einstellung neuer Mitarbeiter und erhöht das Budget der Abwehr beträchtlich, insbesondere an ausländischen Devisen.

Was die finanziellen Dinge betrifft, sei auf einen bezeichnenden Wesenszug von Admiral Canaris hingewiesen: der Admiral selbst hält den Daumen auf dem Portemonnaie. Er verfügt über Millionenbeträge in Reichsmark und ausländischen Devisen und ist nicht kleinlich, wenn es sich um Geldausgaben handelt, von denen er überzeugt ist, daß sie für die Erfüllung eines Auftrags nützlich und wichtig sind. Aber so groß auch seine Geldmittel sein mochten, er besteht auf strenger Kontrolle der Ausgaben. Gerade weil der Geheimdienst in dieser Hinsicht ernste Versuchungen für schwache Charaktere in sich birgt, fordert er, soweit überhaupt möglich, stets genaue Rechnungslegung.

Niemals wird Canaris einen persönlichen Nutzen daraus ziehen, weil ihm beträchtliche Summen ohne Kontrollmöglichkeiten durch die Finger fließen. So wurde die Stradivari-Geige seiner Frau verkauft, als er das kleine Haus in der Betazeile am Schlachtensee erstand, weil seine eigenen Ersparnisse zur Begleichung der Kaufsumme nicht ausreichten. Karl Heinz Abshagen, von dem diese Mitteilung stammt, sagt außerdem über seine Sparsamkeit, was mir persönlich von ehemaligen Mitarbeitern des Admirals bestätigt wurde:... »Auch in seiner Dienststelle war Canaris ein Gegner unnötiger Ausgaben... Canaris veranlaßte weder den Umzug in andere, für den Bürobetrieb geeignetere Räume... noch einen gründlichen Umbau. Er war auch mit seinem eigenen Dienstzimmer... völlig zufrieden... Er empfindet nicht, daß die Einrichtung seines persönlichen Büros seiner Stellung eigentlich nicht ganz entspricht... Er bewilligt nicht einmal das Geld für einen anständigen Teppich...«

Die Abwehr breitet sich aus

Ab September 1939 füllen sich die Büros der Abwehr mit neu hinzugekommenen Mitarbeitern. Besonders fallen die Dutzende von Sekretärinnen, die Stabshelferinnen der Wehrmacht, auf. Sie sind mehr oder weniger hübsch, tragen graues Kostüm in Uniformschnitt, was ihnen den Spottnamen »Graue Mäuschen« einträgt. Sie ersetzen die Männer, die an die Front oder zu Außenstellen der Abwehr versetzt wurden.

Der militärische Geheimdienst gleicht einem emsigen Ameisenhaufen, der sich über das Tirpitzufer und die Bendlerstraße hinaus erheblich ausbreitet. Aus dem recht interessanten und streng geheimen Telefonverzeichnis der Abwehr* ist ersichtlich, auf welche Baulichkeiten in Berlin sich die neuen Abwehrdienststellen verteilen: Haus Nr. 13 am Matthäi-Kirchplatz (Zentralabteilung Oberst Oster und Abteilung II von Lahousen), Haus Nr. 72, 74, 80, 82 am Tirpitzufer (Abteilung I von Piekenbrock und Teil der Abteilung II von Lahousen), Haus Nr. 1, 3 und 15 in der Großadmiral-Prinz-Heinrich-Straße, Haus Nr. 56 in der Potsdamer Straße, Haus Nr. 2 in der Charlottenburger Allee (Abteilung III von Egbert von Bentivegni), Haus Nr. 115 am Hohenzollerndamm und Haus Nr. 10 am Lochomdamm in Berlin-Grunewald (Abteilung II»Division Brandenburg«), und dann noch Haus Nr. 56 in der Potsdamer Straße für das Zentralarchiv und andere Objekte.

Trotz der über ganz Berlin verstreuten Dienststellen, bleibt das Herz der Abwehr am Tirpitzufer. Von hier aus leitet Canaris wie bisher seinen riesigen Apparat im Geiste enger kameradschaftlicher Führung. Immer häufiger nimmt er die Gewohnheit an, seine Mitarbeiter beim Vornamen zu nennen und einige zu duzen. Sie verehren ihn allesamt und trotz der Risiken, die er oft eingeht, gibt er seinen Mitarbeitern die nötige Rückendeckung bei gefahrvollen Aufträgen. Alle nennen ihn ehrfurchtsvoll den »Alten« und gehen für ihn durchs Feuer. Die Abwehr bildet sozusagen eine große Familie. Nach Aussagen von Dr. Werner Best war Canaris von seiner Aufgabe regelrecht besessen. Obwohl er mit seiner Frau und den zwei Töchtern ein harmonisches Familienleben führte, habe er kaum Zeit gefunden, sich ihr zu widmen. Soweit er sich erinnere, sei er zwischen 1935 und 1939 nie in Urlaub gegangen. Er sei aber viel im Inland und im Ausland herumgereist, um ständig mit seinen Agenten in Verbindung zu bleiben.

Hans von Dohnanyi

Unter den Neuangekommenen bei der Abwehr ist ein Mann, der in allen Dingen des Widerstands gegen Hitler bald eine hervorragende Rolle spielen wird: Hans von Dohnanyi. Wir haben ihn bereits beim

* Freundlicherweise kam ich durch Oberst Franz Seubert in den Besitz einer Fotokopie dieses geheimen Telefonverzeichnisses. Als ich mich an ihn wandte, sagte er mir freimütig, ich sei außer den Mitgliedern der Abwehr der einzige, der ein solches Dokument habe. Ich fühle mich ihm deshalb zu besonderem Dank verpflichtet.

Fall Blomberg und der Fritsch-Affäre als den persönlichen Referenten des Justizministers Franz Gürtner erwähnt. Unter dem Druck von Martin Bormann, der sich darüber mokierte, daß er kein Parteimitglied sei, wurde er von Minister Gürtner freigestellt und im September 1938 als Richter an das Reichsgericht nach Leipzig versetzt. Anläßlich eines Zusammentreffens mit Canaris am 22. Oktober 1938 in Berlin eröffnete er ihm, daß er ihn für den Mobilmachungsfall gerne in die Abwehr übernehmen möchte. Tatsächlich erhält Hans von Dohnanyi am 25. August 1939 seine Einberufung als Sonderführer zum Stab des Admirals Canaris und übernimmt das politische Referat in der Zentralabteilung seines Freundes Oberst Oster, fungiert aber in gewisser Hinsicht als eine Art Privatsekretär von Canaris. Damit befindet er sich im Zentrum der Information und der Konspiration.

Der Biograph Dietrich Bonhoeffers, Eberhard Bethge, der ein Freund Bonhoeffers und seines Schwagers Dohnanyi war, sagt von Hans von Dohnanyi:

»Mit einer kühlen Intelligenz verband sich bei Hans von Dohnanyi eine manchmal fast zu wortkarge, aber immer schnelle und wirksame Hilfsbereitschaft. Die Vertrauten erlebten ihn zuweilen jungenhaft ausgelassen, ja, es gab bei ihm auch eine überraschende, unreflektierte Frömmigkeit. Seine außerordentlichen Fähigkeiten bescherten ihm frühzeitig Aufgaben und Stellungen, die den Neid mancher Kollegen erregt und so auch prekäre Situationen geschaffen haben. Bei den Bonhoeffers zogen ihn die große Familie und die Sicherheit aller Maßstäbe an. Christine Bonhoeffer, seine Frau, war einmal seine Schulkameradin gewesen... Im Lauf des Kirchenkampfes und der weiteren Jahre rückte ihm nun Dietrich Bonhoeffer immer näher... Er war es auch, der Dietrich Bonhoeffer eines Abends die Frage vorlegte, wie es denn mit dem neutestamentlichen Wort stünde, daß, wer das Schwert nimmt, auch durch das Schwert umkommen werde. Bonhoeffer antwortete ihm damals, daß dieses Wort gültig sei und auch ihrem Kreis gelte: Wir müssen akzeptieren, daß wir diesem Gericht verfallen. Aber solcher Menschen bedarf es nun, die die Geltung dieses Wortes auf sich nehmen...«

Dohnanyi gleicht sich dem um Canaris, Oster und ihren Freunden herrschenden Klima völlig an. Er gewinnt das volle Vertrauen des »kleinen Admirals«, der mit ihm die erbitterte Feindschaft gegen jegliche Art von politischer Verfemung und Gewaltanwendung, den

Haß gegen die Großmannssucht und gegen die Machenschaften des Nationalsozialismus teilt.

Theodor und Elisabeth Strünck

Ein weiterer Neuankömmling bei der Abwehr ist Theodor Strünck, ehemaliger Versicherungsdirektor in Frankfurt am Main. Seit Anfang des Krieges ist er bei Oster für Sonderaufträge nichtmilitärischer Art eingesetzt. Jedesmal, wenn eine Informationsreise notwendig wird, greift Oster auf ihn zurück. Das Ehepaar Theodor und Elisabeth Strünck behält seine Wohnung in Frankfurt bei und mietet sich in Berlin in einer kleinen Logierwohnung ein, wobei ihr Telefon aus Sicherheitsgründen weiter auf den Namen des Hausbesitzers läuft. Diese kleine Logierwohnung wird bald zum Nest des Widerstandes gegen Hitler.

Elisabeth Strüncks Tätigkeit bleibt nicht auf die Rolle der Dame des Hauses, sich während der endlos langen Zusammenkünfte der Verschwörer den Gästen zu widmen, beschränkt. Sie ist ihnen zusätzlich bei der Gewinnung von Nachrichten und der Herstellung notwendiger Kontakte behilflich, spricht ihnen Mut zu und greift beruhigend ein, wenn manchmal infolge nervöser Gereiztheit und Rivalitäten Mißverständnisse und Zwistigkeiten auftreten. Sie ist es auch, die aufpaßt und sich vergewissert, daß keine Gestapospitzel ihre Gäste auf der Straße beschatten, und sie rennt von einem Telefonhäuschen zum anderen und gibt zahlreiche Meldungen durch. (Die Verschwörer machten nämlich die Erfahrung, daß sich eine weibliche Stimme leichter verstellen ließ.)

Hans Bernd Gisevius hat dem außerordentlichen Ehepaar Strünck die verdiente Ehre erwiesen, wenn er in einem seiner Bücher schreibt, daß er die zahlreichen Hilfsdienste, die Frau Strünck für die Widerstandsgruppe geleistet habe, sehr viel höher einschätze als jene, deren sich gewisse Mitglieder der sogenannten Widerstandsbewegung so sehr rühmen. Es sei bedauerlich, daß sie es stets abgelehnt habe, eine Gästeliste zu führen, aus der man heute mit Stolz entnehmen könnte, daß ihr Haus der Treffpunkt der echten Widerstandsleute gewesen sei.

Der Gedanke der gewaltsamen Beseitigung Hitlers wird nicht aufgegeben

Die Opposition gegen das NS-Regime hielt sich vor dem Krieg in normalen Grenzen, weil sie nicht die internationale Situation Deutschlands zu berücksichtigen hatte. Als aber die Feindseligkeiten begonnen hatten, stellte sich dagegen für die Widerständler die Frage, ob ein Putschversuch nicht den nationalen Interessen zuwiderlaufen und die Stellung des Deutschen Reiches gegenüber dem Ausland verschlechtern könne.

Die Gruppe der höheren Wehrmachtführung versucht immer mehr, sich jeglicher Aktivität zu enthalten, um nicht in Widerstreit zu kommen. Ein Akt des Verrats gegenüber dem Mann, dem sie den Treueid geschworen haben, schien diesen Offizieren unvereinbar mit ihrer Soldatenehre. Doch andererseits begünstigte der Krieg das Anwachsen und die Organisierung des Widerstands dadurch, daß jetzt zahlreiche Regimegegner, darunter viele Reserveoffiziere, in Schlüsselstellungen tätig sind. So, wie wir bereits festgestellt haben, wird die Abwehr zu einer Zufluchtsstätte und zum Nest des aktiven Widerstandes. General von Witzleben kann den jungen Graf Peter York von Wartenburg, einen Vetter von Graf Helmuth Moltke, bei sich im Stab aufnehmen und ihn als Verbindungsmann zu Generaloberst Beck einsetzen. Gleichzeitig bildet sich mitten im Oberkommando des Heeres eine »Aktionsgruppe« von Stabsoffizieren, der Männer wie Karl Heinrich von Stülpnagel, der stellvertretende Chef des Generalstabs, Oberstleutnant Helmuth Groscurth, von Abteilung II der Abwehr dorthin als Verbindungsoffizier zwischen Canaris und Halder versetzt, und General Eduard Wagner, der Generalquartiermeister, angehören, über dessen Kanäle man den direkten Kontakt zur Truppe und zu einzelnen Soldaten zu erhalten hofft. Die Verbindung zwischen Abwehr und Oberkommando des Heeres zur Gruppe Goerdeler-Popitz wird in dieser Zeit durch die jungen Leute wie Otto John, Klaus Bonhoeffer (Bruder von Dietrich Bonhoeffer und Schwager von Dohnanyi), Ludwig von Hammerstein, Ulrich Graf von Schwerin-Schwanenfeld und anderen aufrechterhalten. Ferner besteht dank der Mithilfe von Weizsäckers der Kontakt zwischen Wehrmacht und Auswärtigem Amt durch Erich Kordt und Hasso von Etzdorf.

Die Absicht des Gewaltstreichs gegen Hitler ist noch nicht aufgege-

ben. Wir müssen feststellen, daß die Zeit durch endlos lange Debatten vergeudet wird. Für die zivilen Mitglieder des Verschwörerkreises wird immer deutlicher, daß die Aussichten für einen gewaltsamen Staatsstreich zusammen mit den Militärs ständig geringer werden, weil nur die letzteren Zugang zu Hitler haben.
Inzwischen drängt Canaris seine Abteilungsleiter und besonders Hans von Dohnanyi, die Dokumentationen über die SS-Verbrechen auf den neuesten Stand zu bringen, das heißt, die Unterlagen über die Aktion beim Rundfunksender Gleiwitz, den Beginn des Eindringens nach Polen und die in den besetzten Gebieten begangenen Greueltaten zu registrieren. In einer gewissen Naivität rechnet Canaris immer noch damit, daß eine Verhaftung Hitlers möglich sei, und daß mit der Veröffentlichung seines gesammelten Materials der deutschen Bevölkerung die Augen über ihr Regime geöffnet werden könnten. Dohnanyi erhält über Graf Helldorf und Nebe die Meldungen des Reichssicherheitshauptamtes und Fotos und Filme der SS über die Massaker in Polen, die er in die »Raritätenmappe«, wie sie Canaris nennt, einsortiert.

Canaris bei Reichenau

Im allgemeinen bleibt Canaris im Hintergrund, hält sich auf dem laufenden und ist bereit, dem einen oder anderen zu helfen, wenn es ihm notwendig erscheint, überläßt aber die Initiative den Männern seines Vertrauens. In Anbetracht der in Polen begangenen Grausamkeiten überwindet er seine intuitive Erkenntnis, daß alles Bemühen doch vergeblich sei, daß es schon zu spät sei, das Schicksal Deutschlands zu wenden. Er spürt, daß sich das Deutsche Volk schon zuviel Schuld aufgeladen habe, zumindest durch Unterlassung, und daß es Hitler bis in den Sturz in den Abgrund als eine Art von Gottesurteil ertragen müsse. Er nimmt seinen »Pilgerstab«, das heißt seine mit den Anklagedokumenten prall gefüllte Aktentasche, und begibt sich in Begleitung des »Langen«, Erwin von Lahousen, auf eine Rundreise zu den Generalen.

»Der Admiral war von neuem Eifer beflügelt«, so erzählte mir Lahousen bei der Erwähnung dieser »Rundreise«, »die seiner heftigen Empörung über das Hausen der Heydrichleute entsprang. Seine Augen funkelten, seine Stimme wirkte überzeugend, er war von einem heiligen Feuer erfüllt. Allen Befehlshabern, die wir besuchten, trug der Admiral zuerst seine Befürchtungen über eine deutsche Westoffensive vor, sodann, je nachdem, ob die Situation günstig war oder nicht, öffnete er seine Aktentasche, zeigte seine Unterlagen und erging sich in direkten Angriffen nicht gegen Hitler selbst, sondern gegen die SS. Dann stellte er zwei Fragen: Konnte die Wehrmacht einerseits die gegen die Menschenrechte verstoßenden Gewalttaten gegen die polnische und jüdische Bevölkerung auf sich nehmen? Konnte sie andererseits hinnehmen, daß ihre Autorität durch die Einheiten der SS, Gestapo und des SD in dieser Weise eingeschränkt wird?«

Lahousen fuhr fort:

»Reichenau war einer der ersten, die wir aufsuchten, obwohl uns seine guten Beziehungen zum Nationalsozialismus bekannt waren. Mitanwesend waren General Paulus* und der Ic, Hauptmann Paltzo. Canaris war angenehm überrascht, von Reichenau und den Offizieren seines Stabes ein sehr negatives Urteil über die von Hitler geplante Winteroffensive zu hören. Dadurch wurde seine Aufgabe erleichtert. Reichenau erklärte sich bereit, sofort eine Denkschrift an Hitler abzufassen, die in der Hauptsache besagte: ›Bis hierher und nicht weiter!‹ Sie trug den von Canaris empfohlenen, geschickt gewählten Titel: ›Die Sicherung des deutschen Sieges.‹ Tatsache ist, daß Reichenau diese Denkschrift verfaßte und daß einige Tage später, anläßlich einer Besprechung der Armeeoberbefehlshaber, der ›Nazigeneral‹ Reichenau der einzige General war, der gegen die von Hitler ausgearbeitete Offensivplanung eine klare Stellung bezog.«

Lahousen setzte seinen Bericht über diesen Besuch mit den Worten fort:

»Canaris holte dann die Unterlagen aus seiner Aktentasche hervor und zeigte sie Reichenau. Dieser war von dem Beweismaterial stark beeindruckt und war sich mit Canaris einig in der Auffassung, daß solcherlei Tatsachen dem Ansehen der Wehrmacht in der ganzen

* Der spätere Generalfeldmarschall, der in Stalingrad kapitulierte. Während seiner Gefangenschaft in Rußland stand er an der Spitze des prokommunistischen »Nationalkomitees Freies Deutschland«, kam nach dem Kriege als Zeuge, nicht als Angeklagter, zum Kriegsverbrecherprozeß nach Nürnberg, und lebte nach der Rückkehr aus der Gefangenschaft (1953) bis zu seinem Tode (1957) in der DDR.

Welt großen Schaden bereiten und daß dies alles vom menschlichen Standpunkt aus gesehen unverzeihlich sei.«

Als ich Lahousen fragte, ob auch General Paulus die Auffassung seines Oberbefehlshabers teilte, zögerte er und antwortete dann zurückhaltend:

»Ich muß Ihnen eine negative Antwort geben. General Paulus, mit dem wir anschließend allein sprachen, bezeichnete die von Hitler getroffenen Maßnahmen in Polen als gerechtfertigt und... verteidigte sie sogar. Der Admiral hielt sich im Augenblick im Zaum, aber als wir gegangen waren, sagte er zu mir tief entrüstet, daß er Paulus diese seine Haltung niemals verzeihen werde.«

Rundstedt und Halder

Unter den anderen Generalen, die er anschließend besucht, findet Canaris keine Gegner des Regimes. Alle verhüllten verschämt ihr Gesicht vor den Verbrechen der SS... Es sei nicht ihr Verantwortungsbereich, meinten sie feige. Dann geht Canaris in das Hauptquartier von General von Rundstedt. Ihm ist bekannt, daß Rundstedt besonders am Abend in vorgerückter Stimmung auf Hitler und auf das ihn umgebende Lumpengesindel fürchterlich schimpft, das ihn umschmeichle und zu den schlimmsten Torheiten anstiftet. Aber vor der Frage des Admirals drückt sich Rundstedt herum und weicht den angesprochenen Problemen aus. Canaris verläßt ihn mit der Überzeugung, daß man von ihm keinen aktiven Widerstand zu erwarten habe. Die Zukunft sollte dem Admiral recht geben.

Ziemlich enttäuscht kehrt Canaris nach Berlin zurück, und führt anschließend mit seinem Freund Helmuth Groscurth ein Gespräch über die Einstellung von General Halder, Groscurth meint:

»Halder hat mir anvertraut, daß jedesmal, wenn er gelegentlich zum Führer kommt, eine Pistole bei sich trage, mit der unbestimmten Absicht, ihn zu beseitigen, aber er könne sich nicht dazu entschließen. Als ich das gegenüber Ulrich von Hassell erwähnte, erklärte dieser mir dem Sinne nach, daß die Generale, die den Sturz Hitlers beschlossen haben, anscheinend auf dessen Befehl warten, ihn zu töten.«

»Das ist genau auch meine Meinung«, entgegnet Canaris.

Nach dem Krieg wird General Halder sowohl das Dilemma, in

dem er sich befunden hatte, wie auch die Wirkung, die der Treueid auf den Willen der Offiziere ausübte, so begründen:

»Ich bin der letzte männliche Nachkomme einer Familie, die seit drei Jahrhunderten die Offizierstradition vom Vater auf den Sohn vererbten... Die Begriffe ›Verschwörung‹ und ›Hochverrat‹ gibt es im Vokabular eines deutschen Soldaten nicht. Ich hatte zu wählen zwischen meiner Pflicht als Soldat und einer Pflicht, die über dieser stand. Unzählige meiner Kameraden fanden sich vor dieselbe Frage gestellt. Ich habe mich für die Pflicht entschieden, die ich als die übergeordnete empfand. Die Mehrzahl meiner Kameraden waren der Auffassung, daß die Treue zur Fahne den Vorrang vor allem anderen hat. Sie können sicher sein, daß es der schlimmste Zwiespalt war, dem sich ein Soldat gegenübersah. Obgleich ich die Absetzung Hitlers wollte, war ich mit den politischen Plänen der Widerständler nicht einverstanden. Ich fühlte, daß es nicht Sache der Militärs, sondern der Politiker war, das Land vom Führer zu befreien, weil es auch die Politiker waren, die ihn zur Macht erhoben hatten...«

Was Halder nach dem Krieg wohlweislich verschwiegen hat, war, daß er im Oktober 1939 durch Helmuth Groscurth in seinem Auftrag Canaris nahelegen ließ, er solle ein Attentat auf Hitler vorbereiten. Wenn der Führer beseitigt wäre, dann wäre er zum Handeln entschlossen... Daß der Chef der Abwehr dieses Ansinnen entrüstet zurückwies, war selbstverständlich. Wir wollen es wiederholen, Canaris hat zu keinem Zeitpunkt ein Attentat auf Hitler in seine Überlegungen einbezogen. Er vertrat die Auffassung, daß ein erheblicher Unterschied zwischen einer Militärrevolte gegen einen Tyrannen mit der Festnahme desselben und einem hinterhältigen Mordanschlag bestehe. Seine innerliche Abneigung gegen alles, was Gewaltanwendung und Blutvergießen heißt, kam zu seinen religiösen Bedenken und seiner uneingeschränkten Achtung der Menschenwürde hinzu, selbst wenn es sich um einen »Verdammenswerten« handelte, wie es in seinen Augen Hitler war. Während des Winterhalbjahres 1939/1940 nahm er aber nicht weniger aktiv an den erneut geänderten Plänen des Staatsstreichs teil, die bislang an auftretenden Schwierigkeiten und an der Unentschlossenheit der Generale scheiterten.

Man hat Canaris vorgeworfen, ein doppelgleisiges Spiel getrieben zu haben, indem er einesteils den Widerstand gegen Hitler unterstützt, andernteils ihm aber treu gedient habe. Anhand verschiedener Beispiele werden wir im weiteren Verlauf dieses Buches diese irrige Meinung widerlegen. So gab die Haltung von Canaris gegenüber Hitler anläßlich der Besprechung in der Reichskanzlei am 20. November 1939 ein gutes Beispiel dafür ab und machte erklärlich, warum so viele Leute, angefangen bei Hitler, sich über den »kleinen Admiral« täuschten.

Ende Oktober erhält Canaris einen Befehl von Keitel zur Beschaffung von holländischen und belgischen Uniformen. Nach den Erfahrungen, die er mit den polnischen Uniformen für das »Unternehmen Himmler« gemacht hatte, die zum Anschlag auf den Sender Gleiwitz führte, protestiert er heftig gegen diesen Auftrag. Doch Keitel erwidert ihm, »der Führer habe es befohlen!« und fügt hinzu:

»Ich kann Ihnen noch nichts Näheres über die Verwendung der Uniformen sagen, der Führer wird es selbst tun, aber ich kann Ihnen sagen, daß es sich nicht um ein Unternehmen von der Art von Gleiwitz handelt. Es sollen keine militärischen Uniformen, sondern solche von Grenzwachen und Gendarmen sein.«

Canaris zieht es vor, nicht weiter in Opposition zu verharren und gibt die entsprechenden Befehle. Der Auftrag war bald ausgeführt, doch wurde der Diebstahl bemerkt. In der holländischen Presse sprach man Vermutungen über die Täter der Aktion aus. Ein holländischer Karikaturist spielte auf die Uniformliebhaberei Görings an, indem er ihn in der Uniform eines holländischen Straßenbahnschaffners darstellte, der seine mit bewaffneten Soldaten überfüllte Straßenbahn durch Amsterdam fuhr. Im übrigen lag dieser Mann mit seiner Vermutung recht gut!

Am 20. November wird Canaris zu einer Besprechung in die Reichskanzlei gerufen, deren Thema die Sicherstellung eines möglichst unbehinderten Vormarsches der 6. Armee des Generals von Reichenau im Falle einer Offensive im Westen war. Dafür seien vorbeugende Maßnahmen zum Schutz der Maasübergänge auf belgischem und holländischem Gebiet erforderlich. Da bei der Besprechung dem »Regiment Brandenburg«, das der Abwehr unterstand, eine wichtige Rolle zugedacht war, war Canaris von Hitler neben

Göring, Brauchitsch, Keitel, Reichenau, Halder und einer Reihe anderer Offiziere hinzugezogen worden.

Zu Beginn der Besprechung war Hitler in glänzender Laune. Er interessierte sich lebhaft für alle Einzelheiten der verschiedenen Kriegslisten und Tricks, die die Durchführung der gestellten Aufgabe erleichtern sollten. Nun erfährt Canaris, wozu die bei ihm angeforderten belgischen und holländischen Uniformstücke dienen sollten. Freiwillige aus dem »Regiment Brandenburg«, die sich für ein Sonderunternehmen melden sollten, werden in diese Uniformen gesteckt und vor Beginn des Vormarsches in die Nähe der für den Übergang der Armee von Reichenau vorgesehenen Brücken gebracht, um deren Sprengung zu verhindern.

Hitler fordert Canaris auf, über das bereits Veranlaßte und noch zusätzlich Notwendige Vortrag zu halten. Als er eben mitteilt, daß sich die Abwehr die Muster der Uniformen beschafft habe, unterbricht ihn der ebenfalls anwesende General der Infanterie Walter Reinhardt – der Canaris seit dem Kapp-Putsch nicht leiden konnte – mit der trockenen Bemerkung:

»Was Sie sagen, steht bereits in allen holländischen und belgischen Zeitungen!« – und schwenkt dabei Zeitungsabschnitte , die er wohlweislich mitgebracht hatte...

Ein plötzlicher Wutausbruch Hitlers ist die Folge dieser überraschenden und böswilligen Bemerkung. Hitlers gute Laune ist verflogen. Er schimpft auf die Idioten, die seine besten Pläne zunichte machen. Die fassungslosen Generale senken schweigend die Köpfe. Keitel wird leichenblaß und Reinhardt noch blasser, soweit das möglich ist. Er merkt, doch er merkt es zu spät, daß er zu weit gegangen war. Nur Canaris als der daran Hauptbeteiligte, verliert keinen Augenblick die Fassung und wartet geduldig ab, bis sich der erste Wutausbruch Hitlers gelegt hat.

Bald verliert der Ton Hitlers seine Heftigkeit. Dann beginnt Canaris mit ruhiger Stimme zu antworten. Aber nicht mit der Absicht, Hitler zu widersprechen und ihn damit noch mehr aufzuregen. Hitler hört schweigend zu. Er spitzt die Ohren und schnell hat Canaris dessen Aufmerksamkeit auf sich gezogen. Er geht auf die Verärgerung des Führers ein und beruhigt ihn, indem er nachweist, daß kein Schaden entstanden sei, der nicht wiedergutzumachen wäre. Und nach kurzer Zeit ist Hitler wieder besänftigt. Die Zuhörer sind über dieses Meisterstück der Überredungskunst verblüfft, das mit dem Geschick eines Dompteurs zu vergleichen ist, ein entkommenes Raubtier wieder einzufangen.

Sie sind es um so mehr, weil sie erstmals wieder nach dem mißglückten Attentat im Bürgerbräukeller in München* beisammen sind, dessen oder deren Urheber noch unbekannt sind, wobei aber manche glauben, daß Canaris darüber einiges wissen könnte.

Canaris hat andere Sorgen: Durch dieses mißglückte Attentat wird die Kampfstimmung der Bevölkerung geweckt, die Volkstümlichkeit Hitlers erhöht und gezielt dazu ausgenutzt, den Haß der Deutschen gegen die Engländer zu steigern. Wird dies positive oder negative Einflüsse auf die Gespräche von Dr. Joseph Müller in Rom haben, der versucht, einen Kompromißfrieden mit England zu erreichen?

Die Entsendung Dr. Joseph Müllers zum Vatikan

Dr. Joseph Müller, ein Münchner Rechtsanwalt und Mitglied der früheren Bayerischen Volkspartei, gläubiger Katholik und Vertrauter des Kardinals Faulhaber, ist ein überzeugter Nazigegner. Er ist kräftig wie ein Herkules, besitzt unbändigen Mut, Ausdauer, nie erlahmende Energie und einen unbeugsamen Patriotismus. Gern läßt er sich noch mit seinem Spitznamen aus der Schulzeit »Ochsensepp« nennen. Er hat viele bedeutende Persönlichkeiten des Vatikans zum Freund und ist mit Papst Pius XII. gut bekannt. Durch einen gemeinsamen Bekannten, den Münchner Geschäftsmann, portugiesischen Honorarkonsul und Artilleriehauptmann der Reserve Wilhelm Schmidhuber, wird er Oberst Oster vorgestellt. Beide verstehen sich von Anfang ihrer Bekanntschaft an sehr gut. Es war im September 1939, als Oster Admiral Canaris den Vorschlag machte, Dr. Müller in die Abwehr zu übernehmen. Canaris stimmt zu und weist ihn nach einem kurzen persönlichen Gespräch der Abwehrnebenstelle München zu. Anschließend entsendet er ihn gleich nach Rom, um mit dem Vatikan Verbindung aufzunehmen.

* Dieses Attentat kostete sieben Tote und dreiundsechzig Verletzte. Es wurde von einem Kommunisten namens Georg Elser verübt, der von den Nazis als Werkzeug des Intelligence Service hingestellt wurde. Es ist aber eher wahrscheinlich, daß er von Heydrich »ferngesteuert« worden ist und daß es auf ein Propagandamanöver abzielte, wonach die »Vorsehung die schützende Hand über unseren geliebten Führer hält.«

Dr. Müller erledigte seinen Auftrag mit Erfolg, wobei er von zahlreichen Prälaten, hauptsächlich von Pater Robert Leiber SJ, dem Geheimsekretär des Papstes, und von Prälat Kaas, dem ehemaligen Führer der Zentrumspartei, unterstützt wurde. Kaas hatte sich nach Rom zurückgezogen, nachdem er bei der Reichstagswahl am 21. März 1933 mit seiner Partei für Hitler gestimmt hatte. Dort erhielt er die Leitung der Liegenschaften von Sankt Peter übertragen, wobei er mit Herrn von Papen am 20. Juli 1933 das Konkordat mit dem Deutschen Reich aushandelte.

Der Sonderbeauftragte der Abwehr verfolgte dasselbe Ziel, wie damals alle Sendboten des Widerstandes, nämlich von den Engländern eine Zusicherung zu erreichen, daß sie, wenn die Generale gegen Hitler vorgingen, eine ausreichende Rückendeckung geben würden. Die Aufgabe Müllers bestand darin, die äußersten Bedingungen zu erfahren, unter denen Großbritannien zu einer Beendigung des Kriegszustandes bereit wäre, wobei sich der Papst als Vermittler bei der Einhaltung zu schließender Abmachungen einschalten sollte.

Während dieser schwebenden Verhandlungen um einen Frieden verhält sich Canaris sehr vorsichtig. Wenn Dr. Müller nach Berlin kommt, bespricht sich Canaris niemals mit ihm über Einzelheiten von Friedensbedingungen, läßt sich durch Oster und Dohnanyi stets orientieren, indem diese ihm eine Kopie der Berichte von Dr. Müller an General Beck überlassen. Canaris' Haltung um diese Zeit wird in dem folgenden Gespräch deutlich, das er in den ersten Oktobertagen mit von Dohnanyi führte:

»Kann man hoffen, daß die Westmächte noch einen Unterschied machen zwischen Hitler und Deutschland, nachdem das deutsche Volk seine volle Zustimmung zu den Überfällen auf Österreich, die Tschechoslowakei und neurdings auf Polen zeigte?« fragt Canaris.

Woraufhin Dohnanyi meint: »Wir müßten den Engländern unbedingt sagen, daß die Nazigegner nach wie vor die Absicht haben, Hitler zu entmachten und die Bedingungen eines Kompromißfriedens mit London und Paris zu überdenken.«

Canaris bleibt nachdenklich und antwortet dann nach reiflicher Überlegung:

»Gleichzeitig muß man erträgliche Friedensbedingungen vorsehen, um der Skepsis der Generale zu begegnen, die meinen, daß die Alliierten die Verhandlungen als Zeichen unserer Schwäche für eine völlige Unterwerfung ausnützen würden. Ich habe kein Vertrauen in den Mut der Generale, doch sollte man alles versuchen, auch wenn man weiß, daß es vergebens ist.«

Der »X-Bericht«

Die ersten Erkundigungen, die durch Prälat Kaas und den Jesuitenpater Leiber beim britischen Botschafter im Vatikan, Sir Francis D'Arcy Osborne, dem späteren Duke of Leeds, eingeholt wurden, sind anscheinend recht ermutigend. Sie haben die Überzeugung gewonnen, daß noch Hoffnung auf einen Verhandlungsfrieden bestehe unter der Voraussetzung, daß man sich von Hitler befreite, und daß es in London auch noch Leute gebe, die mit sich sprechen ließen.

Ende Oktober etwa waren die Sondierungsgespräche in der Umgebung des Papstes so weit gediehen, daß Müller seinen Gewährsleuten in Berlin mitteilen konnte, daß Pius XII. bewogen sei, für eine unparteiische Regelung aller deutschen Fragen einzutreten, während Lord Halifax, der im Prinzip die große Linie der deutschen Auffassung billige, äußerste Zurückhaltung in puncto »Aufhebung der zentralen Macht in Deutschland« und der Möglichkeit eines »Referendums in Österreich« zeigte. Indessen habe der Papst Dr. Müller zugesichert, daß ein Friedensschluß nicht von Einzelheiten abhängen sollte, wenn man sich generell einig werden würde.

Das Verhandlungsergebnis wurde sodann in Rom zu einem Bericht zusammengefaßt, der in Berlin durch Dr. Müller und Dohnanyi durchgesehen, korrigiert und mit Zustimmung von Canaris für die deutschen Generale überarbeitet wurde, Dieser Bericht, der später »X-Bericht« genannt wird, stellt fest, daß von deutscher Seite selbstverständlich Friedensgespräche mit den Alliierten erst dann eröffnet werden können, wenn das Naziregime gestürzt und durch eine neue Regierung ersetzt werde, die sich vom bisherigen Regime völlig unterscheide und in der Lage sei, ihre eingegangenen Verpflichtungen zu erfüllen. Unter den Vorschlägen, die die Grenzziehung betreffen, sieht der Bericht vor, daß die Alliierten den Verbleib des Sudetenlandes bei Deutschland anerkennen und daß in Österreich und im Danziger Korridor ein Volksentscheid stattfinden werde. Ende Februar 1940 ist der Bericht endlich fertiggestellt.

General Thomas wird beauftragt, den »X-Bericht« Halder vorzulegen, der ihn dann dem Oberbefehlshaber des Heeres, Generaloberst von Brauchitsch, unterbreiten soll. Thomas und Halder kommen ihrem Auftrag nach, erleiden jedoch eine riesige Schlappe. Darüber hat Halder später berichtet, daß er das Dokument noch am gleichen Abend zu Brauchitsch brachte und ihn bat, es in aller Ruhe zu lesen.

»Ich habe am nächsten Morgen meinen Oberbefehlshaber ungewöhnlich ernst vorgefunden. Er gab mir das Papier zurück und sagte: ›Sie hätten mir das nicht vorlegen sollen! Was hier geschieht, ist glatter Landesverrat. Das kommt für uns unter gar keinen Umständen in Frage. Wir stehen im Krieg. Daß man im Frieden mit einer ausländischen Macht Verbindungen anknüpft, darüber läßt sich reden. Im Krieg ist das für einen Soldaten unmöglich. Es handelt sich hier übrigens nicht um einen Kampf der Regierung, sondern um die Austragung von Weltanschauungen. Die Beseitigung Hitlers würde also nichts nützen.‹ Er hat mir sodann die Forderung gestellt, den Mann, der dieses Papier überbracht hat, verhaften zu lassen und dieses Stück auf dem Dienstweg dahin zu geben, wo es hingehört. Ich habe ihm damals geantwortet: ›Wenn einer verhaftet werden soll, dann verhaften Sie mich.‹ «

Von diesem Fiasko lassen sich die Verschwörer nicht etwa entmutigen, sondern beschließen, Halder zu überreden, daß er unabhängig von Brauchitsch mit letzter Anstrengung einen Angriff auf die skandinavischen Länder verhindern solle, von dem die ganze Generalität weiß, daß er kurz bevorstehe. General Thomas wird wieder als Übermittler beauftragt und erneut sind seine Bemühungen vergeblich. Halder erklärt: »Die Lage in Deutschland ist zur Zeit so, insbesondere wegen des Nichtangriffspakts mit der Sowjetunion, daß mich nichts dazu bewegen könnte, meinen Eid gegenüber dem Führer zu brechen.« Und er fügt hinzu, daß ein Verhandlungsfrieden sinnlos sei und daß die Dinge erst zur Katastrophe führen müßten, bevor er in dem vorgeschlagenen Sinn handeln würde.

Als allerletzten Versuch entschließt man sich, Oberst Helmuth Groscurth auf eine Rundreise zu den verschiedenen Armeeoberbefehlshabern, von Falkenhausen, von Leeb, List, von Witzleben, von Kluge, zu schicken und sie über den »X-Bericht« zu informieren, sie zu einem gemeinsamen Schritt bei Brauchitsch zu überreden und ihn ernstlich aufzufordern, sich bei Hitler nachhaltig einzusetzen oder ihnen selbst eine Vorsprache zu gestatten. Sei es, daß Groscurth nicht genug Durchsetzungsvermögen hatte, sei es, daß die Generale sich absolut nicht überzeugen lassen wollten, oder sei es beides zusammen, auch dieser Versuch endet mit einem kläglichen Mißerfolg.

Morgen ist es bereits zu spät

Als Groscurth zu Canaris kommt und ihm von dem kläglichen Scheitern seiner Mission berichtet, tröstet ihn Canaris in der ihm eigenen Weise:

»All diese Generale wissen nicht, was sie wollen. Mich überrascht ihre Reaktion nicht. Sie verfahren nach dem britischen Grundsatz »wait and see«, weil ihnen der Mut und die Vorstellungskraft fehlen. Aber ich frage mich, ob sie wirklich so unrecht haben... Ich persönlich habe nie an den »X-Bericht« geglaubt. Nicht, daß ich einen Augenblick an der Aufrichtigkeit Seiner Heiligkeit Pius' XII., Dr. Müllers und anderer gezweifelt hätte, nein, weil sich Deutschland seit 1934 in einer Art und Weise verhalten hat, die es jedem Ausländer, besonders dem Engländer, schwer macht, an eine vorhandene Hitlergegnerschaft zu glauben und eine Möglichkeit zu sehen, mit Deutschland vernünftig verhandeln zu können. Das Mißtrauen der Briten ist allzu verständlich. Ich bin mir nicht sicher, ob die Engländer die Bedingungen gemäß des »X-Berichts« annehmen würden, auch wenn Hitler gewaltsam beseitigt und eine neue Regierung gebildet wäre.«

»Dann hätte General von Brauchitsch recht«, erwidert Groscurth, als er General Halder gegenüber behauptete, daß »es sich nicht um einen Kampf der Regierungen, sondern um die Austragung von Weltanschauungen handelt.«

»Leider ja! Der ›Kreuzzug der Demokratien‹ wird bis zum bitteren Ende geführt werden... bis zur Vernichtung nicht nur des Nationalsozialismus, sondern auch, und das nicht ohne Grund, des deutschen Volkes, das angeklagt ist, die Verbrechen des Schwarzen Korps geduldet, erleichtert und begünstigt zu haben. Mein lieber Helmuth, das deutsche Volk ist in diesem Augenblick mit einem Trunksüchtigen vergleichbar, der sich besäuft, fröhlich, unbesorgt, angriffslustig ist, aber dann am nächsten Tag wieder nüchtern wird, wenn es zu spät ist, und er sich tief im Abgrund befindet, tiefer als je zuvor, vernichtet, zerfetzt, zerstückelt und auf Jahre hinaus versklavt. Gebe Gott, daß es keine kommunistische Knechtschaft werden wird!«

Angesichts dieser Reihe von Mißerfolgen, wird Canaris seine bisherige Einstellung beträchtlich ändern. Je mehr sich nach seiner Auffassung die Aussichten auf einen Sturz Hitlers und damit auf eine rasche Beendigung des Krieges verringern, desto mehr sieht er in der Verhinderung einer Ausweitung des Krieges seine vordringlichste Aufgabe. Diese Verhaltensweise zeigt er ab April 1940 und er behält sie während der ganzen Kriegsjahre bis zu seiner Verhaftung bei. Diese seine Einstellung muß man sich gut merken, um die folgenden Ereignisse verstehen zu können.

VIERTER TEIL

Die große Wende 1940

22. SIEGE IM NORDEN UND WESTEN

Die Hände in den Hosentaschen steht Canaris am Fenster seines Dienstzimmers und schaut dem Regen zu, der seit dem Morgen unaufhörlich fällt. An diesem 1. April 1940 zeigt sich Berlin nicht im Frühlingskleid. Es schlägt sich auf die Stimmung des »Alten« nieder. Oberst Oster und Korvettenkapitän Franz Liedig respektieren sein Nachsinnen. Sie haben alle drei soeben abschließend die Lage wegen des Unternehmens »Weserübung« besprochen, das heißt der gegen Dänemark und Norwegen geplanten militärischen Operation. Canaris hat sich in Erinnerung zurückgerufen, wie der Plan dieser Expedition entstand.

Die »Erzroute«

Nicht Hitler ist auf diese Idee gekommen, sondern die deutsche Kriegsmarine. Am 10. Oktober 1939 hat Großadmiral Raeder zum ersten Mal die Aufmerksamkeit Hitlers auf die für Deutschland gefährlichen Folgen einer möglichen Besetzung Norwegens durch die Engländer gelenkt. Wenn Deutschland die Verbindung mit Narvik für die Verschiffung des für die Kriegswirtschaft so wichtigen schwedischen Erzes offen halten will und wenn es die Engländer daran hindern will, die Ostsee zu beherrschen, dann müsse man den Engländern zuvorkommen. Denn die britische Admiralität und der königlich britische Generalstab seien sich der strategischen Möglichkeiten wohl bewußt, die Norwegen bietet, um Deutschland im »nassen Dreieck« einzusperren*, was sich durch die letzten Informationen, die die Agenten der Abwehr in England sammelten, bestätigte. Da eine englische Intervention in Norwegen im Augenblick nicht zu befürchten ist, hält sich Hitler mit den Vorstellungen Raeders kaum auf, denn er ist durch seine Angriffspläne im Westen zu sehr in Anspruch genommen. Zusätzlich noch Norwegen überfallen? Kommt nicht in Frage! Zu der äußerst schlechten Auswirkung, die

* Mit dem »nassen Dreieck« wird die Nordseebucht bezeichnet, das heißt, das Dreieck zwischen der Halbinsel Jütland und der deutschen Nordseeküste.

ein solches Vorgehen auf die öffentliche Meinung der ganzen Welt hätte, kommt noch hinzu, daß dreitausend Kilometer Küste zu verteidigen wären. Beides behagt dem Führer nicht.

Im Laufe der folgenden Monate ändert er jedoch seine Meinung. Zuerst übergibt ihm Canaris persönlich ein Aktenstück mit zahlreichen von der Abwehr gesammelten Informationen über die englischen Pläne, die allmählich Gestalt annehmen. Hitler gibt zu, daß es unerträglich wäre, einer Verletzung der norwegischen Hoheitsgewässer und einem Überfall britischer Truppen zusehen zu müssen. Er sieht ein, daß es notwendig ist, dieser Bedrohung Einhalt zu gebieten. Zu diesem Zeitpunkt ist gerade der russisch-finnische Krieg auf dem Höhepunkt, in dem die Finnen von den Westmächten unterstützt werden. Hitler durchschaut den Grund des britischen Manövers: Unter dem Vorwand der militärischen Unterstützung eines angegriffenen Landes will man Deutschland die Zufuhr des schwedischen Eisenerzes abschneiden. Deshalb geht er am 12. Dezember 1939 auf Raeders Vorschlag ein, mit einer Studiengruppe »Nord« beim Oberkommando der Wehrmacht die Bearbeitung von Plänen für eine Intervention in Norwegen zu beginnen. Diese Pläne erhalten den Decknamen »Fall Weserübung«. Jeder ist sich darüber im klaren, daß die Erhaltung der skandinavischen Neutralität im Endeffekt die beste Lösung wäre, doch müsse man um jeden Preis verhindern, daß Norwegen in die Hände der Engländer fiele. Jeder weiß, daß die Norweger nicht in der Lage sind, ernsthaften Widerstand zu leisten, außerdem ist es fraglich, ob sie dazu entschlossen wären.

Am 21. Februar 1940 befiehlt Hitler, die Vorbereitungen für den Einmarsch in Dänemark und Norwegen so voranzutreiben, daß ab 10. März das Unternehmen innerhalb von vier Tagen gestartet werden kann. Das Kommando wird dem General von Falkenhorst übertragen*. Für die kombinierte Operation, woran die drei Wehrmachtsteile Heer, Luftwaffe und Kriegsmarine beteiligt sind, bildet Hitler den »Kommandostab XXI« unter Leitung des Luftwaffenge-

* Während des ersten Weltkriegs war von Falkenhorst (geb. 1888) zum Chef des Stabes des Generals von der Goltz für die Truppenanlandung und die Kämpfe in Finnland ausgewählt worden. Von 1940 bis 1945 als Militärbefehlshaber in Norwegen, wurde er von einem britisch-norwegischen Kriegsgericht in Braunschweig als Kriegsverbrecher angeklagt und 1946 zum Tode verurteilt, weil er britische und norwegische Kriegsgefangene durch SS-Kommandos erschießen ließ. Das Urteil wurde später in lebenslängliche Haft umgewandelt.

nerals Kaupisch. Falkenhorst und Kaupisch erhalten ihre Anweisungen von Hitler persönlich, so daß weder das Oberkommando des Heeres noch das der Wehrmacht an der Planung und Durchführung des Unternehmens arbeitstechnisch beteiligt werden.

Einwände des Oberkommandos des Heeres und der Abwehr

Das Oberkommando des Heeres (General Jodl) und die führenden Leiter der Abwehr (Canaris, Oster, Lahousen) stehen dem Unternehmen «Weserübung« ablehnend gegenüber. Sie halten es für übereilt und leichtfertig. Jodl und Canaris sind beide der Ansicht, daß man trotz der relativen Überlegenheit der Luftwaffe mit einem Mißerfolg, der hohe und unnötige Menschenverluste mit sich bringen würde und die Vernichtung wesentlicher Teile der Überwasserstreitkräfte bedeute, rechnen müßte.

Canaris ist nicht gewillt, sich von Vorbereitung und Durchführung ausschalten zu lassen. Obwohl sich der hohe Arbeitsstab sehr bemüht, dem Oberkommando des Heeres und dem Oberkommando der Wehrmacht möglichst wenig Einblick zu gewähren, gelingt es Canaris, den Korvettenkapitän Franz Liedig als Vertreter der Abwehr in den Sonderstab abzustellen. Die beiden kennen sich seit der Adjutantentätigkeit von Canaris bei Reichswehrminister Noske. Liedig war dann in das Zivilleben zurückgekehrt, sie begegneten sich in den dreißiger Jahren wieder und nahmen ihre freundschaftlichen Beziehungen, die durch ihre gemeinsame Gegnerschaft gegen den Nationalsozialismus vergrößert wurden, wieder auf. In den Vorkriegsjahren wurde Liedig in der Zentralabteilung der Abwehr einer der engsten Mitarbeiter von Oster.

Hitler soll seinen Plan aufgeben

An diesem 1. April 1940 gab Liedig an Admiral Canaris und Oster die letzten Einzelheiten über den Fortgang der Vorbereitungen für den »Fall Weserübung« bekannt sowie die Nachrichten, die er von seiner Reise durch Dänemark in der vergangenen Woche mitbrachte.

Canaris wendet sich vom Fenster ab und setzt sich an seinen Schreibtisch. Sorgenfalten stehen auf seiner Stirn. Er stürzt sich in eine strategische Analyse des geplanten Unternehmens und entwickelt den Gedanken, daß selbst im fortgeschrittenen Stadium der Vorbereitungen Hitler seinen Plan nicht durchführen würde, wenn ihm eindringlich die Risiken aufgezeigt werden. Hauptsächlich unterstreicht er die Verwundbarkeit des Unternehmens, die noch dadurch vergrößert wird, daß der Schwerpunkt immer weiter nach Norden verlagert wird*. Canaris ist fest davon überzeugt, daß, wenn mächtige Einheiten der britischen Flotte rechtzeitig in demonstrativer Weise in die norwegischen Gewässer entsandt werden, dies genügen würde, um Hitler zum Verzicht auf den Operationsplan zu veranlassen. Seine jetzige Überzeugung gründet sich nicht nur auf einer sachlichen Beurteilung der Erfolgsaussichten, sondern auch darauf, daß Hitler in seinem tiefsten Herzen feige und immer dann zurückgewichen sei, wenn er die Überlegenheit des Gegners fühlte.

Liedig macht Canaris darauf aufmerksam, daß die Engländer schon lange über die deutschen Absichten Bescheid wüßten:

»Die großen Schiffsansammlungen in Stettin und anderen Ostseehäfen können den schwedischen Schiffskapitänen, die dort vor Anker gegangen sind, nicht entgangen sein. Da die Agenten des Intelligence Service in Schweden besonders aktiv sind, wissen die Engländer ganz bestimmt, worum es sich hier handelt.«

Oberst Oster fügt hinzu: »Ich habe vor kurzem mit Sas**, meinem Freund, über die ›Operation Weserübung‹ gesprochen, und er hat mir versichert, daß die holländischen, dänischen und norwegischen Generalstäbe Bescheid wissen und in Alarmbereitschaft stehen. Daß die Engländer nicht die gleichen Maßnahmen ergriffen haben, scheint undenkbar.«

»Wir wollen es hoffen, daß Sie recht behalten«, sagt Canaris. »Hitler wird in den nächsten Tagen die Entscheidung treffen. Mir erscheint es notwendig, so schnell wie möglich festzustellen, ob die Engländer tatsächlich Bescheid wissen. Wir müssen es aber ganz sicher wissen. Wenn ich beweisen kann, daß die Briten auf die »Operation Weser« vorbereitet sind, dann wird Hitler das Unternehmen abblasen.«

*Anfangs dachte Raeder hauptsächlich an den Südteil Norwegens, weil er besonders an Stavanger interessiert war. Hitler jedoch steckte die Ziele viel weiter nördlich, nach Bergen, Tromsö und schließlich bis Narvik, die dann zu den Brennpunkten wurden.

**Oberst Jacobus Sas war niederländischer Militärattaché in Berlin und ein enger Freund von Oster.

Liedig sollte mir später erklären: »Der Admiral schickte mich sofort nach Kopenhagen, um ihm alles, was ich an Nachrichten darüber bekommen könnte, zu melden. Am 3. oder 4. April veröffentlichten die dänischen Zeitungen als große Sensation Nachrichten aus Stockholm über getarnte Vorbereitungen von Truppeneinschiffungen in den deutschen Ostseehäfen. Auf Grund der in Skandinavien allgemein herrschenden Nervosität sahen die Dänen in diesen Nachrichten das Anzeichen für einen wahrscheinlich gegen Norwegen gerichteten Angriff. Die britische Botschaft in Kopenhagen interessierte sich sehr dafür. Jedenfalls hatte man in der dänischen Hauptstadt den Eindruck, daß der Angriff kein Geheimnis mehr darstellte und der Intelligence Service sehr viel genauere Informationen besitzen müßte. Ich sammelte noch viele Einzelinformationen und kehrte nach Berlin zurück, um sie Admiral Canaris mündlich zu berichten. Er hatte inzwischen auch andere Meldungen bekommen, die meine Nachrichten bestätigten. Erneut sprach er mir gegenüber seine Hoffnung aus, daß Hitler es sich ernstlich überlegen werde und daß eine Ausweitung des Krieges auf die skandinavischen Länder vermieden werde. Er wurde in seinen Hoffnungen noch bestärkt, als ich ihm mitteilte, daß dem Sonderstab der Gruppe XXI auf Grund verschiedener Überlegungen Bedenken gekommen seien.«

Da meint Canaris zu Liedig gewandt: »Wir können nur hoffen, daß London dieser Sache die gebührende Aufmerksamkeit schenken wird und daß die britische militärische Kommandobehörde so handeln wird, wie wir es an ihrer Stelle täten, das heißt durch entsprechende Flottenmanöver Hitler ganz eindeutig zeigen, in welche Gefahr er sich mit seinen schwachen Seestreitkräften und seinen Transportschiffen bringt, wenn er trotzdem dieses Unternehmen wagen sollte. Ich möchte fast denken, daß die Engländer jetzt beschleunigt solche Maßnahmen ergreifen werden. Auf alle Fälle müssen wir in der Abwehr alles tun, was in unserer Macht steht, damit die zu erwartenden britischen Flottendemonstrationen auf Hitler eine größere Wirkung haben. Wir müssen ihm so viele alarmierende Meldungen wie möglich über die englischen Gegenmaßnahmen vorlegen.«

Tatsächlich werden in den darauffolgenden Tagen alle Meldungen, die in diesem Sinne ausgelegt werden können, unverzüglich dem Sonderstab Gruppe XXI und Hitler vorgelegt. Er läßt sich aber von den alarmierenden Nachrichten der Abwehr nicht beirren. Am 2. April erteilt er den Befehl, das »Weser«-Unternehmen am 9. April zu starten.

Doch bald wird Canaris von der unverständlichen Haltung der britischen Admiralität enttäuscht, weil sie nicht energisch und schnell genug auf die in der Presse erschienenen Warnungen und auf die vom Intelligence Service gelieferten Nachrichten reagierte. Trotz allem behält er seine Illusionen über den Kampfeswillen der Engländer, die kluge Umsicht ihrer politischen und militärischen Führer und die wirkliche Stärke Großbritanniens bei. Als Beweis dafür kann eine Bemerkung dienen, die er Liedig gegenüber in Kopenhagen macht, wohin Canaris sich nach der Besetzung der Stadt begeben hat. An jenem Tag geht das Gerücht um, daß in den Gewässern um Bergen eine große Seeschlacht zwischen der deutschen und der englischen Flotte im Gange sei. Zunächst nimmt Canaris die Nachricht ernst, weil er darin eine, wenn auch verspätete Bestätigung seiner strategischen Auffassung sieht.

»Sehen Sie«, sagt er zu Liedig, »wenn die Engländer nur zwei Tage früher in See gewesen wären, dann wäre das alles nicht passiert.«

Der Verrat durch Oster

Es wurde oft erzählt, daß Canaris (oder Oster auf seine Veranlassung hin) wenige Tage vor Beginn des »Weser«-Unternehmens den skandinavischen Regierungen eine Warnung zukommen ließ. Das ist völlig falsch. Canaris' ständiges Bemühen, die Ausweitung des Krieges soweit wie möglich in Grenzen zu halten, wird bald zu einer fixen Idee. Aber keinesfalls wird er sich deshalb eines Verrats schuldig machen. Nie wird der Admiral den Gegnern Deutschlands Nachrichten über militärische Pläne der deutschen Führung zuspielen.

Franz Liedig hat mir ganz entschieden versichert, daß bei seinen Unterhaltungen mit dem Admiral dieser jemals die Idee geäußert oder auch nur Andeutungen gemacht habe, die Engländer oder

Skandinavier vor dem geplanten Angriff zu warnen, geschweige denn ihnen Tag und Stunde des Überfalls mitzuteilen. Trotzdem sind die Skandinavier bereits am 4. April darüber unterrichtet, daß die Operation »Weser« am 9. April bei Tagesanbruch beginnen wird. Von wem fragt man sich? Von Oberst Oster!

In einem Bericht, der im Militärarchiv in Freiburg aufbewahrt wird, hat Oberst Jacobus Sas erklärt:

»Am 3. April im Laufe des Nachmittags teilte mir Oster mit, daß der Angriff auf Dänemark und Norwegen unmittelbar bevorstehe und daß die Westoffensive mit Sicherheit kurze Zeit danach gestartet werde. Ich rief dann Hauptmann Kruls – einen Offizier im niederländischen Kriegsministerium – an und sagte ihm mit einem vorher vereinbarten Codewort, daß ich mich auf ein Abendessen mit ihm am 9. April freuen würde. Ich benachrichtigte auch den dänischen Militärattaché Van Kjolsen und den norwegischen Attaché Stang. Kjolsen gab die Nachricht weiter, Stang dagegen nicht, weil er, wie man später entdeckte, gerade so wie Quisling schon für Deutschland arbeitete.«

Der Verrat Osters steht außer Zweifel, er geschah ohne Wissen von Canaris aus eigener Verantwortung heraus. Es lohnt sich, auf die Tat Osters näher einzugehen, weil sie erhebliche Folgen haben wird.

Wir haben bereits über die Persönlichkeit Osters gesprochen: Er war ein intelligenter, ideenreicher, manchmal launischer, oft unvorsichtiger Mann. Er empfand gegen Hitler einen solchen unauslöschlichen, blinden Haß, der ihn dazu führte, unvorsichtig und skrupellos zu handeln. Er machte keinen Unterschied zwischen Hochverrat und Landesverrat, das heißt mit dem Feind unter einer Decke zu stecken. Für ihn heiligte der Zweck die Mittel. Er sah voraus, daß, wenn sein Tun eines Tages entdeckt wurde, man ihn zum Verräter erklären werde. »Ich bin kein Landesverräter«, sagte er später, »ich halte mich für einen besseren Deutschen als all die anderen, die Hitler nachlaufen. Mein Plan ist und meine Pflicht sehe ich darin, Deutschland und damit die Welt von dieser Pest zu befreien.« Davon überzeugt, daß eine Offensive in Norwegen und im Westen Deutschland in die Katastrophe führen wird, hatte er beschlossen, alle Hebel in Bewegung zu setzen, um die bedrohten Länder rechtzeitig zu warnen. Wenn man Hitler nicht dazu bringen konnte, dieses Unternehmen aufzugeben, wie es auch Canaris meinte, würde eine Warnung es gleich am Anfang zum Scheitern bringen, ohne daß die deutschen Soldaten allzu große Verluste erleiden. Das Scheitern dieses Unternehmens würde vor allem den Nazismus ins Wanken bringen.

Kann man diesen »Dolchstoß in den Rücken« verteidigen? Osters Freunde bejahen diese Frage noch heute. Eberhard Bethge, der Biograph Dietrich Bonhoeffers, hat den »Verrat« Osters erklärt:

»Mit jeder Stunde wurde in diesen verzweiflungsvollen Tagen die Hoffnung geringer, dem Unrecht, das im deutschen Namen begangen wurde, ein Ende zu machen und neue Greueltaten zu verhindern... Bonhoeffer hielt Osters Tat am Vorabend der Westoffensive für einen Schritt aus letzter Verantwortung. Sie schien ihm angemessen in einer Situation, in die ein vermessener Deutscher sein Land hineinmanövriert hatte und in der alle Handlungsfähigen der Lähmung des Gewissens verfallen waren. So mußte der Patriot das tun, was in normalen Zeiten Sache eines Lumpen ist. Der Verrat war die wahre Vaterlandsliebe und die normale Vaterlandsliebe Verrat geworden. Ein Offizier sah die diabolische Vertauschung aller Werte und handelte ganz allein, um nach den Erfahrungen in Polen unter keinen Umständen Wegbereiter neuer Schandtaten in anderen Ländern zu werden – und der Pfarrer Bonhoeffer billigte seinen Schritt. Er zog das Odium, daß sein Name nach dem Kriege nur mit Vorsicht genannt werden würde, dem anderen vor, mit seinen Freunden nicht wirklich alles, auch seinen guten Namen, aufs Spiel gesetzt zu haben... Zum normalen »Landesverrat« gehört auf der ganzen Welt der Tatbestand gemeiner Gesinnung, der Spekulation auf persönliche Vorteile und die Absicht, dem eigenen Land zu schaden. Das Gegenteil trifft jedoch für Oster, Dohnanyi und Bonhoeffer zu.«

Wie denn auch sei und was man darüber auch denken mag, Oberst Oster wird noch einmal Verrat begehen.

Zahlreiche Verratshandlungen

Ende April schickt Oster Dr. Josef Müller und Wilhelm Schmidhuber nacheinander zum Vatikan, mit dem Auftrag, die Alliierten davon zu unterrichten, daß die Westoffensive in den ersten Maitagen, »spätestens am 10. Mai gestartet werde. Die Versammlung des größten Teils der deutschen Streitkräfte im Westen ist für niemanden mehr ein Geheimnis. Die Engländer und Franzosen wissen durch ihre Nachrichtendienste, daß die Gefahr unmittelbar bevorsteht, doch weiß keiner den genauen Termin für den Angriff, auch Hitler nicht, weil er sich noch nicht entschieden hat.

Trotzdem werden den Alliierten zwei Nachrichten zugespielt.

Mein Freund René A.-M. Dunand, der damals Hauptmann und Gehilfe des Militärattachés in Bern war, hat mir erzählt:

»Schon am 30. April 1940 um null Uhr erhielten wir aus zuständiger Quelle und aus erster Hand folgende Meldung: Deutschland wird zwischen dem 8. und 10. Mai Holland, Belgien und die Maginotlinie angreifen. Schwerpunkt Sedan. Geplante Besetzung Hollands, Belgiens und Nordfrankreichs innerhalb von zehn Tagen. Totale Besetzung Frankreichs in einem Monat.

Nachdem ich zusammen mit dem Militärattaché, dem Major im Generalstab Siméon, diese Meldung geprüft hatte, beschlossen wir, sie sofort dem Zweiten Bureau des französischen Generalstabs nach Paris weiterzuleiten. Am 5. Mai bekam ich Verbindung mit La Ferté-sous-Jouarre, dem Hauptquartier des Befehlshabers der Nordostfront, General Georges, und ich erfuhr, daß General Georges und General Gamelin von dieser meiner Meldung Kenntnis genommen hätten. Es entzieht sich meiner Kenntnis, inwieweit sie von dieser Meldung Gebrauch machten. Das einzige, was ich weiß, ist, daß General Gamelin die Bemerkung machte: ›In Bern fallen sie auf die Agenten der Abwehr herein.‹ – Unglücklicherweise war die Meldung richtig und jeder weiß, was dann am 10. Mai eintrat...

Im Hauptquartier des General Gamelin in Vincennes hat man auch keine Bestätigungen dieses Hinweises, es herrscht immer noch Sorglosigkeit, es werden keinerlei Maßnahmen ergriffen, auch die zahlreichen Heimaturlauber werden nicht zurückgerufen!«

Am 1. Mai erhält das Ehepaar Jelinek, das in Den Haag ein Ladengeschäft mit Namen »De Favorit« betreibt, in dem man Kunstgegenstände, Kristall und Korallen verkauft, aus Prag ein Telegramm mit folgender Anschrift: »Firma De Favorit, Van Jansen, Nooreinde 148, Den Haag 663. Prag 719.18.30.1805« und mit dem folgenden Text: »Lieferung am 12.5. zur Firma Jugo unmöglich. Brief folgt. Karl.« Das Ehepaar Jelinek, in Wirklichkeit Mitarbeiter des Intelligence Service und mit dem tschechischen Spionagedienst in London in Verbindung, das ein von Major Alois Frank geleitetes Versteck in Den Haag hat, übermittelt diesem das Telegramm.

Es ist eine wichtige Information. Karl ist niemand anderer, als der

Agent A-54, der deutsche Angehörige der Abwehr, den wir schon erwähnt haben* und der in Prag arbeitet. Nach dem zwischen A-54 und dem tschechischen Geheimdienst vereinbarten Geheimkode besagt das Telegramm, daß Deutschland zwei Tage vor dem angegebenen Datum, am 10. Mai, die Niederlande und Belgien angreifen wird.

Ein erneuter Verrat Osters

Oberst Sas hat seinerseits den Inhalt seiner letzten Gespräche mit Oberst Oster folgendermaßen wiedergegeben: »Freitag, den 3. Mai, warnte mich Oster erneut vor einem kurz bevorstehenden Überfall auf die Niederlande... Zum letzten Mal traf ich Oster am Donnerstag, dem 9. Mai, um 19 Uhr. Er teilte mir mit, daß alles für den Angriff bereit sei und daß Hitler auf dem Wege zur Westfront sei, fügte jedoch hinzu: Eine neue Verschiebung sei noch möglich. Nachdem wir bereits dreimal in Alarmbereitschaft versetzt worden waren, sollten wir noch etwas warten. Wenn bis spätestens 21 Uhr 30 kein Gegenbefehl vorliege, dann sei es endgültig. Danach gingen wir zusammen zum Abendessen. In niedergeschlagener Stimmung sprachen wir während des Essens nochmals alles durch, was wir gemacht hatten... Nach dem Essen begleitete ich ihn zum Hauptquartier des Oberkommandos der Wehrmacht und wartete draußen auf ihn. Nach zwanzig Minuten kam er zurück. ›Es gibt keinen Gegenbefehl‹, sagte er. ›Das Schwein ist an die Westfront abgefahren und die Invasion wird beginnen. Wir wollen hoffen, daß wir uns nach dem Krieg wiedersehen.‹ Ich stürzte zur Gesandtschaft, nahm das Telefon und verlangte das Kriegsministerium in Den Haag... Nach zehn Minuten hatte ich Verbindung. Glücklicherweise kannte ich einen der dort arbeitenden Offiziere, den Major Post Uitweer, gut. ›Post‹, sagte ich, ›Sie erkennen doch meine Stimme? Hier spricht Sas aus Berlin. Ich habe Ihnen nur ein einziges Wort durchzugeben: Morgen bei Tagesanbruch! Haltet euch tapfer! Haben Sie mich richtig verstanden! Wiederholen Sie bitte!‹ Er wiederholte und fügte hinzu: ›Brief 210 erhalten.‹ Es war ein vereinbarter Satz: ›200‹ bedeutete ›Invasion‹ und die beiden Ziffern gaben den Angriffstag an.«**

*siehe Kapitel 16: »Die Tschechoslowakei muß sterben.«

**Oberst Sas hatte schon am 5. Mai die Invasion in sein Land und nach Belgien für spätestens 10. Mai angekündigt. Dies geschah in einem Telefongespräch mit Oberst

Zur gleichen Zeit schickt Monsignore Maglione vom Vatikan aus an die Nuntiaturen in Brüssel und Den Haag ein chiffriertes Telegramm, in welchem es heißt, daß »nach Mitteilung einer prominenten deutschen Persönlichkeit, die aus diesem Grund beim Vatikan vorsprach«, eine deutsche Offensive durch Holland und Belgien »spätestens am 10. Mai« stattfinden werde. Im Laufe des Abends funkt der belgische Gesandte beim Vatikan die gleiche Nachricht als chiffrierte Durchsage an den belgischen Außenminister.

Am 8. Mai geht bei dem französischen Botschafter beim Vatikan, Charles-Roux, die folgende Meldung ein: »Vor Ende der Woche wird die deutsche Wehrmacht Belgien, Holland und vielleicht auch die Schweiz überfallen.« Der Überfall auf die Schweiz, fügt der Botschafter hinzu, sei als hypothetisch vermerkt, währenddessen die anderen Angaben bestätigt seien und daran kaum zu zweifeln ist. »Sofort sandte ich diese Nachricht nach Paris. Im Laufe des Tages besuchten mich meine belgischen und englischen Kollegen, die die gleiche Nachricht erhalten hatten und sie ihrer Regierung ebenfalls übermittelten. Mein Telegramm muß am selben Tag in Paris angekommen sein. Sicherlich wurde es an das große Hauptquartier in Vincennes weitergeleitet, das außerdem noch andere Beweise als Bestätigung besitzen mußte.«

Alle diese Meldungen aus dem Vatikan sowie die von Oberst Sas werden im deutschen »Forschungsamt« aufgefangen. Dieses verfügt über die Schlüsselunterlagen der belgischen, holländischen, französischen und englischen Geheimcodes, kann also ohne Schwierigkeiten entziffern und die Texte an die Abwehr weitergeben. Piekenbrock und Bürkner schöpfen sofort Verdacht, daß Oster die undichte Stelle sein könnte, denn sie wissen nicht nur über die Tätigkeit von Dr. Josef Müller und Wilhelm Schmidhuber unter der Leitung von Oster Bescheid, sondern auch über die freundschaftlichen Beziehungen Osters zu Oberst Sas. Sie schweigen, doch Admiral Canaris ist darüber orientiert. Er mißbilligt zwar die Handlungsweise seines

Van Plaasche, Leiter der Informationsabteilung Ausland im holländischen Kriegsministerium, und mit Korvettenkapitän Guichard, dem französischen Marineattaché in Den Haag, der seinerseits Admiral Abrial in seinem Gefechtsstand in Dünkirchen und General Giraud in Saint Omer benachrichtigte.

Mitarbeiters, beschließt jedoch ihn zu decken, wenn eine Untersuchung, was er befürchtet, stattfinden sollte.

Die SS bleibt in der Tat nicht untätig. Der Leiter der Dienststelle SD-Ausland, Walter Schellenberg, hat ebenfalls die Texte vom Forschungsamt erhalten und sie dem Chef des Reichssicherheitshauptamtes, Reinhard Heydrich, übergeben.

Bereits seit Ende Januar 1940 erweckt die Tätigkeit von Dr. Müller im Vatikan die Aufmerksamkeit Schellenbergs und Heydrichs. Wöchentlich laufen Berichte darüber ein, aber sie liefern keinen endgültigen Beweis für dessen Beziehungen zu Deutschlands Feinden. Anfang Mai jedoch beschließt Heydrich, der »Akte Canaris«, die Canaris und seine Umgebung betrifft, den Decknamen »Schwarze Kapelle«, nach der so benannten Sixtinischen Kapelle in Rom, zu geben.

Eines Abends, Ende Mai, bestellt Heydrich seine beiden Mitarbeiter, Heinrich Müller, Leiter der Gestapo, und Walter Schellenberg, Leiter des Amtes Ausland des SD, zu sich ins Büro. Als die beiden SS-Führer vor ihrem Vorgesetzten stehen, bittet sie dieser mit einer Handbewegung ohne ein Wort zu sagen, sich zu setzen. Minutenlang herrscht großes Schweigen. Müller verfolgt nachdenklich den Rauch seiner Zigarre und trommelt nervös mit den Fingern auf dem Tisch. Schellenberg zieht an seiner Zigarette, beunruhigt über das, was Heydrich sagen wird. Endlich eröffnet Heydrich das Gespräch und wendet sich an Heinrich Müller:

»Wie sieht es mit der Untersuchung über die Abwehrleute in München, Josef Müller, Hans von Dohnanyi und die anderen aus? Es steht fest, daß die ersten Friedensfühler von da aus über den Vatikan ausgestreckt worden sind!«

»Es gibt nicht viel darüber zu sagen«, antwortet Müller verlegen.

Heydrich wendet sich an Schellenberg:

»Sagen Sie, Schellenberg, ich glaube, daß dieser Josef Müller gelegentlich mit Ihrer Abteilung zu tun hatte?... In der Affäre Dr. Helmuth Knochen*, wenn ich mich recht erinnere! Nicht wahr?«

Schellenberg ist von dem guten Gedächtnis Heydrichs überrascht. Er antwortet ihm:

* Helmuth Knochen wird später der Chef des SD im besetzten Frankreich und Mitarbeiter von SS-General Karl Oberg. Beide nach Kriegsende in Frankreich zum Tode verurteilt, wurden später von General de Gaulle begnadigt und freigelassen.

»Jawohl, es stimmt. SS-Sturmbannführer Knochen hat mir einmal gemeldet, daß ein gewisser Josef Müller Zugang zu den höchsten Stellen beim Vatikan haben soll. Nach Meinung Knochens ist dieser Müller ein sehr intelligenter, aber vielleicht auch gerissener Mann, doch die Informationen, die wir von ihm bekommen, sind nicht uninteressant. Wenn ich mich recht erinnere, wurde er durch seinen Freund Wilhelm Schmidhuber, einen Geschäftsmann, Artilleriehauptmann der Reserve und Honorarkonsul von Portugal, in die Abwehr eingeführt.«

Heydrich wendet sich an Heinrich Müller:

»Sehen Sie zu, daß diese Abteilung der Abwehr streng überwacht wird.«

Der Chef des RSHA schweigt einen Augenblick und geht dann auf ein anderes Thema über, das offensichtlich nichts mit den Friedenssondierungen im Vatikan zu tun hat.

»Der Führer und der Reichsführer SS haben mich beauftragt, Ermittlungen über einen der größten jemals in Deutschland vorgekommenen Verratsfälle anzustellen. Anfang dieses Monats haben unsere Leute zwei chiffrierte Funkmeldungen abgefangen und entschlüsselt, die der belgische Gesandte beim Vatikan an seine Regierung absetzte. Dadurch haben wir erfahren, daß ein Deutscher – dessen Namen nicht genannt war – den festgelegten Zeitpunkt des Beginns der Westoffensive auf den Tag, den 10. Mai, und die Stunde genau, verraten hat! Und das zwei Tage vor dem offiziellen Befehl des Führers! Es ist unvorstellbar! Diese Nachricht wurde auf anderem Wege auch der Regierung der Niederlande übermittelt. Der Führer rast vor Zorn. Es ist unerhört! Er will, daß die Verräter um jeden Preis ermittelt werden.«

Nach kurzer Pause fährt Heydrich fort:

»Worauf ich hinaus wollte: Der Führer hat nicht nur uns, sondern auch Canaris in die Ermittlungen eingeschaltet. Genau das, was wir vermeiden wollten, denn damit setzen wir uns doch eine Laus in den Pelz. Es steht doch fest, daß unsere Ermittlungen auch gegen die Gruppe um Canaris geführt werden. Ich habe soeben mit dem Admiral telefoniert und habe ihn selbstverständlich in eine ganz andere Richtung gelenkt.«

Heinrich Müller, der bisher schwieg, greift mit scharfem, fast höhnischem Ton ein:

»Ist Canaris in diesen Verrat etwa mitverwickelt? Das steht nicht fest. Ich schlage vor, daß Schellenberg sich der Sache annimmt und uns Bericht erstattet. Er steht mit dem »kleinen Admiral« auf gutem Fuß, deshalb wird er sich ihm gegenüber weniger in acht nehmen, als gegenüber jedem anderen. Ich bin überzeugt, daß Schellenberg diese Angelegenheit in seiner bekannt gewandten Art erledigen wird.«

Heydrich schaut Müller herablassend an und wendet sich nach einer Weile an Schellenberg:

»Einverstanden! Schellenberg, das beste wird sein, wenn Sie sich mit Canaris in Verbindung setzen und mit ihm ein Gespräch führen.«

Am darauffolgenden Tag sucht Schellenberg Canaris auf. Wie üblich sprechen sie von allem möglichen, vom Wetter, von Pferden, von Hunden usw...., nur nicht von dem, was sie eigentlich besprechen sollten. Schellenberg findet keine Gelegenheit, das eigentliche Thema anzuschneiden und ist nahe daran wieder wegzugehen, als plötzlich der Admiral von sich aus das Thema anspricht:

»Hat Ihnen Heydrich eigentlich von dieser unglaublichen Geschichte erzählt, von dem Verrat von Tag und Stunde des Beginns der Westoffensive?«

»Ja«, antwortet Schellenberg, »und ich glaube, daß wir uns darüber unterhalten sollten.«

Canaris legt seine Meinung über die Sache dar, ohne jedoch von Rom, dem belgischen Botschafter beim Vatikan und den Funkmeldungen nur ein Wort zu erwähnen:

Meinen Erkundigungen nach beobachtete an dem Tag, bevor unsere Offensive beginnen sollte, ein Beamter unserer Botschaft, der sich in der holländischen Vertretung in Brüssel aufhielt, wie die Frau des Botschafters ein Telefongespräch führte, das sie in große Aufregung versetzte. Sie verließ daraufhin die Botschaft. Als wir Brüssel besetzten, fanden wir eine von einem Mitglied des belgischen Außenministeriums geschriebene Aufzeichnung über eine Meldung der holländischen Mission in Berlin über unsere Offensive. Wie ist diese dort hingekommen? Das möchte ich gerne wissen. Ich habe den Leiter meiner Abteilung III, Oberst Rohleder, mit der Untersuchung beauftragt. Er soll alles über diese undichte Stelle aufhellen.«

Weder Schellenberg, noch Müller, noch Heydrich lassen sich von dem Ablenkungsmanöver täuschen. Aber alle ihre Versuche, anderweitige Beweise zu erhalten, scheitern an unüberwindlichen Schwierigkeiten. Canaris läßt sich von der SS nicht den Wind aus den Segeln nehmen. Mit besonderer Raffinesse und beispielloser Kühnheit läßt er Dr. Josef Müller aus München zu sich kommen und beauftragt ihn, im Vatikan die Ermittlungen gegen sich selbst zu führen! Müller nimmt sofort ein Flugzeug nach Rom, und es gelingt ihm mit Unterstützung des Jesuitenpaters Robert Leiber und des Monsignore Ludwig Kaas eine Geschichte zusammenzureimen, die ihn von allen Verdächtigungen befreit.

Indessen macht die Affäre in außergewöhnlicher Weise erneut von sich reden. Der Leiter der Abteilung III F im Amt AuslandAbwehr, Oberst Rohleder, ein vorzüglicher, sehr fähiger und aufrechter Offizier, führt die Nachforschungen, wie ihn Canaris geheißen hat. Er entsendet einen seiner Agenten nach Rom. Dieser kommt nach Berlin mit einem Bericht zurück, aus dem hervorgeht, daß der belgische Botschafter in Rom seine Informationen über Tag und Stunde des Angriffsbeginns von einem Journalisten namens Stern, der vom jüdischen zum katholischen Glauben übergewechselt sei, einem Freund Dr. Josef Müllers, erhalten habe. Er habe ihm diese Mitteilung erstmals am 30. April gemacht und sie am 7. Mai nochmals bestätigt.

Außer sich vor Freude und überzeugt davon, sich die besondere Anerkennung des Admirals durch die Entlarvung des Verräters verdient zu haben, hat Oberst Rohleder nichts Eiligeres zu tun, als die Meldung an General Oster und von Dohnanyi weiterzugeben. Niedergeschlagen begleiten die beiden ihn zu Canaris, der alle seine List und Autorität anwenden muß, um die Verratsaffäre niederzuschlagen und seinem übereifrigen Mitarbeiter Stillschweigen aufzuerlegen. Er erklärt ihm, daß diese Verdächtigung gegen Müller nichts Neues sei, und daß diese Verleumdung von einem bestimmten Benediktinerpater ausgehe, der dem Josef Müller seine guten Beziehungen zum Jesuitenpater Robert Leiber mißgönnte. Kurz gesagt, es handele sich um eine Intrige, um den einflußreichen Beziehungen von Josef Müller ein Ende zu bereiten. Allem Anschein nach schenkt Rohleder seinem Chef Glauben und die Sache ist erledigt. Für den Augenblick wenigstens, denn die SS setzt die Überwachung der »Gruppe Canaris«, von ihr nun »Schwarze Kapelle« genannt, fort.

Während die deutsche Wehrmacht die belgischen und holländischen Heere vernichtet, die englische Armee durcheinanderwirbelt und ans Meer jagt, der französischen Armee heftige Schläge versetzt und sie zum immer schneller werdenden Rückzug zwingt, bis sie die traurige, heillose »Flucht zu den Pyrenäen« ergreift, organisiert sich die deutsche Abwehr im eroberten Land. Admiral Canaris richtet selbst die Abwehrzentralen in Den Haag, Brüssel, Luxemburg und schnellstens auch in Paris ein. Bei jeder Eröffnungsrede prägt er ein Wort oder einen Satz, mit dem er den Nagel auf den Kopf trifft! In Den Haag zum Beispiel sagt er zu seinen Abwehroffizieren: »Lügen gehört zu unserem Handwerk. Lügen ist eine Kunst. Wenn einer von ihnen nicht lügen kann, hat er in der Abwehr nichts zu suchen.« In Brüssel sagt er: »Ein richtiger Abwehroffizier muß um zehn Uhr nachts im Bett liegen. Danach wird doch nur dummes Zeug geredet!« Überall, wohin der Admiral kommt, setzt er die Akzente für den »Geist der Abwehr«. Ein Mann, der in dieser Zeit eng mit ihm zusammengearbeitet hat, sagte mir:

»Er besaß bei seiner ungeheuer schnellen Auffassungs- und Kombinationsgabe zugleich die Eigenschaft, sofort zu erkennen, wieweit der Untergebene in der Lage war, die ihm erteilten Befehle auszuführen. Gingen sie über das Begriffsvermögen des einzelnen hinaus (und das geschah oft genug, und trotzdem mußten unter Umständen die Befehle doch so gegeben werden), dann kombinierte er die zu erwartenden Fehler sofort mit Querbefehlen an dritte oder vierte Leute und brachte so die Fehler, die übermorgen gemacht werden würden, heute schon in Ordnung.«

Die Nacht vom 10. auf den 11. Juni 1940 war für Major Franz Seubert von der Abteilung I besonders anstrengend gewesen, weil er Nachtbereitschaftsdienst hatte. Er mußte die von der Westfront einlaufenden Lagemeldungen auswerten, die von immer größer werdenden Erfolgen der Wehrmacht sprachen und die diesbezüglichen Nachrichten über den Kriegseintritt Italiens in den Hintergrund drängten. Seubert hatte seinen Dienst beendet; inzwischen war es acht Uhr morgens geworden, und er wollte sich zur Ruhe begeben. Er überlas noch einmal die Rede, die Mussolini am Vorabend gehalten hatte: »Eine Schicksalsstunde schlägt über dem Himmel unseres Landes, die Stunde der unwiderruflichen Entscheidungen.

Wir betreten den Kampfplatz gegen die plutokratischen Demokratien und die Reaktionäre der westlichen Welt, die stets den Fortschritt des italienischen Volkes behinderten und sich gegen unsere Existenz verschworen hatten... Anläßlich des denkwürdigen Treffens in Berlin, habe ich entsprechend unserer faschistischen sittlichen Grundsätze zum Ausdruck gebracht, daß, wenn man einen Freund hat, man mit ihm bis ans Ende geht. Wir haben die Freundschaft geschlossen und wir werden sie mit Deutschland, mit seinem Volk und seiner ruhmreichen Armee halten.« Während des Lesens lächelt Seubert vor sich hin, weil er die Ansichten von Canaris kennt. Der Admiral wird sich über die Aufgeblasenheit des Duce lustig machen, der sich in der Überzeugung wähnt, eine ausgezeichnete Armee zu besitzen, und dabei vergißt, daß es ihm nicht nur an Waffen und Gerät mangelt, sondern daß er größtenteils nur mittelmäßige Generale hat. Seubert erinnert sich, wie sich Admiral Canaris einmal über die hohen italienischen Offiziere äußerte: »Das Drama der italienischen Armee ist, daß sie keine tüchtigen Generale hat... Es ist nämlich so, daß die Generale unter den Obersten ausgesucht werden...«

»Trotzdem werden wir den Krieg gewinnen«

Major Seubert ist noch in Gedanken versunken, als ihm ein Melder einen Befehl überbringt: »Um neun Uhr Offiziersbesprechung bei Herrn Admiral!« Das heißt für den Major, daß er keine Gelegenheit mehr hat, sich schlafen zu legen. Als einer der letzten kommt er im Stockwerk des Büros des »Alten« an, wo rund zweihundert Offiziere dichtgedrängt auf dem Flur warten. Unter ihnen erspäht Franz Seubert seinen sehr guten Freund, den Baron Fiorio, der damals Verbindungsoffizier des italienischen Generalstabs bei der Abwehr war. Die beiden schätzen sich und sind sich persönlich nähergekommen. Baron Fiorio ist von Geburt Österreicher und wurde erst nach dem Ersten Weltkrieg italienischer Staatsbürger, womit die Italienisierung seines Namens »von Blümlein« in »de Fiori« verbunden war. Dies ist übrigens der Grund, weshalb Seubert ihn freundschaftlich »Blümlein« nennt...

Fiorio bemerkt Seubert und ruft ihm zu:

»Na, mein lieber Francesco, jetzt sind wir auf eurer Seite!«

»Bravo«, erwidert Seubert, »lieber ›Blümlein‹, trotzdem werden wir den Krieg gewinnen!«

Ein Auflachen geht durch die Reihen der zweihundert Abwehroffiziere, das aber plötzlich bei der Ankündigung: »Der Admiral kommt!« verstummt.

Admiral Canaris gibt gemäß »Führerbefehl« die durch den Kriegseintritt Italiens neu entstandene internationale Lage und die militärische Lage an der Westfront bekannt, die durch den Panzervorstoß auf Paris gekennzeichnet ist. Die Besprechung dauert nur wenige Minuten, dann begibt sich der Admiral, ohne einen persönlichen Kommentar zu geben, wieder zurück in sein Arbeitszimmer. Seubert beeilt sich, in seine fünfte Etage zu kommen, seine Sachen einzupakken und will sich endlich der Ruhe widmen. Er will eben sein Büro abschließen, da kommt ein Melder mit dem Befehl: »Major Seubert möchte sofort in das Büro des Herrn Admiral kommen!« Er gehorcht. Als er vor seinem Chef steht, merkt Seubert, daß die Stimmung des »kleinen Admirals« auf Sturm steht.

»Seubert, seit wann machen Sie schlechte Witze?« fragt Canaris.

»Ich, Herr Admiral?«

»Ja, Sie Seubert! Es ist eine ernste Geschichte. Baron Fiorio hat sich darüber beklagt, daß Sie die italienische Armee öffentlich lächerlich gemacht und ernstlich beleidigt haben...«

»Ich? Aber... Ich...«

»Sind Sie sich im klaren, daß Fiorio in wenigen Minuten den General Roatta anrufen wird? ...Er wird ihm alles erzählen. Was wird Mussolini sagen? Er wird sich beim Führer beschweren... Die Sache ist ernst, sehr ernst, Major Seubert. Sie werden bestraft werden. Ich kann einen solchen Vorfall nicht durchgehen lassen, ohne Sie zur Rechenschaft zu ziehen. Inzwischen befehle ich Ihnen, sich sofort bei Baron Fiorio offiziell zu entschuldigen, ich sage ganz offiziell.«

»Jawohl, Herr Admiral.« Seubert ist bestürzt bei dem Gedanken, was zu einer »offiziellen« Entschuldigung alles notwendig ist: Er muß mit Stahlhelm und umgeschnalltem Säbel erscheinen. Vergeblich sucht er einen vorschriftsmäßigen, langen Säbel des Heeres, doch treibt er einen viel kürzeren Marinesäbel auf. Dann geht er hinunter zur Wache und holt sich einen Stahlhelm, der für ihn reichlich groß ist und ihm über die Ohren fällt. In dieser Weise ausstaffiert, marschiert er in das Erdgeschoß, wo das Büro des italienischen Verbindungsoffiziers liegt.

Seubert meldet sich, nimmt stramme Haltung an, schlägt die Hacken zusammen und salutiert. Fiorio schaut ihn groß an und bemerkt:

»Was hast du denn für einen komischen Hut auf dem Kopf?«

»Ich bin gekommen, um mich ganz offiziell für das vorhin Geschehene zu entschuldigen.«

»Was? Wofür entschuldigen?«

»Aber du weißt doch, euer Kriegseintritt... Du hast dich doch beim Admiral beschwert...«

»Ich? Warum soll ich mich beim Admiral beschwert haben? Das muß ein Mißverständnis sein!... Aber sage mir doch, als du vorhin vor dem Büro des Admirals warst, was war da eigentlich los? Ich habe nicht verstanden, warum die versammelten Offiziere so laut herausgelacht haben, als du sprachst?«

»Die haben gelacht, weil ich stotterte.«

»Ach so, weil du stotterst! So, so... Du stotterst also! Mein verdammter Francesco!«

Die beiden reichen sich die Hände und Seubert rennt die Treppe hoch zum Admiral. Er meldet sich bei ihm – immer noch mit Stahlhelm und Säbel – mit den Worten: »Herr Admiral, ich melde gehorsamst, die Angelegenheit ist erledigt!«

Canaris schaut Seubert an, wobei er nur mit Mühe ein Lächeln verbergen kann, und sagt:

»Gut. Trotzdem werden Sie zur Rechenschaft gezogen werden.«

Wenige Tage später überprüft Major Seubert den Korrekturabzug des hektographierten internen Informationsblattes der Abwehr, das er am frühen Vormittag diktiert hatte.

Auf der Vorderseite steht der Wehrmachtsbericht über die siegreichen Operationen in Frankreich, auf der Rückseite des Informationsblattes stehen einige Zeilen aus dem italienischen Heeresbericht, der von »einer großangelegten Alpenoffensive gegen die Franzosen« spricht. Dazu ein Satz als Kommentar, der von Seubert selbst stammt: »Die italienischen Divisionen sind nach harten, aber siegreichen Kämpfen sechshundertdreiundachtzig Meter auf französisches Gebiet vorgedrungen.« Plötzlich fällt ihm ein, daß dieses Informationsblatt auch an das Büro des Baron Fiorio gelangt. Doch die Exemplare sind bereits verteilt! Eiligst läßt er einen neuen Abzug, jedoch mit unbeschriebener Rückseite machen, nimmt das Blatt und geht schnell hinunter zu Fiorio. Als Seubert eintrifft, sieht er oben auf einem Stapel von Schriftstücken das Informationsblatt liegen. Heimlich, so glaubt er, tauscht er dieses Blatt gegen das neugefertigte aus, während er eifrig mit Fiorio über alles mögliche plaudert, und läßt das bewußte Blatt in seine Mappe verschwinden. Zur Unterbauung seiner Unterhaltung mit Seubert greift Fiorio plötzlich nach dem Informationsblatt auf seinem Schreibtisch und sagt:

»Du weißt doch, im italienischen Heeresbericht von heute steht... Er stutzt, als er beim Umdrehen des Blattes feststellen muß, daß die Rückseite leer ist und meint: »Das ist aber komisch! Kannst du mir erklären, wieso die Rückseite des Blattes unbeschrieben ist?«

»Sie ist eben leer... Mein lieber Blümlein.«

»Aber ich habe doch gerade vorhin den italienischen Heeresbericht gelesen...«

»Du irrst dich! Es gibt keinen italienischen Heeresbericht.«

»Oder, lieber Francesco, hast du vielleicht wieder gestottert?«

Die Abwehr im Hotel Lutetia

Gleich nach dem Einmarsch der deutschen Truppen in Paris gibt Canaris genaue Anweisungen für die Einrichtung der Abwehrdienststelle in der französischen Hauptstadt und überzieht das gesamte Besatzungsgebiet mit Abwehrstellen. Mit der Leitung der Abwehrstelle Paris wird Oberst Rudolph betraut, der sich im Hotel Lutetia mit seiner Dienststelle einrichtet. Oberst Friedrich Rudolph ist ein Mann mit blondem, links gescheiteltem Haar, hoher Stirn mit kahlen Schläfen, wasserblauen Augen und zeigt sich meist mit einem leichten Lächeln auf den Lippen. Er zählt zu den ältesten Angehörigen der Abwehr, ist sehr intelligent und besitzt das volle Vertrauen von Admiral Canaris. Persönlich ist er von heiterem Naturell, dienstlich versteht er keinen Spaß, ist wortkarg, beschränkt sich auf das Wesentliche und gibt seinen bewährten Mitarbeitern viel Selbständigkeit im Handeln.

Als sich Major Oskar Reile am 20. Juni 1940 bei ihm zum Dienstantritt meldet, sagt er zu ihm:

»Ich freue mich, Sie hier als alten Bekannten und als den III F der Abwehrstelle Paris begrüßen zu können. In Ihrer Arbeit haben Sie völlig freie Hand. Ich weiß im Augenblick nur, daß große Mengen Geheimmaterial* gefunden worden sind, deren Sichtung eine Ihrer ersten Aufgaben sein wird. Zunächst kann ich Ihnen nur einen Mitarbeiter an die Hand geben, Hauptmann Leyerer. Weitere Arbeitskräfte werden Ihnen aber schon in den nächsten Tagen zur Verfügung gestellt werden können. Mehrere Abwehrkommandos sind nach Paris unterwegs. Ich werde sie Ihnen unterstellen. Sehen Sie sich in den nächsten Tagen an, was alles vorliegt und machen Sie mir dann einen Vorschlag, wie und mit welchen Kräften Sie an die Arbeit gehen wollen. Jetzt aber wird es Ihnen gewiß guttun, von Ihren beiden Wohnzimmern Besitz zu ergreifen und sich auszuruhen. Abends können Sie mir, vielleicht bei Tisch, etwas vom Einsatz Ihres Kommandos erzählen, und morgen vormittag kann Sie Hauptmann Leyerer mit allen Angehörigen der Dienststelle bekanntmachen.«

Im Hotel Lutetia sind bereits verschiedene Gruppen der Abwehr eingezogen: Die Gruppe I – Spionage – unter Leitung von Major Waag, einem Neffen des Admirals, ein Mann mit reicher Erfahrung auf seinem Fachgebiet, die Gruppe III – Spionageabwehr – mit Fregattenkapitän Langendorf als Leiter. Zu diesem Zeitpunkt zählte die Abwehrstelle Paris etwa fünfundzwanzig Offiziere, zwanzig Stabshelferinnen, zwanzig bis dreißig Unteroffiziere und Mannschaften als Funker, Fahrer und sonstiges Hilfspersonal. Oberst Oskar Reile führt darüber aus: »Die meisten Angehörigen der Dienststelle wohnten im Hotel Lutetia und hatten in ihm auch ihre Arbeitsräume. Die Mahlzeiten wurden ebenfalls im Hotel eingenommen. Mir gab dies zu denken, besonders als ich feststellte, daß das gesamte Küchen- und Bedienungspersonal aus Franzosen bestand und in den Speiseräumen und der Bar des Hotels jederzeit Sekt und Weine bester Sorten spottbillig zu haben waren. Hiervon wurde auch ziemlich ausgiebig Gebrauch gemacht, denn die Küche des Hotels war hervorragend. Daß in jenen hochsommerlichen Tagen nach siegreicher Beendigung des Feldzuges gefeiert und mancher hervorragende Wein aus den schier unerschöpflichen Vorräten Frankreichs erprobt wurde, ist wohl selbstverständlich. Auch war nur zu natürlich, daß sich zwischen manchen männlichen und weiblichen Angehörigen der

* Es handelte sich um einen Güterzug, mit dem gesamten Archiv des französischen Kriegsministeriums beladen, der in La Charité-sur-Loire stehenbleiben mußte, weil die Brücken über die Loire im Raum Orléans zerstört waren.

Dienststelle zarte Beziehungen anbahnten. Trotzdem ist es im Hotel nie zu unschönen Szenen oder gar häßlichen Auftritten gekommen... Auch das französische Personal des Hotels Lutetia blieb vom ersten bis zum letzten Tag der Besatzungszeit den deutschen Angehörigen der Dienststelle gegenüber in seiner Haltung gleichmäßig höflich, doch etwas reserviert, wenn dies auch nicht immer deutlich erkennbar war. Diese Franzosen oder Französinnen, ob Kellner, Köche oder Zimmermädchen, alle gingen ihrer beruflichen Tätigkeit ernsthaft nach und wollten der deutschen Einquartierung zeigen, wie gut in französischen Hotels gearbeitet wird und wie sauber und bequem es sich in ihnen wohnen läßt. Im übrigen hatten sie naturgemäß Interesse daran, ihren alten Arbeitsplatz zu behalten.«

Admiral Canaris hat rasch erkannt, daß mit einer längeren Besetzung Frankreichs durch deutsche Truppen zu rechnen ist und ordnet deshalb die Einrichtung von Abwehrstellen in Saint-Germain-en-Laye, in Dijon, Angers und Bordeaux an. Weitere Abwehrkommandos werden in den größeren Häfen am Atlantik und an der Kanalküste aufgestellt, die einzelnen Luftwaffenstäben unterstellt werden, deren Leiter aber durchweg Abwehroffiziere sind. So zum Beispiel Dr. Kaltenhäuser*, der sich ab Juli 1940 in der Normandie einrichtet und dort bis zur Landung der Alliierten im Juni 1944 verbleibt und so manchen Franzosen vor dem Zugriff der Gestapo bewahrte. Ab Ende 1940 sind diese Abwehrstellen in voller Tätigkeit. Oberst Oskar Reile hat in seinem Buch »Geheime Westfront« einen recht ausführlichen Überblick über die Tätigkeit und das Leben der Abwehroffiziere in Frankreich von 1940 bis 1944 gegeben.

»Wir werden, von allen verlassen, zugrunde gehen«

Während einer Besichtigungsfahrt durch das besetzte Frankreich in Begleitung von Oberst Nicolai, dem legendären Vorgänger von Canaris im Ersten Weltkrieg, und von Oberst Friedrich Wilhelm Heinz, dem Gruppenleiter II der Abwehr, vertraut Canaris ihnen

* Dr. Kaltenhäuser wird wegen seines korrekten Verhaltens, seiner anständigen Gesinnung und seinem Verständnis bei der französischen Bevölkerung in solch guter Erinnerung bleiben, daß er nach dem Kriege regelmäßig alle Jahre dorthin zurückkehrt und einige Tage mit seinen französischen Freunden, die meist echte Angehörige der Résistance waren, verbringt.

seine damaligen Gedankengänge an, die für seine Tätigkeit richtungsweisend sind und worauf er seine Handlungsweise im Laufe der kommenden Monate ausrichtet: »Es wird vielleicht hundert Jahre dauern, bis die Welt begriffen hat, in welch tragischer Situation wir uns heute befinden. Wenn Hitler gewinnen sollte, dann wird der Sieg seines Regimes nicht nur unsere Niederlage bedeuten, sondern den Untergang unseres Vaterlandes, so wie wir es verstehen, so wie wir es lieben. Sollte Hitler aber verlieren, so wäre dies der Untergang und unser eigenes Ende, weil unser Bestreben, uns von Hitler zu befreien, fehlgeschlagen wäre – vorausgesetzt, daß wir wirklich scheitern sollten. Und selbst wenn unser politischer Kampf gegen ihn erfolgreich ausgehen sollte, so hätten wir nicht nur seinen Sturz, sondern auch unseren eigenen herbeigeführt, weil unsere Gegner im Ausland uns nicht glauben würden. Sie würden das Ende unseres Untergrundkampfes als ihren Sieg betrachten. Was immer wir auch machen werden, unser Schicksal wird unabänderlich in einer Selbstvernichtung enden. Der normale Sterbliche kann dies natürlich nicht verstehen. Mit anderen Worten gesagt: Wir werden, von allen auf der Welt verlassen, zugrunde gehen, noch bevor wir Hitler beseitigt haben.«

23. HITLER WIRD KEINE ATOMBOMBE BEKOMMEN

Unter den tausenderlei Problemen, die auf die Abwehroffiziere einstürmen, die sich im Hotel Lutetia eingerichtet haben, ist eine Frage, die ihnen im Augenblick nicht besonders wichtig erscheint: Wohin haben die Franzosen ihr Schweres Wasser verlagert? Man würde den Oberst Rudolph, die Majore Reile und Waag und den Fregattenkapitän Langendorf in ziemliche Verlegenheit gebracht haben, wenn man sie damals gefragt haben würde, was Schweres Wasser sei... Doch nachdem Canaris auf Blitzbesuch nach Paris kommt, wurde die Frage des Schweren Wassers nach den Berichten von Oberst Rudoph zu einem der am wichtigsten zu lösenden Probleme. Ein Fragebogen wurde zusammengestellt* und die Abwehr-

* Durch Zufall sind mir die erste und die dritte Seite dieses Fragebogens (eine Kopie des Originals) vor etwa fünfzehn Jahren in die Hand gekommen. Ich fand sie zwischen den Blättern einer Ausgabe der Zeitschrift »l'Illustration« aus dem Jahre 1941, die ich bei einem Antiquariat am Seineufer kaufte.

dienste der Abteilung I in Frankreich unter Leiter von Major Waag haben schnellstens Nachforschungen anzustellen:

1. Sind die Forschungseinrichtungen im Collège de France benutzbar oder müssen sie wieder hergerichtet werden?

2. Ist noch Forschungsmaterial in den Labors vorhanden oder hat man es weggeschafft? Wenn letzteres der Fall, ist der Auslagerungsort in Erfahrung zu bringen.

3. Eine gründliche Durchsuchung der Arbeitsstätten der Forschungsgruppe Joliot-Curie ist durchzuführen. Gleichfalls in deren Privatwohnung in Paris.

9. Was wurde aus dem Vorrat an Radium, den die Forschungsgruppe Joliot-Curie im Mai 1940 besessen hat?

10. Was ist aus den sechsundzwanzig Behältern mit einhundertundfünfundachtzig Litern Schweren Wassers geworden, die von Norwegen nach Frankreich gebracht worden sind?

11. Es sind folgende Personen ausfindig zu machen und zu befragen (oder in Erfahrung zu bringen, was aus ihnen geworden ist oder wo sie sich aufhalten), deren Lebens- und Personalbeschreibung dem Fragebogen als Anlage beigefügt ist: Jean-Frédéric Joliot-Curie, Hans Heinrich von Halban, Francis Perrin, Lew Kowarski, J. Guéron, Henry Moureux, P. Auger, Bertrand Goldschmidt, Chien Sanchang, Raoul Dautry, Jacques Allier, Jean Bichelonne.

12. Es ist Nachsuche nach den Texten der Patentanmeldungen von Joliot-Curie anzustellen: a) mit Datum vom 22. Mai 1939 unter dem Titel »Verfahren der Stabilisierung eines Energiespenders« und b) mit den Daten vom 30. April und 1. Mai 1940 unter dem Titel »Verbesserung der Energiequellen«.

Was ist nun aus dem in französischem Besitz befindlichen Schweren Wasser geworden? Es ist eine Geschichte, die in der Tat erzählenswert ist.

Eine zweifelhafte Tragik

In einem der vorangegangenen Kapitel haben wir die innere Einstellung der deutschen Wissenschaftler kennengelernt. Ab 1939 richten die Atomphysiker des Kaiser-Wilhelm-Instituts ihre Forschungen nicht auf die Herstellung einer Bombe, sondern auf die Konstruktion eines Reaktors für die Isotopenspaltung. Der Atomforscher Carl

Friedrich Freiherr von Weizsäcker sagt später darüber: »Es war das eine zweifelhafte Tragik. Wir rechneten damit, daß wir unter Verwendung von Schwerem Wasser den Reaktor bauen können, genauer gesagt, einen Reaktor für Schweres Wasser, doch die Gegner Deutschlands bildeten sich ein, daß das Schwere Wasser dazu diente, etwas Schreckliches herzustellen, was vielleicht eine Atombombe sein könnte. Wenn unsere Freunde und Kollegen in den Vereinigten Staaten, die sich mit Vehemenz auf das Projekt zur Herstellung der Atombombe stürzten, gewußt hätten, daß wir dieses Gebiet vernachlässigten, daß uns schon der Gedanke an die Bombe widerstrebte, daß es uns nicht möglich war, so wie andere Mächte zu denken, hätten sie sicherlich von dem Plan zur Herstellung der Bombe abgesehen. Das hätte am Kriegsausgang auch nichts geändert und Hiroshima wäre nicht zerstört worden.« Wie dem auch sei, Deutschland braucht das Schwere Wasser. Die Reichsregierung bemüht sich von der norwegischen Gesellschaft (Stickstoffwerke Hydro-Elektrisk) den Vorrat an Schwerem Wasser zu erhalten, der etwa hundertfünfundachtzig Liter beträgt, und möchte noch zweitausend Liter zusätzlich bestellen.

Aber auch Frankreich ist an diesem Vorrat interessiert. Canaris weiß das. Trotz seiner gegnerischen Einstellung zum Naziregime, handelt er als Patriot und hält den Besitz des Vorrats für Deutschland als unbedingt notwendig. Von den zahlreichen in Norwegen eingesetzten Agenten der Abwehr sind verschiedene für die Sonderüberwachung der Werke von Vermork eingesetzt.

Die Abwehr erleidet eine Schlappe

Im Auftrag der französischen Regierung bemüht sich der Rüstungsminister Raoul Dautry, den wertvollen Vorrat zu beschaffen. Im März 1940 gibt Dautry einem Reserveoffizier des Munitionswesens, Jacques Allier, Direktionsmitglied der »Banque de Paris et des Pays–Bas«, der durch seine Stellung entsprechende Beziehungen zu den leitenden Persönlichkeiten der norwegischen Stickstoffgesellschaft Azote hat, den Auftrag, den größten Teil des in den Werken von Vermork hergestellten Schweren Wassers für Frankreich zu beschaffen. Der Generaldirektor der Gesellschaft, Dr. Axel Aubert, sympathisiert mit den Alliierten. Er zieht die Verkaufsverhandlungen mit

Berlin in die Länge und beschleunigt die mit Paris. Jacques Allier erreicht die unentgeltliche Lieferung des gesamten Vorrats an Schwerem Wasser für die Dauer des Krieges und erlangt die Zusage einer Belieferung für die später zu produzierenden Mengen.

Sehr bald erfährt Admiral Canaris von diesen Liefervereinbarungen und berichtet Feldmarschall Keitel darüber, seinem Dienstvorgesetzten, der es Hitler weitermeldet. Ohne viel von der Bedeutung des Schweren Wassers zu verstehen, ist Hitler über die Norweger erbost und ordnet an, daß die Sabotageabteilung der Abwehr schnellstens eingreift und den Abtransport des Schweren Wassers nach Frankreich verhindert. Es ist die Abteilung II des Obersten Lahousen, der diese Aufgabe zufällt. Doch die Offiziere des Zweiten (französischen) Bureaus, Capitaine Muller, Capitaine Mossé (im Zivilleben Professor an der Sorbonne) und der Kabinettskurier Demars werden der Abwehr Schach bieten! Am Flughafen von Oslo spielt sich ein echtes Katz-und-Mausspiel ab. Die Franzosen tun so, als wollten sie die sechsundzwanzig Behälter mit Schwerem Wasser an Bord des Linienflugzeuges mit Kurs auf Amsterdam bringen, das die Abwehr besonders streng überwacht. Sie sind mehr als glücklich, als sie im letzten Augenblick, ohne bemerkt zu werden, ihre kostbare Ladung in die Kursmaschine nach Edinburgh verfrachten können, damit die Behälter ohne Schwierigkeiten in Paris ankommen. Vor dem Start der Maschine nach Amsterdam müssen die darauf angesetzten Sabotageagenten der Abwehr feststellen, daß sie von den Franzosen hinters Licht geführt worden sind. Die sechsundzwanzig Behälter befinden sich nicht im Laderaum. Als das Schwere Wasser in Frankreich eintrifft, wird es durch den zuständigen Rüstungsminister der Forschungsgruppe Joliot-Curie übergeben. Für die Aufbewahrung wird sogar ein bombensicherer Bunker gebaut.

Vor dem deutschen Angriff auf Frankreich im Mai 1940 hatten die französischen Physiker einen Versuch mit Uranoxyd und Schwerem Wasser begonnen, sie mußten aber schnell abbrechen. Ebenso führten sie Versuche mit heterogenen Systemen durch, in denen Uran mit einer verzögernden Substanz, in einer genau festgelegten geometrischen Reihe, vermischt wird, anstatt die beiden Stoffe zu einer homogenen Substanz zu vermischen. Sie studierten das System des Uranoxyds und der Paraffine und planen damit ebenso zu verfahren, wie beim Uranoxyd beziehungsweise beim Uranmetall, mit Verwendung von Graphit als Brennsubstanz für die Reaktion.

Am 8. April 1940 erfolgte die Eroberung Norwegens und im Zuge derselben Operation die Besetzung von Dänemark. Am 10. Mai eröffnete Hitler den Angriff an der Westfront.

»Am 16. Mai«, so erzählt der französische Atomwissenschaftler Lew Kowarski, »erfuhr man in Paris, daß die deutschen Truppen die Maginotlinie durchstoßen hatten. Die Bevölkerung wußte noch nicht über das volle Ausmaß Bescheid, die Regierung jedoch ordnete bereits die Evakuierung besonders wichtiger Einrichtungen an. Joliot-Curie erhielt die Mitteilung, daß er auf alle Fälle seine Forschungsunterlagen und das geheime Material wegschaffen müsse. Halban reiste am 17. Mai mit dem wertvollsten Material wie Radium, Schwerem Wasser und einigen Unterlagen ab. Mehrere Fahrten waren dazu notwendig. Ich ging am 5. Juni weg, nachdem der größte Teil der wissenschaftlichen Apparate auf vier Militärlastwagen verladen war. In Clermont-Ferrand traf ich Halban wieder, auch Joliot–Curie und seine Frau schlossen sich an.«

Die Behälter mit schwerem Wasser wurden zunächst in den Kellern der Banque de France in Clermond-Ferrand abgestellt und dann in das Gefängnis von Riom gebracht. Als sich die Vormarschrichtung der deutschen Truppen deutlicher abzeichnete, mußte eine endgültige Entscheidung über den Verbleib der Behälter getroffen werden. Kowarski berichtet darüber: »Am 16. Juni erreichte uns der Befehl, daß wir uns nach Bordeaux begeben und von dort aus an einen unbekannten Bestimmungsort weiterreisen sollten. Am nächsten Tag kamen wir mit unserem Material in Bordeaux an. Dort stand Lord Suffolk, ein britischer Verbindungsoffizier, für uns bereit. Dieser besorgte ein kleines Schiff, einen Kohlenfrachter, auf dem wir soviel Material und Geräte wie möglich verluden. Insgesamt waren wir etwa fünfzig französische Wissenschaftler, teilweise mit ihren Familien, mit einer Menge Material und verschiedenen Geräten, künstlichen Diamanten und vielem anderen mehr, dabei auch unser Schweres Wasser.«

An diesem 16. Juni erhielten Halban und Kowarski den folgenden Befehl: »Die Herren Halban und Kowarski in Begleitung von Frau Halban und Frau Kowarski und zwei Kleinkindern gehen an Bord des Dampfers ›Broompark‹ in Bassens / Gironde. Sie werden dem Lord of Suffolk und Berkshire anvertraut und sollen in England die im Collège de France begonnenen Forschungen fortsetzen. Dabei ist auf absolute Geheimhaltung zu achten. Die Herren Halban und Kowarski haben sich in London bei der französischen Mission, Oberst Mayer, in der Stanley Street 2, Westminster House zu melden. I.A. u.a. B. des Ministers, i.A. Generalsekretär Rüstung. Der Chef des Cabinetts gez. Bichelonne.«

Kowarski fügte noch hinzu: »Joliot-Curie selbst entschloß sich, in Frankreich zu bleiben und Halban und mich abreisen zu lassen. Die Überfahrt von Bordeaux nach England verlief nicht ohne gefährliche Zwischenfälle. Ein ganz in unserer Nähe befindliches Schiff lief auf eine Mine. Deutsche Flugzeuge überflogen uns mehrfach, sie ließen uns aber ungeschoren, weil sie keine Bomben mehr hatten. Am 21. Juni kamen wir endlich in England an.« Die sechsundzwanzig Behälter mit Schwerem Wasser wurden zunächst im Gefängnis von Wormwood Scubs abgestellt und wurden dann in einen alten Festungsteil des königlichen Schlosses von Windsor überführt und dem dortigen Bibliothekar anvertraut. Im Laboratorium von Cavendish nahmen Halban und Kowarski dann ihre Arbeiten wieder auf.

Die Deutschen kommen einen Schritt voran

Als im Juni 1940 Admiral Canaris, aus Paris kommend, in Berlin eintrifft, erfährt er von einer gerade fertiggestellten, wichtigen theoretischen Arbeit von Carl Friedrich von Weizsäcker, und daß das Kaiser-Wilhelm-Institut zum Zwecke der Umsetzung dieser neuen Erkenntnisse in die Praxis den Stand der französischen Forschungsarbeiten von Joliot-Curie und seinem Team benötigte. Tatsächlich ist Weizsäcker einen bedeutenden Schritt vorangekommen. Heute kann man feststellen, daß die deutschen Physiker von diesem Zeitpunkt an einen Großteil der für die Herstellung einer Atombombe notwendigen theoretischen Voraussetzungen entdeckt und ausgearbeitet hatten. So schrieben mir Leandro Castellani und Luciano Gigante: »Carl Friedrich von Weizsäcker hatte die Atombombe viel früher als die Amerikaner erfunden.«

Carl Friedrich von Weizsäcker erklärte es sehr viel bescheidener, indem er sagte: »In einem meiner Aufsätze vertrat ich die Möglichkeit, in einem Reaktor das Element herzustellen, das man später Plutonium nannte. Ich wußte, daß man mit diesem Element als

Grundlage einen Atomsprengkörper herstellen konnte, es bedeutet aber nicht, daß ich die Atombombe ›erfunden‹ habe. Übrigens hat eine ähnliche Entdeckung noch nicht existiert. Man mag wohl die Kettenreaktion an sich verstanden haben, es blieben aber noch weitere tausend Stufen zu erklimmen, um ans Ziel zu kommen. Meine Idee war nur eine von diesen tausend Stufen. Man beharrt auf dem Wort ›Entdeckung‹, ich glaube aber, daß es sich nur um eine Idee handelt, auf welche die zweihundert Physiker der damaligen Zeit ebenfalls hätten kommen können. Nichtsdestoweniger habe ich den Aufsatz geschrieben, aber selbstverständlich nicht veröffentlicht. Ich machte darin, mit allem Vorbehalt, eine Anspielung über die Möglichkeit, dieses neue Element in einem relativ kurzen Zeitraum zur Herstellung eines Sprengkörpers verwenden zu können.« Wohlgemerkt, das Amt für »Hilfswaffen« wurde weder vom Kaiser-Wilhelm-Institut noch durch Admiral Canaris darüber unterrichtet.

Ende August hat der Abwehrchef ein privates Gespräch mit Ernst Freiherr von Weizsäcker über den Stand der Arbeiten seines Sohnes und der Forschungsgruppe Heisenberg. Canaris fragt Weizsäcker, ob seiner Ansicht nach die deutsche Wissenschaft in der Lage sei, eine Uranbombe herzustellen. Die Antwort lautet ganz eindeutig:

»Nach dem, was ich weiß, stellen sie einen Atomreaktor her, aber keiner von denen, die ich kenne, in erster Linie mein Sohn, beabsichtigt die Herstellung einer Bombe. Sie haben zu große Angst davor, daß die Nazis sie anwenden könnten. Allein der Gedanke an eine solche Bombe ist ihnen unerträglich. Außerdem darf ich hinzufügen, daß nach meinen Informationen in Anbetracht der derzeitigen technischen und industriellen Verhältnisse in unserem Lande und des Kriegszustandes, es keinerlei Möglichkeiten zur Herstellung einer Uranbombe gibt.«

Admiral Canaris war damit beruhigt, daß Hitler noch für lange Zeit keine Superbombe haben wird und seine tödlichen Träume nicht in Erfüllung gehen können.

Canaris mit Wolfgang Gertner in Paris

Wenige Tage später erhält Canaris von Major Oskar Reile die Meldung, daß Joliot-Curie in die französische Hauptstadt zurückgekehrt sei. Nach einem ausführlichen Gespräch mit Werner Heisenberg entschließt sich der Admiral, nach Paris zu reisen. Dazu nimmt er sich den erstklassigen deutschen Physiker Gertner mit. Dieser erzählte mir darüber:

»Ich war bei der Befragung von Joliot-Curie zugegen und hatte als Fachmann in Atomphysik den Auftrag, dessen Antworten zu übersetzen und zu interpretieren. Man fragte ihn, auf welchem Gebiet der Physik er seine Forschungen betreibe, womit er sich derzeit beschäftige und wieweit er in seinen Versuchen auf dem Gebiet der Kernspaltung vorangekommen sei. Die erste Frage war allerdings etwas genauer gestellt: Was er mit dem aus Norwegen bezogenen Schweren Wasser gemacht habe? Joliot-Curie antwortete, daß das Schwere Wasser höchstwahrscheinlich auf Weisung der Armee nach England geschafft worden sei. Er wisse nur, daß es in Bordeaux verschifft worden sei und den Hafen verlassen habe. Diese Antwort erschien unglaubhaft, wenn man berücksichtigt, was für ein Durcheinander in Frankreich mit Beginn des Krieges geherrscht hat. Doch er sprach die Wahrheit: das Schwere Wasser ist wirklich ausgelagert worden. Weiter fragte man Joliot-Curie, bis zu welchem Punkt er mit seinen Versuchen gekommen sei, und ob er eine Kettenreaktion für möglich halte. Er antwortete, daß er ebensoweit wäre, wie die anderen Physiker auf der Welt auch. Vor dem Kriege hätten zwischen den Laboratorien der verschiedenen Länder gute Kontakte bestanden und man wäre gegenseitig über den Stand der Forschungen in Rom, Berkeley, Cambridge und Paris orientiert gewesen. Er fügte hinzu, daß er sich persönlich dessen nicht sicher sei, ob die Kettenreaktion möglich wäre, doch würden nicht alle Physiker diese seine Meinung teilen.

In Wirklichkeit war Joliot-Curie viel weiter als er glaubte, denn er konnte bereits die Anzahl der beim Beschuß von Uran freigesetzten Neutronen feststellen.«

Gertner äußerte sich über seine persönliche Haltung:

»Es war für mich nicht recht angenehm, Joliot-Curie unter diesen peinlichen Umständen wiederzusehen. Ich betrat sein Büro in Begleitung einiger deutscher Offiziere und begrüßte ihn herzlich. Später, als die Befragung beendet war und die deutschen Offiziere weggingen, fand ich die Gelegenheit, einen Augenblick zu zögern und ihm schnell zuzuflüstern: ›Haben Sie etwas Zeit für mich? Können wir uns heute abend in einem Café am Boulevard Montparnasse treffen?‹

›Sicher, um acht Uhr; geht es um diese Zeit?‹ antwortete er.

›In Ordnung, um acht Uhr!‹

Am Abend begleitete ich Joliot-Curie nach Hause. Ich erklärte ihm, weshalb und warum ich hier wäre. Es sei besser, daß ich es sei, als ein anderer, dachte ich bei mir. Ich sagte ihm gleich, es könnte möglich sein, daß ich nach Paris versetzt würde, um die Arbeiten in den Labors der Universität und des Collège de France zu überwachen. Ich fragte ihn, ob er damit einverstanden sei, wenn ich diese Stelle annehme. Wenn nicht, dann würde ich schon eine Ausrede finden und mich um eine andere Verwendung bemühen. Joliot meinte: ›Gewiß, mir wäre es lieber, wenn Sie es wären. Wir kennen uns wenigstens.‹

›In diesem Falle‹, antwortete ich ihm, ›wollen wir uns gegenseitig verpflichten, daß weder der eine noch der andere für den Krieg arbeitet und daß wir offen über alles sprechen, was wir erfahren.‹ Ich sollte ihm mitteilen, wenn er in Gefahr käme, und er würde mich alles wissen lassen, was ich nach seiner Meinung unbedingt erfahren müßte.«

Gertner wußte genau Bescheid über die wahren Aktivitäten von Joliot-Curie:

»Ich war gar nicht interessiert daran, laufend über seine Angelegenheiten im Bild zu sein; sogar später habe ich ihn nicht befragt, obwohl ich wußte, daß er sich der Résistance anschloß. Ich ließ mich nach Paris versetzen und blieb dort zwei bis drei Jahre. Dort arbeitete ich im Laboratorium von Joliot-Curie und hatte oft Gelegenheit, ihm nützlich zu sein, indem ich Schwierigkeiten beseitigte, die oft zwischen ihm und den Besatzungsbehörden, besonders mit den Dienststellen Himmlers, der Gestapo und des SD, auftraten. Wenn ich mich recht erinnere, wurde er zwei- oder dreimal verhaftet. Um ihn herauszupauken, berief ich mich bei meinen Vorgesetzten darauf, daß Joliot-Curie als hochqualifizierter Physiker für unsere Forschung dringend gebraucht werde und er imstande sei, unsere eigenen Arbeiten erheblich voranzutreiben. Auf diese Weise konnte ich ihn mehrmals retten, obwohl er bei den SS-Führern schlecht angeschrieben war. Tatsächlich war es öffentlich bekannt, daß er politisch ›links‹ eingestellt war, man sprach sogar davon, daß er auf die eine oder andere Weise mit der Kommunistischen Partei verbunden war. Ich hielt ihn jedenfalls für nützlich. Wir waren alte Bekannte.«

Was Wolfgang Gertner verschwieg, aber von Wichtigkeit ist, war die Tatsache, daß im September 1940, am Tag nach der Befragung Joliot-Curies, Admiral Canaris ein langes Gespräch mit einem jungen Mitarbeiter von Joliot-Curie hatte, einem Physiker chinesischer Herkunft, namens Chien San-chang. Canaris hatte nämlich von Werner Heisenberg den Auftrag erhalten, bei den französischen Wissenschaftlern der Gruppe Joliot-Curie zu sondieren, ob sie ihre Arbeiten eventuell in Berlin am Kaiser-Wilhelm-Institut fortsetzen wollten.

Wer ist eigentlich dieser Chien San-chang, der den Abwehrstellen und dem großen Wissenschaftler Heisenberg so wohl bekannt ist? Chien San-chang ist noch am Leben, er ist der Vater der chinesischen Atombombe, die Mao Tse-tung besitzt!*

Chien lehnte das Angebot von Admiral Canaris höflich mit der Erklärung ab, daß seine Forschungsarbeiten gerade im Anlaufen seien und er deshalb Paris nicht verlassen könne. Um die Tür offenzuhalten, fügte er hinzu, daß er noch ein bis zwei Jahre daran arbeiten müsse, aber wenn seine Theorie abschließend bewiesen sei, sähe er »keinen Hinderungsgrund, dem ehrenvollen Ruf des großen Wissenschaftlers Werner Heisenberg nach Berlin zu folgen, für den er große Bewunderung habe.«

Chien San-chang blieb in Paris und arbeitete zusammen mit Joliot-Curie und Wolfgang Gertner bis zur Befreiung Frankreichs.

Es geht nur langsam voran

Wo aber blieben die Fortschritte der deutschen Atomforschung? Der Physiker Franz Houtermans, der 1928 als erster die thermonuklearen Reaktionen der Sonne und anderer Fixsterne interpretiert hat, hatte Deutschland 1934 freiwillig verlassen und ging in die Sowjetunion. Bei der großen Säuberungsaktion Stalins von 1937 wurde er verhaftet und zweieinhalb Jahre lang in ein Internierungslager gesteckt. Nach der Unterzeichnung des deutsch-sowjetischen Abkommens wurde Houtermans nach Deutschland zurückgeschickt und von der Gestapo

* Eine Lebensbeschreibung Chien San-changs ist im Anhang beigefügt.

verhaftet. Mehrere Monate war er in Haft, bis es Professor von Laue gelang, ihn wieder frei zu bekommen. Kurze Zeit nach seiner Freilassung nahm er im Herbst 1940 mit Heisenberg und Weizsäcker Verbindung auf. Er selbst erzählte darüber: »Ich unterhielt mich mit Heisenberg und Weizsäcker und gewann von beiden den Eindruck, daß sie auf keinen Fall die Absicht hatten, eine Atombombe herzustellen. Eines Tages, als ich mir große Sorge darüber machte, daß die Nazis die Bombe verwirklichen könnten, sprach ich mit Max von Laue. Der antwortete mir lächelnd: ›Man macht keine Erfindung, wenn man nicht davon überzeugt ist.‹ «

Heisenberg hat das später mit den Worten bestätigt: »Es gab mehrere Forschungsgruppen, aber man war nicht mit dem Herzen bei der Arbeit. Die Gruppen tauschten wohl ihre Forschungsergebnisse aus, doch gab es unaufhörlich Streit miteinander wegen der Ausstattung mit dem dringend notwendigen Material, Uran und Schwerem Wasser.«

Die Abwehrdienste von Admiral Canaris halfen dabei mit, die Schwierigkeiten zu vergrößern. Fast überall saßen Leute der Abwehr, so auch im Amt für »Hilfswaffen«, und schürten planmäßig die Rivalität zwischen den einzelnen Forschungsteams.

Trotz der ablehnenden Einstellung zum NS-Regime unterlaufen den Wissenschaftlern mancherlei Unbesonnenheiten. So berichtet Houtermans: »Ich arbeitete im Laboratorium von Manfred von Ardenne, dem Leiter eines Privatunternehmens. Im Frühjahr 1941 bat er mich, meine Gedanken über die Kettenreaktion und über die im Uran enthaltene Atomenergie näher zu bestimmen. Ich legte meine Gedanken in einem Bericht nieder, der bei Ardenne verblieb. Bis der Reichspostminister eines Tages ihm den Befehl erteilte, den Bericht im Ministerium selbst zu hinterlegen. Glücklicherweise kannte ich jemanden in der geheimen Dokumentationszentrale, es war ein Mitglied der Abwehr, und ich riet ihm, meinen Bericht bis Kriegsende in einem Panzerschrank unter Verschluß zu halten.«

Was Houtermans aber nicht sagte, war, daß der Reichspostminister Ohnesorge den Bericht gelesen hatte, ohne ihn richtig zu verstehen. Aber er behielt im Gedächtnis, daß Houtermans von der Möglichkeit sprach, das herzustellen, was wir heute Plutonium nennen, daß er außerdem feststellte, Plutonium löse bei langsamem Neutronenbeschuß eine Kernspaltung aus, ohne daß man die Isotopen in einem Reaktor zu spalten brauche. Ohnesorge sprach darüber mit dem Rüstungsminister Albert Speer, der ihm erklärte, es sei auf diesem Wege möglich, eine überdimensionale schwere Bombe, eine Atombombe, herzustellen. Besonders stolz auf seine brandneuen Kenntnisse, informiert Ohnesorg während einer Kabinettssitzung Hitler darüber. Auf diese unerwartete Ankündigung antwortet der Führer mit ausfälligen Bemerkungen an die anwesenden Militärs:

»Nun ja! Während Sie, meine Fachleute, sich herumquälen, um den Krieg zu gewinnen, ist es der Postminister, der uns die Möglichkeiten dazu liefert.«

Was geschieht daraufhin? Nichts.

Canaris mischt sich ein

Als Canaris durch Generalfeldmarschall Keitel von den Enthüllungen Ohnesorges erfährt, sucht er Erich Schumann, den Hauptverantwortlichen für die Atomforschung, auf. Geschickt betont der alte Fuchs Canaris die Bedeutung des Houtermans-Berichts, bedauert, daß die Entdeckung aus dem Privatlabor Manfred von Ardennes käme, das vom Postministerium, anstatt vom Kaiser-Wilhelm-Institut, das Schumann untersteht, finanziert würde. Canaris bringt das geschickt an, daß Schumann von der Angst erfaßt wird, in Ungnade zu geraten. Er ist nun bestrebt, die Versorgung des Forschungslabors von Ardenne mit Uran und Schwerem Wasser zu unterbinden...

Durch Canaris gut abgeschirmt, verfolgen die deutschen Atomforscher weiterhin die Absicht, ihre Arbeiten über die Kernspaltung zu verzögern. Inzwischen haben Heisenberg und Weizsäcker herausgefunden, daß man einen Brenner konstruieren könnte, der sich selbst erhält. Sie übergeben die Arbeit 1942 nach Leipzig; dort werden die ersten Ergebnisse erzielt, doch die Selbstaufladung gelingt nicht. Man ist weit von der Herstellung einer Bombe entfernt...

Ende 1942 erklärt Erich Schumann, der unter den Angriffen der Geheimberichte der Abwehr steht, die ihm seine Unfähigkeit nachsagen und ihn der sarkastischen Kritik des Generalstabes aussetzen, daß er an dem Atomenergieprogramm nicht mehr interessiert sei. Er gibt das gesamte Personal, die Geräte, die Materialien, seine Vorräte an eine zivile Organisation ab, die unter Vorsitz Görings steht, der aber kaum kompetenter als Schumann ist. Der Nazi-Physiker Walther Gerlach übernimmt die Leitung der Forschungsaufgaben. Da er aber von allen anderen Physikern geschnitten und verachtet wird, ist das völlige Durcheinander bald erreicht.

Am 6. Juni 1942 ruft der Rüstungsminister Albert Speer alle Atomphysiker zusammen. Wird er die Herstellung der Atombombe anordnen? Abraham Esau trägt dem Minister die verschiedenen Projekte vor und macht den Mangel an Uran und Schwerem Wasser und die Knappheit an Geldern für die Arbeiten an der Bombe deutlich. Zur allgemeinen Überraschung genehmigt Speer die Fortsetzung des Programms, empfiehlt allerdings »möglichste Sparsamkeit, was die Bombe betrifft, walten zu lassen«, aber dafür die »Arbeiten für einen Atomreaktor zu intensivieren«.

Die Wunderwaffe, auf die Hitler so sehr rechnet, um das Gesicht des Krieges zu verändern, und auf die das nationalsozialistische Deutschland seine ganze Energie verwendet, ist nicht die Atombombe, sondern es sind die V 1- und V 2-Raketen, die ersten Lenkraketen, die von Wernher von Braun konstruiert wurden. Admiral Canaris und die deutschen Atomwissenschaftler können aufatmen. Hitler wird also nicht das apokalyptische Feuer anstecken, es wird nie eine Atombombe der Nazis geben. Und um so weniger, weil es bald kein Schweres Wasser mehr geben wird.

Gehen wir noch einmal auf das Jahr 1940 zurück: Im Mai 1940 wurde Norwegen von der Wehrmacht besetzt. Im September beschlagnahmte das Amt für »Hilfswaffen« das Stickstoffwerk von Vermork. Das Unternehmen, das damals zehn Liter Schweres Wasser pro Monat herstellte, steigert die Produktion im September 1942 bereits auf hundertundzwanzig Liter und später auf dreihundert Liter monatlich. Das ist für Deutschland noch zu wenig: es braucht drei Tonnen. In den Augen der Alliierten ist dies viel zu viel.

Am 27. Februar 1943 zerstört ein in England ausgebildeter norwegischer Sabotagetrupp in Vermork dreitausend Liter des Schweren Wassers. Am 16. November des gleichen Jahres vernichten amerikanische Bomber die Produktionsstätten und einen Lagervorrat mit hundertundzwanzig Litern. Sechzehntausend Liter bleiben noch übrig. Da entschließt man sich, das Schwere Wasser nach Deutschland zu verfrachten und verlädt es auf das Schiff »Hydro«. Am 20. Februar 1944 wird die »Hydro« im Tinn-See versenkt. Vier norwegische Freischärler hatten das Schiff mit Sprengstoff gefüllt. Von diesem Tag an wurde praktisch die Weiterentwicklung der deutschen Atompläne eingestellt.

Die deutschen Physiker jedoch setzen ihre Arbeiten bis zum totalen Zusammenbruch des Dritten Reiches fort. Wenn sie nicht allesamt Nazigegner gewesen wären, wenn Admiral Canaris sie nicht so geschickt abgeschirmt hätte, wenn Hitler gewußt hätte, um was es sich wirklich handelte, dann hätte Deutschland wirklich vor den Amerikanern und vor den Russen die Atomwaffe besitzen können... Im März 1967 enthüllte Carl Friedrich von Weizsäcker, die Kapazität unter den Atomphysikern, die er inzwischen geworden war, in einem Interview mit der Hamburger Wochenzeitschrift »Stern« das Problem. Auf die Frage des »Stern«-Reporters, »wie weit war Deutschland nach der Entwicklung bis zur Endstation 1945 in Haigerloch von der Herstellung einer Atombombe entfernt?« antwortete Weizsäkker: »Das ist nicht leicht zu sagen. Unter friedensmäßigen Bedingungen – und die waren ja in den letzten Kriegsmonaten in Deutschland nicht mehr gegeben – wären wohl noch acht Monate erforderlich gewesen.«

24. CANARIS – FRANCO – HITLER: ERSTER AKT

Im Juni 1940 befindet sich Hitler auf dem Höhepunkt seiner Erfolge. Nach dem Blitzsieg über Frankreich läßt sich das deutsche Volk von der Aussicht auf einen nahen Frieden mit England blenden, das auf seine Insel zurückgeschlagen wurde. Admiral Canaris ist wahrscheinlich der einzige unter den führenden Köpfen der Wehrmacht, der bemüht ist, sich nicht von dem übertriebenen Optimismus seiner mit Stolz erfüllten Kollegen zu sehr beeinflussen zu lassen. Er erkennt aber an, daß Hitler seit 1933 einen politischen Erfolg nach dem anderen errungen hat und auch aus drei Feldzügen als Sieger hervorgegangen ist. Es ist offenkundig, daß der Führer planmäßig das verwirklicht, was er in seinem Buch »Mein Kampf« verkündet hat. Dank seinem Gespür für den richtigen Zeitpunkt, betreibt er eine Außenpolitik mit einer fast nachtwandlerischen Sicherheit, und es scheint, wie wenn obendrein diese »Intuition« es ihm erlaubte, ebenso leicht Kriege zu führen. Der Hitlersche Machtbereich erstreckt sich nun vom Nordkap bis zu den Pyrenäen. Faktisch liegt das Schicksal von ganz Europa in seinen Händen. Trotzdem bleibt

Canaris Pessimist und glaubt, daß in einigen Wochen oder Monaten diese Vormachtstellung bereits in Frage gestellt sein kann.

Auf eine Frage Piekenbrocks nach den Gründen seines Pessimismus, erklärt ihm Canaris: »Der Führer hat unbestreitbar außerordentliche Kenntnisse in militärischen Details, hat aber wenig Ahnung davon, wie man strategische Probleme löst. Diese Unwissenheit ist entscheidend, weil Strategie und Politik eng miteinander verknüpft sind. Hitler und verschiedene seiner Generale des Oberkommandos der Wehrmacht und des Oberkommandos des Heeres sind Infanteristen, sind »Kleinbürger«, sind ausschließlich Binnenländler. Von den Dingen der großen, weiten Welt haben sie nur oberflächliche Kenntnisse und das Bild, das sie sich von fremden Ländern und Völkern machen, besteht aus einer Serie von vorgefaßten, irrtümlichen Meinungen. Hitler trägt mit sich seinen kargen Wissensschatz und vorgefaßte Gedanken aus ›Mein Kampf‹ herum.«

Piekenbrock ist vom »kleinen Admiral« fasziniert. Er kennt ihn wahrhaftig schon lange und gut, aber eine Beweisführung, wie er sie heute mit Überzeugungskraft und stürmischer Leidenschaft vortrug, die seine Worte in Schwingungen versetzte, überraschte ihn doch. Piekenbrock sagte mir später, daß er Admiral Canaris noch nie so klarblickend und so überzeugend erlebt habe: »Er hatte ein eigenartiges Leuchten in seinen blauen Augen. Es war etwas ›Mystisches‹ in seinen Äußerungen.«

Der Admiral fährt fort:

»Mein lieber ›Piki‹, was die Sache so dramatisch macht, ist, daß Winston Churchill und das ganze englische Volk in großen Zusammenhängen, mit dem Meer, den Seewegen, dem Empire, global denken, währenddessen Hitler nur in den Dimensionen von Europa und Teileuropa denkt. Obgleich er durch zwei ›gigantische Sichelschnitte‹ als Sieger über Polen und Frankreich hervorging, hat er die englische Armee in Dünkirchen nicht zerschlagen, obwohl er es gekonnt hätte, weil er einen englisch-deutschen Frieden anstrebte. Er hat seine ganze Kraft und Intelligenz in einen ›Uppercut‹ gegen Frankreich gelegt, das auch strauchelte, in der vagen Hoffnung, daß die starrköpfigen Engländer, nachdem sie auf ihre Insel zurückkehrten, über die Niederlage ihres alliierten Partners nachdenken und den Weg zu einem Verhandlungsfrieden einschlagen werden. Der Blitzsieg über Frankreich, den auch die größten Optimisten nicht vorherzusagen gewagt hätten, hat Hitler buchstäblich in einen

Rauschzustand versetzt. Weder bemerkt er, daß Frankreich die besten Trümpfe hält, indem er ihm die Flotte und das französische Herrschaftsgebiet, insbesondere Nordafrika, ließ, noch kann er sich ein Bild vom britischen Empire machen, dem englischen Mutterland, dessen Sicherheit auf eine starke Luftabwehr und hauptsächlich auf den Schutz der Meere ausgerichtet ist, und das mit Indien teils durch einen Seeweg über Gibraltar, Malta, Suez, teils durch den Landweg über Ägypten, den Mittleren Orient, Ostafrika verbunden ist. Das versetzt die Engländer in die Lage, diese Gebiete zu behaupten und diese Länder zu beherrschen. Hitler ist davon überzeugt, wenn Frankreich besiegt ist, wird England verhandeln. Der englische Realismus und die Bedingungen, die Hitler vorschlägt, müßte England ermöglichen, sich für diesen Akt der klugen Selbsterhaltung zu entscheiden. Doch Hitler irrt sich gewaltig: Man kann England nur zu einem Verhandlungsfrieden bewegen, wenn es sein Empire bedroht weiß. Wir sollten nicht auf eine Landung in England abzielen, sondern auf die Inbesitznahme von Gibraltar und den Suezkanal. Wenn das gelingen würde, wäre ein Friedensschluß möglich.«

»Unternehmen Felix«

Wenige Tage nach dieser Unterhaltung, etwa um den 10. Juli herum, erhält Canaris von Generalfeldmarschall Keitel den Auftrag, zu prüfen, inwieweit sich eine Operation gegen Gibraltar unternehmen ließe.

Der Chef der Abwehr kann nichts für diese neue strategische Planung. In der Tat war es General Jodl, der beim Führer am besten anerkannte strategische Berater, der in einer am 30. Juni erarbeiteten Studie über die »Zukünftige Kriegführung gegen England« bereits sagte: »Der endgültige Sieg Deutschlands über England ist nur eine Frage der Zeit. Der Feind ist nicht mehr in der Lage, Offensivoperationen großen Stils zu unternehmen... Wenn der Friede nicht auf diplomatischem Wege erreicht werden kann, dann muß der englische Widerstandswille gebrochen werden: a) durch einen Angriff auf das englische Mutterland oder b) durch die Ausweitung des Krieges auf andere Teile Großbritanniens.«

Von den beiden Alternativen Jodls schließt die eine die andere nicht aus. Seit Anfang Juli beraten Generalfeldmarschall von

Brauchitsch und General Jodl gemeinsam über eine gleichzeitige Angriffsoperation gegen Suez und Gibraltar. Beide sind sich darüber einig, daß man England nicht auf dem Mittelmeer schlagen kann, sondern daß es entscheidend sei, sie aus den Mittelmeerstützpunkten zu vertreiben. Diesen Standpunkt vertritt auch Großadmiral Raeder. Für ihn und für alle Marineoffiziere, die gewohnt sind, in Kontinenten zu denken, bleibt das vorrangige Ziel, den Engländern die Vorherrschaft über das Mittelmeer zu entreißen. Hitler steht diesem Plan nicht negativ gegenüber, den er »Unternehmen Felix« nennt (der Name des Glücksbringers), aber, da er noch immer an einen schnellen Frieden mit England denkt und glaubt, daß ihm das eroberte Frankreich genügend Ausgangsbasen bietet, um mit England die Sache zum Ende zu bringen, betrachtet er das Mittelmeer als zweitrangigen, letzten Endes unangenehmen Kriegsschauplatz. Die Zeit verstreicht und England läßt nicht die geringste Absicht für eine friedliche Lösung erkennen. Dadurch läßt sich Hitler für den Gedanken des »Unternehmens Felix« gewinnen.

Über die Reaktion von Admiral Canaris auf den ihm von Feldmarschall Keitel erteilten Auftrag, haben wir den Vizeadmiral Leopold Bürkner, den Leiter der Amtsgruppe AuslandAbwehr als Zeugen. Er erklärte: »Kurz nach dem Frankreichfeldzug beschäftigte sich Admiral Canaris mit dem Gedanken, einen überraschenden Angriff auf die Festung Gibraltar durchzuführen. Der Zeitpunkt war psychologisch gut gewählt, da die Engländer noch unter dem Schock von Dünkirchen, dem Druck einer Landung der Deutschen, standen sowie den Luftangriffen auf die Insel ausgesetzt waren.« Tatsächlich glaubt Canaris zu diesem Zeitpunkt, daß ein Angriff gegen Gibraltar Spanien nicht automatisch in einen Krieg hineinziehen würde. Canaris, der dieses Land, wie wir bereits wissen, tief und innig liebt und ein Duzfreund Francos ist, kennt die ungünstige und tragische Situation dieses Landes zu gut, als daß er wünschen könnte, Spanien möge für Deutschland die Waffen ergreifen. Mit Freude entschließt er sich zu einer Reise nach Spanien; die Möglichkeit für einen Besuch dieses Landes begeistert ihn immer. Er muß sich allerdings noch etwas gedulden, weil er am 19. Juli noch zur Teilnahme an der »Preisverteilung« in der Kroll-Oper verpflichtet ist. An diesem Tag läßt Hitler in einer triumphalen Reichstagssitzung, an der alle Befehlshaber der Heeresgruppen, Armeen und Korps, die Admiralität und einige besonders ausgewählte tapfere Soldaten niedrigerer Dienstgrade teilnehmen, Kriegsauszeichnungen und Beförderungen auf die »Sieger über Frankreich« herabregnen. Dabei hält er auch eine sehr lange Rede von hundertdreißigtausend Silben (fünfundvierzig Seiten mit je fünfundvierzig Zeilen), in deren Verlauf er abwechselnd England bedroht, es auf die Knie zu zwingen, doch ihm auch einen Ölzweig entgegenreicht, womit er England zeigen will, daß es eine Torheit sei, den Krieg weiter fortzusetzen.

Bereits am Tage nach der »Komödie«, wie er sich ausdrückt, reist Admiral Canaris in Begleitung seiner Mitarbeiter Oberst Hans Piekenbrock, Oberstleutnant Mikosch und Hauptmann Hans-Jochen Rudloff nach Madrid. In der Madrider Abwehrstelle, die von Fregattenkapitän Leißner geleitet wird, nimmt Canaris mit pedantischer Genauigkeit Einsicht in alle über Gibraltar vorhandenen Unterlagen. Auf den ersten Blick glaubt er, daß das »Unternehmen Felix« durchführbar sei. Jedoch nur um Gibraltar völlig zu zerstören, nicht aber um es zu erobern. Die Reisegruppe, der sich Fregattenkapitän Leißner anschließt, fährt dann weiter nach La Linea und Algeciras.

Die Planung sieht den Einsatz des Lehrregiments z.B.V. 800 (allgemein Sonderregiment »Brandenburg« genannt) zusammen mit dem Pionierbataillon 51 vor. Nach genauer Prüfung kommt Canaris zu dem Entschluß, daß das Unternehmen ohne den Einsatz schwerer Artillerie und starker Luftwaffenunterstützung nicht möglich ist. Dann macht er seinen Bericht, den er Keitel am 2. August vorlegt. Darin empfiehlt er folgende Maßnahmen:

1. Ein Bataillon des Regiments Brandenburg sollte von Frankreich aus in den Raum Algeciras verlegt werden, und zwar so getarnt, daß es nicht als deutsche Truppe erkannt werde. Die Soldaten sollten in Zivil oder wenigstens mit Zivilmantel in geschlossenen Lastkraftwagen hinunter transportiert werden. Für den Marschweg sollten abgelegene Straßen, unter Vermeidung größerer Ortschaften ausgewählt werden. Verpflegung müsse in einsamen Gegenden vorbereitet werden, da man mit drei Marschtagen bis zum Bestimmungsort zu rechnen habe.

2. Ein weiteres Bataillon und die Waffen sollten auf dem Seeweg in einen kleinen spanischen Hafen in unmittelbarer Nähe von Gibraltar gebracht werden.

3. Schwere Artillerie und Munition sollten nach Ceuta geschickt und dort in Stellung gebracht werden, um Gibraltar vor dem Antreten der Erdtruppen sturmreif zu schießen. Sofern jedoch Ceuta nicht

über geeignete schwere Hebevorrichtungen für die Entladung und für das Instellungbringen der Geschütze verfügen sollte, schlägt Canaris den Einsatz von Fernkampfbombern der Luftwaffe vor, um Gibraltar zu zerstören und die auf der Reede liegenden Kriegsschiffe unschädlich zu machen.

Während Canaris in La Linea und Algeciras auf Erkundung ist, wird der General der Flieger Wolfram von Richthofen, der ehemalige Kommandeur der Legion Condor während des Spanienkrieges, am 24. Juli von Hitler empfangen. Er erhält den Auftrag, an den Gesprächen teilzunehmen, die Canaris mit dem spanischen Generalstab führen wird. General von Richthofen begibt sich daraufhin nach Madrid, wo er einige recht enttäuschende vorbereitende Gespräche führt. Darüber berichtet er Canaris, daß »Spanien im Grunde großes Interesse an dem Gibraltarplan, indessen wohl etwas Angst vor der eigenen Courage« habe.

Die Gruppe kehrt von Algeciras nach Madrid zurück, weil Canaris dort noch einen privaten Besuch machen will. Einer seiner Neffen, der in der Hauptstadt lebt, hat sich soeben verlobt. Bei seinem Besuch fragt ihn der Neffe, ob er mit seiner Heirat nicht bis nach dem Endsieg warten solle, der angesichts der großen Erfolge in Frankreich doch wohl greifbar nahe sei. Er ist tief beeindruckt, als er sieht, wie sich das Gesicht seines geliebten und hochverehrten Onkels beim Ausspruch des Wortes »Endsieg« verfinstert. Bestürzt hört er seinen Onkel mit bedrückter Stimme sagen:

»Im Gegenteil! Du mußt schleunigst heiraten. Ihr beide sollt euer junges Leben genießen, solange die Sonne scheint. Viele Wolken ziehen am Himmel auf, der Wind steht ungünstig. Das Unwetter, das bald auf alles, was deutsch ist, hereinbricht, wird fürchterlich...«

»Aber unser Führer...«

»Gerade der ist es, der das Gewitter anzieht. Aber er ist nicht der Blitzableiter für Deutschland.«

Diese paar Worte sagen viel über die Überzeugung des Chefs der Abwehr in jenem Julimonat 1940 aus!

»Franco ist Jude«

Auf der Rückreise von Algeciras über Madrid macht Canaris am 28. Juli mit seinen Begleitern in Biarritz halt. Dort treffen sie noch mit General Juan Suerodiaz Jorge Vigón, dem Stabschef des Generalstabs der spanischen Armee, und mit General Martinez Campos, dem Leiter des spanischen Nachrichtendienstes, zusammen. Einige Stunden später kommt noch General Wolfram von Richthofen hinzu. Admiral Canaris und die beiden spanischen Generale sind alte Bekannte, sie können freimütig und offen miteinander sprechen, sie spielen mit offenen Karten. Ihnen gegenüber verschweigt Canaris nicht, daß das Unternehmen Felix schwierig sein wird und daß für Spanien unangenehme Folgen entstehen können. Er fragt seine Gesprächspartner: »Wird der Caudillo auf der Neutralität seines Landes bestehen? Oder beabsichtigt er auf der Seite der Achsenmächte in den Krieg einzutreten? Wie wird er reagieren, wenn Hitler, ohne die Mithilfe Spaniens zu erbitten, sich Gibraltars bemächtigt?« Die beiden Generale antworten ihm, soweit sie dazu in der Lage sind, und betonen, daß General Franco wenig zugänglich sei, obwohl sie ihn schon lange kennen* und daß sie kaum etwas über seine Reaktionen und Absichten wüßten.

Da meint General Vigón zu Canaris gewandt:

»Herr Admiral, Sie kennen den Caudillo doch näher als wir. Er schätzt Sie sehr. Warum fahren Sie nicht nach Madrid zurück und besprechen sich selbst mit ihm?«

Canaris entgegnet, wobei er panische Angst vorspielt:

»Sie kennen Ribbentrop nicht! Was meinen Sie, wenn ich ihm ins Gehege komme, dann brüllt er los und weint sich dann in Hitlers Schoß aus. Wenn ich den Caudillo ohne von Hitler einen persönlichen Auftrag zu haben besuche, wird Ribbentrop gelb vor Ärger und Himmler schickt mir die Gestapo auf den Hals...«

»Warum die Gestapo?« fragt schmunzelnd General Campos, der den Schalk des Abwehrchefs kennt und auf einen neuen Scherz von Canaris wartet.

»Weil ich dann angeblich einen Juden besucht hätte!« antwortet mit tiefernstem Gesicht Canaris.

»General Vigón stutzt und macht erstaunte Augen: »Was?«

Worauf Canaris, immer noch ganz ernst, meint: »Wenn ich mich nicht irre, nennt sich doch der Caudillo Francisco, Paulino, Hermenegildo, Teodulo Franco y Baamonde Saldago Pardo?«

»Ja, das stimmt...« stottert General Vigón leicht verwirrt.

* Als General Vigón 1914 junger Offizier in Marokko war, schloß er mit Franco Freundschaft. Während des Bürgerkrieges war er Chef des Stabes bei General Mola.

»Nun ja!« erwidert Canaris in ruhigem Ton, kann dabei aber ein Lächeln nicht mehr verbergen, ›Franco‹ »›Baamonde‹ oder (Bahamonde‹, wie Sie wollen, sind in den Augen der Dienststellen unseres Freundes, des Reichsführers SS Heinrich Himmler, jüdische Namen...«

General Campos und auch Vigón lachen Tränen.

Dann wird Canaris wieder ernst und fügt laut hinzu: »Ich hoffe also, bald einen Besuch machen zu können, einen ›Privatbesuch‹ bei meinem guten Freund Franco... Ich denke, daß ich bald Urlaub nehmen kann, wenn... Großbritannien den Friedensvorschlag unseres Führers annimmt.«

Die Spanier lächeln, sie nehmen aber den letzten Ausspruch als ernsthaft auf, denn eben hat sich den dreien General von Richthofen hinzugesellt.

Die beiden Deutschen und die beiden Spanier sprechen dann über die Gesamtsituation in Spanien. Offensichtlich wurden durch die deutschen Siege die Anhänger einer Kriegsteilnahme Spaniens auf seiten der Achsenmächte ermuntert. Seit langem schon fordern sie eine militärische Aktion gegen Gibraltar, um, wie sie meinen, der »beschämenden Situation für Spanien ein Ende zu bereiten«. Das neu erstandene Spanien habe die Pflicht, den Engländern den alten spanischen Boden zu entreißen. Im spanischen Volk findet dieses Argument starken Widerhall, nur Franco denkt realistisch: Denn Madrid ist am Verhungern, auch das ganze Land ist von der Hungersnot bedroht. Nach dem Sprichwort »Ein leerer Magen hat keine Ohren« muß er seinem Volk zuerst einmal zu essen geben, ehe er es auf Kriegspfad schickt.

In seiner Neujahrsbotschaft zum 1. Januar 1940 gibt der Caudillo das Elend seines Landes unverblümt zu: Es fehlen eine Million Tonnen Getreide, 500 000 Tonnen Fleisch, 120 000 Tonnen Gemüse und Reis, 180 000 Tonnen Zucker. Tabak, Petroleum, Papier und Kraftstoffe sind knapp geworden und der Schwarze Markt blüht. Wegen ihres Rohstoffmangels liegt die Industrie darnieder. Die drei Jahre Bürgerkrieg haben Spanien in tiefes Elend gestürzt. In diesem Zusammenhang ist es verständlich, daß der Ruf nach einem »spanischen Gibraltar« Franco völlig kalt läßt. Wer kann Spanien liefern, was es braucht? Italien kann es nicht! Deutschland kann es nicht, weil es durch den Krieg voll ausgelastet ist. Wer ist lieferfähig außer England und den Vereinigten Staaten? Das ist der Grund, weshalb der Diktator Franco die Kriegspolitik der Diktatoren Mussolini und Hitler mit solch gespannter Unruhe verfolgt. Er will nicht in einen Krieg hineingezogen werden, solange Deutschland und Italien nicht in der Lage sind, anstelle von England und den Vereinigten Staaten die Versorgung zu übernehmen. Anderntеils aber muß er die deutsche Stärke, die unbesiegbaren deutschen Armeen in Rechnung stellen, die derzeit vom Nordkap bis zu den Pyrenäen stehen.

Angesichts dieser Tatsache hat Franco bereits am 12. Juni 1940 eine Geste gezeigt, als er offen den Status der »Neutralität« widerrief und – dem zweideutigen Ausdruck Mussolinis entsprechend – Spanien als »nicht kriegführend« deklariert. Damit will Franco zeigen, daß er die Achsenmächte unterstützt, ohne selbst auf ihrer Seite zu kämpfen, und daß, wenn der Krieg sich auf den Mittelmeerraum ausbreiten sollte (seit dem Kriegseintritt Italiens am 10. Juni 1940) Spanien unmittelbar an dem Geschehen interessiert und auf alle Eventualitäten vorbereitet sei. Am 14. Juni läßt er seine Truppen in die internationale Zone von Tanger einmarschieren, wobei die spanische Propaganda versichert, daß dieser Schritt eine »Demonstration der Unabhängigkeit Spaniens« sei. In Wirklichkeit war diese Besetzung im Einvernehmen mit der französischen und englischen Regierung erfolgt, um einem befürchteten italienischen Handstreich auf Tanger zuvorzukommen. Hitler läßt sich davon täuschen.

Gespräche zwischen Hitler, Vigón und Ribbentrop

Um die Wünsche Spaniens bezüglich der Neugestaltung der Verhältnisse in den nordafrikanischen Besitzungen bekanntzugeben und um die Haltung Hitlers zu sondieren, entsendet Franco seinen Generalstabschef Vigón in das Führerhauptquartier, in die »Wolfsschlucht« nach Belgien in der Nähe von Brûly-le-Peche. Im Schloß Acoz wird General Vigón am 16. Juni erst von Ribbentrop, dann von Hitler in Anwesenheit Ribbentrops empfangen.

General Vigón unterrichtet Canaris über den Verlauf der Gespräche: Gleich bei der Vorstellung habe Hitler »seine Freude« zum Ausdruck gebracht über die Besetzung von Tanger und insbesondere »über die Tatsache, daß Spanien diese Aktion ohne viel Gerede« durchgeführt habe. General Vigón bemerkt Canaris gegenüber, daß er dabei innerlich lachen mußte. Dann habe er einen kurzen Überblick über die derzeitige Lage Spaniens gegeben und dabei die Gründe aufgezeigt, weshalb Spanien sich nicht sofort auf die Seite Deutschlands stellen könne, obwohl es seit jeher große Sympathien für Deutschland habe. Diese Sympathie entspringe nicht egoistischen Gründen, sondern dem Umstand, daß Deutschland gegen dieselben Feinde kämpft, denen es im Bürgerkrieg gegenüberstand. Im weiteren Verlauf der Unterhaltung, die etwa fünfundvierzig Minuten gedauert habe, schnitt General Vigón die Gibraltar-Frage an, worauf ihm Hitler gesagt habe: »Die für Deutschland erstrebenswerte Ideallösung wäre der Anschluß Gibraltars an Spanien. So sehr ich mich gefreut habe, als ich von der Besetzung der Zone von Tanger erfuhr, ebensosehr wünschte ich, daß Gibraltar einem Staat zufalle, der sich außerhalb des großen Kriegsgebietes befindet.«

Dann habe General Vigón den Wunsch Spaniens bekanntgegeben, ganz Marokko unter sein Protektorat zu stellen. Hitler habe geantwortet, daß die deutsche Situation in Marokko völlig klar sei. Deutschland habe nur wirtschaftliche Interessen. Wobei Ribbentrop hinzufügte:

»Wenn sich der Führer, der Duce und der Caudillo zusammenschließen würden, werde man bald über Marokko zu einer Lösung kommen, die allen drei Ländern gerecht werden könnte.«

Heute kann man denken, daß zu jener Zeit der Standpunkt Deutschlands völlig klar war. Tatsächlich hat Hitler geantwortet, »das spielt keine Rolle«, um damit Franco zu befriedigen, wobei er sich vorbehielt, diese Probleme genauer zu prüfen, wenn der Krieg mit Frankreich und England siegreich beendet sein werde.

Am 18. Juli gibt Franco gegenüber den Achsenmächten insoweit etwas nach, als daß er eine kriegerische Rede hält, nachdrücklich seine Forderung auf Gibraltar stellt und erklärt, »daß zwei Millionen Soldaten bereitstehen, die ruhmreiche Vergangenheit Spaniens wieder aufleben zu lassen«. In Wirklichkeit ist die spanische Armee weder für einen Krieg noch für eine nachhaltige Verteidigung seines Hoheitsgebietes gerüstet. Aber was macht das schon! Die Rede hinterläßt bei Hitler einen angenehmen Eindruck. Dem britischen Sonderbotschafter Sir Samuel Hoare, der seit Juni 1940 in Madrid ist, bereitet die Rede hingegen Enttäuschung. Er wird aus dem geschickt verhandelnden Franco überhaupt nicht klug, er wird es auch später nie werden.

Wohin führt der Weg Francos? Am 24. Juli unterzeichnet er ein

Dreierabkommen zwischen Spanien, Portugal und... Großbritannien. Ein Abkommen, das ihm Handelsbeziehungen mit dem Sterlingblock ermöglicht. Gleichzeitig genehmigt Franco den Engländern die Eröffnung eines Instituts in Madrid. Und es kommt noch besser: Er setzt General Lopez Pinto ab, weil dieser anläßlich eines Empfangs zu Ehren deutscher Offiziere, als die deutschen Panzer die Pyrenäen erreichten, an der französisch-spanischen Grenze ein Hoch auf den Führer und den Duce ausbrachte. Auf der einen Seite nur Worte, auf der anderen Seite jedoch echte Handlungen.

Canaris kehrt nach Berlin zurück, erstattet Keitel Bericht und informiert sich über die während seiner Abweseheit eingetretene allgemeine Lageentwicklung. Dabei muß er feststellen, daß sich die Begeisterung des Führers für die Operationen gegen Gibraltar und Suez vom Juli etwas gelegt hat. Nun ist Canaris davon überzeugt, daß Hitler niemals in England landen wird, daß die Italiener nicht in der Lage sind, sich Ägyptens und des Suezkanals zu bemächtigen, selbst wenn ihnen Deutschland dabei helfen würde, und daß England in Marokko und Französisch-Westafrika landen wird, sobald Spanien und Deutschland Gibraltar besetzen würden. Diese englische Aktion werde sicherlich im Zusammenspiel mit Marschall Pétain, General Weygand, vielleicht sogar mit Admiral Darlan geschehen. Mehr denn je steht es für Canaris fest, daß Spanien, wenn es auf seiten Hitlers und Mussolinis in den Krieg eintreten würde, alles zu verlieren und nichts zu gewinnen hat. Canaris glaubt, daß Franco ebenso denken wird wie er.

Gespräch mit Franco unter vier Augen

Und wirklich, nachdem Franco seine »Brückenköpfe« im Westen konsolidiert und seine Unabhängigkeit behauptet hat, wie wir gesehen haben, bittet er am 8. August den deutschen Botschafter von Stohrer zu sich und teilt ihm die Bedingungen mit, unter denen er zu einem Kriegseintritt auf deutscher Seite bereit wäre. Damit beginnt die große Erpressung Francos. Sie wird während des ganzen Krieges andauern!

In seinem Bericht nach Berlin versichert der deutsche Botschafter Eberhard von Stohrer, daß »Franco tatsächlich bereit ist, in den Krieg einzutreten«, doch möchte er zunächst die Zusicherung erhalten, daß Spanien dann Gibralter, Französisch-Marokko und die algerische Region Oran bekäme... Außerdem benötige er zum Kriegführen militärische und andere Unterstützung. Er erwarte als deutsche Wirtschaftshilfe Kraftstoff und Getreide. Zum Schluß des Berichts betont der Botschafter, daß »auch wenn Deutschland die erforderlichen Zusagen einhält«, der Caudillo davon ausgeht, daß Spanien erst nach erfolgter deutscher Landung in England eintreten könne. Er wolle nicht verfrüht in den Krieg eintreten, dessen vielleicht lange Dauer sein Volk nicht durchstehen und was unter gewissen Verhältnissen für Spanien gefährlich werden könne.

Jetzt ist Hitler von der Notwendigkeit eines sofortigen Angriffs auf Gibraltar überzeugt. Er beauftragt den Chef der Abwehr, nach Madrid zurückzukehren, Franco aufzusuchen ihm den deutschen Standpunkt zu erklären, ihn zum »beschleunigten Kriegseintritt an der Seite der Achsenmächte« zu bewegen und zu erreichen, daß Franco seine »legitimen« Ansprüche für den Augenblick zurückstellt. Er weiß von der Freundschaft, die Franco und Canaris seit vielen Jahren verbindet.

Der genaue Wortlaut des Gesprächs zwischen Franco und Canaris unter vier Augen ist nicht bekannt, man weiß nur, daß Franco seitdem immer zurückhaltender wird, sich hartnäckig gegen den Druck Hitlers behauptet und daß er sich sehr geschickt aus der Affäre zieht, indem er an seiner Neutralität festhält.

Es ist möglich, daß Canaris Franco beeinflußt hat, sich nicht nur auf der Seite des Siegers zu arrangieren, und betont hat, daß der vermeintliche Sieger überhaupt noch nicht feststehe. Dies nämlich wiederholte er gegenüber seinen Freunden wie Oberst Piekenbrock und Lahousen oft. Letzterer erzählte mir nach dem Krieg: »Damals 1940, war Canaris über die allgemeine Entwicklung der Ereignisse in Deutschland sehr pessimistisch. Er hätte es für ein Verbrechen gehalten, wenn er gegen seine Überzeugung dem Caudillo gegenüber darauf bestanden hätte in einen Krieg einzutreten, den Canaris selbst bereits als verloren für Deutschland ansah...«

Bezeichnend für die geistige Einstellung von Admiral Canaris ist eine Anekdote, die Oberst Piekenbrock selbst miterlebt und mir erzählt hat:

»Nach einem Gespräch mit Franco fuhr Admiral Canaris im Wagen nach Deutschland zurück und machte in San Sebastian Station. Der Leiter der Abwehrstelle Spanien, Fregattenkapitän Leißner, hatte in diesem berühmten Badeort im besten Hotel Zimmer für Canaris und seine Reisebegleiter bestellt. Der Admiral hatte ein herrliches Appartement, viel luxuriöser als er es seinen soliden Ansprüchen nach gewöhnt war: Salon, Schlafzimmer mit Bad, im ersten Stock gelegen und mit einer herrlichen Aussicht auf die berühmte Bucht und ihre vorgelagerten Felseninseln. Er richtete sich dort ein, der Zimmerdiener brachte ihm das Gepäck und zog sich wieder zurück. Plötzlich meinte Canaris zu Piekenbrock gewandt, er könne in diesen Zimmern nicht bleiben. Piekenbrock redete ihm gut zu, doch ja in dem Zimmer zu bleiben, und fragte nach dem Grund seiner plötzlichen Ablehnung. Canaris schwieg und beharrte auf seiner Entscheidung. Daraufhin erklärte Piekenbrock der Hotelleitung den Wunsch, den er selbst nicht begriff, und man gab Canaris ein gleichwertiges Appartement in einem anderen Stockwerk und Flügel des Hotels. Canaris zog um, richtete sich erneut ein und schien jetzt mit seiner neuen Wohnung zufrieden zu sein. Da wandte er sich an Piekenbrock und sagte entsetzt: »Piki, haben Sie den Zimmerdiener dort nicht gesehen? Der Kerl sieht genauso aus wie Ribbentrop! Ich hätte es unmöglich ertragen können, bei jedem Läuten die Visage von dem Burschen ansehen zu müssen.«

Im Politischen Archiv des Auswärtigen Amtes konnte der nach der Rückkehr nach Berlin verfaßte Bericht von Canaris nicht wieder aufgefunden werden, doch kennt man den Inhalt dank einer Stenogrammnotiz, die während der Unterredung Hitlers mit Mussolini am 4. Oktober 1940 am Brenner aufgenommen wurde. Damals sagte er zum Duce:

«Der Kriegseintritt Spaniens hat nur operative Bedeutung im Hinblick auf die Inbesitznahme von Gibraltar. Was Spanien an militärischer Unterstützung einbringen kann, ist gleich Null, wenn man in Betracht zieht, was durch einen genauen Bericht von Admiral Canaris nach seinem Gespräch mit Franco bestätigt wurde, daß die innenpolitische Situation Spaniens sehr, sehr schlecht, die Stellung Francos alles andere als gefestigt sei, und daß die Wirtschaft darniederliege. Sie sei schlimmer als in Frankreich, wo wir doch das halbe Territorium besetzt haben!«

Das Bild, das Canaris nach Rückkehr aus Madrid über die dort herrschende Situation gab, soll mit einem Gemälde von Goya im Prado vergleichbar gewesen sein!

Während einer Unterhaltung mit einem noch jugendlichen, mit

Ritterkreuz und Eichenlaub ausgezeichneten Fliegergeneral, der in überheblicher Weise ankündigte, daß die Engländer unter den Schlägen der Luftwaffe spätestens in vier bis sechs Wochen zusammenbrechen werden, fällt Canaris ihm ins Wort:

»Nein, nein, man sagt, daß der Führer ihnen nur noch vierzehn Tage gibt«, und fährt mit todernster Miene fort, »und der Führer hat immer recht!«

Der Luftwaffengeneral, der durch soviel Siegeszuversicht seines älteren Kollegen, des Chefs der Abwehr, etwas verlegen war, beeilte sich zuzustimmen und verabschiedete sich schnell. Als er die Tür hinter sich schloß, murmelte Canaris ohne dabei zu merken, daß Piekenbrock grinste:

»Rindvieh mit Eichenlaub und Schwertern!... Die Lügenpropaganda von Goebbels hat Erfolg! Er hat die Deutschen zu Vollidioten gemacht... Wie soll das bloß enden!«

25. ENGLAND BEDROHT DIE RUMÄNISCHEN ÖLFELDER

Am 7. Juli sagt Hitler zu Graf Ciano in Berlin:

»Die Initiative der Sowjetunion, die sich eben Bessarabiens und der Nordbukowina bemächtigt hat, gibt uns ein Problem auf. Die Möglichkeit eines gemeinsamen Vorgehens von London und Moskau auf dem Balkan ist nicht auszuschließen. Deutschland wie Italien sind direkt an Rumänien, hauptsächlich wegen des Erdöls, interessiert. Wenn der Krieg über Rumänien dahinbrausen sollte und in der Folge die Petroleumquellen entweder den Besitzer wechseln oder zerstört werden, müßten wir uns dagegenstellen, doch würde uns Schaden, viel Schaden entstehen.«

Seitdem Rumänien von der Sowjetunion gezwungen worden war, Bessarabien und die Nordbukowina herauszugeben (28. Juni 1940), ist Hitler von Sorge erfüllt. Denn bisher war der Inhalt seiner Politik auf die Erhaltung der Ruhe in Südosteuropa ausgerichtet, alle Gebietsansprüche der ungarischen, bulgarischen und rumänischen Revisionisten zurückzuweisen, mit dem einzigen Ziel, die Lieferungen aus allen Balkanstaaten für Deutschland aufrechtzuerhalten*.

* 1940 lieferte Rumänien ständig mehr Erdöl an Deutschland: Im Mai 53 000 Tonnen, im Juni 94 000 Tonnen, im Juli 105 000 Tonnen, im August 146 000 Tonnen.

Die rechtmäßigen Ansprüche Ungarns und Bulgariens finden jetzt Unterstützung durch die sowjetische Regierung. Hitler muß sich deshalb eine Änderung seiner bisherigen Auffassung überlegen, wenn er nicht von der Entwicklung in diesem Teil Europas überrollt werden und die rumänischen Ölquellen verlieren will.

Die Abwehr in Rumänien

Bereits vor dem Krieg war die Abteilung II der Abwehr – Sabotage und Sicherheit – mit dem Schutz der rumänischen Ölraffinerien, die durch englische, französische und amerikanische Ingenieure betrieben wurden, und mit der Sicherung der Donauschiffahrt beauftragt worden. Da die Kraftstoff- und Schmierölversorgung Deutschlands zum größten Teil von der Lieferung rumänischen Erdöls abhängig war, befürchtete man im Kriegsfall Sabotageakte des britischen Geheimdienstes und des französischen Zweiten Bureaus. Canaris hat sich deshalb mit den Obersten Egbert von Bentivegni und Erwin von Lahousen nach Bukarest begeben und mit dem Generaldirektor der »Siguranza« – Rumäniens geheimer Staatspolizei und gleichzeitig militärischer Nachrichtendienst –, Oberst Morusow, eine Vereinbarung getroffen, wodurch in den Unternehmen, in denen deutsches Kapital einen direkten Einfluß nehmen konnte, man von der Abwehr ausgewählte Leute als Werksleiter, Vorarbeiter, Wächter, Schiffsführer, Eisenbahnaufsichtsbeamte und in ähnlichen Funktionen einstellte.

Nach der Kriegserklärung hatten Canaris, Lahousen und Morusow mit Zustimmung König Carols eine Ölschutzorganisation mit Leuten der Abwehr, die zum größten Teil dem Regiment Brandenburg angehörten, aufgestellt. Die Aufgabe dieser Organisation war die Überwachung der Ölfelder und Raffinerien, insbesondere der von Ploesti.

Während sich am 28. Juni 1940 Menschenmassen auf der Flucht vor den Panzern und Kanonen der nach Bessarabien und in die Nordbukowina einmarschierenden Roten Armee auf den Landstraßen bewegen, und in Rumänien Panik herrscht, sinkt die Stimmung bei der deutschen Botschaft und bei der Abwehrstelle in Bukarest auf den Nullpunkt. Wo werden die Russen anhalten? Haben sie mit den Engländern ein Geheimabkommen geschlossen und werden sie

Ploesti ausliefern? Doch alles geht in Ordnung. Die Sowjets halten am Sereth an... Hitler reagiert sofort und interveniert in Moskau. Er erhält von Stalin die erbetene Zusage und kann von der rumänischen Regierung verlangen, von jetzt an neunzig Prozent des Erdöls für Deutschland bereitstellen zu lassen. Bukarest stimmt der deutschen Forderung zu.

London trifft daraufhin die Entscheidung, dem sofort auf alle nur mögliche Weise ein Ende zu bereiten, und zwar in einer geschlossenen Aktion, schnell und rücksichtslos. Der Ölfluß nach Deutschland muß gestoppt werden. Die Ölraffinerien lassen neues Personal aus England kommen, um die »Erdölförderung zu intensivieren«, wie die englischen Ingenieure verlauten lassen und dabei über die große Anzahl der Neuankommenden aus England erstaunt sind. Doch die Offiziere der Abwehrstelle in Bukarest lassen sich nicht täuschen. Diese neu Eingetroffenen haben mehr Ähnlichkeit mit Offizieren in Zivil als mit echten Ingenieuren, verkehren meist im Club »Astra Romana«, einer Tochterfirma von Shell, und werfen das Geld buchstäblich zum Fenster hinaus. Es besteht kein Zweifel: Das können nur Agenten des Intelligence Service sein.

In den ersten Julitagen erfährt ein Oberleutnant des Regiments Brandenburg sehr interessante Vorgänge, die er sofort an den Abwehrstellenleiter Bukarest weitermeldet: 1. Die Engländer senden alle Pläne über die Ölförderungsanlagen nach Ägypten. 2. Alle Leiter der Ölkompanien sind zu einer Geheimsitzung einberufen worden, die vom Intelligence Service geleitet wird. Nach Erhalt eines vereinbarten Stichwortes müssen alle Ölquellen in der Weise zerstört werden, daß Betonbrei in das Innere der Bohrlöcher geschüttet und Eisenstangen in die Leitungen gesteckt werden...

Die Abwehr stellt eine Falle

Die Abwehr unterrichtet sofort die Siguranza über das, was bevorsteht. Gemeinsam gehen die beiden Gruppen schnell zu Gegenangriff über. Am nächsten Morgen erfolgt in Constanza der erste Streich: Die Agenten von Oberst Morusow beschlagnahmen in allerletzter Minute Pläne, die von der »Astra Romana« nach Alexandrien geschickt werden sollten. Auch die Abwehr bleibt nicht untätig. Nach einem vorbereiteten Plan von Oberst Lahousen und vom Leiter der Abwehrstelle Bukarest werden die »Brandenburger« zusammengerufen, bewaffnet, in kleine Gruppen eingeteilt und insgeheim in die Erdölgebiete eingeschleust. Diese Burschen sind an Überraschungen gewöhnt. Deshalb sind sie auch nicht neugierig, weshalb sie Sprengstoff in Kisten mit englischen Aufschriften befördern müssen... Die Idee von Lahousen ist genial.

Die englische Geheimsitzung findet am Fuße der Transylvanischen Alpen, unweit von Ploesti in einem Erholungsheim der »Astra Romana«-Company unter starken Sicherheitsvorkehrungen des Intelligence Service statt. Die Sitzungsteilnehmer sind durchweg zuverlässige Leute. Außer den Offizieren des Intelligence Service, die dafür eigens aus London gekommen sind, und den in Rumänien wohnenden, ist ein gewisser Miller, Generaldirektor der »Astra Romana«, sein technischer Direktor Page und außerdem ein Mister Masterson von der »Campina« und Mister Clarck, der Besitzer des Kabelwerks »Anglia« in Ploesti.

Der Leiter der Konferenz, ein Oberst des Intelligence Service erklärt: »Wie Sie wissen, braucht der in die Quellen einfließende Betonbrei zweiundsiebzig Stunden, bis er hart wird. Das ist unsere kritische Zeitspanne. Wir müssen solange wie möglich bluffen. Bereits von jetzt ab muß die Erdölförderung gesteigert werden, um damit die Aufmerksamkeit der Deutschen und Rumänen abzulenken. Was das Unternehmen selbst anbetrifft, so wird alles genau festgelegt und aufeinander abgestimmt werden. Meine Männer haben den strikten Befehl, jeden gewaltsam festzuhalten, der versuchen sollte, in unsere Werkanlagen einzudringen...«

Es herrscht eine gespannte Atmosphäre. Die dort anwesenden Geschäftsleute und Techniker, meist bereits seit fünfzehn bis zwanzig Jahren im Lande ansässig, sind wegen der entscheidenden Frage, vor der sie stehen, völlig außer Fassung: Entweder das Eigentum ihrer Aktionäre zu zerstören oder immer mehr Erdöl an den Feind zu liefern. Sie haben sich schweren Herzens entschieden.

Dann fährt der Oberst fort:

»Die Schiffe, die Ihr Personal aufnehmen sollen, liegen bereit, Aber Vorsicht! Eine vorzeitige Evakuierung würde unsere Gegener warnen... Das beste wird sein, Ihre Leute erst in letzter Minute zu verständigen...«

Der technische Leiter der »Astra Romana«, Page, fragt: »Werden die nichtbritischen Angestellten nicht das Geheimnis entdecken?«

»Unsere Aktion wird bereits morgen früh um neun Uhr beginnen...« – In diesem Augenblick stürzt atemlos ein Wachtposten herein und ruft: »Die Rumänen kommen!«

Tatsächlich hat die Siguranza die Aktion durchkreuzt, wobei sie zum ersten Mal die Exterritorialiät der »Astra Romana« verletzt hat. Ein halbes Dutzend rumänischer Offiziere, angeführt von Hauptmann Stefanescu, stellen sich vor den völlig verblüfften Engländern auf.

Stefanescu verbeugt sich vor der Versammlung und erklärt:

»Es tut mir leid, meine Herren, aber ich habe den Befehl von Oberst Morusow, eine Hausdurchsuchung durchzuführen.«

»Hier?« fragt Page überrascht.

»Ja, hier!«

»Aus welchem Grund?«

»Wegen Konterbande an Sprengstoffen!«

Die Engländer lachen schallend heraus. Welch lächerliche Zumutung! Doch Stefanescu und seine Begleiter bleiben ernst. Die Hausdurchsuchung beginnt. Auf allen Zimmern werden englische Sprengstoffpakete und auch Waffen, Pistolen, Gewehre, Maschinenpistolen, alles aus britischer Fertigung, gefunden...

»Die verdammten Deutschen!« ruft Miller, der Generaldirektor der »Astra Romana« aus, der das Werk der Abwehr und der Siguranza durchschaut hat.

Trotz energischer Proteste seitens des britischen Botschafters, Sir Reginald Hoare, bleiben die Rumänen unerbittlich: alle Engländer werden des Landes verwiesen. Zu gleicher Zeit besetzen die Männer der Abwehr unauffällig alle Schlüsselpositionen im Erdölgebiet und warten darauf, daß ein neues Abkommen zwischen Rumänien und Deutschland die Erdölförderung durch deutsches technisches Personal erlaubt.

Die Reaktionen Hitlers

Um die ungarischen Ansprüche abzumildern und einen Konflikt, dem er auf jeden Fall aus dem Wege gehen will, zu vermeiden, führt Hitler am 10. Juli mit dem Präsidenten des ungarischen Staatsrats, dem Grafen Teleki und dem ungarischen Außenminister, Graf Csaky, im Beisein von Ciano in München ein Gespräch. Sechzehn

Tage später unterhält sich Hitler auf dem Berghof mit Ion Gigurtu, dem rumänischen Staatsratspräsidenten seit 4. Juli 1940, und Außenminister Mihai Manoilescu. Im Laufe dieses Treffens spricht Gigurtu die voraussichtliche Verstaatlichung der Ölquellen des Landes an:

»Man befürchtet in Rumänien, daß Deutschland dieser Maßnahme ungünstig gegenübersteht, für den Fall, daß es selbst die Nachfolge der französischen und englischen Aktionäre antreten und die Erdölförderung übernehmen wollte.«

Hitler antwortet, daß davon noch nie die Rede gewesen sei... Deutschland habe keine Einwände gegen die Verstaatlichung, und wenn es die Nachfolge der französischen und englischen Aktionäre anträte, würde sich Deutschland mit pünktlicher Zahlung der Dividenden begnügen. Auf jeden Fall »bleibe es wünschenswert, daß die Erdölanlagen ausßerhalb der Reichweite eventueller Sabotageakte der Engländer bleiben«.

Dann bittet Gigurtu Hitler um Waffenhilfe mit der Lieferung von Flugzeugen, Flugabwehr- und Panzerabwehrgeschützen. Außerdem erklärt der rumänische Präsident und wiederholt dabei das Gesuch König Carols vom 2. Juli:

»Mein Land möchte gern eine deutsche Militärmission erhalten, die unsere Armee auf den neuesten Stand der Kriegskunst und der Handhabung der modernen Waffen bringt.«

Hitler erklärt sich unter bestimmten Bedingungen dazu bereit.

Nach den deutsch-ungarischen und deutsch-rumänischen Gesprächen dauert aber trotzdem die Spannung zwischen Rumänien und Ungarn weiter an. So entschließt sich Hitler zu einer Schiedsspruchkonferenz in Wien, woran auch Italien, wie bereits im Herbst 1938, teilnehmen soll, um einen Konflikt zu vermeiden, der für das Erdölgebiet gefährlich werden könnte. Gleichzeitig gibt er am 28. August vorsorglich den Befehl für die militärische Vorbereitung der Besetzung dieser Gebiete, für den Fall, daß die Verhandlungen in Wien scheitern sollten. Der Schiedsspruch Deutschlands und Italiens vom 30. August war erfolgreich. Er brachte die Teilung des Transylvanischen Gebiets. Aber als Hitler durch die Abwehr von Truppenkonzentrationen der Sowjets am Pruth und in der nördlichen Bukowina erfährt, hält er es für geboten, militärische Vorsichtsmaßnahmen zu treffen und gibt dem ersten Teil des »Militärischen Lehrkommandos« unter Leitung des Luftwaffenobersten Alfred Gerstenberg die Weisung, nach Bukarest zu starten. Diese ersten Einheiten haben im

Oktober 1940 bereits die Stärke einer Panzerdivision und stehen unter dem Kommando des Generals der Kavallerie Erik Hansen. Zusätzlich wird Canaris von Hitler beauftragt, die Sicherheitsmaßnahmen zum Schutz des Erdölgebiets zu verstärken.

Daraufhin begibt sich der Chef der Abwehr nicht nach Bukarest, sondern nach... Venedig. Oberst Morusow war gerade in Wien und nahm hinter den Kulissen an der Schiedsgerichtskonferenz teil, als sich Canaris mit ihm telefonisch in Verbindung setzte und mit ihm verabredete, sich am 3. September in der Stadt der Dogen zu treffen.

Canaris und Morusow konferieren zusammen im berühmten Hotel Danieli, das in der Rivadegli Schiavoni, etwa einhundert Meter vom Dogenpalast entfernt, direkt gegenüber der Insel San Giorgio gelegen ist. Sie besprechen alle notwendigen Maßnahmen und verabreden, die Entwicklung in Rumänien in Anbetracht der derzeitigen Verschärfung der innenpolitischen Spannungen aufmerksam zu verfolgen. In der Tat behagte der große Gebietsverlust den Rumänen ganz und gar nicht und die Unzufriedenheit im Lande wuchs. König Carol merkt, daß sein Thron ins Wanken gerät. Um ihn zu retten, führte er am 4. September eine Regierungskrise herbei und ersetzte Gigurtu durch General Ion Antonescu.

Canaris stellt Morusow die Frage, was er über General Antonescu denke. Die Antwort fällt gehässig aus:

»Der König ist davon überzeugt, daß er damit die Situation retten kann! Doch ist der recht unglückliche Schritt der Regierungsneubildung und durch die noch schlechtere Wahl, die er mit Antonescu getroffen hat, unbegreiflich. Der General verkörpert überhaupt nichts, weder eine Partei, noch eine politische Idee, und hat nicht einmal die Sympathien der Armee. Die Offiziere nennen ihn mit dem Spottnamen »Roter Hund«. Dieser arrogante Knirps mit Zwicker auf der Nase hat bereits 1919 Berühmtheit gewonnen, als er... einen Haufen befehligte, der auf Plünderung von Kaufhäusern, Krankenhäusern und Privathäusern in Bukarest spezialisiert war. Der Ehrgeiz dieses Transylvaners ist grenzenlos. Er haßt König Carol und sieht in ihm den allein Verantwortlichen allen Unglücks, das über unser Land hereingebrochen ist. Zu Anfang dieses Jahres hat mir der König befohlen, ihn zu verhaften und in ein Kloster einzusperren. Ich habe versucht, ihn für immer verschwinden zu lassen...«

»Glauben Sie, daß ein Kompromiß zwischen einem Regime von Generalen und Legionären überhaupt möglich ist?«

»Mit der Bildung der Regierung Antonescu muß der König damit rechnen, daß die Verbindung mit der Eisernen Garde nicht lange Bestand haben wird, und daß er gezwungen sein wird, im Konflikt zu vermitteln, denn nur so kann er seine Position stärken.«

Die Ereignisse schreiten schneller voran als Morusow vermutet, auch nicht im vorgesehenen Sinne. Gleich nach Übernahme der Regierungsverantwortung kommt es zu einer Beratung mit den Führern der drei Parteien: der Nationalen Bauernpartei unter Jules Maniu, der Liberalen Partei unter Dinu Bratiano und der Eisernen Garde unter Horia Sima. Alle drei Parteiführer lehnen jegliche Zusammenarbeit ab, solange der König nicht abgesetzt wird. In der Zwischenzeit werden die Hauswände mit Plakatanschlägen der Eisernen Garde beklebt, in denen die Fehler des Regimes angeprangert und König Carol direkt angeklagt wird, daß er ein Mörder sei und für den Bankrott im Land verantwortlich gemacht werde.

General Antonescu gibt dem König die Entscheidung der Parteien bekannt. Völlig kopflos, erklärt sich Carol bereit, abzudanken, unter der Bedingung, daß er die formelle Zusicherung erhält, sein Land ungeschoren in Begleitung seiner Mätresse Madame Lupesco und des Haushofmeisters Urdareano verlassen zu können. Außerdem fordert er einen Großteil der königlichen Gemäldesammlung (darunter einige Gemälde von Goya und Rembrandt) aus dem Königlichen Schloß in Sinaia, und – nicht zu vergessen – den größeren Teil der Wertsachen aus der Schatzkammer!

Durch das Drängen, die Abdankung zu erreichen, geht Antonescu auf alle Forderungen des Königs ein, weil er einen Militärputsch ebenso wie einen Staatsstreich der Legionäre der Eisernen Garde befürchten muß. Als Gegenleistung fordert Antonescu den Abdankungsvertrag zugunsten des neunzehnjährigen Thronfolgers Michael von Rumänien, das Amt als »Conducator« des Staates, einer bisher in der rumänischen Staatspolitik und Geschichte völlig unbekannten Einrichtung. Ob »Conducator«, »Führer« oder »Duce«, was bedeutet das schon für den König! Der König wird zur Flucht gedrängt. Am 6. September unterzeichnet er die Abdankungsurkunde und verläßt noch in derselben Nacht Bukarest in einem Sonderzug, begleitet von seiner Mätresse, dem Hofmarschall und seinen Schätzen. Das seltsame Dreigespann, das seitdem in goldenem Exildasein von Stadt zu Stadt irrt, entgeht wie durch ein Wunder dicht an der jugoslawischen Grenze bei Timisoara einem Anschlag der Legionäre der Eisernen Garde. Der Waggon des Königs ist von Kugeln durchsiebt, nur der Geistesgegenwart des Lokomotivführers ist es zu verdanken, daß der Zug die Grenze überquert und niemand verletzt wird.

Mit der Schaffung der Stelle als »Conducator« des Staates hat Carol den jungen König Michael unter die Vormundschaft General Antonescus gestellt, indem er ihm die unumschränkte vollziehende Gewalt übergab. Stillschweigend hat er ihm durch ein Dekret das Recht zur allgemeinrechtlichen und verfassungsrechtlichen Gesetzgebung eingeräumt. Kurz und bündig ausgedrückt: Damit ist in Rumänien die Diktatur als Regierungsform eingeführt!

Auf der Terrasse des »Florian«

Als am 7. September abends Canaris und Morusow das Hotel Danieli verlassen und am Kanal von San Marco die Riva degli Schavioni entlangschlendern, wissen die beiden bereits von den dramatischen Ereignissen in Bukarest. Die rötlichen Strahlen der untergehenden Sonne beleuchten den Dom und die Turmspitze von San Giorgio. Um die beiden Männer in Zivil herum, die in Richtung der Piazzetta gehen, wogt die geräuschvolle und gelassen hin und her flanierende Menschenmenge und läßt zuweilen bereits an balkanischen Einfluß erinnern. Canaris fühlt sich wohl inmitten dieses sympathischen Völkchens, dessen Vergangenheit er gleichermaßen bewundert, wie seine spontane Zuvorkommenheit.

Als sie in der Nähe der Säule ankommen, die den Löwen von San Marco am Eingang zur Piazzetta trägt, beschleunigt Canaris das Tempo und Morusow muß größere Schritte machen. Der Admiral will eilig auf die Terrasse des Café Florian, das auf die Basilika von San Marco schaut, wo die letzten Sonnenstrahlen das Gold der romanisch-byzantinischen Mosaiken in den neuen Säulengängen und die Bronzepatina der vier berühmten Pferde aus dem Hippodrom von Konstantinopel aus dem Jahre 1204 aufblitzen lassen. Canaris liebt diese abendliche Stimmung der untergehenden Sonne auf dem Markusplatz, in die sich die Musikkapellen des »Florian« und des »Quadri« mit Wiener Walzermelodien mischen. Er liebt Venedig, wie er Athen, Madrid, Sevilla und Toledo liebt.

Morusow bringt erneut das Gespräch auf Antonescu:

»Er ist keiner, von denen man allgemein sagen kann, daß er deutschfreundlich sei. Vergessen Sie nicht, daß er auf der französischen Kriegsschule Saint Cyr und einer der engsten Mitarbeiter von General Berthelot, dem Chef der französischen Militärmission in Rumänien, war. Er war mehrere Jahre als Militärattaché in London und ein enger Freund von Nicolas Titulescu, dem späteren rumänischen Botschafter beim englischen Hof... Nein, er ist keineswegs deutschfreundlich eingestellt, aber er wird gezwungen sein, im Rahmen der von König Carol damals festgelegten Außenpolitik zu handeln, der die französisch-britischen Beistandserklärungen ablehnte.«

Diese Worte reißen Canaris aus seinem Vorsichhinträumen und er stellt die Frage: »Glauben Sie, daß die Entsendung einer deutschen Militärmission ihn beeinflussen kann?«

»Sicherlich. Sehen Sie, im Grunde genommen verkörpert General Antonescu, wie ich Ihnen schilderte, keinerlei Idee. Er ist nichts anderes als ein Aufrührer, der das komplizierte Getriebe eines Regierungsapparates nicht beherrscht. Er bildet sich ein, daß sein entschlossener Wille dazu ausreicht, die Staatsgeschäfte führen zu können und sie auf einen guten Weg zu bringen! Das ist einer der Gründe, die mich veranlassen, morgen nach Bukarest zurückzukehren.«

Nach allem was Sie mir erzählt haben, bin ich über Ihre persönliche Sicherheit im neuen Regime etwas besorgt...«

»Glauben Sie! Antonescu braucht mich. Bin ich doch der einzige, der über alle Dinge, die wir, Sie und ich, zum Schutz der Ölfelder getroffen haben, Bescheid weiß! Ich bin der einzige, der die Siguranza wirklich führen kann und der weiß, wo bei uns die Abwehr eingesetzt ist, um feindliche Sabotageversuche zu verhindern. Nein! Ich muß nach Bukarest zurückkehren.«

Canaris, dem Morusow nicht besonders sympathisch war, antwortet ihm nach kurzem Zögern:

»Auf alle Fälle, mein Lieber, wenn Sie Ihre Absicht ändern sollten, wenn Sie sich entschließen sollten, doch nicht nach Rumänien zurückzukehren, dann sollten Sie wissen, daß Sie fest auf meine Hilfe und Unterstützung rechnen können.«

»Ich danke Ihnen von ganzem Herzen, Herr Admiral! Aber ich kehre morgen zurück, das steht fest... Wir beide haben noch vieles gemeinsam in Rumänien zu erledigen.«

Allmählich wird es dunkel und Canaris und Morusow kehren plaudernd, den milden Wind vom Meer her genießend, ins »Danieli«

zurück. Hinter der Brücke über den Rio di Palazzo biegen sie nach links in die Albanesergasse ein und gehen am Gefängnis entlang zur »Taverna dei Dogi« essen. Sie speisen dort Scampi, Calamaretti, Cicale di Mare mit Risibisi und trinken dazu den Veroneser Valpolicella, eine Lieblingssorte von Canaris.

Leider bewahrheiten sich seine Befürchtungen über die echte Situation in Rumänien. Wenige Tage nach Rückkehr von Venedig nach Berlin erhält Canaris von der Abwehrstelle in Bukarest die Mitteilung, daß Morusow am Tag nach seiner Ankunft in der rumänischen Hauptstadt durch den Gendarmeriegeneral Aurel Tobesco verhaftet und in das Jilava-Gefängnis eingeliefert worden sei. Sein Nachfolger sei Oberst Eugen Christesco. Des Admirals Reaktion ist für ihn charakteristisch: Sofort fährt er nach Bukarest, um sich bei General Antonescu für Morusow einzusetzen. Er fühlt sich dazu aus verschiedenen Gründen verpflichtet: Vor allem, weil Morusow mit der Abwehr stets loyal zusammengearbeitet hat – obwohl er weiß, daß er Beziehungen zum sowjetischen Geheimdienst unterhielt –, außerdem konnte Morusow bei der Abwendung von eventuellen britischen Sabotageversuchen noch sehr nützlich sein.

General Antonescu empfängt Canaris. Dieser setzt ihm auseinander, daß Deutschland ein besonderes Interesse an Morusow habe, und daß der Führer ihn ausdrücklich beauftragt habe, sich persönlich um das Schicksal von Morusow einzusetzen. Mit letzterem bluffte er etwas. Der »Conducator« gibt Canaris die Zusicherung, daß dem ehemaligen Chef der Siguranza nichts Schlimmes geschehen werde. Bald werde er wieder in Freiheit gesetzt, seine Verhaftung sei nur aus besonderen Sicherheitserwägungen heraus erfolgt. Admiral Canaris kehrt beruhigt nach Berlin zurück, nachdem er noch die Abwehrstelle Bukarest inspiziert und einige schwebende Fragen mit Oberst Alfred Gerstenberg, dem Leiter des ersten Teils des »Lehrkommandos Rumänien« besprochen hatte.

Kurze Zeit darauf erreicht Admiral Canaris die Nachricht, Oberst Morusow sei angeblich durch Legionäre der Eisernen Garde zusammen mit zwanzig anderen Häftlingen im Jilava-Gefängnis auf viehische Weise umgebracht worden. Canaris ist zutiefst entrüstet und macht kein Hehl daraus, daß er in diesem Mord einen Wortbruch Antonescus sehe. Seinen engeren Mitarbeitern gegenüber erklärt er voll Enttäuschung:

»Mit diesem Mann will ich nichts mehr zu tun haben!«

26. ZWEITER AKT: CANARIS – FRANCO – HITLER – PÉTAIN

Kaum war Canaris aus Venedig nach Berlin zurückgekehrt, wird er zu Keitel gerufen. Er unterrichtet ihn über die neuen strategischen Entschlüsse Hitlers für den Herbst und Winter 1940/1941, die in einer Geheimkonferenz am 6. September getroffen wurden, an der Großadmiral Raeder, Göring, General Jodl und General Heusinger, der Leiter der Operationsabteilung im Oberkommando der Wehrmacht teilnehmen. Er, Keitel, sei wohl nicht dabei gewesen, doch habe ihm Jodl eingehend Vortrag gehalten. Hitler hatte ersucht, Canaris zu unterrichten, um entsprechende Maßnahmen für die neuen Pläne ergreifen zu können.

Keitel gibt Canaris ein Resümee der Konferenz. Zu Anfang habe Raeder seine Gedanken über die neue Strategie dargelegt, die er für richtig halte: Gibraltar und Suez seien für die deutsche und italienische Kriegführung von entscheidender Bedeutung. Man müsse mit allen Mitteln England aus dem Mittelmeer verjagen, bevor die Vereinigten Staaten in den Krieg eintreten. Damit könne man England den entscheidenden Schlag versetzen. Jodl äußert sich zustimmend zum Plan des Großadmirals, fügt jedoch hinzu, daß man für das westliche Mittelmeer die Mitwirkung der Vichy-Regierung und der Madrider Regierung, wenn möglich von beiden zugleich, erreichen sollte. Auch Göring stimmt mit Raeder und Jodl voll überein. Der Reichsmarschall stellt sich den Einsatz von drei Armeegruppen vor: Die eine sollte mit Zustimmung Francos den Weg durch Spanien nehmen und Gibraltar erobern, die zweite sollte mit Zustimmung Pétains in Marokko landen, um Französisch-Nordafrika unter Kontrolle zu bekommen, die dritte Armeegruppe sollte mit Zustimmung Antonescus über den Balkan vorgehen, die Dardanellen und Ankara besetzen und gegen den Suezkanal marschieren, währenddessen die Italiener ihre Offensive auf Suez von Westen her ansetzen.

Der Göringsche Plan bleibt nicht ohne Widerspruch, zumal Hitler sofort darauf hinweist, daß die Türkei damit automatisch in das Lager der Alliierten getrieben werden würde. Andernteils glaubt Hitler mit Gewißheit, daß die Italiener den Angriff auf Suez auch allein führen könnten. Im westlichen Teil des Mittelmeers müsse man vor Beginn einer Offensive eine gewisse Hilfe der Vichy-Regierung zu gewinnen versuchen, entweder durch militärischen

Druck oder durch spektakuläre politische Zugeständnisse (Rückführung der Kriegsgefangenen zum Beispiel), und Franco dahin bringen, sich militärisch den Achsenmächten anzuschließen. Hitler fügt hinzu: »Auch wäre es nötig, den Duce so weit zu bringen, daß er zu einer engeren Zusammenarbeit mit Frankreich bereit ist...«

Canaris unterrichtet Franco

Canaris nimmt das ohne Kommentar zur Kenntnis. Nur die Dinge, die die Abwehr betreffen, legt er mit Keitel fest und kehrt zum Tirpitzufer zurück. Das heißt also, daß Hitler im Augenblick das richtige Gefühl hat, der entscheidende Schlag gegen England könne nicht durch eine Landung auf der Insel erfolgen. Er setzt also nicht mehr genügend Vertrauen in die Wirkung des Bombenkriegs der Luftwaffe auf britisches Gebiet, trotz der schwärmerischen Berichte Görings, der Großbritannien schon in die Sahara auswandern sieht. Hitler wendet sich erneut dem »Unternehmen Felix« zu. Dies bedeutet für Canaris, erneut darum zu kämpfen, daß Spanien nicht in den Krieg hineingezogen wird, der nur mit der Niederlage der Achse enden kann... Eigentlich sollte er auch die Franzosen darauf hinweisen. Canaris billigt den neuen Plan des Führers keineswegs. Tatsächlich, wenn man den Göringschen Plan nicht zurückstellt – er ist weniger töricht als er erscheinen mag –, der den Italienern den östlichen Teil allein überläßt; wenn man, ohne Französisch-Nordafrika zu erobern, sich auf die Wegnahme Gibraltars beschränkte, steht der Erfolg des »Unternehmens Felix« auf dem Spiel. Die Einnahme von Gibraltar hat nur dann einen Sinn, wenn sie zusammen mit einer strategischen Operation gegen Suez und den Mittleren Orient durchgeführt wird. Das beweist Canaris erneut, daß Hitler nicht in der Lage ist, sich in höhere strategische Konzeptionen hineinzudenken, die man ihm nahelegt. Ob er auf diplomatischem Gebiet eine glücklichere Hand haben wird? Ob es ihm gelingen wird, die Interessengegensätze Italiens, Frankreichs und Spaniens auszugleichen? Canaris jedenfalls ist fest entschlossen, sich einer Ausweitung des Krieges zu widersetzen.

Franco weiß nichts über die Konferenz. So unternimmt Canaris eine Blitzreise nach Madrid, trifft den Caudillo und sagt ihm offen, daß Hitler Druck auf ihn ausüben werde. Daraufhin fällt Franco eine folgenschwere Entscheidung: Er löst seinen offensichtlich probritisch eingestellten Außenminister, den Obersten Juan Beigbeder Atienz, ab und ersetzt ihn durch seinen Schwager Serrano Suñer, der zu recht oder zu unrecht als nazifreundlich bekannt ist. Trotzdem werde diese Ablösung nicht sofort durchgeführt, erklärte er Canaris gegenüber, sondern er werde Serrano Suñer zunächst als Sonderbotschafter nach Berlin schicken, um die deutschen Absichten genauer zu ergründen. Hitler wertet dies als ein positives Anzeichen.

Serrano Suñer in Berlin

Nach Ankündigung durch ein offizielles Schreiben Francos an Hitler fährt Serrano Suñer am 13. September in Begleitung des Deutschen Botschafters von Stohrer und mit einem Gefolge maßgeblicher Falangeführer, die mehr durch ihre Anzahl und durch ihre »faschistische Qualifikation« als durch eine echte Arbeitsleistung auffallen, nach Berlin. Serrano Suñer hat je zwei Besprechungen mit Ribbentrop und Hitler: am 17. und am 25. September. Canaris wird darüber von seinem alten Bekannten, dem Botschafter von Stohrer, eingehend auf dem laufenden gehalten.

Bei diesen Gesprächen wird bald eine gewisse Unzufriedenheit über die spanische Außenpolitik erkennbar, die Hitler und Ribbentrop als »zweideutig« bewerten. Suñer hat das nicht anders erwartet. Ebenso nicht Canaris! Im Laufe der Unterredungen macht sich bei den spanischen Staatsmännern die Besorgnis breit, daß Deutschland keine Entscheidung über ihre Forderungen nach Ausdehnung des spanischen Protektorats auf ganz Marokko treffen wolle. Die Unruhe Serrano Suñers wird noch größer, als Ribbentrop auf die Abtretung eines deutschen Stützpunktes auf den Kanarischen Inseln zu sprechen kommt. Suñer lehnt glattweg ab und schickt einen Offizier seines Gefolges, Oberstleutnant Garcia Figueras, mit der Nachricht über dieses drohende deutsche Ansinnen zum Caudillo. Franco antwortet Suñer am 21. September schriftlich, indem er (nach Anerkennung für seine »vorzügliche Gesprächsführung«) seine Haltung gegenüber der gestellten Forderung gutheißt. Er schreibt unter anderem: »Ich kann nur andeuten, was Deine berechtigte Empörung hervorgerufen hat und was die Feder zu schreiben sich sträubt.« Die erneuten Sondierungen Serrano Suñer wegen der Erweiterung von Spanisch-Marokko ließen die Gegensätze deutlich erkennen. Er schrieb, die Deutschen seien nicht gewillt, eine Zusage zu machen, weil sie einerseits Pétain gewisse Zugeständnisse gegeben und andererseits aber auch eigene Absichten in Afrika hätten... Von diesem Zeitpunkt an sei es ihm klar gewesen, daß sie sich keine Illusionen machen könnten, aber daß wir, die Spanier, uns noch mehr als bisher »hinter unseren Ansprüchen zu verschanzen haben«.

Insgesamt gesehen, war Serrano Suñers Reise erfolglos. Außer dem Vorschlag Hitlers, eine Zusammenkunft mit Franco zu vereinbaren, brachte sie nur die Erkenntnis der zwischen Spanien und Deutschland, bestehenden gegensätzlichen Auffassungen. Serrano Suñer nahm noch an der Unterzeichnung des neuen Beistandpaktes zwischen Deutschland, Italien und Japan teil und reiste dann über Rom, wo er noch ein Gespräch mit dem Duce und mit Ciano führte, nach Madrid.

Unverhohlen teilt Serrano Suñer dem Caudillo seine Besorgnis mit, daß Deutschland eines Tages Spanien wegen seiner unklaren Politik, oder wenn Spanien sich weigerte, die deutschen Forderungen zu erfüllen, besetzen könnte. Genau das gleiche hat Canaris Franco gegenüber angedeutet. Es ist von nun an so, daß Franco zwischen dem Kriegseintritt auf deutscher Seite, dem Krieg gegen Deutschland und der täglich schwieriger werdenden Aufrechterhaltung der Neutralität zu wählen hat. Zwei Männer sind es, die ihn darin bestärken wollen, sich für das letztere zu entscheiden, was wohl weniger bequem, aber für die Zukunft Spaniens den meisten Nutzen bringt. Es sind Admiral Canaris und Marschall Pétain.

Pétain hat Sorgen

Wie Franco, so hat auch Pétain seine Sorgen. Seit drei Monaten steht er an der Spitze des französischen Staates, wohin er in tragischer Stunde durch eine scheinbare Einstimmigkeitserklärung der Bürger berufen worden war, als ein ganzes Volk auf den zerbombten und von Maschinengewehren bestrichenen Straßen auf der Flucht war, schutzlos Angst und Schrecken ausgesetzt, wie es die Geschichte vorher noch nie erlebt hat. Wo ein ganzes Heer, außer einigen wenigen gut geführten und tapfer kämpfenden Truppenteilen, den ungewöhnlichen und schmachvollen Wettlauf vor dem Feind von Belgien bis zu den Pyrenäen antrat und den Siegern fast zwei

Millionen Gefangene in die Hände fallen ließ! Frankreich hat vielleicht nur eine Schlacht verloren und nicht den Krieg, aber auf alle Fälle einen direkten Schlag auf den Magen einstecken müssen, so daß es in Anarchie, in völliges Chaos, demoralisiert in einen willenlosen Zustand verfiel: Millionen von Flüchtlingen, ohne Verkehrsverbindungen, Hunderttausende von Soldaten ohne Waffen und führerlos, Hunderttausende von Arbeitslosen und einer schwierigen Versorgung mit Lebensmitteln... Frankreich ist am Rande des Abgrunds und die Hälfte seines Staatsgebiets steht unter deutscher Herrschaft. In London flackert die kleine Flamme der Résistance, praktisch nur von einem Mann genährt. Aber wer macht sich schon noch Gedanken, nun Widerstand zu leisten? Wen kümmert schon London? Man muß versuchen zu leben, zu überleben, in jenen Herbstmonaten des Jahres 1940.

Marschall Pétain bemühte sich, zunächst auf freiwilliger Basis, schnellstens Ordnung in das französische Chaos zu bringen, und er hatte durchschlagenden Erfolg. Die Flüchtlinge kehrten in der Mehrzahl in ihre Heimat zurück, die Arbeitslosen suchten sich wieder Arbeit, die entwurzelten jungen Leute gingen auf die Schiffswerften von Theil. Man setzt wieder instand, man baut neu auf, die Züge fahren wieder, man reorganisiert, das Leben kommt wieder in Fluß und man schöpft Hoffnung. Die große Angst ist vorbei, die ganze Nation geht beherzt ans Werk. Frankreich, das in einem Teil seines Landes die Souveränität und vor allem sein weites Kolonialreich behält, wurden trotzdem zwei Wunden geschlagen, die nicht verheilen wollen: die von Deutschland besetzten Gebiete und rund zwei Millionen Kriegsgefangene hinter deutschem Stacheldraht. Der Winter rückt heran und mit ihm drohen Not und verschiedene Einschränkungen. Der Sieger ist anspruchsvoll, die Besatzungslasten sind schwer. Es muß unbedingt etwas unternommen werden. Aber was?

Die Meinungen der französischen Regierung über die Fortführung der Politik sind sehr geteilt. Die einen, wie zum Beispiel General Weygand und Paul Baudouin, sind für strikte Einhaltung der Waffenstillstandsbedingungen, aber nichts darüber hinaus: Schritt für Schritt müsse die Rückkehr Frankreichs in den Krieg auf der Seite Englands oder sogar der Vereinigten Staaten vorbereitet werden. Diese Auffassung schließe aber eine Verbindungsaufnahme mit Deutschland nicht aus, denn die stetige Verschlechterung der inneren Verhältnisse Frankreichs macht das erforderlich. Es müsse im Hinblick auf die Lebensverhältnisse des Landes eine Lockerung der harten Waffenstillstandsbedingungen erreicht werden, wobei es besonders darauf ankomme, freie Hand im Verkehr mit dem Kolonialreich zu behalten und mittels der intakten Flotte die Seeverbindungen aufrechtzuerhalten. Marschall Pétain teilt diese Auffassung nicht ganz. Seine Politik ist zugleich praktischer und geschickter. Er denkt mehr in Richtung auf geschicktes Hinhalten, Abwarten und strikter Neutralität, währenddessen man gleichzeitig mit Deutschland und England verhandeln sollte, ohne sich aber voreilig an irgend jemanden zu binden: Die Zukunft des Landes müsse gegen alle Eventualitäten garantiert werden. Diese Passivität erscheint manchem als die für alle Fälle schädlichste Politik. Pierre Laval insbesondere ist zum damaligen Zeitpunkt davon überzeugt, daß für England der Krieg verloren sei und daß Deutschland der Beherrscher des Kontinents sein werde. Ihm schwebt vor, im »Neuen Europa« von den Deutschen für Frankreich einen Platz eingeräumt zu erhalten, der wohl untergeordnet, aber ehrenwert sein werde. Laval ist Anhänger einer Politik der »Umkehrung der Allianzen«, und einer Politik der Verständigung mit dem Sieger. Er ist bestrebt, diese Politik zu verwirklichen. Pétain stellt dies mit in Rechnung, wenn es ihm auch nicht behagt. Es hat sowieso schon viel Schwierigkeiten, sich an die Art des »Auvergnaten« zu gewöhnen, wie er ihn nennt, und ist besorgt, als er zusehen muß, daß Laval, ohne mit ihm Rücksprache zu nehmen, enge Verbindungen mit den Deutschen in Paris aufnimmt, besonders mit dem Botschafter Otto Abetz, zu dem Laval den deutschfreundlich eingestellten Fernand de Brinon abgeordnet hat.

Da nun einemal Laval sein eigenes politisches Spiel treibt, das Pétain nicht gutheißt, wird auch er seine eigene Politik machen. Bald wird es sichtbar, wie sehr er recht hatte. Auch er wird sich Hitler nähern, aber gleichzeitig Verbindung mit den Alliierten von gestern, mit England, aufnehmen. Professor Louis Rougier ist der Mann, den er nach London schickt und dem es gelingt, ein Geheimabkommen mit der englischen Regierung abschliessen. Die Kontaktaufnahme mit den Deutschen will er sich selbst aufladen.

Seit Ende August hat der Marschall mehrere Gespräche mit Oberst Fonck, dem großen »As unter den Assen« der französischen Flieger des Weltkriegs von 1914/1918, den er sehr schätzt. Pétain überlegt sich, ob es nicht möglich wäre, zu direkten Verhandlungsgesprächen oberhalb der Ebene der Waffenstillstandskommission in Wiesbaden und der Botschaft in Paris zu kommen. Ob Frankreich nicht damit seine Knechtschaft verringern könnte? Und die eine Million achthunderttausend Kriegsgefangenen? Ob man sie nicht nach und nach zurückholen könnte?

Fonck könnte unter Ausnutzung alter Beziehungen zu seinen ehemaligen Gegnern, wie Göring und den ehemaligen deutschen Luftwaffenattachés in Frankreich an hohe Persönlichkeiten des NS-Regimes herankommen. Fonck kennt unzählige Leute, er ist international bekannt. Der Marschall vertraut ihm an, er wolle versuchen, mit Hitler zusammenzutreffen. Ob er sich solch eine insgeheime Vermittlung zutrauen würde? Fonck stimmt zu, fährt nach Paris, sucht einige Persönlichkeiten auf und kehrt zur Berichterstattung zum Marschall zurück. Dies geschah in der zweiten Septemberhälfte. Inzwischen erfährt Canaris – ohne von dem Auftrag Foncks zu wissen –, daß Vichy »Kontakt suche«. Ihm ist bekannt, daß das französische Fliegeras mit dem japanischen Botschafter in Vichy, Renzo Sawada, befreundet ist. Vielleicht ist es auf diesem Wege für den Abwehrchef möglich, Pétain die Pläne Hitlers wissen zu lassen, so, wie er sie auch Franco zukommen ließ! Canaris trifft sich allein zu einem Gespräch mit seinem alten Freund, dem japanischen Botschafter in Berlin, General Hirosh Oshima.

Das Einvernehmen zwischen Pétain und Franco

Hier ist die wichtige Zeugenaussage von Oberst Fonck:

»Gegen Ende September wurde in Berlin der Stahlpakt zwischen Japan, Italien und Deutschland unterzeichnet. Nach dem Abschluß dieses Pakts hat Hitler gegenüber zwei japanischen Persönlichkeiten, die als Vertreter ihres Landes daran teilnahmen, einige wichtige Einzelheiten geäußert. Der Führer erläuterte ihnen ausführlich die für die allernächste Zeit anstehenden militärischen Entscheidungen, wie der Sperrung das Mittelmeeres durch die Eroberung von Gibraltar und die Besetzung bestimmter strategisch wichtiger Punkte in Nordafrika... Der japanische Botschafter in Vichy erhielt davon durch seine japanischen Kollegen in Berlin* Kenntnis. Herr Sawada,

* Zu diesem Plan scheinen die Japaner, besonders Botschafter Oshima, den Anstoß gegeben zu haben.

den ich bereits von den Versailler Vertragsverhandlungen her kannte, als ich seinerzeit in der Umgebung von Clemenceau tätig war, verfehlte nicht, mich von den Absichten des Führers zu unterrichten. Alles, was Hitler anläßlich der Unterzeichnung des Stahlpaktes äußerte, wurde mir berichtet. Wahrhaftig, ein schicksalhafter Zufall! Ich erkannte sofort den Ernst der Situation, um so mehr als zu den von Sawada gelieferten Informationen noch die Gewißheit hinzukam, daß Hitler im Laufe des Monats Oktober mit Franco zusammenkommen werde**. Es handelte sich dabei um den Anfang der Durchführung des Generalplans Hitlers. Es lag klar auf der Hand, daß der Führer des Großdeutschen Reichs Franco darum bitten werde, zwanzig deutsche Divisionen, die zur Zeit in Südwestfrankreich standen, den Durchmarsch durch die Halbinsel zu gestatten.«

»Seit mir die Absichten Hitlers bekannt waren – sein Mittelmeer-Aktionsprogramm konnte ich nur ahnen – war ich mir der außerordentlichen Gefahren für das zukünftige Schicksal der Alliierten bewußt. Man mußte so schnell wie möglich handeln. Sofort überbrachte ich Marschall Pétain meine Neuigkeiten, und der ›Sieger von Verdun‹ erkannte sogleich die unvorhersehbaren militärischen Folgen der Absichten des Führers. Unverzüglich trachtete er danach, die uns durch das Schicksal in die Hände gespielte Warnung zu seinem Vorteil auszunutzen. Wir waren entschlossen, dem Hitlerschen Plan zuvorzukommen und ihn auf alle Fälle zu vereiteln.«

So sind also die Dinge gelaufen.

Wir begriffen sehr wohl, daß die Absicht unseres Gegners darin bestand, gleichzeitig Franco und Marschall Pétain zu täuschen, sozusagen einen nach dem anderen. Für Hitler galt es, mit ihnen nacheinander sein Spiel treiben zu können, wobei er von der Annahme ausging, daß beide von seinen Absichten nichts wissen konnten. Nun mußte vor allem der Caudillo gewarnt werden. Vergessen wir nicht, daß der Marschall als ehemaliger Botschafter in Madrid in großem Ansehen bei spanischen Persönlichkeiten stand. Er ließ sogleich M. de Lequerica, den spanischen Botschafter, kommen und teilte ihm die Information mit, die er durch mich über die deutschen Absichten erhalten hatte. Gleichzeitig versicherte er ihm ganz vertraulich, daß er sich auf keinen Fall mit der Stationierung deutscher Truppen in

** Diese Information erhielt Oshima durch Canaris.

Afrika einverstanden erklären werde. Auch sei er nicht dazu bereit, den Durchmarsch über die Pyrenäen zu dulden. Er faßte es mit den bedeutungsvollen Worten zusammen: ›Ich werde auf keinen Fall, auch nicht, wenn ich unter Druck gesetzt werde, von den Bedingungen des Waffenstillstandsvertrags abweichen.‹

De Lequerica wußte, woran er war. Am gleichen Tag noch reiste er nach Spanien ab, um General Franco zu unterrichten... Aber wir mußten bis zum letzten Augenblick wachsam sein. Um möglichst das Datum der deutsch-spanischen Zusammenkunft zu erfahren, schlug ich dem Marschall vor, über Göring um eine Unterredung mit Hitler zu bitten. Wir dachten, wenn der Führer uns mit der Festlegung eines Datums antworten würde, könnte dieses Datum etwa vierundzwanzig Stunden vor oder nach dem Tag der Unterredung Hitlers mit Franco liegen. Als gesichert konnte angenommen werden, daß letztere rechtzeitig bekanntgegeben würde.

Vier Tage nach dem Gespräch von de Lequerica mit dem französischen Staatschef kam er wieder nach Vichy zurück und überbrachte eine sehr bedeutungsvolle Mitteilung: Franco ließ Marschall Pétain wissen, daß er in Anbetracht der festen Haltung Pétains sich nicht den Plänen des deutschen Diktators beugen werde.

Wir atmeten auf. Eine große Gefahr war beseitigt. Wahrscheinlich war von diesem Augenblick an die Partie für Hitler verloren*.«

Hitler und Laval in Montoire: 22. Oktober 1940

Montags, den 21. Oktober, kehrt Pierre Laval, der Vizepräsident der französischen Regierung, der sich seit dem 17. Oktober in Paris aufgehalten hatte, am frühen Morgen nach Vichy zurück. Er spricht kurz mit dem Marschall und läßt dann gegen zehn Uhr den Sekretariaten ausrichten, daß er sofort wieder nach Paris zurück müsse und deshalb nicht an den für diese Tage vorgesehenen Sitzungen teilnehmen könne. Was hat sich ereignet? Der Botschafter des Deutschen Reiches in Frankreich, Otto Abetz, hat Laval rufen lassen und ihm

* Über die vertrauliche Mission von Fonck wurde absolute Geheimhaltung gewahrt. Vizeadmiral Fernet sagte mir, daß nur General Brécard und er, nicht aber Laval und die Minister, darüber informiert waren. Canaris hatte mit seinem schwierigen Manöver Erfolg.

angekündigt, daß er eine Unterredung mit Ribbentrop haben werde. Laval war höchst erfreut darüber, weil er glaubte, daß damit seine Bemühungen um Kontakte nicht erfolglos bleiben, und daß er nun Gelegenheit haben werde, die französische Sache gegenüber einem deutschen Regierungsmitglied vertreten zu können. Er hofft, daß die Beziehungen zwischen den beiden Nationen in ein neues Stadium treten werden. Abetz erbat Diskretion, doch bemerkte Laval, daß er verpflichtet sei, den Marschall davon in Kenntnis zu setzen. Nur deshalb wäre er nach Vichy gefahren, und der Marschall habe ihm sein Einverständnis erteilt, wenngleich er meinte, daß dieser Weg doch recht eigenartig sei, und daß sich Ribbentrop eigentlich an seinen Außenministerkollegen Baudoin oder an Pétain selbst hätte wenden können. Doch es spielt jetzt keine Rolle, er läßt die Dinge laufen, weil er von Göring immer noch keine Antwort auf seine Bitte um ein Gespräch mit Hitler hat.

Dienstag, den 22. Oktober, trifft Laval an dem für zehn Uhr verabredeten Ort, der Botschaft in der Rue de Lille in Paris ein. Er steigt in den Wagen von Abetz und sie fahren los! In Tours nehmen sie ein kurzes Frühstück ein und fahren bald wieder weiter. Der Wagen nimmt eine dem Vizepräsidenten des Staatsrats unbekannte Richtung. Doch die Stunde der Enthüllung ist gekommen. Als sie über die Loirebrücke fahren, sagt Abetz zu seinem Begleiter:

»Ich muß Ihnen mitteilen, leider konnte ich es nicht früher, weil ich nicht die Genehmigung hatte, Sie werden nicht nur mit Ribbentrop zusammentreffen, sondern Sie werden auch unseren Führer und Reichskanzler Hitler selbst begegnen...«

Laval ist wie vom Schlag getroffen. Auf diese Neuigkeit war er wirklich nicht vorbereitet.

Um neunzehn Uhr hält der Wagen von Abetz vor dem Eingang des kleinen Bahnhofs von Montoire-sur-le-Loire. Laval geht mit Abetz den Bahnsteig entlang, steigt in den Zug des Kanzlers ein und wird von Hitler, Ribbentrop und dem Chefdolmetscher Dr. Paul Schmidt empfangen. Letzteren kennt er bereits persönlich, er traf mit ihm in Deutschland zusammen, als er vor der Zeit des Naziregimes Verbindung mit Reichskanzler Brüning angeknüpft hatte. Hitler und Laval geben sich die Hand, dann ziehen sie sich zu einer kurzen Unterhaltung zurück.

Was haben sie wirklich miteinander gesprochen? In den Memoiren des Chefdolmetschers Schmidt ist die Unterredung nur ganz kurz erwähnt. Hitler hat darüber nichts gesagt, Ribbentrop ebenfalls nicht. Nur Laval berichtete darüber anläßlich seines Prozesses:

»Ich erinnere mich, daß ich bei der Unterredung mit Hitler gesagt habe: ›Wenn Sie Frankreich demütigen wollen, wenn Sie uns Bedingungen auferlegen wollen, die unsere Ehre und besonders unsere Lebensinteressen, unser Hauptinteresse, verletzen, dann ist nichts möglich. Wenn Sie hingegen wollen, daß es nicht alle fünfundzwanzig Jahre einen Krieg zwischen unseren beiden Nationen gibt, der die Jugend beider Völker hinwegrafft, und wenn Sie gewillt sind, Frankreich den Platz einzuräumen, der ihm gebührt, dann ist alles möglich.‹«

Darauf hat Hitler geantwortet: »Mein Friede wird kein Rachefriede sein.«

Das ist alles, was man darüber weiß. Bevor sich die beiden Gesprächspartner trennen, bringt Hitler den Wunsch zum Ausdruck, daß er Marschall Pétain baldmöglichst, »übermorgen vielleicht schon«, treffen wolle und bittet Laval, ihm dies zu übermitteln. Dann besteigt Laval wieder das Auto von Abetz und fährt nach Paris zurück, immer noch stark beeindruckt, dem deutschen Staatschef begegnet zu sein.

Hitler und Franco in Hendaye: 23. Oktober 1940

Am darauffolgenden Tag, Mittwoch dem 23. Oktober, sollte Hitler um vierzehn Uhr Franco treffen. Von dieser Unterredung mit dem Caudillo wird die gesamte Strategie des Dritten Reiches in jenem Herbst 1940 abhängen, der für Deutschland eine entscheidende Wende des Krieges bedeutet. Kurz nach zwölf Uhr kommen Hitler und Ribbentrop in Hendaye an und schlendern plaudernd bei strahlendem Sonnenschein den Bahnsteig auf und ab. Dabei erklärt Hitler Ribbentrop:

»Wir können den Spaniern keinerlei schriftliche Zusagen über die Aufteilung der französischen Kolonien machen. Wenn die auch nur einen Fetzen Papier über diese delikate Frage in die Hand bekämen, würden die Franzosen es bei der bekannten Geschwätzigkeit der Romanen sicherlich von ihnen erfahren. Ich will doch im Gespräch mit Pétain versuchen, die Franzosen zu einer aktiven Teilnahme am Krieg gegen England zu drängen.«

Hitler fährt fort: »Ich kann doch nicht von beiden gleichermaßen Gebietsabtretungen verlangen, denn ich muß damit rechnen, daß, falls ein solches Einvernehmen mit den Spaniern bekannt wird, uns vorgeworfen werden würde, wir hätten das französische Kolonialreich verkauft. Die Folge wäre, daß es dann in der Gesamtheit de Gaulle zufallen würde. Um Franco zu einer Entscheidung zu bewegen, müssen wir ihm bestimmte Teile des französischen Kolonialbesitzes anbieten, Marokko und das Gebiet von Oran zum Beispiel: dafür muß Frankreich mit Gebieten des britischen Kolonialreichs entschädigt werden, sobald England besiegt ist.«

Hitlers Spiel ist genau kalkuliert. Er fühlt sich stark genug, um Franco und Pétain zu einem Vergleich zu bringen. Aber hat er nicht, bevor er am 4. Oktober zum Treffen mit dem Duce am Brenner abreist, gegenüber seinen Freunden die Bemerkung gemacht, daß »eine Lösung der Interessengegensätze zwischen Frankreich, Italien und Spanien in Afrika nur durch einen großangelegten Betrug möglich sei«? Hitler weiß nicht, daß die beiden Staatschefs ihm gemeinsam die Stirn bieten werden und seine Pläne zum Scheitern bringen.

Mit einstündiger Verspätung rollt der Sonderzug des Caudillo über die Bidassoa-Eisenbahnbrücke und fährt in den spanischen Bahnhof ein. Inzwischen ist es 15 Uhr geworden. Protokollgemäß begibt sich Hitler zu Fuß auf spanisches Hoheitsgebiet, um Franco zu treffen. Das einstündige Warten hatte seine Stimmung sicherlich nicht verbessert. Nichtsdestoweniger schüttelt er dem Caudillo freudestrahlend die Hand. Sie schreiten gemeinsam die Ehrenkompanie ab und begeben sich gemeinsam zum Besprechungsort, dem Sonderzug des Führers.

Gleich zu Anfang versucht Hitler, seinen Gesprächspartner damit einzuschüchtern, daß er ihm gegenüber feststellt, Deutschland werde selbstverständlich als Sieger aus diesem Krieg hervorgehen. Franco hört mit unbewegtem Gesicht zu. Hitler fordert den Caudillo auf, Anfang Januar 1941 auf deutscher Seite in den Krieg einzutreten. Dann sollte am 10. Januar 1941 durch deutsche Spezial-Sturmtruppen Gibraltar erobert werden. An einem Erfolg des Unternehmens sei nicht zu zweifeln. Als Gegenleistung bietet Hitler den Spaniern ohne Umschweife Gibraltar an und, etwas ungenauer gesagt, gewisse »Erweiterungen ihres Kolonialbesitzes«.

Mit eisernem Gesicht hört Franco zu. Sein sonnengebräuntes Gesicht mit den dunklen, lebhaften, stechenden Augen bleibt so undurchdringlich, daß der Chefdolmetscher Paul Schmidt nicht herauslesen konnte, ob er von den Vorschlägen beeindruckt war oder nicht, oder ob er sich in aller Gelassenheit auf seine Gegenrede vorbereitete. (Canaris wußte bereits, daß letzteres geschehen wird.) Mit seiner etwas singenden, durchdringenden Stimme antwortet Franco auf Hitlers Angebot mit einer versteckten Ablehnung. Er spricht von der äußerst schlechten Versorgungslage Spaniens, dem Mangel an Waffen, Rohstoffen usw. Ist Deutschland bereit, all das was Spanien benötigt, zu liefern? In aller Ruhe zählt er der Reihe nach auf, was er braucht, so, wie es ihm Canaris im September empfohlen hat. Es ist unwahrscheinlich viel! Dann weist er noch auf das große Risiko hin, das die Kanarischen Inseln treffen könnte, die wegen der weiten Entfernung von der Küste kaum verteidigt werden könnten. Franco beansprucht schließlich, daß den Spaniern selbst die Ehre zuteil werden müßte, Gibraltar zurückzuerobern, wenn sie dafür gerüstet sind. Und Franco erwähnt weiterhin die feindlichen Reaktionen der Engländer, spricht von der beträchtlichen Unterstützung, die die Amerikaner den Engländern leisten könnten und so weiter. Der durchtriebene Canaris wird von ihm noch übertroffen! Franco kennt Hitler nun genau und versteht, wie er die Probleme anpacken muß, um ihn zu verwirren.

In dem Maße, wie die äußerst sachlichen Ausführungen des Caudillo aufeinanderfolgen, wächst Hitlers Unruhe. Nervös trommelt er mit seinen Fingern gegen die Sessellehnen, die Unterhaltung geht ihm sichtlich auf die Nerven. Er erhebt sich und meint, es habe wohl keinen Zweck, noch weiter zu verhandeln. Doch Franco spricht ruhig weiter, als habe er den Vorfall und die Verärgerung des Führers nicht bemerkt. Hitler setzt sich wieder hin, denn er will auf jeden Fall einen Abbruch der Verhandlungen vermeiden, und er erneuert seine Versuche, Franco umzustimmen. Vergebens! Nach... siebenstündiger Unterredung kommen sie überein, einen »Vertrag« abzuschließen, der die Bedingungen der Waffenhilfe festlegen soll, um es Spanien zu ermöglichen, in den Krieg einzutreten. Die Meinungsunterschiede in der Bedarfsermittlung weichen indessen so stark voneinander ab, daß man, um das Gesicht zu wahren, die Außenminister Ribbentrop und Serrano Suñer beauftragt, diesen »Vertrag« auszuarbeiten. Anschließend findet ein gemeinsames Essen im Speisewagen des Führers statt. Die beiden Staatschefs sprechen anschließend weitere zwei Stunden miteinander, doch kommt es zu keiner Annäherung ihrer Standpunkte. Ganz im Gegenteil macht sich eine empfindliche Abkühlung ihrer gegenseitigen Wertschätzung bemerkbar. Insgesamt gesehen verläuft diese neunstündige Unterredung praktisch ergebnislos. Für Hitler ist es ein totaler Fehlschlag: er kann keinesfalls mit Spanien rechnen.

Der Führer und der Caudillo kehren beide in ihre Sonderzüge zurück und lassen ihre Minister weiterverhandeln. Ribbentrop zerschlägt in einer Nacht alles, was noch von der deutsch-spanischen Freundschaft übriggeblieben ist, gegenüber seinem Gesprächspartner, der immer widerspenstiger wird. Schließlich fordert er Suñer auf, ihm einen Entwurf vorzulegen. »Um acht Uhr morgens muß der Text hier sein, dann muß ich abreisen, da wir uns morgen mit Marschall Pétain in Montoire treffen.«

Am nächsten Morgen lassen die Spanier durch den Unterstaatssekretär Espinosa de los Monteros eine sogenannte Ausarbeitung vorlegen, die faktisch nichts besagt und allen Vorschlägen der letzten Stunden ausweicht, und nur bestätigt, »daß man sprechen werde über...«

Ribbentrop ist außer sich vor Wut, schimpft gegen den »Jesuiten« Suñer und den »undankbaren Feigling« Franco, läßt sich zum nächstgelegenen Flugplatz bringen und fliegt im Nebel nach Tours, von wo aus er nach Montoire zur letzten und berühmt gewordenen Zusammenkunft dieser Reise weiterfährt.

Hitler und Pétain in Montoire: 24. Oktober

Von Vichy kommend, trifft Marschall Pétain am 24. Oktober 1940 mit dem Wagen am späten Abend in Montoire ein. Die Kolonne mit sieben Fahrzeugen biegt in die Bahnhofsallee ein und fährt durch ein Spalier präsentierender Soldaten. Ein Kommando ertönt und die »Marseillaise« wird abgespielt – in einem etwas zu langsamen Tempo, wie Pétain bemerkt –, dann folgt die deutsche Nationalhymne. Ein Zug des SS-Bataillons der »Leibstandarte Adolf Hitler« erweist die militärischen Ehren, als der Marschall langsam dem Wagen mit entschlossenem und ernstem Gesicht entsteigt. Baron von Dörnberg, der Chef des Protokolls, eine imposante Figur, geht Pétain zum Empfang entgegen und tritt dann hinter Feldmarschall Keitel und Außenminister Joachim von Ribbentrop zurück, die den französischen Staatschef begrüßen. Der Marschall erwidert den Gruß, ohne ihnen die Hand zu reichen, schreitet die Front des Ehrenbataillons ab und betritt den mit französischen und deutschen Farben geschmückten Bahnhofsplatz, wo ihn Hitler erwartet. Mit hocherhobenem Haupt durchschreitet der Marschall an seiner Seite auf einem ausgelegten roten Teppich die Bahnhofshalle und das erste Gleis. Auf dem überdeckten Hauptbahnsteig, von einem ansehnlichen Stab umgeben, geleitet ihn Hitler zu seinem Salonwagen. Es läuft alles wie in einem minutiös ausgearbeiteten Drehbuch ab. Hitler trägt schwarze Hosen, den braunen Parteirock mit dem Eisernen Kreuz 1. Klasse auf der Brust, weißes Hemd mit schwarzer Krawatte. Der »Sieger von Verdun« und der »Sieger von Sedan« stehen sich nun gegenüber. Die Umstehenden sind ergriffen.

Dr. Paul Schmidt drückt es so aus: »An diesem 24. Oktober, bei einbrechender Dunkelheit, unter dem flackernden Licht der Laternen, die den Bahnsteig des kleinen Bahnhofs erleuchteten, war es schwierig, auf den ersten Blick den Sieger und den Besiegten unterscheiden zu können... In ihren beiden Gestalten schienen sich Frankreich und Deutschland gegenüberzutreten. Alle Umstehenden, einschließlich der präsentierenden Posten, spürten den Hauch der Geschichte.«

Nach einigen Worten der Begrüßung, Hitler freundlich, Pétain gelassen kühl, besteigen die Franzosen und die Deutschen den Waggon des Führers.

Zur Rechten Hitlers sitzend*, mißt ihn der Marschall mit Blicken, währenddessen Chefdolmetscher Schmidt die üblichen Höflichkeitsformeln übersetzt, mit denen der Führer die Unterredung beginnt:

»Herr Marschall, ich bedauere es, daß wir uns unter diesen Umständen begegnen. Sie haben den Krieg nicht gewollt, der von einer französischen Regierung auf Geheiß Englands erklärt worden ist. Sie sind dafür nicht verantwortlich zu machen. Frankreich wurde besiegt und ich bin sicher, daß wir in Bälde auch England besiegen werden...«

* Das Protokoll hatte die Sitzordnung genau nach Dienstrang festgelegt. Hitler sitzt am Kopf der Tafel, mit Front zum Eingang. Zu seiner Rechten der Marschall, Ribbentrop zu seiner Linken. Laval sitzt rechts von Marschall, Chefdolmetscher Schmidt am anderen Ende der Tafel. Der Tisch ist mit einer Tischdecke belegt, es befinden sich keinerlei Papiere auf dem Tisch.

Dann zieht er mit großem Wortschwall gegen die Engländer los, denen er alles Schlechte vorwirft, und erhebt seine Stimme... Alle horchen auf und befürchten, daß es zu einem Eklat kommen werde. Doch Hitler setzt seinen »Eisenbahnmonolog«, wie Schmidt es nennt, fort:

»Ich hoffe sehr, den Krieg so schnell wie möglich beenden zu können, weil Krieg weder ein beneidenswerter Zustand, noch auf die Dauer eine wünschenswerte Lage ist. Ich bin davon überzeugt, daß es nicht Unrentableres als einen Krieg gibt und ich trachte danach, ihn mit allen politischen, wirtschaftlichen und militärischen Mitteln abzukürzen. Ich bin mir dessen bewußt, daß eine Verlängerung des Krieges nicht nur schwer auf Deutschland lastet, sondern auf ganz Europa, und daß sich die Frage der Bezahlung am Ende stellen wird. Es ist klar, daß die Kosten für den verlorenen Krieg unter Berücksichtigung der Lebensinteressen verschiedener europäischer Völker und der materiellen Kriegskosten bezahlt werden müssen. Einer muß jedenfalls bezahlen. Das wird entweder Frankreich oder England sein. Da England der Hauptverantwortliche ist, glaube ich, daß England das meiste zu zahlen haben wird.«

Zweifellos hat Hitler diesen Gedanken aufgeworfen, um Frankreich seinen guten Willen zu zeigen, und den Marschall zu einer Mithilfe zu bewegen, um England zu schlagen. Schnell fügt er dann noch hinzu:

»Mit der Beschleunigung des Zusammenbruchs Englands würde der Krieg abgekürzt und der Kontinent von seinen Nöten und Opfern befreit. Jeder weitere Monat, der vergeht, verringert die Chancen, erhöht die Opfer Europas, würden sich die nicht wiedergutzumachenden Fehler vermehren und die Wiedergewinnung der Ordnung und normaler Lebensbedingungen verzögern. Alle europäischen Länder, die Interesse haben, den Konflikt zu beenden, müßten sich zu einer kontinentalen Gemeinschaft zusammenschließen. Ich, für meinen Teil, bin gewillt, sie gegen den gemeinsamen Feind, der England heißt, zu organisieren. Ob Frankreich große Lust an dieser Gemeinschaft hat? Es würde in seinem Interesse liegen...«

Nach den Berichten von Dolmetscher Schmidt folgte der Marschall den Ausführungen Hitlers sehr aufmerksam, doch mit einer kühlen, fast geistesabwesend erscheinenden Haltung. Er gab auf dieses Angebot keine Antwort. Hitler greift wieder einmal, wie gewohnt, seinen Großmut auf, den er anläßlich der Waffenstillstandsverhandlungen gezeigt habe. Dann kommt er plötzlich auf das zu sprechen, was für ihn das Hauptthema darstellt: Die Teilnahme Frankreichs am Krieg gegen England, und fragt den Marschall, »ob er fortfahren werde, sein Kolonialreich gegen alle Angriffe zu schützen, wie etwa Dakar, ob er bereit ist, die abgefallenen Kolonien in Zentralafrika von de Gaulle zurückzuerobern?«

Der Marschall, der vielleicht die Übersetzung schlecht verstanden hatte, sagt dazu nichts. Hitler wiederholt:

»Was gedenkt Frankreich zu tun, wenn es weiterhin von England angegriffen wird?«

Diesmal hat der Marschall die Frage verstanden und erklärt, daß sein Land sowohl in moralischer als in materieller Hinsicht schon zuviel gelitten habe, als daß es sich in einen neuen Krieg stürzen würde.

Hitler ist darüber sichtlich verstimmt: »Wenn Frankreich sich nicht selbst verteidigen will und die Sympathien zu England beibehält«, antwortet Hitler in lautem, aggressivem Ton, »dann wird es bei Kriegsende sein gesamtes Kolonialreich verlieren und die gleichen harten Bedingungen auferlegt bekommen wie England.«

»Ein Gewaltfrieden war noch nie in der Geschichte von langer Dauer«, erwidert der Marschall in eisigem Ton.

»Ich will keinen Gewaltfrieden, im Gegenteil, ich bin bereit, Frankreich zu schonen«, erwidert Hitler. »Was ich will, ist ein Friede, der auf gegenseitiger Verständigung aufgebaut ist, und den Frieden in Europa für mehrere Jahrhunderte garantiert! Aber ich kann es nur, wenn Frankreich bereit ist, mir Unterstützung zu geben, um England zu schlagen. Das Blutopfer in einem gemeinsamen Kampf wird uns enger zusammenbringen als alle Verträge.«

Der letzte Satz zeigt, wenn es überhaupt noch notwendig ist, die Verschlagenheit Hitlers. Der Marschall geht nicht in die Falle und, wie Schmidt sagt, »geht der Marschall mit keinem Wort auf die Andeutungen Hitlers wegen eines Kriegseintritts gegen England ein«.

»Es wäre nützlich«, stellt der Marschall die Gegenfrage, ohne selbst auf die Frage Hitlers zu antworten, »der französischen Regierung zu sagen, wie Deutschland sich den endgültigen Friedensvertrag vorstelle, damit Frankreich über sein Schicksal klar sieht und die zwei Millionen französischen Kriegsgefangenen so bald wie möglich wieder zu ihren Familien zurückkehren können.«

Nun weicht Hitler seinerseits der Antwort aus: Über einen endgültigen Friedensvertrag könne erst nach der Niederlage Englands gesprochen werden.

Jeder der beiden Kontrahenten kommt auf seine eigenen Problemfragen zurück. Für Hitler ist es die Frage der Unterstützung Deutschlands im Kampf gegen England, für Pétain sind es die Fragen der Friedensbedingungen, der Rückführung der Kriegsgefangenen und die Sicherstellung des Lebensunterhalts Frankreichs. Zur Klärung dieser drei Fragen ist Pétain nach Montoire gekommen.

Sinngemäß erklärte es Dr. Schmidt Pierre Bourget wie folgt: »Ich war darauf gefaßt, daß Hitler angesichts der ablehnenden Haltung des französischen Marschalls alle seine Forderungen und Wünsche auf der Stelle zurückweist. Er hat es nicht getan... Es war das erste Mal, daß das Wort ›Kollaboration‹ nach dem Waffenstillstand in den deutsch-französischen Diskussionen ausgesprochen wurde, was großes Aufsehen erregte. Wenn die beiden Völker sich darauf geeinigt hätten, hätte Frankreich auf die Erfüllung aller vom Marschall vorgebrachten Punkte hoffen können... Als die Unterredung dem Ende zuging, setzte sich Pétain noch für die Norddépartements ein, die bezeichnenderweise der Militärverwaltung Belgiens angeschlossen worden waren. Er forderte die Rückgliederung an Frankreich im Interesse der dort wohnenden Bevölkerung. Weniger deutlich drückte er sich in bezug auf Elsaß-Lothringen aus, worüber der Marschall, wie es scheint, erst die Absichten Hitlers ergründen wollte. Der Diktator beschränkte sich auf die Antwort, daß er Zeit brauche, alle diese Fragen zu überdenken. Er werde seinen Standpunkt schriftlich mitteilen.

Hitler und Ribbentrop erheben sich und begleiten höflich den Marschall auf den Gang. Ein Trompetensignal ertönt und zeigt das offizielle Ende der Unterredung an. Sie hat insgesamt zwei Stunden gedauert.

Auf dem Bahnhofsplatz präsentiert die angetretene Truppe, während Hitler, Keitel und Ribbentrop den Marschall und Laval hinausbegleiten. Das Musikkorps spielt wieder die Nationalhymnen. Bevor der Marschall seinen Wagen besteigt, gibt er Hitler die Hand, nicht aber Ribbentrop und Keitel, sie grüßt er nur militärisch.

Die Eskorte verschwindet in der Dunkelheit in Richtung Tours, wo sie um 21 Uhr 30 ankommt. Die Fahrzeuge machen vor der Präfektur halt, denn der Staatschef und sein Gefolge sind noch Gäste des Präfekten. Als der Kabinettschef des Marschalls, Henri Du Moulin de la Barthète, mit Pétain auf dem Weg zum Waschraum allein war, nutzt er die Gelegenheit, ihm eine Frage zu stellen, die ihm auf den Lippen brennt:

»Mon Maréchal, sind Sie zufrieden? Ist die Unterredung mit Hitler gut verlaufen?«

»Ganz gut«, antwortet Philippe Pétain mit Überzeugung. »Um zwei Dinge hatte ich Angst: erstens, daß kein gegenseitiges Vertrauen vorhanden sein könnte, es war aber bei mir und bei ihm vorhanden, und zweitens, was fast überflüssig ist zu sagen, ob ich auf der Linie beharren konnte, die ich mir vorgezeichnet hatte.«

»Sie sind keine direkten Verpflichtungen eingegangen?« erkundigte sich Du Moulin besorgt.

»Nein, keine einzige. Die andern auch nicht. Es war eine Unterredung grundsätzlicher Art, eine Art politischer ›Tour d'Horizon‹, wie der Auvergnate sich ausdrückt.«

Nach der Unterredung mit Pétain verbringen Hitler und seine Umgebung den Rest des Abends und die Nacht noch auf dem Bahnhof von Montoire. »Heinrich«, der Sonderzug Himmlers, verläßt Montoire um fünf Uhr morgens, Hitlers Sonderzug »Erika« um sechs Uhr. Die Stimmung in den beiden Zügen, die jetzt nach Deutschland rollen, ist nicht gerade rosig, denn man ist sich bewußt, daß der Führer weder in Hendaye noch in Montoire das erreicht hat, was er sich vorgenommen hatte. Es erwartet ihn aber noch eine andere recht unerfreuliche Überraschung. In Yvoir, südlich von Namur, wird der Zug »Erika« angehalten. Ein Kurier überreicht Hitler einen Brief und einen Bericht. Der Brief, datiert vom 19. Oktober, kommt von Mussolini, der in allgemein gehaltenen Redensarten, ohne sich klar auszudrücken, mitteilt, daß er in Griechenland einmarschieren werde. Der Bericht stammt vom Fürsten Bismarck, dem deutschen Vertreter in Rom; er besagt, daß Italien am 28. Oktober die Offensive beginnen werde. Hitler ist außer sich. Er hält das Vorgehen des Duce in dieser Jahreszeit für völligen Unsinn. Zu Ribbentrop gewandt, meint er:

»Nie werden die Italiener im Herbstregen und im Winterschnee in den Balkanbergen gegen die Griechen etwas ausrichten können! Man muß unter allen Umständen Mussolini an diesem tollen Unternehmen hindern! Rufen Sie Rom an und schlagen Sie dem Duce vor, daß wir uns kurzfristig treffen wollen, am Brenner zum Beispiel. Ich werde inzwischen Anweisung geben, daß unsere Sonderzüge schnellstens nach Richtung Italien umgeleitet werden.«

Mussolini hatte bereits seit Juli 1940 seinen »Privatfeldzug« gegen die Griechen unter größter Geheimhaltung vorbereitet, ein rein italienisches Unternehmen. Er hoffte dadurch die Erfolge zu erringen, die ihm im offenen Krieg gegen Frankreich und somit auch gegen England versagt blieben. Er wollte sich an seinem Partner rächen, der ihn ebenfalls zahlreiche Unternehmen erst in letzter Minute wissen ließ. Er vereinbart, sich mit Hitler am 28. Oktober in Florenz, also nicht am Brenner, zu treffen.

Die »Große Europatournee« ist ein totaler Mißerfolg

Als die Sonderzüge »Erika« und »Heinrich« in Verona einlaufen, erfährt Hitler, daß der italienische Angriff auf Griechenland bereits um 3 Uhr morgens begonnen hat. Um 10 Uhr vormittags stehen sich die beiden Diktatoren in der über und über mit Flaggen geschmückten Bahnhofshalle von Florenz gegenüber. Mussolini mit strahlender und selbstzufriedener Miene, verkündet in der Art eines Kommuniqués: »Heute im Morgengrauen haben die italienischen Truppen siegreich die griechisch-albanische Grenze überschritten.«

Hitler spielt seine heuchlerische Rolle erstaunlich gut und wechselt mit Mussolini freundliche Worte. Nach Hendaye und Montoire findet er wenigstens diese Freundschaft mehr oder weniger gut... Das Gespräch, das im Palazzo Vecchio statttfindet, ist eine negative Bestandsaufnahme, trotz der Worte der Selbsttäuschung, denen sich die beiden Diktatoren hingeben. Zunächst berichtet Hitler von seinen Gesprächen in Montoire:

»Man kann machen, was man will, Frankreich wird nie ein Anhänger der Achsenmächte werden und wird sich eines Tages wieder den Engländern anschließen. Trotzdem habe ich, soweit wie möglich, mein Mißtrauen abgebaut und die Überzeugung gewonnen, daß Pétain, wenn er auch eine Kriegserklärung an England überhaupt nicht für opportun hält, bereit sein wird, die französischen Positionen in Afrika energisch gegen jeden Angreifer zu verteidigen.«

Ein mageres Ergebnis!

Als Hitler auf die Unterredung von Hendaye zu sprechen kommt, ergeht er sich in wüsten Beschimpfungen gegen Franco, diesem

»hochmütigen Spanier«, diesem »hinterhältigen Jesuiten«, der »nicht das Zeug zum Politiker oder Organisator« habe, um Spanien politisch und wirtschaftlich in Ordnung zu bringen, und übertriebene Forderungen für einen Kriegseintritt auf unserer Seite gestellt habe. Hitler faßt seinen Mißmut zusammen und meint, lieber lasse er sich drei oder vier Zähne ziehen, als noch einmal mit Franco ein Gespräch, wie das von Hendaye, zu führen.

Während der ganzen Unterhaltung mit den Italienern nimmt er Rücksicht auf deren Empfindlichkeit und hütet sich davor, seine Gedanken und Ziele preiszugeben, wie er sie gegenüber Franzosen und Spaniern aussprach. Der Ton ist so herzlich, daß Ciano, der befürchtete, daß das Angebot Hitlers auf Zusammenarbeit mit Frankreich sich nachteilig auf die italienischen Forderungen auswirken würde, seine Zufriedenheit offenbart. Mussolini ist überglücklich über seinen »Sieg« in Griechenland – er verteilt das Fell des Bären etwas zu früh – und hört den Ausführungen Hitlers nur mit einem Ohr zu. Der merkt es wohl, zeigt es jedoch nicht.

Um 18 Uhr verabschieden sie sich am Zentralbahnhof, nachdem die Gespräche und kleinen Festlichkeiten beendet waren. Ihre Verabschiedung in Anwesenheit einer zahlreich zujubelnden Florentiner Bevölkerung hinterläßt den Eindruck, es bestünde zwischen den beiden Diktatoren noch immer volles Einvernehmen. In Wirklichkeit war es für Hitler das Ende einer langen Rundreise von sechstausend Kilometern, »seiner großen Europatournee«, wie sie Dr. Schmidt bezeichnete, wobei er zum ersten Mal unverrichteter Dinge und »mit sorgenvollem Herzen« zurückkehrte, nachdem er bei Franco und Pétain nichts erreicht hatte und Mussolini nicht daran hindern konnte, sich in das »griechische Abenteuer« zu stürzen. Florenz war ebenso ein Mißerfolg wie Hendaye und Montoire. Hitler hat seinen diplomatischen Krieg verloren, den er auf seine eigene Weise führen wollte.

Als Canaris sich den genauen Wortlaut der Unterredungen Hitlers mit Pétain, Franco und Mussolini – dank der »Indiskretionen« des einen oder anderen – zusammengetragen hatte, kann er mit Genugtuung lächeln: Eine Ausweitung des Krieges auf den südwestlichen Teil Europas und nach Afrika wird nicht stattfinden. Zu Piekenbrock äußert er:

»Piki, der Wind dreht sich. Zum ersten Mal seit 1933 hat ›Emil‹ eine totale Niederlage hinnehmen müssen. Das bedeutet die Kapitulation seiner Diplomatie auf offenem Felde! Pétain und Franco erwiesen sich stärker als er, und Mussolini hat ihm einen Streich gespielt... Er wird es nicht dabei bewenden lassen... Man kann sich auf eine neue blutige, verrückte Idee gefaßt machen... Auf welche?... Nach diesem Mißerfolg im Westen, wird er sich etwa gegen Osten wenden? Ich frage mich aufrichtig, wie das alles noch enden soll?«

27. HITLERS BLICKE RICHTEN SICH NACH OSTEN

Ist das neblige Novemberwetter schuld daran, daß der Admiral oft so depressiv gestimmt ist? Er ist gereizt und ängstlich. Er weiß, daß der Führer etwas im Schilde führt.

Eines Tages sagt er zu Oberst Piekenbrock: »Hitler weigert sich auf Vorschläge einzugehen, die ganz klar auf der Hand liegen. Das beschränkte militärische Potential müßte ihn veranlassen, alle Kraft auf ein Ziel zusammenzufassen: einen entscheidenden Erfolg entweder an der Westfront oder im Mittelmeerraum zu erringen. Aber nein! Nach dem Mißerfolg gegen die englische Insel will er den Konflikt entweder nach Südwesten – wenn er auch darin durch die gescheiterten Gespräche in Hendaye, Montoire und Florenz gebremst wurde – oder nach Osten ausweiten... Er will die Sowjetunion angreifen! Das ist eine Narretei! Solange England gegen uns Krieg führt, darf es keine zweite Front geben.«

»Wenn unsere Kräfte im Osten gebunden sind, können die Engländer ihre Rüstung in aller Ruhe verstärken, und, wer weiß, uns dann eines Tages den entscheidenden Schlag versetzen.«

»Die Parallelen zwischen dem Entschluß Napoleons im Jahre 1812 und dem Hitlers sind offensichtlich. Beider Entschluß entspringt der Enttäuschung darüber, daß sie England nicht bezwingen konnten. Unsere Generale und Admirale träumen alle von riesigen Einkesselungsschlachten, sie haben den Sinn für die Wirklichkeit verloren. Sie sehen den Zweifrontenkrieg mit einem innerlichen Hochgefühl auf sich zukommen. Sie wollen den Siegeslorbeer in der russischen Steppe pflücken! Ich habe sie mit Meldungen und Berichten bombardiert, alle meine Warnungen wandern in den Papierkorb... Wir haben den Krieg von vornherein kräftemäßig bereits verloren. Mit den Russen am Hals kann sich der Marsch in den Abgrund nur beschleunigen... Das ist Selbstmord!«

Walter Schellenberg hat in seinen Erinnnerungen den Pessimismus des Admirals im November 1940 hervorgehoben, indem er schreibt:

»Wir waren uns darüber einig, daß die damalige Auffassung des Generalstabes, wir könnten kraft unserer militärischen und technischen Überlegenheit den Feldzug innerhalb von zehn Wochen siegreich beenden, sehr leichtfertig sei. Als wir dabei unsere Informationen austauschten, stritten wir uns allerdings über die Produktions- und Transportkapazität Rußlands. Ich war auf Grund entsprechender Unterlagen der Meinung, der Produktionsausstoß der russischen Schwerindustrie an Panzern müsse weit über der von Canaris geschätzten Ziffer liegen, auch in der Konstruktion würden die Russen mit überraschenden Neuerungen aufwarten. Ich stützte diese Vermutung auch auf Bemerkungen Angehöriger der sowjetischen Wehrmachtskommission, die im März 1941 Deutschland besucht hatte. Hitler befahl damals, wohl um den Russen zu imponieren, der Kommission nicht nur unsere modernen Panzerschulen und Panzerfabriken zu zeigen, sondern dabei auch die Geheimhaltungsvorschriften weitgehend zu lockern. Nach der Besichtigung zweifelten die Russen, daß wir ihnen alles gezeigt hätten, und äußerten, ihnen sei entgegen dem Hitlerschen Befehl einiges vorenthalten worden. Hieraus schloß ich, daß sie, gemessen an ihren eigenen Panzern unsere vorgeführten Modelle nicht für die neuesten Typen hielten. Wir hatten damals aber tatsächlich noch nichts Besseres aufzuweisen; Die Russen dagegen konnten schon 1941 ihren überlegenen T 34 massenweise in den Kampf werfen.«

Je mehr sich diese tiefen Spannungen mit der hohen Führung des Regimes steigerten, desto nervöser und pessimistischer wurde Canaris. »In unseren Gesprächen«, so schreibt Schellenberg später, »schnitt er wahllos ein Problem nach dem anderen an, sprang von der amerikanischen Bomberproduktion auf politische Geschehnisse in den Balkanländern über, um schließlich wieder bei Rußland zu landen... Manchmal redete er so unzusammenhängend, daß nur jemand etwas davon zu begreifen vermochte, der Canaris genau kannte. Einmal drehte ich ein solches Telefongespräch doch ins Scherzhafte ab und meinte, ›Es wäre wieder mal genügend Stoff vorhanden, um Heydrich über diesen Nachtgesang der Klagevögel zu unterrichten.‹ Erschrocken entgegnete Canaris: ›Ach ich habe ganz vergessen, daß wir nicht entre nous sind, sondern an der Strippe hängen.‹«

Bereits seit längerer Zeit weiß der Admiral, daß Hitler einen Angriff auf die Sowjetunion beabsichtigt. Nach Zeugenaussagen von General Egbert von Bentivegni* bereits seit Anfang August 1940. Er erklärte:

»Über die Vorbereitung des militärischen Überfalls Deutschlands gegen die Sowjetunion habe ich erstmalig im August 1940 vom Chef der Deutschen Abwehr, Admiral Canaris gehört. In dieser privaten Unterredung, die im Dienstzimmer von Canaris stattfand, eröffnete er mir, daß Hitler die Durchführung der Maßnahmen im Sinne der Verwirklichung des Feldzuges nach Osten, über den bereits in einer Rede im Jahre 1938 vor den Gauleitern in Berlin gesprochen hätte, nunmehr beschlossen hat. Weiterhin sagte mir Canaris, daß schon jetzt diese Absicht Hitlers praktisch Gestalt annähme. Eine größere Anzahl deutscher Divisionen würde nämlich aus dem Westen an die Ostgrenze verlegt und gemäß einem besonderen Befehl Hitlers in die Nähe des gegen Rußland geplanten Aufmarschgebiets untergebracht.«

Aber was treibt eigentlich Hitler dazu, gegen Rußland vorzugehen? Man hat dem Chef der Abwehr vorgeworfen, den Diktator planmäßig mit falschen Informationen beliefert zu haben, um in ihm den Eindruck zu erwecken, daß Stalin seine Armeen an der Westgrenze für einen Angriff auf Deutschland konzentriere. Somit habe Hitler damals die Grenze nach Rußland überschritten, weil er davon überzeugt war, es sei unumgänglich notwendig gewesen, einer riesigen sowjetischen Invasion zuvorzukommen. Diese These ist völlig falsch. Es genügt, neben den in deutschen Archiven vorhandenen Dokumenten, das Buch »Mein Kampf« und die Reden Hitlers und Himmlers zu lesen, um sich über diesen Punkt ein richtiges Bild zu machen. Hitler weiß ganz genau, daß Stalin keine aggressiven Absichten gegen das Dritte Reich hat. Hitlers Ziel ist es, den »Lebensraum« zu gewinnen, den er für die »Herrenrasse des Großdeutschen Reichs« für unerläßlich hält, und sich »das slawische Untermenschentum« als Sklaven zu unterwerfen. Canaris weiß das viel zu gut, und darin liegt der Grund seiner tiefen Besorgnis. Alle anderen Betrachtungen darüber aber gehören in das Reich der Fabel.

* Aussage bei der Vernehmung durch die Sowjets in Moskau am 28. Dezember 1945, als General Bentivegni dort in Kriegsgefangenschaft war.

Die Weisung vom 7. September 1940

Am Vormittag des 7. September erhält Oberst Egbert von Bentivegni in seiner Eigenschaft als Leiter der Abwehrabteilung III – Spionageabwehr – ein von General Jodl unterschriebenes streng geheimes Schreiben vom Führerhauptquartier. Es ist eine klare Anweisung, die nur für die Abwehr bestimmt ist:

> Der Ostraum wird in den kommenden Wochen wieder stärker belegt werden. Bis Ende Oktober soll der aus anliegender Karte ersichtliche Stand erreicht sein. Aus diesen Umgruppierungen darf in Rußland nicht der Eindruck entstehen, daß wir eine Ostoffensive vorbereiten. Andererseits wird Rußland erkennen, daß starke und hochwertige deutsche Truppen im Gouvernement, in den Ostprovinzen sowie im Protektorat liegen und soll daraus den Schluß ziehen, daß wir unsere Interessen – namentlich auf dem Balkan – gegen russischen Zugriff jederzeit mit starken Kräften schützen können.
> Für die Arbeit des eigenen Nachrichtendienstes sowie für die Beantwortung von Fragen des russischen Nachrichtendienstes gelten folgende Richtlinien:
> 1. Die jeweilige Gesamtstärke der deutschen Truppen im Osten ist nach Möglichkeit dadurch zu verschleiern, daß Nachrichten über einen häufigen Wechsel der dortigen Heeresverbände gegeben werden. Dieser ist mit Verlegung in Ausbildungslager, Umformierungen usw. zu begründen.
> 2. Es ist der Eindruck zu erwecken, daß der Schwerpunkt der Belegung im südlichen Gouvernement, im Protektorat und in der Ostmark liegt, und daß die Belegung im Norden verhältnismäßig gering ist.
> 3. Bei Angaben über die Ausrüstungslage der Verbände, besonders der Panzer-Divisionen, ist erforderlichenfalls zu übertreiben.
> 4. Durch geeignete Nachrichten ist der Eindruck zu erwecken, daß nach Beendigung des Westfeldzuges der Flakschutz im Osten wesentlich verstärkt worden ist und an allen wichtigen Objekten aus französischem Beutematerial dauernd weiter verstärkt wird.
> 5. Über Verbesserungen an Bahnen, Straßen, Flugplätzen usw. ist anzugeben, daß die Arbeiten sich in normalen Grenzen halten, durch den Ausbau der neugewonnenen Ostgebiete bedingt sind und vor allem dem Wirtschaftsverkehr dienen.
> Inwieweit zutreffende Einzelangaben, z. B. über Regimentsnummern, Standortbelegung usw. der Abwehr für die Gegenspionage zur Verfügung gestellt werden, entscheidet O[ber]K[ommando des]H[eeres].
>
> Der Chef des Oberkommandos der Wehrmacht I. A. gez.: Jodl

Vor dem internationalen Gerichtshof in Nürnberg versucht General Jodl am 5. Juni 1946 das Vorhandensein »einer russischen Bedrohung, die auf Deutschland lastete« zu bestätigen. Zu seiner wichtigen Weisung an die Abwehr erklärt er:

»Solche Anweisungen, wie diese hier an das Amt Canaris, habe ich alle sechs Wochen gegeben. Es waren die Grundlagen für die Arbeit der sogenannten Gegenspionage, die ich hier nicht näher erörtern will. In diesem Falle kam es mir darauf an, daß die schwachen Kräfte, die wir um diese Zeit im Osten hatten, daß diese tatsächlich stärker erscheinen sollten. Das geht aus der Ziffer 3 zum Beispiel hervor, in der es heißt, ich zitiere:
›Bei Angaben über die Ausrüstungslager der Verbände, besonders der Panzerdivisionen, ist erforderlichenfalls zu übertreiben.‹
In der nächsten Ziffer weise ich auch darauf hin, daß der Flakschutz zu übertreiben ist. Das alles ist geschehen, weil zu dieser Zeit ja schon eine Sorge bestanden hat, daß eventuell eine russische Aktion gegen Rumänien sich entwickeln könnte. Davor abzuschrecken, war der Zweck dieser Anweisung, die nur für den Nachrichtendienst bestimmt war.«

Dann fügte General Jodl hinzu:

»Hätte ich am 6. September schon von irgendeiner Angriffsabsicht gegen Rußland etwas gewußt, dann hätte ich ja genau das Umgekehrte gesagt; denn mit diesem Befehl, wie ich ihn ausgegeben habe, da hätte ich... nämlich die Russen darauf hingewiesen, daß wir da zum Aufmarsch ansetzen.«

Auf die Frage, wann er das erste Mal von Befürchtungen Hitlers über eine etwaige feindselige Haltung der Sowjets gegen Deutschland gehört habe, antwortete General Jodl:

»Zum erstenmal am 29. Juli 1940 auf dem Berghof bei Berchtesgaden.
Verteidiger Prof. Dr. Exner: In welchem Zusammenhang?
Jodl: Der Führer behielt mich nach der Lagebesprechung allein zurück und sagte mir überraschend, er hätte Sorge, daß Rußland noch vor dem Winter in Rumänien weitere Besetzungen vornehmen könnte und uns damit das rumänische Ölgebiet, das die ›conditio sine qua non‹ für unsere Kriegführung war, wegnehmen würde. Er frug mich, ob wir nicht sofort einen Aufmarsch führen könnten, um noch im Herbst bereit zu sein, einer solchen russischen Absicht mit starken Kräften entgegentreten zu können. Das ist nahezu der Wortlaut, mit dem er sich geäußert hat, und alle anderen Darstellungen sind falsch.

Verteidiger Prof. Dr. Exner: Sie erwähnten soeben Hitlers Sorge um die Besitzergreifung der rumänischen Ölfelder. Hat der Führer auf Grund dieser Sorge etwas veranlaßt?
Jodl: Auf Grund dieses Gesprächs eben hier, bei dem ich ihm erwiderte, es sei ganz unmöglich, jetzt einen Aufmarsch aufzufahren, der dauerte vier Monate, da befahl der Führer, daß diese Aufmarschverhältnisse gebessert werden müssen; und es ergingen nun zwei Befehle in der nächsten Zeit. Der eine ist, glaube ich, vom 9. August, er nannte sich »Aufbau Ost« und enthielt alle Maßnahmen, die notwendig waren, die Aufmarschverhältnisse im Ostraum zu verbessern. Der zweite Befehl erging am 27. August. Er liegt uns nicht vor, aber er ist dokumentarisch festgehalten in dem Kriegstagebuch der Skl. [Seekriegsleitung]«.

In Wirklichkeit ist Hitler schwankend. Bald greift er den Gedanken der Operation »Felix« gegen Gibraltar auf, in der Hoffnung, daß die Italiener den Suezkanal sperren, bald begibt er sich gedanklich auf die Spuren Napoleons gen Moskau... Augenblicklich lockt ihn England weniger als Rußland. Überdies, ist das Ende auf der anderen Seite des Ärmelkanals nicht schon abzusehen? London zerfällt unter den Bombenangriffen der Luftwaffe; in den zerstörten und immer wieder zerstörten Häfen können keine Schiffe mehr gelöscht werden, die vor den in Gruppen operierenden deutschen Unterseebooten nach der »Taktik des Wolfsrudels« passieren können. England wankt unter den Schlägen, die es unmöglich erwidern kann. Trotzdem ist der Kampfeswille der Engländer nicht erlahmt, wie es die Italiener schmerzhaft zu spüren haben. Hitler ist erstaunt. Der Kampf auf Leben oder Tod dauert an. Er, Hitler, glaubt zu wissen warum: wenn die Engländer weiter durchhalten, dann nur deshalb, weil sie sich Rettung erwarten... Von den USA vielleicht? Nein, die amerikanische, nur langsam anrollende Hilfe reicht nicht aus, um die Widerstandskraft aufrecht zu erhalten. Die einzige echt wirkungsvolle militärische Intervention, die sie erwarten können und auch erwarten, ist die von der Sowjetunion. Hitler folgert deshalb ganz einfach: Wenn Stalin besiegt sein wird, dann wird Churchill kapitulieren...

Doch Stalin wägt kaltblütig das Gleichgewicht in Europa ab. Für niemanden in der Welt würde er sich – besonders nicht um England zu retten – auf das Risiko, einen Krieg mit dem Dritten Reich zu führen, einlassen. Zumal nicht zu einem Zeitpunkt, in dem die Wehrmacht nur einen geringen Teil ihrer Armeen an andere Fronten abgezogen hat.

Ribbentrop reagiert empfindlich auf die deutsch-sowjetische Abkühlung und versucht diese wieder anzuwärmen. Da der deutsch-sowjetische Pakt sein persönlicher Triumph ist, will er sein Werk nicht leichtfertig aufs Spiel gesetzt sehen, um so weniger, da auch er einen Zweifrontenkrieg befürchtet. Deshalb schlägt er Hitler ein Treffen mit Stalin vor.

»Sie sind ein Träumer«, entgegnet ihm Hitler, »Sie wissen genau, daß Stalin nie bereit sein wird, nach Berlin zu kommen, und Sie werden doch nicht erwarten, daß ich nach Moskau gehe!« Ribbentrop erzählte später, daß er lediglich die Genehmigung erreicht habe, einen Brief an Stalin zu schreiben und ihn zu bitten, daß Molotow nach Berlin entsandt werde. Stalin sei auf den Vorschlag eingegangen und kündigte das Eintreffen seines Außenministers in Berlin um den 10. November herum an.

Hitler befürchtet die Einkreisung

Molotow konferiert am 13. November lange mit Ribbentrop, dann mit Hitler. Offiziell sind die Beziehungen zwischen den beiden Ländern gefestigt. In Wirklichkeit aber verläuft alles ganz anders. Die deutsch-russische Politik, von Molotow maßgeblich bestimmt, ist eine Politik, die im wesentlichen nach den klassischen Grundsätzen der Diplomatie geführt wird: der Kompensation, des gegenseitigen Gebens und Nehmens. Hitler aber sieht es mit anderen Augen.

Vorsichtig sondiert Molotow das Gelände wegen Finnland. Deutschland lehnt die Einverleibung des ganzen Landes rundweg ab, erklärt sich doch zu Konzessionen bereit. Molotow wird von der beabsichtigten Aktion auf Griechenland zum Zwecke der Unterstützung Italiens unterrichtet. Er erklärt sich einverstanden. Dafür fordert er die Anerkennung einer verstärkten russischen Einflußnahme auf Bulgarien, so wie Deutschland sie in Rumänien hat. Die Deutschen sagen nicht nein. Für die Meerengen erklärt Deutschland, daß es Verständnis für die Absichten Rußlands habe, dort Stützpunkte zu errichten, und daß es auf die Aufrechterhaltung der türkischen Vorherrschaft in den Dardanellen keinen Wert lege. Weiterhin erklären die Deutschen ihr Desinteresse am Iran. Die Russen erklären sich bereit, ihre Streitigkeiten mit Japan in Güte zu regeln. Zusammengenommen sieht dies nach einem Übereinkommen aus.

Hitler sieht es aber anders. Tags darauf bemerkt Keitel zu Canaris: »Die von Molotow formulierten Forderungen wirkten auf den Führer alarmierend. Die Russen wollen den Krieg gegen Finnland wiederaufnehmen, um das ganze Land zu besetzen. Sie träumen von einer Ausweitung ihrer Macht auf die Balkanländer und die Dardanellen. Der Führer sieht darin den Auftakt zu einem großangelegten Einkreisungsmanöver gegen Deutschland. Er hat entschieden, daß die Weisung No. 18 vom 12. November, die Sie erhalten haben, ihre Gültigkeit behält.«

In dieser Weisung No. 18 ist unter Ziffer 5 »Rußland« zu lesen: »Politische Besprechungen mit dem Ziel, die Haltung Rußlands für die nächste Zeit zu klären, sind eingeleitet. Gleichgültig, welches Ergebnis diese Besprechungen haben werden, sind alle schon mündlich befohlenen Vorbereitungen für den Osten fortzuführen. Weisungen darüber werden folgen, sobald die Grundzüge des Operationsplans des Heeres mir vorgetragen und von mir gebilligt sind.«

Canaris stellt daraufhin eine Frage, mit der er sich den Mund verbrennen wird: »Damit ist das Unternehmen Felix wohl aufgeschoben?«

»Nein, Ihre Befehle sind klar und deutlich und bleiben bestehen«, antwortet Keitel.

Canaris ist dem Zusammenbruch nahe. All sein Streben im Sommer 1940, eine Ausweitung des Konflikts in Südwesteuropa und den Kriegseintritt Spaniens zu verhindern, ist zunichte gemacht. Keitel gibt ihm, ohne es zu wissen, den Gnadenstoß:

»Sie wissen doch, die Lage der Italiener in Albanien ist katastrophal. Man erwartet bereits für heute oder morgen einen griechischen Gegenangriff auf der ganzen Front*.

Das Ausmaß der Schlappe der italienischen Marine im Hafen von Tarent** in der Nacht vom 11. auf den 12. November durch die Engländer veranlaßt andererseits den Führer, den Lauf der Dinge zurechtzurücken. Jetzt will er Spanien veranlassen, sobald wie möglich in den Krieg einzutreten, allen entgegenstehenden politischen Erwägungen zum Trotz. Er will es tun, bevor er nach Osten angreift.

*Am gleichen Tag, dem 14. November, griffen die Griechen an der ganzen Front an und trieben die Italiener nach Norden zurück.

**Am 11./12. November 1940 erfolgte ein britischer Trägerangriff auf Tarent, durch den drei italienische Schlachtschiffe außer Gefecht gesetzt wurden.

Nach kurzer Pause fährt Keitel fort: »Der Führer hat sich entschlossen, den neuen spanischen Außenminister Serrano Suñer in den nächsten Tagen zu einem Besuch auf den Berghof einzuladen. Er wird nachgeben müssen. Ich werde Sie auf dem laufenden halten.«

Damit beginnt der dritte Akt in der Sache Spanien! denkt sich Canaris. Wird er so wie im ersten und zweiten Akt verhindern können, daß das Schauspiel nicht zur Tragödie wird?

28. DRITTER AKT: CANARIS – FRANCO – HITLER

Admiral Canaris hat in seinem Büro am Tirpitzufer Hitlers Weisung No. 18 vom 12. November 1940 bereits zum dritten Mal gelesen. Sie zeigt die Möglichkeiten der zukünftigen Kriegführung auf und gibt die Richtlinien für die oberste deutsche Führung bekannt in bezug auf das Verhältnis zu Frankreich, Spanien und Portugal, die italienische Offensive gegen Ägypten (die nicht voran kommt), die Situation auf dem Balkan (wo die Italiener nicht fähig sind, ihren Krieg gegen Griechenland zu führen), die Beziehungen zu Rußland und die Frage der Landung in England (die von Woche zu Woche verschoben wird). Am meisten beschäftigt den Chef der Abwehr die Weisung über Spanien und Portugal. Es ist offensichtlich, daß Hitler, der seine Ansichten bei jeder Gelegenheit ändert und sich nicht zu einer zusammengefaßten Strategie entschließen kann, scheinbar wieder auf den Plan des »Unternehmens Felix« zurückkommt, der Wegnahme des Felsens von Gibraltar und der Schließung der Meerenge von Gibraltar. Canaris entschließt sich, seine wichtigsten Mitarbeiter darüber zu unterrichten.

Die Obersten Oster, Piekenbrock, Lahousen und Bentivegni versammeln sich im Arbeitszimmer des »Alten«, wo er ihnen einen Überblick über die neuen Weisungen Hitlers gibt. Dabei behandelt er den Punkt Spanien ausführlicher und liest ihnen den Anfang der Ziffer 2 der Führerweisung No. 18 vor:

»Politische Maßnahmen, um den baldigen Kriegseintritt Spaniens herbeizuführen, sind eingeleitet. Das Ziel des deutschen Eingreifens auf der Iberischen Halbinsel (Deckname Felix) wird sein, die Engländer aus dem westlichen Mittelmeer zu vertreiben. Hierzu soll

a) Gibraltar genommen und die Meerenge abgeschlossen,
b) verhindert werden, daß sich die Engländer an einer anderen Seite der Iberischen Halbinsel oder der Atlantischen Inseln festsetzen.«

Die Vorbereitung und Durchführung des Unternehmens ist in der ersten Stufe von der Abwehr durchzuführen. In der Tat gibt Hitler folgende Anweisung, die Admiral Canaris laut vorliest:

»Erkundungstrupps (Offiziere in Zivil) schließen die für den Einsatz gegen Gibraltar und für die Übernahme von Flugplätzen erforderlichen Vorbereitungen ab. Sie sind bezüglich Tarnung und Zusammenarbeit mit den Spaniern an die Sicherungsmaßnahmen des Chefs Ausland/Abwehr gebunden.«

Oberst Piekenbrock lächelt, als der Admiral im Vorlesen einhält und ihn anschaut. Canaris sagt zu ihm:

»Piki, das betrifft dich!... Du wirst nach Spanien fahren müssen.«

»Jawohl, Herr Admiral!« antwortet Piekenbrock erfreut.

»Ich weiß, daß du Spanien genauso liebst wie ich, ›Piki‹, aber du scheinst zu vergessen, daß es im November/Dezember in Madrid entsetzlich kalt ist...«

»Jawohl, das stimmt..., aber ich bin doch gezwungen, nach Andalusien... nach Algeciras zu fahren«, erwiderte Piekenbrock spöttisch.

»Zweifellos...« Und Canaris fährt fort:

»Die nun folgende Ziffer ist für unseren Freund Lahousen interessant:

»Sonderverbände des Amts Ausland/Abwehr übernehmen in getarnter Zusammenarbeit mit den Spaniern die Sicherung des Gibraltar-Geländes gegen englische Versuche, das Vorfeld zu erweitern bzw. die Vorbereitungen vorzeitig zu entdecken und zu stören.«

Lahousen nickt zustimmend mit dem Kopf. Dann überfliegt Canaris die folgenden Seiten der Weisung und meint dazu:

»Ich verlese ihnen diesen Abschnitt nur zur allgemeinen Information:

›Die für den Einsatz bestimmten Verbände stellen sich, weit abgesetzt von der französisch-spanischen Grenze und ohne frühzeitige Einweisung der Truppe, bereit. Für den Anlauf des Unternehmens ergeht drei Wochen vor Übertritt der Truppen über die spanisch-französische Grenze (jedoch erst nach Abschluß der Vorbereitungen bezüglich Atlantische Inseln) eine Vorwarnung.‹

Es kommt darauf an, die Verteidigung der Kanarischen Inseln sicherzustellen, aber das ist ein anderes Paar Schuhe, das betrifft uns im Augenblick nicht.«

Oberst Oster, der einen Augenblick nervös an einer ausgegangenen Zigarette zieht und sie wieder anzündet, stellt die Frage:

»Herr Admiral, Sie haben soeben die erste Stufe, das heißt die Vorbereitungsphase vorgetragen. Wie hat sich ›Emil‹ eigentlich das Hissen der Hakenkreuzflagge auf dem Felsen gedacht?«

In der zweiten Stufe des Unternehmens handelt es sich um eine Aufgabe, der sich Piekenbrock annehmen wird: Die Beobachter der Abwehr bei Algeciras werden die Verbände der Luftwaffe abrufen, die von französischem Boden aus zu einem günstigen Zeitpunkt einen Luftüberfall auf die im Hafen von Gibraltar liegenden britischen Flottenteile durchführen und nach dem Angriff auf spanischen Flugplätzen landen werden. Kurz danach überschreiten oder überfliegen die für den Einsatz vorgesehenen Verbände die französisch-spanische Grenze. Die dritte Stufe wird der eigentliche Angriff sein. Die Weisung Hitlers gibt dafür einige recht interessante Einzelheiten. Sie erwähnt besonders, »die für Gibraltar bestimmten Verbände müssen stark genug sein, um den Felsen auch ohne spanische Hilfe zu nehmen...« Eventuell muß die Wehrmacht in der Lage sein, die Spanier bei einem, wie Hitler sagt, »an sich unwahrscheinlichen englischen Landungsversuch an einer anderen Stelle der Küste« zu unterstützen und zurückzuschlagen. Dann sagt Hitler weiter: »Für den möglichen Einmarsch in Portugal sind in der Hauptsache schnelle Verbände vorgesehen.«

»Abschließend weise ich Sie darauf hin, daß in diesem Befehl unseres geliebten Führers wortwörtlich geschrieben steht: ›Eine italienische Beteiligung ist nicht vorgesehen.‹

Meine Herren, es lebe die Achse!«

Hitler zieht die Stiefel Napoleons an

Ein Grinsen geht über die Gesichter der vier Obersten. Canaris schaut sie an, dann sagt er in leisem, kaum hörbarem Ton:

»Es ist klar, daß wir diese neue Führerweisung Punkt für Punkt befolgen werden und alles veranlassen, um schnell einsatzbereit zu sein...«

Pieckenbrock unterbricht ihn: »Aber Herr Admiral, glauben Sie wirklich an dieses Unternehmen Felix?«

»Nein, Piki, ich glaube nicht daran, aber Hitler glaubt daran oder er glaubt wenigstens zur Zeit daran. Wenn er seine Absicht, die Sowjetunion anzugreifen, für eine gewisse Zeit aufgäbe, dann könnte man Gibraltar erstürmen. Er hat neuen Antrieb nötig, denn die derzeitige Inaktivität seit dem Sieg über Frankreich läßt sonst die Angriffslust erlahmen.«

»Glauben Sie wirklich, daß General Franco mit dem Unternehmen Felix einverstanden sein wird?« fragt Oster.

»Ich weiß es nicht. Ich glaube, daß der Caudillo sich gut behaupten wird, so wie in Hendaye. Aber ich kenne seine derzeitige Auffassung nicht. Was ich insbesondere nicht weiß, ist, welchen Einfluß sein Schwager Serrano Suñer zur Zeit auf ihn ausübt.«

»Wenn aber Franco nicht mitmacht, wird Hitler dann trotzdem marschieren?« fragt Oster weiter.

»Sicherlich! Mit oder ohne Franco..., das ist gleichbedeutend mit gegen Franco. Obwohl die Spanier den Bürgerkrieg mühsam überwunden haben, der sie fast ausbluten ließ, wird es, wenn die Wehrmacht die französisch-spanische Grenze ohne Zustimmung des Caudillo überschreitet, bestimmt einen Guerillakrieg geben. Hitler ist dabei, sich die Stiefel Napoleons anzuziehen! Wenn die Wehrmacht Spanien angreift, kann man sichergehen, daß sie dasselbe grausame Schicksal erleidet, wie die ›Grande armée‹, und wenn sie Rußland angreift... wird es ihr genauso ergehen!«

»Da sitzen wir ja schön in der Tinte!« meint Oster. »Wann werden wir uns endlich von diesem ›Emil‹ entledigen können?«

»Meine Herren, wir wollen hier nicht grübeln«, antwortet Canaris. »Das was zählt, sind die Tatsachen! Wir haben eine Aufgabe zu erfüllen, machen Sie das! Ich hoffe, daß es mir wieder einmal möglich sein wird, Hitler in der Sache Gibraltar Schach zu bieten. Nun, wir werden sehen!«

Serrano Suñer auf dem Berghof

Am 15. November lädt Hitler Serrano Suñer zu einem Besuch auf den Berghof ein. Tags darauf hält Franco in Madrid eine Sitzung mit den Ministern im Generalsrang, den Generalen Vigón und Varela und Admiral Moreno ab. Die Beratung dieser fünf Regierungsmitglieder ergibt eindeutig, daß Spanien auf keinen Fall am Krieg teilnehmen kann und darf. Die Lage bleibt deshalb nicht weniger schwierig, weil die spanische Regierung mit der Gefahr einer heftigen Reaktion seitens der Deutschen rechnen muß. Als dann Admiral Moreno die Meinung äußert, aufgrund der heiklen Situation wäre es vielleicht besser, der Einladung auszuweichen, entgegnet Serrano Suñer:

»Wenn wir nicht nach Berchtesgaden gehen, können wir uns mit ihnen in Vittoria treffen.«*

Am Dienstag, dem 18. November 1940 abends, trifft Serrano Suñer am Bahnhof von Berchtesgaden ein, wo er von Ribbentrop und einem großen Stab hoher Beamter aus dem Auswärtigen Amt empfangen wird. Am nächsten Tag nimmt er zusammen mit Ciano auf dem Herrensitz von Ribbentrop in Fuschl, östlich von Salzburg auf dem Weg Richtung Bad Ischl, das Mittagessen ein. Über das ihnen vorgesetzte Menü sind die Spanier und Italiener enttäuscht: Ein Teller Spaghetti und Eierkuchen... Nach diesem leichten Essen fahren die deutsche, spanische und italienische Delegation nach Salzburg zurück, von da aus auf den Berghof, wo sie erwartet werden.

Die Unterredung zwischen Hitler und Serrano Suñer dauert vier Stunden. Von deutscher Seite waren Ribbentrop und Chefdolmetscher Schmidt, von spanischer Seite Baron de Las Torres und Professor Antonio Tovar anwesend.

Hitler begann mit einer kurzen Einführung in die allgemeine Lage, wie sie sich nach den jüngsten Ereignissen ergibt. Er betont dabei:

»Eine solche Situation zwingt zum sofortigen Handeln, nicht etwa weil Deutschland und Italien sich in einer sachlich verschlechterten militärischen Situation befinden, sondern weil die psychologischen Auswirkungen gewisser eingetretener Ereignisse dem Widerstandswillen des Gegners neue Kraft zuführen würden, wenn nicht irgendwo erfolgreich angegriffen wird.«

Hitler erhebt sich aus dem Sessel, beugt sich über den Tisch und steigert sich mit der bei ihm bekannten Haltung und den entsprechenden Gesten in seiner Rede und faßt zusammen:

* Vittoria ist die erste größere Stadt hinter San Sebastian, wenn man von Hendaye-Irun aus nach Spanien fährt. Vittoria war von alters her das Einfallstor nach Spanien.

»Unter den gegenwärtigen Umständen ist die absolute Sperrung des Mittelmeers unbedingt erforderlich. Die Sperrung kann im Westen in Gibraltar ohne weiteres durchgeführt werden. Und gleichzeitig werden wir im Osten eingreifen und den Suezkanal blockieren. Mit der Schließung der Straße von Gibraltar erhebt sich die Frage der allgemeinen Bereitschaft Spaniens*. Die Ehre, die Straße von Gibraltar zu sperren, fiele Spanien zu, so wie es zu ihrer Aufgabe gehört, darauf zu achten, daß die Kanarischen Inseln in ihrer Hand bleiben und verteidigt werden.«

Nach diesen »Blumen« folgen gleich die »Stacheln«: Zunächst macht der Führer ein wenig in Erpressung: »Was die wirtschaftlichen Schwierigkeiten betrifft, auf die Sie sich berufen, um das Problem hinauszuzögern, muß ich sagen, daß sich die Verhältnisse in Spanien durch Zuwarten nicht bessern würden. Im Gegenteil, eine schnelle Beendigung des Konflikts würde die innerpolitische Situation beinahe schlagartig bessern.« Dann fährt Hitler mit schwerem Geschütz auf und droht offen mit Zahlen, als er erklärt:

»Das deutsche Heer besteht gegenwärtig aus 230 Divisionen, davon 186 erstklassigen, die für jeden Zweck zur Verfügung stehen, da sie gegenwärtig nichts zu tun haben. Sie können sofort angesetzt werden, wo auch immer es notwendig oder angebracht ist«**

Serrano Suñer hört wieder einmal den Satz: »Ich habe beschlossen, Gibraltar anzugreifen. Ich habe die Operation genauestens vorbereitet. Wir brauchen nur noch anzufangen, und anfangen müssen wir.«

Der spanische Außenminister versucht erneut, das schwierige wirtschaftliche Problem seines Landes in die Waagschale zu werfen. Worauf ihn Hitler spöttisch fragt, ob die Regierung des Caudillo glaube, daß Spanien seine wirtschaftliche Lage verbessern werde, wenn es sich aus dem Krieg heraushalten würde. Nun ändert Serrano Suñer seine Taktik und meint, daß das spanische Volk nur zum Kampf bereit sei, wenn es wisse, wofür es kämpfe. Gibraltar erobern habe nach Meinung des spanischen Volkes nur dann einen Sinn, wenn zugleich ganz Marokko erobert und die Stadt Oran in Algerien besetzt wird. Doch Hitler läßt sich nicht festlegen. Suñer besteht auf seinen Forderungen. Der Gesprächston wird schärfer. Der Diktator erklärt, daß die Präzisierung der spanischen Forderungen auf Fran-

*In der Führerweisung No. 12 vom 12. November 1940 ist davon nicht die Rede.

**Diese Zahlen sind ungenau. Erst bis zum 1. Mai 1941 sollte die deutsche Wehrmacht auf insgesamt 180 Divisionen gebracht werden.

zösisch-Nordafrika zur Zeit nicht möglich sei, sie würde nur zu einem endlosen Disput zwischen Spanien, Frankreich, Italien und Deutschland, und folglich zum Verlust Nordafrikas für alle führen. Dann wäre es ihm lieber, wenn Gibraltar in englischer Hand und Afrika bei Pétain bliebe. Die Spanier sollten den Worten des Führers vertrauen und nicht auf der Forderung schriftlicher Festlegungen beharren. Serrano Suñer antwortet, daß er selbstverständlich volles Vertrauen in die Worte des Führers habe, aber... Da unterbricht Hitler und wirft ein:

»Ich kann mit Bestimmtheit erklären, daß Deutschland seine Freunde keinesfalls unbefriedigt aus diesem Krieg hervorgehen lassen wird, aber auch, daß es diejenigen vernichten wird, die gegenüber Deutschland ein unwürdiges und unehrliches Verhalten zeigen.«

Nach dieser unverblümten Warnung findet Hitler wieder in sein Verhalten als Biedermann zurück und meint zu Suñer in fast väterlicher Art: »Ich will zu Ihnen als Spaniens bester Freund, der ich bin, sprechen. Ich werde das nicht mehr weiter betonen. Ich teile Ihren Standpunkt nicht ganz, aber ich berücksichtige Ihre derzeitigen Schwierigkeiten. Ich bin der Meinung, daß Spanien noch etwa einen Monat zusätzlich braucht, um sich vorzubereiten und zu entscheiden. Aber glauben Sie mir, je schneller Sie handeln, je größer ist der Erfolg, weil es die günstigste Jahreszeit für den Einmarsch meiner Soldaten in Gibraltar und Marokko ist. Während der Monate Dezember, Januar, Februar ist der Kampf auf spanischer Erde leichter.«

Dann fügt er noch zwei Sätze an, die Serrano Suñer nachdenklich stimmen: »Später ist die große Hitze für meine Soldaten zu beschwerlich. Außerdem: je früher sich Spanien entscheidet, um so weniger werden die deutschen Truppen an anderen Kriegsschauplätzen gebraucht, wo sie erst später eingesetzt werden sollen...«

Serrano Suñer kann es nicht wissen, daß insbesondere die Spezialeinheiten der Luftwaffe, die Stukageschwader, nicht gleichzeitig gegen Gibraltar und Griechenland, für die dortige Entlastungsoffensive, eingesetzt werden können, die Hitler für März/April geplant hat. Deshalb muß die Eroberung von Gibraltar spätestens im Februar 1941 beendet sein. Andernfalls könnte aus technischen und militärischen Gründen Gibraltar erst nach Beendigung des Krieges gegen die Sowjetunion eingenommen werden.

Am 28. November ist es endlich soweit, daß Hitler annehmen kann, Spanien dahin gebracht zu haben, wohin er es haben wollte. Denn der Botschafter von Stohrer in Madrid schickt unter diesem Datum ein streng geheimes Eiltelegramm an Ribbentrop, in welchem er mit sichtlicher Befriedigung meldet, daß »der Generalissimus mit Beginn der in Aussicht genommenen Vorbereitungen einverstanden ist«. Canaris, der durch Keitel davon unterrichtet wird, sagt dazu kein Wort, doch ist er erstaunt über diese Nachricht.

Am 29. November folgt für Hitler die kalte Dusche durch ein neues Telegramm Stohrers an Ribbentrop! Es besagt, daß Spanien seine Kriegsvorbereitungen wohl möglichst beschleunige, aber noch längere Zeit benötigte, und deshalb kein fester Termin für den Beginn der Operationen gegen Gibraltar genannt werden könne. Der Caudillo schlage indessen vor, eine Gruppe militärischer Fachleute, darunter »einen Offizer, der das besondere Vertrauen des Führers genießt« nach Spanien zur freimütigen Aussprache zu entsenden.

Hitler, der soeben ein langes, enttäuschendes Gespräch mit dem jugoslawischen Außenminister Alexander Cincar-Markovič am 28. November auf dem Berghof hatte, behagt die »Doppelzüngigkeit« Francos ganz und gar nicht. Gleich nach seiner Rückkehr nach Berlin läßt er Canaris in die Reichskanzlei rufen und stellt ihm über das Verhalten des Caudillo folgende Frage:

»Ist es bei Franco ein doppeltes Spiel oder berechtigte Vorsicht?«

Hitler schaut dabei den Admiral mit einer gewissen Unruhe in seinen großen blauen, forschenden Augen an. Er hält sich dabei besonders gerade und aufrecht, wenn er auch einen etwas gekrümmten Rücken zu haben scheint. Canaris, bei dem die Hitler nachgesagte »Ausstrahlung« keinerlei Wirkung hat, zieht ein unzufriedenes Gesicht, ehe er mit leiser Stimme antwortet, die Hitler veranlaßt, einen Schritt näher zu kommen und seinen Kopf nach vorne zu neigen, um ihn besser verstehen zu können:

»General Franco ist ein Mann von großer Klugheit, er ist besonders umsichtig. Wenn er uns sagt, daß er auf seiten der Achsenmächte in den Krieg eintreten werde, dann muß man ihm glauben. Wenn er erklärt, daß die Kriegsvorbereitungen Aufschub erfordern, so muß man ihm ebenfalls glauben. Im Augenblick weiß ich nicht, wieweit die Vorbereitungen gediehen sind und warum er die Entsendung einer Gruppe militärischer Fachleute vorschlägt.«

»Aber Stohrer sagte uns doch am 28., Franco sei damit einverstanden, daß die Wehrmacht am 10. Januar die französisch-spanische Grenze überschreitet. Der gleiche Stohrer sagt uns dann einen Tag später, daß Franco auf seine alten Tricks verfallen ist. Da stimmt doch etwas nicht!«

»Nun ja, vielleicht hat unser Botschafter etwas vorschnell seine Wünsche als die Realität gesehen.«

»Das würde mich bei ›Ihrem Freund‹ von Stohrer nicht überraschen... Aber was soll's! Herr Admiral, ich möchte, daß Sie nach Madrid fahren und Franco veranlassen, daß er seine Zusagen so schnell wie möglich einhält. Sie können ihm sagen, daß ich meine Entscheidung getroffen habe und die Wehrmacht am 10. Januar 1941 die französisch-spanische Grenze überschreiten und am 4. Februar Gibraltar angreifen wird.«

»Jawohl, mein Führer!«

Nach Rückkehr in sein Büro berichtet Canaris Piekenbrock über dieses Gespräch und meint dazu: »Wieder einmal will Hitler auf zwei Schachbrettern zugleich spielen. Ich weiß sehr wohl, daß er keine große Meinung von Stohrer hat und daß er sich viel von meinen freundschaftlichen Beziehungen zu Franco erhofft, aber ist das ein Grund, mich erneut hinunterzuschicken, als eine Art Sonderbotschafter im ›Auftrag des Führers‹? Ich bin nicht böse darum, wieder einmal nach Madrid zu kommen, denn ich werde Gelegenheit zu einer offenen Aussprache mit dem spanischen Staatschef haben... er darf den Erpressungen Hitlers nicht unterliegen!«

Nach kurzer Pause fügt er hinzu:

»Das ist großartig! Hitler ist wirklich davon überzeugt, daß alle Deutschen so denken, wie er. Ihm ist noch keine Sekunde der Gedanke gekommen, daß ich eine andere Meinung als er über die Frage der Zweckmäßigkeit des spanischen Kriegseintritts haben könnte...«

Am 1. Dezember kündigt Ribbentrop dem Botschafter von Stohrer an, daß der »Offizier, der das besondere Vertrauen des Führers genießt«, General Jodl, der Chef des Wehrmachtführungsstabes, sein wird. In einem weiteren Telegramm vom 4. Dezember, das aber erst am 5. Dezember kurz vor Mitternacht abgesandt wird, teilt Ribbentrop Stohrer mit, er solle General Franco die Ankunft von Admiral Canaris in Madrid für den 8. Dezember anzeigen. Da kündigt Stohrer am späten Nachmittag des 5. Dezember, zu einer Zeit, wo er das Telegramm über das Eintreffen von Canaris in Madrid noch nicht erhalten hatte, Ribbentrop an, die Franco-Regierung werde nunmehr erlauben: deutsche Zerstörer könnten sich in abgelegenen Buchten der spanischen Küste mit Heizöl versorgen. Für Berlin ist das eine gute Nachricht. Ist es ein zufälliges Zusammentreffen von Nachrichten? Das ist nicht so sicher. Es ist doch recht eigenartig, daß Franco gerade diesen Augenblick gewählt hat, eine der seltenen Gesten seiner Gefälligkeit zu zeigen. Hat vielleicht Canaris ihn von seiner Ankunft in Madrid unterrichten lassen und darüber, was geplant ist? Vielleicht über die Abwehrstelle in Madrid oder über General Campos, den spanischen Geheimdienstchef? Trotz intensiver Nachforschung ist darauf keine Antwort möglich. Jedenfalls kann die Wahl des Zeitpunktes der Bekanntgabe nicht zufällig gewesen sein, denn Deutschland hatte bereits am 31. Oktober um eine solche Genehmigung nachgesucht und bis dahin keine Antwort erhalten. Vermutlich hat Franco folgendermaßen gedacht: Wenn er jetzt dieser Bitte entspreche, werde es einen Beweis seines guten Willens bedeuten. Damit ließen sich vielleicht unangenehmere Verpflichtungen vermeiden, wenn der Admiral Canaris »im Auftrag des Führers« nach Madrid kommt.

Hitlers Auftrag an Canaris ist ganz klar umrissen: Der Admiral soll den Schleier, der über den spanischen Unklarheiten liegt, lüften und diese durch eine feste Verpflichtung Francos ersetzen, sogar mit Festlegung von Terminen.

Bei eisiger Kälte kommt der Admiral am 7. Dezember, etwas früher als erwartet, in Madrid an. Der Schnee auf den Straßen der Stadt ist hartgefroren. Nachdem sich Canaris anhand von wichtigen und erschöpfenden Unterlagen bei der Abwehrstelle Madrid Kenntnis über den Stand der spanischen Land-, See- und Luftstreitkräfte und über die wirtschaftliche Lage des Landes verschafft hatte, führt er ein kurzes Gespräch mit seinem Freund, dem spanischen Luftfahrtminister General Jorge Vigón, und begibt sich anschließend in dessen Begleitung zu Franco. Um 19 Uhr 30 sind sie bei ihm*.

Canaris fühlt sich bei ihnen in vertrauter Gesellschaft, denn Franco und Vigón sind schon seit langem treue Freunde, wie wir wissen. Er spricht zu ihnen so offen, wie er denkt. Er hat einen sehr schwierigen Auftrag. Zuerst sagt er dem Caudillo, was ihm Hitler aufgetragen hat, dann fügt er hinzu: »... dann wirst du mir offiziell deine Reaktion sagen, und ich werde dir, sofern du es hören willst, sagen, wie ich glaube, daß wir aus diesem Wespennest herauskommen können, ohne daß wir zu sehr verstochen werden.« Franco und Vigón lächeln über seine Bemerkung; sie kennen ihn ja zu gut! Der Admiral spricht dann das Problem direkt an: Der Führer beabsichtige, am 10. Januar deutsche Truppen nach Spanien zu schicken und am 4. Februar mit dem Angriff auf Gibraltar zu beginnen. Sobald die ersten deutschen Truppen die französisch-spanische Grenze überschritten haben, werde die deutsche wirtschaftliche Unterstützung für Spanien anlaufen.

Franco und Vigón hören dem Admiral aufmerksam zu. Der Caudillo antwortet ebenso »offiziell«, daß es aus den damals angeführten Gründen für Spanien unmöglich sei, zum angegebenen Zeitpunkt in den Krieg einzutreten. Als Canaris die Bemerkung macht, daß diese Argumente für Hitler nicht stichhaltig genug seien, zählt er die einzelnen Gründe präziser und ausführlicher als je zuvor auf. Gibraltar könnte natürlich sofort genommen werden, aber dafür würde Guinea und eine der Kanarischen Inseln in die Hände der Engländer fallen. Großbritannien und die Vereinigten Staaten hätten einen Vorwand, die Azoren, Madeira und die Kapverdischen Inseln zu besetzen. Spanien brauche eine Million Tonnen Getreide und es fehle an rollendem Material. Der Krieg würde viele Provinzen in Not und Elend bringen. Wohl kaufte Spanien zur Zeit Getreide in Südamerika und Kanada auf, ebenso Eisenbahnwaggons, Lokomotiven würden repariert und Holzgaserzeuger für Lastwagen als Ersatz

* Außer dem amerikanischen Weißbuch gibt es verschiedene Versionen über dieses wichtige Gespräch. Alle stellen Canaris als das treue Sprachrohr Hitlers dar, der an Franco ein Ultimatum stellte, dem Kriegseintritt auf der Seite der Achsenmächte zuzustimmen. Nichts ist unzutreffender als das. Mit meinen zusammengefaßten Zeugenaussagen kann ich die Wahrheit wieder zurechtrücken.

für fehlendes Benzin gebaut... Aber all das brauche Zeit. Franco lädt dann Admiral Canaris offiziell zu einer Rundreise durch Spanien ein (was dieser mit merklicher Freude entgegennimmt) und er werde sehen, daß Hunger im Land regiere, daß das Eisenbahnnetz ungenügend sei, den Schiffen die Kohle fehle. Dann meint er, er denke nicht allein an Spanien, sondern auch an Deutschland. Wenn nämlich der Krieg zu lange andauern würde, dann würde Spanien zu einer schweren Belastung für seinen Bundesgenossen werden.

Canaris ist zufriedengestimmt und meint dazu: »Bravo! Ganz genau so werde ich es dem Führer berichten. Nach einem solchen Bericht wird er ernüchtert sein. Aber wenn der 10. Januar nicht akzeptabel ist, könntest du doch einen anderen Termin benennen, zum Beispiel für April oder Mai?« Wobei Canaris listig lächelt.

»Unmöglich«, antwortet Franco. »Du weißt doch, daß ich deinem Führer kein festes Datum sagen kann. Auch hängt die Lösung unserer Schwierigkeiten nicht allein von Spanien ab. Es wäre ratsam, wenn uns deutsche wirtschaftliche Berater geschickt würden, um die Studien ebenso diskret wie bisher weiterzuführen. Was General Jodl betrifft, der in Berlin wartet, der kann – ganz unter uns gesagt – zu Hause bleiben. Also, bestelle bitte dem Führer meine herzlichsten Grüße.«

Eine weitere »Tour D'Horizon« zu dritt

Franco, Canaris und Vigón, sie alle drei sind Fachleute genug und hinreichend über militärische und politische Fragen informiert, um die Situation richtig beurteilen zu können. Sie gehen nun die derzeitige Gesamtlage durch. Sie sind sich darüber einig, daß die Widerstandskraft der Briten weit größer ist, als manche glauben wollen, und daß für Deutschland die Aussichten, den Krieg schnell und siegreich zu beenden, immer geringer werden. Für die spanische Politik gäbe es nur eine Devise: »Zeit zu gewinnen.« Was auch immer Hitler, Ribbentrop, Goebbels und andere nationalsozialistische Würdenträger sagen mögen, der Krieg ist für die Achsenmächte noch lange nicht gewonnen! Außerdem ist es sicher, daß Spanien keinen lang andauernden Krieg gegen England führen kann, ohne ständig und reichlich fließende deutsche Unterstützung, wozu Deutschland kaum in der Lage sein wird.

Alle drei sind sich der Schwächen der Hitlerschen Strategie

bewußt. Der Abwehrchef zeigt dem Caudillo gegenüber Verständnis, der für ein Volk verantwortlich ist, dessen Lebensinteressen auf dem Mittelmeer liegen, daß er keine Lust verspürt, sich um den Preis von Gibraltar und vagen Versprechungen über Französisch-Marokko in ein gefährliches Abenteuer eines neuen Krieges hineinziehen zu lassen. Franco und Canaris sind sich einig, daß in dem Augenblick, wo Hitler einen Blitzkrieg plant, er die Tatsache berücksichtigen müsse, wegen der unzulänglichen spanischen Verkehrsverhältnisse etwa mit sechs Wochen Antransport und Bereitstellung der Truppen und des notwendigen Geräts für den Angriff auf die Festung Gibraltar zu rechnen. Außerdem sind sie sich klar darüber, daß in einem so scharf vom englischen Intelligence Service überwachten Land das Auftauchen des ersten deutschen Truppenverbandes sofort dem britischen Generalstab gemeldet wird und schlagartig entsprechende Gegenmaßnahmen auslöst, vielleicht sogar die Landung von Truppen in Portugal, um von dort aus zu versuchen, die Verbindungswege von der französischen Grenze nach dem südlichen Spanien zu unterbrechen. Das würde zu einem blutigen Kampf auf spanischem Boden führen. Wahrhaftig, das Wagnis ist ziemlich aussichtslos.

Die Wehrmacht hingegen, die über Hunderte von kriegsgewohnten Divisionen verfügt, könnte leicht ein britisches Expeditionskorps wieder hinauswerfen, deren Verbindungslinien übrigens den massiven Angriffen der deutschen Luftwaffe ausgesetzt wären, die sich am Atlantik und am Mittelmeer eingerichtet haben. Karl Heinz Abshagen hat in seinem Buch sehr richtig gesagt: »Nicht nur hätte Canaris einen Kriegseintritt Spaniens zu diesem Zeitpunkt als ein Unglück für alle Beteiligten angesehen, er hätte auch angesichts seiner eigenen pessimistischen Beurteilung der deutschen Gesamtlage für unverantwortlich gehalten, dem Caudillo wider besseres Wissen zur Teilnahme an einem Krieg zuzureden, den er bereits als unwiderruflich verloren betrachtete... Daß dieser sich hierzu nicht herbeiließ (wie man in Berlin erwartet), dürfte aber sein bereits bestehendes Vertrauen zu dem Admiral weiterhin bekräftigt haben.«

Stohrer soll Nachforschungen anstellen

Am 9. Dezember ist Canaris wieder in Berlin. Der Führer empfängt ihn im Beisein von Feldmarschall Keitel und Ribbentrop. Klar und ausführlich trägt Canaris vor, was er, in Übereinstimmung mit Franco, dem Führer zu berichten hat. Trotz der kategorisch ablehnenden Antwort des Caudillo gerät Hitler nicht in Wut. Canaris versteht es bestens, die unangenehmen Dinge geschickt vorzutragen! Ribbentrop wagt es nicht, vor Hitler zu widersprechen, wenn er auch mehr oder weniger argwöhnisch darüber ist, welche Rolle der Abwehrchef in Madrid wohl gespielt haben mag. Im Laufe des Abends telegrafiert er an Botschafter von Stohrer und beauftragt ihn, festzustellen, warum das Gesprächsergebnis Franco-Canaris in flagrantem Widerspruch zu den Ergebnissen von Hendaye und den Gesprächen Serrano Suñers am 19. November auf dem Berghof stehe. Zugleich erteilt Ribbentrop Stohrer die Anweisung, »zu den spanischen Politikern Distanz zu halten«. Eine sehr merkwürdige und undiplomatische Handlungsweise!

Die Nachforschungen von Stohrers führten zu nichts. Am 9. Dezember stellt er in einem Telegramm an Ribbentrop fest, daß Meinungsverschiedenheiten im spanischen Generalstab bestünden, daß Franco isoliert sei und daß sich Serrano Suñer mit den spanischen Militärs überworfen habe. Am 11. Dezember berichtet er, daß Hungersnot und der Umstand, daß Menschen wegen Unterernährung auf den Straßen ohnmächtig zusammenbrachen, der wahre Grund sei, weshalb Franco seine Meinung geändert habe. Eines steht fest, daß Botschafter von Stohrer wohl niemals auf den Gedanken gekommen war, daß Franco noch nie die Absicht gehabt hatte, Spanien in einen Krieg zu führen und daß er in Zusammenarbeit mit Admiral Canaris nur auf Zeitgewinn bedacht war...

Am Vormittag des 11. Dezember ist der Chef der Abwehr besonders gut gelaunt. Aus welchen Gründen? Die Besprechung mit Hitler am 9. Dezember war gut verlaufen, der Führer ahnte nichts Böses, hauptsächlich aber deshalb, weil der Admiral eben einen ganz kurz gehaltenen Befehl aus dem Führerhauptquartier mit der Unterschrift Keitels erhielt, der besagt, daß das »Unternehmen Felix«, so wie es in der Weisung No. 18 vom 12. November festgelegt ist, nicht durchgeführt werden wird, weil die politischen Voraussetzungen nicht mehr gegeben seien. Alle vorgesehenen Maßnahmen müßten aufgegeben werden und die bereits getroffenen Vorbereitungen sofort angehalten werden.

Damit gehen Franco und Canaris aus dem dritten Satz ihrer Partie mit Hitler als Sieger hervor. Der Chef der Abwehr kann zufrieden sein, denn dieser neue Abschnitt der deutsch-spanischen Beziehungen hat nicht mit einer Tragödie geendet.

29. VIERTER AKT: CANARIS – FRANCO – HITLER – PÉTAIN

Während er glaubt, das »Unternehmen Felix« sei auf die lange Bank geschoben, sieht sich Canaris bald einem neuen Problem, einem weiteren strategischen Plan Hitlers gegenüber, der »Unternehmen Atilla« genannt wird.

Am 11. Dezember erhält der Abwehrchef nämlich eine der zwölf Ausfertigungen der Weisung No. 19 aus dem Führerhauptquartier. Wie alle Führerweisungen, ist auch diese als »Geheime Kommandosache« eingestuft. Schon in den ersten Zeilen heiß es:

»Für den Fall, daß sich in den jetzt von General Weygand beherrschten Teilen des französischen Kolonialreiches eine Abfallbewegung abzeichnen sollte, ist die schnelle Besetzung des heute noch unbesetzten Gebietes des französischen Mutterlandes vorzubereiten (Unternehmen Attila). Gleichzeitig kommt es darauf an, die französische Heimatflotte und die auf heimischen Flugplätzen befindlichen Teile der französischen Luftwaffe sicherzustellen, zum mindesten aber ihr Übergehen zur Feindseite zu verhindern. Die Vorbereitungen sind zu tarnen, um Alarmierung der Franzosen im militärischen wie politischen Interesse zu vermeiden...«

Die Ziffer 3 erweckt seine besondere Aufmerksamkeit:

»Um Maßnahmen gegen das Auslaufen der französischen Flotte und ihr Übergehen zum Feind vorzubereiten, muß künftig Liegeplatz, Zustand, Möglichkeit des Zugriffs usw. bei jeder Flotteneinheit laufend verfolgt werden. Der Oberbefehlshaber der Kriegsmarine trifft in Zusammenarbeit mit Ausland/Abwehr und unter Ausnutzen der über die Waffenstillstandskommission gegebenen Möglichkeiten entsprechende Anordnungen. Von den Oberbefehlshabern der Kriegsmarine und der Luftwaffe ist zu prüfen, wie in Zusammenarbeit mit den einmarschierenden Heeresteilen am besten Hand auf die französische Flotte gelegt werden kann. Insbesondere kommen in Frage: Sperren der Hafenausgänge (vor allem Toulon). Luftlandeunternehmen. Sabotageakte, U-Boot- und Luftangriffe auf auslaufende Schiffe...«

Und am Ende der Weisung, dicht oberhalb der Unterschrift »Adolf Hitler« liest Canaris:

»Die Vorbereitungen für das Unternehmen Attila bedürfen größter Geheimhaltung. Die Italiener dürfen von den Vorbereitungen und Absichten keinerlei Kenntnis erhalten.«

Hat Hitler die Absicht, den französisch-deutschen Waffenstillstand vom Monat Juni 1940 zu brechen? Nein, jedenfalls nicht unmittelbar, denn er führt in der Weisung aus:

»Entscheidung über Art der Durchführung behalte ich mir vor. Angriffshandlungen werden erst dann freigegeben sein, wenn die französische Wehrmacht Widerstand leistet oder Flottenteile trotz deutschen Gegenbefehls auslaufen.«

Hitler traut den Franzosen nicht

Canaris ist um so mehr über diese neue Weisung überrascht, weil er eben von Oberst Friedrich Rudolph, dem Leiter der Abwehr in Frankreich, erfahren hat, daß am 10. Dezember in Paris eine deutsch-französische Konferenz stattgefunden habe, an der deutscherseits Botschafter Otto Abetz und General Warlimont und von französischer Seite der Vizepräsident der Regierung, Pierre Laval, der Minister für nationale Verteidigung General Huntziger, und Flottenadmiral François Darlan teilgenommen hat, Nach dem Bericht Rudolphs hätten die Franzosen den deutschen Empfehlungen einer französischen Offensive in Afrika, unter anderem gegen Britisch-Nigeria, zugestimmt und vorgeschlagen, sie im Frühjahr 1941 zu beginnen. Obwohl die Franzosen erneut übertriebene Wünsche vorgebracht hätten (Verringerung der Besatzungskosten, Rückführung der Kriegsgefangenen), und Pierre Laval nachdrücklich Deutschland um eine Erklärung gebeten habe, daß keine Annexionsabsichten in Schwarzafrika bestünden, sei General Warlimont mit dem Ergebnis zufrieden. Er beabsichtige nach Rückkehr nach Berlin den Führer darauf hinzuweisen, daß seit einem Monat eine positive Wende in der Bereitwilligkeit der Franzosen erkennbar sei, und daß es keinerlei Grund gäbe, an der Ernsthaftigkeit der militärischen Absichten der Regierung Pétain zu zweifeln.

Canaris begreift Hitlers Handlungsweise nicht. Denn er hat keine Kenntnis davon, daß der Führer von seinem Freund Mussolini unter zunehmenden Druck gesetzt wird, der seit eh und je einer französisch-deutschen Zusammenarbeit abgeneigt gegenübersteht. Etwa Mitte November hatten Keitel und Badoglio über die Möglichkeit einer deutschen militärischen Unterstützung für Italien in Lybien gesprochen. Bei dieser Gelegenheit brachte Marschall Badoglio sein allergrößtes Mißtrauen über General Weygand, den französischen Oberbefehlshaber in Afrika, und über General Noguès, den Generalresidenten in Marokko, zum Ausdruck, indem er betonte, man müsse mit Frankreich äußerst vorsichtig sein, wenn man sich nicht ernsten Schwierigkeiten in Nordafrika aussetzen wolle. Er hatte sogar eine »Beseitigung von Weygand und Noguès« propagiert, die nach seiner Ansicht fähig wären, insgeheim eine starke französische Armee aufzustellen, um auf der Seite Englands in den Krieg einzutreten, wenn ihnen die Gelegenheit günstig erschiene. Badoglio hat sich in den Absichten der beiden französischen Generale nicht getäuscht. Einzelne Bedenken dieser Art fielen bei Hitler auf fruchtbaren Boden, was noch zusätzlich durch die stark antifranzösische Gesinnung aus den Reihen der Nazipartei genährt wurde.

Die Weisung No. 19 steht also in direktem Zusammenhang mit der bemerkenswerten Richtungsänderung in den Beschlüssen des Führers, der die Absicht hatte, mit Frankreich »kürzer zu treten« und sogar die Anwendung von roher Gewalt vorsah, »für den Fall, daß sich in dem französischen Kolonialreich eine Abfallbewegung abzeichnen sollte«.

Zwei Tage danach, am 12. Dezember vormittags, kann Canaris Näheres darüber erfahren, als Marschall Keitel ihm in einem mehr als zwei Stunden dauernden Gespräch die Gedankengänge des Führers über das »Unternehmen Attila« und über General Weygand mitteilt. Kaum in sein Büro am Tirpitzufer zurückgekehrt, ruft er seine engsten Mitarbeiter, die Obersten Piekenbrock, Lahousen, Oster, Bentivegni und Vizeadmiral Leopold Bürkner zu sich. Schon beim Eintreten merken sie alle, daß der »Alte« schlechte Laune hat.

Der Chef der Abwehr beginnt mit der Information über das »Unternehmen Attila«, erklärt dann im einzelnen die Befehle, die er soeben von Keitel erhalten hat, nämlich die entsprechenden Vorbereitungen zu treffen, um gegebenenfalls durch Sabotageakte die französische Flotte am Auslaufen aus Toulon zu hindern.

»Solch einen Auftrag kann nur ein Laie geben!« ruft er aus. »Dutzende von Schiffen aller Größen liegen dort vor Anker, teilweise in dem durch französische Truppen scharf bewachten und zwischen der Stadt und dem Handelshafen eingezwängten Kriegshafen, teilweise auf der Reede von Toulon. Entsprechend große

Sprengladungen heranzuschaffen, um diese Schiffe im gegebenen Zeitpunkt unbeweglich zu machen, ist eine Aufgabe, die unmöglich bewerkstelligt werden kann, ohne die Aufmerksamkeit der Franzosen auf sich zu ziehen. So etwas geht ins Auge! Aber nicht in das Hitlers oder Keitels! Da es keinen Zweck hat, Keitel und besonders ›Emil‹ auf den Unsinn solcher Befehle aufmerksam zu machen, habe ich dazu geschwiegen. Wir werden eben wieder einmal die Sache dilatorisch behandeln. Ich werde Keitel sagen, daß Lahousen die notwendigen Vorbereitungen eingeleitet hat, sich aber naturgemäß großen Schwierigkeiten gegenübersieht usw. Kurz gesagt, wir tun so, als ob etwas geschieht, in Wirklichkeit unternehmen wir nichts. Einverstanden?«

Die vier Männer nicken bestätigend mit dem Kopf und lächeln. Sie alle denken: »Unser ›Alter‹ ist doch ein Prachtkerl! Er versteht es, Unangenehmem aus dem Wege zu gehen...« Canaris ist nicht zum Lachen zumute; er ist mit seinen Ausführungen noch nicht fertig. Er hat ihnen noch mehr zu sagen, worüber er zutiefst entrüstet ist. Er wendet sich dem »Langen« zu, wie er Oberst Lahousen zu nennen pflegt, und meint:

»Du kennst sicherlich General Weygand?«

»Jawohl, ich weiß, wer er ist, Herr Admiral.«

»Also, der Führer beauftragt uns mit einer seiner Ansicht nach äußerst wichtigen Mission. Auf seinen Befehl hin hat Keitel* uns gebeten, den französischen General zu beseitigen. Deine Abteilung muß sich seiner annehmen.«

»Was versteht Feldmarschall Keitel unter ›beseitigen‹?«

»Umlegen! Der Herr Hitler hat Angst, daß General Weygand mit dem intakten Teil der französischen Armee ein Widerstandszentrum in Nordafrika aufbaut und sich auf die Seite der Engländer schlägt.«

Alle Anwesenden sind empört und protestieren heftig gegen ein solches Ansinnen.

»›Emil‹ hält uns für Handlanger der Gestapo!« wirft Oster, rot vor Zorn ein. Auch der sonst ruhige Bentivegni ist wütend: »Ihn selber sollte man umlegen!«

* Beim Hauptkriegsverbrecherprozeß vor dem Internationalen Militärgerichtshof in Nürnberg streitet Keitel ab, einen solchen Befehl weitergegeben zu haben, den Lahousen am 30. November 1945 vor den Schranken des Gerichts offenbarte. General Jodl unterstützt Keitel darin. Doch von diesem Tag an lehnen die anderen militärischen Mitangeklagten die gemeinsame Essenseinnahme mit Keitel und Jodl ab.

Darauf erklärt ihnen Lahousen ganz nüchtern: »Ich habe nicht die geringste Absicht, diesen Befehl auszuführen. Meine Abteilung und meine Offiziere sind für den Krieg da, wir geben uns aber nicht her, als Mörderorganisation zu dienen.«

»Du hast vollkommen recht«, setzt Canaris hinzu. »Aber beruhige dich, wir werden darüber gleich noch anschließend zusammen sprechen.«

Canaris bespricht dann noch einige dienstliche Dinge mit seinen Mitarbeitern und fordert sie zur Fortsetzung der Besprechung nach dem Mittagessen auf. Alle gehen hinaus, nur Lahousen behält Canaris bei sich. Als sie sich allein gegenüberstehen, meint der »kleine Admiral« zu dem »Langen«:

»Ich wiederhole, du hast mit vollem Recht die Durchführung eines derartigen Befehls verweigert. Der Artikel 14 des deutschen Wehrgesetzes besagt: ›Die Ausführung eines verbrecherischen Befehls ist strafbar...‹«

Canaris lächelt und sagt weiter: »Ich muß die Information noch vervollständigen. Goebbels hat in einer seiner Reden selbst erklärt: ›Es gibt keine Entschuldigungen für die Ausführung eines verbrecherischen Befehls, der gegen die öffentliche Moral verstößt.‹ Und um nochmals auf unseren unerhörten Fall zurückzukommen, es ist selbstverständlich, daß dieser Befehl nicht nur nicht ausgeführt, sondern auch nicht an andere weitergegeben wird.«

Was trägt sich nun tatsächlich zu? Keitel kommt am 23. Dezember auf den Befehl zurück, als Canaris und Lahousen bei ihm im Oberkommando der Wehrmacht sind. Auf seine Frage berichtet der Abteilungsleiter II der Abwehr, daß die vorgesehene Aktion auf große Schwierigkeiten stoße: General Weygand sei sehr gut abgeschirmt, die Tätigkeit der Abwehrorgane werde durch die Wachsamkeit der Sondereinheiten der Waffenstillstandstruppe lahmgelegt, es sei für die Abwehr praktisch unmöglich, in Nordafrika tätig zu werden, ohne sofort bemerkt zu werden. Die von Lahousen vorgebrachten Gründe sind so einleuchtend, daß Keitel und auch Hitler keine Sekunde an der Zuverlässigkeit der Abwehr zweifeln.

In der Folgezeit bleibt das »Unternehmen Attila« zwei Jahre lang auf dem Schreibtisch Hitlers liegen. Der Plan kommt erst nach der Landung der Alliierten in Nordafrika zur Durchführung. (Wir kommen noch später darauf zu sprechen.) Die »Sache Weygand« löst sich im November 1942 auf – weniger tragisch als angenommen – als der französische General von der Gestapo verhaftet und nach Deutschland überführt wird, wo er die seinem Dienstrang entsprechende Behandlung genießt. So schreibt Karl Heinz Abshagen: »Vielleicht ist gerade dies ein besonders abstoßender Beweis für die absolute Kaltschnäuzigkeit, mit der durch Hitler und seine ›Paladine‹ über Menschenleben verfügt wurde, rein nach Nützlichkeitserwägungen des Augenblicks, ohne Gewissensregung, selbst ohne die Entschuldigung des Hasses.«

Das »Ereignis des 13. Dezember 1940« in Vichy, an dem Pierre Laval durch Marschall Pétain gestürzt wurde, bedeutet einen tödlichen Schlag für die deutsch-französische Zusammenarbeit, soweit sie überhaupt jemals vorhanden war*. Canaris, der eine sehr gute »Antenne« nach Vichy hat, ist darüber nicht überrascht. Hitler dagegen weit mehr, wenn er sich auch nicht dazu äußert. Otto Abetz, der deutsche Botschafter, ist bestürzt, enttäuscht und beunruhigt zugleich. Dafür hat er persönliche Gründe, denn von jetzt an werden die Gegner einer französisch-deutschen Annäherung in den führenden deutschen Kreisen ein leichtes Spiel haben und behaupten, daß die Franzosen nie und nimmer zu einer Zusammenarbeit bereit seien und daß er, der stets als Franzosenfreund verschrien war, tüchtig über das Ohr gehauen wurde. Seine Politik ist sichtlich ernstlich in Frage gestellt. Er kämpft darum mit einem unerschütterlichen Glauben, doch es gelingt ihm nicht, das Zerbrochene wieder zu kitten. Die nächtliche Feier in Paris anläßlich der Rückführung der sterblichen Überreste des Herzogs von Reichsstadt, des Sohnes Napoleons I., wird ein völliger Mißerfolg. Sein überschwenglicher Besuch bei Marschall Pétain in Vichy ändert ebenfalls nichts an der Haltung des französischen Staatschefs. Das Gespräch Hitlers mit Darlan am 25. Dezember verläuft für beide enttäuschend und bringt Abetz an den Rand der Verzweiflung. Montoire ist nur noch eine ganz weit entfernte Erinnerung.

Die Weisung des Oberkommandos der Wehrmacht vom 8. Februar 1941 ist bezeichnend. Sie ist an die deutsche Waffenstillstandskommission gerichtet und stellt fest: »Die Affäre Laval hat das sich anbahnende Vertrauen zwischen Deutschland und Frankreich zerstört. Es liegt an der französischen Regierung, es zurückzugewin-

* Mehrfach beschrieben in französischen Werken, ist diese Krise recht genau in »Pierre Laval« von Alfred Mallet erzählt, und von Laval selbst anläßlich des Prozesses von Marschall Pétain vor dem Staatsgerichtshof am 3. August 1945 berichtet worden.

nen. Bis dies erreicht ist, bleibt der Waffenstillstandsvertrag die einzige Grundlage gegenseitiger Beziehungen.« Es ist offensichtlich, für Hitler ist die Politik von Montoire, von der er noch nie ganz überzeugt war, endgültig tot, bevor sie richtig geboren war.

Das »Unternehmen Felix«

Trotz der Verzögerungstaktik und des hartnäckigen Widerstands Francos behält Hitler weiterhin die Durchführung des »Unternehmens Felix« im Auge, ob mit oder ohne spanische Beteiligung, mit oder ohne den Durchmarsch durch spanisches Hoheitsgebiet. Davon erfährt Canaris erst im Laufe des Monats Januar 1941.

In der Tat bekommt Anfang des Jahres der deutsche Botschafter in Madrid von Ribbentrop sehr entschlossene Anweisungen, die Baron von Stohrer veranlassen sollen, den stets ausweichenden Caudillo zu einer klaren Zusage zu zwingen. Am 20. Januar berichtet Stohrer, daß Franco nachhaltig, wie befohlen, gedrängt, dieser aber ihm mit einer langen Erklärung über die wirtschaftlichen Schwierigkeiten seines Landes geantwortet und um weiteren zeitlichen Aufschub gebeten habe. Immer dasselbe Lied! Am 21. Januar teilt Ribbentrop Stohrer mit, er könne eine negative Antwort nicht annehmen, erneut müsse er mit Franco sprechen und ihm ein von Ribbentrop in deutlichen Worten abgefaßtes Telegramm wortwörtlich vorlesen, worin Franco an seine Dankesschuld gegenüber Hitler und Mussolini seit dem spanischen Bürgerkrieg erinnert, und die tiefe Unzufriedenheit des Führers über die zweideutige und zögernde Haltung Spaniens zum Ausdruck gebracht wird. Er solle ihn außerdem darauf hinweisen, wenn Spanien sich nicht unverzüglich für den Kriegseintritt auf seiten der Achsenmächte entscheide, das schnelle Ende des Francoregimes abzusehen sei! Stohrer ist verblüfft. Er bittet Ribbentrop, den Wortlaut dieser Mitteilung weniger scharf zu formulieren. Ribbentrop will nicht nachgeben und zwingt seinen Botschafter, den Text, so wie er ihn erhalten hat, an Franco weiterzusagen. Als sich Franco am 23. Januar dieses Ultimatum anhört, reagiert er entgegen seiner sonstigen Gewohnheit zornig und sehr erregt. Dieser plumpe Einschüchterungsversuch, der sich gegen die Ehre Francos und die seines Landes richtete, trifft den Caudillo ganz empfindlich. Er erklärt dem Botschafter: »Spanien wird in den Krieg eintreten, aber es ist meine Pflicht, dafür zu sorgen, daß es nicht in der derzeitigen katastrophalen Wirtschaftssituation dazu kommt.« Von Francos Reaktion in Kenntnis gesetzt, wird Ribbentrop halsstarrig und weist Stohrer an, mit Franco ein weiteres Gespräch zu führen und ihm zu sagen, daß den Achsenmächten nur mit einem sofortigen Kriegseintritt Spaniens gedient sei. Wenn er erlauben würde, daß die deutsche Regierung den alsbaldigen Termin zum Kriegseintritt Spaniens bestimmen könne, dann werde Deutschland einhunderttausend Tonnen Getreide liefern, das in Portugal eingelagert ist. Franco empfängt aber von Stohrer nicht sofort. Er läßt ihn drei Tage, bis 27. Januar, warten. Das neue Gespräch verläuft genauso ergebnislos wie die früheren. Stohrers Bericht über diesen neuen Mißerfolg bringt dem Botschafter einen strengen Tadel durch Ribbentrop ein.

Hitler hatte immer noch nicht den Gedanken aufgegeben, Spanien auf seiner Seite in den Krieg zu ziehen. Als er am 19./20. Januar 1941 auf dem Berghof mit Mussolini zusammentraf, bat er ihn, alles zu tun, um Franco zur Kriegserklärung zu bewegen, weil Deutschlands Versuche, es zu erreichen, fehlschlugen. Der Duce erklärte sich dazu bereit.

Aufgrund der Ergebnisse der Gespräche Stohrer-Franco vom 20. bis 27. Januar, schreibt Hitler am 6. Februar an Franco einen grimmigen Brief. Nachdem er dem Caudillo vorwarf, Deutschland und Italien nicht unterstützt zu haben in einem entscheidenden Kampf für die Rettung eines nationalen Spaniens, bedauert der Führer die ablehnende Haltung Francos, denn die Wegnahme von Gibraltar hätte die Gesamtsituation im Mittelmeerraum mit einem Schlag verändert. In einem fast prophetisch klingenden Satz schreibt Hitler: »Man wird niemals dem Caudillo den Sieg im Bürgerkrieg vergeben, den er mit deutscher und italienischer Hilfe errungen hat«, und fügt hinzu, was sich später als falsch erwiesen hat: »Das Francoregime wird nur im Falle eines Sieges der Achsenmächte fortbestehen.«

Franco antwortet Hitler erst am... 26. Februar, nachdem er sich am 12. Februar mit Mussolini in Bordighera, Provinz Genua, und am 13. Februar mit Pétain in Montpellier getroffen hatte. Er schreibt in ruhig-gelassenem Ton, daß aus spanischer Sicht jeder Angriff auf Gibraltar mit einem Angriff gegen den Suezkanal Hand in Hand gehen müsse, denn das eine ohne das andere wäre ein Schlag ins Wasser. Zudem beklagt sich der Caudillo über die äußerst geringe

Hilfe Deutschlands für sein Land und – sich wieder einmal einer festen Zusage enthaltend – erklärt er abschließend: »Ich... erkläre meine Bereitschaft voll und entschieden an Ihrer Seite zu stehen, in gemeinsamem Schicksal verbunden.«

Vier Tage zuvor, am 22. Februar, schreibt Ribbentrop an Botschafter von Stohrer, es wäre nunmehr ganz klar, daß der Caudillo nicht die Absicht habe, Spanien in den Krieg zu führen; es sei völlig unnütz, sich weiter um die Spanier zu bemühen.

Der »große Bluff« schlägt fehl

Hervorgerufen durch das von Canaris geschickt hochgespielte Risiko, das insgeheime Einvernehmen zwischen Franco und Pétain und Franco-Canaris, neben der ständigen Verzögerungstaktik der Spanier, gab Hitler nach sieben Monaten diplomatischen Kampfes auf. Sein großer Bluff war fehlgeschlagen.

Weder Pétain noch Franco versuchen der Sache der Alliierten (damals war es nur England) zu dienen, wofür sie nur Sympathien zeigen, wenn es gilt, Hitler Grenzen zu ziehen. Sie haben allein die Interessen ihres Landes im Auge. Das Leitmotiv Franços lautet von jeher: »Alles nur im Interesse Frankreichs.« Selten konnte eine derart eigennützige Politik getrieben werden. Einzig und allein diese Haltung der beiden Staatsmänner wirkt sich praktisch zum Vorteil der Alliierten aus. Während Hitlerdeutschland im Winter 1940/1941 auf dem Gipfel der Macht steht, verbünden sich insgeheim, unter Mithilfe von Canaris, zwei Männer, um Hitler die Stirn zu bieten, was allein schon eine ungewöhnliche Sache darstellt. Außerdem wird Hitler zusätzlich gezwungen: Erstens seine Mittelmeerpläne aufzugeben –, ein Entschluß von ungeheurer Tragweite, der zwei Jahre später die englisch-amerikanische Landung in Französisch-Nordafrika ermöglicht, die entscheidende Wendung des Zweiten Weltkriegs. Zweitens: den Schwerpunkt seiner kriegerischen Aktivitäten nach dem Balkan und der Sowjetunion zu verlegen. So unterzeichnet Hitler am 13. Dezember 1940 die Weisung Nr. 20 über das »Unternehmen Marita« zur Bildung der Balkanfront, um den in Bedrängnis geratenen Italienern beizustehen, und am 18. Dezember die berühmte Weisung Nr. 21 »Unternehmen Barbarossa« zum Angriff auf die Sowjetunion.

Die enge geheime französisch-spanische Zusammenarbeit hatte somit höchste Wirkung erzielt. Das Geschehen rollte weit besser als erwartet ab: Zuerst die Weigerung Francos, dann das Sichzurückziehen Pétains, was das Beiseitelegen des Planes »Attila« zur Folge hatte, dann die Abkehr von der »Kollaboration« zwischen Deutschland und Frankreich und die Aufgabe des »Unternehmens Felix«.

Als Franco und Pétain sich am 13. Februar 1941 in Montpellier treffen, können sie über ihre Erfolge zufrieden sein. Die gefährlichen Schwierigkeiten nehmen wohl noch kein Ende, aber sie haben Hitler die Bitterkeit enttäuschter Hoffnungen spüren lassen. Sie haben ihn dazu gebracht, sich von Westeuropa abzuwenden und sich in das tolle Abenteuer des Ostfeldzuges zu stürzen; in das Abenteuer einer zweiten Front, die Hitler so sehr fürchtete. Er hat sich damit, entgegen seiner ursprünglichen Absicht, in eine Situation begeben, die sein Verderben werden wird.

Die beiden setzten ihr geheimes diplomatisches Spiel bis zu Ende fort. Es war ein genau kalkuliertes, ein gefährliches Spiel, das die zwei Staatschefs spielten, eigenartigerweise vom Leiter des deutschen geheimen Nachrichtendienstes unterstützt. Trotz ihrer verschiedenen Ansichten über Mittel und Zweck, waren sie von der Notwendigkeit überzeugt, die Ausweitung des Krieges und eine neue Verschiebung des Schwerpunktes dieses Krieges nach dem Westen zu verhindern.

Wenn auch die Politik Pétains und Francos in Nordafrika von entgegengesetzter Natur war, so bestand trotzdem infolge der Situation, in der sich die beiden Staatschefs befanden, ein gewisser Gleichklang, weil sie beide entschlossen waren, ihre Neutralität gegen die Erpressungen Hitlerdeutschlands zu verteidigen. Sie waren gezwungen, sich einen übertriebenen Anschein von freundschaftlicher Verbundenheit zu geben, seitens Franco zu Pétain, und einer gewissen Ehrerbietung von Pétain zu Franco. Während Franco die Freiheit des Handelns besaß, hatte sie Pétain, als Chef eines zur Hälfte von den Siegern besetzten Landes, nicht. Die gemeinsame Gefahr festigte die Widerstandsfront Pétain-Franco, die aus dem Hintergrund von dem »kleinen Admiral« unterstützt wurde.

Heute kann man verstehen, warum 1944 – zur Überraschung der schlecht informierten Weltmeinung – Churchill und Roosevelt General Franco ihre öffentliche Anerkennung für seine Haltung während des Krieges aussprachen. Wie schreibt Churchill in seinen Memoiren? »Der Caudillo hat England unschätzbare Dienste geleistet.« Churchill und Roosevelt hätten Pétain dieselbe öffentliche Anerkennung aussprechen können, wenn sie die wahren geschichtlichen Tatsachen, die heute unbestritten sind, damals versucht hätten festzustellen. Hierzu hätte aber die Leidenschaftlichkeit der verschiedenen Strömungen, die das französische Volk damals spalteten, überwunden werden müssen.

An der diplomatischen Front wurden Hendaye und Montoire zu dem, was an der militärischen Front Stalingrad und die Landung der Alliierten in Nordafrika wurden, das heißt zu großartigen Siegen der Alliierten.

FÜNFTER TEIL

Der Kampf auf Leben und Tod: Gestapo gegen Abwehr

30. HITLER BEREITET »UNTERNEHMEN BARBAROSSA« VOR

Als Paul Thümmel die Diensträume der Abwehr am Tirpitzufer betritt, spürt er, daß eine gespannte Atmosphäre herrscht. Er kommt aus Prag, von wo er am 18. Dezember 1940 im Morgengrauen abgefahren war, um Canaris Bericht über die Aktivitäten seiner Leute auf dem Balkan und in der Türkei zu erstatten. Als er beim Admiral ist, bemerkt er gleich, daß dieser nur mit halbem Ohr hinhört, und daß der Chef mit seinen Gedanken ganz woanders ist. Nachdem Thümmels Vortrag beendet war, begnügt sich Canaris mit einigen undeutlich gestammelten Worten, währenddessen er schriftliche Notizen in die Hand nimmt.

»Ich bereite mich auf eine Reise nach der Türkei vor«, wirft er plötzlich ein. »Sie werden mitkommen. Der Termin steht noch nicht fest.«

»Jawohl, Herr Admiral!«

Canaris erhebt sich und gibt ihm die Hand: »Auf Wiedersehen!«

Im Vorzimmer trifft Thümmel auf Oberst Oster und stellt ihm die Frage:

»Hier stimmt doch was nicht? Der ›Alte‹ scheint Sorgen zu haben.«

»Irgend etwas liegt in der Luft, aber mehr weiß ich auch nicht«, antwortet Oster, und verschwindet in seinem Büro.

Thümmel denkt nach, während er die Treppen hinunter geht. »Irgend etwas liegt in der Luft…« Aber was? Er geht den Ausgang zur Bendlerstraße hinaus.

Dort zögert er einen Augenblick und überlegt sich, ob er den »Reichsheini«, wie man Heinrich Himmler, den Reichsführer der SS, oft nennt, einen Besuch abstatten soll oder nicht. Er entschließt sich dazu. Obwohl er vorher nicht angemeldet war, wird er von Himmler empfangen. Das muß eigentlich überraschen. Um es verständlich zu machen, muß ich erklären, wer Paul Thümmel ist.

Paul Thümmel, ein Vertrauensmann der Abwehr seit 1934, zunächst in Dresden, dann ab 15. März 1939 in Prag eingesetzt, ist einer der wenigen V-Männer der »Firma Canaris«, der Mitglied der NSDAP der ersten Stunde, Träger des goldenen Parteiabzeichens mit der Mitgliedsnummer 61574, das heißt also »Alter Kämpfer« ist, und auch, obwohl kein SS-Angehöriger, ein intimer Freund, ein Duzfreund Himmlers. Canaris kennt diese Einzelheiten und weiß sich ihrer gelegentlich zu bedienen, denn seit längerer Zeit spürt er, daß Paul Thümmel einen heftigen Groll auf die SS und besonders auf Heydrich hat. Mehrere Male bereits hat Thümmel Canaris bestimmte Texte, die unter »Geheime Kommandosache« oder »Geheime Reichssache« liefen, mitgeteilt, von denen er im Rahmen seiner Freundschaft mit Himmler erfahren hat*. Der Abwehrchef schätzte ihn wegen seiner guten und wirksamen Tätigkeit in Prag. Zu seinem Aufgabengebiet gehören nicht nur die Tschechoslowakei, sondern auch alle Balkanländer, in denen er unter verschiedenen Namen, wie Dr. Steinberg, Dr. Holm, Herr Rabe usw. herumreist.

Paul Thümmel entschuldigt sich bei Himmler mit den Worten, daß er nicht lange stören wolle. Aber der Reichsführer SS ist in guter Laune.

»Bitte, nimm Platz. Wie geht es deinen Eltern? Bäckt dein Vater immer noch so gute Kuchen?«**

»Er würde noch gute backen, aber das Mehl ist nicht mehr so, wie es früher einmal war«, wagt Thümmel zu sagen, und spielt damit auf den Krieg an.

Himmler nimmt es nicht übel, im Gegenteil, er lächelt und meint, wobei er mit seinen blauen Augen hinter den runden Brillengläsern hervorblinzelt: »Es wird nicht mehr lange dauern, dann haben wir wieder erstklassiges Mehl.«

»Aber die Franzosen sind doch keine so berühmten Ackerbauer«, widerspricht Thümmel.

»Nein. Die sind völlig degeneriert. Aber ich dachte nicht an die Franzosen... Nur Geduld, mein lieber Paul, bald werden wir eine weite Kornkammer haben.«

Thümmel wagt nicht, weiterzufragen. Das Telefon klingelt und er erhebt sich, um sich zu verabschieden.

»Ich komme ein andermal wieder. Du hast sicherlich sehr viel zu tun.«

»Wahrhaftig, eine neue Aufgabe nimmt meine Zeit voll in Anspruch. Aber schau nur wieder vorbei, wenn du wieder einmal

*Im Dritten Reich gab es vier verschiedene Geheimhaltungsstufen: Geheim – Streng geheim – Geheime Kommandosache - Geheime Reichssache.

**Paul Thümmels Vater hatte eine Bäckerei und Konditorei in München-Neuhausen.

hier bist, dann wollen wir uns ein wenig unterhalten. Grüße bitte deine Familie herzlich von mir.«

»Vielen Dank. Ich werde die Grüße ausrichten. Heil Hitler!«

»Heil Hitler!«

Die Weisung Nr. 21

»Es liegt irgend etwas in der Luft...«, »wir werden bald eine große, weite Kornkammer haben...«, »eine neue Aufgabe nimmt meine Zeit voll ins Anspruch...« Diese drei Bemerkungen gehen Paul Thümmel im Kopf herum. Irgend etwas braut sich zusammen... Er ist voller Unruhe. Gerne hätte er es gewußt, bevor er nach Prag zurückfährt. Er wird es erfahren, aber im Augenblick weiß er nicht, daß am Vortrag, am 18. Dezember, die Weisung Nr. 21 »Unternehmen Barbarossa« vom Führer unterschrieben worden ist, was nichts anderes bedeutet, als den Angriffsplan auf die Sowjetunion, eine Weisung, die als »Geheime Kommandosache« eingestuft und in neun Ausfertigungen vorhanden ist, wovon eine Admiral Canaris und eine andere der Reichsführer SS Himmler erhalten hat.

Trotz alledem wird diese berühmte »Geheime Kommandosache« bereits eine Woche später dem britischen Intelligence Service bekannt sein! Es ist kaum erwähnenswert, daß man in London außerordentlich verblüfft beim Lesen jenes Satzes ist: »Vorbereitungen, die eine längere Anlaufzeit benötigen, sind – soweit noch nicht geschehen – schon jetzt in Angriff zu nehmen und bis zum 15. Mai 1941 abzuschließen.« Man weiß heute, daß Winston Churchill, dem dies sofort mitgeteilt wurde, einen persönlichen Brief an Stalin schrieb und ihn vor der Gefahr warnt. In einem Geheimbericht vom 25. Februar 1956 vor dem XX. Kongreß der Kommunistischen Partei der UdSSR sollte Nikita Chruschtschow erklären: »Churchill hat mehrere Male auf einen bevorstehenden Angriff des Dritten Reiches auf die Sowjetunion hingewiesen. Doch Stalin hat diesen Warnungen keine Beachtung geschenkt. Noch mehr, er hat angeordnet, solcherlei Andeutungen keinen Glauben zu schenken, um keine militärischen Maßnahmen zur Auslösung zu bringen.«

Dafür bereitet nun Hitler die »Auslösung militärischer Maßnahmen« vor. Anläßlich einer Konferenz am 3. Januar 1941, an der neben Feldmarschall von Brauchitsch, Generalquartiermeister

General Wagner, Feldmarschall Keitel, die Generale Halder, Jodl, Warlimont, Feldmarschall Göring, Großadmiral Raeder und Außenminister Joachim von Ribbentrop teilnehmen, erklärt Hitler: »Stalin ist ein kluger Kopf. Er wird nicht offen gegen Deutschland auftreten. Man kann aber sichergehen, daß er Schwierigkeiten bei jeder sich bietenden Gelegenheit hochspielt. Was er will, ist, das Erbe des verelendeten Europa anzutreten... Für die Zerschlagung Rußlands ist die Zeitfrage besonders wichtig. Die russische Armee ist ein tönerner Koloß ohne Kopf, ihre künftige Entwicklung schwer voraussehbar. Es ist besser sofort anzugreifen, wo die russische Armee noch Mangel an Führern hat und schlecht ausgerüstet ist. Der Russe darf aber nicht unterschätzt werden. Der Angriff muß unter Zusammenfassung aller Kräfte geführt werden, ein frontales Zurücktreiben muß vermieden werden, rücksichtsloseste Durchbrüche müssen erzielt werden... Wenn Deutschland über den unermeßlichen Reichtum Rußlands verfügt, hat es alle Möglichkeiten in der Hand, auch den interkontinentalen Krieg zu führen, und kann von niemandem mehr geschlagen werden. Wenn der Ostfeldzug eröffnet wird, dann wird Europa den Atem anhalten und schweigen.«

Indessen, Hitler zögert noch immer. Wohl hat er den 15. Mai 1941 als äußersten Termin festgelegt und die Vorbereitungen in Gang setzen lassen, doch die endgültige Entscheidung ist noch nicht gefallen. Er wird selbst sagen, »daß es die schwerste Entscheidung seines ganzen bisherigen Lebens« war.

General Jodl hat es in Nürnberg so formuliert:

Jodl: Der Führer hat in meiner Gegenwart niemals auch nur eine Andeutung von einem anderen Grunde genannt als den rein strategisch-operativen. Unaufhörlich, durch Monate hindurch, kann man sagen, führte er aus: ›Es ist kein Zweifel mehr, England hofft auf diesen letzten Festlandsdegen, sonst hätte es schon nach Dünkirchen den Krieg eingestellt. Unter der Hand oder unter der Decke sind sicher schon Vereinbarungen getroffen. Der russische Aufmarsch ist ja unverkennbar. Eines Tages werden wir plötzlich entweder eiskalt politisch erpreßt oder angegriffen.‹ Aber – darüber könnte man noch wochenlang sprechen – es ist kein anderes Wort mir gegenüber gefallen als derartige rein strategische Gründe.

All dies beweist, so behauptet Jodl, daß es sich seitens Hitler um einen »Präventivkrieg« handelte... doch Hitler verstand es ausgezeichnet, seine Gedanken gegenüber seinen Gesprächspartnern zu tarnen. Vor den Militärs sprach er nie über seine wirklichen Pläne, die massive Vernichtung der Russen. Er verschleierte die Motive dieses Angriffskriegs. General Jodl sagte dazu in Nürnberg aus:

Jodl: Vom Januar 1941 an ist der Nachrichtendienst aktiviert worden. Die Divisionen an unseren Grenzen und auch an den rumänischen Grenzen wuchsen rapide an. Am 3. Februar 1941 hat der Chef des Generalstabs des Heeres dem Führer über die eigenen beabsichtigten Operationen vorgetragen. Er legte dabei eine Karte vor über den russischen Aufmarsch. Damals waren in dieser Karte eingezeichnet – und es liegt dokumentarisch fest – 100 Schützendivisionen, 25 Kavalleriedivisionen...

Verteidiger Prof. Dr. Exner: Und wie viele waren auf unserer Seite?
Jodl: ...und ich möchte demgegenüber sagen, daß zu diesem selben Zeitpunkt unser Aufmarsch soeben begonnen hatte, was General Halder in diesem Augenblick vortrug. Und ich möchte ferner darauf hinweisen, daß erst ab Juni die wirklichen Angriffsverbände, nämlich die vierzehn Panzerdivisionen und die zwölf motorisierten Infanteriedivisionen, antransportiert worden sind, und zwar sogar erst ab 10. Juni antransportiert worden sind. Ich erwähne das deswegen, damit man nicht sagt: ja, die deutsche Angriffsabsicht, die war ja schon im Februar 1941 erkennbar. Das war sie nicht.

Verteidiger Prof. Dr. Exner: Hatten die jugoslawischen Ereignisse Einfluß auf die Entschlüsse des Führers?
Jodl: Sie gaben den letzten Ausschlag. Bis dahin waren immer noch Zweifel beim Führer vorhanden. Am 1. April und nicht früher, am 1. April stand sein Entschluß fest, den Angriff zu führen, und am 1. April hat er befohlen, ihn etwa für den 22. Juni vorzusehen. Der Angriffsbefehl selbst, also die wirkliche Auslösung des Feldzuges, die wurde erst am 17. Juni befohlen, was ebenfalls dokumentarisch festliegt.

Die militärische Aufrüstung der Russen war offensichtlich. Von der Abwehr haben wir darüber ein ungefähres Bild: im Sommer 1940 standen rund hundert russische Divisionen an der Grenze. Im Januar 1941 waren es bereits hundertundfünfzig Divisionen...

In Wahrheit ist diese Fiktion eines »Präventivkrieges« nur ein Vorwand Hitlers, um gewisse Bedenken zu zerstreuen und ihn als Grundlage für seine Propaganda auszunutzen. Hitler wird noch deutlicher, als er am 3. März Erläuterungen zur Weisung Nr. 21 »Unternehmen Barbarossa« abgibt: Der kommende Feldzug werde nicht nur ein Kampf der Waffen sein, sondern er führe zu einer Auseinandersetzung der Weltanschauungen. Es sei vordringlich geworden, die jüdisch-bolschewistische Intelligenz zu beseitigen, deren einziges Ziel bislang die Unterdrückung des russischen Volkes gewesen sei... Aber man dürfe nicht das bolschewistische Rußland durch ein nationales Rußland ersetzen, das wiederum deutschfeindlich sein würde, wie die Geschichte es beweise. Es sei die Aufgabe Deutschlands, mit einem Minimum an militärischen Kräften baldmöglichst einen sozialistischen Staat aufzubauen, der mit dem Reich zu verbinden sei... In den volkstummäßig abzugrenzenden Großräumen würden »Reichskommissariate« eingesetzt, die beauftragt würden, den schnellen Aufbau der neuen Staatsgebilde durchzuführen. Ob es notwendig werde, auch schon im Operationsgebiet des Heeres neben der Geheimen Feldpolizei Dienststellen des Reichsführers SS einzusetzen, müsse geprüft werden. Das könnte sich als notwendig herausstellen, um die bolschewistischen Führer und die bolschewistischen Kommissare unschädlich zu machen.

Die Abwehr trifft ihre Vorbereitungen

Die Aktivität in den hohen Stäben der Wehrmacht, die mit dem »Unternehmen Barbarossa« befaßt sind, steigert sich unaufhörlich. Auch die Abwehr kann sich dem nicht entziehen.

An Oberst Egbert-Franz von Bentivegni, den Abteilungsleiter III, gibt Admiral Canaris folgende Anweisungen und befiehlt:

> »...a) Vorbereitung aller Gliederung der ›Abwehr III‹ zur aktiven Spionageabwehrtätigkeit gegen die Sowjetunion, wie zum Beispiel: Aufstellung der notwendigen Abwehrtrupps und ihre Verteilung auf die Armeen, die zum Einsatz im Osten bestimmt waren. Lähmung der Tätigkeit der sowjetischen Nachrichtendienststellen.
> b) Irreführung der ausländischen Nachrichtendienste durch eigene Agenten im Sinne der angeblichen Besserung der Beziehungen mit der Sowjetunion und der Vorbereitung des Schlages gegen Großbritannien.
> c) Abwehrmaßnahmen zur Geheimhaltung der Vorbereitungen zum Krieg gegen die Sowjetunion und Sicherung der geheimen Beförderungen der Truppen nach dem Osten.«

Oberst Piekenbrock stellt mit General von Tippelskirch, dem Chef Oberquartiermeister IV, und Oberst Kienzl von der Abteilung »Fremde Heere Ost« die verschiedenen Aufträge der Abwehr für die Sowjetunion zusammen, insbesondere die Nachprüfung alter Erkenntnisse über die Rote Armee und die Zusammenstellung über die derzeitige Dislozierung und Gliederung der sowjetischen Truppen. Alle Untergliederungen der Abteilung I, die mit Spionage gegen Rußland befaßt sind, erhalten den Befehl zur zahlenmäßigen Vermehrung ihrer Agenten. Um die verschiedenen Abwehrstellen besser führen zu können, stellt Canaris im Monat Mai einen Spezialstab mit Decknamen »Walli I« auf, der sich in der Nähe von Warschau, in der Ortschaft Sulijevek, später in Nikolaiken einrichtet. Major Wilhelm Baun, ehemaliger Presseattaché in Moskau bei Botschafter Dirksen, übernimmt die Leitung als bester Sachkundiger für Rußland. Später werden nach diesem Beispiel für die Abteilungen II und III der Abwehr ähnliche Stäbe als »Walli II« mit Major Seeliger* und »Walli III«, unter Oberstleutnant Schmalschläger, gebildet. Das Ganze erhält später den Namen »Stab Walli«, in dem alle Nachrichten-, Abwehr- und Sabotagedienste zusammengefaßt sind, als vorgeschobener Stab in ihren Aufgaben gegen Rußland. An der Spitze dieses Stabes steht Oberstleutnant Schmalschläger.

Zur selben Zeit hat Oberst von Lahousen mehrere Besprechungen mit dem Stellvertreter von General Jodl, dem General Warlimont in der Kavallerieschule Krampnitz. Nach den Zeugenaussagen von Oberst Erwin Stolze** erhält dieser im Frühjahr 1941 den Befehl, eine »Sondergruppe A« aufzustellen, die sich mit der Vorbereitung von Sabotageakten und der Demoralisierung im sowjetischen Hinterland befaßt. Eine Sonderanweisung des Oberkommandos der Wehrmacht bestimmt, daß die »Sondergruppe A« zur Unterstützung von Kommandounternehmen gegen die Sowjetunion ihr Netz von Vertrauensleuten einsetzen soll, um den nationalen Haß zwischen den verschiedenen Völkerschaften in der Sowjetunion zu schüren... Oberst Erwin Stolze nimmt sogleich Verbindung mit den ukrainischen Nationalisten, die im Dienste der Abwehr stehen, auf und beauftragt sie, in der Ukraine nach dem deutschen Angriff auf Rußland Aufstände zu organisieren, die eine Schwächung der rückwärtigen Gebiete der Roten Armee zum Ziele haben.

Sorgen zweier Geheimdienstchefs

In jenem Spätwinter zeigen sich die beiden Leiter der deutschen Geheimdienste, Canaris und Schellenberg, nervös, unruhig, und sind

*Im Sommer 1943 von Partisanen ermordet. Nachfolger wird Major Marx.

**Die Aussage wurde bei Vernehmung in sowjetischer Kriegsgefangenschaft nach dem Krieg gemacht.

von dumpfer Besorgnis befallen. Einer wie der andere hat aus verschiedenartigen Gründen den unbestimmten Eindruck, daß das sich vorbereitende große Ereignis, der Angriff der Wehrmacht auf die Sowjetunion, ernst und von solch entscheidender Wichtigkeit ist, daß man den Ablauf nicht mehr beeinflussen könnte. Die Ansichten beider über die Sowjetunion sind sehr unterschiedlich. Die Abwehr, die in Rußland keinen wirkungsvollen Geheimdienst betreibt, neigt dazu, die Produktionsziffern und die Anzahl der Divisionen der Roten Armee zu unterschätzen. Canaris ist davon überzeugt, daß die Industriegebiete um Moskau, im Nordosten, im Süden und das nahe am Ural, nur durch eine eingleisige Eisenbahnlinie miteinander verbunden sind, wie auch die wichtigsten Rohstoffgebiete. Der Geheimdienst Schellenbergs jedoch, der im Osten dem von Canaris überlegen ist, hat ganz andere Informationen.

In seinen Erinnerungen schreibt Schellenberg wohl zu Recht, daß die Unterschiede in den Auffassungen zwischen Canaris und ihm sich deutlich darin zeigten, bei welchem Punkt es der für den Gesamtplan verantwortlichen Führung schwierig war, den echten Wert von Informationen, die laufend geliefert wurden, zu erkennen. Die Folge davon war, daß, wenn die erhaltenen Nachrichten nicht in den Rahmen ihrer eigenen Grundanschauungen paßten, sie diese einfach nicht übernahmen. Mit dem Führer sei es noch schlimmer gewesen. Sogar noch gegen Ende 1944 wies Hitler grundsätzlich jede ungünstige Nachricht von sich, egal ob sie auf echten Tatsachen beruhte oder auch nur auf dem richtigen Gespür der Geheimdienstleute.

Trotz aller sonstigen verschiedenen Auffassungen sind sich Canaris und Schellenberg in einem Punkt einig: einen Zweifrontenkrieg zu führen, ist für Deutschland höchst riskant. Beide machen sich große Sorgen über die Haltung der Vereinigten Staaten, über ihre Industriekapazität und in allererster Linie über ihr Flugzeug- und Schiffsbaupotential. Darüber hat Canaris aus guten Quellen zahlreiche genaue Unterlagen. Zu Schellenberg sagt er: »Die Haltung der Vereinigten Staaten ist für uns von entscheidender Bedeutung. Wenn die Amerikaner dieses Jahr in den Krieg eintreten sollten, dann dauert es sehr lange, bis wir den Krieg mit Rußland beenden können! Wenn außerdem Großbritannien hinter sich die wirtschaftliche Kraft und das Menschenpotential der Vereinigten Staaten fühlt, wird alsbald eine Invasion in Südeuropa, auf dem Balkan oder in Italien, oder auch im Westen, in Frankreich oder Belgien, die Folge sein.«

Walter Schellenberg vertritt dieselbe Ansicht und meint nur: »Hinzuzufügen wäre noch, daß Landeoperationen ganz erhebliche Luftangriffe vorausgehen würden, die Deutschlands industrielle Produktion hart treffen würden, währenddessen die Front im Osten zu dieser Zeit mehr oder weniger angespannt sein dürfte.«

Canaris und Schellenberg treffen im allgemeinen ziemlich genaue Voraussagen. Allerdings, was sich dann auf dem Balkan ereignen wird, sehen sie ebensowenig voraus, wie der »Hellseher« Hitler.

Das bedrohte Griechenland

General Wavell, der britische Oberbefehlshaber im Mittleren Orient, erklärte im November 1940: »Ich bin fest davon überzeugt, daß Deutschland weder zuläßt, daß Italien besiegt wird, noch daß es in Griechenland in Schach gehalten wird.« Er irrte sich nicht. Im gleichen Monat spricht Hitler zum ersten Mal von der Besitzergreifung Nordgriechenlands in seiner Weisung Nr. 18. Dann, am 13. Dezember, sieht er in der Weisung Nr. 20 über das Unternehmen »Marita« die Inbesitznahme von Saloniki und der Ägäischen Küste vor und fügt hinzu: »Die Fortsetzung des Angriffs über Larissa und die Enge von Korinth kann notwendig werden.« Wie wir bereits wissen, gibt Hitler am 9. Januar 1941 den Befehl zum Anhalten der Vorbereitungen für das Gibraltarunternehmen »Felix« und für »Seelöwe«, die Landung in England, weil das Unternehmen »Marita« vorangetrieben werden muß. Drei Tage später lenkt er seine Aufmerksamkeit auf die alliierte Bedrohung im östlichen Mittelmeer, genauer gesagt auf den Balkan, wo die Italiener von den Griechen auf die albanische Grenze zurückgedrängt werden. Währenddessen nehmen die Angriffsvorbereitungen gegen die Sowjetunion, für das Unternehmen »Barbarossa«, ihren Fortgang. Doch Hitlers erstes Ziel ist, seinem Freund Mussolini zu Hilfe zu kommen, indem er mit dem Unternehmen »Marita« den Krieg in Griechenland fortsetzt und damit die offene Tür nach England zuschlägt.

Admiral Canaris ist schmerzlich getroffen von Hitlers Entschluß. Er hat für Griechenland eine fast ebenso große Zuneigung wie für Spanien. Deshalb empfängt er Ende Dezember 1940 den griechischen Botschafter in Berlin besonders herzlich, der ihm den Grund seines Besuches vorher anzeigt. Der griechische Staatschef General

Johannes Metaxas machte den Versuch, mit einer langen Denkschrift an die deutsche Reichsregierung den drohenden Konflikt abzuwenden. Der griechische Botschafter in Berlin sollte das Schreiben an den deutschen Außenminister Joachim von Ribbentrop übergeben. Dieser aber lehnte die Entgegennahme der Denkschrift glattweg ab. So wendet er sich an Admiral Canaris, von dem er weiß, daß er freundschaftliche Gefühle für sein Land hat, und überreicht ihm die Denkschrift, mit der Bitte, sie dem Führer vorlegen zu lassen.

Canaris verspricht sich davon wenig und übergibt das Schreiben Keitel, den er ersucht, es an den Führer weiterzureichen. Zunächst zurückhaltend, nimmt Keitel dann aber doch das Schreiben mit dem unangenehmen Inhalt entgegen. Wie von Canaris erwartet, hat es keinen Erfolg. Hitler gibt ihm die Denkschrift auf dem Wege über Ribbentrop wieder zurück. Dabei ersucht ihn Ribbentrop in einem Begleitschreiben, sich in Zukunft nicht in Dinge einzumischen, die ihn nichts angingen. Canaris nimmt diese Vorhaltung gleichmütig zur Kenntnis und antwortet nicht darauf. Sein Herz wird ihm schwer bei dem Gedanken, was sich in der Heimat der Götter, in der er so viele Freunde hat, ereignen wird und besonders auch deshalb, weil der energiegeladene General Metaxas am 29. Januar verstorben ist, ersetzt von Alexander Koryzis, einem wohl integeren, nationalbewußten Mann, dem es aber an dem eisernen Willen fehlt, der nötig ist, um mit dieser Situation fertig zu werden.

Nachdem durch die Einnahme von Tobruk durch die Engländer (21. Januar 1941) die Bedrohung Ägyptens ausgeschaltet war, macht Churchill den Vorschlag, einen Teil der in Ägypten stationierten britischen Armee nach Griechenland zu verlegen. Am 24. Februar willigen die Griechen ein. Dasselbe versucht Churchill bei den Türken und besonders bei den Jugoslawen zu erreichen, deren Unterstützung den Italienern in Griechenland und Albanien hätte sehr übel bekommen können. Während sich die Türken ablehnend verhalten, werden die Jugoslawen von Deutschland heftig unter Druck gesetzt, so daß sich die jugoslawische Regierung Zwetkowitsch am 4. März entschließt, dem Beispiel Bulgariens folgend, sich dem Dreierpakt anzuschließen, dem bislang Deutschland, Italien und Japan angehören. Am 25. März wird der Pakt in Wien durch Zwetkowitsch und seinem Außenminister unterzeichnet. Damit ist Griechenland isoliert und der Weg für das Unternehmen »Marita« frei.

Aber zur gleichen Zeit wird alles wieder in Frage gestellt. Eine Gruppe nationalserbischer Offiziere, die den Franzosen und Engländern nahestehen, nutzt am 26. März eine Massenkundgebung in den Straßen Belgrads und Zagrebs, die unter dem Motto »Lieber Krieg als Pakt!« und »Lieber im Grab als Untertan!« steht, dazu aus, um am 27. März den Prinzregenten Paul und die Regierung Zwetkowitsch zu stürzen und im Namen des unmündigen Königs Peter eine neue Regierung zu bilden, die ganz offensichtlich antideutsch eingestellt ist.

Hittler nimmt die Neuigkeit zunächst mit Skepsis auf, dann steigert er sich in Wut. Er ruft Göring, Keitel, Jodl und Ribbentrop zu sich. Das Ergebnis dieser Beratung ist die Weisung Nr. 25, welche die Vernichtung Jugoslawiens »mit gnadenloser Härte... in einem Blitzunternehmen« zum Ziel hat. Hitler ist entschlossen, das »Land nicht nur militärisch, sondern auch als Nation zu zerschlagen. Man wird weder diplomatische Schritte unternehmen, noch ein Ultimatum stellen«. Im einzelnen ordnet Hitler an: Sobald ausreichende Kräfte zusammengezogen sind, und die Wetterlage es erlaubt, hat die Luftwaffe die Bodenorganisationen der jugoslawischen Luftstreitkräfte ebenso wie die Hauptstadt Belgrad durch pausenlose Tag- und Nachtangriffe zu zerschlagen. Das Unternehmen »Marita« hat gleichzeitig zu beginnen.

Die Operationsbefehle gegen Jugoslawien werden in aller Eile ausgearbeitet, auch die Pläne für »Marita« müssen unter Berücksichtigung der veränderten Lage berichtigt werden. Hitler läßt auf Ungarn Druck ausüben, um die Durchmarscherlaubnis für die deutschen Truppen und die eigene ungarische Teilnahme an dem Überfall zu erreichen. Um den Forderungen nicht zustimmen zu müssen, begeht der ungarische Ministerpräsident Graf Teleki am 2. April Selbstmord. Doch der ungarische Generalstabschef ist den Hitlerschen Forderungen bereits nachgekommen. Die Teilnahme Rumäniens und Bulgariens wurde leicht erreicht.

Am 4. April erteilt Hitler den Angriffsbefehl für die Nacht vom 5./6. April. In dieser Nacht beginnt die drei Tage dauernde Bombardierung der offenen Stadt Belgrad. Sie ist furchtbar. Nach der Bombardierung ist die jugoslawische Hauptstadt wie ausradiert, unter den Trümmern liegen etwa siebzehntausend Tote.

Mit den jugoslawischen Völkern verband Canaris nicht viel, ob es sich um Serben, Slowaken oder Kroaten handelt, er ist aber über den brutalen und rücksichtslosen Überfall auf dieses Land höchst empört. Am 12. April trifft er in Begleitung von Piekenbrock und Lahousen in Belgrad ein. Die Ruinen qualmen noch, die Luft ist von dem Gestank der Brände und der Leichen verpestet. Hunderte von Toten, für die man noch keine Zeit fand, sie zu bestatten, liegen auf den Straßen herum. Überall treffen die drei Abwehroffiziere auf behelfsmäßig versorgte Verwundete oder unverletzt gebliebene Einwohner, völlig abgestumpft von dem, was sie erlitten haben. Tiere aus dem Zoologischen Garten irren scheu in den Trümmern umher. Ein verletzter Bär schleppt sich am Save-Ufer entlang. Canaris und seine Begleiter marschieren lange quer durch die Hauptstadt und sind von dieser apokalyptischen Vision zutiefst erschüttert. Sie kehren in ihre Unterkunft, einem kleinen Hotel in Semlin, am Nordufer der Donau zurück, das teilweise von den Bomben verschont geblieben ist. Canaris läßt sich in einen Sessel fallen, es gelingt ihm nicht, die Tränen zurückzuhalten.

»Ich kann nicht mehr«, sagt er zu seinen Begleitern. »Morgen früh fahren wir weg!«

»Wohin?« fragt Lahousen.

»Nach Spanien! Nach Madrid...«

»Die Antwort war eigentlich vorauszusehen«, war die Bemerkung von Hans Piekenbrock, als er mir über diesen Belgradbesuch erzählte. Jedes Mal, wenn der Admiral verzagt war, »wenn er wieder zu sich finden mußte«, dann sei er nach Spanien gereist, in das Land, das ihm ans Herz gewachsen war, das ihm sein Lächeln zurückgewann. »Jedes Mal, wenn wir in Spanien waren, ließ er seinem Humor freien Lauf. Seine Witze waren oft so tiefsinnig, daß andere als seine engsten Mitarbeiter erst lange hinterher begriffen, was eigentlich gemeint war. Der Admiral machte aber auch derbere Späße. Eines Tages fuhren wir mit dem Auto über das Hochplateau von Altkastilien. Es war herrlichstes Wetter, wir fuhren im offenen Wagen. Da begegneten wir einer riesigen Hammelherde. Canaris richtete sich auf und grüßte mit hocherhobener Hand ›Heil Hitler!‹ Als er meine Verwunderung bemerkte, erläuterte er: ›Man kann nie wissen, ob nicht einer unserer hohen Vorgesetzten darunter ist.‹«

Ein andermal ist Canaris mit Piekenbrock und dem Leiter der Madrider Abwehrstelle, Fregattenkapitän Leißner, wieder irgendwo in Spanien mit dem Auto unterwegs. Abseits der Straße sieht er ein kleines Gutshaus, das dem Admiral besonders gefällt. Teilweise im Scherz fragte er Leißner, was das wohl kosten möge, denn er habe die Absicht, sich nach dem Krieg in Spanien ein Landhaus zu kaufen. Leißner geht auf den Scherz ein und antwortet, er werde sich gleich nach der Rückkehr nach Madrid erkundigen und es gegebenenfalls kaufen.

»Dann können Sie sich nach dem Krieg hier niederlassen«, fügt er hinzu.

Wer weiß, welche Mücke Piekenbrock damals gestochen haben mag, jedenfalls machte er die zynische Bemerkung:

»Nach dem Krieg, Exzellenz?* Sie wollen sich nach dem Krieg hier ansiedeln? Ich glaube, Sie irren sich, Exzellenz. Wenn Exzellenz es erlauben, dann möchte ich Sie darauf aufmerksam machen, daß wir nach dem Krieg alle...«

Er beendet seinen Satz nicht, sondern macht eine Handbewegung, wie wenn man ihm einen Strick um den Hals legt und ihn zuzieht. Die bislang im Fahrzeug herrschende fröhliche Stimmung war schlagartig weg. Jeder fühlt einen Schauder über den Rücken laufen, bei dieser unheilverkündenden Voraussage.

Nachdem sich Canaris von seiner inneren Erregung Jugoslawiens wegen einigermaßen erholt hatte, reist er bald wieder aus Spanien fort. Der Feldzug gegen Griechenland und Jugoslawien ist auf dem Höhepunkt: ein Meisterstück von Präzision, Kühnheit und militärischer Führungkunst. Hitler greift in den Ablauf der Operationen kaum ein und bleibt während des ganzen Feldzuges im Raum um den Semmering. Feldmarschall List, die Generale von Kleist und von Weichs lösen ihre Aufgaben mit überlegener Ruhe und unter geschickter Ausnutzung aller sich bietenden Möglichkeiten. Am 17. April kapitulieren die Reste der jugoslawischen Armee. Das Königreich der Serben, Kroaten und Slowenen hat aufgehört zu existieren. Drei Tage später gelingt den deutschen Truppen der Durchbruch durch die Metaxaslinie und sie erreichen die befestigten Stellungen der Thermopylen und Velos, wo die Engländer sich bereits wieder einzuschiffen beginnen. Noch vier Tage, und die griechische Armee steckt in Epirus die Waffen. Schnelle Verbände des Heeres stoßen am 27. April nach Athen und den Isthmus von Korinth vor. Progos,

* Im vertrauten Kreis scherzte Piekenbrock gern mit der Anrede »Exzellenz«.

Nauplion und Kalamata werden am 28. April erobert. Die deutschen Verluste sind relativ gering. Sie betragen: 67 Offiziere und Mannschaften gefallen, 191 Offiziere und 3571 Mannschaften verwundet, 550 Mann vermißt. Die Engländer, denen der Abtransport per Schiff gelang, ziehen sich auf die Insel Kreta zurück. Dort werden sie von den Fallschirmjägern des Generals Student, des Schöpfers der Luftlandetruppe, verjagt. Auf deutscher Seite aber gibt es 3250 Mann an Toten, 3400 Mann an Verwundeten, von etwa 20000 eingesetzten Fallschirmjägern und Luftlandesoldaten. Die Engländer lassen 12000 Mann an Gefangenen zurück.*

Ende Mai begibt sich Canaris in aller Eile nach Griechenland. Mit ein Hauptgrund dieser übereilten Reise war, sich dort wohnenden Freunden anzunehmen und, soweit es in seinen Kräften stand, ihnen in dieser schwierigen Situation Hilfe zukommen zu lassen. Er beweist wieder einmal sein Herz und seinen ausgeprägten Sinn für Freundschaft. Ich kann hier keine Namen nennen, doch weiß ich von anderen, daß seine Bereitwilligkeit und sein Taktgefühl noch heute bei denen in lebhafter Erinnerung sind, denen er geholfen hat und die noch am Leben sind. Ich kenne selbst namentlich eine griechische Familie jüdischer Abstammung, in der sein Name hoch verehrt wird.

Aber Canaris kann, ebenso wie vorher in Spanien, hier nur kurz verweilen. Er muß nach Berlin zurück. Das »Unternehmen Barbarossa« steht vor der Tür.

Das, was Canaris in Jugoslawien und in Griechenland sah, konnte ihn nicht optimistisch stimmen. Der Bericht, den er nach der Rückkehr nach Berlin vorfindet, läßt ihn Düsteres ahnen. Es handelt sich um eine Orientierung über die japanische Politik. Josuke Matsuoka, der japanische Außenminister, hatte am 1. April in Rom bei Mussolini und am 2. April bei Papst Pius XII. Besuch gemacht, bevor er nach Berlin kam und dort am 4. April mit Hitler und Ribbentrop ein Gespräch führte. In der Unterredung drehte es sich besonders um die Möglichkeit eines Krieges mit den Vereinigten Staaten und um einen japanischen Angriff auf Singapur. Doch mit keinem Wort wurde die bevorstehende deutsche Offensive gegen die Sowjetunion erörtert. Auf dem Rückweg machte Matsuoka Zwischenstation in Moskau und führte ein Gespräch mit Stalin und Molotow. Über den Inhalt ist

* Die Verlustziffern der Engländer sind nicht genau bekannt. Die britische Flotte erlitt schwere Verluste: 3 Kreuzer, 6 Zerstörer, 29 kleinere Schiffe wurden versenkt, 3 Linienschiffe, 6 Zerstörer, 1 Flugzeugträger wurden schwer beschädigt.

nichts durchgesickert. Der Canaris vorliegende Bericht jedoch war aufschlußreich genug.

Am 13. April, an dem Tag der Besetzung Belgrads durch deutsche Truppen, als der japanische Außenminister gerade Moskau mit der Bahn verlassen wollte, erschienen plötzlich Stalin und Molotow zur Verabschiedung auf dem Bahnhof. Eine riesige Menschenmenge hatte sich eingefunden. Stalin fragt dabei nach dem deutschen Botschafter, und als er ihn bemerkte, umarmte er ihn und sagte:

»Wir müssen Freunde bleiben. Und Sie müssen jetzt alles tun, um das zu bewirken.«

Dann wendet sich Stalin dem stellvertretenden deutschen Militärattaché in Moskau, Oberst Krebs zu mit den Worten:

»Wir werden Freunde von Ihnen bleiben, unter allen Umständen.«

Diese Szene ist nach Ansicht von Canaris keine propagandistische Bekundung, sondern eine politische Demonstration. Sie sollte der Welt bewußt aufzeigen, daß sich soeben ein überraschender Umschwung im russischen Verhalten gegenüber Deutschland vollzogen hat. Denn die Sowjetunion hat keine Reaktion gezeigt, als Jugoslawien von Deutschland angegriffen wurde, obwohl Moskau eben im Begriff war, einen Freundschaftspakt mit Belgrad abzuschließen...

»Es ist sicher«, sagt Canaris zu Piekenbrock, »daß Stalin und die führenden Staatsmänner im Kreml von den schnellen Vorstößen im schwierigen Gebirgsgelände von Griechenland und Jugoslawien derart beeindruckt sind, daß sie dem gewaltigen deutschen Kriegsinstrument alles zutrauen, auch einen vollständigen Sieg über die Rote Armee. Bereits als Molotow im November letzten Jahres in Berlin war, trachtete er danach, zu den bestmöglichen Bedingungen die Grundlage für eine deutsch-russische Zusammenarbeit zu schaffen. Gegenüber allen anderen Sorgen der sowjetischen Führung überwiegt jetzt die Besorgnis, daß die deutsche Kriegsmaschinerie Rußland überrennen könnte. Ihre Angst ist berechtigt... Die deutschen Panzer werden Verwüstung bringen! Ich mache mir Sorgen, weil diese Neuorientierung der Moskauer Politik unverkennbar ist, es scheint unmöglich, daß Hitler keine Konsequenzen daraus zieht.«

»Erscheinen Ihnen nicht die sowjetischen Truppenbewegungen und Truppenkonzentrationen an den Grenzen als ein Zeichen für aggressive Absichten?« wirft Piekenbrock ein.

»Aber nein, Piki, du verstehst die ganze Angelegenheit nicht. Dies ist nur Ausdruck eines krankhaften Sicherheitsbedürfnisses der äußerst mißtrauischen sowjetischen Machthaber. Stalin denkt nie und nimmer an einen Angriff, sondern ist an einer engeren Zusammenarbeit mit Deutschland und zu weiteren wirtschaftlichen Konzessionen bereit. Hitler hat alle Chancen. Wenn er gegen den Osten losschlagen wird, ist die Überraschung perfekt. Die Panzer werden bis Moskau vorstoßen! Weiß Gott, was dann passieren wird! Aber ich kann mich auch in der Widerstandskraft der Roten Armee täuschen. Falls Hitler nicht vorwärts kommt und weder Leningrad noch Moskau in die Hand bekommt, bedeutet dies für Deutschland den Anfang vom Ende.«

»Aber, Herr Admiral, wir können mal einige Tage oder Wochen nicht von der Stelle kommen, das ändert doch nichts an der Überlegenheit unserer Wehrmacht über die Rote Armee…«

»Du vergißt, daß, wenn Hitler seine Angriffsziele nicht vor Wintereinbruch erreicht, er das Frühjahr abwarten muß, um seine Offensive fortsetzen zu können. Glaubst du, daß während des Winters nichts passieren wird?«

»Aber…«

»Ich glaube an keinen Blitzkrieg«, unterbricht ihn Canaris, »ich bin davon überzeugt, daß dieser von Hitler als ›ein Ausweg aus allen Schwierigkeiten‹ begonnene Rußlandfeldzug nur die Lasten für Deutschland erhöht und die wenigen noch vorhandenen Möglichkeiten für einen Frieden zerstört. Da keinerlei Aussicht besteht, Großbritannien von der Nutzlosigkeit seines Kampfes gegen das Dritte Reich zu überzeugen, wird der Angriff auf die Sowjetunion der Anlaß zu einer Allianz zwischen London und Moskau sein. Außerdem hat Hitler einen ernsten Fehler begangen, indem er Matsuoka seine Pläne gegen die Sowjets verschwiegen hat. Ich kenne die Japaner durch meine Freundschaft mit Oshima zu gut, sie werden ihr Gesicht nicht verlieren wollen. Deshalb werden sie die Russen nicht in Sibirien angreifen, sondern sie werden versuchen, irgendwie die Vereinigten Staaten anzugreifen. Und damit werden die Amerikaner auch zu unseren Feinden. Dieses ›Unternehmen Barbarossa‹ führt uns geraden Weges in einen Mehrfrontenkrieg, auf den Italien und Deutschland nicht vorbereitet sind. Dies habe ich sinngemäß auch Keitel, Jodl und Halder gesagt, aber es hat nichts genützt. Sie werfen mir meinen Pessimismus vor, damit Punktum! Und Hitler! Der sieht sich bereits im Kaukasus…«

Einige Wochen später, es war am 21. Juni, sitzen vier Herren in Uniform bei »Horcher«, einem der besten Berliner Restaurants, an einem kleinen Tisch in einer ruhigen Ecke, wo man ungestört sprechen kann. Es sind Admiral Canaris, SS-Gruppenführer Reinhard Heydrich, SS-Gruppenführer Heinrich Müller, der Gestapochef, und SS-Brigadeführer Walter Schellenberg, Leiter des SD-Ausland, die Canaris zu einem Essen eingeladen hatte. Mit der Einladung der drei SS-Führer bezweckte Canaris einen letzten Versuch zu unternehmen, Heydrich und Müller vor der allzu optimistischen Einstellung gegenüber dem Rußlandfeldzug zu warnen, der im Morgengrauen des darauffolgenden Tages, am 22. Juni beginnen wird.

Der Admiral gilt als der Todfeind der drei SS-Führer. Das weiß er längst. Aber es ist bezeichnend für Canaris, daß er offenbar belangloses Essen dazu benutzt, um seine Ansichten über ein Problem anzubringen, das er als außerordentlich wichtig ansieht. Er will versuchen, sich die Unterstützung Heydrichs gegen die allzu hochgespannten Erwartungen des Führerhauptquartiers zu sichern. Hat ihm nicht Generalfeldmarschall Keitel erst vor einigen Tagen in herablassendem Ton gesagt: »Mein lieber Canaris, von der Abwehr mögen Sie etwas verstehen. Als Marinemann wollen Sie uns aber doch keine Lektion über strategische Planungen erteilen?« Für Canaris wäre es vorteilhaft, sagen zu können: Auch Heydrich sieht die Situation nicht allzu rosig! – Daß Hitler träumt und Millionen von Menschen sterben läßt, ist eine Tatsache, aber daß Marschälle und Generale sich von den Aussichten auf Ruhmeslorbeer berauschen lassen, ist bedenklich.

Zur großen Enttäuschung Canaris' äußert Heydrich während des Essens keinerlei Besorgnis. Canaris muß hören, wie er erzählt:

»Gestern, hat mir Himmler heute früh erzählt, sei der Führer bei Tisch in sehr nachdenklicher Stimmung gewesen. Martin Bormann versuchte ihn mit den Worten aufzurichten: ›Mein Führer, Sie machen sich verständlicherweise große Sorgen. Die Auslösung eines solch gewaltigen Feldzuges zur rechten Zeit und mit den rechten Mitteln hängt doch allein von Ihnen und Ihrer Berufung ab. Die Vorsehung hat Sie zum Träger solch weitbestimmender Entscheidungen ausersehen, und kein anderer als ich weiß besser, mit welcher Sorge und Mühe Sie sich den kleinsten Problemen bei der Vorbereitung Ihrer Entscheidung gewidmet und darüber nachgegrübelt haben...‹ Der Führer habe sich diese Worte angehört und sich darauf beschränkt zu erwidern, daß man nur hoffen könne, dieses Vertrauen möge sich in der Zukunft als gerechtfertigt erweisen. Aber bei solch gewaltigen, schicksalsschweren Entscheidungen wisse man nie, ob man auch wirklich alles richtig erwogen und vorausschauend berechnet habe. Er könne nur die Vorsehung bitten, daß sie für das deutsche Volk alles zum Guten wenden möge.«

Heydrich fügt hinzu: »Diese Bemerkungen Hitlers sind doch recht aufschlußreich und zeigen, daß er selbst keineswegs so optimistisch wie seine engste militärische Umgebung ist. General Halder zum Beispiel hat dem Führer gegenüber mit Gewißheit behauptet, daß die russischen Armeen in sechs Wochen vernichtet sein werden. Keitel und Jodl rechnen mit etwa acht Wochen, der Führer jedoch habe zu Himmler gesagt, daß man sicherlich etwas mehr Zeit brauche zur Vernichtung der Roten Armee, er rechne mit etwa zehn bis zwölf Wochen...«

»Der Führer hat recht«, wirft Heinrich Müller in seinem schwerfälligen bayerischen Dialekt ein.

»Ich glaube, wir müssen mit zwei bis drei Monaten rechnen«, sagt Heydrich. »Was meinen denn Sie, Herr Admiral?«

Canaris macht ein ablehnendes Gesicht, und Heydrich fährt fort:

»Eine militärische Niederlage wird das Sowjetregime derart schwächen, daß es ganz plötzlich vor Weihnachten auseinanderbrechen wird.«

Da antwortet ihm Canaris mit gedämpfter Stimme:

»Abgesehen davon, daß ich große Sorge habe, uns in einen Zweifrontenkrieg verwickelt zu wissen, was äußerst gefährlich ist, teile ich nicht die Auffassung des Obersten Führungsstabes, daß mit unserer erdrückenden Überlegenheit an Truppen, an Führungskräften, an Material, der Feldzug gegen Rußland in einigen Wochen erledigt sein wird. Es ist gar nicht so unmöglich, daß eine militärische Niederlage – ich will nicht von einer Vernichtung der Roten Armee sprechen, wohlgemerkt – Stalin im Gegenteil sogar ermöglicht, dem Führerkorps seiner Partei und seiner Regierung dadurch neue Impulse zu geben, daß er an das alte, tiefverwurzelte Nationalbewußtsein des russischen Volkes appelliert. Dieser den Sowjets aufgezwungene Krieg könnte für Stalin eher zu einer neuen Kraftquelle werden, als ihn in die Ohnmacht führen.«

Darauf antwortet Heydrich unfreundlich:

»Es ist eigenartig. Fast in dem gleichen Sinne hat unser Freund Schellenberg vor wenigen Tagen zu mir gesprochen. Sie beide machen mir den Eindruck, wie wenn Sie während Ihrer morgendlichen Ausritte sich Ihre defätistischen Ansichten austauschen.«

Schellenberg, der weiß, wie völlig entgegengesetzt Canaris und Heydrich die politische Macht der russischen Führung einschätzen, merkt die entstandene gefährliche Situation und versucht abzulenken:

»Feldmarschall Göring ist optimistischer als wir beide: er ist fest davon überzeugt, daß die Luftwaffe alle sowjetischen Flugzeuge am Boden zerstören wird, daß sie Moskau dem Erdboden gleich machen wird, und daß die Stukas die sowjetischen Panzer wie Kaninchen abknallen werden...«

»Ach, Göring!« ruft Heydrich aus. »1940 hat er uns bei England dasselbe erzählt...«

Resigniert erwartet Canaris die ersten Feuerschläge gegen Osten.

Die Welt hält den Atem an

In der nun folgenden Nacht beherrschen die Uhren die Finsternis. Die Minuten werden zu Stunden. So ist es entlang der endlos langen Grenze von tausendsechshundert Kilometern, die Deutschland von Rußland trennt, von der Ostsee bis zum Schwarzen Meer! Drei Millionen deutsche Soldaten erwarten das Antreten zum Angriff. Alle haben ein seltsam beklemmendes Gefühl in der Kehle, sie spüren ihr Herz bis zum Hals hinauf schlagen. Es ist drei Uhr und vierzehn Minuten. Im Osten dämmert es bereits leicht rötlich. Die Uhrzeiger laufen weiter, jede Sekunde rückt der Krieg unwiderruflich näher. Die Zeiger auf den vorher genau verglichenen Uhren zeigen nun alle gemeinsam drei Uhr fünfzehn Minuten an. Wie wenn sie einen Kontakt ausgelöst hätten, bricht ein gigantisches Aufblitzen über die Nacht herein. Das Feuer aus Kanonen aller Kaliber bricht los. Leuchtspurgeschosse der Flugabwehr steigen in den Himmel, das Heulen der Mörser mischt sich mit dem Donner der Geschütze. Jenseits der Grenze ist überall plötzlich ein schäumendes Meer von todbringenden Flammen und Rauch zu erkennen. Offiziere rufen »Auf, marsch, marsch!« und drei Millionen deutsche Soldaten stürmen nach Osten. Das »Unternehmen Barbarossa«, Hitlers Feldzug gegen Rußland, hat begonnen. Wenn die Nachricht bekannt wird, wird, nach Hitlers Worten, die Welt den Atem anhalten. Der Zweite Weltkrieg ist in eine neue Phase getreten, der gigantischsten und der blutigsten Phase.

31. HEYDRICH LAUERT AUF SEINE BEUTE

Schwermut befällt Canaris seit dem 22. Juni. Wohl ist er als eingeschworener Gegner des Bolschewismus darüber befriedigt, daß dieses ihm zuwidere System von den Schlägen der Wehrmacht ernstlich erschüttert wird, doch lassen diese glänzenden Siege leider auch den Nymbus Hitler in den Augen des deutschen Volkes weiter anwachsen. Auf der anderen Seite besitzt Canaris zuviel Mitgefühl und Sinn für Menschlichkeit – auch gegenüber den Repräsentanten des Stalinismus – als daß er nicht bis in den Grund seiner Seele die Schrecken mitempfinden würde, die durch die Einsatzgruppen Himmlers und Heydrichs mit den Vernichtungsaktionen verübt werden. Nichts kann Canaris trösten. Nicht einmal die im Osten errungenen Erfolge seiner Männer von der Division »Brandenburg«, nicht die durch Major Oskar Reile gezeitigten Erfolge der Abteilung III auf dem Gebiet der Spionageabwehr, wie zum Beispiel in Frankreich. Ebensowenig kann ihn die prächtige Arbeit trösten, die Major Franz Seubert von der Abteilung I in Nordafrika, in Ägypten, Tripolis, Libyen und Tunis leistet. Canaris ist in sehr bedrückter Stimmung, seine Nervosität wird immer größer, er wirkt zerfahren. Auch sein zahlreiches Hin- und Herreisen, von einer Front an die andere, von einer Abwehrstelle zur anderen, kann seine düsteren Gedanken nicht vertreiben. Die Gedanken an den »Kommissarerlaß« und die Anordnungen Keitels vom 13. Mai zermartern ihn.

Der »Kommissarerlaß«

Tatsächlich hat Hitler am 13. März 1941 einen Erlaß herausgegeben, der vorsieht, die Verwaltung der Ostgebiete nach der Beendigung militärischer Operationen nicht den militärischen Stellen, sondern

»Reichskommissaren« anzuvertrauen, und den Reichsführer der SS, Heinrich Himmler, mit Sondervollmachten in diesen weiten Gebieten zu versehen. Davon ausgehend, was Canaris über die Methoden der Gestapo weiß, befällt ihn Entsetzen. Mit diesem Entsetzen und Grauen verbindet sich Empörung, als Feldmarschall Keitel, sich unterwürfig einem Befehl Hitlers fügend, die Anordnung trifft, alle kommunistischen Führer und die sowjetischen politischen Kommissare, die in Gefangenschaft geraten, seien zu liquidieren. Wobei noch im einzelnen gesagt wird, daß, wenn diese Gefangenen nicht den Einsatzgruppen der SS übergeben werden könnten, die Truppe selbst sie zu erschießen habe. Was Canaris so empört, ist, wie sich ein Generalfeldmarschall Keitel zu einem derartigen Verstoß gegen die Haager Landkriegsordnung und die Genfer Konvention, zu einer solchen Mißachtung christlicher Prinzipien hergeben konnte. Von Anfang an war er der festen Überzeugung, daß ein solcher Befehl die Ehre des deutschen Soldaten beschmutzt. Zusätzlich werde damit für immer verhindert, daß Deutschland in politische Verhandlungen eintreten könnte, was eines Tages notwendig werden würde, wenn der deutsch-sowjetische Krieg zu einem Ende käme. Er sieht darin eine ganz bewußte Taktik Himmlers und Heydrichs, die darauf abzielt, die Wehrmacht an den gegen alle Regeln des Kriegs- und Völkerrechts verstoßenden Handlungen zu beteiligen. Diese Punkte bespricht er ausführlich mit seinen Abteilungsleitern, die sich seinem Standpunkt anschließen. Er fügt hinzu, daß die Befehle Keitels nur zum Ziel haben, daß der etwaige Widerstand der Wehrmacht gegen die SS erschwert wird, dadurch, daß die Wehrmacht selbst sich an diesen Verbrechen beteiligt.

Für die befehlshabenden Generale der Heeresgruppen stellt sich nunmehr die Frage, entweder die Ausführung der verbrecherischen Befehle der Obersten Führung zu verweigern oder hinzunehmen, daß sie zu einem Werkzeug Hitlers und damit zugleich Himmlers und Heydrichs werden. Canaris versucht den Marschällen und Generalen dieses Dilemma klarzumachen. Doch wieder einmal mehr wird er von ihren Reaktionen bitter enttäuscht. Der einzige, der energischen Einspruch gegen diese Befehle einlegt, ist der Oberbefehlshaber der Heeresgruppe Mitte, Generalfeldmarschall von Bock. Die anderen Generale tun so, als ob der Befehl nicht existiere und leiten ihn nicht weiter. Es sind also die Einsatzkommandos der SS, die sich dieses schändlichen Geschäfts annehmen. Man muß aber auch einräumen, daß die Ehre der Wehrmacht damit ebenfalls ernstlich Schaden erlitten hat.

Im Laufe des Sommers 1941 beruft General Hermann Reinecke, Chef des Allgemeinen Wehrmachtsamtes und zugleich zuständig für das Kriegsgefangenenwesen, eine gemeinsame Konferenz mit Vertretern der Wehrmacht und der SS ein. Sie hat zum Zweck, die Meinungsverschiedenheiten, die sich bei der Durchführung des Kommissarerlasses und der einschlägigen Befehle Keitels ergeben hatten, auszugleichen und die Schwierigkeiten zu beseitigen. Obgleich Canaris zu dieser Zeit in Berlin weilt, lehnt er die persönliche Teilnahme an der Konferenz ab. Es sei dazu bemerkt, daß Canaris einen Abscheu gegen Reinecke hegte, ihn als »Lakai der SS« ansah und ihn mit dem Spottnamen »kleiner Keitel« belegte. Da Canaris aber an der Tagesordnung der Konferenz sehr interessiert ist, bittet er seinen Abteilungsleiter II, Oberst Lahousen, als sein Vertreter daran teilzunehmen.

Lahousen erzählte mit später: »Canaris gab mir seine entsprechenden Anweisungen. Aus der bisherigen Praxis im Umgang mit Keitel, Reinecke und den leitenden SS-Führern hatte man längst gelernt, daß es völlig sinnlos sei, diesen Leuten mit Argumenten der Menschlichkeit, des Rechts oder sogar des Anstands zu kommen, wenn man mit seinen Protesten konkrete Ergebnisse erreichen wollte. Einzig und allein der Einwand, daß sich ein Befehl ausgesprochen nachteilig auf die Nazi-Kriegführung auswirken könnte, hatte einige Aussicht, berücksichtigt zu werden. Aus diesem Grunde erklärte mir der Admiral im einzelnen, daß sich die vorzubringenden Argumente gegen den Erlaß überwiegend auf die Scherereien und auf die Schwierigkeiten stützen sollten, die meiner Abteilung II, die sich mit Sicherheit, Sabotage und Bandenbekämpfung beschäftigte, daraus erwachsen würden. Bei der Konferenz betonte ich zum Beispiel die ungünstige Auswirkung des Erlasses auf die Stimmung unserer Truppe, in deren Anwesenheit die Erschießungen durchgeführt würden. Ich wies darauf hin, daß sich das gesunde Empfinden der großen Mehrheit der Soldaten der Wehrmacht und auch der Waffen-SS gegen die Ermordung von Kriegsgefangenen aufbäumen würde. Selbstverständlich würden unsere Männer auch darüber nachdenken, daß die Sowjets sich mit ebensolchen Grausamkeiten an deutschen Soldaten, die ihnen in die Hände fallen, rächen würden. Daneben betonte ich die besonderen Nachteile, die der Abwehr aus der

Anwendung des Kommissarerlasses auf Angehörige der nationalen Minderheiten in der Sowjetunion entstehen würden. Ich erinnerte daran, wie wir insbesondere von der ukrainischen Bevölkerung als Befreier gefeiert wurden. Man müßte tatsächlich die Unabhängigkeitsbestrebungen vom sowjetischen Regime innerhalb dieser Volksgruppen fördern. Wenn aber alle Kriegsgefangenen die gleiche grausame Behandlung erfahren, dann wäre die Erfüllung dieser Aufgabe unmöglich. Auch müsse die Frage behandelt werden, nach welchen Gesichtspunkten diejenigen unter den Kriegsgefangenen ermittelt werden sollten, die als »bolschewistisch verseucht« anzusehen seien. Tatsächlich, und das betonte ich mit Nachdruck, würde bei den SS-Einsatzkommandos eine unglaubliche Willkür herrschen, die mit grotesker Unwissenheit Hand in Hand ginge. Wir kannten den Fall mit den Angehörigen gewisser muselmanischer Volksgruppen in Südrußland, bei denen die Beschneidung üblich ist, und die deshalb als Juden angesehen und bis zum letzten Mann umgebracht wurden. Abschließend gab ich im Namen von Admiral Canaris den Hinweis, daß die Methode der Erschießung einer großen Gruppe von Kriegsgefangenen unweigerlich bekannt werden dürfte, die sowjetischen Soldaten dies zu verzweifeltem Widerstand anspornen und sie davon abhalten würde, gegebenenfalls zu uns überzulaufen. Das hieße also, daß die Wehrmacht letzten Endes selbst darunter zu leiden hätte. Meine Vorhaltungen und Begründungen hatten keinerlei Erfolg.«

Die von Lahousen bei der Konferenz vorgebrachten Gründe finden kaum ein Echo. Der furchterregende und schwerfällige Gestapochef Heinrich Müller hört sich den Vortrag Lahousens mit spöttischem Lächeln und gehässigen Blicken an. General Reinecke wendet sich energisch gegen eine etwaige Aufhebung dieses Mordbefehls und erklärt unverfroren, die sowjetischen Soldaten seien nicht als Soldaten, sondern als ideologische Todfeinde anzusehen und zu behandeln, die ausgerottet gehörten.

Kann dieser General Reinecke überhaupt noch tiefer sinken? Ist er von der SS fanatisiert worden oder ist es seine Angst vor der Gestapo? Mit Heinrich Müller an der Seite ist die zweite Annahme wahrscheinlich die zutreffende. Der Gestapo-Chef erklärt in zynischem Ton, er sei seinerseits bereit, angesichts der Befürchtungen der Abwehr über die Auswirkungen auf die Truppe, zu befehlen, daß die Exekutionen künftig außerhalb der Gefangenenlager vollstreckt werden sollten, wo sie die Soldaten nicht mehr miterleben müßten.

Sein letzter Satz ist ironisch gemeint: »Die Herren der Abwehr haben ein besonders mitfühlendes Herz für die Soldaten.«

Lahousen hütet sich, auf die Bemerkung einzugehen, denn es stecken genügend Drohungen hinter jedem seiner in stark bayerischen Dialekt ausgesprochenen Worte. Außer einem kleinen Zugeständnis bleibt der von Canaris angeordnete Protest Lahousens ergebnislos. Trotzdem gibt der Admiral seinen Kampf nicht auf. Er und seine Abteilungsleiter lassen nicht nach und richten an Keitel und die zuständigen Dienststellen Warnungen und Protestschreiben gegen die unmenschliche Behandlung der sowjetischen Kriegsgefangenen, die gegen die Gesetze des Kriegs- und Völkerrechts verstoßen.

Am 8. September ist der Krug zum Überlaufen voll, als General Reinecke Anordnungen über die Behandlung von sowjetischen Kriegsgefangenen in allen Lagern erläßt, die in formellem Widerspruch zu allen Gepflogenheiten einer zivilisierten Kriegführung stehen. Die einzelnen Punkte der Anordnung sind kaum zu glauben:

»...Der bolschewistische Soldat hat jeden Anspruch auf Behandlung als ehrenhafter Soldat und nach dem Genfer Abkommen verloren... Rücksichtsloses und energisches Durchgreifen bei den geringsten Anzeichen von Widersetzlichkeit, insbesondere gegenüber bolschewistischen Hetzern, ist daher zu befehlen. Widersetzlichkeit, aktiver oder passiver Widerstand muß sofort mit der Waffe (Bajonett, Kolben und Schußwaffe) restlos beseitigt werden... Wer zu Durchsetzung eines gegebenen Befehls nicht oder nicht energisch genug von der Waffe Gebrauch macht, macht sich strafbar. Auf flüchtige Kriegsgefangene ist sofort ohne vorherigen Haltruf zu schießen. Schreckschüsse dürfen niemals abgegeben werden... Waffengebrauch gegenüber Kriegsgefangenen gilt in der Regel als rechtmäßig...«

Canaris hält es für geboten, nunmehr gegen diese Anordnungen mit der Waffe des Internationalen Völkerrechts zu Felde zu ziehen. Und wenn es nur dafür ist, um seinen Protest aktenkundig zu machen.* In Zusammenarbeit mit Helmuth Graf von Moltke und Dr. Wilhelm Wengler (beide sind juristische Berater bei der Abwehr) und mit Admiral Leopold Bürkner, verfaßt Canaris eine Denkschrift. Sie tritt der Auffassung entgegen, daß die sowjetischen Kriegsgefangenen keinen Anspruch auf einen völkerrechtlichen

* Anläßlich der Kriegsverbrecherprozesse in Nürnberg sollte diese Protestaktion des Chefs der deutschen Abwehr noch oft zur Sprache kommen.

Schutz haben sollten. Am 15. September legt er Keitel die Denkschrift vor.

Darin schreibt Canaris:

»Das Genfer Kriegsgefangenenabkommen gilt zwischen Deutschland und der UdSSR nicht, daher gelten lediglich die Grundsätze des allgemeinen Völkerrechts über die Behandlung von Kriegsgefangenen. Diese haben sich seit dem 18. Jahrhundert dahin gefestigt, daß die Kriegsgefangenschaft weder Rache noch Strafe ist, sondern lediglich Sicherheitshaft, deren einziger Zweck es ist, die Kriegsgefangenen an der weiteren Teilnahme am Kampf zu verhindern. Dieser Grundsatz hat sich im Zusammenhang mit der bei allen Heeren geltenden Anschauungen entwickelt, daß es der militärischen Auffassung widerspreche, Wehrlose zu töten oder zu verletzen, er entspricht zugleich dem Interesse eines jeden Kriegführenden, eigenen Soldaten im Falle der Gefangennahme vor Mißhandlungen geschützt zu wissen.«
2. Die als Anlage 1 beigefügten Anordnungen für die Behandlung sowjetischer Kriegsgefangener gehen, wie sich aus den Eingangssätzen ergibt, von einer grundsätzlich anderen Auffassung aus.«

Weiter unten schreibt Canaris, die von Reinecke gegebenen Anordnungen verletzten:

»...die kriegsrechtlichen Normen im Kampf gegen den Bolschewismus... und außerdem vieles beiseite gestellt wird, was nach den bisherigen Erfahrungen nicht nur als militärisch zweckmäßig, sondern auch als zur Aufrechterhaltung der Manneszucht und Schlagkraft der eigenen Truppe als unbedingt erforderlich angesehen wurde.
3. Die Anordnungen sind sehr allgemein gehalten. Hält man sich aber die beherrschende Grundauffassung vor Augen, so müssen die ausdrücklich gebilligten Maßnahmen zu willkürlichen Mißhandlungen und Tötungen führen, auch wenn Willkür formal verboten ist. a) Das ergibt sich einmal aus den Vorschriften über den Waffengebrauch bei Widersetzlichkeit. Es wird den mit den Sprachen der Kriegsgefangenen durchweg nicht vertrauten Bewachungsmannschaften und ihren Vorgesetzten häufig nicht erkennbar sein, ob Nichtbefolgung von Befehlen auf Mißverständnis oder Widersetzlichkeit zurückgeht. Der Grundsatz: ›Waffengebrauch gegenüber sowjetischen Kriegsgefangenen gilt in der Regel als rechtmäßig‹ überhebt die Wachmannschaft jeder Pflicht zur Überlegung.«

Schließlich weist Canaris noch auf einen Punkt hin:

»Die Einrichtung einer mit Stöcken, Peitschen und ähnlichen Werkzeugen ausgerüsteten Lagerpolizei widerspricht der militärischen Auffassung, auch wenn sie von Lagerinsassen ausgeübt wird; überdies geben damit die Wehrmachtsstellen ein Strafmittel in fremde Hände, ohne dessen Verwendung wirklich nachprüfen zu können.«

Ist es noch notwendig zu berichten, daß Feldmarschall Keitel wieder einmal mehr keine Notiz von diesem Protest nimmt? Keitel liest die Denkschrift durch und, nachdem er Hitler darüber Vortrag hielt, der darüber nur die Achseln zuckt und sie zurückweist, macht er dann handschriftlich am Ende der letzten Seite die folgende Randbemerkung: »Diese Bedenken entsprechen den soldatischen Auffassungen vom ritterlichen Krieg! Hier handelt es sich um die Vernichtung einer Weltanschauung. Deshalb billige ich diese Maßnahmen und decke sie. (gezeichnet): Keitel.« Sodann gibt er die Denkschrift an Canaris mit dem Bemerken zurück:

»Sie Ärmster, Sie schweben noch in den Vorstellungen des 18. Jahrhunderts! Im Osten haben wir es mit einer Horde von Wilden zu tun. Man muß sie als solche behandeln, wenn wir nicht unterliegen wollen...«

Canaris schaut den Marschall entsetzt an. Er setzt zum Sprechen an, doch er schweigt. Warum soll er eigentlich mit diesem von Hitler fanatisierten »Zinnsoldaten« noch diskutieren! Er nimmt seine Denkschrift und geht zum Tirpitzufer zurück, gramgebeugter denn je. Er ist der Sache überdrüssig. Seine ständigen Gewissenskonflikte haben ihn zermürbt. Sein Pessimismus wird noch größer.

Heydrich ist auf der Fährte

Im »Haus gegenüber«, es bedeutet die Dienststelle von Heydrich, merkt man sich die Reaktionen von Canaris. Schellenberg und Müller steigern ihre Bemühungen in der Sammlung von belastenden Nachrichten über Canaris und seine Mitarbeiter, um die Akte »Schwarze Kapelle« zu füllen. Der Admiral ist ein schlauer Fuchs, die andern aber auch. Heydrich, der echte Spürhund, merkt, daß er auf der richtigen Spur ist. Er umkreist die Abwehr, die ihn beunruhigt und behindert. Noch hat er keine beweiskräftigen Unterlagen für einen Verrat, doch ziemlich starke Verdachtsmomente, die ihm die Gewißheit geben, daß sein ehemaliger Vorgesetzter aus der Marinezeit höchstpersönlich sein Spiel gegen die SS oder sogar gegen Hitler selbst treibt. So weiß er zum Beispiel von den verschiedenen Komplotten der Generale zwischen 1938 und 1940, die aber nach seiner Ansicht keine Gefahr darstellten. Er ist darauf erpicht, Näheres darüber in Erfahrung zu bringen, welche Rolle Canaris dabei spielt.

Im Februar 1941 unterhält sich Heydrich mit Schellenberg über die Notwendigkeit, die Arbeit der Spionageabwehr gegenüber den Sowjets weiter zu intensivieren und meint, daß der Führer diese Aufgabe sehr sorgfältig verfolge:

»Die Position von Canaris ist erschüttert. Eines Abends erklärte der Führer Himmler gegenüber: ›Die Abwehr legt immer ein Sammelsurium von Einzelmeldungen vor und überläßt es mir, das auszusuchen, was mir paßt. Man muß den Leuten eine bessere Arbeitsweise beibringen.‹« Weiter fügt Heydrich hinzu:

»Für Canaris ist das ein schlechtes Zeichen. Man muß feststellen, daß seine Aufgabe als Leiter des militärischen Geheimdienstes sehr starker Kritik ausgesetzt ist. Man kann noch mehr sagen: Ich bin mir fast sicher, daß Canaris das Angriffsdatum des Westfeldzugs vom 10. Mai 1940 an die Engländer und Franzosen verraten hat. Erinnern Sie sich doch an die undichte Stelle im Vatikan. Sie werden mir sagen, daß das keine Rolle gespielt hat und daß wir trotzdem die französische Armee vernichtet und die englische Armee vom Festland verjagt haben. Jedenfalls handelt es sich dabei um einen Verratsfall.«

»Warum handeln Sie dann nicht?«

»Nicht gleich. Ich warte lieber ab und sammle noch mehr Unterlagen. Der Tag wird kommen, an dem Canaris für alles, was er dem Regime an Schaden zugefügt hat, seine Strafe erhalten wird.«

Warum also schonen Himmler und Heydrich Canaris noch?

Man fragt sich, ob Heydrich alles sagte, was er wußte. Tatsächlich wußten Himmler, Heydrich und Schellenberg, die von allen Seiten Informationen erhalten konnten, viel mehr über die regimefeindlichen Bestrebungen und Vorgänge in der Abwehr, als sie sagten. Die drei hohen SS-Führer spielten miteinander nicht mit offenen Karten. Und das ist der Grund, warum Canaris und seine Freunde so lange verschont blieben. Auch stellte jeder für sich seine eigene Anklagemappe über die »Schwarze Kapelle« zusammen. Sie sind aufeinander eifersüchtig, hauptsächlich Heydrich und Himmler, die beide glauben, Nachfolger des Führers zu werden. Sie belauern sich gegenseitig und sagen einander nur das Notwendigste. Aber es gibt vielleicht auch andere Gründe für ihr Verhalten zu Canaris. K. H. Abshagen stellte sich zum Beispiel folgende Frage: Vorausgesetzt, daß Himmler und Heydrich in dieser Sache im Einklang waren, warum haben sie nicht zugegriffen? Er gibt darauf die Antwort: »Es könnte wohl der Gedanke mitgespielt haben, daß es zweckmäßig wäre, ruhig die

Politiker der Fronde, die Militärs und die Abwehr, ihren Putsch machen und Hitler stürzen zu lassen und erst hinterher mit den Machtmitteln der SS einzugreifen. Dann hatte man die Chance, sich als Rächer des von der »Reaktion« beseitigten Führers aufzuspielen und in der allgemeinen Verwirrung die Macht an sich zu reißen. Das ist natürlich eine Spekulation, denn aktenmäßige Unterlagen für solche Pläne der SS-Führung haben wir nicht. Doch manche Indizien könnten in diesem Sinne ausgelegt werden.«

Kurze Zeit vor seinem Tod hat mir Walter Schellenberg bei unserem Gespräch in Italien seine Ansicht darüber gesagt:

»Ich glaube, daß Canaris irgendwann einmal etwas Ungünstiges über Himmler in Erfahrung gebracht hat, und daß dieser davon wußte. Sonst hätte der Reichsführer SS bestimmt etwas unternommen, als ich ihm 1943 eine Akte über die Abwehr übergab. Das sogenannte ›Etwas‹ müßte privater Natur gewesen sein, doch ist wahrscheinlich, daß Canaris ebenfalls seine Beweise, daß Himmler selbst Kontakte mit deutschen Gegnern über den Rechtsanwalt Karl Langbehn* aufgenommen hat, zurückhalten mußte. Was Heydrich betrifft, so hat mir Canaris selbst während eines unserer morgendlichen Ausritte kurze Zeit nach dem Tode des Chefs des Reichssicherheitshauptamtes anvertraut, daß er im Besitz von klaren Beweisen der jüdischen Abstammung Heydrichs, er weiß es nicht mehr ganz genau, ist oder gewesen ist. Ich habe es um so mehr geglaubt, weil ich mich an eine Unterhaltung mit Heydrich erinnerte, es war im Sommer 1941, als wir beide allein in seiner Jagdhütte waren. Dabei sagte er mir, daß er glaube, daß die Art und Weise unseres Vorgehens sicherlich nicht gut enden werden. Es sei eine ausgesprochene Torheit, die Judenfrage aufgeworfen zu haben! Diese Anspielung auf das Judenproblem wurde von mir erst richtig verstanden, als ich diese vertrauliche Mitteilung durch Canaris erhielt.«

Die »Akte Heydrich«

Schon lange vor dem Krieg waren unter den NS-Führern zahlreiche Gerüchte im Umlauf, wonach unter anderem die Großmutter Reinhard Heydrichs väterlicherseits eine Jüdin sei. Ein biederer Bäcker-

* Langbehn wurde am 12. Oktober 1944 ermordet, weil er »zuviel darüber wußte«.

meister aus Halle an der Saale, dem Geburtsort Heydrichs, war die Quelle dieser Gerüchte. Der Bäckermeister behauptete nämlich steif und fest, daß der Vater Heydrichs ein Halbjude wäre, denn er selbst habe noch persönlich die Mutter des letzteren gekannt. Sie hieß Sarah Heydrich und war hundertprozentige Jüdin, sie starb später in Leipzig. Reinhard Heydrich habe gegen den Bäckermeister geklagt und er habe den Prozeß gewonnen. Die Zeitungen hätten selbstverständlich über diese Angelegenheit geschwiegen. Der »Diffamierende« wäre nicht in der Lage gewesen, »die Tatsachenbeweise seiner Behauptungen« zu erbringen. Als der Bäckermeister im Verlaufe einer späteren Revisionsklage forderte, daß man das Kirchenregister und das Standesamtsregister in Halle/Saale heranziehen sollte, stellte man fest, daß durch ein »unerklärliches Mißgeschick« in beiden Registern die Seite des Monats März 1904 fehlte... Heydrich war genau am 7. März 1904 geboren.

1935 und 1937 war Heydrich erneut gezwungen, zwei Prozesse gegen Personen zu führen, die wiederum behaupteten, er sei jüdischer Abstammung. Doch dieses Mal kam es nicht bis zur mündlichen Verhandlung vor Gericht. Der eine der »Denunzianten« widerrief schriftlich und leistete bei Heydrich »Abbitte«. Der andere, der erklärt hatte, unwiderlegbare Beweise der jüdischen Abstammung des Klägers zu erbringen, verschwand für immer auf »mysteriöse Weise«. Um alle Beweise zu verwischen, ging Heydrich sogar so weit, daß er einen seiner treuen Mitstreiter beauftragte, in einem Leipziger Friedhof den Grabstein seiner jüdischen Großmutter zu entfernen, auf dem der Name »Sarah Heydrich« geschrieben stand, und ihn durch einen neuen zu ersetzten, mit der diskreteren Inschrift »S. Heydrich«.

Die »Akte Heydrich«, die Admiral Konrad Patzig, der Vorgänger von Canaris im Amt als Leiter der Abwehr, zusammengestellt hatte, wurde 1935 Canaris übergeben. Dieser setzte die Ergänzung laufend fort. Piekenbrock berichtete mir, daß er sie wohl gesehen habe, doch kenne er nur einen Teil davon genauer. Er erinnerte sich, daß Canaris in dieser Akte sowohl eine Kopie der vollständigen Prozeßunterlagen Heydrichs gegen den Bäckermeister aus Halle/Saale, als auch die von zwei anderen Prozessen verwahrt hatte. Ob er sich diese Akten vielleicht im Zusammenspiel mit dem Leiter des Reichskriminalamts Arthur Nebe und mit Reichsjustizminister Franz Gürtner besorgt hat? Wahrscheinlich. Canaris hatte auch die Rechnung vom

Lieferanten des Grabsteins aus Leipzig, der den alten Grabstein von Sarah Heydrich umgetauscht hatte, so wurde mir von Piekenbrock ergänzend mitgeteilt. Was aus dieser dicken Akte »Heydrich«, die von Patzig und dann von Canaris zusammengestellt war, geworden ist, weiß man nicht. Vielleicht ist sie in einem der vier schwarzen Lederkoffer, die Canaris eines Tages nach Madrid mitnahm und nicht wieder nach Berlin zurückbrachte. Diese Koffer waren 1965 noch vorhanden.*

Trotz des ewigen Zweikampfes zwischen Heydrich und Canaris, dessen wichtigster Zeuge Walter Schellenberg war, herrscht wenigstens dem Anschein nach ein freundliches Verhältnis zwischen ihnen. Die drei sind oft beisammen, was nicht verwunderlich ist. Heydrich und Canaris wollen scheinbar nicht gerne zu zweit allein sein. Beide wünschen die Anwesenheit Schellenbergs. Jedes Mal, wenn dieser Anstalten macht, sich zurückzuziehen, holt ihn einer der beiden wieder herbei. Es ist ziemlich eigenartig, mit anzusehen, wie sie ihn, Schellenberg, mit Fragen wie diese bestürmen: Ob er mich richtig verstanden hat? Was verbirgt sich hinter diesen Sätzen? Sagen Sie, Schellenberg, habe ich das gesagt, was ich sagen wollte? Oder war ich zu heftig?... Schellenberg wirkt ähnlich wie ein Puffer zwischen den beiden Kontrahenten und haben offensichtliches Vertrauen zu ihm.

Mit Beginn des »Unternehmens Barbarossa« verschlechtert sich das Verhältnis Heydrich-Canaris erheblich. Canaris ist unruhig und nervös. Er empfindet allmählich so etwas wie eine physische Angst vor Heydrich. Dessen eiskalte Taktik scheint allmählich Früchte zu tragen. Immer wieder warnt Heydrich Schellenberg, sich vor dem listigen Chef der Abwehr in acht zu nehmen, immer wieder spricht er von den andauernden Spannungen und Reibereien, die sich zwischen Canaris und ihm ergeben. Heydrich ist unter keinen Umständen mehr zum Nachgeben gewillt; er befindet sich auf dem Höhepunkt seiner Karriere und ist entschlossen, den Admiral zu vernichten, wenn er es für nötig hält, seine Anwartschaft auf die Nachfolge des Führers zu festigen.

* Ich konnte den Lagerort, wohin die Koffer damals gebracht wurden, nicht ausfindig machen. Für die Geschichtsforschung ist es bedauerlich, daß man den Inhalt nicht genau kennt. Vielleicht wird sich eines Tages der Besitzer entschließen, das Geheimnis zu lüften. Ich habe gute Gründe anzunehmen, daß wenigstens ein Teil des berühmten Tagebuches von Canaris sich in den Koffern, neben anderen besonders wertvollen Dokumenten, befindet.

»Lassen Sie sich von Canaris nicht einlullen«, sagt Heydrich zu Schellenberg. »Wenn man Sie beide zusammen sieht, könnte man meinen, Sie seien intime Freunde. Sie erreichen gar nichts damit, wenn Sie ihn mit Samthandschuhen anfassen. Canaris ist ein Fatalist, einzig und allein entschlossenes Auftreten zahlt sich bei ihm aus. Sie müssen mit seinen direkten Mitarbeitern noch energischer umgehen, denn für diese Bande von intellektuellen Schwätzern ist Höflichkeit ein Zeichen der Schwäche. Denken Sie mal darüber nach, und handeln Sie – und das ist ein Befehl – als Mittler zwischen ihm und mir. Zum Schluß wird der Admiral doch zum Berg, das heißt zu uns, kommen. Wenn nicht, dann...«

Heydrich spricht den begonnenen Satz nicht zu Ende. Aus dessen haßerfüllter Stimme und dem eiskalten Blick folgert Schellenberg, daß sein Chef den Galgen meint, an dem Canaris baumeln wird.

Wenige Tage später sagt Canaris zu Schellenberg: »Die ganze Welt ist von den derzeitigen Erfolgen an der Ostfront berauscht. Der Führer hatte wohl mit einer schnellen Vernichtung der Roten Armee gerechnet, aber läßt sich nicht jetzt bereits übersehen, daß der Krieg dieses Jahr nicht zu Ende gehen wird? Haben wir nicht immer wieder gesagt, daß die Dinge in Rußland nicht so ablaufen werden, wie der Führer und seine engsten Berater es sich vorstellten? Doch sie wollten ja nie die Wahrheit hören. Ich weiß, daß ich sehr viel älter bin als Sie, Schellenberg, aber lassen Sie uns beide zusammenhalten. Wenn die da oben an der Spitze merken, daß wir beide gleicher Meinung sind, dann werden sie sich vielleicht in acht nehmen.«

Canaris hat scheinbar noch Hoffnung. In Wirklichkeit aber weiß er, daß Heydrich ihn nicht aus den Augen läßt, und ihn geduldig belauert, wie eine Raubkatze ihre Beute. Er spürt, daß Heydrich nicht zögern wird, über ihn herzufallen. Als Fatalist wartet er ab und ist davon überzeugt, daß er im richtigen Augenblick entsprechend parieren kann. Seine Unruhe betäubt er mit vermehrtem Herumreisen außerhalb Deutschlands, und hört zerstreut, nur mit halbem Ohr, Oberst Oster an, der immerwährend seine Komplottpläne gegen Hitler vorbringt, die niemals zum Ziel führen.

Im August 1941 unternimmt Canaris eine Reise nach Paris. Er ruft dort alle seine Abwehroffiziere zusammen und läßt sich von den Leitern der verschiedenen Abteilungen über die Lage berichten. Er legt Wert darauf, daß die Abwehrdienststellen in Frankreich alles daransetzen, Generalfeldmarschall von Rundstedt, den Oberbefehlshaber West, ebenso wie General Otto von Stülpnagel, den Militärbefehlshaber Frankreich, ausreichend zu unterrichten. Offiziere, mit deren Leistungen Canaris nicht zufrieden ist, werden schnell abgelöst. Ein solcher Fall ereignet sich während dieser Besprechung in Paris, als Fregattenkapitän Langendorf in seinem Lagevortrag erwähnt, einige Gruppen »Rotspanier« verunsicherten verschiedene Departements des besetzten Gebietes. Die Geheime Feldpolizei sei zur Überwachung nicht ausreichend. Das beste wäre, sie in ein Konzentrationslager einzuweisen, sagte er. Bei diesen Worten unterbrach ihn Canaris. In beherrschtem Ton, wegen der Anwesenheit von anderen Offizieren, warf er ein, daß er keineswegs seine Meinung teile. Einige Zeit später mußte Langendorf die Abwehr verlassen.

Oberst Oskar Reile, der an dieser Besprechung teilnahm, gab mir später dazu noch die folgende Erklärung: »So großen Wert Admiral Canaris darauf legte, daß die ihm unterstellten Offiziere und Soldaten ihre ganze Kraft zum Schutze der Landesverteidigung und der Truppe einsetzten, so streng achtete er darauf, daß die Angehörigen der Abwehr ihre Befugnisse nicht überschritten und sich bei Durchführung dienstlicher Operationen streng im Rahmen des Rechts und des menschlich Tragbaren hielten. Untragbar, ja unmenschlich, war für ihn der von Fregattenkapitän Langendorf aufgeworfene Gedanke, eine ganze Personengruppe, eine unübersehbare Zahl von Menschen, denen bisher strafrechtliche Handlungen nicht nachgewiesen waren, die Freiheit zu berauben. Schriftlich und mündlich wiederholte Canaris bei jeder Gelegenheit, daß er auf das strengste gegen Abwehrangehörige vorgehen würde, die Gefangene nicht anständig behandeln sollten. Diese Haltung des Admirals trug Früchte. Sie wurde Allgemeingut des Offizierskorps der Abwehr und blieb es auch, als Canaris nicht mehr Chef der Abwehr war. Die von ihm erlassenen Befehle blieben lebendig.«

Heydrich war diese geistige Haltung bekannt. Sie mißfiel ihm und er hatte vor, sie in seiner Akte gegen die »Schwarze Kapelle« entsprechend zu verwerten.

32. HEYDRICHS GROSSER TRUMPF

Hitler sprach: »Ich bin 1914 aus reinem Idealismus als Freiwilliger in den Krieg gezogen. Ich sah Tausende von jungen Menschen um mich herum fallen. Ich habe erfahren, daß alles ein grausamer Kampf um das Dasein und letzten Endes zur Erhaltung der Rasse ist. Das einzelne Individuum kann vergehen, wenn es nur andere gibt, die es ersetzen...«

Es herrscht eine Atmosphäre tiefer Ehrfurcht vor dem Führer, der zwischen zwei Sätzen einen Schluck Mineralwasser zu sich nimmt. Keiner der Tischgäste spricht ein Wort. Admiral Canaris sitzt zwischen Oberst Scherff (Kriegsgeschichtliche Abteilung beim OKW) und dem SS-General Karl Wolff (Chef des persönlichen Stabes von Himmler). Mit seinen Tischnachbarn spricht er kein Wort. Er ist eben mit seiner Blumenkohlsuppe fertig und ißt etwas weißen Käse mit Brot und zwanzig Gramm Butter. Alle Angehörigen des Führerhauptquartiers hüllen sich in Schweigen. Nach soundsoviel Jahren des Zusammenlebens in der Einsamkeit kennen sie, was Hitler über dieses oder jenes Thema zum x-ten Mal zu sagen pflegt. Canaris hört dem Monolog des Führers des Dritten Reiches nur oberflächlich zu: »...Ich kann mir gut vorstellen«, so setzt Hitler zu sprechen fort, »daß manche Leute sich den Kopf darüber zerbrechen und nachdenken, um eine Antwort auf die Frage zu finden: ›Wie kann der Führer eine Stadt wie St. Petersburg ausradieren?‹ Sicherlich gehöre ich von Natur aus zu einer anderen Sorte Mensch.«

Plötzlich hört Canaris den Worten Hitlers aufmerksam zu. Aber er kann sich eines leichten Schmunzelns nicht erwehren, als Hitler mit Überzeugung sagt: »Mir wäre es lieber, keine Menschen leiden zu sehen, und keinem Menschen etwas zuleide tun zu müssen...« Jetzt ist Canaris das Lächeln vergangen. Er schaut entgeistert drein, wie wenn er vor einem wilden Tier stünde, dieser Mensch, der so viele Verbrechen auf dem Gewissen hat, wagt es, sein Verhalten zu erklären: »Wenn ich erkenne, daß unsere Rasse in Gefahr ist, dann tritt bei mir der eiskalte Verstand an die Stelle des Gefühls. Es berühren mich aber die Opfer schmerzlich, die die Zukunft von uns verlangen wird, wenn wir dagegen heute zögern, die notwendigen Opfer zu bringen.«

Canaris hört nicht mehr hin. Er schaut im Speisesaal der »Wolfsschanze« umher, dem Hauptquartier Hitlers in der Nähe von Rastenburg in Ostpreußen. Er besucht es so selten wie möglich, und nur wenn er dringend von Keitel gebeten worden ist, Fragen der Spionage und Spionageabwehr an der Ostfront zu klären. Die zwanzig Stühle mit senkrechter Rückenlehne stehen um einen großen Tisch, alle in heller Eiche, alle sind besetzt. Anwesend sind General Jodl, Dr. Dietrich, Feldmarschall Keitel, Reichsleiter Martin Bormann, Admiral Krancke und andere. Hitler sitzt auf seinem Stammplatz in der Mitte, an der Fensterseite. An den Wänden hängen Holzschnitte von Götz von Berlichingen, Heinrich I. (um Himmler eine Freude zu machen), Ulrich von Hutten usw. Gegenüber Hitlers Platz hängt eine riesige Landkarte von Europa, dabei steht ein Rundfunkempfänger.

Canaris wartet, daß das Essen bald beendet ist. Ihm behagt es nicht in dieser Umgebung. Nach der Beendigung der Besprechung bei Keitel und einer beiläufigen Routineunterredung mit Jodl und Warlimont, will er sich sofort nach Nikolaiken auf den Weg machen, in das Stabsquartier der Abwehrabteilung »Fremde Heere Ost«, wo ständig eine Unterkunft für ihn bereitsteht. Auf die Ehre weiterer Mahlzeiten im Hauptquartier verzichtet er gerne, ganz im Gegensatz zu der Mehrzahl der Besucher, die sich diese Gelegenheit nicht entgehen lassen, um von den Adjutanten und anderen Offizieren aus der Umgebung Hitlers das Neueste an Einzelheiten über dessen Ansichten und Absichten zu erfahren. Als Canaris gerade bei Keitel herauskommt, findet er sich plötzlich Hitler gegenüber. Ein Ausweichen ist nicht möglich. Hitler ist guter Laune. Er spricht mit dem Chef der Abwehr alles mögliche durch und sagt dann plötzlich: »Bleiben Sie doch zum Abendessen, SS-Obergruppenführer Karl Wolff wird Ihnen einige Entscheidungen erläutern, die ich soeben getroffen habe. Wolff hat von Reichsleiter Bormann verschiedene Einzelheiten erhalten. Das wird Sie sicherlich interessieren.«

Neugierig gemacht, bleibt Canaris deshalb zum Abendessen. Während des ganzen Essens beschäftigt ihn eine Bemerkung des SS-Führers Wolff, der während des Platznehmens zu ihm sagt:

»Herr Admiral, jetzt ist es soweit! Ihr Freund Heydrich ist Reichsprotektor geworden...«

Der Abwehrchef ist gespannt darauf, zu erfahren, wie und warum Heydrich so urplötzlich seine Funktionen wechselt. Durch Schellenberg weiß er wohl, daß Heydrich, der Stellvertreter Himmlers in der SS-Führung, seit langem darauf aus ist, eine aktivere Rolle in der Politik des Dritten Reiches zu spielen, doch vermutete er nicht, daß er das Reichssicherheitshauptamt abgeben würde, den Sicherheitsdienst, den Heydrich selbst ins Leben gerufen hat und den er mit eiserner Hand führt. Doch SS-General Wolff belehrt ihn sogleich eines Besseren.

Nach dem Essen zieht sich der Führer zurück und der Chef des persönlichen Stabes von Himmler vermittelt Canaris, was er soeben aus dem Munde von Reichsleiter Martin Bormann erfahren hatte: daß Hitler Heydrich zum Stellvertretenden Reichsprotektor von Böhmen und Mähren ernannt habe, daß er aber seine Führungsfunktion im Reichssicherheitshauptamt behalten werde. Wenn Canaris einen Augenblick mit der Hoffnung gespielt hatte, damit Heydrich nicht mehr als Gegenspieler auf dem Sektor der Geheimdienste zu haben, mußte er diese nun begraben. Wolff erklärte dann noch näher, daß diesen Abend, den 27. September 1941 um 20 Uhr 16 im Führerhauptquartier folgendes Telegramm eingegangen sei:

> Mein Führer.
> Ich habe die Ehre, Ihnen gehorsamst zu melden, daß ich gemäß Ihrer Weisung von heute, die Geschäfte des Stellvertretenden Reichsprotektors von Böhmen und Mähren übernommen habe. Die offizielle Amtseinführung findet morgen vormittag um 11 Uhr im Hradschin statt.
> Alle Berichte und Meldungen auf politischem Gebiet werden Ihnen über Reichsleiter Bormann zugeleitet.
> Heil, mein Führer!
> gez. Heydrich, SS-Obergruppenführer

Diese Mitteilung stellt den Höhepunkt in der Laufbahn Reinhard Heydrichs dar, der dazu Leiter des RSHA und in dieser Funktion von Himmler abhängig bleibt. In seiner Dienststellung als Stellvertretender Reichsprotektor Böhmen/Mähren jedoch kann er erstmals unmittelbar mit Hitler verkehren. Mit diesem Amt erhält er in der Tat die rangmäßige und rechtmäßige Gleichstellung mit einem Minister. Außerdem wurde er – auf Geheiß Hitlers – am gleichen Vormittag von Himmler zum SS-Obergruppenführer befördert, was dem Dienstgrad eines Generalobersten entspricht. Er ist nun sechsunddreißig Jahre alt, seine nächste Umgebung sieht in ihm den »Kronprinzen des Führers«.

Bormanns Werk

Man weiß nicht genau, ob es Hitlers eigene Entscheidung war, Heydrich mit diesem Amt zu betrauen. Nach den Ausführungen Schellenberg, habe »Bormann diese Kandidatur unterstützt, Himmler hingegen sei nicht sehr begeistert darüber gewesen, wollte ihr aber keine Hindernisse in den Weg legen. Vielleicht wünschte er auch nur Hitler gegenüber einen Meinungsstreit mit Bormann zu vermeiden«. Es hat den Anschein, daß die beiden grauen Eminenzen des Regimes, Heydrich und Bormann, dabei ein gezieltes Zusammenspiel trieben, um in Prag den ehemaligen Reichsaußenminister Freiherrn von Neurath kaltzustellen, der seit dem März 1939 das Amt des Reichsprotektors von Böhmen und Mähren innehatte, der aber kränkelte und von »Nazigegnern umgeben« war. Bormann habe Heydrich auch zu verstehen gegeben, daß dies ein großer Schritt nach vorn sei, und wenn es ihm gelänge, die wirtschaftlichen und sozialpolitischen Probleme der Tschechen zu lösen, der Führer ihn sicherlich noch mit wichtigeren Aufgaben betrauen würde. Heydrich hätte Bormann mißtrauen sollen, denn dieser war ihm alles andere als wohlgewogen, was Heydrich auch wußte. Ob diese überraschend freundliche Geste nicht eine Falle sein sollte? Bormann, der die wichtigsten parteipolitischen Fäden im Dritten Reich in der Hand hatte, hatte auf die SS hingegen keinerlei Einfluß. Dadurch daß er Heydrich gegen Himmler ausspielte, trennte er das gefürchtete Zweigespann und machte sich gleichzeitig Heydrich zum Verbündeten. Ein Teil von Bormanns Plan ging nicht auf: Hitler stimmte der Ernennung Heydrichs zum Reichsprotektor von Böhmen und Mähren nur unter der Bedingung zu, daß er seine Funktionen als Leiter des RSHA beibehielte, weil er ihn für »unersetzbar« ansah.

Heydrich nahm Bormanns Spiel nicht wahr. Sichtlich reizte ihn die Funktion als Reichsprotektor zu sehr. Die Polizei- und Sicherheitsprobleme des Reichssicherheitshauptamtes wurden ihm allmählich zu eintönig. Er hielt die Zeit für gekommen, etwas Konkreteres, etwas Neues aufzubauen.

Hochgestimmt war er deshalb, als er auf dem Flugplatz in Prag aus seinem Flugzeug stieg, begleitet von einem kleinen Stab aus dem RSHA ausgewählte Leute.

Die Gestapo bei der Arbeit

Heydrich hat es eilig. Schon wenige Stunden nach seiner Amtsübernahme in den prunkvollen Räumen des Hradschin, gibt er der Gestapo das Signal zum Beginn ihrer Aktionen. Der ehemalige General und Ministerpräsident Alois Eliaš, der seit langem mit der Exilregierung Benesch in London in Verbindung steht, befindet sich in den Händen von Gestapo-Spitzeln, die nach allzu bekannter Methode versuchen, ihm alle Geheimnisse dieser Prag-London-Kontakte zu entreißen. Sie kommen nicht auf ihre Kosten. Alois Eliaš, der nur noch das Wrack eines Menschen ist, bringen sie nicht zum Sprechen. Am nächsten Tag erfolgt ein neues Verhör durch die Gestapo. Dieses Mal ist der Widerstandswille des alten Generals gebrochen: alles was er weiß, gibt er preis. Als ihn ein Standgericht vier Tage nach seiner Verhaftung zum Tode verurteilte, war Alois Eliaš nur noch ein blutiges Zerrbild seiner selbst.

Die Heydrich übertragene Aufgabe in Prag ist von doppelter Natur. In Berlin weiß man sehr wohl, daß der größte Teil des tschechischen Volkes überzeugter Gegner des Nationalsozialismus ist, daß die Kollaborationsregierung Hacha auf schwachen Füßen steht, und daß subversive Anschläge im Protektorat an der Tagesordnung sind, die aus London von der Exilregierung des Expräsidenten Benesch gelenkt werden. Andererseits gewinnt das Protektorat für Deutschland eine immer größere Bedeutung für die allgemeine Kriegführung. Das Achtmillionenvolk der Tschechen hat wertvolle Industrien und hervorragende Techniker, während in Deutschland die Kriegsproduktion immer mehr unter den Bombenagriffen der Alliierten leidet und insbesondere seit Beginn des Rußlandfeldzugs eine Verknappung an Arbeitskräften eingetreten ist. Unter diesen Gesichtspunkten besteht Heydrichs Aufgabe darin, erstens die antinazistische Untergrundbewegung auszumerzen, und zweitens bei den Tschechen einen erhöhten Beitrag zu den Kriegsanstrengungen zu erreichen.

Heydrich kam nach Prag mit der Überzeuqung, daß er dies alles durch eine massive Einschüchterung der Bevölkerung erreichen könnte. Er ist sich dessen sicher, daß er seinen Auftrag mit Hilfe seiner so oft erprobten Methoden erfolgreich erfüllen wird. Vom Tag seines Amtsantritts an befiehlt er eine Reihe von vorsorglichen Maßnahmen, die er als »erzieherische Maßnahmen« deklariert. Diese raffiniert abgestuften Schläge treffen ausgesuchte Personen aus den verschiedensten Bevölkerungsschichten. Sie werden pauschal wegen politischer Vergehen vor Gericht gestellt und im Anschluß an die Gerichtsverhandlung dem Henker übergeben. Die Liste der Opfer reicht vom Intellektuellen über Politiker, engagierte Anhänger des Widerstands, sabotageverdächtige Arbeiter bis zu Bauern, die mit dem Ablieferungssoll ihrer Agrarprodukte in Verzug waren... Es dauerte nicht lange und Heydrich wurde »der Schlächter von Prag« genannt... Das rührte ihn nicht!

Aus seinem Hradschin-Palais erklärte er am 4. Oktober: »Für uns ist es völlig klar, daß in der Geschichte des deutschen Reiches Böhmen und Mähren das Herz des Reiches war... dieser angesprochene Raum muß eines Tages wieder deutsch werden und die Tschechen haben dann nichts mehr darin zu bestellen... Wir müssen den Tschechen einen wichtigen Punkt beibringen: ›Ob ihr uns mögt oder nicht, ausschlaggebend ist, daß ihr begreift, daß ihr für die Anstiftung von Revolten oder für Widerstand gegen uns büßen müßt.‹ Es ist unnütz zu versuchen, sie für uns zu gewinnen, das haben wir nicht nötig. Wir wissen, so hoffe ich, was wir zu tun haben, aber wir müssen dabei bestimmte taktische Regeln einhalten. Ich für meinen Teil beabsichtige gesellige und freundliche Beziehungen zu den Tschechen zu pflegen, unter Einhaltung ganz bestimmter Grenzen. Wir müssen stets wachsam sein, weil die Tschechen ein hinterhältiges Gesindel sind!«

Ende Oktober hat Heydrich in Böhmen und Mähren »das Haus gesäubert«. Tausende von Tschechen wanderten in die Konzentrationslager von Mauthausen und Theresienstadt. Weitere Hunderte wurden nach Urteil durch ein Sondergericht exekutiert oder einfach durch die Gestapo umgebracht. Diese schnelle, durchgreifende Säuberung brachte Heydrich die Bewunderung seines Stellvertreters K. H. Frank ein, der später schrieb, daß er voller Bewunderung für den politischen Instinkt Heydrichs gewesen sei, mit dem er zunächst die Führer des Widerstands – den Premierminister, die Generalität und hohe Staatsbeamte – beseitigte, und sich dann den Unruhestiftern, den Schiebern des schwarzen Marktes und den Juden zuwandte.

Am 1. November fühlte sich Heydrich des Erfolges seiner angewandten Methoden so sicher, um die Peitsche weglegen und das Zuckerbrot reichen zu können.

Indessen führt Heydrich gleichzeitig aus dem Hintergrund einen anderen Kampf. Dieses Mal aber nicht gegen die Tschechen, sondern gegen die Abwehr. Er hat nämlich mit Beginn seiner Tätigkeit in Prag die Akte mit dem offiziellen Titel »Schwarze Kapelle«, die er spaßeshalber »Schwarzes Orchester« nennt, wieder hervorgeholt.

Die Gestapo hatte in der Wohnung des Leiters des Zollamtes, Karel Prokop, in Prag-Jinovice in der Nacht vom 3./4. Oktober 1941 eine Funkstelle ausgehoben, und dessen Frau und Sohn festgenommen. Der Funker namens Jindrich Klecka beging in der Toilette Selbstmord, nachdem er keine Zeit mehr fand, die Unterlagen zu verbrennen. Diese stellten eine reiche Ausbeute dar. Nach gelungener Entschlüsselung einiger Sprüche bestätigt sich ein altes Verdachtsmoment der Gestapo, wonach ein hoher deutscher Beamter unter dem Decknamen »Franta« oder »René« für die tschechische Widerstandsbewegung arbeitet und ihr strengst geheime Nachrichten liefert. Bereits seit geraumer Zeit weiß die Gestapo von seiner Existenz. Seit 1939 versuchte sie diese geheimnisvolle Persönlichkeit aufzuspüren. Allgemein ging man von der Annahme aus, der Verräter sei inmitten des Kreises führender Persönlichkeiten der Partei zu suchen. Doch mußte es sich um eine besonders geschickte Person handeln, denn es konnte keinerlei Hinweis oder Beweis für diese Vermutung gefunden werden. Deshalb wurde im Dezember 1939 ein Sonderstab der Gestapo unter Leitung des Kriminalobersekretärs Willi Abendschön zusammengestellt, um den Verräter aufzuspüren. Diese Gruppe sammelte und kontrollierte alles, was irgendwie mit »Franta« oder »René« in Beziehung gebracht werden konnte.

Der Zufall kommt der Gestapo zuhilfe. Einer der Funkkollegen von Jindrich Klecka, der Selbstmord beging, vertraute sich Abendschön an und sagte aus, daß seine Freunde mit einem gewissen »René« in Verbindung seien, einem Angehörigen der Wehrmacht. Nun wird die Sondergruppe Abendschön aktiv und führt in den Wehrmachtskreisen in Prag eingehende Nachforschungen durch. Als erstes fällt der Verdacht auf einen Amtsleiter der Partei, welcher der Kreispropagandaleitung in der Stadt Liberec angehört. Nach stundenlanger Vernehmung wird der Mann wieder freigelassen. Es ist nicht der gesuchte »René«.

Dann richtet sich der Verdacht auf einen gewissen Hauptmann Bernhard Leidl, einem wichtigen Mitglied der Abwehr. Vernehmungen und Gegenüberstellungen ergeben keinerlei Anhaltspunkte. Unter vielen Entschuldigungen läßt man ihn wieder frei. Canaris legte Protest bei Heydrich ein, und Abendschön bekam einen Rüffel.

Verdacht gegen Paul Thümmel

Die Gestapo muß wieder von vorn anfangen. Aber doch nicht so ganz, denn Abendschön hat das Gefühl, er müsse doch bei der Abwehr weiter nachforschen. Sein Gefühl verstärkt sich, als er die Vernehmungsprotokolle von drei V-Männern der Abwehr, den V-Leuten August Seidl, Antonin Krizek und Haneskova, vor sich liegen hat, die von der Abwehr nach der Türkei geschickt wurden, mit dem Auftrag, in das Geheimdienstnetz des britischen Nachrichtendienstes einzudringen, und die von den Engländern dann »umgedreht« wurden. Keiner von den dreien hatte jemals von einem »René« gehört, doch alle drei hingen mit einem Dr. Holm in Prag zusammen, dem Auftraggeber der nach dem Balkan und der Türkei entsandten V-Männer. Und Abendschön weiß, daß dieser Dr. Holm in Wirklichkeit Paul Thümmel heißt. Die Gestapo hatte sich schon einmal für die Tätigkeiten dieses Mitglieds der Abwehr interessiert. Abendschön holt die Akte wieder hervor.

Als im April 1941 Jugoslawien zerschlagen und besetzt worden war, folgten die Agenten der Spionageabwehr von Walter Schellenberg der vorrückenden Wehrmacht auf dem Fuße nach. Bereits einige Stunden nach der Einnahme von Belgrad durchsuchten sie die ausländischen Botschaften. So fanden sie in den Räumen des britischen Militärattachés die Kopie eines erst vor kurzem eingegangenen Telegramms: »...Die deutsche Luftwaffe wird den Angriff mit einem heftigen Bombardement auf die Hauptstadt einleiten... wie uns unser treuer Freund Franz-Joseph mitgeteilt hat. Informieren Sie die jugoslawische Regierung...«

Die Depesche kam aus London, die Informationsquelle hingegen mußte wahrscheinlich in Prag sein. Der Geheimdienst Schellenbergs, der in Berlin und in Prag Nachforschungen anstellte, entdeckt dabei, daß die Informationen aus geheimen Operationsbefehlen stammen, die im Panzerschrank der Abwehr in Prag verwahrt waren. Nur drei

Personen hatten Zutritt zu diesen Geheimpapieren: Oberst von Kornatzki, der Leiter der Abwehrstelle Prag, sein Stellvertreter, Oberst von Engelmann und der Haupt-V-Führungsmann Paul Thümmel. Da die beiden Obersten zu dieser Zeit von Prag abwesend waren, fiel der Verdacht allein auf Thümmel.

Die Nachforschungen der Dienststellen Schellenbergs, des SD-Ausland, und Heinrich Müllers von der Gestapo stoßen ins Leere, obwohl sie sich auf der richtigen Fährte befinden! Da trifft plötzlich ein ganz eindeutiger Befehl Schellenbergs ein: »Paul Thümmel, Alter Kämpfer der NSDAP, Inhaber des Goldenen Parteiabzeichens, seit vielen Jahren Angehöriger der Abwehr und Freund des Reichsführers SS Heinrich Himmler, genießt das hundertprozentige Vertrauen der Partei, der SS und des Oberkommandos der Wehrmacht.« Der die Untersuchung leitende SS-Führer von Schellenbergs Spionageabwehr sieht sich damit bloßgestellt.

Abendschön selbst erinnert sich, daß man nie herausbekam, wer der in der englischen Depesche genannte »Franz-Joseph« war. Bei seiner Vernehmung durch den tschechischen Geheimdienst nach dem Krieg, am 12. August 1945 in Prag, mußte er erklären, wie der Verdacht auf Paul Thümmel entstand:

»Wir hatten in der Nacht vom 3./4. Oktober 1941 absendebereite Telegramme vorgefunden, in denen ganz klar geschrieben stand: René kündigt an..., René bestätigt... Nach den Informationen von René... Nun aber waren diese Angaben von einem solch geheimen Charakter, daß der Personenkreis in Prag, der von diesen Dingen Kenntnis haben konnte, sich nur auf K. H. Frank, den Stellvertreter des Reichsprotektors, auf Otto Geschke, den Gestapochef in Prag, und auf Dr. Holm alias Paul Thümmel von der Abwehr beschränken konnte. Mein Chef, Dr. Otto Geschke, entschloß sich, Heydrich als dem Leiter des RSHA Bericht zu erstatten, weil es sich um einen hohen Funktionär der Abwehr handelte. Heydrich gab daraufhin grünes Licht und wir verhafteten Thümmel am 13. Oktober in seinem Büro.«

Abendschön setzte auf eingehendes Befragen seine Aussage fort:

»Anfangs tat Thümmel sehr überrascht, später hat er energisch dagegen protestiert. Er leugnete hartnäckig, ›René‹ zu sein. Wir konnten keine schlagenden Beweise gegen ihn finden. Im Verlauf des Verhörs lenkte er geschickt den Verdacht auf andere ab. Nach mehreren Tagen verlangte er von uns, ihm die Erlaubnis zu erteilen, die hohen Parteiinstanzen zu benachrichtigen... Die Folge war eine Flut von Protesten, von Bormann im Namen der NSDAP, von Himmler namens der SS, und von Canaris, im Namen der Abwehr. Der Kriminalkommissar der Gestapo, Oskar Fleischer, ein alter Freund von Thümmel, legte ebenfalls Protest ein. Ich mußte mich der Forderung meines Chefs Dr. Geschke beugen...«

Was ist vorgefallen?

Am 15. Oktober, zwei Tage nach der Verhaftung Paul Thümmels, erfährt Canaris von der Sache.

»Heydrich muß sich verdammt sicher fühlen«, sagt er zu Lahousen, »wenn er so offen gegen einen Vertrauensmann der Abwehr aufzutreten wagt, der zugleich alter Kämpfer der Partei und obendrein noch ein enger Freund von Himmler ist.«

Wahrhaftig geht Heydrich, als er während seines Kartenspiels den »Trumpf Thümmel« in die Hand bekommt, sofort zum Angriff über. Seiner gewohnten Taktik entsprechend, bedient er sich Walter Schellenbergs.

Ausritt im Tiergarten

Am 25. Oktober reiten Canaris und Schellenberg auf den Wegen des Berliner Tiergartens spazieren. Die Wege sind wie von einem Teppich mit welkem Laub bedeckt, von dem das Hufegeklapper verschlungen wird. Schellenberg erklärt, daß sich sein Chef mit Elan auf seine neue Aufgabe als Reichsprotektor von Böhmen und Mähren geworfen habe, daß er sich aber trotzdem ebensosehr für die Fragen des Sicherheitsdienstes der SS (RSHA) interessiere, deren alleiniger Chef er nach wie vor sei.

»Heydrich möchte gerne ein Gespräch mit Ihnen, Herr Admiral, führen«, meint Schellenberg. »Sie wissen doch, daß zwischen Ihren und unseren Dienststellen Spannungen herrschen, die sich immer mehr vertiefen. Heydrich möchte sie gerne aus der Welt schaffen.«

»Die Abwehr als solche will Ihr Chef verschwinden lassen. Ich bin über seine Absichten genau im Bilde«, unterbricht ihn Canaris.

»Glauben Sie mir, Herr Admiral, ich kann nichts für Heydrichs Absichten«, versichert Schellenberg. »Ich bin indessen der Meinung, daß wir eine engere Zusammenarbeit zwischen uns anstreben müssen. Wie denken Sie darüber?«

Der Admiral antwortet nicht gleich und bringt sein Pferd auf einer langen, einsamen Allee in Galopp. Sein Begleiter gibt seinem Pferd die Sporen und folgt ihm nach. Canaris denkt über die Äußerung Schellenbergs nach. Sein Hinweis ist ernst gemeint. Heydrich führt etwas im Schilde. Was hat er vor? Wohl ist er bei Hitler gut angesehen, aber reicht das aus, um ihm die Entscheidung der Zusammenlegung des militärischen Nachrichtendienstes mit dem der SS abzunötigen? Der Admiral glaubt es nicht. Er hat noch einige Trümpfe in seinen Karten, um die hinterhältigste Machenschaft des Leiters des RSHA mit Erfolg vereiteln zu können. Bislang hat er stets die immer wieder vorgebrachten Versuche der SS abgelehnt, auf Kosten der Abwehr heimlich die Macht des SD und der Gestapo zu erweitern. Es ist schwer, die Festung der Abwehr zu stürmen. Der Geist der Abwehr, der Leiter und Mitarbeiter erfüllt – in der Mehrzahl SS-Gegner, wenn nicht Nazigegner – bildet einen festen Block. Sie sind alle leidenschaftlich darauf bedacht, ihre relative Unabhängigkeit zu wahren. Heydrich wird sich dabei die Zähne ausbeißen. Canaris hat noch Vertrauen, ein recht fatalistisches Vertrauen, trotzdem kann er eine bestimmte Unruhe nicht bezähmen. Er hat eine Vorahnung, daß die Verhaftung Thümmels mit einer neuen Angriffsabsicht Heydrichs Hand in Hand geht.

Er hält sein Pferd an. Schellenberg reitet an ihn heran.

»Was will Heydrich genau?« fragt Canaris.

»Er möchte, daß Sie bald nach Prag kommen, um die neu aufgetauchten Probleme, die zu einer Spannung zwischen unseren Dienststellen führen, mit Ihnen zu besprechen.«

»Ist das wirklich alles, Schellenberg?« fragt Canaris.

»Jawohl, Herr Admiral, das kann ich Ihnen versichern.«

Während sie im Schritt zum Reitstall zurückreiten, ist Canaris nachdenklich gestimmt. Der weißhaarige Admiral bemerkt, wie seine Hündin schwanzwedelnd auf ihn zuläuft, um damit ihre Freude auszudrücken. Da meint er zu Schellenberg gewandt:

»Hier, Schellenberg, sehen Sie die Überlegenheit eines Tieres. Meine Hündin ist ehrlich, sie wird mich nie verraten... Dasselbe kann ich von den Menschen nicht behaupten... Sagen Sie Heydrich, daß es abgemacht ist, daß ich in allernächster Zeit nach Prag kommen werde, um mit ihm die Probleme zu erörtern... Bentivegni und Piekenbrock werden mich begleiten. Kommen Sie auch?«

»Bestimmt, Herr Admiral.«

Wenige Tage später enthüllt Heydrich in Prag seine Pläne. Ihm zur Seite der Gestapo-Müller und Schellenberg, als Leiter des SD.

»Als ich Ihnen eine Aussprache vorschlug, wußte ich genau, daß es für mich verlorene Zeit sein würde. Wenn ich mit ihnen unbedingt zu einem Kompromiß kommen will, dann nicht um Sie zu schonen, sondern ausschließlich aus Gründen der militärischen Lage. Dennoch will ich Ihnen nicht verheimlichen, daß nach dem Krieg die SS das gesamte Arbeitsgebiet der Abwehr in die Hand nehmen wird.«

»Nach dem Krieg, mein lieber Heydrich«, wirft Canaris lächelnd ein.

Doch Heydrich bleibt ernst und wiederholt seine Drohung mit dem Hinweis: »...vielleicht schon vor Ende des Krieges.«

Daraufhin entgegnet ihm der Admiral in ruhigem Ton, wobei er seinem Gesprächspartner fest in die Augen schaut: »Mein lieber Heydrich, ich habe nie an Ihren Absichten und an Ihrem Ehrgeiz gezweifelt. Ich kenne Sie ja schon recht lange, Sie wissen, seit... der Zeit, wo Sie in der Marine dienten. Doch Sie kennen mich auch, und Sie wissen sehr gut, daß niemand die Abwehr antasten wird, solange ich am Leben bin.«

Heydrich behagt es gar nicht, an seine Zeit bei der Marine erinnert zu werden, die ihn damals hinausgeworfen hat. Daraufhin geht er mit einer heimtückischen Frage zum Gegenangriff über:

»Niemand wird die Abwehr antasten, Herr Admiral, auch nicht der Führer?«

»Sagen Sie mir nicht Dinge nach, die ich nicht gesagt habe«, erwidert Canaris. »Das bezieht sich nicht auf den Führer, Sie wissen es genau, sondern auf Sie und auf mich. Das ist ein großer Unterschied und ist völlig eindeutig.«

Es ist so eindeutig, daß Heydrich seine geheime Trumpfkarte auf den Tisch schlägt: »Glauben Sie nicht, Herr Admiral, daß der Führer die Abwehr in Frage stellt, wenn er erfährt, daß ein wichtiges Mitglied Ihres Hauses in Prag des Verrats beschuldigt wird, der mit dem tschechischen Widerstand und mit dem Intelligence Service unter einer Decke steckt? Was denken Sie darüber? Was glauben Sie?«

»Ich nehme an, daß Sie Thümmel meinen?«

»Genau, den meine ich.«

»Erlauben Sie mir, Sie darauf aufmerksam zu machen, daß Paul Thümmel, bevor er Mitglied der Abwehr wurde, Mitglied der Partei und sogar... Alter Kämpfer war.«

»Das stimmt. Aber er ist kein Mitglied der SS. Er untersteht direkt Ihrem Befehl. Wenn ich dem Führer durch Reichsleiter Bormann die Akte vorlege, die ich über die Affäre Thümmel habe, kann ich mir seine Reaktionen ausmalen.«

»Sie irren sich, mein Lieber. So sicher wie Sie, bin ich mir über die Reaktionen des Führers nicht, wenigstens nicht in dem Sinne, wie Sie es erhoffen!«

Dann – er fühlt, daß er ein wenig nachgeben muß – fügt der Admiral hinzu:

»Das soll heißen, mein lieber Heydrich: wer sagt Ihnen, daß ich nicht bereit wäre, mit Ihnen loyal und gründlich eine bestimmte Anzahl von Fragen zu besprechen, die gleichermaßen die Abwehr und den Sicherheitsdienst der SS betreffen?«

Nun macht Heydrich seinerseits Konzessionen, wenn er sagt:

»Ich habe nie versucht, Ihnen zu schaden. Unsere seit langen Jahren währende Freundschaft beweist es. Und unser Freund Schellenberg kann es bezeugen. Ich habe die Abwehr stets gegen Ihre Kritiker in Schutz genommen.«

Schellenberg fühlt sich nicht recht wohl dabei, weil er genau weiß, daß das nicht stimmt, und er wagt nicht, die beiden Männer anzuschauen.

»Wenn Ihre Einstellung so ist«, antwortet Canaris gelassen, »dann können wir uns verständigen. Machen Sie den Anfang, indem Sie Paul Thümmel freilassen, er ist ein vorzüglicher V-Mann. Er hat ausgezeichnete Arbeit geleistet. Vielleicht war es in seinen Kontakten mit der Widerstandsbewegung bloß eine Unüberlegtheit, aber sicherlich keine Verratsabsicht. Ich bin mir darüber klar, und ich weiß, daß der Reichsführer SS ebenso denkt wie ich...«

Heydrichs Gesicht wird eisig. Das hat der letzte Satz ausgelöst. Der Admiral läßt seinem Gesprächspartner aber keine Zeit, sich wieder zu fangen, und versetzt ihm den endgültigen Hieb:

»...so hat er mir wenigstens gestern abend gesagt, in Berlin. Dabei fügte er hinzu, daß Reichsleiter Bormann es nicht möchte, daß der Führer von dieser Sache erfahre. Die Beschuldigungen gegen diesen alten Parteigenossen Paul Thümmel erscheinen ihm zumindest... leichtfertig und oberflächlich dargestellt. Unser Führer habe im

Augenblick genug Sorgen mit der militärischen Lage. Wir wollen ihn nicht um eine Entscheidung bitten... Eine Aufhebung der Verhaftung, wenn Sie wollen, unter Beobachtung, wäre wünschenswert. Wie denken Sie darüber?«

Schellenberg, der mir diesen Vorgang erzählte, fügte hinzu, daß Heydrich dabei ganz blaß geworden sei, weil er sich von dem Admiral überspielt gefühlt habe, weil er, schneller und listiger als er, selbst die zwei grauen Eminenzen des Dritten Reiches, Himmler und Bormann, auf seine Seite gebracht hatte.

Seine kalte Wut läßt sich Heydrich nicht anmerken. Er hat sich unter Kontrolle, und zeigt sich sogar als guter Mitspieler. Er gibt Canaris die Zusage:

»Herr Admiral, wir werden Thümmel freilassen, aber wir werden ihn überwachen. Sind Sie damit zufrieden?«

»Voll und ganz.«

»Aber eines steht fest, wenn wir unwiderlegbare Beweise gegen ihn erhalten, dann werde ich darüber dem Führer melden.«

»Ich bin ganz Ihrer Meinung. Und was die Spannungen zwischen der Abwehr und dem SD anbelangt, so soll unser Freund Schellenberg mit meinen Abteilungsleitern Verbindung aufnehmen, diese sind dazu bereit, mit ihm zusammen eine verträgliche Form der Zusammenarbeit zu finden.«

Canaris hat damit soeben meisterhaft Heydrichs Erpressungsversuch unterlaufen. Er hat ein Spiel gewonnen. Doch ist voraussehbar, daß der Leiter des Reichssicherheitshauptamtes seine Revanche suchen wird. Dies wird nicht lange auf sich warten lassen. Inzwischen erhält Dr. Holm alias Paul Thümmel am 25. November 1941 seine Freiheit wieder.

Willi Abendschön läßt seine Beute noch lange nicht los. Daß man ihn dazu zwang, diesen Dr. Holm-Thümmel freizulassen, dessen Unschuld er weiterhin anzweifelt, hat ihn ziemlich mitgenommen. Und Heydrich ist ihm ebenfalls ungnädig. Fast täglich fordert er Nachforschungsergebnisse, er will konkrete Ergebnisse. Auch er fühlt, daß der Kern der Affäre in der Abwehr zu finden ist. Er wünscht es unbedingt, er trachtet danach, diesem Thümmel das Handwerk zu legen, um sich damit für seinen beabsichtigten Angriff auf Canaris und seine Leute eine zusätzliche Waffe zu besorgen, aber Thümmel ist ein zäher Bursche.

Während Abendschön fieberhaft die Verfolgung aufnimmt, viel

herumreist, Nachforschungen in Berlin und Dresden anstellt, die Archive durchstöbert, von neuen Zeugenaussagen Kenntnis nimmt und die alten Tatsachen mit den neueren Aussagen vergleicht, macht sich Paul Thümmel über die Gestapo lustig. Für seine Arbeit bei der Abwehr hat er eine Sondergruppe gebildet, die er sonderbarerweise die »kleine Hauskapelle« nennt. Deren Auftrag ist es, Ermittlungen gegen die »drei Könige« des tschechischen Widerstands zu führen: gegen die Oberstleutnante Balaban und Masin und den Hauptmann Vaclav Moravek. Aber nicht etwa, um sie dingfest zu machen, sondern nach Thümmels Aussage bei der Gestapo, um der Abwehr zu ermöglichen, die genauen Einzelheiten der militärischen Organisation der tschechischen Widerstandsbewegung »Obrana Narodna« kennenzulernen.

Oberstleutnant Balaban wurde am 22. April 1941 festgenommen und sodann von der Gestapo erschossen. Oberstleutnant Masin befand sich seit 13. Mai 1941 in Gestapohaft und erwartet seine Aburteilung. Hauptmann Vaclav Moravek läuft noch immer frei herum. Da erhält Abendschön Beweise, daß Thümmel nicht nur Vaclav Moravek kennt, sondern sogar weiß, wo er sich versteckt hält.

Am 22. Februar 1942 wird Dr. Holm-Thümmel zu einer wichtigen Besprechung zum Kriminalrat der Gestapo, Schultz gerufen. Abendschön erwartet ihn dort und nimmt seine Verhaftung vor. Er läßt ihn umgehend nach dem Gefängnis Kladno bringen, das weit von dem Lärm und der Agitation in Prag entfernt ist, denn er will ihn ganz ungestört vernehmen können. Als er ihm schließlich die unwiderleglichen Beweisdokumente unter die Nase hält, gibt es für Dr. Holm-Thümmel nur noch einen Ausweg: Er muß alles auf eine einzige Karte setzen. Ja, er sei »René«, doch arbeite der mit Moravek nur zusammen, um das feinverzweigte Netz der »Obrana Narodna« herauszubekommen. Abendschön täuscht vor, als wolle er ihm glauben. Er drängt darauf, daß Dr. Holm-Thümmel ihn auf die Spur von Moravek bringt, nach dem die Gestapo seit 1939 fahndet. Welch eine Chance, wenn er, Abendschön, plötzlich Dr. Holm-Thümmel des Verrats überführen und Moravek fangen könnte! Um dieses Ziel zu erreichen, beantragt und erhält er von Heydrich die Genehmigung, Dr. Holm-Thümmel unter der Bedingung freizulassen, daß er ihm behilflich ist, Vaclav Moravek unschädlich zu machen. Am 2. März wird Thümmel erneut vorläufig freigelassen.

Die »Zusammenarbeit« zwischen Thümmel und Abendschön ist für den letzteren nicht ganz echt. Er stellt zwei oder drei Fallen, aber jedes Mal entkommt der Teufelskerl Moravek in letzter Sekunde. Es ist offensichtlich, daß Dr. Holm-Thümmel nicht die Absicht hat, ihm bei der Festnahme behilflich zu sein. Am Donnerstag, dem 20. März 1941, ist Abendschön mit seinen Nerven am Ende und verhaftet Thümmel zum drittenmal.

Zwei Tage darauf, Samstag 21. März, kommt ein Glückszufall (oder ein Gestapospitzel) Abendschön zu Hilfe: um 19 Uhr habe Moravek im Depot der Straßenbahn in Orechovce ein Zusammentreffen. Die Gestapoleute sind schon dort. Es kommt zu einem verzweifelten Kampf.

Otto Geschke, der selbst den Tod von Moravek zusammen mit Abendschön erlebt hat, berichtete mir darüber: »Gegen 19 Uhr 15, als meine Leute ihren Gefangenen abführten (es war Rehak, der den Schutz von Moravek übernehmen sollte), tauchte plötzlich auf einem Seitenweg Moravek auf. Als er bemerkte, daß sein Verbindungsmann verhaftet war, eröffnete er das Feuer. Unsere Leute erwiderten es. Moravek wurde an der Wade und am Oberschenkel getroffen und versuchte zu fliehen. Um 19 Uhr 19 hat Moravek, nachdem er umzingelt war und er keinen Ausweg zur Flucht mehr sah, Selbstmord begangen, bevor sich meine Leute auf ihn stürzen konnten. Bei der Durchsuchung fand man bei ihm zwei 9 mm-Pistolen und sieben leergeschossene Magazine...«

Das Spiel Heydrichs kommt in Gang

Die Gestapo hat einen Mann, der des Hochverrats verdächtigt ist, in ihrem Gewahrsam. Aber es ist ein großer Nationalsozialist. Einen Träger des Goldenen Parteiabzeichens, Vertrauensmann von Canaris und Intimfreund Himmlers, eines solchen Verbrechens zu beschuldigen, das ist äußerst peinlich. Bevor die offizielle Strafverfolgung eingeleitet wird, ist es wichtig, daß Paul Thümmel ohne großes Aufsehen und unter größtmöglicher Verschwiegenheit aus der NSDAP ausgeschlossen wird.

Der Leiter der Gestapostelle Prag, Dr. Geschke, legt Heydrich am 27. März 1942 den Entwurf eines Berichts an Reichsleiter Bormann vor, dessen Schlußfolgerung nicht überraschen kann: Da die Angelegenheit noch nicht abgeschlossen sei und Paul Thümmel in Verdacht stehe, zugleich Nachrichten, die er von ehemaligen Mitarbeitern der Abwehr aus Dresden erhalten hat, geliefert zu haben, wäre man dankbar, wenn der Ausschluß Thümmels aus der NSDAP beschleunigt und ohne Aufsehen zu erregen, zum Abschluß gebracht werden könnte. Auch seine Verhaftung sei geheimzuhalten. Die Benachrichtigung des Gauleiters von Sachsen scheine im Augenblick nicht angebracht. Es könnte sonst dazu führen, daß die Verhaftung Holms interessierten Kreisen außerhalb der Gauleitung zu Ohren käme.

Mit einem Grünstift zeichnet Heydrich den Entwurf Geschkes ab. Aus anscheinend unerklärlichen Gründen geht der Bericht an Bormann erst am 23. Mai, das heißt mit acht Wochen Verspätung, ab. Liegt der Grund vielleicht darin, daß die Gestapo zwischenzeitlich neue Erkenntnisse über die Vergangenheit Paul Thümmels gewonnen hat? Nein, keineswegs!*

Reinhard Heydrich selbst ist an dieser verspäteten Absendung schuld. Während dieser acht Wochen versuchte er immer wieder, Canaris zu erpressen, indem er sich der »Affäre Paul Thümmel, V-Mann der Abwehr, des Hochverrats beschuldigt«, bediente. Er hatte Erfolg mit seiner Erpressung, doch sollte es sein letzter sein.

Warum wollte der Nationalsozialist Thümmel Hitler verraten?

Der Agent »A-54« ist nun endlich demaskiert worden. Kennt man aber deshalb seinen seltsamen Charakter besser? Welche Beweggründe hatte Thümmel für seinen Kampf gegen Hitlerdeutschland? Wie ist seine Tätigkeit zu erklären? Warum hat ihn Himmler bis zum Schluß begünstigt? Und schließlich, wodurch kamen Paul Thümmel Entscheidungen, die als »Geheime Reichssache« eingestuft waren, so schnell zur Kenntnis? Bereits sehr früh, ab 1938, unterließ es der Agent »A-54« Geld zu fordern, als ob sein vorrangiges Bedürfnis darin bestanden hat, ernstgenommen zu werden.

* Die Gestapo, Heydrich und Canaris haben nie erfahren, daß Dr. Holm, »René«, »Franta«, Paul Steinberg und Paul Thümmel einunddieselbe Person sind, die vom tschechischen Geheimdienst als »A-54« geführt wird. Acht Jahre sollten vergehen, bis diese Verbindung im Laufe des NS-Kriegsverbrecherprozesses in der Tschechoslowakei aufgedeckt werden sollte. Vgl. hierzu Anhang, Dokument 9.

Welches das eigentliche Motiv seiner tatkräftigen Unterstützung des tschechischen inneren Widerstandes war, ist nicht bekannt geworden. Vielleicht hatte er zunächst einen Kanal gebraucht, um Informationen nach London zu geben, vielleicht hat ihn der verborgene Kampf an der Seite der Widerstandskämpfer in seinen Bann gezogen, deren führende Männer er mit so viel Wagemut vor dem Zugriff der Gestapo zu retten suchte und mit denen ihn schließlich eine Art von unzerstörbarer Brüderlichkeit verband.

Im Zusammenhang mit der Rolle, die Paul Thümmel spielte, tauchte auch die Frage auf: war er womöglich ein Doppelagent? Wenn »A-54« auch der tschechischen Widerstandsbewegung außergewöhnliche Dienste erwiesen und Nachrichten von besonderer Wichtigkeit nach London geliefert hat, könnte seine Tätigkeit an der Spitze seines Spionagedienstes für die Abwehr in Prag ebensosehr positiv zu bewerten gewesen sein. Wir wollen nicht vergessen, daß Paul Thümmel unter dem direkten Befehl von Canaris stand, den er oft besucht hat. Vielleicht liegt darin eine Erklärung.

Ich bin davon zutiefst überzeugt, daß der Admiral mit den weißen Haaren sein Vaterland dennoch nicht verraten hat, wenn er die antinazistischen Widerständler ermutigte und abschirmte, wenn er Kontakte mit neutralen Ländern und mit den Alliierten begünstigte. Das Drama von Canaris, der bekanntlich niemals Parteimitglied war, hat sich auf politisch-philosophischem Gebiet abgespielt: Staat oder Vaterland. Daß er sich für das Vaterland entschieden hat, darüber besteht kein Zweifel. Es ist möglich, wenn nicht wahrscheinlich, daß in geringerem Maße dieses Drama auch das von Paul Thümmel gewesen ist. Wie dem auch sei, der Agent »A-54« hat nunmehr seinen Platz in der ersten Reihe der Märtyrer der ungeschriebenen Geschichte des Zweiten Weltkrieges gefunden.*

33. WER HAT HEYDRICH ERMORDET?

Am 28. Dezember 1941 startet von einem nahe bei London gelegenen Flugplatz ein Flugzeug vom Typ Halifax mit der Besatzung des

* Paul Thümmel wurde niemals verurteilt. Unter falschem Namen wurde er im August 1942 in das Konzentrationslager Theresienstadt eingeliefert und am 27. April 1945 erschossen.

Oberleutnants R.C. Hockey. An Bord des Flugzeugs sind weitere sieben tschechische Fallschirmspringer, die im schottischen Trainingscamp Camus Darrah eine Spezialausbildung erfahren hatten. Sie bilden drei Gruppen: Die Gruppe »Antropoid«, bestehend aus zwei Mann, Joseph Gabcik, einem Slowaken, und Jan Kubis; die Gruppe »Silver A« unter Führung von Oberleutnant Alfred Bartos mit Feldwebel Joseph Valcik und dem Funker Jiri Potucek, und als dritte Gruppe »Silver B«, die aus Jan Zemek und Vladimir Skacha besteht. Um 2 Uhr 15 ist das Flugzeug genau über der Stadt Pilsen.

Um 2 Uhr 24 wird die Gruppe »Antropoid« östlich von Pilsen abgesetzt, während die Maschine weiter nach Osten fliegt. Um 2 Uhr 27 wird die Gruppe »Silver A« abgesetzt. Um 2 Uhr 36 erhält die Gruppe »Silver B« den Befehl zum Absprung. Dann kehrt das Flugzeug um und nimmt wieder Richtung auf England. Einer der Passagiere, Hauptmann Sustz vom tschechischen Geheimdienst in London, beobachtet durch eine Scheibe seine Heimat, die allmählich in der Ferne verschwindet. Sieben Mann werden im Morgengrauen einen mehr als gefährlichen Auftrag beginnen. Sie sollten dazu genau fünf Monate bis zur Ausführung brauchen. Zum Anfang sammeln sie die für die Erfüllung des Auftrags notwendigen Informationen, wozu sie mehrere Wochen benötigen. Der Auftrag der Gruppe »Antropoid« bedeutet für Joseph Gabcik und Jan Kubis nichts anderes als der Polizei des NS-Regimes in der Tschechoslowakei einen gewaltigen Schlag zu versetzen, indem sie deren obersten Chef, den Ortsgruppenführer der SS Reinhard Heydrich beseitigen.

Aufgrund der aus verschiedensten Quellen des verzweigten Netzes der tschechischen Widerstandsbewegung gelieferten Nachrichten werden mehrere Pläne nacheinander erwogen und wieder verworfen.

Man erwog zuerst, mit einer Bazooka den Sonderzug des Reichsprotektors anzugreifen, einen Flügel der Prager Burg zu sprengen, Heydrich im Forst von Panenske Brezany in einen Hinterhalt zu locken und ihn zu töten, nachdem man durch ein über die Strasse gespanntes Drahtseil einen Unfall seines Wagens verursacht hatte. Alle diese Vorhaben wurden nacheinander wieder verworfen, bis der endgültige Plan im Mai 1942 festgelegt wurde. Der Anschlag sollte in einem Vorort von Prag, durch dessen Straßen Heydrichs täglicher Weg von Panenske Brezany (einem Schloßgut des Erzbischofs von Prag, das für Heydrich als dessen Landsitz beschlagnahmt wurde) zu seiner Dienststelle in der Hauptstadt führte.

Der Tod schleicht um Heydrich herum. Er macht sich darüber keine Gedanken, denn er fürchtet kein Attentat. Ganz offen verachtet er »diese tschechischen Spießer, die nicht den Schneid aufbringen, so etwas zu versuchen«. Trotz der ständigen Warnungen seiner Mitarbeiter, verhält er sich weiterhin eher wie ein volkstümlicher Star, denn als ein hoher Würdenträger des deutschen Regimes, auf den sich der Haß einer ganzen Nation konzentriert. Wenn die Zeit es ihm erlaubt, pflegt er, auf dem vorderen Sitz seines grau-grünen Mercedes-Cabriolets sitzend, durch Prag zu fahren, ohne anderen Schutz als den seiner Handwaffen und denen seines getreuen Fahrers, des SS-Oberscharführers Klein, eines hünenhaften, energischen und intelligenten Mannes. Heydrich hat Wichtigeres zu tun, als sich um seinen Schutz zu kümmern!

Nach den Berichten von Schellenberg hat sich Heydrich im Laufe des Winters und Frühjahrs 1942 entschlossen, der Abwehr ein Ende zu bereiten. Er weiß, daß der Führer sich bei Himmler über die Unzulänglichkeit der Dienststellen von Canaris beklagt hat, weil sie ihm keine zuverlässigen Angaben über die technischen Fortschritte der Westmächte auf dem Gebiet der Funkpeilung lieferten, eine Folge des britischen Kommandounternehmens am 27. Februar 1942 auf Kap Antifer bei Le Havre. Heydrich folgert daraus, daß das Ansehen von Canaris beim Führer gelitten habe. Er läßt durchblikken, es sei an der Zeit, wenn nicht zu einem entscheidenden Angriff gegen Admiral Canaris und seine Abwehr anzusetzen, so doch wenigstens dank seiner Trümpfe nunmehr konzentriert vorzugehen, um von Canaris wichtige Zugeständnisse zu erzwingen.

In der Tat hat er zahlreiche neue Trümpfe in der Hand. Zu Anfang des Jahres verhaftet die Gestapo einen ehemaligen Landgerichtsdirektor namens Dr. Straßmann, der beschuldigt wird, versucht zu haben, mit linksgerichteten politischen Kreisen für einen Nachrichtenaustausch auf innerpolitischem Gebiet Verbindungen anzuknüpfen. Als Heydrich erfährt, daß Dr. Straßmann ausgesagt hat, auf Veranlassung von zwei Angehörigen der Zentralabteilung Osters tätig geworden zu sein, unternimmt er zunächst nichts. Im Gegenteil, er gibt Anweisung, die Angelegenheit ruhen zu lassen. Eine Mitteilung des Sicherheitsdienstes aus Madrid gibt ihm eine weitere Trumpfkarte in die Hand. Canaris habe eine große Geldsumme bei einer Bank in der spanischen Hauptstadt deponiert. Er sei mit vier schwarzen Lederkoffern in Madrid angekommen, doch ohne diese wieder abgereist. Schließlich kommt noch die Verhaftung von Paul Thümmel als wichtigstes Trumpf-As hinzu.*

Im April sind die Spannungen im Verhältnis zwischen SD und Abwehr auf einem Punkt angelangt, der Heydrich veranlaßt, eine Vereinbarung zu entwerfen und sie Canaris zuzusenden. Dieser antwortet einige Zeit später mit einem Gegenvorschlag, der in einer Reihe klar formulierter Punkte die Zugeständnisse, zu denen er bereit ist, genau abgrenzt. Heydrich reagiert darauf heftig und erklärt, daß unter diesen Umständen jede persönliche Verhandlung mit Canaris absolut zwecklos sei. Er droht mit einem Appell an Himmler und lehnt weitere Verhandlungen mit Canaris ab. Im Bestreben, sich gütlich zu einigen, entschließt sich Canaris, sich persönlich in die Prinz-Albrecht-Straße, zum Dienstsitz des Reichssicherheitshauptamts zu begeben, doch weist Heydrich den Besuch seines alten Chefs ab. Dieser sieht für sich Gefahr im Verzug und bittet Keitel, sich einzuschalten. Nach einer telefonischen Rücksprache Keitels mit Heydrich wird Canaris schließlich empfangen. Die Aussprache endet mit einer Einigung über die strittigen Punkte, die sofort schriftlich niedergelegt werden.

Canaris täuscht sich nicht darüber hinweg, daß er dieses Mal aus der Auseinandersetzung mit Heydrich als Verlierer hervorgegangen ist. Die endgültige Vereinbarung soll in Prag im Anschluß an eine gemeinsame Tagung der maßgeblich Verantwortlichen der Abwehr und der SS geschlossen werden. Sie wird auf den 18. Mai 1942 festgelegt. Unterdessen fährt Heydrich nach Paris, um dort den Einfluß und die Aktivität der SS, die unter dem Befehl des SS-Generals Oberg steht, voranzutreiben.

* Schellenberg versicherte mir – ich habe es nicht ganz geglaubt – daß Heydrich damals sehr genaue Kenntnis von der Verschwörung gegen Hitler hatte, und alles über die Rolle, die Oberst Oster dabei spielte, gewußt habe. Wenn er nichts dagegen unternahm, dann deshalb, weil er meinte, es sei besser den Tag abzuwarten, an dem die Verschwörung aus dem Stadium des Herumdiskutierens in das Stadium der umstürzlerischen Handlung übergehe, um sie dann zu vernichten. Heydrich – ich zitiere Schellenberg – hätte sich seines Wissens über Osters Tätigkeit bedient, um Canaris unter Druck zu setzen.
Nach meinen Gesprächen mit Schellenberg und nach dem Studium seiner Memoiren kam ich zu der Feststellung, daß der ehemalige Chef der SS-Dienststelle SD-Ausland eine recht eigensüchtige Art hatte, die Wahrheit zu entstellen. Deshalb sollte man seinen »Zeugenaussagen« mit großem Mißtrauen begegnen.

Am Vormittag des 18. Mai um 10 Uhr 30 wird die Tagung auf der Prager Burg eröffnet. Die Tagesordnung ist klar: »Neuorganisation der Zusammenarbeit zwischen der Abwehr, der Gestapo und dem SD. Es werden sprechen: Der Leiter der Sicherheitspolizei, des Sicherheitsdienstes, Obergruppenführer und General der Polizei Reinhard Heydrich, und der Amtschef des Amtes Ausland/Abwehr beim Oberkommando der Wehrmacht, Admiral Wilhelm Canaris. Die Teilnehmer sind: Der Leiter der Gestapo, SS-Gruppenführer Heinrich Müller, der Leiter der Reichskriminalpolizei Arthur Nebe, der Leiter des Amtes IV des RSHA/SD-Ausland, SS-Obersturmführer Walter Schellenberg.« Ferner sind eingeladen die Abteilungsleiter der Abwehr, die Dienststellenleiter der Gestapo und des RSHA, des SD und der Kriminalpolizei. Es ist tatsächlich eine »Gipfelkonferenz«.

Die Tagung findet im »Deutschen Saal« des Schlosses statt, einer ehemaligen Galerie im Stil des Neubarock, im linken Flügel des dritten Hofes, nahe bei der Kathedrale gelegen. Kaiser Rudolph II. (1552-1612) ließ sie erbauen, um darin eine auserlesene Sammlung von Gemälden von Rubens, Van Dyck, Brueghel usw. aufzunehmen.

Heydrich hält die recht neutrale Eröffnungsansprache. Nach ihm entwickelt Admiral Canaris einen Plan zur Intensivierung der Zusammenarbeit zwischen Abwehr und SS. Anschließend spricht Heinrich Müller und greift dabei Canaris in übelster Weise an. Er kehrt hervor, daß die Abwehr mit »veralteten bürokratischen Methoden« arbeite, daß »ihre Mitglieder fachlich ungenügend ausgebildet seien«, und daß »verschiedene unter ihnen politisch zweifelhaft« seien. Die nachfolgenden Verträge Walter Schellenbergs und Arthur Nebes sind abgestufter und geschickter, sie sind auf ein Klima des Einvernehmens abgestimmt. Heydrich ergreift erneut das Wort und schlägt den Modus vivendi eines Zehnpunkteprogramms vor, das die Zusammenarbeit der Abwehr mit dem Sicherheitsdienst der SS grundlegend neu regeln soll.*

Heydrich erklärt: »Aufgrund der innen- und außenpolitischen Lage muß die Organisation und personelle Zusammensetzung der

* In einschlägigen Kreisen nannte man sie »die zehn Gebote« oder auch »die zehn Anweisungen des Lieben Herrgotts von Prag«.

Abwehr geändert werden. Ihre derzeitigen Mitglieder haben ihre Unfähigkeit bewiesen und müssen durch neue, in SS-Ausbildungszentren geschulte Leute ersetzt werden. Im Interesse der Sicherheit des Reiches ist es notwendig, eine solche Organisation in einem einzigen Geheimdienst zusammenzufassen. Seine Repräsentanten werden bevollmächtigt, in allen Dienststellen tätig zu werden, und sie werden über das gesamte Agentennetz verfügen können. All diese Personen sind ihrem Minister, dem Staatsminister, und sich selbst gegenüber verantwortlich.«

Dies bedeutet die Verdrängung von Canaris und die Vorherrschaft des SD; es ist der große Triumph für Heydrich. Canaris läßt es hingehen. Am Nachmittag setzen sich die höchsten Persönlichkeiten der deutschen Geheimdienste in einem Salon zusammen (Heydrich, Canaris, Schellenberg, Müller). Canaris bemüht sich, alle am Vormittag gegen die Abwehr erhobenen Vorwürfe zurückzuweisen. Dann hebt Heydrich die Bedeutung des verräterischen Verhaltens von Paul Thümmel, der Handlungsweise des Dr. Straßmann hervor, macht eine Anspielung auf die kürzlich erfolgte Spanienreise von Canaris und auch auf die »undichten Stellen« im Vatikan vom Mai 1940. Als Canaris versucht, ihm zu erwidern, zwingt ihn Heydrich in aller Ruhe, doch auf die Affäre Thümmel, als »die größte Verratsaffäre in der Geschichte des Dritten Reiches«, zurückzukommen. Indessen gelingt es Canaris für den Augenblick, sich schützend vor seine wichtigsten Mitarbeiter zu stellen – ohne Zweifel deshalb, weil Heydrich sich nicht so ganz sicher in der Sache fühlt –, doch werde er einen »Entwurf über die Strukturreform der Abwehr im Hinblick auf eine Vereinheitlichung der Geheimdienste« vorbereiten. Heydrich, so scheint es, hat die Partie gewonnen.

Zwei Tage später sandte er einen ausführlichen Bericht über die Affäre Thümmel und über seine Politik im Protektorat an Bormann. Er habe einen weiteren Bericht über die Prager Arbeitstagung in Vorbereitung (er sollte ihn nie schreiben...), doch erwarte er dafür noch eine Antwort auf den Brief, den er seinem Bericht an Bormann vom 16. Mai beigefügt habe. Diese Antwort geht am 27. Mai vom Führerhauptquartier nach Prag ab. Sie trifft erst am 30. Mai dort ein.

Strahlender Sonnenschein herrscht am 27. Mai in der Tschechoslowakei. Es ist kurz vor zehn Uhr vormittags. Ein richtiges Frühlingswetter. Ein lauwarmes Lüftchen weht über den Hof des Schlosses Panenske Brezany, dem Landsitz des Reichsprotektors von Böhmen und Mähren, Reinhard Heydrich. Ein schwerer grau-grüner Mercedes wartet an der Freitreppe. Der Fahrer Klein steht an der Wagentür bereit. Plötzlich kommt Heydrich die Treppe herunter, mit seinem Töchterchen, der blonden Silke, seinem Liebling, an der Hand. Die beiden Jungen, Klaus und Heider, gehen an der Seite ihrer Mutter Lina, ebenso blond und immer noch schön, obwohl sie im fünften Schwangerschaftsmonat mit dem vierten Kind ist. Heydrich verabschiedet sich von der ganzen Familie, steigt mit lebhaften Schritten die Stufen hinunter und springt in den Wagen, wo er auf dem Vordersitz neben dem Fahrer Platz nimmt. Der Motor läuft bereits. Langsam wendet der Wagen im Hof. Heydrich winkt lebhaft seiner Frau und seinen Kindern zu.

Wenig später fährt der Mercedes in erhöhter Geschwindigkeit auf der asphaltierten, schnurgeraden Straße, die etwa fünfzehn Kilometer nach Prag führt, einer Kastanienallee mit hohen Bäumen, deren Zweige bereits das frische Grün der Blätter ziert. Heydrich ist in Gedanken bei der unerwarteten Aufforderung des Führers, der ihn in sein Hauptquartier an der Ostfront bestellt hat. Er wird über Berlin anreisen, vielleicht kann er dort erfahren, warum Hitler ihn so dringend sprechen will.

Das Fahrzeug durchfährt den Ort Libeznice mit seinen gepflasterten Straßen und der Kirche mit dem hohen, spitzen Turm. Geradeaus kommt bereits Prag in Sicht, in einen leichten Dunstschleier gehüllt, der vom Fluß zu den Hügeln aufsteigt, an die sich der kleine Vorort Holesovice anschmiegt, eine entzückende Siedlung mit kleinen Geschäften und Landhäuschen, vor denen Milchkannen stehen. Zwei Straßenbahngleise durchschneiden den Hügel und führen zur breiten Trojabrücke über die Moldau und dann weiter in der Mitte der breiten Hauptstraße mit dem Namen Rude Armady VII Kobyliski. Von Zeit zu Zeit kommen die roten Straßenbahnen, die aus drei kurzen Wagen bestehen, die Steigung herauf und hinunter und schütteln sich in den engen Kurven von Liben, wo es zur Brücke geht, geräuschvoll in ihren Schlingerbewegungen.

Es ist 10 Uhr 20, als eine rote Straßenbahn, aus Richtung Prag kommend, langsam die Steigung hinauffährt. Der wuchtige und tiefliegende Mercedes kommt von oben die Straße herunter, noch etwa einen Kilometer entfernt. Es ist 10 Uhr 26. Der Fahrer Klein, der den Weg genau kennt, verlangsamt am Ende der geraden Straße sein Tempo und schaltet auf den zweiten Gang herunter, bevor er in die Kurve von Liben einfährt. Es ist 10 Uhr 27.

Plötzlich blitzt es am Rand des Bürgersteigs auf, wie von einem durch einen Taschenspiegel reflektierten Sonnenstrahl. Es vergeht eine Minute. Das Fahrzeug fährt mit geringer Geschwindigkeit in die Kurve ein. Ein Mann wirft einen Mantel, den er über dem Arm trägt, weg, springt auf die Straße, zielt mit einer Maschinenpistole und drückt auf den Abzug. Nichts ereignet sich. Die Waffe hat Ladehemmung. Der Wagen fährt an dem Mann vorbei, der wie angenagelt vor Bestürzung stehenbleibt. Heydrich dreht sich um und greift nach seinem Revolver. Die Reifen quietschen auf dem Pflaster. Das Fahrzeug muß vor einem jungen Mann bremsen, der anscheinend zur entgegenkommenden Straßenbahn rennt. Er läuft hinter dem Mercedes vorbei. Da rollt von rechts rückwärts eine graue Kugel auf die Straße und verwandelt sich plötzlich in einen Feuerball. Es folgt ein starker Knall mit schwarzer Rauchwolke. Die linksseitigen Fenster der Straßenbahn zersplittern. Zwei grau-grüne Uniformröcke, die sicherlich sorgfältig zusammengelegt auf dem Rücksitz des Mercedes lagen, fliegen durch die Luft, bleiben einen Augenblick in den Oberleitungen der Straßenbahn hängen, und fallen dann zu Boden. Das Fahrzeug kommt ins Schleudern, der rechte Hinterradreifen ist geplatzt. Auf dem rückwärtigen Teil der Karosserie ist ein großes Loch. Der Mercedes hält an.

Heydrich und Klein reißen hastig die Wagentüre auf, den Revolver in der Hand. Dem Mann, der die Bombe geworfen hat, dem Fallschirmspringer Jan Kubis, pfeift eine Kugel um die Ohren, er schwingt sich auf sein an einem Zaun angelehntes Fahrrad. Zehn Meter weiter oben steht immer noch sein Kamerad Joseph Gabcik wie erstarrt, seine unbrauchbare Maschinenpistole in der Hand. Als er sieht, daß Jan auf dem Fahrrad davonfährt, löst er sich von seinem Schrecken, wirft seine nicht funktionierende Waffe weg und läuft ebenfalls davon. Eine Pistolenkugel pfeift an seinem Kopf vorbei. Beim Umschauen sieht er, daß es Heydrich war, der geschossen hat. Die Bombe hat ihm also nichts angetan! denkt er, als er mit einem

Revolver in der Hand auf die beiden haltenden Straßenbahnen zuläuft, die ihm Deckung vor den Schüssen des SS-Führers bieten sollen.

Er stürzt durch die erstaunt gaffende Menschenmenge. Heydrich schießt immer noch. Während Gabcik den gegenüberliegenden Bürgersteig erreicht, fliegt ein Querschläger an ihm vorbei. Er stellt sich schnell hinter einen nur geringen Schutz bietenden Telegrafenmast und schießt aus dreißig Meter Entfernung auf Heydrich. Um die Straßenbahn herum haben sich die Passanten auf die Erde geworfen. Sie trauen ihren Augen kaum, es ist eine Szene wie in einem Westernfilm. Plötzlich sieht Gabcik, wie Heydrich aufgeregt an seinem Revolver herumhantiert, er ist offensichtlich leergeschossen. Gerade in diesem Augenblick kommt der große, kräftige Klein erhitzt und außer Atem zu seinem Chef zurück. Er hatte erfolglos Jagd auf Jan Kubis gemacht, dem es mit einer Kopfverwundung dennoch gelungen war, in Richtung Prag zu entkommen. Jetzt ist für Joseph Gabcik Gelegenheit, seine schmale Deckung zu verlassen und den Hügel so schnell er kann, hinaufzueilen. Klein macht sich schießend an die Verfolgung. Da Gabcik keine Lust hat, einen Schuß in den Rücken zu bekommen, stellt er sich hinter einen Telegrafenmast und schießt auf Klein, der ebenfalls hinter einem Mast in Anschlag geht. Der Schußwechsel wird weiter fortgesetzt. Doch Gabcik bemerkt, daß nicht nur seine Munition, sondern auch die Zeit knapp wird. Die Polizei muß bald erscheinen, er muß weiterfliehen. Rasch gibt er noch zwei Schüsse auf Klein ab und läuft davon. Klein nimmt wieder die Verfolgung auf. Der Fallschirmspringer stürzt in einen Metzgerladen und versucht nach rückwärts zu entkommen. Er findet aber keinen Ausweg. Da stellt er sich Klein entgegen und feuert wie auf dem Schießstand, ruhig über Kimme und Korn bei ausgestreckter Hand zielend, auf Klein. Aus zwanzig Schritt Entfernung wird der Deutsche am Oberschenkel getroffen. Er stößt einen Schrei aus und bricht zusammen. Joseph Gabcik stürmt durch den Laden zurück und schießt erneut im Vorbeilaufen aus etwa zehn Schritt auf Klein. Der Deutsche schreit wieder auf. Das Geschoß hat ihn am Knöchel getroffen. Eine der Straßenbahnen fährt ab. Der Straßenbahnführer, der einen Mann losrennen sieht, ist der Meinung, daß er auf die Bahn aufspringen will, und läßt deshalb freundlicherweise die hintere Waggontür offen. Er weiß nichts von dem Drama, das sich drei- oder vierhundert Meter weiter unten abgespielt hat. Joseph Gabcik springt auf, nachdem er seinen Revolver in die Tasche gesteckt hat. Nur wenige Leute sind im Wagen. Gabcik läßt sich entkräftet auf einen Sitz fallen. Die Tram bringt ihn bis zum Wenzelsplatz, dort steigt er in eine andere Bahn um und erreicht das Haus befreundeter Widerstandsleute, der Familie Fafka. Gerade als er dort ankommt, unterbricht Radio Prag in regelmäßigen Abständen das Sendeprogramm und gibt eine Sondermeldung über das Attentat auf Heydrich durch. Außerdem wird angesagt, daß zehn Millionen Tschechenkronen für die Ergreifung der Attentäter ausgesetzt wurden. Über Heydrichs Befinden wurde kein Wort erwähnt. Ob er wohl heil davongekommen ist? Das ist die bange Frage für Joseph Gabcik und die Familie Fafka.

Durch die explodierende Bombe drangen winzige Metallsplitter, Fetzchen der Roßhaarfüllung und der Sitzbezüge tief in Heydrichs Milz und in die Lendengegend ein. Im ersten Augenblick hat Heydrich davon nichts bemerkt. Er begann konzentriert auf Joseph Gabcik zu schießen, so lange, bis sein Revolver leergeschossen war und Klein zu ihm zurückkam. Erst dann fühlte er den Schmerz. In sich zusammengekrümmt, schleppte er sich an einen Zaun hinter ihm und lehnte sich daran. Nach kurzem Verschnaufen stürzte er sich mit Aufbietung aller Kräfte zu seinem Mercedes und legt sich zusammengekrümmt über die Motorhaube, wie jemand, der eben völlig außer Atem einen Wettlauf beendet hat. Sein Gesicht ist grünlich-blaß. Die Insassen der Straßenbahn standen in angemessener Entfernung um ihn herum, denn sie verspürten Angst vor seiner Uniform. Endlich erschienen zwei tschechische Polizisten. Sie erkennen den Reichsprotektor! In diesem Augenblick kommt ein kleiner Lieferwagen einer Bäckerei die Straße heruntergefahren. Einer der Polizisten hält ihn an. Dann wird der Verletzte, so gut es eben geht, neben Mehlsäcken hinten in das Fahrzeug verfrachtet. Einer der beiden Polizisten setzt sich neben den Fahrer und gibt ihm den Befehl: »Sofort ins Hospital Bülow!«

Eine Stunde später wird Heydrich von zwei der namhaftesten Chirurgen Prags, dem Professor Hohlbaum und einem deutschen Arzt, Dr. Dick, operiert. Das Röntgenbild zeigt eingedrungene Metallsplitter und Roßhaarfetzen in der Milz und in der Lendengegend, in einer Länge von etwa acht Zentimetern. Außerdem ist eine Rippe zertrümmert und der Brustraum leicht eingedrückt, das Zwerchfell an zwei Stellen durchstoßen. Die Operation scheint geglückt zu sein. Doch wagten sich die beiden Chirurgen nicht an die Entfernung der Milz und begnügten sich mit dem Herauslösen der Splitter.

Die Führungsspitze des Dritten Reichs wollte bei Bekanntwerden des Attentats erst nicht recht daran glauben, dann ergriff sie Wut, Verwirrung, Rachegefühl und Besorgnis über das Schicksal Heydrichs. Himmler befahl Arthur Nebe, Heinrich Müller und Walter Schellenberg, unverzüglich nach Prag zu reisen. Zugleich schickte er zwei chirurgische Kapazitäten des Dritten Reiches, Professor Karl Gebhardt und Professor Sauerbruch dorthin.

Die Ärzte im Hospital Bülow wachen fünf Tage lang am Krankenlager Heydrichs und bemühen sich mit vermehrten Bluttransfusionen und starker Dosierung von Seruminjektionen gegen Milzbrand und Wundstarrkrampf um ihn. Heydrich beginnt allmählich wieder Nahrung zu sich zu nehmen. Die Temperatur sinkt. Die Tage höchster Lebensgefahr sind vorüber. Am 3. Juni verschlechtert sich plötzlich sein Zustand. Das Gesicht wird mehr und mehr fahl, seine Wangen fallen ein, sein Puls wird schwächer. Seine Lippen sind weiß, die Augen hält er geschlossen. Eine allgemeine Sepsis hat sich eingestellt. Er ist nicht mehr zu retten, zumal den Deutschen das Penicillin fehlt. Trotz Transfusionen und Serum-Tropfinfusionen tritt Blutvergiftung ein. Die ganze Nacht über liegt Heydrich in Agonie. In den frühen Morgenstunden des 4. Juni verstirbt er. Zwei Kapazitäten aus Berlin, Professor Hamperl, der Direktor des Deutschen Pathologischen Instituts, und sein Kollege Weyrich, nehmen die Autopsie vor.

Sofort nach der Todesnachricht fliegt Himmler nach Prag. Das erste, wonach er beim Eintreffen im Hospital Bülow fragt, ist: »Wo ist der Rock, den Heydrich beim Attentat trug?« Eine Krankenschwester, Anna Opalka, führt ihn in einen Raum, in dem die Sachen des Reichsprotektors aufbewahrt sind. Himmler durchsucht den Rock und nimmt einen kleinen Schlüsselbund an sich. Es sind die Schlüssel zum persönlichen Panzerschrank Heydrichs, den er sich in seinem Berliner Büro einbauen ließ, einem Panzerschrank, der niemals im Beisein anderer geöffnet wurde, und worin er seine geheimsten Akten verwahrte. Dann läßt sich Himmler in das Sterbezimmer führen, in dem der Leichnam des Erzengels des Bösen ruht.

Das Staatsbegräbnis ist natürlich großartig und feierlich. Der Sarg wird zunächst auf einem Katafalk im Ehrenhof des Hradschin aufgebahrt. Ein riesiges schwarzes Fahnentuch, mit den silbernen SS-

Runen darauf, hängt hinter dem Katafalk vom Dach des Schlosses bis zur Erde herab. Seine engsten Mitarbeiter halten in großer Uniform mit Stahlhelm die Ehrenwache.

Zwei Tage später erfolgt in feierlichem Zuge, unter den Klängen von Trauermusik, Trommelwirbel, dem Hufegeklapper der Pferde und dem dröhnenden Paradeschritt der Truppe die Überführung des Leichnams von der Prager Burg zum Bahnhof. Der Trauerzug ist umrahmt von Hakenkreuzstandarten, Hoheitsadlern, von Fahnen und Trauerbehang.

In Berlin wird Heydrichs Sarg zwei Tage lang im Kanzlerpalais in der Wilhelmstraße aufgebahrt. Zum Trauerakt am 8. Juni in der Reichskanzlei trifft Hitler pünktlich um fünfzehn Uhr ein. Er wirkt blaß und abgespannt. Einige Stunden vorher brachte ihn ein Flugzeug von seinem vorgeschobenen Hauptquartier in Winnitza nach Berlin. Vor dem großen Katafalk angekommen bleibt Hitler still stehen, umgeben von etwa zehn Ministern, Generalen, hohen Führern der NSDAP und der SS. Auch Canaris ist anwesend, er steht neben Schellenberg und dem General der Waffen-SS, Sepp Dietrich, dem Kommandeur der Leibstandarte SS Adolf Hitlers, der, als er von dem Attentat erfuhr, den makabren Ausspruch tat: »Der Herrgott möge ihm gnädig sein! Endlich ist dieses Schwein verreckt.« In Anbetracht ihrer fortgeschrittenen Schwangerschaft blieb die Witwe Lina Heydrich mit der kleinen Silke auf dem Landsitz Schloß Panenske Brezany zurück. Die beiden Söhne Klaus und Heider jedoch nahmen an der Feier teil. Himmler führte sie an der Hand.*

Hitler legt einen riesigen Kranz mit Orchideen nieder, verweilt in Andacht lange, sehr lange, geht dann zurück und beginnt seine Gedenkrede für den Verstorbenen, den er »einen der größten Vorkämpfer für unsere Idee« nennt, und von dem er als »den Mann mit dem eisernen Herzen« spricht.

Die Trauerfeier wird mit dem Trauermarsch von Richard Wagner, gespielt von Berliner Philharmonischen Orchester, umrahmt. Auf dem Invalidenfriedhof wird Heydrich beigesetzt, wobei Himmler in einer endlos langen Rede die verschiedenen Etappen der Laufbahn des Verstorbenen noch einmal in die Erinnerung zurückruft.

Als der Sarg in die Erdre gesenkt wurde, stellt Schellenberg mit

* Himmler soll angeblich später gesagt haben: »...dabei führte ich die beiden Judenbastarde an der Hand...«

Erstaunen fest, daß Admiral Canaris die Augen voller Tränen hat. Er weiß nicht, daß der Chef der Abwehr den Tod seines Rivalen mit Erleichterung aufnahm. Canaris hatte nach der Prager Arbeitstagung Tage und Nächte äußerste Anspannung hinter sich. Auf dem Friedhof war er mit seinen Nerven am Ende, und das erklärt wohl seine Tränen. Als er mit Schellenberg weggeht, der wahrscheinlich die Leitung des ganzen SS-Geheimdienstes übernehmen wird, macht er Schellenberg gegenüber die Äußerung: »Er war doch ein großer Mann, ich glaube, ich habe einen Freund in ihm verloren.«

Das Blutbad

Das Attentat vom 27. Mai stellte die Gestapo vor ein schwer lösbares Problem. Ihr oberster Chef war auf offener Straße ermordet worden. Obwohl die Polizei sofort eine fieberhafte Tätigkeit entwickelte, die Schuldigen ausfindig zu machen, tappte sie zur Zeit der Beerdigung des Opfers noch im dunkeln. In seinem Hauptquartier schäumte der Führer voller Wut. Aus Berlin hagelte es strenge Befehle, um der Mörder habhaft zu werden und um alle die unbarmherzig zu bestrafen, die Beihilfe geleistet hatten. Dort war man sich dessen bewußt geworden, daß das Schicksal des NS-Regimes in den besetzten Gebieten auf dem Spiel stand. Heinrich Müller, der Chef der Gestapo, leitete die Fahndung. Sechzigtausend Polizisten wurden zusätzlich im Protektorat zusammengezogen, und zehn Millionen Tschechenkronen wurden für sachdienliche Mitteilungen ausgesetzt. Die Nachforschungen kamen trotzdem nicht von der Stelle.

Bei der Untersuchung der Bombensplitter am Tatort stellten die Spezialisten fest, daß es sich um ein ausländisches Fabrikat von einer bisher in Deutschland völlig unbekannten und ungewöhnlichen Bombenkonstruktion handelte. Diese und andere Hinweise lassen vermuten, daß das Attentat ein Werk von aus England eingeflogenen und von der tschechischen Widerstandsbewegung unterstützten Fallschirmspringern ist, die aber spurlos verschwunden scheinen. Zweifellos sind sie in Schlupfwinkeln der tschechischen Freischärler untergetaucht. Aus diesem Grunde wird eine neue, sich allmählich steigernde Terrorwelle von den Nazis organisiert, um die Täter mit Gewalt aus der schweigenden und feindselig eingestellten Masse der tschechischen Bevölkerung herauszustacheln. Die Tschechen sollen gezwungen werden, die Schuldigen der deutschen Gerichtsbarkeit auszuliefern. Außerdem soll damit die Bevölkerung in anderen besetzten Gebieten abgeschreckt werden, dem Beispiel der Tschechen zu folgen. Karl Hermann Frank übernimmt die Leitung dieses Unternehmens, das den Tod aller aus London eingeflogenen Fallschirmleute, später die Vernichtung der gesamten Bevölkerung des kleinen Dorfes Lidice und Tausender von Tschechen in den Kerkern der Gestapo oder den Konzentrationslagern Theresienstadt und Mauthausen nach sich ziehen wird. Aus dem Frühling von Prag wurde der seiner Henker.

Heute noch stellt sich die Frage: warum wurde gerade Heydrich umgebracht? Mancherlei mehr oder weniger phantastische Erklärungen sind seit 1942 dafür abgegeben worden. Doch kann keine einzige davon voll befriedigen. Eines steht aber fest: Heydrich wurde von zwei Tschechen, die aus London eingeflogen wurden, ermordet. Dies ist der einzig gesicherte Ausgangspunkt, über den wir verfügen. Die restlichen Behauptungen...

Als erstes stellte ich mir folgende Frage: Warum wurde der Auftrag zur Beseitigung des hohen SS-Führers von Großbritannien aus erteilt und ins Werk gesetzt, mit allen zusätzlichen Risiken, die der Auftrag enthielt, wie Transport, Absetzen mit Fallschirm, Abschirmung zur Durchführung des Attentats usw., statt diesen Auftrag der örtlichen tschechischen Widerstandsbewegung zu überlassen, die seit 1939 bestand und bestens organisiert war?

Die Antwort auf diese Frage gab mir Oberst František Moravets, Chef der tschechischen Geheimdienstabteilung, den ich in den fünfziger Jahren in Paris kennengelernt und wenig später in den Vereinigten Staaten wiedergesehen habe. Dieser übergab mir eine Kopie der Besprechungsniederschrift, die am 3. Oktober 1941 in Anwesenheit von vier Stabsoffizieren der tschechischen Freiwilligenverbände in England und von zwei Fallschirmsoldaten dieser Einheit, Joseph Gabcik und Jan Svoboda, stattfand. Er erklärte mir, weshalb er, Oberst František Moravets, sich zu diesem Attentat entschieden habe, das auf Wunsch des Präsidenten Benesch und des britischen Geheimdienstes erfolgt sei.

Hier der Auszug aus dem Protokoll vom 3. Oktober 1941, die Erklärung, die Oberst František Moravets den beiden Fallschirmspringern gegenüber abgab:

»Sie wissen durch das Radio und durch die Presse von den grausamen Morden, die an unseren Landsleuten zu Hause begangen werden. Die Deutschen töten die Besten der Besten. Aber diese Sachlage ist nicht allein ein Wahrzeichen des Krieges. Doch nützt uns kein Weinen und Klagen, wir müssen kämpfen. Die Unsrigen daheim sind besiegt und haben in der jetzigen Situation, in der sie sich befinden, nur beschränkte Möglichkeit zum Kampf. Jetzt sind wir an der Reihe, ihnen von draußen zu helfen. Mit einer dieser Aufgaben, ihnen Hilfe von außen zukommen zu lassen, sollen Sie betraut werden. Oktober ist der Monat unseres Nationalfeiertages. In der jetzigen Situation, da unser Volk den traurigsten Nationalfeiertag seit unserer Unabhängigkeit begehen wird, muß dieser Tag durch eine aufsehenerregende Tat herausgehoben werden. Es wurde beschlossen, daß dieser Tag mit einer Handlung deutlich markiert wird, die ebenso in die Geschichte eingehen soll, wie die Morde an den Unsrigen.

...In Prag leben die beiden Personen, die für die Vernichtungen verantwortlich sind. Es sind K. H. Frank und Heydrich, der erst vor kurzem angekommen ist. Nach unserer und unserer Führer Meinung sollte man versuchen, daß einer der beiden für all die anderen büßen muß. Damit beweisen wir, daß wir Schlag um Schlag heimzahlen. Das ist, in großen Zügen gesagt, der Ihnen zuteil werdende Auftrag. Aus Gründen, die wir Ihnen noch erklären werden, wird es erforderlich sein, die Aufgabe ohne die Mitwirkung unserer zurückgebliebenen Landsleute zu lösen. Wenn ich sage, ohne deren Mitarbeit, dann soll das heißen, daß derlei Hilfe bis zur Ausführung des Auftrags ausgeschlossen ist. Danach werden Sie beide vollste Unterstützung erhalten. Sie werden selbst entscheiden müssen, wie und wann Sie die Aufgabe lösen können. Sie werden an einer Stelle abgesetzt, wo sich die besten Landemöglichkeiten bieten. Sie werden mit allem ausgerüstet, was wir ihnen nur liefern können. So, wie wir die Lage in unserem Land kennen, werden Sie von allen unseren Landsleuten Hilfe erhalten, die Sie darum angehen. Aber Sie müssen mit Vorsicht und Überlegung handeln. Ich brauche Ihnen kaum zu wiederholen, daß Ihr Auftrag von großer geschichtlicher Bedeutung ist, und daß er ein großes Risiko in sich birgt. Es hängt von Ihrer Geschicklichkeit ab, sich die Voraussetzungen für den Erfolg zu verschaffen. Wir sprechen noch weiter darüber, wenn Sie von der geplanten Spezialausbildung zurück sind. Wie ich schon sagte, ist es eine gefährliche Aufgabe. Man muß sie mit einem freimütigen und offenen Herzen aufnehmen. Wenn Sie noch Zweifel haben, über das, was ich Ihnen darlegte, sagen Sie es bitte...

Joseph Gabcik und Svoboda* erklärten sich alle beide formell einverstanden, einen solchen Auftrag zu übernehmen. Der Start wird für den 10. Oktober dieses Jahres vorgesehen.«

Oberst Moravets sagte mir dazu noch ergänzend:

»Damals rechtfertigte die vaterländische Motivation die Tat in reichlichem Maße. Aber, ich will es Ihnen ganz offen sagen, andre Faktoren, politische Faktoren waren ausschlaggebend. Bekanntlich war die ›provisorische tschechische Regierung‹ des Präsidenten Benesch und sein ›Staatsrat‹ diplomatisch wenig anerkannt. Das Foreign Office hat uns doch nur gezwungenermaßen anerkannt. Es lehnte dem Präsidenten Benesch gegenüber immer wieder die Gerichtshoheit für die in England lebenden Sudetendeutschen ab, so daß es lange Zeit keine Möglichkeit gab, mit ihnen über eine gemeinsame Konzeption des tschechischen Staates zu einem Einvernehmen zu kommen. Wir hatten ausgedehnte Verhandlungen, aber sie verliefen ergebnislos. Man muß festhalten, daß Präsident Benesch zwei Seiten gegenüber wehrlos ausgesetzt war, die abwechselnd dominierten: der europäischen Auffassung, die eine Einigung mit den demokratisch gesinnten Sudetendeutschen anstrebte, und einer panslawistischen Auffassung, die die enge Zusammenarbeit mit den tschechischen Kommunisten forderte. Nach meiner Meinung aber lag das Hauptproblem ganz woanders. Was Benesch am allermeisten in Schwierigkeiten brachte, war der feste Wille des Foreign Office, Benesch die geforderte Erklärung der Ungültigkeit des Münchener Abkommens von 1938 zu versagen. Er versuchte ein Übereinkommen mit den Exilpolen, das mit einer Vereinbarung vom 11. November 1940 auch abgeschlossen wurde, aber diese behandelten uns als arme Verwandte und arbeiteten recht aktiv und pausenlos gegen uns.

Die Engländer sowohl als auch die Polen haben uns ständig als das Symbol ›der Passivität des tschechischen Volkes gegenüber den Nazi-Besatzern‹ hingestellt. Leider hatte es damit teilweise seine Richtigkeit. Aber die Deutschen verhielten sich in der Tschechoslowakei nicht so ungesittet und systematisch grausam, wie sie es in Polen,

* Svoboda wurde aber später während der Ausbildung verletzt. Dieser unerwartete Unfall durchkreuzte den Plan. Svoboda wurde durch Jan Kubis ersetzt, der Abflug damit verzögert.

Jugoslawien, Griechenland und in der Sowjetunion waren. Auf unserem tschechischen Staatsgebiet hatten wir wohl ausgezeichnete Agenten und ein gutes Verbindungsnetz innerhalb der Widerstandsbewegung, aber der echte Widerstand gegen die Deutschen mußte erst noch geschaffen werden. Erst als Heydrich seine Tätigkeit in Prag aufnahm, konnte Benesch hoffen, daß die verschärfte Behandlung durch die Deutschen der tschechischen Widerstandsbewegung Auftrieb verschaffen würde. Das Gegenteil trat ein. Obwohl Heydrich unbestritten der schlimmste Henker war, den es gab, ein unerbittlicher Mann, war er auch intelligent, kalt berechnend und nüchtern genug, den tschechischen Arbeitern und Bauern ein freundliches Gesicht zu zeigen und sich bewußt sozial zu geben und nur die ›Kreise der Intellektuellen, der Unbelehrbaren‹ auszurotten. So traurig es klingen mag, mußte uns Benesch sagen, daß eine spürbare Verschlimmerung des Terrors der SS in der Tschechoslowakei eintreten müßte, weil ein Nachlassen der Unterdrückung für unsere Pläne, die wir von London aus vorbereiteten, kritisch geworden wäre. Daraus wurde eigentlich der Gedanke geboren, ein Attentat auf Heydrich zu verüben. Allein das konnte zu einer Verschärfung der Unterdrückung durch die Gestapo führen – zweifellos eine aufsehenerregende Auffassung. Diese Begründung ist sicherlich abscheulich, aber wir haben sehr lange die enormen Vorteile der propagandistischen Auswirkung, die wir uns gegenüber dem Ausland erhofften, abgewogen gegen die bedauerlichen Opfer, die ein Attentat auf Heydrich unter den Tschechen kosten wird. Wie Sie sehen, besteht ein ursächlicher Zusammenhang in der Auswirkung des Anschlags auf den Reichsprotektor Heydrich und den sachlichen Erfordernissen der Regierung Benesch in London. Ich muß zugeben, daß sich steigernde Verfolgungen in unserem Lande für uns ein entscheidendes Argument gegenüber den Alliierten bedeutete...So war das. Ich muß aber gestehen: Ach! wir konnten uns einfach die Tragödie von Lidice nicht vorstellen... aber von diesem Tage an hat sich die Haltung der Alliierten uns gegenüber entscheidend geändert.«

»Trifft es zu, daß die Führer der Widerstandsbewegung innerhalb der Tschechoslowakei eindeutig ihr Mißfallen zum Ausdruck gebracht haben, als sie von dem wirklichen Auftrag der Gruppe ›Antropoid‹»-Kubis und Gabcik-Heydrich zu beseitigen, hörten?« fragte ich Moravets.

»Ja, das stimmt. In einer Besprechung am Vormittag des 21. März

1942 in der Wohnung der Ludmilla Peršinova in Prag, Altstadtplatz 22, an der der Führer der abgesetzten Gruppe ›SilverA‹, Oberleutnant Alfred Bartos, die beiden Fallschirmspringer Joseph Gabcik und Jan Kubis, und Hauptmann Vaclav Moravek, der letzte überlebende Leiter der Widerstandsbewegung der Armee, teilnahmen, wurde der Beschluß gefaßt, mich um die Zurückstellung des Attentats zu ersuchen. Am 3. Mai 1942 erhielt ich in London einen Funkspruch von Oberleutnant Bartos, der ganz deutlich zum Ausdruck brachte: ›...Aus den durch Ota und Ždenek (Decknamen für Kubis und Gabcik) getroffenen Vorbereitungen und aus dem Ort, an dem sie ihre Vorbereitungen treffen, folgern wir, daß sie – trotz ihres hartnäckigen Schweigens – einen Anschlag auf H. (Heydrich) ausführen wollen. Ein solches Attentat würde den Alliierten überhaupt nichts nützen, und unser Volk müßte die tragischen Konsequenzen tragen, deren Ausmaß unübersehbar ist. Nicht nur das Leben der Geiseln ist in Gefahr, sondern es würde weitere Tausende von Opfern kosten. Das Volk würde ungeheuren Repressalien ausgesetzt werden, gleichzeitig würde die restliche antideutsche Organisation zerschlagen werden. Damit würde es unmöglich gemacht werden, weiterhin Nutzbringendes für die Alliierten zu tun. Deshalb bitten wir darum, über Silver A den Befehl zu erteilen, das Attentat zu stoppen. Zuwarten bringt Gefahr! Geben Sie umgehend den Befehl! Wenn vom Standpunkt des Auslands aus (damit ist England gemeint) ein Attentat gewünscht werden sollte, dann sollte es gegen jemand anderen gerichtet werden.‹«

Als mir Oberst Moravets den Telegrammtext vorlas, der ihn sichtlich an die dramatischen Stunden zurückerinnerte, zitterten seine Hände, seine Augen wurden feucht, und seine Stimme matt. Er vermied es, mich anzusehen, als er mir tiefbewegt sagte:

»Ich habe dem Präsidenten Benesch und dem Leiter des britischen Geheimdienstes, mit dem ich zusammenarbeitete, dieses Telegramm gezeigt. Benesch befahl mir, es nicht zu beantworten, der andere sagte nichts dazu, doch habe ich nach dem Krieg erfahren, daß die Engländer das Attentat nicht nur nicht verboten, sondern sogar beharrlich die Durchführung gefordert haben, ohne mich davon in Kenntnis zu setzen.«

»Warum?«

»Ich weiß es wirklich nicht. Man hat mir gesagt, der Grund sei darin zu suchen, daß Heydrich besonders wichtigen britischen Agenten auf der Spur gewesen sei. Um sie zu schützen, sollte Heydrich sterben. Möglicherweise ist dies der Grund gewesen.«*

Schellenbergs »Vermutungen«

Manche Historiker erklären das Heydrich-Attentat als ein Werk des britischen Geheimdienstes auf Veranlassung entweder von Himmler, Bormann oder – Canaris.

Um die These zu erhärten, wonach die beiden erstgenannten, Himmler und Bormann, die »Inspiratoren« gewesen sein sollen, stützen sie sich hauptsächlich auf die recht umstrittenen Memoiren von Walter Schellenberg. Darin schrieb er, er habe sich die Frage gestellt, wer wohl hinter dem Attentat stecken möge. Dann sei blitzartig die Erinnerung an die ihm von Heydrich geschilderten Spannungen zwischen ihm, Himmler und Bormann aufgetaucht. Für ihn habe kein Zweifel bestanden, daß diese Charaktere, die Heydrichs Methoden genau kannten, große Angst vor ihm hatten... Beide, Himmler und Bormann, hätten gewußt, daß er vor nichts zurückschreckte, wenn man seinen Plänen entgegenarbeiten würde. Die Erfolge Heydrichs im Protektorat ließen Himmler und Bormann vor Neid erblassen. Die Spannungen zwischen den dreien seien sichtlich sehr groß geworden, sonst hätte Heydrich ihm nicht jedesmal, wenn er ihn traf, davon erzählt. Hitler und Himmler hätten die Angewohnheit gehabt, in der Weise zu reagieren, daß sie ihre Mitarbeiter gegeneinander ausspielten. Aber mit einem Mann wie Heydrich sei das nicht möglich gewesen. Außerdem sei er als Chef des Sicherheitsdienstes und Reichsprotektor in seinem Tatendrang den beiden zu mächtig geworden.

Ein Vorfall, den ihm Heydrich erzählte, sei ihm plötzlich wieder eingefallen.

Schellenberg schrieb darüber: »Während seiner letzten Reise ins Führerhauptquartier sollte er Hitler über bestimmte Wirtschaftsfragen des Protektorats und die von ihm dazu ausgearbeiteten Vorschläge berichten. Nachdem er schon längere Zeit vor dem Befehls-

* Da die Archive des britischen Geheimdienstes weiterhin unzugänglich sind, kann man nur Vermutungen über die wahren Hintergründe dieses einzigartigen Attentats anstellen. Tatsächlich wurde kein andrer, hoher Naziführer das Ziel eines Anschlages...

bunker gewartet habe, sei plötzlich Hitler in Begleitung von Bormann herausgekommen. Heydrich habe vorschriftsmäßig gegrüßt und erwartet, daß Hitler ihn nun ansprechen und zum Vortrag bitten werde. Der Führer habe ihn aber statt dessen einen Augenblick lang unwillig angesehen und ihn wortlos stehen lassen. Daraufhin habe Bormann den Führer mit einer Handbewegung wieder in den Bunker lanciert. Und an diesem Tag sei Heydrich auch nicht mehr von Hitler empfangen worden. Am nächsten Tag habe ihm Bormann eröffnet, der Führer lege auf Heydrichs Vortrag keinen Wert mehr, da er sich über die mit Heydrich zu besprechenden Sachprobleme bereits klargeworden sei. In der Form sei Bormann zwar äußerst höflich geblieben, doch sei die eisige Kälte auf der ganzen Linie deutlich zu spüren gewesen.«

Seitdem habe Heydrich das Empfinden gehabt, daß ein unerbittlicher Haß gegen ihn bestehe. Die sichtlich feindselige Haltung von Hitler bei dieser Begegnung hatte wahrscheinlich als Grund die Einflüsterungen und Anschwärzungen durch Bormann und Himmler.

Niemand erklärt aber, auf welche Weise Himmler und Bormann den britischen Geheimdienst »inspiriert« haben sollten. Andererseits ist sicher, daß Himmler damals Heydrich nicht gerade wohlgesinnt war. Es gab zahlreiche Gründe hierfür. Es ist nicht zu leugnen, daß er eine gewisse Erleichterung verspürte bei dem Gedanken, einen gefährlichen Mann losgeworden zu sein, der sich von seiner Bevormundung frei gemacht hatte. Die Eile, die Himmler an den Tag legte, als er die Panzerschrankschlüssel Heydrichs an sich nahm, war vielsagend.

Eine andere Geschichte, die mir Schellenberg erzählte, zielte in die gleiche Richtung:

»Etwa zwei Monate nach Heydrichs Tod, sagte mir Himmler, als er mit mir vor der Totenmaske Heydrichs stand:

›Ja, Heydrich war schon ein Mann mit eisernem Herzen, wie der Führer in seiner Totenrede es sagte. Und auf der Höhe seiner Macht hat ihn das Schicksal wissend hinweggenommen.‹ Er sprach mit ernster Stimme, und niemals werde ich sein zufrieden lächelndes Gesicht und sein hocherhobenes Haupt – wie ein Buddha – das seine Worte begleitete, währenddessen er hinter seinem Zwicker die Augen blitzen ließ, wie die einer Schlange, vergessen.

...Drei Monate später, als ich zum Vortrag in Himmlers Arbeitszimmer kam, bemerkte ich, daß die Totenmaske Heydrichs fehlte. Ich fragte ihn, weshalb er sie entfernt habe. Da antwortete er mir mit der rätselhaften Redewendung:

›Das Leben verträgt Totenmasken nur in bestimmten Zeiten und zu besonderen Anlässen – sei es der Erinnerung oder des Beispiels.‹«

All das ist nicht beweiskräftig genug. Niemand konnte eben deutlich herausfinden, auf welche Weise Himmler und Bormann mit den Feinden des Reiches hätten zusammenarbeiten können.

Canaris oder Oster?

Andere Geschichsschreiber, wie Ian Colvin und C. Levine, verbreiten die ziemlich phantastische Auffassung, Admiral Canaris sei es gewesen, der Heydrich durch die Engländer habe abknallen lassen. Ihre Hypothese erscheint bei anfänglicher Prüfung schon eher erklärlich. Denn gerade um diese Zeit hatte Canaris bei der Arbeitstagung in Prag eine recht empfindliche Schlappe einstecken müssen, und es bestand die Gefahr, daß die Abwehr bald von der SS einverleibt werden würde. Diese Gründe hätten ausreichen können, um gegen Heydrich tätig zu werden. Aber: Auf welche Weise hätte Canaris die Engländer »beeinflussen« können? Durch »A-54«, alias Paul Thümmel? Allenfalls, so könnte man antworten.

Wir wollen sofort klarstellen, daß keinerlei dahin zielende Hinweise gefunden werden konnten, weder in den Archiven der tschechischen Regierung Benesch in London und des Tschechischen Geheimdienst-Büros von Oberst Moravets, in NS-Dokumenten, die auf tschechischem Gebiet oder in anderen Ländern, einschließlich Deutschland aufgefunden wurden, noch in den bis zum heutigen Tag zusammengetragenen Zeugenaussagen. Nicht die geringsten Hinweise sind für eine solche Behauptung vorhanden. Darin ist auch stillschweigend die Vermutung inbegriffen, wie Ian Colvin schrieb, daß Canaris »ein Spion im Dienst Englands« gewesen sei! Der Leser, der mir die Ehre zuteil werden ließ, das vorliegende Buch bis hierher zu lesen, wird ohne jeden Zweifel die Überzeugung mit mir teilen: Canaris hat zu keiner Zeit mit alliierten Geheimdiensten zusammengearbeitet. Und Oster? wird man sich fragen. Oster kann man tatsächlich von der obigen Behauptung nicht schlechthin ausklammern. Doch ist bislang noch keine Verbindung zwischen der damaligen Haltung Osters und dem Entschluß zum Attentat entdeckt worden, die einen unwiderlegbaren Beweis hätte erbringen können! Man kann dergleichen wohl nicht einfach als feststehende Tatsache hinstellen, es sei denn, daß eines Tages vielleicht die Archive des britischen War Office sich öffnen und ihr Geheimnisse preisgeben...

Selbst unter der Annahme, daß – was ich seit meinen Gesprächen mit Oberst Moravets keinesfalls glaube – der Gedanke einer Wechselbeziehung bestanden hätte zwischen dem Attentat und der Rolle als Spion, die Oster in Verbindung mit Paul Thümmel gespielt haben könnte, ist unbestritten, daß Canaris darüber nichts gewußt hat. Wäre er davon unterrichtet gewesen, dann hätte er den Gedanken dieses Attentats auf Heydrich ebenso mißbilligt wie den Attentatsgedanken gegen Hitler, wie er alle Attentate glattweg ablehnte. Erinnern wir uns an die Affäre Weygand. Ein weiterer Vorgang dieser Art bestätigt seine unerschütterliche Einstellung: der Fall des Entweichens von General Giraud.

Unternehmen »Gustav«

Am 17. April 1942 entkam der in deutscher Kriegsgefangenschaft befindliche berühmte französische General Giraud aus der Festung Königstein; er durchquerte ganz Deutschland, überschritt die Schweizer Grenze und kam am 25. April in Frankreich an. Der französische Staatschef, Marschall Pétain, gab unverhohlen seiner Befriedigung über die Durchführung der Flucht Ausdruck. Am 28. April erhielt Giraud von Pétain eine Einladung zu Mittag des nächsten Tages. Am 29. nahmen die beiden das Frühstück zusammen ein und zogen sich dann für zwei Stunden in ein Büro zu einem Gespräch unter vier Augen zurück. Anschließend wurde Giraud von Pierre Laval, dem Ministerpräsidenten, und vom Kriegsminister General Bridoux empfangen.

Hitler ist über die gelungene Flucht Girauds höchst erzürnt. Zunächst setzt er eine Prämie von hunderttausend Mark für die Wiederergreifung aus. Vierzehn Tage später, als er inzwischen erfuhr, was in Vichy vorgefallen war, gibt er Weisung an den Botschafter Otto Abetz, von den Franzosen die Rückführung des Geflohenen nach Deutschland zu fordern. Sowohl Pétain als auch Laval lehnen das ab. Dann wird ein Treffen Giraud-Abetz in einem

Hotel in Moulin, an der Demarkationslinie vereinbart. Der General erscheint zum Treffen, aber er weigert sich, das Kompromißangebot von Abetz anzunehmen. Dagegen erklärt er dem deutschen Botschafter, »daß er freiwillig nach Deutschland zurückkehren würde, wenn Hitler eine halbe Million französische Kriegsgefangene freigäbe!« Abetz gerät außer sich. Er braust auf, wird deutlich und drohend. Dann beruhigt er sich wieder und läßt Giraud gehen.

Als Hitler von dem Mißerfolg der Unterredung erfährt und sich gedemütigt fühlt, verlangt er über Keitel, die Abwehr solle den General Giraud »tot oder lebendig« nach Deutschland zurückschaffen. Canaris tut so, als ob er sich der Sache annehmen werde, rührt aber in Wirklichkeit keinen Finger, ähnlich wie in der Sache Weygand.

Canaris hofft zunächst, daß sich im Laufe der Zeit auch diesmal die Angelegenheit von selbst erledigen werde. Dies aber ist nicht der Fall. Auf Weisung Hitlers drängt Keitel immer wieder, endlich diesen Auftrag zu erledigen, der aus nicht bekannten Gründen »Gustav« genannt wird. Giraud soll »liquidiert« werden! Mit den Abteilungsleitern der Abwehr kommt es zu einer lebhaften Aussprache, in deren Verlauf Canaris beschließt, Keitel zu sagen, daß sein Amt Abwehr von diesem Befehl entbunden werden möchte, wobei Piekenbrock erklärt:

»Man müßte Herrn Keitel doch endlich einmal klar sagen, daß er seinem Herrn Hitler melden solle, daß wir, das heißt die militärische Abwehr, keine Mörderorganisation sind, wie der SD oder die SS.«

Die Angelegenheit war damit trotzdem noch nicht erledigt.

Vor dem Internationalen Militärtribunal in Nürnberg gab Erwin von Lahousen, der Abteilungsleiter II der Abwehr, die folgende Erklärung ab:

> Oberst Amen: Haben Sie je von einem unter dem Namen »Gustav« gekannten Unternehmen gehört?
> Lahousen: Der Name »Gustav« beinhaltete keine Operation, sondern nur eine Aktion oder ein Unternehmen, ähnlich, das heißt nicht nur ähnlich, sondern gleich jenem, das die Beseitigung des Marschall Weygand zum Ziele hatte.
> Oberst Amen: Wollen Sie bitte dem Gerichtshof sagen, was »Gustav« bedeutete?
> Lahousen: »Gustav« war der vom damaligen Chef des OKW gebrauchte Deckname in den Gesprächen über General Giraud.
> Oberst Amen: Wenn Sie sagen, Chef des OKW, meinen Sie da Keitel?
> Lahousen: Ja.

Oberst Amen: Erinnern Sie sich an das ungefähre Datum, an welchem dieser Befehl von Keitel an Canaris gegeben wurde?
Lahousen: Dieser Befehl wurde an Canaris mehrfach gegeben, beziehungsweise mehrfach wiederholt. Wann er das erstemal gegeben wurde, kann ich nicht mit Sicherheit sagen, weil ich selbst nicht dabei war. Er dürfte nach der Flucht Girauds aus Königstein und vor dem Attentat auf Heydrich in Prag erstmalig gegeben worden sein. Nach meinen Aufzeichnungen sprach Keitel mir gegenüber in Anwesenheit von Canaris über dieses Thema im Juli desselben Jahres.
Oberst Amen: Wurde diese Frage von Ihnen später noch einmal irgendwann diskutiert?
Lahousen: Diese Frage wurde meiner Erinnerung nach im August, das genaue Datum ist in meinen Aufzeichnungen festgehalten, nochmals diskutiert. Canaris rief mich am Abend in meiner Privatwohnung an und sagte mir ziemlich ungeduldig, er werde von Keitel schon wieder bedrängt wegen Giraud: wir, das heißt die Abteilungschefs, möchten morgen zusammenkommen, um über diese Angelegenheit weiterzusprechen. Am nächsten Tag, Samstag, fand die Besprechung in unserem Kreise statt. Canaris wiederholte im wesentlichen nun nicht nur mir gegenüber, sondern in dem größeren Kreis, was er mir am Abend vorher gesagt hatte, nämlich, daß er von Keitel dauernd bedrängt werde, und daß nun endlich einmal etwas in dieser Angelegenheit geschehen müsse. Unsere Haltung war dieselbe wie in der Angelegenheit Weygand. Es wurde von allen Anwesenden dieses neuerliche Ansinnen, eine Mordaktion einzuleiten und durchzuführen, glatt abgewiesen. Wir hatten diese unsere Auffassung auch Canaris, der selbstverständlich der gleichen Ansicht war wie wir, mitgeteilt, und Canaris ging darauf zu Keitel hinunter, um ihn zu bewegen, die militärische Abwehr völlig aus solchen Sachen herauszuhalten und diese Angelegenheit, wie schon früher von ihm beantragt und vielleicht vereinbart, das weiß ich nicht, völlig dem SD zu überlassen... Nach einer kurzen Zeit kam Canaris zurück und sagte, es wäre nun klar, er hätte bei Keitel erreicht und ihn auch zur Überzeugung gebracht, daß wir, das heißt die militärische Abwehr, völlig aus dieser Sache auszuscheiden hätten, und daß die weitere Behandlung dem SD überlassen bliebe. Ich muß hier einschalten und zurückgreifen auf das, was mir Canaris schon seinerzeit, also gleich als diese Befehle oder dieser Befehl gegeben wurden, gesagt hatte, daß nämlich die Durchführung auf jeden Fall verhindert werden würde. Dafür werde er sorgen, und ich solle ihn unterstützen.
Oberst Amen: Welches war die nächste Gelegenheit, bei der diese Sache wieder an Sie herangetragen wurde?
Lahousen: Einige Zeit später – es war im September, das genaue Datum ist festgehalten – wurde ich in meiner Privatwohnung vom damaligen Chef des OKW, Keitel, angerufen. Er fragte mich: »Was ist mit ›Gustav‹? Sie wissen doch, was mit ›Gustav‹ gemeint ist?« Meine Antwort: »Ja, das weiß ich.« »Wie steht die Angelegenheit? Ich muß es dringend wissen.« Meine Antwort: »Darüber bin ich nicht orientiert, das hat sich Canaris selbst vorbehalten, und Canaris ist nicht hier, er ist in Paris.« Darauf Befehl von Keitel, beziehungsweise bevor er mir den Befehl gab, stellte er noch eine Frage: »Sie wissen doch, daß die anderen die Sache machen sollen?« Mit den anderen

waren die SS, beziehungsweise der SD, gemeint. Meine Antwort: »Ja, das weiß ich.« Darauf der Befehl von Keitel: »Dann gehen Sie sofort zu Müller und erkundigen Sie sich über den Stand der ganzen Aktion: ich muß es dringend wissen.« Ich sagte darauf: »Jawohl«, ging sofort in das Amt Ausland/Abwehr zu General Oster und unterrichtete ihn über das Vorgefallene, bat ihn um Rat, was nun in dieser für Canaris und mich äußerst kritischen und schwierigen Lage zu machen sei, unterrichtete ihn, was Oster ebenfalls schon wußte, daß Canaris dem SD bis dahin kein Wort von dem gesagt hatte, was der SD durchführen sollte, also von der Ermordung Girauds. Oster riet mir, sofort nach Paris zu fliegen und Canaris zu orientieren und zu warnen.
Ich flog noch am nächsten Tag nach Paris, traf Canaris in einem Hotel beim Abendessen in einem kleinen Kreis, bei dem auch Admiral Bürkner anwesend war. Ich orientierte Canaris über das Vorgefallene. Canaris war sehr bestürzt und fand zunächst keinen Ausweg.
Während des Essens fragte mich Canaris vor Bürkner und noch zwei anderen anwesenden Offizieren, das war der Oberst Rudolf und ein anderer Herr, dessen Namen ich heute nicht mehr weiß, wann Giraud aus Königstein geflüchtet sei, dann, nach dem Datum, wann die Abwehr-III-Tagung in Prag war, und als drittes Datum, wann das Attentat auf Heydrich war. Die Daten, die ich ja nicht auswendig im Kopf hatte, gab ich Canaris. Als er die drei Daten hatte, war er sichtlich erleichtert, und seine Miene, die sehr bestürzt war, erhellte sich. Er war also sichtlich erleichtert in jeder Beziehung.

Die drei durch Canaris von Lahousen erbetenen Daten waren: 17. April 1942 Flucht von Giraud. 18. Mai 1942 Arbeitstagung in der Prager Burg, 27. Mai 1942 Attentat auf Heydrich. Dank dieser Daten und der geistigen Wendigkeit von Canaris hatte die Abwehr einen Ausweg aus der unangenehmen Sache »Gustav« gefunden.

Gefährliches Spiel

Canaris versteht es geschickt, sein persönliches Ansehen für seine eigenen Zwecke einzusetzen. So benutzt er seine gelegentlichen Besuche im Führerhauptquartier – sie wurden seit Herbst 1942 immer seltener – dazu, um gegenüber den Regierungs-, Partei- oder SS-Organisationen, die ihm übelwollen, seine Auffassung durchzufechten. Ohne sich auf »Führerbefehle« zu berufen, versteht er es in einer Unterhaltung, oft sogar noch Wochen nach einem Besuch im Führerhauptquartier, Bemerkungen einfließen zu lassen, wie »ich habe auch mit dem Führer gesprochen« oder »wie der Führer mir gegenüber meinte...« oder »der Führer glaubt...« oder »der Führer möchte, daß...«. Auf diese Weise beeinflußt er seine Gesprächspartner, die im allgemeinen keinerlei Möglichkeit haben, die Richtigkeit nachzuprüfen, oder die sich aus Angst vor den Wutausbrüchen Hitlers und Bormanns ruhig verhalten. Oft weist er auf angebliche Unterhaltungen mit dem Führer hin, selbst wenn diese nur aus einer einfachen Frage über sein Befinden, einer Bemerkung über das derzeitige Wetter oder aus einigen Betrachtungen über Kunst, Philosophie oder der Soziologie bestanden.

Diese Beispiele zeigen deutlich die Einstellung von Canaris, seine Geisteshaltung und seine unorthodoxe und unbürokratische Arbeitsweise. Einen wesentlichen Punkt müssen wir hervorheben: So ernst auch eine Sache sein mag, und wie ernst Canaris auch immer sie selbst beurteilt, sie bleibt für ihn immer eine Art Spiel, ein gefährliches Spiel, wo es oft um seinen Kopf geht. Aber es bleibt trotzdem ein Spiel. Wie K. H. Abshagen es beschreibt: »Aber vielleicht macht nur dieses ständige Spielen um den höchsten und letzten Einsatz, dieses ständige Schreiten auf messerscharfem Grat über Abgründen, dem von Verzweiflung über die ausweglose Situation Besessenen, die Fortführung seiner selbst gesetzten Aufgabe noch möglich.«* Die tödliche Gefahr scheint für ihn zu einer Droge geworden zu sein.

34. DIE GESTAPO UMSCHLEICHT DIE ABWEHR

Seit dem Tode Heydrichs kann Canaris freier atmen. Man merkt es ihm an. Aber deshalb plagen ihn nicht weniger die Gedanken der unvermeidlichen deutschen Niederlage, und sein Pessimismus wird immer mehr zu seinem vorherrschenden Charakterzug.

An einem Abend, nach dem Essen, an dem er verschlossen und schweigsam trotz der gemütlichen Atmosphäre dasaß, macht er seinem Herzen Luft. Seine Mitarbeiter empfinden es wie ein Schock, so daß sich Major Oskar Reile die Fragen stellt: Hat unser Einsatz überhaupt noch einen Sinn? Für welche erbärmlichen Leute opfern

* Man könnte noch manche andere Beispiele von »Sabotage der Sabotage« durch Canaris anfügen: die Zeitbombe, die von der Abwehr zum ersten Mal in ein Linienflugzeug London-Stockholm eingebaut werden sollte, dann bei einem anderen Anlaß, in ein Flugzeug Lissabon-New York gelegt werden sollte, was er aber niemals durchführen ließ.

unsere prächtigen Soldaten ihr Blut? Verdienen sie etwa nicht, sich für eine bessere und gerechtere Sache einzusetzen? Die leidenschaftlichen Worte des Chefs zeigen in aller Klarheit auf, wohin der Weg führt. Auf der einen Seite die heuchlerische Propaganda von Goebbels, auf der andren Seite die planmäßige Vernichtung wehrloser Menschen. Die militärische Niederlage ist unvermeidbar. Nach dem Zusammenbruch werden wir bei der ganzen Welt verfemt sein. Wem dient es dann in der Zukunft, was wir tun?

Fregattenkapitän Pheiffer versucht Major Reile wieder zu trösten:

»Was uns Canaris gesagt hat, bringt er bei jeder sich bietenden Gelegenheit bei Keitel und sogar bei Hitler vor, wenn auch in abgewogeneren Worten, und er tut es immer wieder. Solange seine Bemühungen Erfolg haben, können wir nur unsere Pflicht tun.«

»Aber glauben Sie denn«, wirft Oskar Reile ein, »daß der Admiral, dieser feinfühlende, weitblickende Mann, Hitler treu dienen kann? Nach dem, was er uns gesagt hat, stellt sich doch die Frage.«

»Ich habe mir dies selbst ebenfalls überlegt. Ich bin davon überzeugt, daß der Admiral stets seinem Gewissen folgen wird und vor Gott und vor sich selbst die Verantwortung tragen wird. Uns gegenüber hat er oftmals erklärt, daß wir mit aller Kraft unsere Pflicht erfüllen müßten.«

Auf diesem Wege bleiben alle Offiziere der verschiedenen Abteilungen der Abwehr. Es würde nicht schwerfallen, dies nachzuweisen, indem ich die verschiedensten Erlebnisse der V-Männer und der Führer der Abwehrdienststellen auf dem Gebiet der Spionage und Spionageabwehr im Verlauf des Zweiten Weltkriegs erzählen würde. Ich denke unter anderem, was die Spionage betrifft, an die Fälle »Harmisch«, »Pastorius«, »George Owens«, »Jonny«, »Vera«, »Berg und Olaf Klausen« usw. Bei der Spionageabwehr denke ich an die berühmten Fälle von »Operation Nordpol«, »Rote Kapelle«, »Porto I« und »Porto II«, »Die Katze und das Reseau Interallié«. Nicht zu vergessen die außerordentlichen Leistungen verschiedener Kommandos der »Division Brandenburg« an allen Fronten. Es würde einen umfangreichen Band füllen, wenn man die außergewöhnlichen Taten wieder lebendig werden lassen wollte, die die Männer der Abwehr vollbracht haben. Sie blieben der Devise des Admirals treu: »Der geheime Nachrichtendienst ist ein Dienst, der nur Herren vorbehalten ist. Wenn man ihn anderen anvertraut, dann bricht er zusammen.«

Im Gegensatz zu den Feststellungen von Schellenberg, vernachlässigt Canaris seine ihm auferlegten Pflichten keineswegs. Er fährt von Land zu Land, er bereist alle Frontabschnitte, um den Geist der Abwehr zu festigen. Er ist der innersten Überzeugung, daß sein Schicksal vorausbestimmt ist. Mit einer Art von orientalischem Fatalismus ist er kaum noch darum bemüht, auf Widerstand zu sinnen. Aber einzig und allein seine vertrautesten Freunde wissen das und stellen es in Rechnung. In den Augen der anderen bleibt er nach wie vor der Chef der Abwehr.

Die Verschwörung gegen Hitler wird ihm allmählich lästig. Er macht sich keine Illusionen mehr über »diese Schwätzer und Haarspalter«... Mit Oster und Dohnanyi hat er mehrere ziemlich heftige Diskussionen, dann verträgt er sich wieder mit ihnen. Es ist klar erkennbar, daß er den Glauben von 1938 oder auch noch 1941 verloren hat. Canaris ahnt oder weiß es, daß die Gestapo alle diese umstürzlerischen Tätigkeiten überwacht, daß er keine Möglichkeit sieht, den Schlag, zu dem sie eines Tages ausholen wird, parieren zu können.

Bonhoeffer in Schweden

Im Februar 1942 erhielten Dohnanyi und sein Schwager, der Pastor Bonhoeffer, erstmalig eine Warnung. Rechtsanwalt Langbehn, ein Mitarbeiter von Oster, informierte sie darüber, daß ihre Telefone und ihre Post überwacht werden.

Inzwischen verstärkte Bonhoeffer seine Kontakte mit dem Ausland. Vom 10. bis 18. April reiste er nach Norwegen, anschließend fährt er am 10. Mai in die Schweiz. Am 14. ist er in Genf. Dort erfährt er, daß sein Bekannter, der anglikanische Bischof von Chichester, George Kennedy Allen Bell, seit dem 1. Mai sich für drei Wochen in Schweden aufhält. Bonhoeffer bricht seinen Schweizaufenthalt ab und kehrt am 24. nach Berlin zurück. Dort bespricht er mit Beck, Oster und Dohnanyi die Einzelheiten seines Auftrages, den er in Schweden zu regeln beabsichtigt. Er soll bei den Engländern eine Friedensbereitschaft für den Fall eines Umsturzes in Deutschland, der unter Führung bestimmter Persönlichkeiten steht, erreichen. Man entschließt sich dazu, Namen zu nennen, die bislang verborgen bleiben mußten, bis die Sache endgültig geklärt ist. Bonhoeffer soll die englische Regierung auch darum durch Bell bitten lassen, die britischen Streitkräfte nicht die Gelegenheit zu einer Offensive nutzen zu lassen, sondern der neuen Regierung Zeit für die innerpolitische Säuberung zu lassen.

Am Vormittag des 30. Mai läßt Canaris für Bonhoeffer eine Dienstreisegenehmigung vom Auswärtigen Amt ausstellen und Pfarrer Bonhoeffer fliegt von Berlin nach Stockholm. Er trifft mit Bischof Bell in der berühmten Akademie von Manfred Björquist zusammen. Der englische Bischof verhehlt ihm nicht, daß er sich keine Hoffnungen auf London machen solle. Indessen informiert ihn Bonhoeffer über seinen Auftrag und nennt ihm die Namen der Führer der Verschwörung: Beck, Hammerstein, Goerdeler, Leuschner, Kaiser und Dr. Schacht. Von den Generalen benennt er von Kluge und von Bock, die Oberbefehlshaber an der Ostfront, und von Witzleben. Die beiden einigen sich auf verschiedene Decknamen und Deckadressen, die es ihnen ermöglichen sollten, gegebenenfalls ihre Gespräche zwischen London und der Widerstandsbewegung unter Einschaltung neutraler Stellen fortzusetzen.

Am 2. Juni kehrt Bonhoeffer nach Berlin zurück. Bischof Bell trifft am 10. in London ein. Am 18. schreibt er einen Brief an Anthony Eden und macht darin Andeutungen von dem, was sich ereignet hat. Er bittet Eden, ihn zu einem Gespräch zu empfangen. Am 30. überreicht er Eden eine ins einzelne gehende Denkschrift über das, was sich zugetragen hat. Eden nimmt diese als »sehr interessant« entgegen, und verspricht aufmerksame Prüfung und Beantwortung des Schreibens. Am 17. Juli trifft die Antwort ein; sie ist negativ. Er schreibt: »...ohne die Glaubwürdigkeit Ihres Informanten anzweifeln zu wollen, bin ich der Überzeugung, daß es nicht im Interesse unseres Landes sein kann, ihnen eine wie auch immer lautende Antwort zukommen zu lassen. Ich bin mir bewußt, daß Sie diese Entscheidung etwas enttäuschen wird. Wegen der heiklen Fragen sehe ich mich gezwungen, Sie zu bitten, meine Entscheidung zu akzeptieren.«

Am 30. Juli besucht Bell den amerikanischen Botschafter Winant und legt ihm alle seine Dokumente vor. Dieser sagt zu, Washington zu unterrichten. Von dort kommt keinerlei Antwort. Am 23. Juli hatte er an das Generalsekretariat des Ökumenischen Rates der Kirchen in Genf, Vissert Hooft, einem Freund von Bonhoeffer, folgendes Telegramm geschickt: »Interesse zweifellos. Äußerstes Bedauern. Keinerlei Antwort möglich. Bell.«

Als Bonhoeffer, Dohnanyi und Oster von der Antwort, oder besser gesagt, von der Nichtbeantwortung erfahren, geben sie im Augenblick jede Hoffnung auf.

Canaris, der sich über das erwartende Ergebnis der Bemühungen Bonhoeffers und Bells keinen Illusionen hingab, erklärt Oster im Beisein von Piekenbrock: »Solange sich unsere Generalität nicht entscheiden wird, die Aktion in die Hand zu nehmen, bleiben die Engländer ihrer alten Devise ›wait and see‹ treu.«

Einige Zeit zuvor versuchte zur Unterbauung der Vermittlungsaktion Bonhoeffers und Bells die Berliner Widerstandsbewegung erneut Druck auf die verschiedenen Befehlshaber auszuüben. General Henning von Tresckow, der Stabschef von Feldmarschall Günther von Kluge, will seinen Chef in das Lager der Verschwörung herüberziehen. Fabian von Schlabrendorff hat in seinem Bericht »Offiziere gegen Hitler«, der unmittelbar nach dem Kriegsende niedergeschrieben wurde, darüber berichtet, wie v. Tresckow Tag für Tag glaubte, den Oberbefehlshaber der Heeresgruppe Mitte gewonnen zu haben, und wie er dann immer wieder feststellen mußte, daß sein Chef in seine Unentschlossenheit zurückfiel.

Die große Linie für das Komplott, das zum Ausgangspunkt für das Attentat vom 20. Juli wird, wurde im Herbst 1942 festgelegt. Der Plan sieht die Beseitigung Hitlers durch eine Gewalttat vor, der dann unmittelbar ein Staatsstreich folgen soll. Dieser soll vom Ersatzheer in Deutschland unter Befehl des Generaloberst Fritz Fromm und dessen Chef des Heeresamtes Olbricht durchgeführt werden.

Canaris, der von Tresckow eingeweiht wird, ist, wie schon so oft, skeptisch. Aber zum ersten Mal lehnt er den Attentatsgedanken auf den Führer nicht mehr kategorisch ab. Ihm wäre wohl eine Verhaftung Hitlers mit anschließendem Prozeß lieber, aber Tresckow meint, daß keine andere Wahl mehr bliebe. Es müsse rasch gehandelt werden, wenn man Erfolg haben wolle. Wenn Hitler tot wäre, dann wären alle Befehlshaber und Kommandeure von ihrem Treueid entbunden. Canaris läßt sich schwer überzeugen.

Heydrich ist tot. Himmler ernennt keinen Nachfolger und übernimmt selbst die Leitung des Reichssicherheitshauptamtes. Jedesmal, wenn der Gestapochef Heinrich Müller kommt, um ihm neue Erkenntnisse über die »Verschwörung der Generale« mitzuteilen, hat Himmler stets die gleiche Antwort bereit: »Lassen Sie die Verdächtigen in Freiheit, damit wir ihre Widerstandstätigkeit überwachen können und so viel Verschwörer wie irgend möglich ausfindig machen können. An dem Tag, an dem wir genügend unwiderlegliche Beweise beisammen haben und die Schlupfwinkel des Komplotts aufgestöbert haben, werden wir wie ein Blitz zuschlagen, ohne Rücksichten auf Rang und Namen.« Solche Worte geben Müller das Vertrauen wieder, und er gibt seinen Organen entsprechende Anweisungen. Unglücklicherweise verstoßen verschiedene übereifrige SD- oder Gestapo-Funktionäre, die sich ungeduldig mit der Entdeckung eines Verschwörers gegen den Staat hervortun wollen, gegen die Himmlerschen Empfehlungen.

Im Herbst 1942 wird ein gewisser David in dem Moment aufgegriffen, als er mit einer Riesenmenge Dollarnoten gerade dabei war, Deutschland zu verlassen. Bei der Vernehmung gibt er an, daß er diese Summe für Dr. Wilhelm Schmidhuber wegschaffe, den portugiesischen Honorarkonsul aus München, Major der Luftwaffe und Angehöriger der Münchener Abwehrstelle, die unter der Leitung von Oberstleutnant Ficht stehe. Die Gestapo benachrichtigt die Abteilung Ausland des SD von Schellenberg. Der leitet eine Untersuchung bei Schmidhuber ein, der sich gerade in Südtirol, in Meran, aufhält. Die Untersuchungsergebnisse sind so beschaffen, daß Schmidhuber am 2. November von der italienischen Polizei trotz Protestes und trotz seiner diplomatischen Immunität festgenommen, an die Brennergrenze gebracht und den deutschen Polizeibehörden übergeben wird. Sein Mitarbeiter Ickrath ist bereits von der Gestapo verhaftet.

Er wird nach München gebracht und sofort verhört. Völlig verwirrt, macht Schmidhuber den Schergen Himmlers konfuse und widersprüchliche Aussagen über den Devisentransfer und über seine Verbindungen zur Abwehr. Doch die Gestapo weiß, wie sie ihn einzuschüchtern hat und Schmidhuber, der sich wie alles andere als ein Held benimmt, gibt alles preis. Der Gestapochef Heinrich Müller weiß Bescheid über die politischen Absichten Himmlers, er verweist die Angelegenheit an die Wehrmachtsführung.

Schmidhuber wird nach Berlin gebracht und in die Haftanstalt Tegel eingewiesen. Mit seiner zweiten Vernehmung wird der sehr beschlagene Dr. Martin Röder, Oberstkriegsgerichtsrat der Luftwaffe betraut, der sich bei der Strafsache »Rote Kapelle« einen Namen gemacht hat. Der »Blutrichter«, wie ihn Dohnanyi, der ihn gut kennt, nannte, wittert einen Riesenskandal. Warum ist Dr. Josef

Müller von der Abwehrstelle in München, der von Schmidhuber mit der Sache in Verbindung gebracht wurde, nicht von der Gestapo vernommen worden?

Nach dem Krieg hat Dr. Josef Müller berichtet:

»Nach Schmidhubers Verhaftung in Meran und nach seiner Ankunft in München, wurde ich ebenfalls vernommen. Schmidhuber hatte mir seine Aktentasche vor der Abreise übergeben. Sie enthielt verschiedene sorgfältig geschriebene, aber falsche Notizen über Geschenke, die er verschiedenen Personen gemacht habe. Dohnanyi war mehrfach erwähnt. Was meine Person betrifft, behauptete er, mir fünfzigtausend slowenische Kronen zum Ankauf von Briefmarken gegeben zu haben. In Wahrheit war es ein Betrag von fünftausend Kronen, die ihm von der Abwehrstelle München rückerstattet wurden. Oberst Ficht wünschte, daß die bewußten Briefmarken bestimmten Mittelsmännern von uns in Rom, die uns sehr wertvoll waren, übergeben sollte. Vor Gericht aufgefordert, sich dazu zu erklären, gab Schmidhuber sofort zu, daß es sich um fünftausend, anstatt fünfzigtausend Kronen handelte, und daß er mir kein Geld als Geschenk gegeben habe. Er erschien sehr deprimiert und fragte mich, als wir einen Augenblick allein waren, ob es nicht besser wäre, wenn er sich eine Kugel in den Kopf jagen würde. Ich war recht erstaunt darüber, doch habe ich, offen gestanden, keine Sekunde daran gedacht, daß er seine Absicht wahr machen würde. Als er eines Tages im benachbarten Raum vernommen wurde, hörte ich, wie er Äußerungen politischen Inhalts tat. Er erwähnte die Namen Dohnanyi und Bonhoeffer, und ich bin sicher, daß dies nicht das erste Mal war. Gleich nach dieser Vernehmung flog Canaris nach München, um sich über den Ablauf der Affäre zu erkundigen. Er wußte damals nicht, daß Schmidhuber unsere Widerstandsgruppe verraten könnte, besonders mich und gleichzeitig Dohnanyi und Oster.«

Karl Süss, einer der Münchner Widerstandskämpfer, erklärte, daß er versucht habe, seine Freunde vor dem Eintreffen der Funktionäre der Geheimen Staatspolizei zu begünstigen:

»Wir hatten in unseren Akten Unterlagen, aus denen gewisse politische Handlungen von Admiral Canaris ersichtlich waren, ebenso Schriftstücke, die über die hauptsächlich finanzielle Unterstützung von Juden, die ins Ausland verschwinden konnten, aussagten. Ich versuchte, so gut es ging, die Akten von Material zu

›säubern‹, die unsere Freunde belasten könnten. Aber ich bemerkte bald, daß ich nicht genügend Bescheid wußte über die Zusammenhänge und die Zielsetzung dieser gesamten Organisation. Auch konnte ich nicht allein die Verantwortung für diese Aufgabe übernehmen. Deshalb habe ich es so eingerichtet, daß Dr. Müller die Schriftstücke in meinem Schreibtisch nochmals überprüfen sollte und... nach Möglichkeit ›säubern‹ konnte. Wir wußten, daß die Angelegenheit bereits in Händen der kriegsgerichtlichen Abteilung des Kriegsministeriums in Berlin war, und wenig später trafen die Beamten ein, um mit den Vernehmungen zu beginnen.«

Die Untersuchungen der Tätigkeiten Ickraths, Schmidhubers und Josef Müllers stellten für Canaris und Oster eine große Nervenbelastung dar. Sie sind sich der Tatsache bewußt, daß die Gestapoleitung immer noch sehr mißtrauisch gegenüber den Geständnissen Schmidhubers ist, der von einer »Generalsclique« sprach und außerdem den Namen von Dohnanyi von der Zentralabteilung Osters als Verantwortlichen für die Gespräche mit dem Vatikan angegeben hatte. Somit wurde die Gefahr immer größer.

Am 2. Oktober 1950 berichtete Dr. Manfred Röder während seines Prozesses, daß Oster zu ihm gekommen sei und ihn gebeten habe, er möchte die Abwehr über die möglicherweise stattfindenden Verfahren unterrichten. Röder erklärte:

»Während Oster wieder einmal in meinem Büro war, erfuhr ich telefonisch, daß kein Prozeß, der sich auf diese Angelegenheit bezog, vorgesehen sei, und ich sicherte ihm zu, ihn über den weiteren Verlauf dieser Sache auf dem laufenden zu halten. Ein oder zwei Tage später rief mich Oster an und teilte mir mit, daß das Kriegsgericht der Luftwaffe in München immer noch die Nachforschungen fortsetze, und er bat mich eindringlich, daß die Angelegenheit beschleunigt werde, weil Admiral Canaris besonders an der Frage interessiert sei. Ich versprach es ihm und telefonierte nach München, wo man mir antwortete, daß die Akten bereits auf dem Wege nach Berlin seien. Dann hörte ich nichts mehr davon, bis zum Eintreffen der Akten in der zweiten Februarwoche 1943. Das Protokoll umfaßte fünfundsechzig beidseitig beschriebene Schreibmaschinenseiten. Ich las die Akte flüchtig durch und übergab sie dem obersten Kriegsrichter der Luftwaffe, Hammerstein, weil er dafür zuständig war, den Richter, der den Fall zu untersuchen hatte, zu bestimmen. Soweit ich mich erinnern kann, war das Protokoll auf Vergehen gegen die

Steuergesetze ausgerichtet und wies auf die verschiedenen Geständnisse Schmidhubers und Ickraths hin. Es enthielt außerdem Zeu--genaussagen, wonach Admiral Canaris 1939/40 einen Staatsstreich organisiert hätte und an der Loslösung Ostpreußens mitarbeitete. Wie dem auch sei, der gesamte Bericht war für Admiral Canaris sehr belastend, und ich verspürte eine gewisse Erleichterung, als ich erfuhr, daß für diesen Fall die Gerichtsbarkeit der Luftwaffe in Berlin nicht zuständig sei. Somit wäre ich der Verantwortung enthoben. Bis 4. April war ich nicht mehr mit der Angelegenheit befaßt, mit Ausnahme dessen, was ich in der heutigen Zeugenaussage bekundete.«

War sich Canaris seinerzeit der Gefahr bewußt, die für seine Sicherheit drohte, aufgrund der so spontan von Schmidhuber bei seiner Vernehmung in München gemachten Anschuldigungen?* Wahrscheinlich nicht. Denn einerseits ist er nicht über die Einzelheiten der Schmidhuberschen Anschuldigungen informiert, andererseits ist Canaris in den Monaten September bis Dezember 1942 von den Ereignissen der englisch-amerikanischen Landung in Nordafrika derart in Anspruch genommen, daß er kaum Zeit und Sinn dafür hatte, sich mit seinem eigenen Schicksal zu beschäftigen.

* Nach dem Krieg ist es Schmidhuber gelungen, sich ein Vermögen zu machen. Er starb 1961.

SECHSTER TEIL

Der Triumph der Gestapo

35. DAS ENGLISCH-AMERIKANISCHE LANDE-UNTERNEHMEN IN NORDAFRIKA

Nach der Landung der Alliierten in Nordafrika am 8. November 1942 hat man der Abwehr vorgeworfen, sie hätte sie nicht rechtzeitig erkannt und sei deshalb dafür verantwortlich zu machen, daß die Wehrmacht keine Gegenmaßnahmen ergreifen konnte. Canaris verwehrte sich energisch gegen einen solchen Vorwurf, und das mit vollem Recht in mehrfacher Hinsicht.

Wir sind in München, es ist der Monat April 1970. Seit einer Stunde erzählt mir der sympathische Oberst Franz Seubert, der damalige Major in der Abteilung I H West der Abwehr, so anerkennend und voller Begeisterung von dem »kleinen Admiral«, daß ich es sehr bedauern muß, den Chef nicht kennengelernt zu haben... Ich hätte mich gerne mit ihm unterhalten, so wie jetzt mit Oberst Seubert. Er erweitert die vielen Anekdoten über Canaris, die oft mit Humor gewürzt, stets wohlausgewählt waren und von eindringlichem Scharfblick zeugten. Die Erzählungen des Obersten lassen die Persönlichkeit wieder lebendig werden, die mich seit vielen Jahren so brennend interessiert. Hervorgerufen durch meine Bemerkungen und direkten Fragen, vertraut er mir das an, was jeder Historiker gerne aus dem Munde eines »Zeugen« hören möchte:

»Ich werde Ihnen offenbaren, worüber ich 25 Jahre lang aus verschiedenerlei Gründen geschwiegen habe: Wie ich etwa zehn Tage vor dem Landeunternehmen in Nordafrika davon erfuhr, und durch wen... «

Man merkt deutlich, wie sich Oberst Seubert über meine freudige Überraschung amüsiert. Dann berichtet er mir:

»In jenem Monat Oktober 1942 war ich in Afrika, genau gesagt in Libyen, wohin mich Canaris geschickt hatte, nachdem sich die Gestapo in Berlin ein wenig zuviel für mein Tun und Treiben interessiert hatte. Eines Tages erhielt ich aus Rom ein Telegramm mit der Unterschrift des Großmufti von Jerusalem, Mohammed Amin Al Hussein, in dem er mich bat, schnellstmöglich zu einem Treffen mit ihm in die italienische Hauptstadt zu kommen.

Ich kannte diese außergewöhnliche und malerische Persönlichkeit schon seit langen Jahren. Von Bagdad zunächst nach Teheran geflohen, war er nach dem mißglückten Umsturzversuch des irakischen Premierministers Raschid Ali im April/Mai 1941*, und dann Ende 1941 in Berlin aufgetaucht. Nachdem der Duce 1942 das »Schwert des Islam« zückte, hatte Hitler dem Großmufti »geraten«, in Rom Aufenthalt zu nehmen und mit Mussolini unmittelbar über den Anschluß der arabischen Legion an die Seite der Achsenmächte zu verhandeln. Admiral Canaris kannte Al Hussein schon länger als ich, seit 1938, als er zusammen mit Major Groscurth eine Reise unternahm, die ihn bis Bagdad geführt hatte. Der Admiral konnte ihn recht gut leiden, obwohl er seine Politik nicht schätzte, die er als unrealistisch und aussichtslos ansah. Auch hatte er die Auffassung gewonnen, daß der Großmufti aus den bestehenden Meinungsverschiedenheiten zwischen der Abwehr und dem Auswärtigen Amt Nutzen ziehen wollte. Doch der Admiral liebte es, sich mit intelligenten Leuten zu unterhalten, und der Großmufti gehörte sicherlich zu dieser Art. Außerdem konnte er bei diesen Unterhaltungen vieles über die gewundenen Wege der Politik des Mittleren Orients lernen. Sie unterhielten sich auf französisch oder auf englisch, beide Sprachen beherrschte der Großmufti gut. Ich nahm oft an den Unterhaltungen teil.«

»Mir war klar, daß dieses Telegramm von Bedeutung war«, sagte mir Oberst Seubert. »Ich setzte mich sofort ins Flugzeug nach Rom und begab mich zu Al Hussein. Er bedankte sich für meine schnelle Bereitschaft und erklärte mir ohne große Umschweife, daß er mir eine wichtige Mitteilung zu machen habe, die ›aus absolut sicherer Quelle‹ stamme. Er zeigte mir einen langen Brief, dessen Briefkopf er mit der Hand verdeckte und sagte zu mir: ›Ich kann Ihnen den Verfasser dieses Briefes nicht verraten ... aber lesen Sie!‹ Ich war sprachlos über das, was ich las. Eine Landung der Engländer und Amerikaner war ›in den ersten Novembertagen, zwischen 5. und 10.

* Überrascht durch den britischen Gegenstoß richtete Raschid Ali am 30. April ein Hilfeersuchen an die Reichsregierung. Aber diese war zu weit entfernt, um ihm Hilfe zukommen zu lassen. Sie beschränkte sich auf Waffenlieferungen, die aus den Waffen- und Gerätelagern der französischen Levante stammten, und verkaufte ihm etwa hundert Jagdflugzeuge, von denen nur etwa vierzig den Bestimmungsort erreichten.

wahrscheinlich‹, wurde angekündigt. Es war genau angegeben, daß die Landestellen ›Casablanca, Port-Lyautey (Kenitra, nördlich von Rabat), Oran und Algier‹ seien, daß die Invasionstruppen aus ›neun amerikanischen Divisionen, die aus dem Ostteil der amerikansichen Staaten über den Atlantik, und aus vier britischen Divisionen, die aus britischen Häfen kommen‹, bestünden. Der Brief betonte: ›Es handelt sich um ein Unternehmen großen Stils, mit dem vorrangigen Ziel, in das östliche Mittelmeer vorzudringen, die italienisch-deutschen Streitkräfte in Nordafrika zu vernichten und schließlich sich die unbedingt notwendige Ausgangsbasis für die entgültige Ausschaltung Italiens zu schaffen.‹

Das war nicht das erste Mal, daß ich von der Möglichkeit eines anglo-amerikanischen Landeunternehmens in Marokko und in Algerien hörte, und ich habe meine Vorgesetzten gewarnt«, sagte mir Seubert.

»Trotzdem war es damals, aufgrund der zahlreichen möglichen Ziele, schwer, die genauen Feindabsichten zu durchschauen. Der Inhalt des Briefes, den mir der Großmufti zeigte, war von einer umwerfenden Genauigkeit und mußte jeden möglichen Zweifel in uns über das vorgesehene Unternehmen ausräumen. Man müßte schnellstmöglich Gegenmaßnahmen ergreifen, sie waren dringend notwendig. Um Maßnahmen ergreifen zu können, mußte unglückseligerweise Hitler erst überzeugt werden, und um Hitler zu überzeugen, wußte ich genau, was mir Canaris sagen würde: ›Wer ist der Verfasser des Briefes?‹ Ich sagte dem Großmufti, daß dieser Brief wahrhaftig von außerordentlicher Bedeutung wäre, erklärte ihm aber die Gründe, die mich davon abhielten, mit meinem Chef darüber zu sprechen.«

»Der Großmufti weigerte sich, mir den Namen des Briefschreibers zu nennen. Endlich gab er nach. Er bat mich um mein Ehrenwort als Offizier, mit keinem andern als Admiral Canaris darüber zu sprechen. Diese dürfte aber auch nicht dem Führer den Namen verraten. Der Großmufti reichte mir den Brief hin und ich konnte den Briefkopf lesen. Der geheimnisvolle Schreiber war kein anderer als ... der Sultan von Marokko, Mohammed V.! Als er diese Information an seinen Freund, den Großmufti mitteilte, wußte er ganz genau, daß dieser nichts Eiligeres zu tun hätte, als uns zu unterrichten. Auf diese Weise machte der Sultan gemeinsame Sache mit den nationalistischen Marokkanern, die für die Abwehr oder für den SD arbeiteten, indem er damit rechnete, daß bei einem Sieg Berlin ihnen die Unabhängigkeit ihres Landes schenken würde.«*

Gegenüber Oberst Seubert mache ich die Bemerkung, daß der Sultan von Marokko, Mohammed Sidi Ben Youssef von General de Gaulle später zum »Waffengefährten der Befreiung« gemacht und jahrelang in seinem Kampf um die Unabhängigkeit gegen Frankreich, sowohl von London als auch von Washington unterstützt wurde.

»Auf Mohammed V.«, meinte Oberst Seubert, »werden wir noch zu sprechen kommen, wenn wir uns über die Konferenz von Casablanca vom Januar 1943 unterhalten. Aber kommen wir zurück auf den Monat Oktober 1942 in Rom. Ich flog alsbald nach Berlin zurück, um Admiral Canaris zu berichten.«

Als Major Franz Seubert Canaris von seiner Unterhaltung mit dem Großmufti von Jerusalem berichtet und ihm den Inhalt des Briefes vom Sultan von Marokko offenbart, verändert sich Canaris' Gesicht. Er strahlt und sagt zu Seubert:

»Dies ist die genaue, sogar noch mehr ins einzelne gehende Bestätigung der Informationen die ich soeben aus Algeciras und Tanger erhalten habe. Man hat mir gemeldet, daß im Hafen von Gibraltar ein starker britischer Flottenverband, bestehend aus einem Schlachtschiff, zwei Flugzeugträgern, fünf Kreuzern und zwanzig Torpedobootszerstörern, vor Anker liegen. Das ist der Beweis einer bevorstehenden Operation großen Stils im westlichen Mittelmeer.«

Der Admiral strahlt. Er scheint sich erholt zu haben. Seine Augen leuchten voll Freude. In dienstlicher Hinsicht ist er glücklich. Seine Leute leisten wahrhaftig eine ausgezeichnete Arbeit! Er ist ergriffen von dieser Leistung der Abwehrdienststellen. Dann verfärbt sich plötzlich sein Gesicht, er wird blaß, seine Schultern hängen herab, sein Lächeln ist vergangen und seine Augen werden matt. Melancholisch meint er dann:

»Aber die im Führerhauptquartier werden es mir nicht glauben, armer Seubert! Die glauben auch Ihnen nicht! Selbst wenn ich ›Emil‹ Ihre Informationsquelle verraten würde, er wird es nicht glauben. Er

* Unter diesen marokkanischen Nationalisten, die für die Abwehr arbeiteten, ist u.a. erwähnenswert Mahamedi Said, der durch die Abteilung II von Lahousen in Deutschland eine Spezialausbildung erhielt und mit dem Fallschirm abgesetzt wurde. Er sollte später einer der Chefs der FLN und nach der Unabhängigkeit Minister bei Boumedienne werden.

ist davon überzeugt, daß wenn die Alliierten ein Unternehmen starten, es gegen Tripolitanien und noch wahrscheinlicher auf dem Balkan sein werde, aber keinesfalls in Französisch-Nordafrika... Aber was soll's! Ich muß sie trotzdem unterrichten.«

Am nächsten Tag wird Canaris von Keitel empfangen. Er lacht Canaris ins Gesicht. Canaris versucht mit Hitler selbst zu sprechen, doch vergebens. Dann bittet er Keitel die Information dem Führer zu übermitteln. Nach einigem Zögern erklärt er sich dazu bereit. Am gleichen Abend teilt er Canaris in Anwesenheit General Jodls mit – sie kommen beide vom Vortrag beim Führer –, daß seine Information nicht in Erwägung gezogen worden sei.

»Aber«, betont Canaris, »man muß mir glauben! Wenn der Führer mein Wort und meine Informationen anzweifelt, dann ist er bornierter als ich gedacht habe.«

General Jodl wird nervös und entgegnet Canaris:

»Ich kenne den Führer besser als Sie! Er ist ein großer Führer, wie es nur wenige gibt. Sein Wissen, seine Intelligenz, seine Redekunst und seine Willenskraft überzeugen in allen Gesprächen. Er vereinigt in sich in ungewöhnlicher Weise gesundes Urteil und klaren Verstand, übertriebene Skepsis und Phantasie, was ihn befähigt, die Ereignisse vorauszusehen...«

Mit ruhiger Stimme unterbricht ihn der Admiral: »Aber manchmal irrt auch er!«

»Ja, das stimmt«, pflichtet Jodl bei. »Manchmal täuscht er sich. Aber glauben Sie mir, ich habe ihn ehrlich bewundert, als es ihm im Laufe des vergangenen Winters, mit seinem Glauben und seiner großen Willenskraft gelang, die Ostfront zu halten. Erinnern Sie sich noch an diese Zeit, Herr Admiral, da sagten Sie selbst, daß eine Katastrophe wie bei Napoleon anno 1812 nahe bevorstünde.«

»Und jetzt? Wenn Sie die Armee von Paulus vor Wintereinbruch nicht hinter den Don zurückverlegen und dadurch die Front erheblich verkürzen und der Truppe die Möglichkeit geben, die schlechte Jahreszeit unter annehmbaren Unterkunftsverhältnissen zu überstehen, ist die 6. Armee zum sicheren Untergang verurteilt.«

»Für die Ostfront teile ich Ihre Meinung«, antwortet General Jodl. »Generalquartiermeister General Eduard Wagner ist derselben Auffassung. Aber der Führer ist nicht zu überzeugen. Es ist mir unverständlich. Noch vor zwei Tagen hat er mit mir über Stalingrad gesprochen und dabei eigenartige Redewendungen gebraucht, wie

›zweifaches Symbol‹... ›Magnetpol‹ ›... geweihte Stätte unserer Vorfahren, die vom Bolschewismus besudelt wurde‹... Ich konnte seinen Gedankengängen zwar nicht folgen, doch auf strategischem Gebiet begeht er einen Fehler.«

»Dieses Gefühl habe ich auch, obwohl ich auf strategischem Gebiet nicht die Erfahrung wie Sie habe. Jedenfalls bin ich der Überzeugung, daß Sie ebenfalls, Sie, er und Feldmarschall Keitel, einen schweren Fehler machen, wenn Sie die Erkenntnisse, die ich Ihnen eben mitgeteilt habe, nicht ernst nehmen. Es wird so viel von den genialen Eingebungen des Führers gesprochen, aber ich glaube, daß sie ihn dieses Mal, das heißt einmal mehr, schändlich im Stich lassen. Sie werden bald eine mächtige zweite Front auf dem Halse haben... Französisch-Nordafrika stellt ein vorzügliches Sprungbrett zur Eroberung von Südfrankreich und für einen Angriff aus der Flanke auf Italien dar.«

Keitel ergreift das Wort und sagt: »Das afrikanische Festland eignet sich weniger gut als Sardinien oder als Sizilien für einen englisch-amerikanischen Angriffsversuch auf uns.«

General Jodl fordert diese Unterhaltung sichtlich heraus, er erklärt seinerseits in hochmütiger Art:

»Herr Admiral, es ist vergeblich, darauf zu bestehen. Vor mir hat der Führer zu Feldmarschall Keitel gesagt: ›Dieser Canaris ist ein Dummkopf. Er fällt auf alles herein, was die Amerikaner ihm auch vorsetzen... Verschonen Sie mich mit den Berichten der Abwehr, das sind alles Defätisten, ihre Informationen sind stets irreführend. Wenn ich einen Plan entwerfe, dann sieht Canaris immer die Katastrophe voraus, unsere Siege jedoch beweisen, daß meine Intuition sehr viel besser ist als die seinige.‹ Der Führer hat recht. Erinnern Sie sich, Herr Admiral, an die Katastrophen, mit denen Sie uns gedroht haben: vor dem Anschluß, vor unserem Einmarsch in das Sudetenland, vor unserem Marsch auf Prag, vor dem Angriff auf Polen, vor unserer Offensive gegen Frankreich und England, vor unserem Balkanunternehmen, vor unserem Angriff auf die Sowjetunion, usw., und was ist geschehen? Das Gegenteil von dem, was Sie uns angekündigt haben! Ach was, Herr Admiral, Sie sehen die Dinge viel zu schwarz.«

»Zweifellos! Zweifelsohne!« antwortet Canaris, des zwecklosen Gesprächs überdrüssig, und meint: »Es kommt, wie es kommen muß! Alles hätte ich Ihnen vorhergesagt!«

Nachdem sich Canaris von den beiden Generalen grüßend verabschiedet hatte, trifft er im Offizierskasino den Leiter der Abwehrstelle Nikolaiken, Oberstleutnant Heinz Schmalschläger. Am Gesichtsausdruck seines Chefs merkt er, was vorgefallen war. Er sagt kein Wort. Canaris bestellt eine Tasse Tee. Beide bleiben schweigsam. Erst beim Aufstehen sagt der »Alte«:

»Lassen Sie uns gehen! Wir haben nichts mehr in diesem Tollhaus zu suchen.«

Als sie das Casino verlassen, bemerken sie auf etwa zwanzig Meter Entfernung Hitler im Gespräch mit seinem Adjutanten auf und ab gehen. Verträumt bemerkt Oberstleutnant Heinz Schmalschläger zum kleinen Admiral: »Auf diese Entfernung, das gäbe einen schönen Blattschuß!« Ohne lange zu überlegen antwortet Canaris:

»Tun Sie es doch!«

Beide Bemerkungen waren rein instinktiv gemacht worden und haben keine praktische Bedeutung, denn Canaris und Schmalschläger sind ohne Schußwaffe. Sie verraten aber die Gesinnung der beiden, die der Überzeugung sind, daß Hitler durch seine ungeheuerliche Starrköpfigkeit Deutschland in das Verderben führt. Canaris ist bekannt, daß der Führer grundsätzlich den entgegengesetzten Standpunkt von dem einnimmt, was man ihm vorschlägt und daß er auf seiner Meinung um so stärker beharrt, je wichtiger die Persönlichkeit dessen ist, der sich erlaubt, ihn auf eine Gefahr oder eine drohende Krise hinzuweisen... Canaris weiß wohl, daß die Lage aussichtslos ist. Sein Fatalismus würde ihn befähigen, den Untergang geduldig zu erwarten, aber, gleichlaufend damit, blutet ihm das Herz bei dem Gedanken an das schwere Los der Verwundeten, der Kranken, der kämpfenden Truppe, die diese Leiden mit außerordentlicher Zähigkeit und mit Opfermut ertragen, bei dem Gedanken an die Männer an der Front, die sich nach außen gelassen bis kühl geben und ihr inneres Gefühl, wie es meist Frauen tun, verbergen, und nur die besten Kameraden davon wissen lassen.

Als am Morgen des 8. November die Nachricht von der englisch-amerikanischen Landung in Nordafrika bekannt wird, ist in Berlin Sensationsstimmung. In der Wilhelmstraße, im Auswärtigen Amt, ist man ebenso erstaunt wie bei der Presse und bei den Streitkräften.

Canaris selbst zog die Abwesenheit von der Reichshauptstadt vor. Am 8. November hielt er sich mit Piekenbrock dienstlich in Kopenhagen auf und wird dringend nach Berlin zurückgerufen.

Die englisch-amerikanischen Streitkräfte besetzen Marokko und Algerien, trotzdem setzt Canaris die Nachrichtengewinnung durch seine dortigen Agenten fort. Sie werden in Tanger umgruppiert. Dort werden auch die Erkenntnisse gesammelt, die weiterhin von den marokkanischen Nationalisten geliefert werden. So erhält zum Beispiel am 11. November 1942 Canaris folgendes Telegramm:

»Prinz Mohammed, der Bruder des Kalifen von Tetuan, bittet im Auftrag des Kalifen, daß Berlin eine Absichtserklärung über die Unabhängigkeit von Marokko abgibt, analog zu der, die für andere arabische Länder gegeben wurde... Zu dem jetzigen Zeitpunkt, wo keine Rücksicht mehr auf Frankreich genommen zu werden braucht, ist nur den spanischen Interessen Rechnung zu tragen... Das marokkanische Volk, das seit jeher die Unterstützung Deutschlands sucht, ist wegen der Garantieerklärung Roosevelts für ein französisches Marokko sehr verbittert... Die Eingeborenen wahren gegenüber der amerikanischen Landung Zurückhaltung, ebenso der Glaoui, der mehr Einfluß als der Sultan hat. Der Kalif hält sich in der Fühlungaufnahme mit dem Pascha von Marrakesch zurück.«

Am Tag darauf, am 12. November, geht folgendes Telegramm ein:

»Der Ex-Sultan Abdul Aziz hat einem V-Mann der Abwehr anvertraut, daß die Bevölkerung von Tanger die Sympathien für Deutschland in der gleichen Weise beibehält, wie sie vor der Landung bestanden haben... Jetzt ist die Stunde für Berlin gekommen, zum Widerstand gegen die mit Frankreich zusammenarbeitenden Amerikaner aufzurufen... «

Ein weiterer deutscher V-Mann spielt Berlin am 13. November folgenden Vorschlag eines bedeutenden marokkanischen Nationalistenführers zu: »...T, der [sehr] bekannte marokkanische Nationalistenführer, besuchte mich und schlug mir die Zusammenarbeit seiner Anhänger mit Deutschland vor. Er wäre bereit, unverzüglich nach Berlin zu kommen, ein Komitee des Maghreb zu bilden und mit den anderen Araberführern zusammenzuarbeiten, für den Fall, daß wir eine Garantieerklärung für ein unabhängiges Marokko abgeben würden.«

Am 12. Januar schreibt ein V-Mann der Abwehr: »Der Sultan und der Glaoui haben durch Flüsterpropaganda verbreitet, daß kein marokkanisches Blut mehr vergossen werden darf für die Amerikaner und für die Engländer, die Verbündete der Juden sind!... Aufgrund dieser Situation haben die Angelsachsen Verbindung mit

Abdul Aziz in Tanger aufgenommen, um einen Nachfolger für den derzeitigen Sultan bereitzuhalten... Das heißt, wir beharren auf der Meinung, daß der Glaoui als zuverlässiger Mann der Amerikaner gelten darf...«

Der Bericht über das Diner bei Anfa

Der Glaoui ist keineswegs der »Vertrauensmann« der Amerikaner, aber er findet bei ihnen erheblich mehr Verständnis für die Unabhängigkeit Marokkos, als bei den Engländern, die am liebsten Marokko als britisches »Protektorat« sehen würden... Der Sultan segelt näher dorthin. Am 23. Januar 1943 ist er zum Diner bei Roosevelt in Anfa eingeladen. In Begleitung seines ältesten Sohnes Hassan – dem jetzigen König von Marokko – kommt er beladen mit Geschenken an: einem Dolch aus Gold für den Präsidenten Roosevelt, goldenen Armreifen und einem Diadem zugleich für Mrs. Roosevelt. Nach dem Diner überreicht der Präsident der Vereinigten Staaten seinem Gast sein Photo in einem ansehnlichen silbernen Rahmen. Bei Tisch sitzt der Sultan zur Rechten des amerikanischen Präsidenten und zur Linken Churchills. Sehr bald entwickelt sich eine lebhafte Unterhaltung in Französisch zwischen Roosevelt und Mohammed Sidi Youssef über die Reichtümer Marokkos und die Zukunftsaussichten, die das Scherifenreich bietet. Mohammed V. bringt den Wunsch zum Ausdruck, sein Land zu modernisieren und Roosevelt überbietet sich mit einem amerikanischen Hilfsangebot, zum großen Ärger von Churchill. Dann kommt man auf den Krieg zu sprechen, den kommenden Operationen gegen Tunesien und anderes. Dabei fällt den Marokkanern auf, daß während des in freundlicher Atmosphäre verlaufenden Diners, selbst nicht aus dem Munde des Präsidenten der Vereinigten Staaten, feste Zusagen niemals gegeben werden.

Doch ...stellt der Sultan von Marokko einen eingehenden Bericht über dieses Diner* zusammen und läßt ihn über den deutschen Konsul in Tetuan/Span. Marokko, Admiral Canaris zukommen. Nachdem er davon Kenntnis genommen hatte, übergibt er ihn persönlich im Beisein von Feldmarschall Keitel bei Hitler.

* Man wird niemals erfahren, was der Sultan tatsächlich an Canaris übermittelte und dem, was er für sich behielt.

Im Tagebuch der Abwehr hält Oberst Lahousen mit Datum vom 25. Januar 1943 fest: Es wurden Anweisungen erteilt [durch Hitler], daß das Schreiben des Sultans von Marokko als »Streng geheim« einzustufen ist. Es enthält Mitteilungen von größter Wichtigkeit, sowohl in strategischer als auch in politischer Hinsicht.

Während ich mit Oberst Seubert über diesen Brief spreche, macht er mich mit einem gewissen Lächeln darauf aufmerksam:

»Beschuldigen Sie bitte nicht den Sultan des Verrats. Lange Zeit gab er der Abwehr Informationen… denn auf der Ebene von regierenden Fürsten und Staatsoberhäuptern ist Kontakt mit Nachrichtendiensten keine Spionage, kein Verrat, sondern hohe Politik…

Der Plan des Großmufti

Dies kann man ebenso bezüglich des Großmufti von Jerusalem sagen, der, als Gegenleistung für die Unterstützung der Sache des NS-Regimes durch die muselmanische Welt, ständig an Hitler die Forderung nach der Unabhängigkeit der arabischen Völker, die noch unter der Herrschaft von Großbritannien und Frankreich stehen, stellte.

Am 9. Dezember 1942 hat der Großmufti in Berlin ein Gespräch mit Admiral Canaris, der deshalb aus Madrid zurückkam. Oberst Seubert (damals Major) und Oberst von Lahousen. Er schlägt ihnen vor, all seinen Einfluß in Nordafrika geltend zu machen, daß die Muselmanen die Achsenmächte gegen die Alliierten unterstützen, dafür sollte als Gegenleistung die Zusicherung zur Selbständigkeit gegeben werden, wie sie Ägypten durch den englisch-ägyptischen Vertrag von 1936 erreicht habe. Deutschland könnte in diesen Ländern Stützpunkte errichten. – Der Großmufti stellt sich zur Verfügung, nach Tunis zu reisen, dort den Bey zu treffen und »eine große Aufstandsbewegung in Algerien und Französisch-Marokko« ins Leben zu rufen. Darüber hinaus bittet er, daß Canaris ihn in die tunesische Hauptstadt begleiten möge. Zur Verstärkung dieser Aktion wünscht der Großmufti, daß die Arabische Legion, die früher in Sunion stationiert war und nun an der Kaukasusfront steht, nach Tunesien verlegt werden sollte. Schließlich glaubt er, daß es ihm ein leichtes sein werde, »die Führer des Neo-Destur, zumal da mehrere von ihnen, darunter Habib Bourgiba, im Gefängnis in Marseille

»Weil Ihr Freund Franco nicht zuverlässig ist. Vielleicht geht er in das Lager der Alliierten über...«

»Das glaube ich nicht«, antwortet Canaris mit Überzeugung. »Die Angst, die die Spanier durchstehen, gegen ihren Willen in den Krieg hineingezogen zu werden, beruht nicht nur auf ihrer Machtposition, daß sie sich vielleicht gegen die Engländer verteidigen müßten, sondern darauf, daß Deutschland die Absicht haben könnte, unsere Feinde von der Flanke her in Nordafrika aufzurollen und die Meerenge von Gibraltar zu sperren, was in der Weise geschähe, daß deutsche Truppen durch Spanien durchmarschieren würden...«

»Der Führer denkt im Augenblick nicht daran. Eben heute morgen sagte er mir, daß es für den Fortgang des Krieges wünschenswert wäre, wenn Spanien neutral bliebe. In der Tat wäre eine Besetzung dieses Landes bei der derzeitigen militärischen und wirtschaftlichen Lage eine außerordentlich schwere Belastung für uns. Ungeachtet dessen kann ich Ihnen sagen, daß das ›Unternehmen Felix‹, das jetzt ›Unternehmen Ilona‹ heißt, wieder aus der Schublade hervorgeholt wurde. Unterdessen bitte ich Sie, alle Maßnahmen zu ergreifen, daß die Abwehr die südliche französische Zone überwacht und möglichst Leute in den Flottenverband von Toulon einschleust. Wir müssen die geistige Haltung des Admirals Laborde klären.

Die Besetzung der Südzone

Am 11. November, der 24. Wiederkehr des siegreichen Waffenstillstandstages des Ersten Weltkriegs, wird der bisher noch freie Teil Frankreichs, mit Ausnahme des befestigten Marinestützpunktes Toulon, durch die Wehrmacht vollständig besetzt. Hitler selbst hatte die Admirale Marquis und de Laborde um ihr Ehrenwort gebeten »nichts gegen die Achsenstreitkräfte zu unternehmen und sich mit allen in Toulon stationierten Kräften gegen die Angelsachsen und die Vichy-feindlichen Franzosen zu verteidigen«. In der Nacht des 19. Novembers jedoch unterzeichnet Hitler den Befehl »sich der intak-

schen zu verhindern, die jetzt zum potentiellen Gegner Spaniens geworden sind. Infolge dieser »undichten Stelle«, die durch die Gegenspionage der SS (SD-Ausland von Schellenberg) entdeckt wurde, hat man das »Unternehmen Felix« neu gestaltet und am 20. Mai 1942 sowohl »Unternehmen Ilona« als auch »Unternehmen Isabella« umbenannt.

ten französischen Flotte in Toulon zu bemächtigen«. Am 27. November, um 4.30 Uhr früh dringt das 1. SS-Panzerkorps des Generals der Waffen-SS Hauser in Toulon ein. Um 4 Uhr 57 wird Admiral de Laborde alarmiert und befiehlt »Klar zum Gefecht« für alle Schiffseinheiten. Um 5 Uhr 20 dringen die ersten Panzer in das Marinearsenal ein. Um 5 Uhr 29 gibt Admiral de Laborde den Befehl zur sofortigen Versenkung der Schiffe. Um 5 Uhr 45 wird mit der Versenkung bei allen Schiffen begonnen. Die Deutschen sollten die französische Flotte von Toulon nicht in die Hand bekommen.

In Stalingrad wendet sich die Schlacht und wird zur deutschen Katastrophe. In Nordafrika verschnaufen die Engländer und Amerikaner erst einmal, richten sich ein, verhandeln mit Admiral Darlan und den Generalen Giraud und Nogues, und bereiten sich in allem auf ihren beabsichtigten Angriff auf Tunesien vor. Hitler glaubt nicht daran und ist überzeugt davon, daß sich der nächste Schlag der Alliierten gegen Spanien richten wird. Wegen der »außerordentlich großen strategischen Bedeutung« ist Hitler erneut für eine Besetzung der Iberischen Halbinsel, Portugal eingeschlossen. Dies wäre tatsächlich die einzige Möglichkeit, den Unterseebootkrieg im Mittelmeer voranzutreiben und die Bedrohung aus dem von den Engländern und Amerikanern besetzten Nordafrika auszuschalten.

Kaum war Canaris aus Nizza zurück, wo er zwei Tage mit seinem besonders nahen Freund, dem General Cesare Amé beisammen war, dem Leiter des italienischen Geheimdienstes, wird er in das Führerhauptquartier gerufen. Der Führer bittet ihn im Beisein von Keitel und Ribbentrop nach Spanien zu reisen, um sich bei seinen militärischen Freunden und, wenn möglich, bei Franco selbst, über »die Absichten des Caudillo im Falle der Landung anglo-amerikanischer Streitkräfte auf spanischem Territorium« zu erkundigen. Hitler erwähnt Canaris gegenüber das »Unternehmen Ilona« nicht, und der Admiral verschweigt, daß er über den Plan unterrichtet ist.

Da ereignet sich ein Zwischenfall, der zu ernsten Auswirkungen hätte führen können. Ist es der Ton von Hitler? Ist es der ihm erteilte Befehl? Hat es einen anderen Grund? Canaris kann dem Führer gegenüber seinen angestauten Zorn kaum noch bändigen. Als Hitler ihn zum Abendessen einlädt, lehnt er brüsk unter einem dienstlichen Vorwand seine Einladung ab. Hitler ist darüber überrascht, geht nicht weiter darauf ein und nimmt es nicht übel. Dr. Henry Picker, der dieser Unterhaltung beiwohnt, zuckt zusammen. Dies ist das erste und einzige Mal in der ganzen Geschichte des Dritten Reiches, daß ein Offizier wagt, eine solche Einladung des Führers abzulehnen. Wie wenn nichts geschehen wäre, verabschiedet sich Canaris von Hitler und dem ebenfalls verdutzten Keitel, nickt Dr. Picker zu und geht in seinen kleinen Schritten ruhig und gelassen durch die mit Bäumen eingerahmte Lagerstraße des Führerhauptquartiers auf seinen Wagen zu, der ihn zum Flugplatz bringt.

Canaris kehrt nach Madrid zurück

In Begleitung von Oberst Erwin von Lahousen fährt der Admiral wieder über die Pyrenäen nach Madrid. Im tiefsten Herzen ist er davon überzeugt, daß die schweren deutschen Niederlagen das Gesicht des Krieges verändern werden. Bislang war das Reich der über Frieden und Krieg bestimmende Teil. Von nun an werden es die Alliierten sein. Trotz erbittertem Widerstand ist die Armee Paulus in Stalingrad zur Defensive verurteilt und eingeschlossen. Lange kann sie sich nicht mehr halten und in Nordafrika kann Rommel ohne Nachschub von Truppen und Material auch keine Wunderdinge vollbringen. Er kann höchstens den Zeitpunkt der Zurücknahme der italienischen Truppen und des Afrikakorps hinauszögern. Mit diesen Gedankengängen geht Canaris nach Madrid, weniger aber um die Absichten seiner Freunde zu erfahren, die er im voraus kennt, sondern um mit ihnen zusammen zu überlegen, wie der Kriegseintritt Spaniens an der Seite der Achsenmächte verhindert werden könnte, ohne daß der Führer Verdacht schöpft.

Am 7. Dezember beginnt Canaris um 19 Uhr 30 die Gespräche mit seinen beiden alten Freunden, den Generalen Campos und Vigón. Es ist bitter kalt in der spanischen Hauptstadt, der Schnee ist gefroren und knirscht unter den Füßen. Die beiden Generale verweisen ihn aus Gründen des politischen Charakters der Fragen darauf, daß es besser wäre, diese mit Franco selbst oder mit seinem neuen Aussenminister Graf Gomez Jordana* zu besprechen. Trotzdem meint General Campos zu Canaris in freundschaftlicher Vertraulichkeit:

* Er war bereits Vorgänger von Beigbeder im Palacio de Santa Cruz, und wurde im September 1942 Nachfolger von Serrano Suñer, dem Schwager Francos, den Franco als zu »deutschfreundlich« ablösen ließ. Jordana war »persona grata« bei den Alliierten.

»Ich denke, daß der Caudillo hinsichtlich des spanischen Territoriums keinerlei Konzessionen machen wird, bis auf die eine: Wenn die Alliierten Spanien angreifen würden, dann würde er den deutschen Truppen erlauben, daß sie durch unser Land durchmarschieren – ich sage bewußt ›durchmarschieren‹ – und nach Marokko gehen. Ich bin mir jedenfalls sicher, daß er jegliche Hilfe deutscher Truppen, die nach Spanien kommen um es zu verteidigen, ablehnen wird, denn einzig und allein die Spanier gaben das Recht, für ihr Land zu sterben. Sollten aber die Deutschen in Spanien eindringen, werden wir bis zum Letzten Widerstand leisten.«

Canaris erklärt seinen Freunden, daß er keine große Lust verspüre, ins Palacio de Santa Cruz zu gehen und mit Jordana ein Gespräch zu führen. Er befürchte, daß dies zu neuen Schwierigkeiten mit Ribbentrop führen könne, der auf jede Tätigkeit anderer Instanzen auf seinem Zuständigkeitsbereich sauer reagiere, insbesondere gegenüber der Abwehr, die ihm verhaßt sei. Er ist um so vorsichtiger, weil sein alter Freund, der Botschafter von Stohrer, von Helmuth von Moltke* einem waschechten Nationalsozialisten, abgelöst worden sei, mit dem er keine besonders guten Beziehungen habe.

Aus Freundschaft zu Canaris findet Martinez Campos einen Ausweg, der ihm die Möglichkeit geben sollte, mit dem spanischen Außenminister ein Gespräch zu führen, ohne sich damit dem Vorwurf auszusetzen, unbefugt in den Jagdgefilden Ribbentrops zu jagen. Er wird den Grafen Jordana zum Tee bei sich zu Hause einladen, wo der Admiral und seine Begleiter als seine Gäste wohnen.

Am nächsten Tag wird Oberst Erwin von Lahousen nach einem köstlichen spanischen Mittagessen bei Martinez Campos durch eine überraschende Idee des »Alten« um seinen üblichen Mittagsschlaf gebracht. Canaris fordert ihn auf, mit ihm auf sein Zimmer zu kommen und fängt an, ihm den Entwurf eines Telegramms nach Berlin zu diktieren, das über Admiral Bürkner, den Leiter der Amtsgruppe Ausland/Abwehr, Ribbentrop zugeleitet werden soll. Das Erstaunen Lahousens wird immer größer, als er feststellt, daß der diktierte Text ein Bericht über die Unterredung zwischen Canaris und Jordana ist, die... erst drei Stunden später stattfinden soll!

* Moltke starb ganz plötzlich im April 1943 und wurde durch Hans Heinrich Dieckhoff ersetzt.

Nach diesem Text hätte Jordana Canaris gegenüber bekräftigt, daß Spanien beabsichtige, sich gegen jede Macht, die seine Grenzen verletzen sollte, zu verteidigen. Er hätte betont, »das spanische Volk sei gegen jegliche Teilnahme am Krieg, fühle sich aber in der Lage, fanatisch bis zum letzten Mann zu kämpfen, um seine nationale Unabhängigkeit und seine Neutralität zu wahren«. Gelassen diktierte Canaris weiter. Der »Lange« schreibt und lacht sich dabei ins Fäustchen. Der »Alte« ist doch ein toller Kerl! denkt er sich. Und der »Alte« diktiert weiter, daß »es vielleicht möglich wäre, die Spanier zu einer Teilnahme am Krieg auf seiten der Achsenmächte zu überreden, wenn bestimmte militärische und politische Forderungen erfüllt werden würden«. Und er zählt die folgenden ungeheuerlichen Bedingungen auf:
1. Feste Stabilisierung der Ostfront, 2. Festhalten der Achsenmächte in Tunesien, 3. Bekanntgabe der deutschen Friedenspläne im Rahmen eines neuen Europa für Norwegen, Frankreich, Belgien, Polen, die baltischen Staaten und die Ukraine, 4. Verständigung des Dritten Reiches mit dem Vatikan und den christlichen Kirchen, 5. Zusicherung, daß der Nationalsozialismus nicht zu einer »westlichen Art des Bolschewismus« wird, 6. Spanien starke Kräfte zur Verfügung zu stellen, daß Spanisch-Marokko geschützt und Algerien und Französisch-Marokko zurückerobert werden können, 7. angemessene wirtschaftliche Garantien.

Der »Lange« hebt seinen Kopf und schaut seinen Chef stumm an, wie wenn er fragen wollte »ist das Ihr Ernst?« Ganz gelassen, aber mit lebhaftem, schadenfrohem Blick, antwortet der kleine Admiral: »Worüber bist du so erstaunt?«

»Über das Ganze: Über die Unterhaltung mit Jordana und über diese sieben Bedingungen ...«

»Dies ist ganz genau der spanische Standpunkt«, versichert Canaris und fügt hinzu: »zumindest genau der Standpunkt, den Spanien sich zu eigen machen müßte.«

Graf Jordana erscheint zum Tee. Nach Austausch der üblichen Begrüßungsfloskeln und einigen allgemeinen nichtssagenden Redensarten, nimmt Canaris den spanischen Außenminister ein wenig auf die Seite und verstrickt ihn in ein längeres Gespräch. Soweit es Lahousen beobachten konnte, zeigt sich der Minister ziemlich aufgeschlossen gegenüber den Argumenten von Canaris, die er ihm auf Spanisch vorträgt, und zeigt ihm den Entwurf des Telegramms.

Als das Gespräch beendet war und Jordana sich zurückzieht, winkt Canaris Lahousen zu sich heran und sagt:

»Du kannst das Telegramm verschlüsseln und es nach Berlin absenden lassen.«

»Ohne ein Wort zu ändern?« fragt Lahousen sofort.

»Jawohl, ohne ein Wort zu ändern.«

Diese Taktik von Canaris beweist deutlich seinen Geist und seine Methode. Er war nie über den Sinn der Antwort im Zweifel, die ihm der spanische Außenminister geben würde. Bei seiner Kenntnis der spanischen Verhältnisse, weil er den Caudillo so genau kannte und das spanische Volk so liebte, war es klar für ihn, daß er diese Antwort erhalten würde. Anderenteils befürchtete er, daß Jordanas Antwort auf die Frage der Invasion, wobei nur die eventuelle anglo-amerikanische Landung in Spanien gemeint war, nicht klar genug sein würde, um sie in Berlin ebenfalls als eine Warnung für den Fall eines beabsichtigten Einmarsches deutscher Truppen zu verstehen. Und darum ging es Canaris in erster Linie. Dies konnte er Jordana natürlich nicht offen sagen, und deshalb die nicht übliche Handlungsweise, die aber anerkannt wurde, die darin bestand, dem spanischen Minister eine Formulierung vorzulegen, die ganz in dem von Canaris gewünschten Sinne abgefaßt war und mit der außenpolitischen Auffassung des Caudillo übereinstimmte.

Die erwartete Wirkung auf sein Telegramm bleibt nicht aus. Mehrere Tage lang herrscht ziemliche Gewitterstimmung im Auswärtigen Amt und im Führerhauptquartier. Klugerweise zieht es Canaris vor, nachdem er in Berlin noch schnell ein Gespräch mit dem Großmufti führte, wie wir gelesen haben, einige Tage unsichtbar zu bleiben. Er reist sofort zur Inspektion der Abwehrdienststellen an die Ostfront ab. Im Verlauf dieser Besichtigungsreise besucht er seinen Freund, den General Muños Grandes, der die »Blaue Division« der spanischen Freiwilligen im Kampf gegen den Bolschewismus befehligt. Ihm erzählt er die Geschichte mit dem Telegramm. Dann, er meidet immer noch Berlin, reist er erneut nach Spanien.

Gleich nach seiner Ankunft bei der Abwehrstelle in Madrid, ergreift er den Telefonhörer und verlangt die Nummer Berlin 221750. Es ist seine Notrufnummer bei der Abwehr. Nach zweistündigem Warten ist die Verbindung hergestellt. Seine treue Sekretärin, Fräulein Bauer, ist am anderen Ende der Leitung. Wohlgemerkt, die Abhöreinrichtungen funktionieren in Madrid ebensogut wie in Berlin. Die spanischen Sicherheitsdienstleute genauso wie die Gestapo, nehmen also fast eine dreiviertel Stunde lang die für sie verblüffendste Unterhaltung auf. Es handelt sich um Hunde. Hat der eine von beiden, der eine leichte Magenverstimmung am Abend vorher hatte, eine gute Nacht verbracht? Hat er heute früh gefressen? Hat er seine Morgenpromenade gemacht? Ist er munter? Schwänzelt er, wenn man ihn beim Namen ruft? Hat er sein normales Geschäftchen gemacht? Vielleicht bräuchte er etwas Reis mit gewässerter Milch? usw. Als der Bericht über diese seltsame Unterhaltung zum Chef der spanischen Sicherheitspolizei gelangt, erlebt dieser die größte Überraschung seiner Laufbahn. Sein Kollege bei der Gestapo in Berlin ist ebenso überrascht. Die beiden fallen in die größte Verlegenheit. Der Chef der Abwehr ist doch ein verteufelter Bursche! Sie sind davon überzeugt, daß er einen besonderen Code verwendet! Um dieses Gespräch zu entschlüsseln und den echten Sinn herauszubekommen, brauchen wir sicher lange Zeit, denken die beiden.

Canaris hat tatsächlich nicht mit geheimen Codeworten gesprochen, sondern er hat sich ganz einfach nach dem Wohlbefinden seiner Dackel bei Fräulein Bauer erkundigt und nichts weiter! Er widmet sich seinen Hunden in übertriebener Zuneigung. Deren Wohlbefinden legt er größte Bedeutung bei. Auf seinen Reisen mietet er oft ein Zimmer mit zwei Betten, damit sie nicht gezwungen sind auf dem Teppich zu schlafen. Wenn er sie nicht mitnehmen kann, ruft er täglich abends in Berlin an, um sich nach dem Ergehen seiner Hunde zu erkundigen. Wenn seine Lieblinge unpäßlich sind, dann ist Canaris den ganzen Tag niedergeschlagener Stimmung, die sogar so weit gehen kann, daß er zu keiner richtigen Arbeit fähig ist. Oft müssen seine Mitarbeiter, bevor sie ihre Berichte abgeben oder Vortrag halten, sich geduldig lange Reden über die Treue und Anhänglichkeit von Hunden anhören, währenddessen die Menschen, zum Beispiel die SS, meist Rohlinge, Hitzköpfe, grausame Wüteriche seien... Man wußte ganz allgemein, daß man in der Abwehr auf eine gute Karriere verzichten sollte, wenn man keine Tiere, insbesondere keine Hunde und Pferde liebte. Die Kraftfahrer der Abwehr schwebten in Angst, einen Hund auf der Landstraße zu überfahren. Sie erhielten strenge Anweisungen, sich größter Vorsicht zu befleißigen. General Cesare Amé, der ehemalige Chef des italienischen Geheimdienstes, erzählt mir mehrere Anekdoten über Canaris und sein Verhältnis zu Tieren. Besonders die Geschichte, als sie eines

Tages in Nordafrika mit hoher Geschwindigkeit auf der Küstenstraße bei Constantine fuhren und ein elender Bastard von Hund die Straße überquerte. Um den Hund nicht überfahren zu müssen, bremste der Fahrer stark, wodurch das Fahrzeug unvermeidlich ins Schleudern kam. Canaris begann den armen Fahrer anzubrüllen. Nur mit akrobatischer Fahrkunst gelang es ihm, das Fahrzeug vor einer tiefen Schlucht wieder in die Gewalt zu bekommen. Als mir General Amé vierundzwanzig Jahre später davon erzählte, gruselte es ihm noch bei dem Gedanken, daß es ein schwerer Unfall hätte werden können, der wohl für alle Insassen tödlich ausgegangen wäre.

Als Canaris durch seine telefonische Unterhaltung mit Fräulein Bauer beruhigt war, konnte er sich dem Empfang seiner Offiziere widmen und einige Stunden mit ihnen in Madrid in Kameradschaft beisammen sein.

Am 31. Dezember ist er mit Piekenbrock und Lahousen in Algeciras. Er wohnte nicht im Hotel »Reina Cristina«, sondern im Haus des Nebenstellenleiters der Abwehr in Algeciras, das direkt über dem Hafen lag und von dessen Garten aus man einen herrlichen Blick auf den berühmten Felsen von Gibraltar hat. Von dort aus kann man mit den ausgezeichneten Ferngläsern »Made in Germany« Tag und Nacht den Schiffsverkehr in der Meerenge beobachten.

Canaris kann an diesem Silvesterabend wieder einmal den Kochlöffel in die Hand nehmen, was er schon lange nicht mehr getan hat. Dieser Hobbykoch liebte besonders spanische Rezepte. So sind andalusische »gazpacho«, kastilische »Paëlla« und »Cocido« für ihn keine Geheimnisse mehr. Aber zur Feier des neuen Jahres wird die Tradition respektiert. Mit großer weißer Küchenschürze herausgeputzt und einer Küchenchefhaube auf dem Kopf, bereitet er mit der ihm schon lange bekannten und geachteten alten spanischen Köchin Truthahn als Festbraten. Auch vergißt er nicht, zu Beginn des Essens unzählige »tapas« zu denen man den »amontillado« trinkt, zu reichen.

Es ist ein prächtiger Abend und Canaris kann für einige Stunden die schweren Sorgen, die ständig auf ihm lasten, und die hinterhältigen Bedrohungen durch die SS vergessen, die immer bedrückender werden. Er wird wieder einmal der joviale und väterliche Freund seiner treuen Untergebenen und Mitarbeiter, er genießt die heitere Stimmung mit Freude. Nach dem Essen macht er selbst zwei oder drei Taschenspielerkunststücke vor, worüber seine Freunde sprachlos vor Überraschung sind. Natürlich zieht er sich, nachdem er mit allen die Neujahrswünsche ausgetauscht hatte, gewohnheitsgemäß frühzeitig zurück. Die Jüngeren unter seinen Mitarbeitern nutzen die Gelegenheit, um auf einige Stunden auf den Neujahrsball ins Hotel »Reina Cristina« an der pasco de la Conferencia in Algeciras zu gehen. Dort finden sie neben der glänzenden und zahlreichen spanischen Gesellschaftsschicht auch britische Offiziere der Marine und der Royal Air Force, die aus Gibraltar gekommen waren. Sie tun so als ob sie nichts von gegenseitiger Feindschaft wissen, doch stehen sie im Wettstreit miteinander um die Herzen einiger gar nicht so schüchterner hübscher junger Spanierinnen.

Schachmatt

Hitler glaubt immer noch, daß die Alliierten in Spanien landen werden. Trotz der Weigerung Francos und des Telegramms von Canaris, treibt er die Vorbereitungen zum Einsatz in Spanien voran. Unterdessen verstreichen die Monate Januar, Februar, März 1943, ohne irgendein Anzeichen einer bevorstehenden Aktion der Alliierten in Spanien oder Portugal. Besorgt über die erlittenen Rückschläge in Tunesien und über die Folgen der Kapitulation der Paulusarmee in Stalingrad ist der Führer plötzlich Anfang April nicht mehr an Spanien interessiert. Am 11. April setzt sich erneut Admiral Dönitz bei Hitler für die Notwendigkeit der Besetzung der Iberischen Halbinsel und der Sperrung der Meerenge von Gibraltar ein. Er erkennt selbstverständlich an, daß der deutsche Plan nur durchgeführt werden kann, wenn das Einverständnis Spaniens vorliegt. Hitler entgegnet ihm, daß ausgerechnet die Spanier ihre Einwilligung versagen. Er gibt ihm den Telegrammtext von Canaris vom Dezember 1942 und den langen Bericht, den er am 22. Januar gemacht hat, zum Lesen. Als am 14. Mai Dönitz einen neuen Vorstoß unternimmt, und wiederholt, daß die Besetzung von Spanien und Gibraltar die Klemme lösen würde, in der die Briten die deutschen Unterseeboote halten, die seither in der Biskaya operieren, bringt Hitler ihn zum Schweigen, indem er laut zur Antwort gibt:

»Eine Besetzung Spaniens ohne Einverständnis kommt nicht in Frage. Es ist das einzige widerspenstige lateinische Volk, es würde einen Guerillakrieg im Rücken der Wehrmacht betreiben, wie zu

Zeiten von Napoleon I. Alle Berichte von Admiral Canaris, der die Spanier bereits fünfundzwanzig Jahre gut kennt, sprechen es deutlich aus, und ich wiederhole mich, wenn ich sage, daß in dieser Hinsicht keiner kompetenter ist als er. Vielleicht wäre es 1940 möglich gewesen, Spanien dazu zu bewegen, der Anwesenheit deutscher Truppen in seinem Lande zuzustimmen. Es ist unbestritten, daß der italienische Überfall auf Griechenland im Herbst desselben Jahres den Spaniern einen Schock versetzt hat.* Seitdem ist es unmöglich geworden, sie auf unsere Seite herüberzuziehen, abgesehen von der Entsendung der »Blauen Freiwilligen-Legion« an die Ostfront unter dem Befehl General Muños Grandes...«

Nein, von der Besetzung Spaniens und der Wegnahme Gibraltars kann keine Rede mehr sein.

Dies bedeutet das Ende von »Felix-Ilona-Isabella«, selbst wenn die Weisungen offiziell erst am 14. Juni 1943 außer Kraft gesetzt wurden.

Brian Crozier meint dazu in seiner Biographie über Franco, daß der Caudillo von da ab in Sicherheit gewesen sei, zumindest vor den Wutausbrüchen Hitlers. Durch seine Unnachgiebigkeit habe er die letzte Partie im Zweikampf mit dem nationalsozialistischen Diktator gewonnen. Er hätte noch hinzufügen können, daß es Franco ohne die stetige, wirksame und freundschaftliche Hilfe von Admiral Canaris nicht gelungen wäre, Hitler in der Schachpartie mit ihm schachmatt zu setzen.

37. DIE GESTAPO GEHT ZUM ANGRIFF ÜBER

Die Untersuchung gegen Schmidhuber nimmt ihren Lauf. Sie wird von Manfred Röder gemeinsam mit dem Vertreter der Gestapo, Franz Sonderegger betrieben. Die Akte »Schwarze Kapelle« füllt sich allmählich. Canaris fühlt es. Röder, ein Günstling Görings, ein strenger und unnachsichtiger Mann, ist der gefährlichere von beiden. Wie kann man ihn ausschalten? fragt sich der kleine Admiral.

* Es scheint Hitler gar nicht der Gedanke gekommen zu sein, daß Franco weniger durch den italienischen Überfall auf Griechenland als vielmehr, durch den »Pakt mit dem Teufel« – dem Hitler-Stalin-Pakt vom August 1940 – und durch den Überfall auf Polen schockiert wurde.

Die Atempause für die Abwehr seit dem Tod Heydrichs hat mit Beginn des Jahres 1943 ihr Ende. Der Reichsführer SS Heinrich Himmler hat sich endlich entschlossen, für den »Mann mit dem eisernen Herzen« einen Nachfolger in der Person des Dr. Ernst Kaltenbrunner zu bestimmen. Der ehemalige Rechtsanwalt aus Linz war in die damals noch verbotene österreichische SS eingetreten und wurde nach dem Anschluß Oberster SS- und Polizeiführer der Ostmark. Kaltenbrunner ist nicht von der heimtückischen Niedertracht seines Vorgängers Heydrich und hat nicht seinen Weitblick, er ist ein fanatischer Nationalsozialist und Hitler schwärmerisch ergeben. Er ist von seiner Person fasziniert, verehrt ihn aufrichtig, sein Vertrauen auf Hitlers sozusagen überirdische Erleuchtung ist grenzenlos.

Im Februar bittet Kaltenbrunner Canaris um eine Zusammenkunft. Die beiden haben sich bisher noch nicht kennengelernt. Das Treffen wird auf den 22. Februar im Hotel Regina in München festgelegt. Oberst Erwin von Lahousen, der Kaltenbrunner kennt und ihn haßt, begleitet den Admiral. Er hat mir von diesem Zusammentreffen, das in mancherlei Hinsicht interessant ist, erzählt:

»...Während des ersten Teils der Unterhaltung war der Admiral bedrückt, unsicher, fast verschüchtert. Sicherlich war das körperliche Erscheinungsbild seines Gesprächspartners der Grund. Ein großer, ziemlich grober Typ vom Format eines Tiroler Holzfällers, mit einem von Schmissen der Studentenmensuren bedeckten Gesicht. Sie wissen doch, daß der Admiral große Menschen nicht leiden konnte – mit einer Ausnahme, und das war ich, meinte er lächelnd. Wie dem auch sei, er war in wenig guter Verfassung. Die langsame und schwerfällige Redeweise Kaltenbrunners, die darauf hinzuweisen schien, daß auch sein Gehirn ebenso langsam arbeitete und reagierte, ging dem Admiral auf die Nerven. Sein Unbehagen wurde noch stärker, als er Kaltenbrunner von der Erregung mitteilt, die er bei der Münchener Bevölkerung über die Vollstreckung des Todesurteils an den zwei jungen Studenten, den Geschwistern Sophie und Hans Scholl* fest-

* Die Studenten der christlichen Widerstandsgruppe in München »Weiße Rose« Sophie und Hans Scholl wurden am 22. Februar 1943 zum Tode verurteilt und am selben Tag enthauptet. Drei weitere Studenten enthauptete man später am 13. Juli 1943. Dies waren Christoph Probst, Alexander Schmorell und Willi Graf.

gestellt habe, der SS-Führer aber ohne jegliche menschliche Empfindung hönisch und zynisch bemerkte, daß »diese zwei Schweine nichts anderes verdienen. Und was die drei anderen betrifft, werden sie dasselbe erleiden, nur werden sie von den Gestapoleuten noch etwas bearbeitet, um ihnen die Namen ihrer weiteren Komplizen zu entlocken...« Canaris ist entsetzt darüber. Heydrich hätte zumindest mehr Form gewahrt oder solche Äußerungen vermieden... Dem Admiral fiel es immer schwerer, dem Gespräch zu folgen und er beschränkte sich auf nichtssagende Phrasen über die Zusammenarbeit, bis Kaltenbrunner auf dieses Thema hin sehr kritische Bemerkungen über den Leiter der Abwehrstelle in Wien, den Grafen Rudolf von Marogna-Redwitz macht, einen persönlichen Freund des Admirals und von mir, wie Sie wissen.«

Erwin von Lahousen läßt in Gedanken die Szene wieder aufleben, indem er fortfuhr:

»Da merkte ich, wie Admiral Canaris sich plötzlich veränderte. Nach den ihm vorliegenden Informationen beschuldigt Kaltenbrunner unseren Freund, daß er Beziehungen zur konservativen österreichischen Opposition unterhalte und außerdem zu Mitgliedern des ungarischen Nachrichtendienstes, dessen englandfreundliche Einstellung dem SD bekannt ist, ein besonders gutes Verhältnis pflege. Canaris und ich waren uns dessen bewußt, daß diese Anschuldigungen begründet sind und, über die Person unseres Freundes hinaus, auch für die gesamte Abwehr und für den Widerstand gegen Hitler gefährlich sind. Canaris ließ sich nicht in Verlegenheit bringen und blieb ihm keine Antwort schuldig! Jetzt läßt er alle Register seines Scharfsinns spielen, was er meisterhaft versteht. Er versteht, das, was Kaltenbrunner zum Verdacht Anlaß gab, als völlig harmlos herunterzuspielen und bezeichnet es im Einklang mit den Aufgaben und Pflichten eines Abwehroffiziers. Mit großem Geschick wußte er die Schwächen seiner Argumentation zu verdecken und die Bedenken des SS-Führers zu zerstreuen, so daß am Ende der Unterhaltung Kaltenbrunner, wenn nicht ganz von dem verharmlosenden Charakter der Worte des Admirals, so doch über die Art der Tätigkeit des Grafen Rudolf von Marogna-Redwitz völlig beruhigt sein konnte. Mir stand während des letzten Teils der Unterhaltung der Angstschweiß auf der Stirn. Als wir das Hotel Regina verließen, wendet sich Canaris an mich mit Angst in seinen Augen und meint: ›Hast du die Hände von dem Kerl gesehen? Mörderpranken!‹«

Das persönliche Kontaktgespräch mit Kaltenbrunner läßt Canaris etwas aufatmen. Er wird sich bemühen, diesen persönlichen Kontakt aufrechtzuerhalten, trotz der körperlichen Abscheu, die er gegen ihn hat. Mit dem äußerlichen Anschein freundlicher Beziehungen versucht er seinem Gegenspieler in die Karten zu schauen. Doch trotzdem nutzte es nichts. Das von Heydrich um Canaris und seine Abwehr gezogene Netz, wurde von Kaltenbrunner in die Hand genommen und sollte sich immer enger zusammenziehen.

Muß Hitler getötet werden?

Einige Tage vor dem Treffen mit Kaltenbrunner begibt sich Admiral Canaris an die Ostfront, nach Smolensk in das Hauptquartier des Oberbefehlshabers der Heeresgruppe Mitte, Generalfeldmarschall von Kluge, um an einer offiziellen Stabsbesprechung teilzunehmen. Mit ihm kommt aus Berlin eine ansehnliche Delegation, unter anderem Hans Piekenbrock, Erwin von Lahousen, Egbert von Bentivegni, Hans von Dohnanyi und Fabian von Schlabrendorff. Letzterer sagte vor der Abreise zu Canaris:

»Nur der Tod Hitlers kann diesem wahnsinnigen Blutbad in den Konzentrationslagern und den Armeen, die den Krieg diesen Verbrechern überlassen, ein Ende bereiten. Das heißt, das eine Leben Hitlers steht dem Leben von Hunderttausenden von menschlichen Wesen gegenüber. Wenn noch nie ein Mord moralisch gerechtfertigt war, dann ist es dieser!«

Der immer noch in seinen christlichen Anschauungen verwurzelte und mit einem hohen Begriff von Moral beseelte Admiral kann sich mit dem Gedanken der Ermordung des Führers innerlich noch nicht ganz abfinden, obwohl sich sein Verstand und sein Gewissen den Argumenten, die dafür sprechen, nicht mehr entziehen können. Doch dann entschließt er sich zu jener Lösung, zusammen mit den Generalen Beck, Olbricht und Henning von Tresckow, dem Chef des Stabes von Kluge, ohne jedoch an den Vorbereitungen, die in dieser Richtung innerhalb der Abwehr betrieben werden, sich aktiv zu beteiligen.

Die offizielle Besprechung in Smolensk hat doppelten Sinn, in Wirklichkeit ist es eine Geheimkonferenz mit zweifachem Ziel: erstens, um nochmals die Haltung General Kluges zum Attentatsplan und zum Staatsstreich zu sondieren, und zweitens, um ein Attentat auf Hitler für die kommenden Wochen festzulegen.

Canaris führt ein langes Gespräch mit Feldmarschall Hans von Kluge, im Beisein von General Henning von Tresckow. Aber Kluge, der »der kluge Hans« genannt wurde, enttäuscht. Auf dem Rückflug verhehlt der Admiral gegenüber Lahousen und Dohnanyi seinen Unmut und seine Enttäuschung nicht und meint: »Unsere Generale kriegen kalte Füße.«

Dohnanyi seinerseits ist zufriedener. Er hat sich die halbe Nacht mit Tresckow, Schlabrendorff und Gersdorff unterhalten. Tresckows Plan sieht vor, Hitler ins Hauptquartier von Kluge zu locken und einen Sprengkörper in das Flugzeug zu schmuggeln, das ihn in das Führerhauptquartier nach Rastenburg zurückbringen wird. Wenn das Flugzeug während des Fluges explodiert, dann wäre es ein leichtes, einen Unfall anzunehmen.

Es handelt sich jetzt darum, eine für diesen Zweck geeignete Bombe auszuwählen. Die Abteilung II von Lahousen hat insbesondere die Aufgabe, Waffen und Sprengmittel zu prüfen, die von der Royal Air Force für die alliierten Agenten abgeworfen werden, die Sabotageakte in den besetzten Gebieten durchzuführen. Eine gewisse Anzahl solcher Bomben mit Zeitzündern aus britischer Fertigung, die mit einem völlig geräuschlosen Uhrwerk ausgestattet sind, hat die Abwehr bereits gesammelt. Um sie zur Auslösung zu bringen, genügt es, eine gläserne Kapsel, die mit ätzender Säure gefüllt ist, zu zerschlagen. Diese zerfrißt einen Draht, der den Schlagbolzen freigibt. Der zeitliche Spielraum zwischen Auslösung des Zeitzünders und der Explosion der Bombe hängt von der Stärke des Drahtes ab. Anläßlich der Besprechung in Smolensk hatte Lahousen drei Bombenmuster mit Zeitzündung für eine Zünddifferenz von zehn Minuten, dreißig Minuten und zwei Stunden mitgebracht.

Nach mehreren Ausflüchten stimmt der Führer dem Besuch bei Feldmarschall Kluge am 13. März zu. Kluge ist über Tresckows Absicht nicht informiert. Dieser, zusammen mit Schlabrendorff beschließt, das Attentat vorzubereiten. Sie haben beide keine besonders fundierten technischen Kenntnisse über Sprengmittel, doch probieren sie die Wirkung der ihnen von Lahousen überlassenen Bomben aus. Sie finden sie äußerst wirksam, stellen dabei aber fest, daß durch die große Kälte des russischen Winters die Ätzwirkung der Säure auf den Draht verlangsamt wird. Dies wäre aber nicht der Fall, wenn die Explosion innerhalb eines Hauses oder im Innern eines Flugzeuges ausgelöst werden sollte.

Tresckow legt zwei Bomben in ein Kistchen von der Größe zweier Cognac-Flaschen.

Am 13. März kommt Hitler mit seiner Leibwache, seinen Adjutanten und seinem Leibarzt Dr. Morell an. Nach einer Besichtigung und Gesprächen Hitlers mit Kluge versammeln sich alle Offiziere des Stabes zu einem gemeinsamen Mittagessen mit Hitler. Tresckow bittet Oberst Heinz Brandt, einen der mit Hitler angekommenen Offiziere, ob er bereit sei, zwei Flaschen auserlesenen Cognacs für seinen Freund, General Helmuth Stieff, mitzunehmen. Brandt ist damit einverstanden. Inzwischen hat Schlabrendorff Dohnanyi nach Berlin mitgeteilt, daß das »Unternehmen Blitzlicht« beginnen wird , damit Oster und seine Helfer sich bereit halten, die strategisch wichtigen Positionen der Reichshauptstadt in die Hand zu bekommen.

Nach dem Mittagessen holt Schlabrendorff sein kostbares Paket und begleitet Hitler zum Flugfeld, wo ihn sein Sonderflugzeug erwartet. Der Flug von Smolensk nach Rastenburg kann etwa zwei Stunden dauern. Die beiden Bomben sind auf eine Verzögerungszündung von dreißig Minuten eingestellt. Während der Führer sich von den Offizieren der Heeresgruppe verabschiedet, bevor er sein gepanzertes Flugzeug besteigt, wechselt Schlabrendorff einen kurzen Blick mit Tresckow und durch eine im Paket befindliche Öffnung setzt er den Mechanismus der Zeitbombe in Gang. Im Augenblick, wo Brandt in das Flugzeug einsteigt, übergibt er ihm das Paket. Unter Begleitschutz einer Jagdstaffel startet Hitler drei Minuten später.

Jetzt heißt es nur Abwarten. Schlabrendorff telefoniert eilig nach Berlin, daß die erste Phase des »Unternehmens Blitzlicht« angelaufen ist. Der »Unfall« müßte sich eigentlich über Minsk ereignen. Die Minuten gehen dahin. Die beiden Offiziere glauben, daß eines der begleitenden Jagdflugzeuge durch Funk die Meldung der Zerstörung des Flugzeugs des Führers während des Fluges bekanntgeben wird. »Schon eine Stunde ist vergangen!« ruft Tresckow aus »und noch keine Meldung...« Nach zwei Stunden hält er es nicht mehr aus, er ruft in Rastenburg an und erfährt, daß das Flugzeug Hitlers soeben heil gelandet ist.

Tresckow und Schlabrendorff sind durch diesen Mißerfolg völlig niedergeschlagen, den sie sich einfach nicht erklären können. Sie rufen in Berlin an und teilen mit, daß der Versuch fehlgeschlagen sei. Auch muß das verteufelte Paket zurückgeholt werden. Tresckow ruft Brandt an und bittet ihn in einer möglichst natürlichen unbefangenen Art, das Paket aufzubewahren, es sei ein Irrtum passiert. Schlabrendorff, der am nächsten Tag mit der regelmäßigen Kuriermaschine nach Rastenburg muß, wird ihm das richtige Paket für General Stieff übergeben. Brandt ahnt nichts. Am nächsten Tag, als Schlabrendorff das Paket abholen will, steht ihm der kalte Schweiß auf der Stirn, als Brandt vor der Übergabe das Paket herumschwenkt. Der Umtausch geht vonstatten und Schlabrendorff fährt mit dem Zug nach Berlin zurück. In der Einsamkeit seines Schlafwagenabteils baut er die Bombe aus. Er begreift, warum sie nicht explodierte: Die Säure hat wohl den Draht durchgeätzt, aber die Zündkapsel kam nicht zur Funkenbildung, weil der Schlagbolzen nicht anschlug. Hitler steht das Glück zur Seite!

Die Abwehr in Alarmbereitschaft

Während Schlabrendorff Richtung Berlin rollt, setzt der hartnäckige Röder das Verhör Schmidhubers fort. Arthur Nebe, der Leiter der Reichskriminalpolizei, weiß, daß die Gestapo sich zum Schlag gegen die Abwehr rüstet. Er selbst benachrichtigt Canaris und betont dabei, daß sich Hitler noch nicht entschieden habe, weil ... er sich vor Canaris fürchtet. Dieser sagt ihm mit lächelnder Miene: »Ich weiß genau warum«, aber er sagt es Nebe nicht. Er sagt ganz einfach:

»Es ist ganz klar, daß augenblicklich ein Vorgehen gegen die Abwehr zuviel Staub aufwirbeln würde. Himmler muß sich überlegen, ob das gespannte Verhältnis zwischen der Waffen-SS und der Wehrmacht eine solche Belastungsprobe aushalten würde. Ich weiß, daß Schellenberg und Kaltenbrunner drängen, aber Himmler bremst. Was uns betrifft, so müssen wir doppelt wachsam sein.«

Die Analyse von Canaris ist richtig. Was die erforderliche Wachsamkeit betrifft, steht auf einem anderen Blatt. Nach seinem Gespräch mit Arthur Nebe weist er Oberst Oster an, alle verdächtigen Papiere zu verbrennen, die nicht unbedingt aufbewahrt werden müßten. Oster und Dohnanyi wissen, daß Beck gegen die Vernichtung dieser Dokumente ist. Er glaubt, daß es nützlich wäre, sie nach dem Staatsstreich offenzulegen, und sie können sich nicht vorstellen, daß die Gestapo eine Durchsuchung der Diensträume der Abwehr durchführen könnte.* Indessen läßt der besonnene und vorsichtige Dohnanyi die wichtigsten und verfänglichsten Unterlagen in das Hauptquartier des Oberkommandos nach Zossen bei Berlin bringen. Es sind Unterlagen, die das gesamte Beweismaterial gegen das Regime enthalten, und bis jetzt bei der Abwehr untergebracht waren. Sie lagern in einem großen Panzerschrank, den Oberst Groscurth speziell für die Aufbewahrung belastender Dokumente beschafft hatte, und der in einem sonst unbenutzten Keller im zweiten Kellergeschoß eingemauert wurde, unzugänglich für alle anderen Personen. Dohnanyi hat den Schlüssel zum Panzerschrank in Zossen in seinem Panzerschrank der Zentralabteilung, Gruppe B der Abwehr am Tirpitzufer sicher verwahrt. Er liegt in einem Umschlag in einem Ordner, der die Inhaltsverzeichnisse über den allgemeinen Schriftverkehr und dessen Ablage, einschließlich der Tagebuchnummern der Geheimsachen, enthält. Dabei befinden sich auch die verschlüsselten Tagebuchnummern der Papiere, die im Zossener Panzerschrank gelagert waren.

Als Röder die Akte Schmidhuber vervollständigt hat, übergibt er den Fall an das Reichskriegsgericht. Wenige Tage später, nachdem er die zurückgezogenen Anklagepunkte gegen Dr. Müller, Hans von Dohnanyi und Pfarrer Dietrich Bonhoeffer geprüft hatte, beruhigt der Leiter der Rechtsabteilung beim OKW, Lehmann, Canaris, daß sich in den nächsten Tagen nichts Unangenehmes ereignen werde. Es läge ihm am Herzen, die Sache der Gestapo aus der Hand zu nehmen, auch wenn die Untersuchung nicht ganz abgeschlossen sei. Am Sonntag 4. April, gibt Canaris diese Information fernmündlich an Dohnanyi und Bonhoeffer weiter, die sich beide in Berlin aufhalten.

Am gleichen Sonntag wird in einer Besprechung, an der Kaltenbrunner, Müller von der Gestapo, Schellenberg vom SD-Ausland, und Kriminalkommissar Fritz Xaver Sonderegger teilnehmen, beschlossen, tätig zu werden. Der Plan der SS ist teuflisch und

* Damals gab es noch Anordnungen über den Umgang der Mitglieder der Abwehr mit Verschlußsachen. Es hing von der Tatkraft Canaris' ab, die Tätigkeit der Mitglieder der Abwehr im Dienst zu decken, wozu er insoweit bereit war, als es seine Befugnisse erlaubten. Doch war es Keitel in letzter Instanz vorbehalten, die Entscheidungen zu treffen, inwieweit Tätigkeiten der Abwehr von Funktionären des SS-Sicherheitsdienstes überprüft werden konnten.

geschickt. Sie benutzen die Geständnisse Schmidhubers über den angeblichen Devisenschmuggel, an dem er persönlich interessiert war, und die Sache mit verfolgten Juden, die heimlich als getarnte »Agenten« der Abwehr in die Schweiz gebracht worden waren und von der Abwehr mit beträchtlichen Geldmitteln ausgestattet wurden, als Ausgleich für das in Deutschland zurückgelassene Vermögen. Die SS vermischt die beiden Fälle derart miteinander, daß kein vernünftiger Mensch eine objektive Beweisführung mehr ohne »politischen Hintergrund« ausschließlich auf strafgesetzlicher Basis durchzuführen imstande ist. Daraus soll gefolgert werden, daß Beschuldigte strafrechtlich verfolgt werden können, ihre Verhaftung also auch dann statthaft ist, wenn es sich um Mitglieder der Abwehr handelt. Denn in diesem Falle handelt es sich um Delikte außerhalb des militärischen Bereiches. Soll noch betont werden, daß die SS damit beabsichtigt, so ganz zufällig im Laufe der Verhöre von der strafrechtlichen auf die politische Ebene hinüberzugleiten?

Die Verhaftungen vom 5. April

Hat Keitel die Genehmigung zur Verhaftung der belasteten Mitglieder der Abwehr erteilt? In Nürnberg hat er es geleugnet. Kaltenbrunner hingegen hat es bestätigt. Wie dem auch gewesen sein mag, am Montag, dem 5. April vormittags, ruft Dr. Röder die Nummer 22 17 50 am Tirpitzufer an. Er kündigt dem Admiral Canaris an, daß er Ermittlungen in den Diensträumen der Abwehr durchführen und mit dem Kriminalbeamten der Gestapo Sonderegger eine Durchsuchung des Büros von Dohnanyi vornehmen werde. Als Röder bei der Abwehr erscheint, zeigt er einen Durchsuchungsbefehl vor. Canaris behält ruhiges Blut, obgleich er von dem Eindringen in das Zentrum seines Amtes empört ist. Er ist nämlich davon überzeugt, daß Oster und von Dohnanyi gemäß den ihnen gegebenen Warnungen die entsprechenden Vorkehrungen getroffen haben. Canaris führt sodann Röder und Sonderegger zum Büro der Gruppe ZB. Als sie durch das Dienstzimmer von Oberst Oster gehen, schließt dieser sich ihnen an.

Dohnanyi erhebt sich beim Eintreten der vier Herren, und Röder erklärt ihm in amtlicher Form, daß er den Befehl zur Vornahme einer Durchsuchung habe. Er fordert Dohnanyi auf, die Schubfächer seines Schreibtischs und seinen Panzerschrank zu öffnen. Dohnanyi zögert und macht Anstalten, wie wenn er seinen Schlüsselbund suchen würde, den er schließlich aus seiner Hosentasche hervorholt. Während Sonderegger seinen Beobachtungsposten bezieht, sieht Röder die Papiere und Akten im Schreibtisch und im Panzerschrank durch. Plötzlich bemerkt der Gestapobeamte, daß Dohnanyi versucht, mit einem Zeichen Oster auf die auf seinem Schreibtisch liegenden Papiere aufmerksam zu machen. Oster begreift den heimlichen Hinweis Dohnanyis und versucht, leider etwas ungeschickt, die Dokumente verschwinden zu lassen. Aber der ihn dabei beobachtende Sonderegger fordert ihn auf, sie ihm auszuhändigen. Oster muß sich fügen.

Es sind Aufzeichnungen von Dohnanyi für General Beck, unter anderem eine Ankündigung, daß Pastor Bonhoeffer am 9. April Dr. Josef Müller nach Rom begleiten solle. Sie sollten dort das Scheitern des Attentats auf Hitler in Smolensk vom 13. März mitteilen. Außerdem befindet sich darunter ein genauer Hinweis, daß Bonhoeffer den Rektor Ivo Zeiger vom deutschen Priesterkolleg aufsuchen solle, um mit ihm die Vorschläge und Wünsche der protestantischen Kirche für die Friedensbotschaft Papst Pius' XII. zu besprechen. Alle diese Schriftstücke sind durch ein »O« mit einem farbigen Kopierstift abgezeichnet. Auf der Stelle beschlagnahmt Röder alle Kopierstifte, die er im Dienstzimmer von Oberst Oster finden kann...

Die Durchsuchung dauert zwei Stunden. Trotz seines Eifers hat es Röder versäumt, das aufzufinden, was die wichtigste Entdeckung hätte sein können: als er den Panzerschrank durchsuchte, hält er für einen Augenblick den Ordner in der Hand, in dem der Schlüssel für den Panzerschrank in Zossen verwahrt war. Er stellt den Ordner wieder zurück, weil er glaubt, daß es sich nur um dienstliche Formulare handelte. Dennoch ist das Ergebnis der Durchsuchung so ergiebig, daß Röder v. Dohnanyi verhaften und in das Militärgefängnis Tegel einliefern läßt. Dort gesellen sich bald sein Schwager Dietrich Bonhoeffer und Dr. Josef Müller hinzu, während sich Frau Christine von Dohnanyi, geb. Bonhoeffer, und Frau Marie Müller im Frauengefängnis am Kaiserdamm in Berlin-Charlottenburg wiederfinden. Oberst Oster erhält den Befehl, sich in seine Wohnung in strengen Hausarrest zu begeben, mit der Auflage, weder an das Tirpitzufer zurückzukehren noch Verbindung mit Angehörigen der Abwehr aufzunehmen. Man läßt Oster dann noch einige Zeit in Freiheit, unter scharfer Überwachung, so daß er an einer weiteren Tätigkeit für die Verschwörung gegen Hitler gehindert war.

Weit davon entfernt, Canaris damit zu treffen, erhält Röder nun erst den richtigen Auftrieb, dessen sich die Gestapo für den Schlag gegen die Abwehr so geschickt bediente. Röder hat eine kapitale Beute gewittert, tritt selbstherrlich auf, bedroht die Zeugen und prahlt mit seinen persönlichen Beziehungen zu Göring. Kurz gesagt, er macht sich ausgesprochen verhaßt, kommt aber mit seinen Untersuchungen nicht vom Fleck. Canaris erkennt die drohenden Gefahren und entwickelt höchste Aktivität, um Röders Pläne zu durchkreuzen. Dabei kommen ihm dessen Ungeschicklichkeit und Taktlosigkeit zu Hilfe.

Das Zeugnis von Dr. Josef Müller

Dr. Müller hat alles überlebt. Bei der öffentlichen Beweiserhebung über die Tätigkeit von Röder, gab Dr. Josef Müller im Jahre 1948 einen lebendigen Bericht über die Verhöre und Haftbedingungen in den von der SS kontrollierten Gefängnissen. Dr. Müller erklärte:

»Am 5. April 1943 wurde ich in den Räumen der Abwehrstelle München in Anwesenheit des Leiters der Abwehrstelle, Oberstleutnant Ficht, verhaftet. Dabei erfuhr ich, daß meine Frau gleichzeitig zu Hause festgenommen worden sei. Ich versuchte Zeit zu gewinnen und bat Oberstleutnant Ficht, daß ich sofort Admiral Canaris anrufen dürfe, um ihm meine Verhaftung durch die Gestapo mitzuteilen. Ich bestand darauf, daß ich als Angehöriger der Wehrmacht das Recht hätte, die Einschaltung der militärischen Gerichtsbehörden zu fordern. Auf diese Weise hoffte ich zu verhindern, daß ich in ein Gestapogefängnis eingeliefert wurde. Tatsächlich wurde ich in das Militärgefängnis in der Leonrodstraße eingewiesen, in dem ich zunächst recht anständig behandelt wurde. Nach wenigen Tagen jedoch schlug das Klima im Gefängnis um. Eines Vormittags hörte ich schrecklichen Lärm und eine brüllende Stimme auf dem Flur, die ich später als die von Röder wiedererkannte. Von dieser Zeit an wurde ich von den Wärtern nachts unaufhörlich gestört, indem sie in meine Zelle kamen und den Strahl einer stark blendenden Lampe, wie den eines Autoscheinwerfers, auf mich richteten.«

»...Vernommen wurde ich in München nicht, aber nach einer

Woche befahl man mir, mich eiligst auf den Abtransport nach Berlin fertigzumachen. In einem Fern-D-Zug war eigens ein Abteil für mich reserviert, ein Hauptmann der Luftwaffe und ein Kriegsrichter im Range eines Majors, glaube ich, begleiteten mich. Ich wurde scharf bewacht, selbst wenn ich auf die Toilette mußte. Dort hielt einer von ihnen den Fuß in die Tür, um ein Zuschlagen derselben zu verhindern. In Berlin angekommen, fuhren sie mit mir in die Haftanstalt Tegel. Dabei glaubte mich der Kriegsrichter dadurch ängstigen zu können, daß er einen anderen uns begleitenden Offizier fragte, ob die Guillotine in Ordnung sei, sie würde bald gebraucht werden. Das erste Verhör durch Dr. Röder war ziemlich kurz. Er fragte mich lediglich nach meiner Tätigkeit in München und wollte dann noch Aussagen über Dohnanyi von mir haben«

»Insgesamt dauerten meine Verhöre im Laufe der folgenden Wochen mehr als hundertsechzig Stunden. Dr. Röder bluffte, drohte, brüllte andauernd, wohingegen sich Sonderegger korrekt verhielt. Er hat mich nicht nur menschlicher behandelt, sondern half mir dadurch, daß er mir bei der Beantwortung seiner Fragen viel Zeit ließ. Er verschaffte mir sogar die Gelegenheit, ein mich besonders belastendes Schriftstück verschwinden zu lassen. Bei einer anderen Gelegenheit versuchte er die gemeine Art seines Vorgesetzten damit zu entschuldigen, indem er erklärte, daß er besonders aufgebracht gewesen sei, weil ich mich weigerte, das Vorhandensein einer militärischen Widerstandsbewegung zuzugeben, die von einer Clique von Generalen angeführt werde.«

»Eines Tages stellte mir Röder eine Falle, indem er mich in einen Raum führen ließ, in welchem sich General Oster aufhielt. Da Oster keine Waffe bei sich hatte, was damals nicht üblich war, mußte ich den Eindruck haben, wie wenn er ebenfalls in Haft wäre. Röder wollte offensichtlich unsere Reaktionen beobachten. Ich glaube nicht, daß er Wichtiges erfahren hat, und er ließ mich wieder abführen. Ich gab nur zu, daß ich in Rom bei meinen Besuchen das Gelände für Friedensbereitschaft sondiert hätte, aber feststellen mußte, daß es unmöglich wäre, Friedensverhandlungen in Gang zu bringen. Ich versuchte, ihm zu erklären, daß diese Gespräche über einen etwaigen Friedensvertrag mit ausländischen Personen einen Teil meines Aufgabengebiets innerhalb der Abwehr bildeten. Röder ließ keine Gelegenheit vorbeigehen, um nicht an der Abwehr und insbesondere an Admiral Canaris, aber auch an Oster Kritik zu üben.

Eines Tages brüllte Röder los: ›Ein Hochverratsprozeß erwartet Sie! Niemand wird übrigbleiben, der Sie deckt. Und was General Oster betrifft, sein Schicksal liegt in meinen Händen‹. Ich entgegnete ihm, allein die Tatsache, daß der Admiral immer noch auf seinem Posten sei, würde beweisen, daß all die Geschichten von angeblichen Verhandlungen und dem vermeintlichen Komplott nichts anderes als dummes Gerede sind.«

»Nicht minder gehässig waren die Methoden Röders, mir Schrekken einzujagen. Ich erinnere mich, daß er eines Tages, um den 1. Mai herum, mir hönisch grinsend sagte: ›Was auch geschehen mag, Sie werden gehängt. Es fragt sich nur, ob Sie aufgrund eines Gerichtsurteils oder aufgrund eines Befehls des Führers aufgehängt werden.‹ Da ich darauf überhaupt nicht reagierte, fuhr er fort: ›Auch Ihre Frau ist in unserer Gewalt, und sie wird ebenfalls sterben, auch sie!‹ «

»›Die Tatsache, daß sie meine Frau ist, setzt doch nicht voraus, daß sie nur das Geringste über die Politik weiß‹, erwiderte ich. ›Ich begreife das nicht. Wir stehen vor dem deutschen Reichskriegsgericht und ich nehme an, daß wenigstens noch in einem Winkel dieses Hauses etwas Recht wohnt! Deshalb können Sie nicht meine Frau umbringen.‹

›Was geht uns das Recht an. Dazu sind wir da...! (und machte mit seiner Hand die Bewegung des Kopfabschlagens). Ihre Sekretärin ist ebenfalls in unserer Hand. Auch ihr wird es an den Kragen gehen.‹

›Und dafür nennt Ihr Euch nationale Sozialisten?‹ fragte ich. ›Wie kann eine Sekretärin, deren Aufgabe darin besteht, Briefe zu schreiben, die man ihr diktiert, dafür verantwortlich gemacht werden? Ich trage die Verantwortung für alles was sie schreibt.‹ «

»Bei einem Verhör brüllte er: ›Wir haben auch noch andere Mitel, Sie zum Reden zu bringen, und ich werde beim Führer beantragen, sie an Ihnen anzuwenden.‹

Jedes Mal wenn er mir drohte, mich in ein Gestapogefängnis zu werfen, berief ich mich stets auf meinen Status als Offizier. Noack und Sonderegger waren solches Gebrüll und die Wutausbrüche sichtlich peinlich. Manchmal verließen sie den Raum, nur um den Tiraden Röders zu entgehen. Ich möchte auch festhalten, daß Sonderegger eines Tages, als mich Röder ins Verhör nahm, ohne mir Zeit zum Essen zu geben, mit mir sein Frühstücksbrot teilte, als Röder für einige Augenblicke den Raum verließ.

Röder hatte Anweisungen erteilt, mich wie einen Todeskandidaten zu behandeln. Dementsprechend riß man mich alle halbe Stunde aus meinem Nachtschlaf und blendete mich mit dem Strahl einer starken Taschenlampe. Nach mehrfacher Beschwerde versprach mir Sonderegger die Abstellung solcher Behandlungsweise. Nach geraumer Zeit hatten meine Klagen Erfolg und ich konnte ungestört schlafen.«

Canaris schlägt sich verbissen

Die Untersuchungsbeamten trachten vor allem danach, die Unterlagen der Gespräche Dr. Müllers mit dem Vatikan vom Winter 1939/40 aufzufinden. Deshalb wenden sie bei ihren Gefangenen alle nur möglichen Druckmittel an, um ihnen Aussagen abzunötigen, die zur Auffindung dieser Unterlagen führen könnten. Sie wollen das strafrechtliche Verfahren auf die politische Ebene des Hoch- und Landesverrats ausweiten.

Canaris läßt sich nicht bluffen. Wo er nur kann, geht er zum Gegenangriff über. Frau Marie Müller und Christine von Dohnanyi werden wieder auf freien Fuß gesetzt, und der Fall Bonhoeffer mit dem seines Schwagers Hans von Dohnanyi, als Hauptbeschuldigten, zusammengelegt. Deshalb muß Dohnanyi unbedingt aus den Krallen seiner Ankläger befreit werden. Canaris beherrscht die Methode der präventiven Verteidigung meisterhaft und deckt alles, was Dohnanyis Freunde unternehmen, die Aussagen des Einzelhäftlings zu entschärfen. Auch in der Zentrale der Abwehr setzt sich Ludwig von Guttenberg besonders ein, ebenso Justus Delbrück, ein Bruder von Emmi Bonhoeffer, die beide erst kürzlich durch Dohnanyi in die Dienste der Abwehr übernommen wurden. Mit ihnen zusammen arbeitet Dr. Lehmann von der kriegsgerichtlichen Abteilung und hauptsächlich der Chefrichter des Heeres, Dr. Sack, den Dohnanyi und Canaris von der Blomberg-Fritsch-Affäre her schätzengelernt haben. Mit seinen Ratschlägen wird das Verfahren erfolgreich in die Länge gezogen. Regelmäßig bespricht er sich mit Canaris.

Röder betrachtet Dohnanyis Schriftstücke, die er damals bei seiner Verhaftung sicherstellte, als Beweisargument für den Hochverrat. Dohnanyi aber beharrt auf seinem Standpunkt, indem er erklärt, daß dieser Schriftverkehr zu den allgemeinen dienstlichen Obliegenheiten der Abwehr gehöre. Oster behauptet Röder gegenüber, das mysteriöse »O« sei in der Tat sein Namenszug beim Abzeichnen eines Schriftstücks. Damit bestätigt er den dienstlichen Charakter der aufgefundenen Notitzen als Abwehrunterlagen. Nachdem auch Canaris alle Verdächtigungen entkräften konnte und die Papiere als ganz allgemeinen Schriftverkehr innerhalb der dienstlichen Aufgabenstellung von Dohnanyi bescheinigte, war die größte Gefahr gebannt. Doch das Mißtrauen und der Verdacht bleiben bestehen.

Röder wird endlich ausgeschaltet

Ende Juli 1943 ist der kritischste Abschnitt der Röderschen Angriffe überwunden. Es scheint so, als wäre es gelungen, den Fall Dohnanyi aus dem gefährlichen Bereich der Politik herauszuhalten und ihn in ein Strafverfahren abzuleiten, in dem sich alles bestreiten läßt. Inzwischen überzeugt Dr. Sack den Feldmarschall Keitel davon, daß der Untersuchungsrichter Röder sich weniger mit den »Verstößen« Dohnanyis als mit der Absicht befasse, Admiral Canaris und die Abwehr in Mißkredit zu bringen, deren Vorgesetzter Keitel selbst war. Keitel beauftragt daraufhin Dr. Lehmann, die Untersuchungsakten einzusehen und ihm darüber einen Bericht anzufertigen. Nach Erhalt dieses Berichts ordnet Keitel am 23. Juli an, die schweren Anschuldigungen politischer Art zurückzustellen und das Verfahren wegen Hochverrats fallenzulassen. Ein großartiger Erfolg von Canaris!

Kurze Zeit später findet bei Keitel eine Besprechung statt, an der neben Canaris Dr. Sack, Piekenbrock, Bentivegni, Klamroth und Düsterberg von der Abwehr teilnehmen. Die Mehrzahl von ihnen gibt ein negatives Urteil über die Person Röders ab. Düsterberg begründet sein Aufbegehren gegen Röder mit dessen abfälligen Äußerungen, wie »Drückebergerdivision« über die Sondertruppe der Abwehr, die »Division Brandenburg«. Canaris kann das bestätigen. Oberst Franz Seubert erzählte mir später, was Canaris daraus gemacht hat.

Der Chef der Abwehr habe sich den Kommandeur der Division »Brandenburg«, General Alexander von Pfuhlstein, kommen lassen. Dieser meldete ihm, daß Manfred Röder die »Brandenburger« ständig verleumde und sie gar einen »Drückebergerhaufen« nenne.

Pfuhlstein, ein offener, aufrechter Haudegen, fühlte sich in seiner Ehre gekränkt und war derartig aufgebracht, daß er sich persönlich bei Keitel beschweren wollte. Canaris habe ihm davon mit der Bemerkung, daß dergleichen doch keinen Zweck habe, abgeraten. Er wiegelte ihn aber soweit auf, daß Pfuhlstein beim Verlassen des Büros von Canaris erklärte, »diesem Grünschnabel von der Luftwaffe werde ich in die Fresse schlagen. Von dem weiß man sowieso nicht, wie er Oberstkriegsgerichtsrat geworden ist.« Der Admiral hat erreicht, was er wollte. Am 14. Januar sucht Pfuhlstein Röder in seinem Büro auf, stellt sich vor und sagt:

»Ich habe nur eine ganz kurze Frage: Haben Sie gesagt, daß die ›Division Brandenburg‹ ein ›Drückebergerhaufen‹ ist?«

»Ja«, stottert Röder, der nicht begreift, was er damit meint.

General von Pfuhlstein geht sofort auf ihn zu und versetzt dem verdutzten Röder eine schallende Ohrfeige, schlägt die Hacken zusammen, dreht sich ohne Gruß um und geht.

Dieser Vorfall erregt in Berlin großes Aufsehen und Canaris reibt sich die Hände: zweifellos wird Röder als Untersuchungsrichter abgelöst werden. Pfuhlstein handelt sich dafür acht Tage strengen Stubenarrest ein, und Röder hat tatsächlich einige Tage später sein Versetzungsschreiben. So geht die Ära Röder zu Ende. Der Stil des Verfahrens ändert sich von diesem Zeitpunkt an grundlegend, was aber nicht heißt, daß die Bedrohung gegen Dohnanyi abnimmt, wogegen sie gegen die Abwehr im allgemeinen und gegen Canaris im besonderen zunimmt.

38. DAS ENDE DER ABWEHR

Offiziell darf die Abwehr keinen Verbindungsmann der Abteilung I – Spionage – in Italien haben. Hitler hat nämlich untersagt, sich Informationen auf dem nachrichtendienstlichen Weg aus dem Land »seines treuesten Verbündeten und Freundes«, des Duce, zu beschaffen. In Wirklichkeit haben die verschiedenen deutschen Geheimdienste, ohne daß es der Führer weiß, »ehrenwerte Geschäftsfreunde « auf der Halbinsel, sowohl der von Ribbentrop, als auch der SDAusland von Schellenberg, und selbstverständlich auch die Abwehr. Jedenfalls braucht Canaris kaum die Dienste der anderen beiden für Informationen in Anspruch zu nehmen. Obwohl er als offiziellen Leiter der Abwehrstelle in Rom den Oberst Helfferich sitzen hat, einen seiner zuverlässigsten Freunde, bezieht er die besten Nachrichten aus direkter Quelle.

Seit langem bereits unterhält er sehr freundschaftliche und vertrauensvolle Verbindungen zu den Leitern der italienischen Geheimdienste. Davon sind die Generale Mario Roatta und Cesare Amé besonders eng mit ihm befreundet. Sie bezeugen ihm vollstes Vertrauen, große Wertschätzung und Bewunderung, was in weitestem Sinne auch gerechtfertigt ist. Piekenbrock hat mir die Äußerungen des kleinen Admirals über das Land anvertraut:

»Ich liebe die Italiener, wie ich die Griechen und die Spanier liebe. Jedoch, wenn ich den Spaniern volles Vertrauen entgegenbringe, wenn sie mir ihr Ehrenwort geben, dann bin ich den Griechen und insbesondere den Italienern gegenüber viel mißtrauischer. In Italien ist die Aufrichtigkeit meist nur ein Vorwand, es verteilt sie mit schillerndsten Farben, wie eine neapolitanische Schnitte. Ich dürfte dies nicht behaupten, wenn nicht meine Vorfahren Italiener gewesen wären, wie mein enger Freund General Cesare Amé herausgefunden hat... Was ihn und auch Roatta anbelangt, so sind die beiden zweifellos diejenigen Italiener, denen ich mein volles Vertrauen entgegenbringe. Amé, der blonde Piemontese mit den blauen Augen – Himmler würde sagen, er sei Arier! – unterscheidet sich von seinen Landsleuten durch maßvolles Auftreten, ruhiges, wenn nicht sogar zurückhaltendes Wesen und eine beispielhafte sittliche Strenge. Das ist ein Mann, mit dem ich mich auf eine einzige Andeutung hin verstehe, weil er niemals seine Hintergedanken verbirgt. Ebenso trifft das bei Roatta zu.«

Canaris ist über Italien gut unterrichtet

Durch seine italienischen Freunde ist Canaris sicherlich die deutsche Persönlichkeit, die am besten über die Gesinnung der Regierungskreise in Rom und über die Stimmung der italienischen Bevölkerung orientiert ist. Dies erlaubt ihm blitzschnelle Analysen über die Entwicklung der italienischen Meinung und auch über die illusionslose Beurteilung der wirklichen Autorität Mussolinis. Sehr früh bereits, seit Herbst 1941, ist Canaris über die im italienischen Offizierskorps und sogar in der faschistischen Partei sich breitmachende Unzufriedenheit unterrichtet. Er weiß manches über das befremdende Verhalten des Schwiegersohns des Duce, des Grafen Ciano, der damals bereits darauf hinarbeitet – parallel zu Canaris – ein schnelles Ende des Krieges herbeizuführen, ohne dabei die Interessen seines Landes zu verraten. Canaris weiß auch über den sich verschlechternden Gesundheitszustand des Duce Bescheid und ebenso über die »Fronde Grandi«, für den Canaris Sympathien zeigt, obwohl Grandis Kreis mehr oder weniger gegen die Achse eingestellt ist und ein doppeltes Ziel, den Sturz des faschistischen Regimes und das Ausscheiden Italiens aus dem Krieg, vor Augen hat.

Tatsächlich richten sich Canaris' Hoffnungen in zwei Richtungen: erstens, daß das Ausscheiden Italiens ein Schritt in Richtung auf eine rasche Beendigung des Krieges an allen Fronten sein könnte, und zweitens, daß der Sturz Mussolinis den Glauben des deutschen Volkes und der jüngeren Offiziere und Soldaten an Hitler ernstlich erschüttern würde.

Die Entwicklung in Italien kommt viel langsamer voran, als es Canaris erhofft hatte. Doch im Laufe des Winters 1942/43 und des Frühjahrs 1943 gewinnt er die Überzeugung, daß die italienische Monarchie bald als Kristallisationspunkt für den Widerstand der Armee gegen Mussolini und den Faschismus dienen wird.

»Wenn Hitler im Interesse Mussolinis denkt«, so sagte Canaris im Frühjahr 1943 zu Lahousen, »dann hat er vielleicht das Richtige getroffen, aber er vergißt dabei, daß der Duce nicht mehr der von früher ist, und daß das faschistische Regime unterwandert ist. Die tiefe innere Krise, die sich quer durch Italien zieht, könnte zu recht ernsten Erschütterungen führen.«

Canaris behält recht. Er geht nicht einmal mehr in Hitlers Umgebung und besonders nicht in die von Ribbentrop und Himmler. Die Berichte über Italien, die im Laufe des Monats Mai und im Monat Juni 1943 sowohl beim Auswärtigen Amt als auch bei der SS-Führung eintreffen, sagen übereinstimmend, daß »das italienische Königshaus Mussolini treu ergeben bleibe und der Prinz von Piemont weder antideutsch noch antifaschistisch sei«. Der SS-General Berger vom persönlichen Stab Himmlers erklärt nach Rückkehr von einem Sonderauftrag in Italien am 23. Juni, daß alles, was an Gerüchten in Umlauf ist, falsch sei und die Achse feststehe: Alles verläßt sich auf den Duce, an seiner Loyalität besteht kein Zweifel. Das italienische

Königshaus ist ihm treu, und deshalb auch die Armee. Eine Spaltung zwischen dem Lager der Offiziere und dem Duce ist nicht zu befürchten. Allerdings überschätzt er den Kampfwillen seines Volkes.

Der Chef der Abwehr, der vom 25. bis 29. Februar Ribbentrop nach Rom begleitet hatte, war bereits zweimal hintereinander, im April und Anfang Mai, darauf zurückgekommen und hatte einen entgegengesetzten Standpunkt vertreten. Am 3. Juni 1943 wird Ribbentrop von Canaris unterrichtet, daß ein Funkspruch der amerikanischen Botschaft in Bern durch die Abwehrdienste aufgefangen wurde. Er sagte ihm: »Der Funkspruch hat die militärische Hilfe, die der Führer dem Duce versprochen hat, zum Inhalt. Daß eine solche Information den Feinden zu Ohren kommen konnte, beweist klar, daß hohe Persönlichkeiten aus dem italienischen Außenministerium – nahe Freunde von Bastianini – sich insgeheim mit dem Feind verständigt haben. Die undichte Stelle ist ein neuer Beweis für das Anwachsen der englandfreundlichen Stimmung, die von einer Untergrundorganisation, der Ciano angehört, ausgeht.« Canaris vervollständigt am 25. Juni seinen Bericht mit einer Liste von Persönlichkeiten des italienischen Außenministeriums und deren Frauen (mit ausländischer Nationalität), die mit dem Feind in Verbindung stehen könnten. Besonders der Leiter der Abteilung West im Palais Chigi, Vittetti, ist ihm verdächtig.

Warum reagiert Canaris eigentlich in dieser Weise, wird man sich erstaunt fragen, nachdem Ciano das gleiche Ziel verfolgt, wie er selbst. Wir müssen darauf wiederum die Antwort geben, daß Canaris trotz seiner leidenschaftlichen Gegnerschaft zum Nationalsozialismus dennoch ein nicht weniger leidenschaftlicher Patriot bleibt. Er hält es für seine Pflicht zu verhindern, daß den Soldaten der Wehrmacht, die sich an allen Fronten heldenhaft schlagen, von einer italienischen »Clique« ein Dolchstoß in den Rücken versetzt wird. Einer Clique, die allein darauf bedacht ist, wie sie selbst den Zusammenbruch des Faschismus und die bedingungslose Kapitulation der Achsenmächte am besten überleben könnte. Je kürzer der Krieg dauert , um so besser! Aber nicht zum Preis eines Landesverrats. Diese quälenden Gewissenskonflikte von Canaris mögen sich heute absurd anhören. Seither haben sich die moralischen Anschauungen offensichtlich gewandelt!

Wie sich die Dinge entwickelten, ist bekannt: Bei der Versammlung des Faschisten-Großrats vom 24. Juni 1943 spricht sich die

Mehrheit unter Führung der Grafen Dino Grandi und Galeazzo Ciano gegen Mussolini und gegen seine Politik aus. Der gutgläubige oder amtsmüde Mussolini läßt sich vertrauensvoll in ein Gespräch mit dem König Victor-Emanuel verwickeln... der ihn am Ausgang der Villa Savoia verhaften läßt. Die Bildung einer Regierung Badoglio erfolgt am 25. Juli abends...

Das Ereignis wirkt auf die führenden Kreise des Dritten Reiches wie eine Bombe. Man ist erstaunt und empört. Am wenigsten überrascht von allen ist Canaris. Er ist nur etwas erstaunt darüber, daß sich in dieser Nacht vom 25./26. Juli in der Hauptstadt und in ganz Italien keine einzige Hand rührt, um den abgesetzten Diktator wieder einzusetzen.

»Der gesamte faschistische Führungsapparat bricht zusammen«, sagt Canaris am 26. Juli zu Lahousen, »weil er innerlich morsch ist. Das Ereignis ist jetzt unabwendbar. Ich glaube nicht, daß die neue Regierung den Krieg noch lange mitmachen wird... Den Zusicherungen und Beteuerungen Badoglios kann ich kein Vertrauen schenken. Bei nächstbester Gelegenheit wird er in das Lager der Westmächte überwechseln.«

Am Abend des 26. Juli versammelt Hitler alle führenden Persönlichkeiten der Regierung und die Oberbefehlshaber bei sich. Es herrscht ein aufgeregtes Kommen und Gehen, nicht aus Kopflosigkeit, sondern aus Unruhe. Auch Canaris gehört zu dem einberufenen Personenkreis: Er nimmt an einer Konferenz teil, bei der er gegenüber den Marschällen Göring, Kesselring und Keitel, dem General Jodl und gegenüber Admiral Dönitz, nicht seine eigene Auffassung preiszugeben braucht. Dönitz steht auf dem Standpunkt, man müsse sich in Italien behaupten, doch sei es nicht sicher, ob ein Staatsstreich gegen Badoglio den gewünschten Erfolg bringen könnte.

»Die Neubesetzung verschiedener Regierungsposten auf unseren Druck hin«, sagte er, »könnte bedauerliche Folgen nach sich ziehen... Sie müßte besonders geschickt erfolgen. Ich frage mich, ob der Faschismus noch existiert... Wir können dem italienischen Volk nicht unsere Bedingungen aufzwingen... Es hängt alles davon ab, wie das ›Unternehmen Student‹ durchgeführt wird, das gegen die jetzige Regierung geplant ist. Ich glaube, wir haben noch Zeit und diese Zeit muß genutzt werden, um unsere Positionen zu verstärken. Wir brauchen in Italien einige Divisionen zusätzlich.«

Canaris rührt sich nicht. Er rührt sich auch nicht, als Marschall

Kesselring meint, die Regierung Badoglio verdiene Vertrauen, und man sollte sich nicht in die inneren Angelegenheiten Italiens einmischen.

Wie üblich verwirft Hitler alle vorgebrachten Lösungsvorschläge:

»Wir müssen sofort handeln. Wenn wir das nicht tun, wird der Gegner vor uns die Flugplätze in Besitz nehmen. Die faschistische Partei ist nur betäubt, sie wird sich hinter unserer Front wieder aufrichten. Wir müssen ihr das Vertrauen zurückgeben... Das sind Dinge, die ein Soldat nicht verstehen kann. Nur ein Mann, der mit politischem Verstand ausgestattet ist, weiß genau, wie weit er gehen kann.«

Canaris lächelt innerlich, denn der Führer täuscht sich wieder einmal mehr...

Am Tag darauf bittet Keitel Canaris, so schnell wie möglich nach Italien zu reisen, die Lage aufmerksam zu studieren, um sich ein Urteil und eine klare definitive Einschätzung über den Kurs der Regierung Badoglio zu verschaffen. Es sei ein »Befehl des Führers«. Man weiß nicht genau, ob nicht der listenreiche Admiral selbst die Dienstreise angeregt hat und ob es nicht sein eigener Wunsch war, sich »bei seinen Quellen« zu informieren.

Obwohl für ihn das Ergebnis von vornherein klar ist, nimmt Canaris Verbindung mit seinem italienischen Kollegen, dem General Cesare Amé auf, um alsbald eine Zusammenkunft mit ihm zu vereinbaren. Er schlägt dafür den 2. oder 3. August in Venedig vor.

Diese Zusammenkunft in Venedig kam im Verlauf des Nürnberger Prozesses zur Sprache, und seither wurde oft darüber in oberflächlicher oder ungenauer Weise berichtet. Um die echte Wahrheit zu erfahren, habe ich mich, mit den entsprechenden Erkenntnissen versehen, bei dem einzigen Überlebenden, bei General Cesaré Amé, persönlich gemeldet.

Wir trafen uns am 25. August 1970 in Cortina d'Ampezzo im Hotel »Cristallo Palace«. Eingerahmt von den herrlichen Dolomitenbergen, saßen wir beim Frühstück und ich lauschte aufmerksam den Erzählungen des Generals Amé über seine letzte Begegnung mit Admiral Canaris in Venedig am 2. oder 3. August 1943. Siebenundzwanzig Jahre waren seither vergangen, doch die Erinnerungen des ehemaligen Chefs des italienischen Geheimdienstes sind wachgeblieben:

»Admiral Canaris ließ mich um eine eilige Zusammenkunft bitten, die dann für Venedig vereinbart wurde. Unser Verbündeter wollte sich aufgrund der längst befürchteten und jetzt unversehens eingetretenen Tatsache des Zusammenbruchs des Faschismus schnellstens ein genaues Bild über unsere Lage verschaffen, um rechtzeitig handeln zu können, bevor ihn ein anderes Ereignis – das Ausscheiden Italiens aus dem Krieg – überraschte. Deshalb entsandten sie den einzig richtigen Mann, Canaris, der ein vorzüglicher Beobachter und ein bei uns bestens eingeführter Mann war. Bislang wurde nämlich von den verschiedenen deutschen Beobachtern in Italien die Situation recht widersprüchlich eingeschätzt und beurteilt. Die Lage war wirklich komplex und damit schwierig erfaßbar, auch für uns selbst! Ich will nicht verheimlichen, daß es eine unerhört wichtige und heikle Aufgabe war, die mir hier bevorstand. Wohin würde unser Kurs in der nächsten Zukunft führen? Welche Entwicklung konnte man vorhersehen? Wie sollte ich mich dem Admiral gegenüber verhalten? Ich erbat deshalb von meinen Vorgesetzten entsprechende Direktiven, aber sie ließen mich im Stich. So reiste ich also schweren Herzens und mit verständlicher Ratlosigkeit nach Venedig.«

General Amé fuhr fort: »Admiral Canaris und seine ihn begleitenden Offiziere, darunter Oberst von Lahousen, kamen am Nachmittag des 2. August in Venedig an. Ich traf mit meinen Offizieren im Kraftwagen aus Rom kommend am Abend ein. Bei unserer Ankunft erwartete mich der Admiral am Eingang des Hotels Danieli. Nach der Begrüßung nahm er mich kurz zur Seite, so daß es niemand hören konnte, und sagte mir: ›Meinen herzlichen Glückwunsch! Auch wir wünschen, daß es bei uns bald einen 15. Juli geben wird.‹ Damit war ich schon etwas ermutigter.

Die dienstliche Besprechung fand am darauffolgenden Vormittag in einem Privatsalon des Hotels statt. Sie war ziemlich kurz und war überschattet von der uns allen drohenden ernsten und undurchschaubaren Überraschung. Nach einigen allgemeinen Worten über Sinn und Zweck seines Kommens bat der Admiral, ihm unsere Situation vorzutragen und unsere Absichten näher zu erklären.

Ich nahm kurz gegen das mir bekannte scharfe Vorurteil der Deutschen Stellung und bekundete mit überzeugenden Argumenten den Willen zur unverbrüchlichen Bündnistreue und zur Fortsetzung des Kampfes auf Leben oder Tod gegen den gemeinsamen Feind. Dem schloß sich ein gegenseitiger Gedankenaustausch an. Am Ende der Besprechung verfaßten die Deutschen ein offizielles Sitzungsprotokoll, das in großen Umrissen hauptsächlich von Canaris diktiert wurde und in überzeugenden Worten die These entwickelte, die ich vertreten hatte. Die Schlußfolgergung hob ›die unverbrüchliche Absicht der Italiener‹ hervor, ›den Krieg in treuer Waffenbrüderschaft fortzusetzen‹...«

Dann fügte Amé noch hinzu:

»Die Besprechung endete in einer zufriedenstellenden Atmosphäre. Am Nachmittag machten wir noch einen Ausflug zum Lido. Am menschenleeren Strand sprachen Canaris und ich etwa eineinhalb Stunden lang unter vier Augen, etwa zwei Kilometer von unseren Offizieren entfernt, denen man die Anweisung gegeben hatte, sich abseits von uns zu halten.

Aus den Worten von Canaris konnte ich entnehmen, daß er über die wahre Situation in Italien Bescheid wußte. Er erklärte mir ganz offen, er sei davon überzeugt, daß wir in absehbarer Zeit aus dem Krieg ausscheiden würden. Ich konnte seiner Meinung nur zustimmen. Dann erörterten wir die Lage in Deutschland, wobei er von der Notwendigkeit sprach, den Führer und sein politisches System zu beseitigen, um damit dem grausamen Spiel, wie er sich ausdrückte, ein Ende zu bereiten. Er brachte erneut, wie früher bei anderen Anlässen, seine Überzeugung zum Ausdruck, ein jedes Ereignis, das zur Beendigung des Krieges und zum Sturz des Nationalsozialismus beitragen könnte, werde zum Wohle Deutschlands sein. Nach seiner Ansicht wäre also das Ausscheiden Italiens wünschenswert.

In demselben Gedankenaustausch sagte ich ihm, das Ausscheren Italiens dürfte einen großen Einfluß auf zukünftige Ereignisse und auch unvorhersehbare Auswirkungen militärischer und politischer Art auf Deutschland nach sich ziehen. Ich stellte ihm gegenüber fest, daß Italien zur Vorbereitung seiner Entscheidung Zeit gewinnen müsse, um nicht das Risiko einer Entmachtung durch eine deutsche militärische Besetzung einzugehen. Ich schloß mit der Bitte, die Textfassung des am Vormittag unterschriebenen Protokolls zu verfechten, das besagte, unsere Auffassungen über die deutschen Interessen mit den Lebensinteressen meines Landes befanden sich in Übereinstimmung. Er versprach, mich in diesem Sinne zu unterstützen, und er hat sein Wort gehalten.

Am Abend sagte er mir im Zeichen des gegenseitigen Vertrauens beim Abschied: ›Lassen Sie so wenig Truppen wie möglich in Italien einmarschieren, Sie werden es sonst bereuen müssen.‹ «

Ich machte zu General Amé die Bemerkung, Canaris hätte doch ein äußerst gefährliches Spiel getrieben, indem er die Wehrmachtsführung und den Führer selbst irregeführt hätte. Der General stimmte zu.

Es ist offensichtlich, daß damals Canaris alle Vorsicht über Bord warf. Ein solches Verhalten hätte nach dem Hitlerschen Strafrecht »Hochverrat«, das heißt »Verbrechen gegen den Bestand des Reichs, in Deutschland und im Ausland« nach sich gezogen.

Schließlich bat ich den ehemaligen Chef des italienischen Geheimdienstes, mir seine Meinung über den Admiral zu sagen und welche Erinnerungen er bei ihm hinterlassen habe:

»Persönlich kann ich Ihnen sagen, daß der Gedankenaustausch mit Admiral Canaris rege, beständig und loyal, fast immer der Entwicklung der Situation angepaßt, war. Als Leiter des italienischen Geheimdienstes hatte ich mit ihm enge dienstliche und persönliche Kontakte. Mehrfach trafen wir uns in Italien und in Deutschland. Wir waren in Frankreich, Jugoslawien und in Nordafrika beisammen, und mit jeder Zusammenkunft wuchs unser beiderseitiges Vertrauen und die gegenseitige Wertschätzung. Mir ist jetzt noch in Erinnerung, wie ich ihm eines Tages Unterlagen zeigte, die ich über seine Vorfahren ausfindig machen ließ. Canaris glaubte nämlich fest an seine griechische Abstammung. Davon konnte keine Rede sein. Ich wies ihm seine italienische Herkunft nach. Er schaute die Unterlagen an, wobei seine Hände voll Erregung zitterten. Innerlich bewegt, und mit Tränen in den Augen, wandte er sich mir zu und sagte schlicht:

›Ich danke Ihnen, Amé! ... Vielen Dank!‹

Wortkarg, nüchtern und zurückhaltend in seinem Wesen, kultiviert und sprunghaft, manchmal mit beißendem Spott und hart im Urteil, besaß er ein umfangreiches Wissen und große Erfahrung im Nachrichtendienst. Er war empfindsam und hatte menschliches Verständnis, seine geistige Wendigkeit und seine schnelle Auffassungsgabe offenbarten in ihm südländische Charakterzüge. Er besaß ein großes Wissen über die Zusammenhänge und das Wesen jedes einzelnen europäischen Landes. Er war Mitwisser militärischer und politischer Geheimnisse, die in seinen Händen Macht und Autorität darstellten, nicht nur auf militärischem Gebiet.

Er liebte Deutschland aufrichtig. Deshalb neigte er besonders nach den tragischen Ereignissen des Jahres 1943 zur Auffassung, daß alles, was den Sturz der nationalsozialistischen Gewaltherrschaft beschleunigen könnte, seinem Vaterland dienlich wäre, weil damit der totale Untergang vermieden werden würde. Schon seit unserem ersten Zusammentreffen hatte er die Gewohnheit zu sagen, daß das viele Blut und die Tränen, die wegen des Hitlerregimes vergossen wurden, sich eines Tages rächen müßten.

Während verschiedener entscheidender Phasen des Krieges gab er mir stets genaue und konkrete Auskünfte und Hinweise über die wahre Situation in Deutschland. Die Orientierungen, die er mir über die Entwicklungen, die Möglichkeiten und die militärischen Krisen zukommen ließ, waren zahlreich und genau.

Der Duce, dem ich jedesmal mit gewissen Einschränkungen über solche Lagebeurteilungen Vortrag hielt – oft im Wiederspruch und entgegengesetzt oder weniger optimistisch gegenüber dem, was er aus seinen eigenen Quellen oder offiziell erfuhr – war davon oft sichtlich verwirrt.

Zwischen Canaris und mir bestand damit der aufrichtige Wille zu loyaler und freimütiger Zusammenarbeit, der Frucht gegenseitigen Vertrauens und Wertschätzung.«

Die Kapitulation der Italiener

Am 21. August 1943 wurde General Amé als Leiter des S.I.M.* abgelöst und durch General Carboni ersetzt, der bis 1942 der Vorgänger von Amé war. Am 3. September hatte Marschall Badoglio ein Gespräch mit dem deutschen Botschafter Rudolf Rahn, in dem er ihm erneut die Absicht der italienischen Regierung bekundete, treu an der Seite seiner Achsenverbündeten zu bleiben. Er erklärte: »Das Mißtrauen der deutschen Regierung ist meines Erachtens unverständlich. Ich habe mein Wort gegeben und werde es auch halten.« Währenddessen unterzeichnete zur gleichen Stunde im Großen Alliierten Hauptquartier in Cassibile auf Sizilien (15 Kilometer von Syrakus entfernt) der italienische General Castellano im Auftrag des Königs und Badoglios einen Waffenstillstand mit General Walter

* S.I.M. (Servicio Informazioni Militari) war in Italien das Gegenstück zur Abwehr in Deutschland. Nicht zu verwechseln mit der OVRA (Opera Vigilanza Repressione Antifascita), dem italienischen Gegenstück zur Gestapo.

Bedell Smith, dem Beauftragten Eisenhowers, und dem Commodore Roger Dick und General Kenneth... Erst am 8. September, um 17 Uhr 45 verbreitete der amerikanische Rundfunk die Kapitulation der Badoglio-Regierung. Am 9. September, gegen 5 Uhr früh, verließen der König, Badoglio und deren Gefolge die Hauptstadt und flüchteten sich nach dem Hafen Ortona. Dann richteten sie sich in Brindisi ein. In wenigen Stunden war die italienische Armee aufgelöst; sie wurde von den Deutschen entwaffnet. Siebenhunderttausend Mannschaften, Unteroffiziere und Offiziere wurden in das Reich abtransportiert, in Viehwaggons eingepfercht, auf denen »Badogliotruppen« geschrieben stand. Sie wurden im Gefangenen- und Arbeitslager von Betrieben gebracht, wo sie das wenig beneidenswerte Schicksal der Polen und Russen kennenlernen sollten. Am 12. September wurde Mussolini aus seinem Gefängnis im Gran Sasso-Massiv durch ein Fallschirmjäger-Kommando unter der Führung von Otto Skorzeny und Oberleutnant Berlepsch befreit. Am 15. September rief Mussolini auf Druck Hitlers die »Soziale Republik« in Salò am Gardasee aus.

Seit dem 9. September ergreift Admiral Canaris alle Vorsichtsmaßnahmen, um zu verhindern, daß dem SD Unterlagen über seine bisherigen Kontakte zu Roatta und Amé in die Hände fielen.* Er gibt der »Abwicklungsstelle Italien« – sie hatte die Aufgabe, das nach der Kapitulation in deutsche Hände gefallene militärische und politische Aktenmaterial zu sichten – den Befehl, alle ihn und die Abwehr betreffenden Schriftstücke und Notizen ihm persönlich zuzustellen. Er muß schnell handeln, denn er weiß, daß bereits Kaltenbrunners und Schellenbergs Leute unterwegs sind, um sich alle Dokumente, die in direkter oder indirekter Beziehung zu der Abwehr und ihrem Chef stehen, anzueignen. Dank der mit der Abwehr zusammenarbeitenden Italiener gelingt es, eine große Menge von belastendem Material sicherzustellen. Trotzdem fanden die Leute des SD und der Gestapo noch einiges, das für Canaris entsetzliche Folgen haben sollte.

Hitler war zunächst von dem Verrat Badoglios ebenso überrascht wie sein Führungsstab. Er tobte über diese italienischen Betrüger,

* Roatta war bei dem König und Badoglio in Brindisi. General Amé, der eine Division in Griechenland übernehmen sollte, wurde zum letzten Mal 1943 bei Venedig gesehen, danach ist er wie vom Erdboden verschwunden gewesen.

zumal er immer noch den vertraulichen Bericht von Canaris über die Besprechung mit Amé in Venedig im Gedächtnis hatte. Nur mit großer Mühe ließ er sich von Keitel überzeugen, daß »von italienischer Seite wirklich nichts zu befürchten sei«. Er hatte zunächst gezögert, umfassende Vorsichtsmaßnahmen auf der Halbinsel zu ergreifen. Er bedauerte es jetzt. Nun erhielt Keitel einen denkwürdigen Rüffel durch den Führer. Am selben Abend erteilte Himmler Schellenberg den Befehl, nach den Gründen der »fehlerhaften Beurteilung« der Lage durch Canaris zu forschen.

Wie wir bereits wissen, sind Schellenberg und Müller darüber höchst erfreut und schicken ihre allerbesten Spürhunde des SD und der Gestapo nach Italien. Das Ergebnis läßt nicht lange auf sich warten.

Schellenbergs Zeugenaussage

Mir hat Schellenberg selbst folgendes erzählt: »An dem bewußten Tag haben sich die Dinge wie folgt zugetragen: Beim deutschen Militärattaché in Rom, dem General Enno von Rintelen, war ein Mitarbeiter von Canaris, Oberst Helfferich, tätig. Dieser Abwehroberst beschäftigte einen italienischen Chauffeur, welcher im Dienst Amés stand und überdies eine »Freundschaft« (er war homosexuell) mit dem Chauffeur Amés unterhielt. Ich hatte Canaris mehrfach auf diese Gefahr hingewiesen, doch er erklärte nur: ›Ach, Schellenberg, ich glaube in unserem Beruf sieht man häufig weiße Mäuse.‹ Die beiden Chauffeure, zugleich Hausdiener, tauschten nun das, was sie täglich hörten und sahen, untereinander aus, wobei einer von beiden sämtliche Äußerungen Amés und Gespräche im Hause Helfferichs einem Freund weitererzählte – einem Italiener, der von uns bezahlt wurde. Aus diesen Berichten konnten wir nun den ganzen Sachverhalt rekonstruieren. Bei der Übergabe des Dossiers an Himmler fügte ich noch hinzu, es wäre mehr im Interesse des deutschen Soldaten gewesen, wenn sich Canaris von Anfang an in Italien seiner eigentlichen Aufgabe als solchen Konspirationen gewidmet hätte.«

Schellenberg steuerte dann noch folgende Bemerkung hinzu: »Als ich Himmler die Unterlagen über Canaris' verschiedene Verratshandlungen vorlegte, klpfte er aufgeregt mit dem Daumennagel gegen seine Zähne und sagte: ›Lassen Sie mir das Dossier hier, ich werde es bei Gelegenheit Hitler zur Kenntnis bringen.‹* Ich sprach Himmler mindestens noch dreimal darauf an, denn es schien mir von außerordentlicher Bedeutung für Deutschland und unsere Kriegsanstrengungen. Himmler aber brachte sichtlich nicht den Mut zur Übernahme der Verantwortung auf. Wie Heydrich, so schien auch Himmler nicht zum Handeln bereit zu sein, wenn es sich um den Admiral drehte. Ich bin mir fast dessen sicher, daß Canaris irgendwann einmal Dinge über Himmler in Erfahrung gebracht hatte, sonst hätte er sich angesichts dieses von mir überreichten Dossiers nicht derart passiv verhalten.«

Diese ausgesprochene Vorsicht verdeckt sicher irgend etwas. Aber was? Der Geschichtsschreiber hat wohl einige Antworten bereit, aber er hat keine Bestätigungen für seine Annahmen. Es gibt keine Zeugnisse davon. Vielleicht enthalten die von Canaris über Himmler und Heydrich geführten Akten schlagkräftige Beweise? Vielleicht liegen sie noch in den geheimnisvollen schwarzen Lederkoffern, die Canaris in Spanien versteckte? Vielleicht sind sie, der Meinung einiger ehemaliger Abwehrangehöriger nach, teilweise in die Hände des britischen Secret Service gelangt, der bisher noch nichts von dem herausgegeben hat, was er bei der Besetzung Deutschlands über die Abwehr gefunden hat? Wie dem auch sei, der Admiral mußte sich seiner Sache sehr sicher sein, um weiterhin, so wie er es im Herbst 1943 noch war, mit seiner Autorität die Handlungen seiner von der Gestapo demaskierten Mitarbeiter zu decken.

Es wird einsam um Canaris

Während der Krieg an allen Fronten mit unverminderter Härte weitergeht und ein bitterkalter Winter sich abzuzeichnen beginnt, lastet auf Canaris die aufkommende Einsamkeit und die Unruhe über die immer schärfer werdende Überwachung durch die Gestapo. Seine Freunde sind nicht mehr da. Helmuth Groscurth blieb in Stalingrad vermißt, Dohnanyi ist noch im Gefängnis, Oster ist vom

* Dieses Dossier enthielt folgende Anschuldigungen: 1) die Kontakte Dr. Josef Müllers mit dem Vatikan, 2) das Spiel, das Canaris zusammen mit Franco betrieb (1940/42), 3) verschiedene mehr oder weniger an den Haaren herbeigezogene Fälle, und schließlich 4) eine Zusammenfassung des Falles Bonhoeffer-Dohnanyi.

Dienst suspendiert und wird überwacht, Piekenbrock – der liebe »Piki« – hat an der Ostfront ein Regiment übernommen. Mit Ablauf des Sommers 1943 ist Lahousen an der Reihe, an die Ostfront versetzt zu werden. Bei den letzten beiden liegt kein politischer Anlaß zur Versetzung vor, sie ist laufbahnmäßig bedingt und hätte eigentlich schon früher erfolgen müssen.* Als sie sich von ihm verabschiedeten, sagte er:

»Warum kann ich nicht wie ihr an die Front gehen?«

Den Weggang von »Piki« und dem »Langen«, seiner beiden intimsten Vertrauten, kann er lange nicht überwinden. »Piki« sagte mir nach dem Kriege:

»Ich hatte den Eindruck, wie wenn Canaris bei meinem Ausscheiden eine seelische Krise durchmachte. Ich hatte das unbestimmte Gefühl, ihn nicht mehr wiederzusehen, diesen liebgewonnen Menschen, der für mich der große Freund, der ältere Kamerad, der fast wie ein Vater zu mir war.«

General Erwin von Lahousen sagte mir später:

»Als ich dem Admiral die Hand zum Abschied gab, war mir zumute, wie wenn ich alles verloren hätte. Es standen uns die Tränen in den Augen. In den letzten Monaten des Krieges empfand ich in mir eine große Leere. Als ich von seinem grausamen Tod hörte, kam ich mir wie verwaist vor.«

Doch es bleiben ihm noch hervorragende und treue Mitarbeiter, wie Oberst Egbert von Bentivegni, der Abteilungsleiter III, Oberst Georg Hansen, der Nachfolger von Piekenbrock, Oberst Wessel von Freytag-Loringhoven, als Nachfolger Lahousens, und Vizeadmiral Leopold Bürkner, der Leiter der Amtsgruppe Ausland / Abwehr.

Damals freundete sich Canaris mit dem in seiner unmittelbarer Nachbarschaft in Schlachtensee wohnenden Pianisten Helmuth Maurer an**, der gern mit Frau Canaris musizierte. Dieser sehr talentier-

* Nach den Beförderungbestimmungen der Wehrmacht mußte jeder Stabsoffizier, bevor er zu höheren Dienstgraden befördert wurde, eine gewisse Zeit Truppendienst leisten. Seit mehreren Monaten bereits hätten Piepenbrock und Lahousen zum General befördert werden müssen, wenn sie der Admiral für ein Frontkommando als Regimentskommandeure freigestellt hätte.

** Als sich während des Krieges abzeichnete, daß Helmuth Maurer zum Wehrdienst eingezogen werden sollte, schlug ihm Canaris vor, als Zivilangestellter bei der Abwehr einzutreten. Damit hatte er seit einigen Jahren an unauffälliger Stelle in der Abwehr einen Mann sitzen, auf den er sich unbedingt verlassen konnte.

te, feingeistige, sehr kultivierte und umgängliche Mann, den Canaris vertrauensvoll »Onkel Mau« nannte, war in den letzten Monaten, als Canaris noch in Freiheit war, eine wichtige Vertrauensperson des Admirals. 1970 traf ich Maurer beim Jahrestreffen der ehemaligen Abwehrangehörigen. Er saß mir beim Abendessen gegenüber und wir sprachen ein wenig miteinander, wenn er auch recht zurückhaltend, bescheiden und zweifellos verschwiegen war. Er erzählte mir, wie oft Canaris im Herbst 1943 nahe daran war, den Kampf mit der SS aufzugeben, doch habe er diese Absicht immer wieder überwunden, indem er bedachte, er müßte retten, was noch zu retten war, solange er auf seinem Posten bliebe. Sein Streben sei gewesen, unbedingt zu verhindern, daß Kaltenbrunner, Müller, Schellenberg und andere die Abwehr in die Hände bekämen, sagte mir Maurer. Trotzdem sei er sich dessen bewußt gewesen, daß der Kampf aussichtslos sei, daß die SS die Oberhand gewinnen und Deutschland im Chaos enden würde.

In der Tat, das Ende der Abwehr ist nicht mehr fern. Die Vorboten der Katastrophe mehren sich. Die Gestapo lauert ihrer Beute mit unendlicher Geduld auf. Es ist ja auch ein besonders gutes Stück Wild. Die Enthüllungen über die konspirative Tätigkeit durch Müller und Schellenberg haben sich multipliziert.

Im September 1943 gelingt Schellenberg ein besonderer Fang. Einer seiner Spitzel, ein junger Schweizer Arzt namens Reckzeh, der sich als unerbittlicher Gegner des Dritten Reiches ausgab, konnte sich in einen der Widerstandskreise, den sogenannten »Solf-Kreis« einschmuggeln. Die Gestapo überwachte längst den Kreis, der von der Witwe des letzten kaiserlichen deutschen Außenministers, Wilhelm Solf, geleitet und geistig angeregt wurde. Man traf sich im Heim der Elisabeth von Thadden, der Leiterin eines bekannten Mädchenpensionats in Wieblingen bei Heidelberg. Dem Kreis gehörten eine beachtliche Anzahl von Persönlichkeiten an, die sich seit 1933 als fanatische Hitlergegner der Unterstützung der Opfer der Naziverfolgten, Juden und Christen, widmeten.

Vier Monate wartet die Gestapo geduldig und holt im Januar 1944 zum Schlag aus. In einer einzigen Aktion überraschte sie Elisabeth von Thadden mit allen anderen, die sich an diesem verhängnisvollen Nachmittag in ihrem Salon zusammengefunden hatten. Darunter waren der Gesandte Otto Kiep, seit Kriegsausbruch im Amt Ausland / Abwehr tätig, die ehemaligen Botschaftsräte Albrecht Graf

Bernstorff und Richard Kuenzer, der Rechtsanwalt Graf Helmuth von Moltke, Mitglied der Abteilung Ausland / Abwehr und geistiger Führer des »Kreisauer Kreises«, einer weiteren Zelle des Kampfes gegen Hitler.* Außerdem wird im Februar noch Hauptmann Ludwig Gehre von der Abteilung III – Spionageabwehr – verhaftet. Er soll die Verschwörer vor der Telefonüberwachung durch die Gestapo gewarnt haben. Insgesamt wurden sechsundsiebzig Personen aus der oberen Berliner Gesellschaftsschicht durch die Gestapo festgenommen. Canaris ahnt, daß er der Stein des Anstoßes sein wird. Zu viele Angehörige der Abwehr sind schon hinter Schloß und Riegel gekommen oder vom Dienst suspendiert worden, wie Oster, als daß der Admiral dieser neuen Affäre ungeschoren entgehen könnte.

Ein Unglück kommt zum anderen! Die Verhaftung des Gesandten Otto Kiep zieht den Verdacht auf seinen engsten Freund, Erich Vermehren nach sich, der bei der Abwehr in der Türkei tätig war, und auf seine gutaussehende Frau, eine geborene Gräfin Elisabeth Plettenberg. Beiden war der Nazionalsozialismus verhaßt. Wie so viele andere Regimegegner, gingen sie nach dem Kriegsausbruch in die »innere Emigration« bei der »Abwehr«. Als sie von der Gestapo nach Berlin beordert wurden, zogen es Erich und Elisabeth Vermehren vor, ein ... englisches Flugzeug in Richtung Kairo zu nehmen. Die Nachricht über diesen Streich erregte in der Türkei und auch anderswo großes Aufsehen. In Berlin behauptete die SS, das Ehepaar Vermehren sei mit allen Schlüsselunterlagen der Abwehr geflohen. Nach dem Krieg sollte sich herausstellen, daß dies nicht der Fall war. Das Absetzen der Vermehrens machte aber Schule. So folgten verschiedene andere Deutsche, darunter das aus Österreich stammende Ehepaar Kletschowsky, das seit etlichen Jahren für die Abteilung III in der Türkei arbeitete, dem Beispiel der Vermehrens. Sogar die Sekretärin des Gestapobeamten, der der deutschen Botschaft in Ankara beigeordnet war, zog es vor, als sie nach Berlin zurückberufen worden war, anstatt abzureisen, sich in die amerikanische Botschaft zu begeben.

* Mit Ausnahme von Hanna Solf und ihrer Tochter, der Gräfin Ballestrem, wurden alle hingerichtet.

Der Fall Vermehren löste bei Hitler einen Wutanfall aus. Dabei erinnert er sich an einen Vorgang, der den direkten Vorgesetzten von Vermehren, den Major Paul Leverkuehn betraf. Anläßlich des Heldengedenktages 1943 hielt Botschafter von Papen in Ankara eine Ansprache, die stark nach einer Friedenssondierung aussah und die Aufmerksamkeit der Gestapo auf sich zog. Man verdächtigte Major Leverkuehn, Kontakte mit den Amerikanern aufgenommen zu haben. Dies traf wohl auch zu, doch gelang es der Gestapo nicht, die entsprechenden Beweise zu erbringen. Trotzdem meldete Himmler dem Führer die Angelegenheit. Dieser sieht die beiden Fälle in einem direkten geistigen Zusammenhang und beginnt die Abwehr insgesamt anzuschuldigen. Dabei wird er von Bormann und Fegelein trotz schüchterner Proteste Keitels kräftig unterstützt.

Wenige Tage später gibt Marschall Keitel dem Chef der Abwehr den Befehl, sich mit dem Bericht, um den er Canaris über die derzeitige Feindlage ersucht hatte, bei Hitler im Führerhauptquartier zu melden. Der Lagebericht ist äußerts pessimistisch abgefaßt. Der Führer hört ihm anfangs zu und beherrscht seine Wut, aber dann explodiert er, geht auf Canaris hinzu, packt ihn am Rockkragen und fragt ihn, ob er zum Ausdruck bringen wolle, daß Deutschland den Krieg verlieren werde. Der Admiral läßt sich nicht einschüchtern und erwidert in ruhigem Ton, daß er davon nichts gesagt habe, daß er kein Urteil darüber abgegeben, sondern sich darauf beschränkt habe, die Situation so zu schildern, wie es die Berichte und Meldungen von der Ostfront besagen. Hitler lenkt dann das Gespräch in eine andere Richtung und macht ihm heftige Vorwürfe wegen der Flucht des Ehepaares Vermehren. Als Canaris geht, ist er sich darüber im klaren, daß er Hitler niemals wiedersehen wird und daß über die Abwehr das Urteil gesprochen ist.

Es ist bezeichnend, daß die Hetze von Kaltenbrunner und Schellenberg ausgeht, während sich Himmler weiterhin von allen Aktionen gegen die Abwehr und Canaris zurückhält. Die beiden jungen und ehrgeizigen SS-Führer sind jetzt im Besitz einer Menge recht belastender Unterlagen, um das hochheilige Reich von Canaris von Grund auf zu zerschlagen und auf dessen Ruinen ihr eigenes aufzubauen. Sie bestürmen Himmler und zwingen ihn, bei Hitler die Auflösung der Abwehr und deren Eingliederung in die SS zu fordern. Hitler läßt sich überzeugen. Am 18. Februar 1944 unterzeichnet er einen Erlaß zur Errichtung eines einheitlichen deutschen geheimen Meldedienstes, dessen Führung dem Namen nach Himmler, tatsächlich aber Kaltenbrunner in Händen hat. Man könnte nun meinen, daß Canaris jetzt verhaftet oder angeklagt werden würde. Aber mitnichten: er wird nur vom Dienst beurlaubt.

Zur Durchführung des Führererlasses über die Zusammenlegung finden unter Vorsitz des Chefs der Zentralabteilung der Wehrmacht General Winter, Verhandlungen zwischen der Wehrmacht und der SS statt. Die Vertreter der Abwehr sind Konteradmiral Bürkner und General von Bentivegni. Die Abteilungen I und II werden zu einem »Amt Mil« vereinigt und von der SS übernommen. Leiter des Amtes wird Oberst Hansen, der bisherige Abteilungsleiter I-Spionage – der Abwehr, in dem die SS einen treuen Nazionalsozialisten* sieht. Sie sollte sich darin irren. Für die Abteilung III wird eine Sonderregelung getroffen; man unterstellt sie tatsächlich Schellenberg. wohingegen die Zentralabteilung bisher Osters Domäne, aufgelöst wird.

Mit Verbitterung und mit größter Sorge muß Canaris zusehen, wie sein Werk zerstört wird, das er mit soviel Mühe und Hingabe aufgebaut und unter Einsatz seiner ganzen Kraft neun Jahre lang verteidigt hat. Das letzte Bollwerk gegen den Terror der SS ist vernichtet. Die Politik des Schreckens kann sich jetzt weiter ausbreiten. Die Gestapo ist aus dem jahrelangen Kampf gegen die Abwehr als Sieger hervorgegangen. Sie ist am Ziel ihrer Wünsche angelangt. Aber sie hat nichts mehr davon. Es verbleibt ihr nicht nur die Auflösung der Zellen der Abwehr, sondern ihr gehören auch Canaris selbst und seine »Komplizen«. Dies wird der letzte, der grausamste und blutigste Akt der Tragödie sein.

39. GEHÄNGT IM MORGENGRAUEN

Unter allen Schlägen, die die Gestapo und der SD gegen den Widerstand führte, war die Auflösung der Abwehr sicherlich der schwerste. In Zukunft kann die Verbindung zwischen den Verschwö-

* Oberst Hansen wird mit in das Attentat vom 20. Juli 1944 verwickelt und im September 1944 erhängt.

rern in Deutschland und im Ausland nur noch teilweise durch Oberst Hansen aufrechterhalten werden. Die zeitweilige Beurlaubung von Canaris, dem auferlegt wurde, sich auf Burg Lauenstein in Franken bereitzuhalten, und der dort von der Gestapo überwacht wurde, hat der SS nicht den Nutzen gebracht, den Kaltenbrunner, Schellenberg und Himmler sich in ihrer Blindheit erhofften. Die Überleitung der Abwehr in die SS ist für sie schwer zu verkraften. Besonders Schellenberg hat geglaubt, es würde genügen, den Platz von Canaris einzunehmen und die Arbeit der Abwehr, ihres Personals und ihrer Tausende von V-Leuten, die gleich unsichtbaren Fäden eines riesigen Spinnennetzes mit ihr verbunden sind, werde wie in der Vergangenheit weiterlaufen. In törichter Selbstüberschätzung hat er nicht vorausgesehen, daß der Geist des abgesetzten Admirals noch spürbarer gegenwärtig sein wird, als zu der Zeit, wo er sie geleitet hatte.

Die Reaktion der Offiziere der Abwehr auf den Auflösungs- und Eingliederungserlaß zeigt sich in der Tat sofort. Der Kapitän zur See Richard Protze, der Leiter der Abwehrstelle Amsterdam, sagte später: »Als der Admiral nicht mehr da war, schickte ich keine Meldungen mehr nach Berlin. Ohne ihn hatten wir kein Vertrauen mehr in den militärischen Nachrichtendienst.« Major Paul Leverkuehn, Leiter der Abwehrstelle in Istanbul schrieb: »... Er war mehr als nur das nominelle Oberhaupt der Abwehr. Sie wurde durch seine Persönlichkeit und durch seine Ansichten geformt. Sie war zum großen Teil seine Schöpfung und nach seiner Verabschiedung setzte rasch der Verfall ein.« Oberst Oskar Reile, Leiter der Abteilung III F in Frankreich schrieb später: »Diese Umorganisation traf die militärischen Nachrichtendienste schwer und brachte unermeßliche Nachteile mit sich... besonders traf es die militärische Aufklärung gegen England und die Vereinigten Staaten schwer... Das Lebenswerk von Admiral Canaris war auf sinnlose Weise vernichtet. Die meisten Angehörigen der Abwehr wurden Vertretern des RSHA unterstellt, die zwar keine ausreichende Kenntnis von den militärischen Aufklärungsmethoden und Zielen hatten... Zahlreiche Pannen und Verluste waren die Folge.«

Zu Hunderten reichten die Abwehroffiziere ihren Abschied ein und meldeten sich freiwillig an die Ostfront. Viele sollten dort den Tod finden. Im Westen fand man einen geschickten Ausweg, die Eingliederung in die SS zu verhindern. Im Einverständnis mit der Wehrmachtsführung wurden die Abteilungen III der Spionageabwehr in »Frontaufklärungskommandos« umgebildet, die den regionalen Befehlshabern direkt unterstellt wurden, unter dem Vorwand eines unmittelbar bevorstehenden Alliierten-Angriffs, der eine enge Zusammenarbeit zwischen den Verbänden der Wehrmacht und den militärischen Nachrichtendiensten erforderlich mache. Gilles Perault schrieb: »Auf diese Weise leitet Oberst Hermann Giskes von seinem Stabsquartier im Brüsseler Hotel ›Metropole‹ aus das Frontaufklärungskommando 307 und erhält seine Befehle nur von den Befehlshabern oder Kommandeuren. Wie viele andere, ist er eher bereit, seinen Abschied einzureichen, als sich dem Himmler-Kaltenbrunner-Schellenberg-Trio unterstellen zu lassen. Wie alle anderen war er von Canaris' Persönlichkeit geprägt, der für seine Männer gleichermaßen ihr Vorgesetzter, ihr Vorbild und ihr Symbol war. Auch wenn sie ab und zu an den übertriebenen Skrupeln von Canaris verzweifeln wollten, waren sie ihm dankbar, dafür gesorgt zu haben, saubere Hände in diesem sich über Deutschland ausbreitenden Schmutz- und Blutbad zu behalten. Ihm verdanken sie, daß die Abwehr nicht in solche Dinge hineingezogen wird. Nach ihm ist es nicht mehr möglich, mit den »Schwarzen« zusammenzuarbeiten... Im April 1944 merkt der SS-Brigadeführer Walter Schellenberg, daß sein Sieg umsonst war. Er hat die Nachfolge Admiral Canaris' als Steuermann der Abwehr angetreten, aber ein Teil der Besatzung verläßt das sinkende Schiff und dem anderen Teil widerstrebt der eingeschlagene neue Kurs. Der geheime Kampf erreicht seinen Höhepunkt und das ›Geisterschiff‹ der Abwehr ist kampfunfähig.«

Von seinem durch die Gestapo überwachten Aufenthaltsort aus, muß Canaris das Fiasko dieser von Schellenberg aufgezogenen Organisation feststellen, die er für seine Zwecke ausnutzen wollte. Der Admiral, der genau weiß, daß über kurz oder lang der Galgen auf ihn wartet, registriert den Mißerfolg des »kleinen Schellenberg«, aber ihm bleibt nur eine schwache Genugtuung, denn die Erkundungen der Gestapo über die Tätigkeiten der Abwehr gehen weiter.

»Unternehmen 7«

Blickt man genauer auf die Szene, stellt man fest, daß die mit den Untersuchungen beauftragten SS-Leute doch recht wenig wissen. Ein Fall macht ihnen besonders zu schaffen, ohne daß sie ihn voll aufklären können. Es ist das sogenannte »Unternehmen 7«, eines der kühnsten, das die Abwehr für bestimmte Juden durchgeführt hat.

Es nimmt seinen Anfang mit der Veröffentlichung des Erlasses über das Tragen des »Gelben Sterns« am 1. September 1941: ab 19. September hatten alle Juden den Davidstern auf die Kleidung aufgenäht zu tragen. Die Vertreibung aus den Wohnungen und ihre Umsiedlung in Ghettos beginnen in Deutschland, in der gleichen Weise, wie es von 1939 an in Polen praktiziert wurde. In diesem Zusammenhang gibt Canaris Anweisung, zwölf bis fünfzehn Juden unter dem Schutz der Abwehr in die Schweiz abzuschieben. Diese Aktion läuft unter dem Namen »Unternehmen 7«, weil es sich anfangs um sieben Personen handelte. »U 7« bedeutet für Dohnanyi, der mit der Durchführung beauftragt wird, eine ungeheure Arbeit an Tarnung und Täuschung. Sowohl auf deutscher wie auch auf schweizerischer Seite treten unvorhergesehene Schwierigkeiten auf. Um einen Juden bei der Abwehr beschäftigen zu können, muß man nicht nur das Finanzamt, das Arbeitsamt, die Devisenbewirtschaftung einschalten, wo subalterne Beamte die Dinge bearbeiten und wo die verschiedenen Eingaben sich durch passiven Widerstand in die Länge ziehen, sondern es müssen auch Verhandlungen mit dem Sicherheitsdienst geführt werden. Dabei wendet Canaris einen Trick an, der ganz seiner Art entspricht.

Im Juli 1942 ruft Hitler nach dem Scheitern des »Unternehmens Pastorius«* in den Vereinigten Staaten Canaris und Lahousen zu sich, um die beiden für den Mißerfolg verantwortlich zu machen. Wie gewöhnlich, läßt Canaris den Führer sich erst einmal austoben, bevor er sich zu dem Vorwurf, ungeeignete Leute für eine so schwierige Aufgabe eingesetzt zu haben, rechtfertigt. Er erklärte, daß es sich nicht um V-Männer der Abwehr (was teilweise falsch war), sondern um junge Mitglieder der NSDAP handelte, die nicht von seiner Dienststelle, sondern von der SS ausgewählt worden seien. Hitler läßt sich durch diese Antwort nicht beruhigen und brüllt: »Ach was! Dann hätten Sie eben lieber Verbrecher oder Juden nehmen sollen!«

* Von Lahousen widerwillig auf einen »Führerbefehl« hin ausgeführt, sollte das »Unternehmen Pastorius« eine Gruppe von zehn Saboteuren über den Atlantik bringen und an der amerikanischen Küste absetzen. Am 28. Juni, das heißt fünfzehn Tage nach der Landung, waren alle Teilnehmer an diesem Unternehmen vom FBI festgenommen. Sechs von acht Saboteuren wurden zum Tode verurteilt und starben auf dem elektrischen Stuhl.

Die Audienz endet, ohne daß Canaris dieses Mal mit der schlechten Laune des Führers fertig wird. Trotzdem ist Canaris nicht unzufrieden. Denn erstens hat sich die Szene vor Keitel und Himmler abgespielt, und außerdem läßt er sich nicht ein zweites Mal sagen, er solle Verbrecher und Juden benutzen. Den Gepflogenheiten, im Dritten Reich entsprechend, kann die Äußerung Hitlers als »Führerbefehl« ausgelegt werden, das heißt also als Evangelium. Um die letzten Hindernisse zur Durchführung des »U 7« zu beseitigen, scheut Canaris nicht davor zurück, mit dem Gestapochef Heinrich Müller eine Unterredung zu führen und diesen Führerbefehl auszuspielen. Canaris erreicht, was er will, und im Herbst 1942 gehen alle unter dem Schutz der Abwehr stehenden Juden in die Schweiz.

Selbstverständlich erscheint dem Gestapochef das Gelingen des »Unternehmens 7« höchst verdächtig. Müller ist davon überzeugt, daß ihn Canaris hinters Licht geführt hat. 1943 kommt er im Verhör von Bonhoeffer und Dohnanyi darauf zurück. Daraufhin schickt Kaltenbrunner, durch Müller ins Bild gesetzt, einen Beamten des SD in die Schweiz, um vom finanziellen Gesichtspunkt aus zu prüfen, inwieweit sich Dohnanyi und seine Freunde an dieser Sache bereichert haben. Selbstverständlich wird in dieser Hinsicht nichts gefunden, aber die SS bleibt wachsam. Man kann sich nicht vorstellen, daß es auch andere Gründe gibt, sich zu einem solch kühnen Unternehmen herzugeben. Im Verhör Dohnanyis und Bonhoeffers wird die Frage »U 7« bald abgesetzt, weil Canaris dafür die volle Verantwortung übernimmt. Seit dem Sommer 1943 hat sich jedoch die Lage geändert und der Admiral befürchtet, daß die Angelegenheit wieder auf den Tisch kommt, denn ›Unternehmen 7« ist nicht der einzige Fall dieser Art.

Ende Juni verläßt Canaris Burg Lauenstein und kehrt nach Berlin zurück. Er ist nun zum Leiter eines Sonderstabes für Handelskrieg und wirtschaftliche Kampfmaßnahmen beim Oberkommando der Wehrmacht (H.W.K.) ernannt worden. Die Dienststelle befindet sich in Potsdam-Eiche. Es ist eine zweitrangige Aufgabe ohne praktische Bedeutung. Es kann im Augenblick überraschend erscheinen, daß Canaris noch neue Verantwortung übertragen wird, obwohl er bei Hitler in Ungnade gefallen zu sein scheint. Wenn ihm ein solch ruhiger Posten anvertraut wird, dann geschieht es aus zweierlei Gründen. Auf der einen Seite setzt Hitler – trotz des Geredes der SS und der Festnahme von Mitgliedern der Abwehr – noch immer ein gewisses Vertrauen in Canaris, den er einst geschätzt und vielleicht sogar bewundert hat. Auf der anderen Seite kann durch eine solche Ernennung der in Deutschland herrschende und auch ins Ausland gedrungene Eindruck abgeschwächt werden, daß die organisatorischen Veränderungen im deutschen Nachrichtendienst ein Symptom für den Zerfall des Regimes und für schwere innere Spannungen seien. In der Tat konnten die Veränderungen innerhalb einer im Ausland so weitverzweigten Organisation nicht verheimlicht werden.

Auch in seinen neuen Funktionen wird Canaris weiterhin von der Gestapo scharf überwacht. Er weiß es. Doch dies ist nicht der Hauptgrund, weshalb er sich bewußt von der Verschwörung gegen Hitler distanziert, die von dem jungen Grafen Stauffenberg erneut vorbereitet wird. Canaris ist aus grundsätzlichen Anschauungen gegen ein Attentat, und aus Gründen politischer Vernunft gegen die politischen Ideen Stauffenbergs und seiner Freunde. Aus der Kenntnis der Dinge heraus, bedauert er, daß die technische Vorbereitung des Staatsstreichs nicht bis ins letzte Detail durchdacht ist. Schließlich mißbilligt er aus seiner grundsätzlichen Einstellung heraus auch die Kontakte, welche die Verschwörer im Frühjahr 1944 mit der kommunistischen Untergrundbewegung aufgenommen haben. Es kommt noch hinzu, daß Canaris ermüdet ist. Er ist aufgerieben durch den neunjährigen Kampf gegen die SS, hauptsächlich durch den gegen Heydrich. Sein Pessimismus ist immer größer geworden. Nicht ohne Grund, glaubt er, daß es bereits zu spät geworden sei, und daß der Sturz Hitlers jetzt keine positiven Ergebnisse mehr haben und keine Ehrenrettung mehr für das deutsche Volk bewirken könnte.

Karl Heinz Abshagen spiegelt die Geisteshaltung des Admirals zu Sommeranfang 1944 gut wider, er bestätigt alle gleichlautenden Aussagen, die ich von anderen Beobachtern darüber erhalten habe. »Ja, Canaris war müde. Nach der jahrelangen, unerhörten geistigen und seelischen Anspannung, der Überarbeitung, der ewigen Hast, mußte die plötzlich erzwungene Untätigkeit – denn gemessen an dem, was hinter ihm lag, war, was sein neues Kommando an Arbeit verlangte, Untätigkeit – eine scharfe Reaktion auslösen. Der Mann, der viele Jahre hindurch niemals Urlaub genommen, der nicht einmal Sonntags ausgeruht hatte, sah sich plötzlich in eine Lage versetzt, in der es nichts Wesentliches zu tun gab. Auch zu Hause in Schlachtensee war es einsam und still, denn wegen der zunehmenden Bombengefahr hatte er seine Familie nach Bayern evakuiert. So saß er denn, wenn er nicht in Eiche war, in seinem Garten und las oder er trieb mit einem ihm bekannten Balten, Baron Kaulbars, russische Sprachstudien, oder ›Onkel Mau‹, der nach wie vor in der nunmehr unter SD-Ägide stehenden Abwehrabteilung III als unauffälliger Zivilangestellter arbeitete, kam herein und berichtete über die einzelnen Phasen, der Überführung des alten ›Landes‹ in das RSHA. Aber auch darüber hinaus führte er mit diesem Freund und Nachbarn stundenlange Gespräche über alle möglichen Dinge zwischen Himmel und Erde.«

Das Attentat auf Hitler

Am 14. Juli hat Hitler sein Hauptquartier wieder nach Rastenburg in Ostpreußen verlegt. Der 17. Juli, der Tag der gleichzeitigen Offensive der alliierten Streitkräfte an der Ost- und Westfront, bringt den Verschwörern einen neuen Schicksalsschlag: Der Wagen von Marschall Rommel wird durch Maschinengewehrfeuer alliierter Tiefflieger* beschossen und der General mit dem berühmten Namen, auf den die Widerständler rechneten – er hatte sich vor kurzem ihrer Sache angeschlossen – zog sich dabei einen dreifachen Schädelbruch zu. Am 18. Juli muß der Oberbürgermeister von Leipzig, Carl Friedrich Goerdeler fliehen, nachdem er von Arthur Nebe erfahren hat, daß ihm die Gestapo auf der Spur sei. Am 19. Juli wird Oberst Claus Graf Schenk von Stauffenberg für den nächsten Tag nach Rastenburg gerufen. Er versteckt in seiner Aktentasche eine Bombe englischer Fertigung mit geräuschlosem Zünder und fliegt am 20. Juli, kurz nach Tagesanbruch, mit seinem Adjutanten Oberleutnant Werner von Haeften, der eine zweite ebensolche Zeitbombe mit sich führt. Was geschah, ist bekannt: um 12 Uhr 42 kommt es zu einer Explosion; es gibt vier Tote und mehrere Verletzte. Hitler jedoch bleibt unversehrt.

Stauffenberg, davon überzeugt, daß Hitler getötet wurde, kehrt sofort mit seinem Flugzeug nach Berlin zurück, um den Staatsstreich durchzuführen.

* Man erzählte sich, daß der Wagen Rommels von einem deutschen Flugzeug beschossen worden sei! Dr. Kaltenhäusser, damals Oberst der Abwehr in der Normandie, der den Verletzten nach Paris bringen ließ, leitete die Nachforschungen, und seine Aussage ist eindeutig. Er hat mir gegenüber versichert: »Es war ein alliiertes Flugzeug, ein britisches glaube ich, das geschossen hat.«

Am späten Nachmittag sitzt Canaris mit Helmuth Maurer bei sich zu Hause, als das Telefon klingelt. Er hebt den Hörer ab und erkennt die Stimme Stauffenbergs: »Der Führer ist tot, eine Bombe hat seinem Leben ein Ende gemacht.« Die Reaktion von Canaris, der genau weiß, daß sein Telefon abgehört wird, ist bezeichnend und zeugt von einer bewundernswerten Kalblütigkeit:

»Tot? Um Gottes Willen, wer war es denn? Die Russen?«

Obwohl Stauffenberg sehr unvorsichtig ist, läßt er Canaris dennoch nicht erkennen, daß er der Urheber war.

Der Admiral geht wieder zu »Onkel Mau« zurück, berichtet ihm die Neuigkeit und sagt: »Auch wenn Hitler tot sein sollte, und ich habe keinen Grund, nach Stauffenbergs genauen Angaben daran zu zweifeln, so bedeutet das noch lange nicht, daß die SS und die Gestapo damit erledigt ist. Sind Himmler, Göring und Goebbels zusammen mit dem Führer in die Luft geflogen? Stauffenberg hat davon nichts erwähnt. Wer wird eigentlich die Säuberung der Prinz-Albrecht-Straße durchführen?«

»Onkel Mau« schüttelt den Kopf. Er hat recht, wenn er sagt, das Spiel sei noch nicht zu Ende. Dann fragt Canaris: »Soll ich nun nach Eiche oder in die Bendlerstraße fahren?« Das ist eine Frage, die keiner Antwort bedarf. Er weiß ganz genau, daß er in der Bendlerstraße nichts zu suchen hat. Er beschließt, bei sich zu Hause den Fortgang der Ereignisse abzuwarten.

Gegen 17 Uhr läutet das Telefon erneut.* Canaris erfährt, daß das Attentat mißglückt ist. Hitler lebt! Nun beschließt er, nach Potsdam-Eiche zu fahren, wo er gegen 18 Uhr eintrifft. Sein Adjudant ist eben dabei, ein Glückwunschtelegramm des Sonderstabes für den Wirtschaftskrieg an »unseren geliebten Führer« aufzusetzen. Canaris ekelt es an, aber was soll er anderes machen? Er weiß doch genau, daß jetzt die Gestapo losschlagen wird. Er fühlt, daß er sich in großer Gefahr befindet, und daß alle Vorsichtsmaßnahmen getroffen werden müssen, das Schlimmste zu verhindern. Alle, die ihm zwischen dem 20. und 23. Juli begegneten, sagten aus, daß er sich wieder in ausgezeichneter körperlicher und geistiger Verfassung befand. Es war die drohende Gefahr, die ihn aufputschte. Keine Müdigkeit, kein Pessimismus war ihm anzumerken. Er war für den Endkampf gewappnet.

* Der Name des Anrufers blieb unbekannt.

Am Sonntag, dem 23. Juli, ist Canaris in seinem Haus am Schlachtensee. Es ist herrliches Wetter. Das Mittagessen ist vorüber, »Onkel Mau« ist in sein nebenan gelegenes Haus gegangen, Canaris hält sich mit einem seiner Verwandten, Erwin Delbrück, und dem Baron Kaulbars im Garten auf und spielt mit seinen zwei Dackeln. Sein Koch und Diener, der Algerier Mohammed bringt kaltes Wasser mit Zitrone.

Plötzlich hält ein Mercedes vor seinem Haus. Zwei SS-Leute steigen aus: der Standartenführer Walter Schellenberg und der Hauptsturmführer Baron Voelkersam, ein Fliegeras, der auch unter Canaris gedient hatte. Der kleine Admiral ist nicht überrascht. Er fordert seine Besucher auf einzutreten, doch nur Schellenberg betritt den Salon, während Voelkersam diskret im Vorraum stehen bleibt. Mit ganz ruhiger Stimme sagt Canaris zu Schellenberg: »Ich habe mir gedacht, daß Sie kommen würden. Zuerst sagen Sie mir, ob man irgendein Schriftstück von diesem Idioten Oberst Hansen gefunden hat, der alles zu Papier bringt?«

Schellenberg antwortet: »Jawohl, als er verhaftet wurde, entdeckte die Gestapo ein Notizbuch, in dem sich unter anderem eine Liste all der Personen befand, die nach dem gelungenen Staatsstreich hingerichtet werden sollten. Aber nichts über Sie, Herr Admiral, auch nichts über irgendeine Beteiligung Ihrerseits am Komplott gegen den Führer.«

»Diese Dummköpfe vom Generalstab, die können anscheinend nicht leben, ohne zu kritzeln!« brummt Canaris.

Schellenberg erklärt die Situation und welchen Auftrag er habe: »Ich muß Ihre Verhaftung auf Befehl von Dr. Kaltenbrunner vornehmen. Er ist mir vom Gestapochef, dem SS-Gruppenführer Müller, übermittelt worden. Ich muß Sie nach Fürstenberg in Mecklenburg begleiten und darf mit Ihnen nicht nach Berlin zurückkehren, bevor nicht alles aufgeklärt ist.«

Der Admiral fragt sich, welches Spiel Schellenberg nun wirklich treibt. Warum sagt er, daß der Befehl von Kaltenbrunner kommt, warum spricht er nicht von Himmler?

»Es ist schade«, erwidert er Schellenberg, »aber wir werden darüber hinwegkommen... Sie müssen mir aufrichtig versprechen, mir innerhalb der nächsten drei Tage Gelegenheit zu einer Unterredung mit Himmler zu verschaffen. Die anderen – Kaltenbrunner und Müller – sind nichts anderes als üble Schlächter, erpicht auf meinen Kopf.«

Canaris hat ins Schwarze getroffen! Schellenberg sieht sich in seiner Meinung bestätigt, daß der ehemalige Chef der Abwehr furchteinflößende Waffen gegen Himmler hat und daß er sie zu seiner Verteidigung anwenden wird. Diesem bevorstehenden Duell Canaris-Himmler ist er nicht gewachsen und verspricht deswegen sofort, ihm ein Zusammentreffen zu verschaffen. Mit amtlicher Miene fügt er hinzu: »Wenn Herr Admiral anderweitige Verfügungen treffen wollen..., ich werde in diesem Raum eine Stunde lang warten und während dieser Stunde können Sie tun, was immer Sie wollen. In meinem Rapport werde ich sagen, daß Sie in Ihr Schlafzimmer gingen, um sich umzuziehen...«

Der Admiral unterbricht ihn. Er hat verstanden, was Schellenberg damit meinte und antwortete ihm:

»Nein, Schellenberg, Flucht kommt für mich nicht in Frage, ich werde mich auch nicht selbst umbringen. Ich bin meiner Sache sicher und vertraue auf das mir von Ihnen gegebene Versprechen.«

Nachdem Canaris sich gewaschen, rasiert und umgezogen hat, nimmt er einen kleinen Koffer, legt sich einen Umhang um und folgt den beiden. Während der Autofahrt ist Canaris einsilbig und in Gedanken vertieft. In Fürstenberg empfängt Brigadeführer Trümmler seinen neuen Gefangenen, die Grenzen der strengsten militärischen Höflichkeit wahrend, und zeigt ihm das Offizierskasino, wo er mit Schellenberg zu Abend essen kann. Ungefähr zwanzig Generale und Stabsoffiziere, die alle aufgrund des Komplotts gegen Hitler unter Arrest stehen, beenden gerade ihre Mahlzeit. Nach zahlreichen Begrüßungen setzen sich Canaris und Schellenberg an einen kleinen Tisch zum Essen nieder. Nach dem Essen versucht Schellenberg Himmler telefonisch zu erreichen, was ihm jedoch nicht gelingt. Er verläßt Canaris gegen 23 Uhr. Dieser reicht ihm die Hand und sagt:

»Sie sind meine ganze Hoffnung. Adieu, mein junger Freund! Vergessen Sie nicht Ihr Versprechen, mir eine Unterhaltung mit Himmler zu verschaffen.«

Man weiß nicht, ob es zu einem Gespräch mit Himmler gekommen ist. In seinen Memoiren schrieb Schellenberg: »Am Tag darauf führte ich ein langes telefonisches Gespräch mit Himmler. Wie er versicherte... würde er Canaris eine Unterredung gewähren. (Himmler hat in der Folgezeit zwar mir gegenüber nie etwas über eine solche Unterredung mit Canaris erwähnt, sie muß aber stattgefunden haben, denn nur so vermag ich mir zu erklären, daß eine Aburteilung des Admirals bis wenige Wochen vor dem Zusammenbruch unterblieb. Für den Volksgerichtshof unter Freisler — hätte das Ermittlungsmaterial ohne Zweifel zu einer Schuldfeststellung ausgereicht.)«

Der Zossener Aktenfund

Am 22. September findet der Kriminalkommissar Franz Sonderegger, der in Zossen eine Untersuchung durchführt, den Panzerschrank mit dem Geheimmaterial der Abwehr. Sonderegger ist mehr als erstaunt. Er braucht nur einen Blick auf diese Papiere zu werfen, um sich über ihre Wichtigkeit klarzuwerden. Er beschlagnahmt die Dokumente und kehrt sofort nach Berlin zurück, wo er sie dem Abteilungsleiter der Gestapo, Walther Huppenkothen, übergibt, der mit der Leitung der Untersuchungen beauftragt ist. Huppenkothen untersucht sie aufs genaueste und verfaßt danach einen Bericht von ungefähr hundertsechzig Schreibmaschinenseiten über den »Zossener Aktenfund«.

Nach den Aussagen Huppenkothens* enthielten diese Akten unter anderem folgendes Material: Aufzeichnungen aus dem Jahre 1938, teilweise von Oster selbst geschrieben, über die Vorbereitungen eines Staatsstreichs. Niederschriften über die Ergebnisse der im Vatikan von Dr. Müller mit der britischen Regierung geführten Unterredungen, über die Gespräche Bonhoeffers in der Schweiz und in Schweden, über die Gespräche von Hassells in Arosa, einen Brief, der General Halder in die Verschwörung verwickelt, ein vollständiges Exposé von General Beck über die Lage nach dem Polenfeldzug, eine von Oster selbst mit Bleistift geschriebene Studie über einen genauen Attentatsplan gegen Hitler, und Vorschläge über eine zukünftige Ämterbesetzung für die verschiedenen Mitglieder der Widerstandsbewegung. In dieser Studie wurden die Namen mit

* Nach dem Kriege hatte Huppenkothen in drei Prozessen des Militärtribunals in Nürnberg im Zeugenverhör auszusagen: im Februar 1951, im Oktober 1952 und im Oktober 1953.

Initialen aufgeführt. Auch Memoranden von Beck und Goerdeler über die militärische Lage waren dabei. In den meisten Fällen waren sie von Oster und Dohnanyi gegengezeichnet. Weiterhin der berühmte »X-Bericht« von Dohnanyi, Auszüge aus dem Tagebuch von Admiral Canaris mit Aufzeichnungen in Sachen Widerstandsbewegung und über verschiedene Reisen an die Front, um die Befehlshaber für die Idee des Aufstands gegen Hitler zu gewinnen, der ganze Briefwechsel über die bereits erwähnten Aktivitäten von Bonhoeffer und anderes.

In einer seiner Aussagen erklärte Huppenkothen, er habe drei Wochen zur Ausarbeitung seines Berichts gebraucht.* Eine Kopie erhielt Hitler, eine andere ging über Bormann an Himmler, eine dritte an Kaltenbrunner, der sie Heinrich Müller, dem Gestapoleiter, zu lesen gab, und die vierte sei in seinem Büro geblieben. Auf Grund der Anweisungen des Führers, Himmlers und des Gestapochefs habe die Entdeckung des Zosseners Aktenfundes die höchste Geheimhaltungsstufe erhalten. Alle seien zu äußerster Geheimhaltung verpflichtet gewesen. Keiner der Beamten des Volksgerichtshofs durfte etwas darüber erfahren. Hitler habe sich die Entscheidung vorbehalten, wie die Affäre weiter zu behandeln sei. Nun aber ändert er seine bislang erteilten Befehle über die »Liquidierung« der Verschwörer und befiehlt eine gründliche Ermittlung über »den ganzen Kreis der Verschwörer, die mehr oder weniger mit der Abwehr zusammengearbeitet haben«. Die Hinrichtung von vielen, denen das Todesurteil vom Volksgerichtshof bereits gesprochen war, wird Wochen oder sogar Monate hinausgeschoben, entgegen den sonst geübten Praktiken, die bereits eine beträchtliche Anzahl von Opfern gekostet hat.

In den Gefängnissen der Gestapo

Die Berliner Gefängnisse sind mit Tausenden von Verdächtigen, die auf ihr Gerichtsverfahren warten, überfüllt. Die wichtigsten Gefangenen sind in den Kellern der Gestapozentrale in der Prinz-Albrecht-Straße oder auch im Gefängnis an der Lehrter Straße eingesperrt.

* Diese vier Kopien sind niemals aufgefunden worden. Laut Huppenkothen wurden diese Exemplare vor Kriegsende vernichtet. Zahlreiche deutsche Archive sind davon überzeugt, daß eines der Exemplare oder ein Mikrofilm davon 1945 in die Hände der Briten gefallen ist. Bis heute fand diese Hypothese noch keine Bestätigung.

Die Zellen in der Prinz-Albrecht-Straße sind nicht größer als 1,50 m mal 2,50 m, mit einer tagsüber zurückgeklappten Liege, einem Tisch und einem Hocker. In diesem Gefängnis befinden sich unter anderen Admiral Canaris, die Generale Halder, Thomas und Oster, Pastor Bonhoeffer, die ehemaligen Minister Popitz, Schacht, Planck, der ehemalige Oberbürgermeister Goedeler, der Heeresrichter Dr. Sack, Dr. Joseph Müller, Liedig, Strünck, Gehre, Herbert Göring (ein Vetter des Marschalls), Pastor Hans Böhm, Fabian von Schlabrendorff, ein Sohn von General Lindemann, um nur die wichtigsten zu nennen. Morgens und abends erhalten die Häftlinge eine Tasse Kaffee-Ersatz, zwei Scheiben Kleiebrot, etwas Marmeladeersatz (aus Altpapierbrei), und mittags eine Wassersuppe. Lebensmittelpakete werden manchmal zugelassen, je nach Laune der Wächter, deren Verhalten vom Sadismus bis zur äußersten Korrektheit reicht. Im Waschraum, am Ende der Zellenflucht, der mit kalten Duschen ausgestattet ist, die trotz des Winters willkommen sind, besteht die Möglichkeit zur Weitergabe von geheimen Informationen unter den Häftlingen. Einen »Spaziergang« im Hof gibt es nicht. Während der zahlreichen Bombenalarme bei Tag und Nacht, werden die Häftlinge in einen Bunker im Hof geführt, der »Himmlerbunker« getauft wurde. Mit der geforderten Disziplin nimmt man es nicht immer sehr genau, so daß auch dort die Möglichkeit zur Kontaktaufnahme gelegentlich gegeben ist.

Canaris sowie Oster und Dr. Müller gehören zu den Häftlingen, die einer bedeutend strengeren Sonderbehandlung unterworfen sind: sie tragen eine besondere Art von Handschellen, die Schmerzen bereiten, es steht ihnen nur ein Drittel der normalen Verpflegungsration zu, gelegentlich zwingt man sie zu niedrigen Arbeiten, wie Korridorfegen und Schrubben. Als Canaris eines Tages diesen Strafdienst ausführen mußte, ruft ihm ein SS-Wächter zu: »Kleiner Matrose, das hättest du wohl nicht gedacht, daß du einmal den Gang schrubben würdest?«

Canaris bewahrt jedoch eine eiserne Haltung. Seitdem er in Haft ist, hat er sich verändert: er ist fest entschlossen, seine geistige und körperliche Spannkraft zu bewahren für den Kampf gegen die Gestapo. Er wurde von den Vernehmungsbeamten nie gefoltert, er lieferte ihnen einen gnadenlosen geistigen Kampf und zeigte sich darin seinen Gegnern hoch überlegen. Um von seinen Wächtern die letzten Neuigkeiten zu erfahren, entwickelte er eine eigene Technik:

er stellt die scheinbar dümmsten Fragen und entlockte ihnen damit entsprechende Auskünfte. So hört ihn Schlabrendorff zum Beispiel eines Tages fragen: »Ich nehme an, daß wir jetzt dabei sind, die Russen über die Weichsel zurückzudrängen?« Der Wärter schaut ihn groß an und sagt: »Unsinn! Die Russen nähern sich bereits der Oder.«

Seit dem Zossener Aktenfund versucht Canaris, ebenso wie Goerdeler, die Vernehmungsbeamten mit einer Fülle von sich widersprechenden Beweisen zu verwirren. Monatelang hat Canaris sie irregeführt, indem er Tag für Tag immer neue Tricks erfand, berichtete Schlabrendorff. Die SD-Agenten, die ihn verhörten, wurden durch sein schauspielerisches Talent, seine Schlauheit, seine Phantasie, durch seine Gerissenheit, mit der er sich dumm stellte und dann plötzlich ins Gegenteil umschlug und die subtilsten Gedankengänge entwickelte, oft irregeführt. Offensichtlich gelang Canaris durch diese »artistische Wahrheitsveränderung«, wie es einer seiner Freunde nannte, das Kunststück, nichts zuzugeben. Die aufgefundenen Zeichnungen der Gestapo über die Vernehmungen, in die ich Einsicht nehmen konnte, ermöglichten es mir, sich ein Bild über die unwahrscheinliche Erfindungsgabe und blühende Phantasie von Canaris zu machen. Durch Teilgeständnisse, eine gekonnte Dosierung von Wahrheit und Lüge, leitet er das Verhör, führt gewissenhaft schon längst bekannte oder nicht mehr abzuleugnende Tatsachen auf, irrt sich absichtlich und verbessert sich dann immer wieder. Er bauscht auch nebensächliche Episoden auf, um die Aufmerksamkeit der Ermittlungsbeamten abzulenken. Er tut das so lange, bis sie, des Hin- und Herredens müde, ihre Geduld verlieren und sich anmerken lassen, was sie noch interessiert oder was sie nicht mehr interessiert. Darin zeigt sich sein großes Geschick. Psychologisch betrachtet, wird Canaris auf eine harte Probe gestellt, dennoch steht er es durch, er, der von so vielen Geheimnissen Kenntnis hat. Er läßt sich nicht die geheimsten Dinge entlocken, denn er kennt die Methode, der Verstellung und der Verschleierung zu gut und kann damit seine Feinde auf die falsche Spur führen. Durch diese seine Handlungsweise hat er einer großen Zahl von Menschen das Leben gerettet. Dies ist unbestreitbar.

Nicht alle Häftlinge hatten diese geistige und körperliche Widerstandskraft. Viele verraten sich selbst, andere verlieren leicht die Fassung, wieder andere werden durch unwiderlegbare Beweise überführt, wie zum Beispiel General Oster. Der Rest wird seelischen und körperlichen Foltern unterworfen, so daß es der Gestapo nicht schwerfällt, diesen Unglücklichen die letzten Geheimnisse zu entlokken. Nebenbei bemerkt, sind es hauptsächlich die Untergebenen der eingesperrten Hauptangeklagten, die unter den körperlichen Foltern der Schergen Kaltenbrunners und Gestapo-Müllers zu leiden haben.

Neue Hinrichtungen

Am 2. Februar 1945 hört Dr. Josef Müller die ihm recht vertraute Stimme des Henkers, der Goerdeler anbrüllt: »Auf, auf! Beeilen Sie sich!« Der ehemalige Oberbürgermeister von Leipzig wird am gleichen Tag gehenkt wie der ehemalige Finanzminister Johannes Popitz. Einige Stunden später spricht Freisler im Volksgerichtshof unweit vom Potsdamer Platz das Todesurteil über Claus Bonhoeffer, den Bruder des Pastors, Rüdiger Schleicher, Friedrich Justus Perels und Hans John, den Bruder von Otto John, der nach Spanien geflohen war.

Am späten Nachmittag des nächsten Tages beginnt einer der schwersten alliierten Tagesangriffe, der bisher auf das Stadtzentrum von Berlin geflogen wurde. Mehr als zwei Stunden lang folgt eine Bomberwelle der anderen. Das Herz der Stadt verwandelt sich an diesem bitterkalten Wintertag (minus 24 Grad C.) in ein riesiges Flammenmeer. Wohnhäuser stürzen durch Volltreffer, Zeitbomben und Brände zusammen, während der brennende Phosphor den Rinnstein entlang läuft und in die Keller eindringt, in denen Tausende von Berlinern, Männer, Frauen und Kinder Schutz suchen und nun bei lebendigem Leibe verbrannten. Es ist wie der Weltuntergang. Für einen Mann bedeutet es die Strafe Gottes: Roland Freisler, den blutdürstigen Präsidenten des Volksgerichtshofes, einen übertrieben fanatischen Nazi, der die Leute des Widerstandes an den Galgen brachte. Er wird von einem Bombensplitter getroffen, während er, über einen Hof laufend, in einem Bunker Schutz suchen wollte. Der Arzt, Dr. Rudolf Schleicher, Bruder des am Vorabend von Freisler zum Tode verurteilten Rüdiger Schleicher, wird herbeigerufen, um den Tod Freislers zu bescheinigen. Er murmelt mit zusammengebissenen Zähnen: »Diese Kröte ist krepiert!«

Das furchtbare Bombardement vom 3. Februar hat tiefgreifende

Folgen. Mehrere Dienststellen des Reichssicherheitshauptamtes sind zerstört, so daß diese in bislang noch nicht besetzte Teile Deutschlands verlagert werden müssen. Und das bei einem stark zerstörten Eisenbahn-, Straßen- und Nachrichtennetz! Das Konzentrationslager Sachsenhausen bei Oranienburg wird wegen der Frontnähe aufgelöst, das Gefängnis in der Prinz-Albrecht-Straße ist nur noch teilweise benutzbar und wird aus diesem Grund bald evakuiert.

Am 7. Februar werden zwanzig Häftlinge aufgerufen und davon zwölf in einen geschlossenen Achtsitzer-Lkw mitsamt ihrem Gepäck hineingepfercht. Es befinden sich darunter: General von Falkenhausen, Gottfried von Bismarck, Werner von Alvensleben, Dr. Josef Müller, Franz Liedig, Ludwig Gehre und Dietrich Bonhoeffer. Als der letztere dieses rollende Gefängnis besteigt, bemerkt er zu Dr. Josef Müller: »Laßt uns mit Mut wie Christen zum Galgen gehen!«

Dieses Fahrzeug nimmt Richtung auf das Konzentrationslager Buchenwald bei Weimar in Thüringen. In einen anderen Lastwagen werden Admiral Canaris, General Oster, Chefrichter Dr. Sack, General Thomas, General Halder, Dr. Hjalmar Schacht, Theodor Strünck und der ehemalige österreichische Bundeskanzler Schuschnigg verfrachtet und in das Konzentrationslager Flossenbürg in der Oberpfalz gebracht.

Weshalb diese Aufteilung in zwei Gruppen geschah, fragte sich auch Eberhard Bethge, dessen Buch ich diese Einzelheiten entnahm. Er meint:

»Das Prinzip der Auswahl dieser zwei Gruppen ist schwer zu durchschauen. Geschah sie nach der Prominenz oder spielte ein eventueller Austauschwert einzelner bei den Alliierten schon eine Rolle? Entschied die Bedeutsamkeit noch nicht ganz ausgeschöpften Informationen bei den Häftlingen? Kein solcher Maßstab trifft jedenfalls auf alle Glieder dieser zwei Gruppen zu.«

In Flossenbürg

Die Fahrt von Berlin nach Flossenbürg dauert fünfzehn Stunden. Nach der Ankunft werden die Gefangenen in einen massiven Zellenbau gebracht, der im Gegensatz zu den anderen Holzbaracken aus Ziegelsteinen erbaut war. Canaris wird die Zelle 22 zugewiesen. In der Nachbarzelle sitzt, wie Canaris wenig später erfährt, Oberstleutnant H. M. Lunding vom Königlich Dänischen Generalstab, der ehemalige Chef des dänischen militärischen Geheimdienstes, der seit acht Monaten in Flossenbürg eingesperrt ist. Dieser erkennt den Neuankömmling sofort und stellt fest, daß der Chef der Abwehr, wenn er auch etwas Blässe im Gesicht zeigt, noch einen elastischen Gang und lebhafte, sichere Bewegungen hat. Der kleine Admiral trägt weder Häftlingskleidung noch Marineuniform, sondern seine eigene Kleidung, einen grauen Zivilanzug. Sobald er seine Zelle verläßt und zum Verhör muß, zieht er einen gleichfalls grauen Mantel über. Lunding bemerkt, daß Canaris in seiner Kleidung immer gepflegt aussieht. Er trägt ein weißes Hemd mit Krawatte.

In seinen wertvollen Aufzeichnungen über die letzten Tage von Canaris schreibt Lunding, daß dieser in seiner Zelle Tag und Nacht an Händen und Füßen angekettet war. Lunding hört die Ketten auf dem Boden schleifen, wenn der Admiral in seiner Zelle auf und ab geht. Die SS-Leute nehmen sie ihm nur zum Spaziergang im engen Hof des »Bunkers« und zu den Verhören ab.

Lunding und Canaris verständigen sich sehr bald miteinander durch Klopfzeichen gegen die Wand. Sie benutzen nicht das Morsealphabet, sie wenden ein einfacheres System an, indem sie das Alphabet in fünf Gruppen zu je fünf Buchstaben (unter Auslassung des »j«) aufteilen:

Sie geben zuerst die Gruppe und anschließend die Zahl des Buchstabens innerhalb dieser Gruppe an.

Aus diesen »Unterhaltungen« gewinn Lunding den Eindruck, daß sein Nachbar die Hoffnung nicht aufgegeben hat, sich der Schlinge, in der die Gestapo ihn gefangen hat, doch noch entziehen zu können. Er wiederholt mehrere Male, daß diese keinerlei handfeste Beweise gegen ihn habe, und er weiß außerdem ganz genau, daß das Ende der nationalsozialistischen Herrschaft kurz vor der Tür steht.

Die Verhöre werden weitergeführt und die Ermittlungsbeamten reden immer weiter auf Canaris ein, in der Hoffnung, daß er seine Teilnahme am Komplott gestehen werde. Lunding bemerkt, daß Canaris nicht immer wie ein Verurteilter behandelt wird.

In der zweiten Märzhälfte kommt Ernst Kaltenbrunner nach Flossenbürg, um seinen alten Gegner selbst zu verhören. Lunding sieht die beiden Männer im Hof des Bunkers: der große, schwerfällige und vierschrötig aussehende Kaltenbrunner spricht sehr laut auf ihn ein und hebt ab und zu seine »Mörderpranke«, während der kleine, schlanke, elegante Canaris seine Worte durch lebhafte, ausdrucksvolle Gesten hervorhebt. Nein, der ist noch lange nicht am Ende! denkt sich Lunding, während er den kleinen Admiral beobachtet.

Das Ende ist jedoch ganz nahe.

Nach Kaltenbrunners Abfahrt gehen die Ermittlungsbeamten von der seelischen Folter zu körperlichen Quälerei über. Darüber berichtet der Admiral seinem dänischen Mitgefangenen – etwa um den 1. oder 2. April herum – ohne sich jedoch zu beklagen.

»Auf Befehl des Führers«

Am 5. April – Berlin ist von den Truppen Stalins eingekreist und der Feuerhagel prasselt auf das Zentrum des deutschen Widerstandes – fällt der Führer in den Abgründen seines Bunkers in der zerstörten Reichskanzlei die Entscheidung, daß Canaris, Oster, Dohnanyi, Bonhoeffer, Gehre, Strünck und Dr. Sack zu erhängen sind.

Aus welchen Motiven erfolgte dieses Todesurteil?

Zutreffend schreibt der deutsche Historiker Gert Buchheit:

»Erst Anfang April 1945 hatte er zufällig in Zossen einquartierte General Buhle die Tagebücher I - V und sechs Hefte ›Reiseberichte‹ in einem Panzerschrank gefunden und sie dem Chef des Führerschutzkommandos SS-Standartenführer Rattenhuber übergeben. Dieser händigte sie am 6. April Kaltenbrunner aus. Nachdem Rattenhuber aus russischer Kriegsgefangenschaft nach München zurückgekehrt war, suchte er den ihm von früher her bekannten Dr. Josef Müller auf und berichtete ihm, daß Kaltenbrunner damals auf Anordnung Hitlers die sofortige ›Vernichtung der Verschwörer‹ angeordnet habe.«

Meinen eigenen Nachforschungen nach war es nicht am 6. April, sondern am Nachmittag des 5. April, daß Hitler, nachdem er das Tagebuch und die Hefte gelesen hatte, in einem Wutanfall entschied, alle diese »Verschwörer« aufhängen zu lassen. Es muß bemerkt werden, daß Himmler und Schellenberg zu diesem Zeitpunkt nicht mehr in Berlin waren, und daß allein Kaltenbrunner und Müller diesen »Führerbefehl« an Huppenkothen weitergegeben haben.

Am Morgen des 6. April fährt Huppenkothen in das Konzentartionslager Oranienburg-Sachsenhausen und stellt mit dem Lagerkommandanten ein Standgericht zusammen, das Dohnanyi, der halb bewußtlos auf einer Bahre liegt, zum Tode verurteilt. Das Urteil wird im Morgengrauen des 9. April vollstreckt.

Pastor Bonhoeffer wird von Buchenwald nach Flossenbürg gebracht, wo Huppenkothen in Begleitung des Gestapokommissars Stawitzki am Abend des 7. April eintrifft. Ein Standgericht wird sofort zusammengestellt. Es besteht aus SS-Richter Otto Thorbeck aus Nürnberg als Vorsitzender, Huppenkothen übernimmt die Rolle des Staatsanwalts, der Lagerkommandant fungiert als Verteidiger.

Die erste Verhandlung findet am Sonntag dem 8. April, statt. Oster wird als erster vorgeführt. Er gibt zu, an der Verschwörung teilgenommen zu haben, bestreitet jedoch seine Beteiligung an dem Mordanschlag auf Hitler. Anschließend sind Canaris, Bonhoeffer, Dr. Sack, Gehre und Strünck an der Reihe. Obwohl Huppenkothen die Mordbefehle gegen die sechs Angeklagten bereits in der Tasche hat, will er anscheinend noch einen letzten Versuch unternehmen, die Angeklagten zu Geständnissen zu bewegen. Er befiehlt neue »verschärfte« Verhöre, bevor sie im Morgengrauen gehängt werden. In der Nacht vom 8./9. April, gegen Mitternacht, als Canaris von dem »verschärften Verhör« zurückkommt, signalisiert er seinem Nachbarn Lunding: »Ich glaube, daß dies das Ende ist!« Außerdem gibt er an, daß er erneut schwer mißhandelt wurde und daß er glaubt, man habe ihm das Nasenbein gebrochen. Er nimmt an, daß sein Schicksal jetzt besiegelt sei und er mit seinen fünf Kameraden sterben müsse. Mit weiteren Klopfzeichen gegen die Wand fügt der Admiral hinzu:

»Ich sterbe für mein Vaterland, ich habe ein reines Gewissen. Sie als Offizier werden verstehen, daß ich nur meine vaterländische Pflicht erfüllt habe, wenn ich versuchte, mich der verbrecherischen Sinnlosigkeit, mit der Hitler Deutschland ins Verderben führte, entgegenzustellen. Es war alles umsonst, denn ich weiß jetzt, daß mein Land untergehen wird, wie ich es seit 1942 voraussah.«

Die »Unterhaltung« geht weiter, und Canaris bittet Lunding, seiner Frau Erika eine letzte Botschaft zu überbringen. Lange nach 2 Uhr morgens hören die Klopfzeichen auf.

Es ist nicht bekannt, wie der Mann, den man auch in alliierten Kreisen den »Admiral aus dem Schatten« nannte, die letzten vier Stunden seines Lebens verbracht hat. Auch nicht seine letzten Gedanken, ehe er seinen letzten Gang zur Hinrichtung antrat.

Kurz nach 5 Uhr 30 am Morgen, dem 9. April 1945, unter dem grellen auf die Hinrichtungsmauer gerichteten Licht der Scheinwerfer, legen die SS-Leute dem Admiral eine Klaviersaite um den Hals, die ihn langsam erwürgt. Weil dieser Zeuge zuviel wußte und ein wahres Bild der Hitlerherrschaft und ihrer Verbrechen der Weltöffentlichkeit hätte geben können, stürzen sie ihn in die unergründliche Finsternis des Todes, dessen grauenvolle Knechte sie sind.

Cabo Salou, Juli/August 1967
Trouville-Porto-Venere-Paris, 1969 – 1970.

ENDE

Anhang

ANMERKUNGEN

Vorbemerkung:
In dem Bestreben, die dem französischen Leser nicht stets begreifliche Konfliktsituation zahlreicher Personen aus Abwehr und Widerstand mit einfachen Mitteln zu erhellen, hat der Verfasser eine Reihe von fiktiven Dialogen eingeflochten. Sie beruhen zum Teil auf publizierten Quellen, zum anderen Teil auf mündlichen Informationen aus dem Kreis enger Mitarbeiter des Admirals Canaris oder anderer beteiligter Personen.

Abkürzungen

AbsC = *Karl H. Abshagen, Canaris*

AzdtAPol = *Akten zur deutschen auswärtigen Politik,* Serie D: 1937 - 1945, Baden-Baden 1950 ff.

BdA = Bundesarchiv.

BdA / MilA =Bundesarchiv, Militärarchiv, Freiburg /Br.

IMT = *Der Prozeß gegen die Hauptkriegsverbrecher vor dem Internationalen Militärgerichtshof in Nürnberg,* Bd. 1 - 42, Nürnberg 1947 - 1949.

Instf. Zt. = *Institut f. Zeitgeschichte,* München.

HitW = *Hitlers Weisungen für die Kriegsführung,* herausgegeben von Walter Hubatsch, Frankfurt / M. 1962.

Nbg.Dok. = Dokument zum Nürnberger Prozeß gegen die Hauptkriegsverbrecher.

ScheM = *Werner Schellenberg, Memoiren,* Köln 1956.

UuF = *Ursachen und Folgen* – Vom deutschen Zusammenbruch 1918 und 1945 bis zur staatlichen Neuordnung Deutschlands i. d. Gegenwart. Hsg. von Prof. Dr. H. Michaelis, Prof. Dr. E. Schraepler unter Mitwirkung v. Archivoberrat Dr. Günter Scheel, Berlin 1948.

Die weiter erwähnten Quellenwerke werden fortlaufend genannt. Umfassende Quellenhinweise bieten u. a. *Peter Hoffmann, Widerstand, Staatsstreich, Attentat,* München 1970, sowie *Joachim C. Fest, Hitler,* Berlin 1974.

9 Die Ermordung von Bonhoeffer, Canaris, Gehre, Sack und Strünck: vgl. u. a. *Eberhard Bethge, Dietrich Bonhoeffer,* München 1967; *Josef Müller, Bis zur letzten Konsequenz,* München 1975; *Gert Buchheit, Der deutsche Geheimdienst,* München 1966.

14 Konstantin Kanaris (1790 - 1877) sprengte 1822 vor Chios das türkische Admiralsschiff.

19 Reed Rosas: vgl. *Karl H. Abshagen, Canaris, [AbsC]*

21 *Madrid 1916: vgl. Anhang Dokument 2.*

26 Karl Liebknecht (1871 - 1919), Gründer der Kommun. Partei in Deutschland (1918). Von Beruf Rechtsanwalt, schrieb er 1906 seine Schrift *Militarismus und Antimilita-*

rismus und wurde für die Veröffentl. mit anderthalb Jahren Festungshaft verurteilt. Seit 1908 soz.demokr. Reichstagsabgeordneter, lehnte 1914 die Kriegskredite ab und wurde Januar 1915 aus der Fraktion seiner Partei ausgeschlossen. Verf. gemeinsam mit Rosa Luxemburg die *Spartakusbriefe;* wegen einer Kundgebung am 1. Mai 1916 in Berlin erneut verhaftet und verurteilt, Ende Oktober 1918 aus d. Zuchthaus entlassen. Er wandelte 1918 den Spartakusbund in die KPD um.

Rosa Luxemburg, Mitgründerin der Kommun. Partei in Deutschland (1918). Aus einer wohlhabenden jüd. Kaufmannsfamilie in Polen stammend, wurde sie wegen revolut. Betätigung ausgewiesen und studierte in Zürich Ökonomie, promovierte 1897. Sie war seit 1897 in Deutschland, nahm aber 1905 an der russ. Revolution teil. Seit 1907 Dozentin f. Volkswirtschaft an der soz.demokr. Parteischule in Berlin, schrieb sie dort ihr Werk *Die Akkumulation des Kapitals.* Als Mitglied der soz. demokr. Reichstagsfraktion stand sie mit Karl Liebknecht auf dem äußersten linken Flügel. Während des Ersten Weltkrieges meist in Haft und durch die November-Revolution freigesetzt, gab sie in Berlin s. 1918 die Zeitung *Die Rote Fahne* heraus. Ihre Ermordung und die Karl Liebknechts sind trotz neuerer Versuche nach Ende des Zweiten Weltkrieges noch immer nicht restlos aufgeklärt. Die Widerlegung der gegen Canaris in diesem Zusammenhang erhobenen Anschuldigungen findet sich in der Personalakte Canaris. BdA.-Mil.-A., Freiburg / Br.

29 Heydrich: vgl. *Charles Wighton, Heydrich – Hitlers Most Evil Henchman,* Odhams Press, London 1962.

33 Best: Aussage im Nürnberger Prozeß gegen die Hauptkriegsverbrecher. Nbg. Dok. PS-1852.

33 vgl. Gert Buchheit in: *Soldatentum und Rebellion.*

38 Vgl. *Heinz Höhne, Der Orden unter dem Totenkopf,* Gütersloh 1967.

40 Vgl. *Walter Schellenberg, Memoiren. [ScheM]* Die historische Zuverlässigkeit dieser aus dem Nachlaß publizierten Aufzeichnungen gilt als umstritten.

50 Dialog: nach *Hans Bernd Gisevius, Bis zum bitteren Ende,* Zürich 1946.

60 Oster: Gert Buchheit (s. o.) schreibt: »Daß er diese Rolle hatte übernehmen können, war das Verdienst seines Vorgesetzten, des Admirals Canaris. Canaris haßte Hitler und den Nationalsozialismus, aber er fühlte sich zu alt, um selbst noch zu handeln. Dafür hielt er den Schutzschild über Oster und gestattete, daß der Apparat des militärischen Nachrichtendienstes, soweit er Oster unterstand, benutzt wurde, um die Organisation der deutschen Opposition gegen Hitler aufrechtzuerhalten, zu stärken und ihr neue Kräfte zuzuführen.«

62 »Treuer Seemann...«: Zitiert nach AbsC.

64 Paul Leverkuehn: Rechtsanwalt in Hamburg, war Mitglied der Abwehr. Im Kriege für den Vorderen Orient eingesetzt, Konsul in Täbris (Iran), später Leit. d. Abwehrstelle Istanbul. Nach dem Zweiten Weltkrieg Mitglied des Deutschen Bundestages. Verf. *Der geheime Nachrichtendienst der Wehrmacht im Kriege.*

66 Sosnowski: vgl. *Oskar Reile, Geheime Ostfront.*

78 Aufzeichnung Dieckhoff: zitiert mit Genehmigung des Politischen Archivs des Auswärtigen Amtes. Vgl. AzdtAPol. Serie D, Bd. III Nr. 10 [Anhang Dok. 3.]

84 Das Gespräch Franco / Canaris ist fiktiv.

88 Görings Bedingungen: zitiert nach AdtAPol., Serie D Bd. III.

90 Faupel-Bericht: zitiert nach AzdtAPol. Serie D Bd. III.

92 Gespräch mit Piekenbrock: nach mündlicher Wiedergabe aus der Erinnerung an den Verfasser.

96 Gespräch mit Reile: nach mündlicher Wiedergabe aus der Erinnerung an den Verfasser.

97 Ranken: Mündliche Darstellungen von Oskar Piekenbrock und Otto Reile.

98 Bombenzielgerät »Norden«: entwickelt von Carl T. Norden, Theodore H. Barth und Elmer Sperry, 1931 geheim patentiert.

102 Unterberg: Mündliche Darstellung von Fregattenkapitän Fritz Unterberg-Gibhardt an den Verfasser.

107 Das Zweite Bureau (Deuxième Bureau): Bezeichnung des Geheimdienstes der französischen Armee.

108 Tuchatschewskij: Michail Nikolajewitsch T. (1893 - 1937), Marschall der Sowjetunion, schlug 1920 den weißrussischen General Denikin, im russisch-polnischen Krieg blieb ihm der Erfolg jedoch versagt. Seit 1925 Chef des sowjetischen Generalstabs, seit 1931 stellvertretender Kriegsminister. Mehrfache Deutschlandbesuche. 1937 hingerichtet, später rehabilitiert.

111 Gespräch Canaris / Heydrich: als Fiktion wiedergegeben.

126 Gespräch Canaris / Beck: Als Fiktion wiedergegeben.

127 Hoßbach-Niederschrift: Vgl. AdtAPol., Serie D Bd. I /19 –IMT XXV, Dok. 386; Vgl. *Friedrich Hoßbach, Zwischen Wehrmacht und Hitler.* Der damalige Heeresadjutant bei Hitler, äußert sich zur Entstehung dieser Niederschrift: »Hitler meldete ich das Vorhandensein der Niederschrift und habe ihn angesichts ihrer Bedeutung zweimal in einem Abstand von mehreren Tagen gebeten, sie durchzulesen, was er zu meiner Überraschung jedoch mit der Begründung ablehnte, er habe vorderhand keine Zeit. Mit seinem Einverständnis blieb die Niederschrift nunmehr endgültig im Besitz des Reichskriegsministers. Das ablehnende Verhalten Hitlers fiel mir sofort auf, hatte er doch noch kurze Zeit zuvor, am 5.11.1937, seinen Ausführungen die bedeutsame Bezeichnung eines ›politischen Testaments‹ beigelegt, und nun schien ihm die Abfassung und der Verbleib des ›Testaments‹ gleichgültig zu sein.

Die Besprechung am 5.11.1937 verlief in der Reihenfolge, daß Hitler an Hand von vorher von ihm selbst niedergeschriebenen Notizen seine politischen Ansichten ruhig und leidenschaftslos entwickelte, daß daran eine Diskussion und zum Schluß eine verhältnismäßig kurze Erörterung rüstungstechnischer Belange sich anschloß. Durch den am Anfang und im Vordergrund stehenden politischen Teil trat eine unerwartete Änderung und Ausdehnung der Sitzung ein, so daß die in der Reichskanzlei wartenden Sachverständigen auf dem Rüstungsgebiet gar nicht mehr zu der Besprechung – wie beabsichtigt – hinzugezogen und unverrichteter Dinge entlassen wurden. Hitler nahm seine eigenen Notizen nach Schluß der Besprechung mit sich fort; ich habe sie nicht einsehen und daher auch nicht als Grundlage für die Niederschrift vom 10.11.1937 verwenden können.

Aus den vorher erwähnten Gründen habe ich es leider unterlassen müssen, die Diskussion in ihrer Vollständigkeit festzuhalten. Es besteht aber kein Zweifel, daß sie weit ausgedehnter war, als ich am 10.11.1937 ausgeführt habe.«

133 Gespräch Canaris / Beck: als Fiktion wiedergegeben.

134 Appell der Generale: nach mündlichen Hinweisen diesem Kreis nahestehender Personen überliefert. Vgl. *Jacques Benoist-Méchin, Histoire de l'armée allemande,* Paris, (Albin Michel), Dtsch. Ausgabe Bd. 1 - 6, Stalling, Oldenburg.

136 Hitler/Ribbentrop über die Generale: nach *J. Benoist-Méchin, Histoire de l'armée allemande.*

142 Gespräch Canaris /Piekenbrock: fiktiv nach mündlicher Darstellung.

153 Franz Gürtner: Reichsjustizminister vom 7.2.1933 – 29.1.1941.

158 Hoßbach unterstellt als sicher, daß Blomberg selbst den General d. Art. Wilhelm Keitel als Chef des neu zu bildenden Oberkommandos der Wehrmacht vorgeschlagen hat, (S. 132). Vgl. Anhang Dokument 4.

163 Zitiert nach *Kurt Schuschnigg. Ein Requiem im Rot-Weiß-Rot,* Zürich 1946.

167 IMT Nbg. Dok. PS-2995, PS-1780.

167 Dokument PS-1775 IMT Verhandlung 29. November 1945 (Jodl).

169 Gespräch Keitel / Beck: als Fiktion wiedergegeben.

169 Gespräch Mussolini / Liebitzky: 7. März 1938 – Aussage Liebitzkys vor dem Wiener Volksgericht am 19. März 1947. Zitiert nach: Neue Freie Presse, Wien, 10. März 1947.

170 Guderian, damals Kommandeur der 2. Panzerdivision, wurde durch Beck zur Teilnahme an dem Einmarsch in Österreich bestimmt, um für die noch in der Entwicklung befindlichen Schnellen Truppen operative Erfahrungen zu gewinnen. Zitiert nach *J. Benoist-Méchin, Histoire de l'armée allemande.* Deutsche Ausgabe: Stalling Oldenburg, B 1 - 6. Am 1. April 1938 verfügte die Wehrmacht über 24 Infanteriedivisionen, eine vollständige Panzerdivison (zwei weitere waren in der Aufstellung), eine Gebirgsjägerdivision, eine Kavalleriedivision. Zehn weitere Infanteriedivisionen waren in der Aufstellung begriffen. (Erklärung des Generalfeldmarschalls Keitel im Nürnberger Prozeß, IMT, Band X, S. 653.)

172 Vgl. Dokument IMT Nürnberg, Bd. XXXI, S. 368 ff. Philipp Prinz von Hessen, damals Oberpräsident der Provinz Hessen-Nassau, war verheiratet mit Prinzessin Mafalda von Savoyen, einer Tochter des Königs von Italien. Hitler hatte Philipp von Hessen am 11. März 1938 als Sonderkurier nach Rom entsandt.

176 Zitiert nach: *Heinz Guderian, Erinnerungen eines Soldaten.*

180 Gespräch Canaris / v. Stohrer: als Fiktion wiedergegeben.

186 Gespräch Canaris / Franco: als Fiktion wiedergegeben.

191 Kriegsmateriallieferungen: zitiert nach AdtAPol. Serie D. III. Nr. 686.

191 Neutralitätserkundung Gamelins: zitiert nach *Brian Crozier, Franco,* S. 263. Aufzeichnung Staatssekretär v. Weizsäcker, 2. Nov. 1938. Pol. III 3704 AdtAPol. Serie D, III, Nr. 688.

195 Gespräch Canaris / Ciano: als Fiktion wiedergegeben.

200 Lahousen: So auch Aussage IMT, Verhandlung am 30. November 1945.

202 Hiroshi Oshima: japanischer Botschafter in Berlin.

205 Gespräch Canaris / Patzig: Mündliche Information durch Admiral Patzig an den Verfasser.

209 Plan »Grün«: vgl. Dokument 388 PS IMT, Bd. XXV. und *Erich Kordt, Nicht aus den Akten,* S. 228 ff.

210 Beck-Denkschriften: vgl. *Wolfgang Foerster, Generaloberst Ludwig Beck: Sein Kampf gegen den Krieg,* u. *Gert Buchheit, Ludwig Beck,* Gespräch Hitler / Brauchitsch: zitiert, nach *Jacques Benoist.Méchin, Am Rande des Krieges 1938,* (Histoire de l'armée all.) S. 151 ff.

212 Gespräch Beck / Brauchitsch: zitiert nach Becks Denkschriften: vgl. *Peter Hoffmann, Widerstand, Staatsstreich, Attentat,* 2. Aufl.

215 Verabschiedung Becks: zitiert nach *Hoßbach, Zwischen Wehrmacht und Hitler,* S. 149 f.

219 Franz Liedig: In einer vertraulichen Denkschrift hat Liedig noch vor Beginn des Zweiten Weltkrieges geäußert: »Adolf Hitler, der Verderber Deutschlands, damit der Zerstörer Europas, sieht und verfolgt mit der Dynamik des geborenen Anarchisten in der Richtung auf den scheinbar geringsten Widerstand das Ziel einer ideenlosen Weltherrschaft. Er befindet sich auf diesem Weg in ›dynamischer Lebensgemeinschaft‹ mit dem bolschewistischen Rußland...«

220 Zu der schließlich ergebnislosen Mission v. Kleist-Schmenzin in London vgl. *Ian Colvin, Vansittart in Office – An historical survey of the origins of the second world War based on the papers of Sir Robert Vansittart, Permanent Undersecretary of State for Foreign Affairs 1930 - 1939, London 1965.* Ferner: *Peter Hoffmann, Widerstand Staatsstreich, Attentat,* s. o. S. 85 f.

226 Gespräch Goebbels / Hitler: Um der deprimierten Stimmungslage der Berliner Bevölkerung entgegenzuwirken, wurden am Abend des 26. September gut ausgerüstete und motorisierte Truppenteile durch die dichten nördlichen Wohngebiete der Reichshauptstadt zu einer Paradefahrt entsandt. Die Anwohner der Straßen des Nordens und Nordostens sahen diesem Vorbeimarsch stumm zu, ohne jede spontane Beifallskundgebung.

233 Groscurth: Dialoge und Aufzeichnungen u. a. nach *Helmuth Groscurth, Tagebücher eines Abwehroffiziers 1938 - 1940.* G.'s. Dienstberichte befinden sich im Bundesarchiv - Militärarchiv - Freiburg / Br. (N 104 / 1).

235 Zitiert nach: Tagebuch der Abwehr, Institut f. Zeitgeschichte, München.

243 Canaris in Prag: Mündliche Darstellung von Oberst Seubert an den Verfasser.

248 Fall Weiß: vgl. HitW;

251 Auszugsweise nach dem Bericht des Oberstleutnant i. G. Schmundt. IMT Nürnberg Bd. XXXVII S. 546 f.

254 Nach *Erich Kordt, Nicht aus den Akten – Die Wilhelmstraße in Frieden und Krieg.*

260 Handschriftliche Unterschrift »Poln. Uniformen f. Heydrich« veröffentlicht mit Genehmigung des Bundesarchivs Militärarchiv - Freiburg / Br. In der gleichen Akte findet sich eine – nicht unterzeichnete – Notiz Keitels für seinen Verteidiger Rechtsanwalt Dr. Nelte, in der Keitel den Versuch unternimmt, Canaris und

Lahousen des Doppelspiels zu beschuldigen, um ihn für die Auslösung der makabren Aktion gegen den Sender Gleiwitz verantwortlich zu stempeln. Vgl. Anhang Dok. 6.

260 Telegrammwechsel Hitler / Stalin: vgl. AzdtPol. Serie D, Bd. VII.

262 Gespräch Kordt / Canaris: Als Fiktion wiedergegeben, unter Zugrundelegung der englischen Ausgabe des Buches von Erich Kordt.

263 Vgl. Dokument IMT Bd. XXVI, S. 338 (Niederschrift Admiral Canaris).

268 Aussage Birger Dahlerus im Nürnberger Prozeß gegen die Hauptkriegsverbrecher am 19. März 1946. Vgl. Dokument IMT Bd. XXXIX, Bd. IX, S. 507 ff.

269 Bericht v. Selzam: AzdtPol. Serie D, Bd. VII, Nr. 287.
Der zwischen Großbritannien (Lord Halifax) und Polen (Graf Raczynski) geschlossene Beistandspakt vom 25. August 1938 hat 8 Artikel und stellt die Garantieerklärung vom 31. März 1939 auf eine vertragliche Grundlage, in der es heißt: »... für den Fall, daß irgendeine Handlung die polnische Unabhängigkeit deutlich in Gefahr bringen sollte und die Poln. Regierung es als ihr Lebensinteresse erachten sollte, mit ihrem nationalen Kräften Widerstand zu leisten – die Regierung Seiner Majestät sich sofort als verpflichtet fühlen würde, Polen mit allen Mitteln zu unterstützen.« Im Geheimen Zusatzprotokoll wurde festgelegt, daß ein Konflikt mit Deutschland wegen Danzig den casus belli bezeichnen würde.

272 Attentatspläne: vgl. *Helmuth Groscurth, Tagebücher eines Abwehroffiziers 1938 - 1940,* S. 61 f. sowie Fußnote Seite (365).

274 Osters Äußerungen: nach mündlicher Information Piekenbrocks und – mit einigen Varianten – Lahousens an den Verfasser.

275 Fall Weiß: HitW.

276 Vgl. *H. B. Gisevius, Bis zum bitteren Ende,* Zürich 1946 u. Hamburg o. J.

279 Hitlers Polenpolitik: vgl. *Heinz Höhne, Der Orden unter dem Totenkopf,* Kapitel 12.
Ilnau: vgl. Anhang - Dokument 7.
Vgl. AbsC, S. 212 f.

285 Vgl. *Heinz Höhne, Der Orden unter dem Totenkopf,* Kapitel 12.

285 Die – unvollständige – Ansprache Himmlers vor dem Offizierskorps der Leibstandarte A. H.: vgl. IMT Bd. XXIX, S. 105 f. und UuF. Dokument Nr. 3128. Eine weitere Rede Himmlers vor Gauleitern und Parteifunktionären vom 29.2.1946 in Berlin mit direkter Bezugnahme auf die Greuel und Unterdrückungsmaßnahmen in Polen ist in dem von *Joachim C. Fest* herausgegebenen Werk *Himmlers Geheimreden,* Berlin 1975, abgedruckt (BdA. - Nürnberg, Dok. 1918 - PS).

297 Dohnanyi: zitiert nach: *Eberhard Bethge, Dietrich Bonhoeffer,* München 1967.

299 Strünck: zit. nach *H. B. Gisevius, »Wo ist Nebe?«,* München / Zürich 1966.

301 Chronique scandaleuse: oder »Raritätenmappe« (Lahousen).

303 Zu der wechselnden Einstellung Halders gegenüber den Attentatsplänen hoher Offiziere vgl. *Helmuth Groscurth, Tagebücher eines Abwehroffiziers:* »Zu wiederholten Malen hat Halder später erklärt, grundsätzlich habe er stets ein Attentat abgelehnt. Was hätte er denn – so fragte er nach dem Kriege vor der Spruchkammer seine ›Kritiker von heute‹, damals tun sollen? »Einen aussichtslosen Putsch starten,

für den die Zeit nicht reif war, oder zum Meuchelmörder werden, als deutscher Offizier, als Spitzenvertreter des deutschen Generalstabes, der nicht nur für seine Person, sondern als Vertreter deutschen Gedankengutes und Vertreter der deutschen Tradition handelte? Das spreche ich ehrlich aus, dazu habe ich mich nicht geeignet, das habe ich nicht gelernt.‹ ... Und was seinen strittigen Auftrag an Groscurth betrifft, so hat Halder Gerhard Ritter – immerhin weniger dezitiert als vor der Spruchkammer – versichert, daß er das Attentat stets nur als höchst unerwünschte, äußerste ›Notlösung‹ betrachtet habe. 1939 ebenso wie 1938. Als G. unter Hinweis auf die Haltung des Kreises um Oster, ihn mit den Attentatsvorschlägen bedrängt habe, da habe er in einem Ausbruch von Ärger wohl einmal geäußert: ›Wenn man denn in der Abwehr durchaus ein Attentat haben wolle, so möge der Admiral selbst dafür sorgen!‹ Das sei dann von G., ›einem fanatischen Draufgänger‹, offenbar in der berichteten Form an Canaris überbracht worden, d. h. als eine Art ›Auftrag‹ für den Abwehrchef. Ein Mißverständnis oder gar eine Entstellung der Äußerungen Halders also, zumindest ihres wahren Sinnes? (S. 61 f.).... Dennoch soll Halder in der Unterredung mit Thomas am 4. November erneut seinen Attentats-Gedanken entwickelt haben. Am frühen Nachmittag des 5. November jedoch erklärte er Groscurth gegenüber einen *Staatsstreich* für undurchführbar und fügte hinzu: ›Damit sind die Kräfte, die auf uns rechneten, nicht mehr gebunden. Sie verstehen, was ich meine.‹ Als G. dann ein zweites Mal erschien und ihn im Sinne eines Staatsstreichs bedrängte, entschloß sich Halder – so scheint uns – nunmehr G. zur Abwehrzentrale zu schicken und Canaris zu bestellen, *er* möge ›handeln‹ (S. 62).« »Aus der Einführung zu den Groscurth-Tagebüchern, herausgegeben von Helmuth Krausnick, Harold C. Deutsch, Hildegard von Kotze.)

307 Dr. Josef Müllers Entsendung zum Vatikan: vgl. *Josef Müller, Bis zur letzten Konsequenz.*

308 Pater Robert Leiber SJ: Persönlicher Mitarbeiter von Papst Pius XII. Vgl. hierzu *Josef Müller, Bis zur letzten Konsequenz.*

310 Brauchitsch / Halder: Aussage Halders in Nürnberg, zit. nach *Gert Buchheit, Soldantentum und Rebellion.*

315 »Weserübung«: vgl. HitW.

318 Vgl. *Eberhard Bethge, Dietrich Bonhoeffer.*

Gespräch Oster / Sas: »Auf Osters Vorschlag meldete daher der niederländische Gesandte Jonkheer H.H. van Haersma de With als ungefähren Termin ›Mitte nächster Woche‹, d. h. die Tage um den 8. Mai als Angriffstermin. Am 9. Mai wurde der Angriffsbeginn von Hitler auf den 10. Mai, 5.35 Uhr festgesetzt. Um 19 Uhr am Donnerstag, den 9. Mai traf sich Oster mit Sas und berichtete ihm über diese neueste Entwicklung, die nicht mehr aufzuhalten sein werde, falls nicht etwa 21.30 Uhr wieder ein Gegenbefehl vorliege. Oster überzeugte sich dann, daß dies nicht der Fall war und teilte Sas kurz vor 22 Uhr mit, der Angriff werde endgültig am nächsten Morgen beginnen. Sas gab die Nachricht sofort nach Den Haag und auch an den belgischen Militärattaché weiter, den er schon vorsorglich zu sich in die Rauchstraße bestellt hatte. Gegen Mitternacht wurde Sas vom Leiter des holländischen militärischen Nachrichtendienstes angerufen, mit der kaum getarnten Frage, ob denn nun ›nichts mehr an der Operation deiner Frau‹ zu ändern sei... Sas ließ darauf die Tarnung so weit fallen, daß... kein Zweifel mehr bestehen konnte, wovon er sprach: ›Morgen früh, bei Tagesanbruch findet es statt.‹ (Nach *Peter Hoffmann, Widerstand Staatsstreich, Attentat.)*

325 Forschungsamt: Der im Reichsluftfahrtministerium eingerichtete geheime Abhördienst.

326 Gespräch Heydrich / Müller / Schellenberg: als Fiktion wiedergegeben.

328 Gespräch Canaris / Schellenberg: als Fiktion wiedergegeben.

330 Persönliche Mitteilung von Oberst Seubert an den Verfasser.

334 Nach *Oscar Reile, Geheime Westfront.*

336 Nach Mitteilungen von Oscar Reile.

341 Lew Korwarski: Nuklearphysiker, geb. 10. Februar 1907 in St. Petersburg, 1946 bis 1954 Direktor des Kommissariats für Atomforschung, seither in zahlreichen nationalen und internationalen Augabenbereichen seines Faches hervorgetreten.
Nach *Leandro Castellani* und *Luciano Gigante »6. Agosto«, Storia della Bomba atomica* (Vallecchi editore, Florenz 1964).

347 Interview v. Weizsäcker: »stern« Nr. 11, 1967 S. 196. Im selben Text heißt es: »Professor v. W. erklärte... in einer Farm-Hall-Diskussion: »Ich glaube, der Grund, warum wir die Bombe nicht gebaut haben, ist einfach der, daß wir Physiker es nicht wollten, aus grundsätzlichen Erwägungen nicht. Wenn wir alle gewollt hätten, daß Deutschland den Krieg gewinnt, hätten wir auch Erfolg gehabt.« Auf Vorhalt der Entgegnung von Prof. Erich Bagge: ›Es ist meiner Meinung nach absurd, wenn W. sagt, er habe den Erfolg der Sache nicht gewollt. Das mag für ihn zutreffen, aber nicht für uns alle.‹) heißt es weiter v. W.: ›Nun, wenn B. sagt, er habe die Bombe haben wollen, dann ist das seine Sache. Ich jedenfalls – und das gilt für eine Reihe meiner Kollegen – habe die Bombe nicht angestrebt‹.«

352 Dem geplanten »Unternehmen Felix« sollte eine geheime Erkundung durch eine Gruppe aus den Stäben der beteiligten Kampfverbände vorangehen. (Befehl vom 7. Dezember 1940 OKW / Abt. L (IV / Qu). Als die Stärke dieser »geheimen Erkundungsgruppe« Canaris bekannt wurde, erhob er Einwände, bis auch diese Vorerkundung gänzlich unterblieb. Trotzdem kam das Gibraltar-Unternehmen im Sommer 1942 – auf dem Höhepunkt des Rußlandfeldzuges (!) – noch einmal auf den Tisch, bis es im Herbst 1942 auf Grund der inzwischen eingetretenen Ostfrontlage endgültig abgesagt wurde. (BdA / MilA.)

355 »Franco ist Jude«: Das Gespräch Canaris / Vigón / Martinez Campos als Fiktion auf Grund von Mitteilungen von unterrichteter spanischer Seite wiedergegeben. Nach AbsC. S. 272.

363 »Eiserne Garde«: die faschistische paramilitärische Organisation in Rumänien.

365 Nach dem Kriegstagebuch der Abwehrabteilung II, sogenanntes Lahousen–TB, InstfZ.

376 Serrano Suñer in Deutschland: AzdtAPol. Serie D. Bd. XI /1 –*Brian Crozier, Franco,* S. 304 –*Rámon Serrano Suñer, Zwischen Hendaye und Gibraltar,* S. 219 ff., Zürich 1948.

376 Brief Franco / Suñer: vgl. *Brian Crozier, Franco,* S. 264, 302.

380 Fonck: Über die Mission von Fonck scheint auf deutscher Seite während des Krieges nichts bekannt geworden zu sein. Bei Abetz findet sich sein Name nicht. Das Zeugnis hierüber wurde unmittelbar von F. dem Verf. gegenüber abgelegt.

383 Vgl. *Otto Abetz, Das offene Problem.*

384 Laval / Hitler: Über dieses Gespräch werden auch von Abetz nicht mehr als die hier zitierten Sätze mitgeteilt.

385 Spezial–Sturmtruppen: Die beiden Heeres–Sturm–Pionierbataillone Nr. 43 und Nr. 51, die sich beim Durchbruch durch die Maginot-Linie und bei der Wegnahme des Forts Eben Emael bewährt hatten.

388 Vgl. *Paul Schmidt, Statist auf diplomatischer Bühne,* S. 503 ff.

389 Montoire: AzdtAPol. (Bericht Dr. Paul Schmidt) Serie D Bd. XI / 1. –*Otto Abetz, Das offene Problem.*

390 Am 23. September erfolgte ein – zunächst abgewehrter – Angriff eines gemischten englisch-französischen Flottenverbandes auf Dakar, dem weitere Aktionen gegen andere Plätze folgten.

392 Auvergnate: vgl. hierzu *Otto Abetz, Das offene Problem,* S. 147.

396 Schellenberg: vgl. Anm. zu S. (36). Es liegt auf der Hand, daß Schellenberg (S. 170/171) sich als besonders kompetent auf dem Gebiet der militärischen Aufklärung darzustellen versucht. Bei ihm heißt es weiter:

»Und welche Ironie heute, wenn ich an das Gespräch mit Canaris denke, in dem er die Frage anschnitt, ob Heydrich denn ebenfalls der Ansicht zuneige, das Sowjetsystem könne nach wirksamen militärischen Rückschlägen von innen heraus zerbrochen werden. Hitler und Himmler, aber auch Teile der Generalität vertraten nämlich diese Auffassung. Canaris ließ durchblicken, daß er diesen Optimismus keineswegs teile. Er wollte mich offensichtlich durch dieses Gespräch dazu veranlassen, seine Auffassung Heydrich und über diesen den oberen Stellen näherzubringen. Sein eigener Einfluß in dieser Richtung, so äußerte er, sei bereits verbraucht. Das erste Mal, als ich Heydrich gegenüber dieses Thema aufwarf, erhielt ich nur die Antwort: ›Ich glaube, Sie beide benützen Ihre Ausritte dazu, um sich langsam zu Klagevögeln zu entwickeln‹.« (ScheM)

397 Aussage Bentivegni: IMT, 11. Februar 1946

397 Hitlers Ostpolitik: In »Mein Kampf« (S. 742 ff.) heißt es u. a.:

»Wir stoppen den ewigen Germanenzug nach dem Süden und Westen Europas und weisen den Blick nach dem Land im Osten. Wir schließen endlich ab die Kolonial- und Handelspolitik der Vorkriegszeit und gehen über zur Bodenpolitik der Zukunft.

Wenn wir aber heute in Europa von neuem Grund und Boden reden, können wir in erster Linie nur an Rußland und die ihm untertanen Randstaaten denken.

Das Schicksal selbst scheint uns hier einen Fingerzeig geben zu wollen. Indem es Rußland dem Bolschewismus überantwortete, raubte es dem russischen Volke jene Intelligenz, die bisher dessen staatlichen Bestand herbeiführte und garantierte.«

399 Jodl: IMT, BD. XXVI, Nürnberg 1948, S. 72 ff. 5. Juni 1946.

402 Keitel / Canaris: nach Mitteilung aus dem Abwehrkreis.

403 Weisung Nr. 18: vgl. HitW – UuF Bd. XVI, S. 60 f. – IMT Bd. XXVI, S. 41 ff.

403 Gespräch Canaris / Piekenbrock: nach mündlicher Wiedergabe aus der Erinnerung.

406 Gespräch Franco / Suñer / Vigón /Varela / Moreno: nach mündlicher Wiedergabe aus der Erinnerung von spanischer Seite.

407 Vittoria: vgl. *G. Buchheit, Der Deutsche Geheimdienst.* S. 382.

407 Hitler / Suñer: nach AzdtPol., Serie D Bd. XI /2. – Vgl. hierzu *Rámon Serrano Suñer, Zwischen Hendaye und Gibraltar,* Zürich 1948, S. 219 ff. AzdtAPol. Serie D, Bd. XI /2, S. 519 ff.

408 »Gibraltar anzugreifen«:vgl. *Brian Crozier, Franco,* S.316.

413 Gespräch Franco / Canaris als Fiktion wiedergegeben.

417 Unternehmen Attila: AzdtAPol. Serie D, Bd. XI /2 S. 697 ff.

417 Die spanische Ablehnung: Telegramm v. Stohrer, 12. Dezember 1940: AzdtA-Pol., Serie D, Bd. XI/2, S. 711 ff. Vgl. Anhang – Dokument 8c.

424 Brief Hitlers an Franco vom 6. Februar 1941: AzdtAPol., Serie D, Bd. XII/1, S 31 ff. Am 7. Februar trifft ein ausführliches Telegramm v. Stohrers in Berlin ein, das nach einer Denkschrift des spanischen Generalstabes einen derartig unfassenden spanischen Importbedarf skizziert, daß die in Hitlers Brief zum Ausdruck kommende Bereitschaft zur Materialhilfe jede materielle Basis einbüßt.
K. H. Abshagen, Canaris S. 291.

424 Brief Franco, 26.2.41: zitiert nach *B. Crozier, Franco,* S. 322.

426 Unternehmen »Marita«, »Attila«, »Barbarossa«: vgl. HitW.

434 Hitler: »Stalin ist ein kluger Kopf...« zit. n. *Gert Buchheit, Canaris* S. 173.

435 Jodl-Aussage in Nürnberg: Auszugsweise zitiert. Verhandlung 3./5. Juni 1946. Nbg. Dok./IMT. Im Tagebuch der Seekriegsleitung US-Dokument C-170, US-136: »Verschiebung von 10 Divisionen und 2 Panzerdivisionen in das Generalgouvernement für eventuell notwendiges schnelles Eingreifen zum Schutz des rumänischen Ölgebietes.« (27. August 1940).

436 Anweisung an Bentivegni: zit. n. IMT, Verhandlung 11.2.1946

439 Vgl. ScheM S. 176 ff.

439 Metaxas (1871 – 1941)): Griechischer Ministerpräsident (1. Mal): vom 13.4.1935 bis 4.8.1936; (2. Mal.): 4.8.1936 – 29.1.1941).

441 Zwetkovitsch (Cvetković): Jugoslaw. Ministerpräsident (1. Mal): 5.2.1936 bis 26.8.1939; (2. Mal): 26.8.1939 – 27.3. 1941.

441 Weisung Nr.25: vgl. HitW.

441 Teleki: Paul Graf T., ungar. Ministerpräsident von 16.2.1939 – 3.4.1941.

447 Keitel / Canaris: »Von der Abwehr mögen Sie etwas verstehen.« Zitiert nach ScheM. S. 177.

447 Essen bei Horcher: Nach ScheM S. 199.

450 Erlaß vom 13. März: vgl. HitW Nr. 25a »Richtlinien auf Sondergebieten zur Weisung Nr. 21«. In Ziffer 2.b) heißt es: »Im Operationsgebiet des Heeres erhält der Reichsführer SS zur Vorbereitung der politischen Verwaltung Sonderaufgaben im Auftrage des Führers, die sich aus dem endgültig auszutragenden Kampf zweier

entgegengesetzter politischer Systeme ergeben. Im Rahmen dieser Aufgaben handelt des Reichsführer SS selbständig und in eigener Verantwortung.«

451 Kommissarbefehl: Hitlers Ausführungen an die Oberbefehlshaber der drei Wehrmachtteile und die obersten Truppenkommandeure nach der Aussage Halders in Nürnberg: »Ein Krieg wie der gegen Rußland könnte nicht ritterlich geführt werden. Es handele sich um einen Kampf der Weltanschauungen und rassischen Gegensätze, und er sei daher mit nie dagewesener, erbarmungsloser Härte zu führen. Alle Offiziere würden sich überlebter Anschauungen entledigen müssen. Er [H] wisse, daß die Notwendigkeit solcher Art Kriegführung über die Fassungskraft der Generale hinausgehe, aber er bestehe auf widerspruchsloser Durchführung seiner Befehle. Die Kommissare seien Träger einer dem Nationalsozialismus strikt entgegengesetzten Weltanschauung. Daher seien die Kommissare zu liquidieren. Deutsche Soldaten, die Verstöße gegen das Völkerrecht begingen, seien entschuldbar. Rußland gehöre nicht der Haager Konvention an und könne sich daher nicht auf sie berufen.« (vgl. W. L. Shirer, Aufstieg und Fall des Dritten Reiches, Köln 1961. Der Kommissarbefehl selbst ist im Bundesarchiv, Militärarchiv, Freiburg / Br. nicht erhalten.)

453 Reinecke: Geheime Anordnungen des Oberkommandos der Wehrmacht über die Behandlung sowjetischer Kriegsgefangener in allen Lagern vom 8.9.41., vgl. IMT Bd. XXVII, S. 275 ff., Nürnberg 1948. Hiergegen: Vortragsnotiz des Chefs des Amtes Ausland / Abwehr, Konteradmiral Canaris vom 15.9.1941: vgl. IMT Bd. XXXVI, S. 317 ff., Nürnberg 1948.

457 Heydrich über Canaris: vgl. ScheM S. 135: »Nach meinem Gefühl hat C. den Angriffsbeginn des Westfeldzuges vom 10. Mai 1940 an den Feind verraten. Ich möchte aber jetzt noch nicht beim Führer gegen ihn vorgehen, es ist noch nicht an der Zeit...«

457 Vgl. AbsC, S. 353.

458 Heydrichs jüdische Abstammung: vgl. Hierzu *Heinz Höhne, Der Orden unter dem Totenkopf,* Kapitel 8. Höhne kommt zu entgegengesetzten Folgerungen. Für Schellenberg (S. 137 ff.) scheint es gewiss, daß Canaris im Besitz entsprechender Beweismittel war. Er hat diese Auffassung in der erwähnten Unterredung in Italien mündlich bekräftigt.

460 Heydrich / Schellenberg über Canaris: vgl. ScheM S. 138.

463 Hitler: Das Zitat bei der Tischrunde (nach der französ. Ausgabe der »Bormann-Vermerke«) ist in *Hitlers Tischgespräche,* hrsg. von Henry Picker, Bonn 1951, nicht wiedergegeben. Unter dem 5. April 1941 heißt es dort: »Alle Liebe, die sich in Mitleid ausdrückt, darf bei einer unverbildeten Führerschicht nur den eigenen Volksgenossen unmittelbar gelten...« Über Leningrad: »L. müsse verfallen. Wie einer... berichtet habe, sei die Einwohnerzahl Leningrads auf Grund der Hungersnot bereits auf zwei Millionen herabgesunken. Wenn man bedenke, daß es nach einer Information des türkischen Gesandten in Rußland selbst in der Diplomatenstadt nichts Gescheites mehr zu essen gebe, und wenn man weiter bedenke, daß die Russen noch und noch von dem Fleisch krepierter Pferde lebten, so könne man sich ausmalen, wie die Bevölkerung L.s. weiter schrumpfen werde. (S. 95 ff.)

466 Heydrich: zit. nach *Charles Wighton, The Story of Reinhard Heydrich, London* 1962.

467 Alois Eliaš: Ministerpräsident im Reichsprotektorat Böhmen und Mähren 27.4.1939 bis 28.9.1941. E. wurde am 28.9.41 verhaftet und am 1. Oktober durch den Volksgerichtshof unter dem Vorsitz von Otto Thierack zum Tode verurteilt.

468 Nach dem französ. Text, Archivnummer Prager Geheimes Staatsarchiv: 109.

472 Gespräch Canaris / Schellenberg am 25. 10. 1941: als Fiktion wiedergegeben. Vgl. ScheM 255 ff., 325 ff.

474 Gespräch Canaris /Heydrich: als Fiktion wiedergegeben nach mündlicher Schilderung Schellenbergs gegenüber dem Verfasser.

480 Vgl. ScheM S. 325 ff.

483 Die vier schwarzen Lederkoffer: vgl. Fußnote S. 460.

484 Konferenz auf der Prager Burg: vgl. ScheM S. 255 ff. *Abshagen, Canaris* S. 349 f.

492 Canaris über Heydrich: nach ScheM S. 259.

493 Moravets: Mündliche Information für den Verfasser. Bei H. Höhne vgl. (511) wird der Labourabgeordnete Roland T. Paget zitiert: »... es habe oft zur Taktik des Partisanenkrieges gehört ›Repressalien zu provozieren, um den Haß gegen die Besatzer zu verstärken und mehr Menschen zum Widerstand anzuhalten. Das war der Grund, warum wir ein Kommando zur Ermordung Heydrichs in die Tschechoslowakei einflogen‹.« (Kapitel 16).

498 Schellenbergs Attentats-Theorie: vgl. ScheM S. 257.

499 Himmler und Heydrichs Totenmaske: ScheM S. 261.

501 Hitler über Girauds Flucht: »Man müsse alles daransetzen, dieses Mannes wieder habhaft zu werden. Soweit ihm bekannt sei, handle es sich bei dem General um einen an sich sehr tüchtigen Mann und man könne nicht wissen, ob er nicht, wenn er zur französischen Opposition, den de-Gaulle-Leuten, übergehe, deren führender Kopf werde.« *Hitlers Tischgespräche,* hrsg. von *Henry Picker,* Nr. 25, Bonn 1951.

502 Unternehmen ›Gustav‹: Aussage Lahousen (auszugsweise) IMT 30.11./1.12.1945.

511 Dr. Josef Müller: zitiert u. a. Prozeß Roeder, Huppenkothen, Sonderegger v. 22.9.1950. (InstfZ) nach *Bis zur letzten Konsequenz,* Aussage Huppenkothen S. 162 ff. Aussage Huppenkothen im InstfZ, München.
Röder: Aussage zum Prozeß Roeder, Huppenkothen, Sonderegger (InstfZ).

518 Großmufti: Mohammed Amin Al-Husseini, geb. 1895, 1926 Großmufti von Jerusalem und Vorsitzender des Obersten Muslimischen Rates. Im 2. Weltkrieg des öfteren in Berlin. 1949 Vertreter der Palästina-Araber bei den Vereinten Nationen. Später in Ägypten, dort verstorben.

518 Raschid Ali-Mansur: Ministerpräsident des Iran 26.6.1940 bis 27.8.1941.

523 Blattschuß: verbürgte Aussage.

525 Alle Dokumente hierzu wurden im französischen Text publiziert von *Claude Paillat, L'échiquier d'Alger.* 2 Bde., Laffont, Paris 1967, pp. 197 – 199.

544 In *Peter Hoffmann, Widerstand, Staatsstreich, Attentat,* Anm. X/201, S. 789 wird nach einer Aussage des Gestapo-Beamten Sonderegger zum Zweck dieser Dokumentensammlung die Erklärung Dohnanyis zitiert, »man müsse beim Gelingen des

Umsturzes den Generälen beweisen können, was die Nichtmilitärs geleistet hätten, sonst würden die Generale das ganze Verdienst (und damit die Macht) für sich allein in Anspruch nehmen«.

546 Dohnanyis Verhaftung: vgl. hierzu *Bethge, Dietrich Bonhoeffer,* S. 877–885.

547 Dr. Müllers Verhaftung: vgl. hierzu *Josef Müller, Bis zur letzten Konsequenz,* S. 168 ff.

551 Dohnanyis Schriftstücke: *Peter Hoffmann, Widerstand, Staatsstreich, Attentat,* S. 346 ff.

552 Alexander v. Pfuhlstein: verfaßte einen Bericht: »Meine Tätigkeit als Mitglied der Berliner Verschwörerzentrale der deutschen Widerstandsbewegung vom 1. Oktober 1936 – 20. Juli 1944, Kreuzwertheim / Main, 1946 InstfZ 592.

557 Über die Geschichte des Mussolini–Sturzes und seiner Auswirkungen vgl. *Melton S. Daves:* Who Defends Rome, 1972, deutsche Ausgabe: *Söhne der Wölfin,* Stuttgart 1975. Vgl. Anhang – Dokument 12.

563 Skorzeny und Mussolinis Entführung aus der Haft: Der Fallschirmjäger–Handstreich auf den Gran Sasso stand unter der Leitung von General Student. S. war der Truppe als politischer Begleiter zugeteilt. Nichtsdestoweniger hat er es verstanden, das Unternehmen für seinen Nimbus auszunutzen.

576 Attentat vom 20. Juli: vgl. hierzu die grundlegende Darstellung von *Peter Hoffmann, Widerstand, Staatsstreich, Attentat:* dort zur Uhrzeit, S. 817, Anm. 43. Verhaftung von Canaris: vgl. ScheM.

581 X-Bericht: Dieses Dokument ist nicht wieder aufgefunden worden. Ob es in dem Geheimarchiv eines alliierten Nachrichtendienstes verwahrt ist, blieb bis heute ungeklärt.

584 Freislers Tod: Dr. Rolf Schleicher war anwesend, um die Genehmigung zu erbitten, seinen verurteilten Bruder sprechen zu können.

586 Oberst Hans Mathiesen Lunding, in Flossenbürg Zellennachbar von Canaris, hat am 9. April, gegen 6 Uhr morgens den letzten Gang des Admirals beobachten können. können.

588 Huppenkothen hat die Mißhandlung von Canaris zwar geleugnet, doch ist die Aussage Lundings über dessen letzte Nachricht zu konkret, um in Frage gestellt werden zu können. Buchheit vermutet, daß der berüchtigte Scherge Stawitzki der Täter war, der sich als brutaler Schläger von Häftlingen hervorgetan hatte.
Josef Müller berichtete: »Um 4 Uhr hörte ich Lärm und eine Kinderstimme. Es war die Tochter des ehemaligen österreichischen Bundeskanzlers von Schuschnigg. Um sechs Uhr wurden zwei Zellennummern aufgerufen. Da hörte ich die Stimme von Canaris. Es war das letzte Mal. Ich wartete auf meine Zahl, hörte aber nur andere Zellennummern. Um 8 Uhr kam ein SS-Mann und nahm mir die Hand- und Fußfesseln ab. Nach einer gewissen Zeit klopfte es nochmals an meine Zellentür. Von außen wurde der Eisenschieber geöffnet, und eine Männerstimme fragte mich auf englisch, ob ich ihn verstünde und seine Sprache spräche. Es war ein gefangener englischer Offizier. Er fragte: ›Gehören Sie zu den hohen Offizieren, die hingerichtet werden?‹ – ›Es scheint so‹, sagte ich. Er entgegnete: ›Es wird nicht mehr sein,

denn Ihre Freunde werden gerade hinter der Baracke verbrannt.‹ « (Buchheit, S. 445 ff.)

Am Hinrichtungsort wurde am 9. April 1969 eine Gedenktafel an den Tod von Wilhelm Canaris enthüllt; zu diesem Anlaß sprach Oberst a. D. Otto Wagner, Mitarbeiter der Abwehr, u. a. die folgenden Sätze: »Heute vor zwanzig Jahren vollzog sich in diesem abseits gelegenen Erdenwinkel hinter Wachtürmen und Stacheldraht ein unbarmherziges Schicksal an Wilhelm Canaris und seinen Leidensgefährten. Kein sichtbares Grab wurde ihnen zur letzten Ruhestätte. Die Erde nahm ihre menschliche Hülle in sich auf, und die Wetter der Natur spielen unablässig ihre trauernden Weisen über diesem verborgenen Grund des Schrekkens. Als Zeitgenossen dieses tückisch schillernden Jahrzehnts deutscher Geschichte vermögen wir bis zur Stunde nicht das hinter uns liegende Geschehen klar und deutlich zu erfassen noch den Prozeß der inneren Auseinandersetzung mit dieser Zeit zu vollziehen. Wir stehen stumm und fassungslos vor der Frage, wie in deutschen Landen solche Barbarei überhaupt möglich sein konnte. Die Menschheit beherzigt zu ihrem Unglück die Lehren nicht, die sie aus der Betrachtung einzelner Schicksale oder aus der Menschheitsgeschichte gewinnt. Die menschliche Natur überspringt die sichtbaren Gräber und die unsichtbaren und wendet sich der Zerstreuung zu, die ihr die Gegenwart bietet. Hier liegt eine der Ursachen, die Rückfälle in barbarische Zustände möglich machen, nämlich dann, wenn Herz und Gewissen nicht hellwach bleiben... Wilhelm Canaris erkannte die sich anbahnende Entwicklung nicht nur als schließliche Katastrophe seiner Nation, sondern ihn zermürbte innerlich das sich immer unverhüllter zeigende Zerrbild der von der nackten Lust am Spiel mit der Gewalt verhexten und wahnbefallenen Machthaber. Seine jeder Gewalttätigkeit abgewandte Natur ließ ihn zum Beschützer der Verfolgten, zum Mahner der Unentschlossenen und zum Beschirmer des Widerstandes werden.« (Buchheit, S. 445 f.)

1 Dokument: Gliederung der deutschen Abwehr

Organisation und Stellenbesetzung

Als Canaris am 1. Januar 1935 die Nachfolge von Patzig antrat, war der militärische Nachrichtendienst als sogenannte Abteilung Abwehr im Reichswehrministerium eingegliedert. Im Zusammenhang mit der Schaffung des Oberkommandos der Wehrmacht durch Hitler, entstand im Jahre 1938 die Amtsgruppe Auslandsnachrichten und Abwehr (Abkürzung: »A., Ausl. Abw.«)
Am 18. Oktober 1939 wurde die Amtsgruppe zum Amt Ausland/Abwehr des OKW erhoben. 1941 wurde zusätzlich eine Amtsgruppe Ausland geschaffen.
Ferner wurde 1939 eine Truppeneinheit innerhalb der Abwehr aufgestellt: Zunächst als Baulehrkompanie z.b.V. 800, aus der ab Mitte November 1939 ein Bataillon und dann ab 1. Juni 1940 das Lehrregiment »Brandenburg« z.b.V. 800 und schließlich ab 1942 die Division »Brandenburg« wurde.
Der Amtschef der Abwehr war Admiral Wilhelm Canaris. Sein Adjutant war Oberstleutnant Willy Jenke. Dem Amtschef unterstanden unmittelbar die fünf Abteilungen, die Abwehrstellenleiter, die Kriegsorganisations-Leiter oder KO-Leiter, die Frontabwehrstellenkommandeure, die Verbindungsoffiziere, der Kommandeur des Sonderverbandes z.b.V. 800, der späteren Division »Brandenburg«.
Untergebracht war die Abwehr, oder die »Firma Canaris«, wie man sie beiläufig nannte, in Berlin, Am Tirpitzufer 74–76, in einem Seitenflügel des Reichskriegsministeriums. Der Sitz des Ministeriums, den man nach der »Bendlerstraße« benannte, war ein riesiger Gebäudekomplex, der vom südlichen Rand des Tiergartens bis zum Landwehrkanal reichte, und von Norden nach Süden vom Tirpitzufer und der Bendlerstraße begrenzt war.

Die Abteilung Ausland

Die Abteilung, später Amtsgruppe Ausland, befaßte sich nicht mit Spionage, sondern hatte vor allem die Aufgabe der Verbindung zwischen dem Oberkommando der Wehrmacht und dem Auswärtigen Amt. Gleichzeitig bildete sie die zentrale Stelle für die deutschen Militärattachés des Heeres, der Marine, der Luftwaffe im Ausland und hatte die in Deutschland akkreditierten ausländischen Militärattachés zu betreuen. Sie war in verschiedene Gruppen gegliedert, denen die Auswertung der internationalen Presse, des Rundfunks und ausländischen Schrifttums nach militärischen Gesichtspunkten oblag, und die Angelegenheiten und Fragen des Völkerrechts zu bearbeiten hatten.
An der Spitze der Abteilung Ausland stand von Anfang bis Ende Kapitän zur See und spätere Vizeadmiral Leopold Bürkner, »ein treuer Seemann und rosenroter Optimist«, wie Canaris von ihm sagte, der ihn sehr schätzte.

Die Zentralabteilung

Die Abwehrabteilung Z – Zentralabteilung – war zuständig für alle organisatorischen, verwaltungsmäßigen, finanziellen und rechtlichen Angelegenheiten innerhalb der Abwehr. Zugleich hatte sie das gesamte Personalwesen der Abwehr zu führen, einschließlich der Führung der Personalakten und der Zentralkartei aller mit der Abwehr zusammenhängenden Personen (rund 400 000 Namen), deren verantwortlicher Leiter August Huebner war. Sie bildete und lieferte die Unterlagen für die Nachforschungen und die Personenüberwachung. Bis 1943 war Hans Oster der Leiter der Zentralabteilung, sein Nachfolger wurde Oberst Jacobsen. Wir haben gelesen, wer Oster war und wir erinnern uns daran, daß Oster ebenso wie Canaris erhängt wurde, und daß seine Zentralabteilung das Herz des Widerstandes gegen Hitler gewesen ist. Gleichzeitig baute er ein echtes geheimes Informationsnetz für innerpolitische Angelegenheiten des Dritten Reiches auf. Admiral Canaris verschloß bewußt seine Augen vor dieser verbotenen Tätigkeit, aber er war selbst nicht abgeneigt, die Informationen, die sich Oster mitten aus der SD, der Gestapo und aus dem Auswärtigen Amt usw. heraus bezog, entsprechend zu verwerten.

Die Abteilung I (Nachrichtenbeschaffung)

Die Abteilung I – »Geheimer Meldedienst« – hatte als Schwerpunktaufgabe die Beschaffung von Nachrichten im neutralen und gegnerischen Ausland. Sie erhielt von den Abwehrstellen im Ausland die Berichte ihrer V-Männer (Vertrauensmänner der Abwehr) über die fremden Streitkräfte, die Rüstung, die Kriegsindustrie im Ausland, soweit die Nachrichten von militärischer Bedeutung für die Oberste Wehrmachtsführung waren. Dies galt sowohl für die möglichen Gegner wie auch für die Länder, mit deren Neutralität in einem Krieg zu rechnen war. Die Abteilung I und die Abwehr im allgemeinen war nur für die Gewinnung solcher Nachrichten zuständig. Zur Auswertung wurden diese mit einem Vermerk über die Zuverlässigkeit der Nachrichtenquelle an die zuständige Generalstabsabteilungen des Heeres, der Kriegsmarine oder der Luftwaffe oder an das Oberkommando der Wehrmacht, zu General Jodl, weitergeleitet.
Viele Jahre lang wurde die Abteilung I von Oberst und späterem General Hans Piekenbrock geleitet (gestorben 1959). Ab 1943 führte sie Oberst Georg Hansen, der am 8. September 1944 wegen aktiver Teilnahme am Staatsstreichversuch vom 20. Juli 1944 gegen Hitler hingerichtet wurde.

Die Abteilung II (Sabotage)

Die Abteilung II befaßt sich hauptsächlich mit der Vorbereitung und Durchführung von Sabotageaktionen in Kriegszeiten hinter den feindlichen Linien, was man heutzutage den »subversiven Kampf« nennt. Die Aufgaben reichten von zersetzender Propaganda über die Organisation und Unterstützung von abtrünnigen Minderheiten im Feindesland bis zur Ausbildung von Partisanen für den Guerillakrieg.

Bis Anfang 1939 leitete der Major und spätere Oberst (zuletzt Generalmajor) Helmuth Groscurth die Abteilung II. Ein großer, blonder, verschlossener Mann mit hoher Stirn und mit Brille, war Groscourth vor allem ein Organisationstalent und stand bei Canaris in hohem Ansehen. Neben Hans Oster war er der aktivste Offizier der Abwehr im Kampf gegen das nationalsozialistische Regime. Als er 1939 an das Oberkommando der Wehrmacht zu General Jodl versetzt wurde, spielte er eine maßgebliche Rolle im Widerstand, besonders als Verbindungsmann zwischen Canaris und Halder, dem Chef des Generalstabs des Heeres. Seit März 1943 ist er in den Kämpfen um Stalingrad vermißt. Er hinterließ ein Tagebuch, das für Historiker eine außerordentlich wertvolle Quelle darstellt.
Ihm folgte 1939 in der Leitung der Abteilung II ein Mann nach, den wir oft erwähnt haben: der Oberst und spätere General Erwin von Lahousen-Vivremont. In Österreich geboren am 25. Oktober 1897, trat er 1938 in die Abwehr als Stellvertreter Piekenbrocks in der Abteilung I ein. Dort befaßte er sich anfangs mit der Bearbeitung der Länder im Osten und Südosten. Als er später im Hauptkriegsverbrecherprozeß beim Internationalen Militärtribunal in Nürnberg als Zeuge der Anklage auftrat, wurde sein Zeugenverhör zur Sensation. Ich hatte die Ehre, mich mit ihm einige Jahre später in Innsbruck zu unterhalten, wohin er sich zurückgezogen hatte und wo er 1955 bereits mit achtundfünzig Jahren verstarb. Das, was er mir bereitwillig über den »kleinen Admiral«, den er wie so viele andere Offiziere der Abwehr abgöttisch verehrte, berichtet hat, war mir für die Verfassung dieses Buches von besonderem Wert.
Als Lahousen auf eigenen Wunsch an die Ostfront versetzt wurde, trat ein anderer Oberst aus der Abwehr seine Nachfolge als Leiter der Abteilung II an: Oberst Wessel Freiherr von Freytag-Loringhoven. Dieser beging am 26. Juli 1944 nach dem Attentat vom 20. Juli auf Hitler Selbstmord, um den Klauen der Gestapo zu entrinnen.

Die Abteilung III (Spionageabwehr)

Die Abteilung III — Spionageabwehr – hatte den Abwehrschutz und die Sicherung der Träger von Staatsgeheimnissen als Aufgabengebiet. Ihr Auftrag war die Feststellung feindlicher Spione und der vorsorgliche Geheimschutz der mit der Landesverteidigung zusammenhängenden staatlichen Behörden und Einrichtungen, einschließlich der in den besetzten Gebieten. Diese Tätigkeiten zwangen zu ziemlich enger Zusammenarbeit mit dem RSHA von Reinhard Heydrich, hauptsächlich auf dem Gebiete der Bekämpfung von Untergrundtätigkeit, einerseits mit dem SD, für den im SD-Inland Otto Ohlendorf, und im SD-Ausland Walter Schellenberg zuständig waren, aber auch mit der Geheimen Staatspolizei (Gestapo) unter Heinrich Müller. Was die Bekämpfung zersetzender Propaganda innerhalb der Wehrmacht betraf, arbeitete die Abteilung III mit der Kriminalpolizei unter Arthur Nebe zusammen.
Diese Abteilung III war, wie die anderen Abteilungen auch, in Unterabteilungen, sogenannte Gruppen, mit ihren besonderen Aufgabengebieten gegliedert. So hatte die Gruppe III W die Aufgabe der Spionageabwehr innerhalb der Wehrmacht, die Gruppe III O den militärischen Geheimschutz (Bekämpfung von Spionage und Sabotage)

außerhalb des Reichsgebiets und bediente sich dabei der Organisation der Geheimen Feldpolizei. Die Gruppe III Wi (Wirtschaft) war für den Spionage- und Sabotage-Schutz in der Rüstungsindustrie verantwortlich. Die Gruppe III K – Funkabwehr –, unter Leitung von Korvettenkapitän Schmolinski, war besonders wichtig, weil sie mit der Funküberwachung und Funkabwehr beauftragt war. (Sie hat während des Krieges eine bedeutende Rolle zum Beispiel bei der Aufdeckung des weitgespannten Netzes der »Roten Kapelle« gespielt.) Die Gruppe III D, in Verbindung mit III K und III F, hatte die Aufgabe der »Irreführung des Gegners« durch Ausstreuung von echtem und falschem »Spielmaterial«. Deren Leiter war Oberst Dr. Schäfer.

Diese Aufzählung der einzelnen Gruppen ist nicht vollständig, doch sollten die Gruppe III F (F = Feind) genannt werden, die bedeutendste von allen, die unter Führung von Kapitän zur See Protze und ab 1938 unter Oberst Joachim Rohleder stand. Diese Gruppe III F war verantwortlich für die Gegenspionage gegen die feindlichen Geheimdienste und für den Schutz der eigenen Abwehrdienste außerhalb Deutschlands. Sie wurde ab 1938 und insbesondere ab 1940 beträchtlich erweitert. Die Außenorganisationen dieser Gruppe waren in Königsberg, Stettin und Breslau für ihre Arbeit gegen den Osten, in Münster, Hannover, Kassel und Stuttgart gegen den Westen, in Hamburg gegen England und Frankreich mit Übersee, in Dresden gegen Polen und Tschechoslowakei, in München gegen Balkan und Tschechoslowakei, in Salzburg und in Wien gegen die östlichen Balkanländer und den Mittelmeerraum. Es bestanden auch Abwehrstellen in Wilhelmshaven, Bremen und Kiel, die England und Übersee marinemäßig bearbeiteten.

Bis 1938 war Rudolph Bamler Abteilungsleiter III, der anschließend ein Frontkommando erhielt. Als General geriet er am 27. Juni 1944 in Gefangenschaft und kam in ein Gefangenenlager nach Rußland. Dort schwenkte er zum Marxismus-Leninismus moskowitischer Prägung über und kehrte als Kommandierender General der Volksarmee in die sowjetisch besetzte Zone zurück. Diese Stelle hatte er meines Wissens noch 1966 inne.

An Bamlers Stelle als Abteilungsleiter III trat der Oberstleutnant und spätere General Franz Egbert von Bentivegni, der trotz seines italienischen Namens aus einer alten preußischen Familie stammte und in Potsdam geboren war. Er behielt diese Stelle bis zum Ausscheiden von Admiral Canaris Anfang 1944. Während der Übernahme der Abwehr durch die SS, hatte er vorübergehend die Leitung der Abteilungen I, II und III. Sein Nachfolger wurde Oberst i. G. Heinrich, General von Bentivegni verstarb am 4. April 1958, ohne schriftliche Erinnerungen zurückgelassen zu haben. Er war mit seinen Mitteilungen recht sparsam und mißtraute Journalisten ebenso wie Historikern. Nicht ohne Schwierigkeiten gelang es mir, ihm einige Anekdoten und einige Bemerkungen zu entlocken, die ich in diesem Buch verwertet habe. Etwas gesprächiger wurde er, als er die Erinnerungen an Admiral Canaris wiederaufleben ließ. Dabei wurde er innerlich bewegt; wenn er vom »kleinen Admiral« sprach, röteten sich seine Wangen, seine Augen wurden feucht und seine gefalteten Hände verkrampften sich. Aber er sprach fast nur über allgemeine Dinge. Über die Tätigkeit der Abwehr von Canaris, die Gegenspionage betreffend, habe ich mehr durch Oberst Oscar Reile, im Verlaufe unserer Unterhaltung oder durch dessen zwei wertvolle Erinnerungsbücher (siehe Literaturverzeichnis), erfahren.

2 Dokumente a und b: Briefwechsel vom 21./23. März 1931 zwischen Rechtsanwalt Götting, Berlin und Fregattenkapitän Canaris, Wilhelmshaven über die angebliche Beteiligung an Sabotageakten in Spanien.

Mit Genehmigung des Bundesarchiv – Militärarchiv, Freiburg i.Br.

*[Entwurf] [Berlin], 21. März 1931**

Lieber Canaris!

Nach Rückkehr von Ihrer hoffentlich recht schön verlaufenen Reise muß ich Ihnen heute mit einer neuen Sache kommen. Die T3** hat anliegendes spanisches Zeitungsblatt an die Marineleitung übersandt, welches dann weiter an W abgegeben wurde.
Ich wäre für eine baldige Stellungnahme dankbar, um welche Persönlichkeit es sich hierbei handeln könnte und was nach Ihrer Kenntnis der ganzen Verhältnisse zu tun ist.
Bemerken möchte ich, daß nach längeren Ermittlungen beim Verlag des »Dortmunder Generalanzeigers« dort keine Unterlagen dafür zu finden waren, daß der »Dortmunder Generalanzeiger« einen Bericht über die fragliche Angelegenheit gebracht hätte. Über den Charakter dieser Zeitung sind Sie im übrigen ja wohl im Bilde.
Ohne mehr für heute bin ich mit herzlichen Grüßen
Ihr (gez. Götting)

An
Herrn Fregattenkapitän Canaris,
Chef des Stabes beim Kommando der Marinestation der Nordsee,
Wilhelmshaven.
Der Chef des Stabes des Kommandos der Marinestation der Nordsee

Wilhelmshaven, den 23. März 1931

Lieber Götting,
soeben erhalte ich Ihren Brief vom 21. mit der spanischen Anlage. Zu der Angelegenheit habe ich Folgendes zu sagen:

*Dem Briefwechsel ging eine auf angeblicher spanischer Quelle fußende Presse-Polemik voraus.

**Truppenamt der Reichswehr.

Während meines Kriegsaufenthaltes in Spanien habe ich nichts mit Sabotage zu tun gehabt. Ich weiß natürlich nicht, was der damalige Marineattaché Korv.-Kapt. v. Krohn alles gemacht hat. Ich halte es aber für ausgeschlossen, daß er Sabotage in Spanien betrieben hat. Höchstens hat er von Spanien aus Sabotageakte in anderen Ländern vorbereitet. Aber auch darüber bin ich nicht im Bilde.

Nachdem ich schon lange von Spanien zurück war, hat der Admiralstab den jetzigen Konsul Fricke mit U 35 nach Spanien geschickt, um von dort aus Sabotagematerial im feindlichen Auslande anzusetzen. Er wurde aber gleich nach der Landung in einer Bucht südlich von Kartagena von den spanischen Behörden festgenommen. Sein ganzes Sabotagematerial, das er in der Bucht versenkt hatte, wurde von den Spaniern beschlagnahmt. Es ist möglich, daß es sich um diese Angelegenheit handelt. Bald nach dem Kriege wurde viel darüber gesprochen und geschrieben. Wie Ihnen bekannt, wurde Fricke vollkommen rehabilitiert und sogar von den spanischen Behörden in Schutz genommen.

Weiter ist mir nichts bekannt und ich wiederhole, daß ich es für ausgeschlossen halte, daß von deutscher Seite in Spanien Sabotage betrieben worden ist.

Gesprächsweise hörte ich damals noch, daß von der Armee versucht worden ist, von Spanien nach Frankreich bestimmte Pferdetransporte mit Rotz zu impfen. Darüber könnte aber nur der damalige deutsche Militärattaché Auskunft geben. Ich glaube auch nicht, daß das in diesem Artikel gemeint ist. Dunkel entsinne ich mich auch noch, daß mir Krohn damals erzählte, daß er beabsichtige, in den nach England bestimmten Erzdampfern (von Nordspanien ausgehend) Sprengstoff einzuschmuggeln um die englischen Hochöfen in die Luft zu sprengen. Ich weiß nicht, ob er das tatsächlich gemacht hat, oder ob er nur davon gesprochen hat.

Ich weiß nicht, was man in dieser Angelegenheit tun soll. Es ist möglich, daß der Dortmunder Generalanzeiger wieder versuchen wird, meinen Namen mit dieser Angelegenheit in Verbindungen zu bringen. Das würde mir natürlich sehr unangenehm sein, obwohl ich bestimmt nichts damit zu tun gehabt habe. Ich weiß nicht, ob Ihre Verbindungen soweit reichen, daß Sie sich unmittelbar mit dem Generalanzeiger in Verbindung setzen können, um Näheres zu erfahren. Wahrscheinlich ist es aber das Beste, es ruhig laufen zu lassen. Ich würde es nicht für gut halten in Spanien Messerschmidt mit Feststellungen zu beauftragen. Ich wüßte auch sonst niemanden, an den wir uns wenden könnten.

Meine Reise ist sehr gut verlaufen. Ich habe viel Interessantes erfahren. Mit Joel hatte ich eine lange Unterhaltung, von der ich Ihnen hoffentlich bald mal berichten kann.

Ich freue mich, daß dieses Mal im Reichstag nicht mehr die Rede von mir war. Hoffentlich bleibt es nun so. Nochmals vielen Dank für alle Ihre Unterstützungen.

Mit herzlichen Grüßen Ihr (gez. Canaris)

3 Dokumente a–g: Spanischer Bürgerkrieg, Versuche zur Einflußnahme auf Generalissimus Franco.

(Mit Genehmigung des Politischen Archivs des Auswärtigen Amtes, publiziert in AzdtAPol. Serie D, Bd. III ff.

a) Aufzeichnung für den Staatssekretär

Berlin, den 25. Juli 1936

Zu dem beiliegenden Brief von Graf Welczeck möchte ich folgendes sagen:
Es sind gestern in Tempelhof mit einem Flugzeug der Luft-Hansa 2 Offiziere der spanischen Aufständischen in Berlin eingetroffen, die im Auftrage des Generals Franco wegen des Kaufs von Flugzeugen und Kriegsmaterial mit unseren Stellen verhandeln wollen.
Das Flugzeug war auf den Kanarischen Inseln stationiert und ist dort angeblich für diesen Zweck von den Aufständischen beschlagnahmt worden. Es ist dann über Spanisch-Marokko, Sevilla und Marseille hierhergelangt. Die beiden Offiziere bringen einen Brief des Generals Franco an den Führer und Reichskanzler mit, den sie heute bei der Auslands-Organisation, gleichzeitig mit einem Empfehlungsschreiben der Ortsgruppe Ceuta, abgegeben haben.
Schon gestern hatte sich das Reichskriegsministerium in dieser Angelegenheit an uns gewandt. Wir sind uns mit diesem einig, daß die Offiziere von keinen amtlichen Stellen empfangen werden sollen; ich habe vielmehr veranlaßt, daß sie hier zunächst als Gäste der Luft-Hansa kameradschaftlich aufgenommen werden. Heute habe ich Gauleiter Bohle, der mich in dieser Angelegenheit anrief, gleichfalls dringend davon abgeraten, die beiden Offiziere mit partei-amtlichen Stellen zusammenzubringen und ihre Pläne hier irgendwie zu fördern. Die Auslandsorganisation wird sich daher darauf beschränken, die Briefe entgegenzunehmen und den Brief an den Führer gegebenenfalls weiterzuleiten.
M. E. ist es unbedingt erforderlich, daß die deutschen amtlichen und Partei-Stellen sich in diesem Stadium den beiden Offizieren gegenüber auch weiter vollkommen zurückhalten. Waffenlieferungen an die Aufständischen würden sehr bald erkannt werden (Liberté hat bereits derartige Nachrichten gebracht). Besonders auch für die Lage der deutschen Kolonien in Spanien und für die Lage der deutschen Handels- und Kriegsschiffe dort würde es außerordentlich nachteilige Folgen haben, wenn jetzt bekannt würde, daß wir die Aufständischen beliefern. Auch der irgendwo aufgetauchte Gedanke, daß deutsche Flugzeuglieferungen über das Ausland gehen und getarnt werden könnten, scheint mir praktisch undurchführbar und sollte nicht gefördert werden.

Eine andere Frage ist natürlich, ob die Vertreter von Franco für die Zeit nach einer etwaigen Machtübernahme schon jetzt hier Vereinbarungen treffen sollen. Jedenfalls sollten sich auch in dieser Hinsicht alle amtlichen Stellen zurzeit noch vollkommen heraushalten.
gez. Dieckhoff

b) Telegramm: Tanger, den 29. Juli 1936, Nr. 11 vom 29/7.

Zur Weitergabe an Generaloberst Göring:
»Auftragsgemäß teile mit: Hatte Unterredung mit General Franco. Zukünftige nationale Regierung Spaniens gebildet durch Direktorium der 3 Generäle Franco, Queipo de Llano, Mola; Präsidium General Franco. Unsere deutsche Auffassung über zukünftige kommerzielle, kulturelle und militärische Beziehungen mit Spanien decken sich vollkommen mit General Francos Wünschen und Absichten.

Heil Hitler! Langenheim Wegener

c) Aufzeichnung des Legationssekretärs von Dörnberg (Pol. Abt.)

Geheim!

Berlin, den 26. Januar 1937
e.o.Pol. I 731 g

Admiral Canaris, Leiter der Abt. Abwehr im Reichskriegsministerium, ließ mich heute in dringender Angelegenheit zu sich rufen. Bei Admiral Canaris befand sich ein sich augenblicklich in Berlin aufhaltender (Eden-Hotel) weißer Spanier namens Augusto Miranda, der Admiral Canaris schon seit langer Zeit gut bekannt ist. Herr Miranda ist der Nachfolger des tödlich verunglückten spanischen Fliegers de la Cierva, der von General Franco beauftragt war, Waffenkäufe von London aus zu tätigen. Die gleiche Aufgabe hat jetzt Herr Miranda.
Herr Miranda erklärte folgendes: Herr Bernhardt von der Hisma ist vor einigen Tagen bei General Franco gewesen und hat ihm eröffnet, daß sämtliche Devisen, über die General Franco verfüge, zur Disposition von Herrn Bernhardt bzw. der Hisma gestellt werden müßten. Diese Forderung sei im Hinblick auf die außerordentlichen Leistungen, die Deutschland bisher für General Franco vollbracht habe, nicht unbillig. Herr Bernhardt habe bei seiner Erklärung, die General Franco sehr stark beeindruckt habe, zu verstehen gegeben, daß er in offiziösem Auftrage handele.
General Franco habe kurz nach dieser Besprechung mit Herrn Bernhardt seinen Bruder Nicolas Franco und Herrn Miranda zu sich gerufen, um mit ihnen die Forderung von Bernhardt zu besprechen. Beide Herren hätten sich gegen die Erfüllung dieser Forderung gewendet. General Franco habe sie aber nicht *a limine* ablehnen wollen und seinen Bruder Nicolas beauftragt, mit General Faupel zu sprechen. General Faupel habe die

Forderungen des Herren Bernhardt grundsätzlich unterstützt und sich in jeder Beziehung vor Herrn Bernhardt gestellt. Er habe jedoch sich eine endgültige Stellungnahme noch vorbehalten.
Soweit, wie Herr Miranda sich ausdrückte, »die Tatsachen«. Herr Miranda legte Admiral Canaris und mir kurz dar, aus welchem Grunde Nicolas Franco und er (Miranda) gegen die Erfüllung der Bernhardtschen Forderungen seien. Herr Miranda wies darauf hin, daß der Wert der deutschen Lieferungen in gar keinem Verhältnis zu den General Franco zur Verfügung stehenden Devisen stände. Wenn man deutscherseits auf die Aushändigung dieser Devisen bestehen wollte, so würden sie nur zu einem kleinen Teil für die Materiallieferungen aus Deutschland verwendet werden können und in der allgemeinen Verrechnung verschwinden. Wenn General Franco aber nach wie vor über seine Devisen verfügen könne, so sei er in der Lage, durch seinen Vertreter an den verschiedensten Stellen zusätzlich Waffen und Material zu kaufen. Es sei ferner darauf hinzuweisen, daß Bernhardt kein Waffenhändler sei, während diejenigen Spanier, die von Franco damit beauftragt seien, seit Jahren im Waffengeschäft stünden. Man habe bisher einmal versucht, ein Waffengeschäft unmittelbar mit Bernhardt zu machen, das Ergebnis sei aber denkbar unbefriedigend gewesen. Er, Miranda, kaufe von London aus überall Waffen und stände mit den bekanntesten Waffenhändlern in Holland, Deutschland etc. in Verbindung. So habe er verschiedene Geschäfte mit dem bekannten deutschen Waffenhändler Veltgens abgeschlossen, die neben den laufenden deutschen Lieferungen getätigt worden seien. Er müsse ferner darauf hinweisen, daß die General Franco zur Verfügung stehenden Devisen fast ausschließlich von spanischen Patrioten und Freunden der Spanischen Sache zur Verfügung gestellt worden seien, die es nicht verstehen würden, wenn ihre Gelder dafür verwendet würden, um Herrn Bernhardt eine Monopolstellung in Devisenfragen zuzugestehen. Herr Miranda fügte noch hinzu, daß nach seiner Ansicht Herr Bernhardt in allen führenden spanischen Kreisen außerordentlich unbeliebt sei.
Herr Miranda trug seine Ausführungen in durchaus ruhiger und gemäßigter Form vor. Er machte persönlich keinen schlechten Eindruck. Miranda ist jederzeit bereit, seine Angaben im Auswärtigen Amt zu wiederholen. Admiral Canaris überläßt die Verwertung dieser Angaben völlig dem Auswärtigen Amt.
Hiermit Herrn Gesandten Frhrn. von Weizsäcker ergebenst vorgelegt.
Dörnberg

Funk-Telegramm der Botschaft in Salamanca an das Auswärtige Amt

Nr. 188 vom 5.4.

Salamanca, den 5. April 1938 1 Uhr 50
Ankunft: 5. April 14 Uhr 55

Für Herrn Staatssekretär und Chef Oberkommandos der Wehrmacht.

In gestriger Unterhaltung mit Franco kam dieser in behutsamer Form auf die Frage einer

möglichen Zurückziehung Legion Condor zu sprechen, nachdem in vorhergehenden Gesprächen sowohl Torres wie auch Außenminister Jordana Frage angeschnitten hatten. Ausgehend von günstiger militärischer Entwicklung, die baldiges Ende der Operationen erwarten ließe, darlegte Franco, daß sowohl Verhandlungen im Nichteinmischungsausschuß wie auch Rücksicht auf französische und englische Empfindlichkeiten Gedanken einer Ausscheidung der ausländischen Freiwilligen nahelegen. Bei weiterer günstiger Entwicklung militärischer Lage könne bald Zeitpunkt einer Zurückziehung auch für die Legion Condor kommen. General Kindelan hätte bereits etwa 50 spanische Piloten zur Verfügung, die deutsche Maschinen übernehmen könnten, wobei er an gewisse Übergangsregelung (Schulung durch deutsches Personal) denke. Franco bat mich, dieserhalb mit General Veith zu sprechen, damit er näheres mit Kindelan verabrede. Auch hinsichtlich Italiener schwebe ihm ähnlicher Gedanke vor, ohne daß er sie konkretisierte. Mit Rücksicht auf politsche Bedeutung der ganzen Frage habe ich Franco in einer kurzen zweiten Utnerredung gebeten, zunächst von Unterrichtung Veiths abzusehen, da ich über Angelegenheit Botschafter Stohrer berichten wollte. Franco war mit diesem Vorschlag einverstanden.
Im übrigen entwickelte mir Franco in längeren Ausführungen seine Auffassung über künftige friedensmäßige militärische Zusammenarbeit. Er gab lediglich dem Wunsch Ausdruck, für die Marine einige deutsche Seeoffiziere zur Ausbildung zur Verfügung gestellt zu bekommen und zwar möglichst wenig nach außen hin in Erscheinung tretend. Hinsichtlich der Ausbildung von Heer und Luftwaffe betonte Franco mehrmals, daß man diese selbst durchzuführen beabsichtige und lediglich einige Spezialisten benötige. Allgemein wurde betont, daß er gleiche Grundsätze den Italienern gegenüber zur Anwendung bringen wolle. Bemerkenswert war, daß Franco diesmal sich besonders lobend über Italiener aussprach. Gesamteindruck war, daß Franco offenbar bemüht ist, sich freie Hand zu schaffen. Einzelheiten nach Rückkehr.
Botschafter kennt vorstehendes Telegramm.
Canaris/Stohrer

e) Telegramm der Botschaft in San Sebastian an das Auswärtige Amt

Citissime!
Nr. 339 vom 27. 10.

San Sebastian, den 27. Oktober 1938 17 Uhr
Ankunft: 27. Oktober 19 Uhr
Pol. I 2502 g

Für Chef O.K.W. und Staatssekretär Frhr. v. Weizsäcker.

1) Franco schildert mir Kriegslage wie folgt:
Er beabsichtigt durch Frontverkürzung und organisatorische Maßnahmen sich zunächst die nötigen Reserven zu beschaffen, um in allernächster Zeit wieder offensiv werden zu können. Zu diesem Zweck beabsichtigt Franco als Erstes einen Angriff im Ebrobogen

mit allgemeiner Angriffsrichtung Südost. Zwei größere Offensivhandlungen befinden sich augenblicklich im Zustand der Erwägung. Die eine soll sich gegen Katalonien, die andere gegen die Levante richten. Eine Entscheidung, welche Operation durchgeführt werden soll, ist noch nicht erfolgt. Zur Durchführung benötigt Franco auf alle Fälle das von Deutschland und Italien angeforderte Kriegsmaterial, aber nach eigener Äußerung keine Personalvermehrung. Franco erklärte, so den Krieg zu einem siegreichen Ende führen zu können, zumal er Rot in seiner Kampfkraft für wesentlich geschwächt hält infolge angeblichen Fehlens militärisch ausgebildeter Reserven und steigender Nahrungs- und Geldschwierigkeiten. Franco ablehnt daher nach wie vor Kompromiß mit Roten in Form Verhandlungsfriedens.

Ich halte Franco-Auffassung über seine militärischen Aussichten auch im Falle vollständiger Lieferung des bei uns angeforderten neuen Kreigsmaterials sowie seine Beurteilung der Verhältnisse bei Roten für zu optimistisch. Eine schnelle rein militärische siegreiche Beendigung des Krieges ist nicht wahrscheinlich. Trotzdem scheint mir möglichst umgehende und vollständige Lieferung des von Franco angeforderten Kriegsmaterials äußerst wichtig, um ihm einen größeren militärischen Erfolg zu ermöglichen und dadurch Rote von der Nutzlosigkeit Fortsetzung Kriegs zu überzeugen. Kommt es nicht zu dieser Lösung, ist Erschöpfungskrieg nicht zu vermeiden. Dieser für Franco sicherlich nicht aussichtslos aber doch angesichts innerer Lage bei Weiß und ununterbrochener Unterstützung, die Rot an Lebensmitteln und wahrscheinlich auch Waffen erhalten wird, mit Gefahren verbunden.

Politische Aktion der Mächte wäre nach neuen militärischen Erfolgen Francos vermutlich nicht aussichtlos in Form von Druck auf roten Widerstand (Gruppe verstümmelt) und Einfluß auf Franco, großzügige Gnadenaktion vorzunehmen.

Die bereits gemeldete Neuorganisation der Italiener dürfte Anhalt dafür sein, daß sie ebenfalls nicht unbedingt mit militärischem Sieg rechnen und einer politischen Aktion Weg bereiten wollen. (Vgl. mein Telegramm vom 26. Oktober.)

2) Franco legt Wert auf Aussprache mit Hohem Kommissar Marokko über Ereignisse in Nordafrika während letzter Krisis und zukünftige Zusammenarbeit. Zusammentreffen mit Beigbeder für 30. Oktober in Tetuan verabredet.

Telegramm ist mit Einverständnis Botschafters aufgestellt.

Guillermo*/Stohrer

f) Telegramm Reichsaußenminister an die Botschaft in San Sebastian

Dringend! Für Botschafter. Auf Telegramm 322 Nr. 210 vom 3.

Berlin, den 3. April 1939 20 Uhr
Ankunft: 3. April 20 Uhr

Es ist hier nicht verständlich, inwiefern Spanischer Außenminister von neuem Einwendung gegen Veröffentlichung des Beitritts Spaniens zum Antikominternpakt vorzubringen vermag. Die Voraussetzung für die Veröffentlichung ist wie schon mit Drahtweisung

* Admiral Canaris.

199 ausgeführt, durch den Fall von Madrid geschaffen. General Franco hat am 1. April erklärt, Rote Armee sei gefangen und entwaffnet; das letzte militärische Ziel erreicht, der Krieg sei beendet. Wenn also von spanischer Seite jetzt wieder Einwendung gegen die Veröffentlichung erhoben werden, so kann darin nichts anderes gesehen werden als Versuch gewisser Elemente in der spanischen Regierung, die früheren Abreden beiseite zu schieben und sich vertraglich festgelegten spanischen Bekenntnisses zum Anschluß an Antikominternkreis zu entziehen.
Sowohl auf ihn bisherig zwingende Vorgänge wie auch mit Rücksicht auf unsere sehr gespannten allgemein-politischen Bedürfnisse kann mit Veröffentlichung des Vertrages nicht mehr gewartet werden. Wenn Sie daher bei Eintreffen dieser Drahtweisung noch nicht im Besitz der spanischen Zustimmung zur Veröffentlichung sind, bitte ich Sie zusammen mit Ihrem italienischen und japanischen Kollegen, deren Regierungen unsere Auffassung teilen und ihren Vertretern bekanntlich in der vorigen Woche gleiche Instruktion erteilt haben, bei dem dortigen Außenminister oder bei Generalissimus selbst umgehend vorzusprechen und die sofortige Veröffentlichung zu verlangen. Sie können hinzufügen, daß die internationale Presse bekanntlich den spanischen Beitritt bereits bemerkt und gemeldet hat, und daß Verschleierung der international bereits bekannten Tatsache als ein Zeichen der Schwäche der Antikominternmächte gedeutet würde. Dies ist unerwünscht.
Ich bitte spanischen Außenminister in meinem Namen Veröffentlichung in Mittwoch Morgenpresse vorzuschlagen.
gez. Ribbentrop

g) Telegramm Botschafter in San Sebastian an das Auswärtige Amt

Nr. 337 vom 3.

San Sebastian, den 3. April 1939 20 Uhr 10

Im Anschluß an Telegramm vom 3. d.M. Nr. 335

Generalissimus hat Vizeadmiral Canaris durch Außenminister sagen lassen, daß er bitte, ihm für Veröffentlichung Beitritts zu A[ntikomintern]-Pakt noch zwei bis drei Wochen Zeit zu lassen, damit inzwischen Frankreich rotes Kriegsmaterial, spanische Handelsschiffe usw. herausgebe.
Stohrer

4 Dokument: Erklärung Rechtsanwalt Graf v. d. Goltz vom 14. Mai 1947.

(Entnommen aus Hoßbach, Zwischen Wehrmacht und Hitler, Wolfenbüttel 1949.)

Rechtsanwalt Graf v. d. Goltz, der Verteidiger des Generalobersten v. Fritsch, schreibt mir [Hoßbach] am 14.5.1947 über seine mit dem Feldmarschall von Blomberg im Juni 1945 stattgefundenen Unterhaltungen:
»Blomberg hat mir folgendes erzählt: Wohl am 24. oder 25. sei Göring bei ihm gewesen und habe ihm gesagt, daß er infolge der bekannten Vorgänge untragbar geworden sei, die Göring ihm bei dieser Gelegenheit erst mitgeteilt habe. Blomberg sei dadurch völlig überrascht worden und habe erwidert, er nehme an, daß er über diese ihm unbekannte Angelegenheit zunächst einmal mit seiner Frau sprechen dürfe und dann Entschlußfreiheit habe. Göring habe ihm erwidert, daß selbstverständlich jederzeit die Ehe sofort annulliert werden könne, wenn Blomberg dies wünsche, daß er aber die Entschlußfreiheit, zu bleiben, auch für einen solchen Fall nicht mehr habe, da er durch die Vorgänge als solche untragbar geworden sei. Daraufhin habe Blomberg keine Veranlassung gesehen, eine Lösung der Ehe in Erwägung zu ziehen und fügte hinzu, daß diese Ehe sich zu einer überaus glücklichen gestaltet habe. Er sei dann zu Hitler gerufen worden. Das Blomberg eigentlich angehende Thema sei von Hitler kurz abgeschnitten worden. Hitler habe von Blomberg lediglich wissen wollen, wen er als seinen Nachfolger vorschlage; Fritsch komme nicht in Frage, der ginge auch. (Auf wiederholtes Befragen erklärte mir Blomberg immer wieder, daß kein Zweifel daran bestehe, daß Hitler ihm dies von sich aus sofort gesagt habe. Er habe bei dieser Gelegenheit sozusagen mit einem Satze auch die aufgetretenen Verdächtigungen gegen Fritsch als Grund erwähnt.) Blomberg habe darauf erwidert, Göring sei der Dienstälteste. Hitler habe geantwortet, daß Göring nicht in Frage komme. Er habe dabei einige unfreundliche Redensarten über Göring gemacht: er sei zu bequem – vielleicht fiel sogar das Wort faul –, und er komme jedenfalls nicht in Frage. Daraufhin habe Blomberg Hitler vorgeschlagen, selbst die Stellung des Reichskriegsministers zu übernehmen. Hitler habe sich das angehört, wohl ohne dazu Stellung zu nehmen, und die Audienz sei damit beendet worden.
Als Blomberg dies erzählte, blieb mir der Mund zunächst offenstehen, und ich fragte ihn, ob ich richtig verstanden hätte, daß er persönlich Hitler als seinen Nachfolger vorgeschlagen habe! Blomberg, der in diesem Augenblick wohl erst merkte, was er gesagt hatte, erklärte, daß er dies getan habe; er bäte aber, darüber nicht zu sprechen. Ich habe diese Unterhaltung, die unter acht Augen in Augsburg stattfand, in diesem Augenblick nicht vertieft, sondern bin am nächsten Tage zu Blomberg auf seine Stube gegangen und habe gebeten, noch einmal auf diese Frage, deren Klärung mir besonders am Herzen lag, zurückzukommen. Ich habe ihn gefragt, warum denn er als General nicht einen anderen

General als seinen Nachfolger vorgeschlagen habe, sondern Hitler und damit praktisch die Führung der Wehrmacht durch die Generalität nicht gesichert habe. Er erklärte daraufhin, daß er das für richtiger gehalten habe, um eine Einheitlichkeit der Auffassungen sicherzustellen und daß in der Wehrmacht kein geeigneter Nachfolger vorhanden gewesen sei.«

5 Befehl Hitlers zum bewaffneten Einmarsch in Österreich vom 11. März 1938

(Zuerst veröffentlicht in IMT, Bd. XXXIV, S. 336f.)

Der Oberste Befehlshaber der Wehrmacht — Berlin, den 11. März 1938
O.K.W. L Ia Nr. 420/38 g. Kdos.
Betr.: Unternehmen Otto

Geheime Kommandosache. Weisung Nr. 1

1. Ich beabsichtige, wenn andere Mittel nicht zum Ziele führen, mit bewaffneten Kräften in Österreich einzurücken, um dort verfassungsmäßige Zustände herzustellen und weitere Gewalttaten gegen die deutschgesinnte Bevölkerung zu unterbinden.
2. Den Befehl über das gesamte Unternehmen führe ich.
Nach meinen Weisungen führen:
der Ob(erbefehlshaber) d(es) H(eeres) die Operationen zu Lande mit der 8. Armee in der mir vorgeschlagenen Zusammensetzung und Stärke und den aus der Anlage ersichtlichen Zuteilungen der Luftwaffe, der SS und der Polizei,
der Ob(erbefehlshaber) d(er) L(uftwaffe) die Unternehmungen in der Luft mit den mir vorgeschlagenen Kräften.
3. Aufgaben:
a) Heer.
Der Einmarsch nach Österreich hat in der mir vorgetragenen Art zu erfolgen. Das Ziel für das Heer ist zunächst die Besetzung von Oberösterreich, Salzburg, Niederösterreich, Tirol, die schnelle Besitznahme von Wien und die Sicherung der österreichisch-tschechischen Grenze.
b) Luftwaffe.
Die Luftwaffe hat zu demonstrieren und Propagandamaterial abzuwerfen, österreichische Flughäfen für etwa nachzuziehende Verbände zu besetzen, das Heer in dem erforderlichen Umfange auf Antrag zu unterstützen und außerdem Kampfverbände zu besonderen Aufträgen bereitzuhalten.
4. Die für das Unternehmen bestimmten Kräfte des Heeres und der Luftwaffe müssen ab 12. März 38 spätestens 12.00 Uhr einmarsch- bzw. einsatzbereit sein.
Die Genehmigung zum Überschreiten und Überfliegen der Grenze und die Festsetzung des Zeitpunktes hierfür behalte ich mir vor.
5. Das Verhalten der Truppe muß dem Gesichtspunkt Rechnung tragen, daß wir keinen Krieg gegen ein Brudervolk führen wollen. Es liegt in unserem Interesse, daß das ganze Unternehmen ohne Anwendung von Gewalt in Form eines von der Bevölkerung begrüßten friedlichen Einmarsches vor sich geht. Daher ist jede Provokation zu vermei-

den. Sollte es aber zu Widerstand kommen, so ist er mit größter Rücksichtslosigkeit durch Waffengewalt zu brechen.
Übergehende österreichische Verbände treten sofort unter deutschen Befehl.
6. An den deutschen Grenzen zu den übrigen Staaten sind einstweilen keinerlei Sicherheitsmaßnahmen zu treffen.
gez. Adolf Hitler.

6 Dokument: a) Aktennotiz von (vermutl.) Admiral Canaris über eine Aussprache mit Generaloberst Keitel am 17. August 1939.

(Nach einer Fotokopie und mit Genehmigung des Bundesarchivs – Militärarchiv – Freiburg/Br.)

a) Handschriftl. Überschrift: Polnische Uniformen f. Heydrich
Aussprache mit Generaloberst Keitel am 17.8.39.

Ich melde Keitel meine Besprechung mit Jost. Er sagt, daß er sich um dieses Unternehmen nicht kümmern könne, da der Führer ihn nicht unterrichtet habe und ihn lediglich hat sagen lassen, daß wir Heydrich polnische Uniformen zur Verfügung stellen sollten. Er ist einverstanden, daß ich den Generalstab unterrichte. Er sagt, daß er von derartigen Unternehmungen nicht viel hält, daß aber nichts zu machen sei, wenn sie vom Führer befohlen wären, er könne den Führer nicht fragen, wie er sich die Ausführung dieses speziellen Unternehmens dächte. Bezüglich Dirschau hat er entschieden, daß das Unternehmen nur durch die Armee durchgeführt werden soll.
Ich habe dann mein Gespräch mit Roatta gemeldet. Er sagte mir, daß er es für sehr gut hält, wenn Mussolini dem Führer klipp und klar sagen würde, daß er nicht in den Krieg eintreten würde. Er persönlich glaube, daß Mussolini doch mitmachen würde. Ich antwortete ihm, daß ich dieses für ausgeschlossen halte auf Grund des Gesprächs Ciano–Ribbentrop, das ich ihm nochmals ausführlich übermittelte. Er sagt, daß der Führer ihm das Gegenteil erklärt hätte. Es ging also aus meinen Ausführungen hervor, daß der Führer ihm – Keitel – nicht alles sage. Ich sage ihm ferner, daß ich durch Graf Marogna erfahren hätte, daß der König von Italien König Alfons vor einigen Tagen gesagt habe, daß er unter gar keinen Umständen unterschreiben werde, wenn Mussolini ihm eine Mobilmachungsorder vorlegen würde.
Im Anschluß daran meint Keitel, daß es doch sehr interessant wäre festzustellen, daß selbst ein Volk, das wie Italien diktatorisch regiert würde, bezüglich des Krieges recht laurig wäre. Wie viel schlechter müßte es bei den demokratischen Ländern aussehen. Er sei überzeugt, daß die Engländer nicht eingreifen würden.Ich versuche diese Ansicht zu wiederlegen und sage, daß die Engländer bestimmt sofort die Blockade eröffnen und unsere Handelsschiffahrt zerstören würden. Keitel meint, daß diese nicht von großer Bedeutung sei, da wir Öl von Rumänien bekämen. Ich antwortete, daß dies nicht ausschlaggebend sei und wir auf die Dauer einer Blockade nicht wiederstehen können und daß England mit allen Mitteln gegen uns kämpfen würde, wenn wir gewaltsam gegen Polen vorgehen und es zu Blutvergießen käme. Ich sage ihm, daß die Engländer sich genau so verhalten hätten, wenn bei unserem Einmarsch in die Tschechei Blut geflossen wäre. Ich versuche Keitel die Folgen eines Handelskrieges für Deutschland klarzuma-

chen und sagte ihm, daß wir nur mit geringen Mitteln dagegen kämpfen können. Soeben hätte ich erfahren, daß wir nur 10 U-Boote in den Atlantik schicken könnten. Keitel meint, daß nach der Eroberung Polens es leicht sein würde, Rumänien zur Übergabe seines Öls zu zwingen. Ich mache ihn aufmerksam auf die Maßnahmen der Engländer auf dem Balkan und versuche ihm klarzumachen, daß die Engländer sicherlich alles für einen solchen Fall auf dem Balkan vorbereitet und daß Bulgarien uns als Bundesgenosse nichts nütze, da es sofort von Rumänien und der Türkei angegriffen werden würde.

b) Schreiben Keitels vom 9. Dezember 1945 an seine Verteidiger

Notiz für Herrn Rechtsanwalt Dr. Nelte [handschriftl. dat.] 9.12.1945

Je öfter meine Gedanken zu dem Fall *»polnische Uniformen für Heydrich«* zurückkehren, um so mehr wird bei mir zur Gewißheit, daß hier *zwei* verschiedene Fassungen der Aktennotiz vom 17.8.39, und zwar nur des *ersten* Absatzes dieser Notiz, vorliegen müssen! Ich vermute, daß *je* eine solche Niederschrift des Ergebnisses des Vortrages Canaris bei mir gefertigt wurde
1) für Chef Abwehr II Lahousen
2) für Chef Ausl. Bürkner.
Lahousen ging nur der erste Absatz (poln. Uniformen) an; Bürkner der gesamte übrige Teil der Notiz.
Am 8.10.45 hat Mtr. Dodd nur einen *Originalabdruck* vorgelegt,
ohne Unterschrift und Angabe des Verfassers.
1) *Sicher weiß ich,* daß auf diesem *Original oben links* (Kopf) das Wort *»Ausl.« stand.* Ferner erinnere ich mich *nicht,* daß eine Überschrift, wie in der Copie, darüberstand, denn das fiel mir bei Vorlage der *Copie* zuerst als *fremd* auf; ebenso die Angabe eines Datums, die ich bei *allen* Vernehmungen mir als erstes notierte wegen etwaiger Identifizierungen später.
2) Der erste *Absatz* hatte in dem mir vorgelegten Original, meiner Erinnerung nach, eine von der Copie etwas *abweichende Fassung.* Ich habe darin die Worte gelesen: *»ich will davon nichts wissen«!* Ich erkannte daraus ja sofort, daß mich diese Worte hinsichtlich der *Mitwirkung* an den von Heydrich geplanten »Zwischenfall« entlasteten, was mir sehr beachtlich erschien. Mtr. Dodd gegenüber erklärte ich am 8.10.45 damit, daß ich tatsächlich nichts wisse, welcher Art der »Zwischenfall« sein sollte und ob er überhaupt stattgefunden habe.
Schließlich fügte ich hinzu, daß ich Canaris, dessen Urheberschaft der Notiz ich als wahrscheinlich erklärte bzw. so gut wie sicher, damals gesagt habe, *»er möge die Finger davon lassen«.* Ob diese Worte aber auch in der mir vorgelegten Niederschrift gestanden haben, bezweifle ich jetzt selbst, es war wohl nur meine zusätzliche Aussage.
3) Der Vorfall selbst, wenn er durch Einsicht in das Protokoll vom 8.10.45 und das *Original* der Niederschrift, auf dessen *Rückseite* (letzter Bogen) meine *Anerkenntnis* während der *Vernehmung mit Tinte notiert wurde,* nicht nachweisbar sein sollte, muß gegen das Amt Canaris/Lahousen doch ausgenutzt werden.

Trotz meiner Anweisung, sich nicht auf die Sache einzulassen, hat man es doch getan, um mich damit zu belasten, denn nichts war naheliegender, als Heydrich zu antworten, daß Abwehr keine poln. Uniformen habe! Man wollte aber zu eigener Entlastung- *mich* mit dem Entgegenkommen Heydrich gegenüber *belasten,* um später zu beweisen *»wie die Männer schuldig wurden«,* wie Lahousen bei der Vorführung als Zeuge ja so stolz hervorhob. Man schaffte sich ein Beweisstück dafür, daß *ich* die Verantwortung für die Beschaffung der Uniformen übernommen hatte.

4) Im Zusammenhang mit dem Verrat an Holland ist auch dies ein Beweis, welches Doppelspiel Canaris und seine Vertrauten mit dem OWK und mir getrieben haben, ebenso, wie mit »Weygand u. [Giraud!] Giveau«.

7 Kriegstagebuchaufzeichnung des Admirals Canaris über die Konferenz im Führerzug in Ilnau am 12. September 1939

[Nach UuF]

I. Das ukrainische Problem

Unmittelbar, nachdem die Begrüßungen ausgetauscht waren, erklärte mir Reichsaußenminister von Ribbentrop seine Ansicht über die Möglichkeiten, den deutsch-polnischen Krieg auf politischem Wege zu beenden. Während der anschließenden Aussprache im Dienstwagen des Generals Keitel wurden diese Lösungsmöglichkeiten durch den Chef des OKW wie folgt zusammengefaßt und erläutert:

Fall 1. Eine vierte Teilung Polens wird stattfinden, wobei Deutschland sein Desinteressement zugunsten der Sowjetunion mit Bezug auf das Land östlich der Narew-Weichsel-San-Linie ausspricht.
Fall 2. Für den verbleibenden Teil wird ein unabhängiges Polen errichtet, eine Lösung, die dem Führer am besten zusagen würde, weil er dann mit einer polnischen Regierung über die Wiederherstellung des Friedens im Osten verhandeln könnte.
Fall 3. Der Rest Polens löst sich auf.
a) Litauen wird das Gebiet von Wilna angeboten.
b) Galizien und die polnische Ukraine werden unabhängig. (Vorausgesetzt, daß dieses außenpolitische Arrangement der Sowjetunion recht ist.)
Für den Fall 3b würde ich geeignete Vorbereitungen mit den Ukrainern zu treffen haben, daß, wenn dieser Fall Tatsache wird, durch die Organisation Melnyk (O.U.N.) ein Aufstand erregt werden kann, der auf die Vernichtung der Juden und der Polen abzielt. Ein politisches Übergreifen dieser Bewegung in Richtung auf die Sowjet-Ukraine (Idee einer Groß-Ukraine) müßte unbedingt verhindert werden. [Bleistiftnotiz: Die Voraussetzungen hierfür scheinen nicht mehr gerechtfertigt.]

II. Propaganda

Ich besprach dann die Regelung von Propagandaangelegenheiten mit Keitel. Zufolge einem vollständigen Einvernehmen, welches in bezug auf diese Frage zwischen dem Reichsaußenminister und Dr. Goebbles erzielt wurde, werden Vertreter des A.A. zu den Propagandakompanien entsandt, um sowohl alles Propagandamaterial zu überprüfen als auch ihre Wünsche zum Ausdruck zu bringen. [Verbindungsmann zum A.A.].
Jedoch verbleibt die Verantwortlichkeit für die Durchführung der Propaganda ausschließlich beim Chef der Propagandakompanien.

III. Militärische Exekutionen

Ich wies Keitel darauf hin, daß ich wüßte, daß weitreichende Exekutionen in Polen geplant seien und daß insbesondere der Adel und die Geistlichkeit ausgerottet werden sollten. Letzten Endes würde die Welt die Wehrmacht für diese Taten verantwortlich machen, unter deren Augen solche Dinge geschehen seien.
Keitel antwortete, daß der Führer in dieser Frage bereits entschieden hätte. Er hätte es dem Oberbefehlshaber des Heeres klargemacht, daß, wenn die Wehrmacht mit diesen Vorkommnissen nichts zu tun haben wollte, sie die SS und die Gestapo als Rivalen hinzunehmen hätte. Deshalb werde für jeden militärischen Bezirk neben dem militärischen Befehlshaber ein Zivilbefehlshaber ernannt werden. Der letztere würde dann mit der Volksausrottung betraut werden. [Bleistiftnotiz: Politische Flurbereinigung.]

IV. Bombardement von Warschau

Auf meinen Hinweis auf die ungünstigen außenpolitischen Folgen dieser Maßnahme antwortete Keitel, daß solche Maßnahmen definitiv durch den Führer und Generalfeldmarschall Göring entschieden würden. Der Führer hätte häufige telefonische Besprechungen mit Göring. Manchmal werde er [Keitel] über die besprochenen Themen unterrichtet, aber nicht immer.

V. Erklärungen des Führers

Während dieser Unterredung erschien der Führer und fragte mich sofort, was für Nachrichten ich aus dem Westen hätte. Ich antwortete, daß wir gemäß den vorliegenden Informationen und Berichten darauf schließen müßten, daß – besonders im Raum von Saarbrücken – die Franzosen Truppen und Artillerie versammeln, um einen systematischen und methodischen Angriff großen Stils vorzubereiten. Ferner hätte ich Vorsorge getroffen, daß er in Kürze unterrichtet werden würde über den Ort und die Richtung dieses Angriffs.
Der Führer bemerkte darauf: »Ich kann mir nicht vorstellen, daß die Franzosen gerade in der Gegend von Saarbrücken angreifen sollten, wo unsere Stellungen am stärksten sind. Dort haben wir unsere »A«-Werke und außerdem werden [die Franzosen] sich dort zweiten und dritten Stellungen gegenüberfinden, die, wenn möglich, noch stärker befestigt sind. Ich betrachte den Bienwald und den Pfälzerwald als unsern schwächsten Punkt, trotz dem von anderer Seite erhobenen Einwand, daß ein Angriff gegen eine bewaldete Zone aussichtslos ist. Ich bin in dieser Hinsicht anderer Meinung. Ein Abenteuer über den Rhein ist immerhin möglich, obgleich wir dort schon vorbereitet sind. Ich halte es nicht für sehr wahrscheinlich, daß ein Angriff durch Belgien und Holland, eine Verletzung der Neutralität, versucht wird. Jedoch für einen Angriff großen Stils gegen den Westwall ist Zeit erforderlich.«
Keitel und Jodl stimmen diesen Gedanken des Führers zu, und der letztere fügt hinzu, daß die Artillerievorbereitungen für einen Großangriff mindestens drei bis vier Wochen

erfordere, daher würde der Angriff selber im Oktober stattfinden. Woraufhin der Führer fortfuhr: »Ja und im Oktober ist es schon ziemlich kalt und unsere Leute werden in geschützten Bunkern sitzen, während die Franzosen im Freien liegen und angreifen müssen. Jedoch selbst wenn der Franzose einen der schwächsten Punkte des Westwalls erreichen sollte, werden wir in der Zwischenzeit in der Lage sein, vom Osten her das heranzubringen, was ihm [dem Franzosen] eine solche »Abreibung‹ versetzt, daß ihm Hören und Sehen vergeht. Daher bleibt nur der Weg durch Belgien und Holland. Ich glaube nicht daran, aber es ist nicht unmöglich. Deshalb müssen wir wachsam sein.«
Dann wandte sich der Führer unmittelbar zu mir und verlangte schärfste Überwachung allen Geschehens in diesen neutralen Ländern.
Das ukrainische Problem. Die Rundfunkankündigung an das ukrainische Volk, wie sie die »Wehrmacht-Propaganda« vorgeschlagen hatte, wurde entsprechend Punkt 3 geändert und vom Reichsaußenminister wie folgt gebilligt: »Die deutsche Wehrmacht hegt keinerlei feindliche Absichten gegen die ukrainische Bevölkerung in Polen.«

8 Hitlers Weisungen über die Kriegsführung Nr. 18 vom 12. November 1940; und Weisung Nr. 19 »Unternehmen ›Felix‹«

a) Weisung Nr. 18

Der Führer und Oberste Befehlshaber der Wehrmacht
WFSt./Abt. L (I) Nr. 33356/40 g. K. Chefs.
Chef-Sache. Nur durch Offizier.

F.H.Qu., den 12. November 1940

Die vorbereitenden Maßnahmen der Oberkommandos für die Kriegsführung der nächsten Zeit sind nach folgenden Richtlinien zu treffen:

1) Verhältnis zu Frankreich

Das Ziel meiner Politik gegenüber Frankreich ist, mit diesem Land in einer für die zukünftige Kriegsführung gegen England möglichst wirkungsvollen Weise zusammenzuarbeiten. Frankreich wird dabei vorläufig die Rolle einer »nicht kriegführenden Macht« zufallen, die in ihrem Hoheitsgebiet, besonders in den afrikanischen Kolonien, Maßnahmen der deutschen Kriegsführung zu dulden und, soweit erforderlich, auch durch Einsatz eigener Verteidigungsmittel zu unterstützen hat. Vordringliche Aufgabe der Franzosen ist die defensive und offensive Sicherung ihrer afrikanischen Besitzungen (West- und Äquatorial-Afrika) gegen England und die de-Gaulle-Bewegung. Aus dieser Aufgabe kann sich die Teilnahme Frankreichs gegen England in vollem Maße entwickeln.

Die an meine Zusammenkunft mit Marschall Pétain anknüpfenden Besprechungen mit Frankreich werden – abgesehen von der laufenden Arbeit der Waffenstillstandskommission – vorerst ausschließlich durch das Auswärtige Amt in Verbindung mit dem Oberkommando der Wehrmacht geführt.

Nähere Weisungen folgen nach Abschluß dieser Besprechungen.

2) Spanien und Portugal

Politische Maßnahmen um den baldigen Kriegseintritt Spaniens herbeizuführen, sind eingeleitet. Das Ziel des deutschen Eingreifens auf der Iberischen Halbinsel (Deckname Felix) wird sein, die Engländer aus dem westlichen Mittelmeer zu vertreiben.

Hierzu soll a) Gibraltar genommen und die Meerenge abgeschlossen, b) verhindert werden, daß sich die Engländer an einer anderen Stelle der Iberischen Halbinsel oder der Atlantischen Inseln festsetzen.

Die Vorbereitung und Durchführung des Unternehmens ist wie folgt beabsichtigt:

I. Abschnitt:

a) Erkundungstrupps (Offiziere in Zivil) schließen die für den Einsatz gegen Gibraltar und für die Übernahme von Flugplätzen erforderlichen Vorbereitungen ab.

Sie sind bezüglich Tarnung und Zusammenarbeit mit den Spaniern an die Sicherungsmaßnahmen des Chefs Ausl[and]/Abw[ehr] gebunden.

b) Sonderverbände des Amts Ausl[and] / Abw[ehr] übernehmen in getarnter Zusammenarbeit mit den Spaniern die Sicherung des Gibraltar-Geländes gegen englische Versuche, das Vorfeld zu erweitern bzw. die Vorbereitungen vorzeitig zu entdecken und zu stören.
c) Die für den Einsatz bestimmten Verbände stellen sich, weit abgesetzt von der französisch-spanischen Grenze und ohne frühzeitige Einweisung der Truppe, bereit. Für den Anlauf des Unternehmens ergeht drei Wochen vor Übertritt der Truppen über die spanisch-französische Grenze (jedoch erst nach Abschluß der Vorbereitungen bezügl[ich] Atlantische Inseln) eine Vorwarnung.
Im Hinblick auf die geringe Leistungsfähigkeit der spanischen Bahnen sind für das Unternehmen vom Heer hauptsächlich motorisierte Verbände zu bestimmen, so daß die Bahnen für den Nachschub zur Verfügung stehen.

II. Abschnitt:
a) Verbände der Luftwaffe führen, abgerufen durch Beobachtung bei Algeciras, von französischem Boden aus zu einem günstigen Zeitpunkt einen Luftüberfall auf die im Hafen von Gibraltar liegenden englischen Flottenteile durch und fallen nach dem Angriff in spanische Flughäfen ein. b) Kurz danach überschreiten bzw. überfliegen die für den Einsatz in Spanien vorgesehenen Verbände die französisch-spanische Grenze.

III. Abschnitt:
a) Angriff zur Wegnahme von Gibraltar mit deutschen Truppen.
b) Bereitstellen von Truppen, um in Portugal einzumarschieren, falls die Engländer dort Fuß fassen sollten. Die hierfür vorgesehenen Verbände marschieren unmittelbar hinter den für Gibraltar bestimmten Kräften in Spanien ein.

IV. Abschnitt:
Unterstützung der Spanier beim Abschließen der Meerenge nach Wegnahme des Felsens, wenn erforderlich, auch von Spanisch-Marokko aus.
Für die Stärke der für das Unternehmen »Felix« einzusetzenden Verbände gilt:

Heer:
Die für Gibraltar bestimmten Verbände müssen stark genug sein, um den Felsen auch ohne spanische Hilfe zu nehmen. Daneben muß eine kleinere Gruppe zur Verfügung stehen, um die Spanier bei einem an sich unwahrscheinlichen englischen Landungsversuch an einer anderen Stelle der Küste zu unterstützen. Für den möglichen Einmarsch in Portugal sind in der Hauptsache schnelle Verbände vorzusehen.

Luftwaffe:
Für den Luftüberfall auf den Hafen von Gibraltar sind Kräfte zu bestimmen, die einen ergiebigen Erfolg gewährleisten. Für die anschließende Bekämpfung von Flottenzielen und zur Unterstützung beim Angriff auf den Felsen sind vor allem Sturzkampfverbände nach Spanien zu überführen. Den Heeresverbänden ist ausreichende Flakartillerie, auch zur Bekämpfung von Erdzielen, zuzuteilen.

Kriegsmarine:
Zur Bekämpfung des englischen Gibraltar-Geschwaders, vor allem an dem voraussichtlichen Auslaufen nach dem Luftüberfall, sind U-Boote vorzusehen. Zur Unterstützung der Spanier bei der Sperrung der Meerenge ist die Überführung einzelner Küstenbatterien in Verbindung mit dem Heer vorzubereiten. Eine italienische Beteiligung ist nicht vorgesehen.
Die Atlantischen Inseln (vor allem Kanaren und Kap Verden) gewinnen durch das Unternehmen Gibraltar erhöhte Bedeutung für die englische und die eigene Seekriegführung. Die Herren Oberbefehlshaber der Kriegsmarine und Luftwaffe prüfen, wie die spanische Verteidigung der Kanaren zu unterstützen ist bzw. die Kap Verden in Besitz genommen werden können.
Die Frage einer Besetzung von Madeira und der Azoren bitte ich ebenfalls zu prüfen, ebenso die sich daraus für die See- und Luftkriegführung ergebenden Vor- und Nachteile. Die Ergebnisse dieser Prüfung sind mir baldigst vorzulegen.
3) Italienische Offensive gegen Ägypten.
Der Einsatz deutscher Kräfte kommt, wenn überhaupt, erst dann in Frage, wenn die Italiener Marsa Matruh [in Ägypten] erreicht haben. Aber auch dann wird in erster Linie der Einsatz deutscher Fliegerkräfte vorzusehen sein, wenn die Italiener die dafür benötigte Flugbasis zur Verfügung stellen. Die Vorbereitungen der Wehrmachtteile für Einsatz auf diesem oder einem anderen nordafrikanischen Kriegsschauplatz sind in folgendem Rahmen weiterzutreiben:
Heer: Bereithalten einer Panzer-Division (Zusammensetzung wie bisher vorzusehen) für Einsatz in Nordafrika.
Kriegsmarine: Herrichtung der in italienischen Häfen liegenden deutschen Schiffe, die als Transportdampfer geeignet sind, für die Überführung möglichst starker Truppen entweder nach Libyen oder nach Nordwest-Afrika.
Luftwaffe: Vorbereitungen für Angriffsunternehmungen gegen Alexandria und den Suez-Kanal, um letzteren für die englische Kriegführung zu sperren.
4) Balkan
Ob[erbefehlshaber] d[es] H[eeres] trifft Vorbereitungen, um im Bedarfsfall aus Bulgarien heraus das griechische Festland nördlich des Ägäischen Meeres in Besitz zu nehmen und damit die Voraussetzung für den Einsatz deutscher Fliegerverbände gegen Ziele im ostwärtigen Mittelmeer zu schaffen, insbesondere gegen diejenigen englischen Luftstützpunkte, die das rumänische Ölgebiet bedrohen.
Um allen möglichen Aufgaben gewachsen zu sein und die Türkei in Schach zu halten, ist den Überlegungen und Aufmarschberechnungen der Einsatz einer Armeegruppe in der Stärke von etwa zehn Divisionen zu Grunde zu legen. Auf eine Benutzung der durch Jugoslawien führenden Eisenbahn wird für den Aufmarsch dieser Kräfte nicht zu rechnen sein. Um den Zeitbedarf für den Aufmarsch abzukürzen, ist eine baldige Verstärkung der deutschen Heeresmission in Rumänien in einem mir vorzuschlagenden Ausmaß vorzubereiten.
Ob[erbefehlshaber] d[er] L[uftwaffe] bereitet im Einklang mit den beabsichtigten Heeresoperationen Einsatz deutscher Luftwaffenverbände auf dem süd-ostwärtigen Balkan

und den Einsatz eines Flugmeldedienstes an der Südgrenze Bulgariens vor. Die deutsche Luftwaffenmission in Rumänien wird in dem mir vorgeschlagenen Umfang verstärkt. Wünsche der Bulgaren für Ausrüstung des Heeres (Waffen- und Munitionslieferungen) sind entgegenkommend zu behandeln.

5) Rußland

Politische Besprechungen mit dem Ziel, die Haltung Rußlands für die nächste Zeit zu klären, sind eingeleitet. Gleichgültig, welches Ergebnis diese Besprechungen haben werden, sind alle schon mündlich befohlenen Vorbereitungen für den Osten fortzuführen. Weisungen darüber werden folgen, sobald die Grundzüge des Operationsplanes des Heeres mir vorgetragen und von mir gebilligt sind.

6) Landung in England

Da bei Veränderungen in der Gesamtlage die Möglichkeit oder Notwendigkeit gegeben sein kann, im Frühjahr 1941 doch noch auf das Unternehmen »Seelöwe« zurückzukommen, müssen die drei Wehrmachtteile ernstlich bestrebt sein, die Grundlagen für ein solches Unternehmen in jeder Hinsicht zu verbessern.

7) Berichte der Herren Oberbefehlshaber

zu den in dieser Weisung vorgesehenen Maßnahmen sehe ich entgegen. Die Art der Durchführung sowie die zeitliche Übereinstimmung der einzelnen Aktionen werde ich sodann befehlen.

Zum Schutz der Geheimhaltung sind durch Beschränkung des Bearbeiterkreises besondere Maßnahmen zu treffen. Dies gilt besonders für das Unternehmen in Spanien und für die Pläne bezüglich der Atlantischen Inseln.

Adolf Hitler

b) Entwurf für die Weisung Nr. 19: Unternehmen »Felix«

F. H. Qu., den [7. Dezember 1940]*

Der Oberste Befehlshaber der Wehrmacht
OKW/WFSt/Abt. L Nr. 33394/40 g. K.-Chefs.

1. Zweck des Unternehmens ist es, die Iberische Halbinsel in den Großkampfraum der Achsenmächte einzubeziehen und die englische Flotte aus dem westlichen Mittelmeer zu vertreiben.

Dazu muß a) Gibraltar genommen und die Meerenge für die Durchfahrt englischer Schiffe möglichst wirksam abgesperrt werden, b) eine Kräftegruppe bereitgehalten werden, um Portugal sofort zu besetzen für den Fall, daß die Engländer die Neutralität Portugals verletzen oder Portugal selbst eine nicht streng neutrale Haltung einnehmen sollte, c) vorbereitet sein, ein bis zwei Divisionen (darunter die 3. P[an]z[er-] Div[ision] nach der Wegnahme von Gibraltar nach Spanisch-Marokko zur Sicherung der Meerenge und des Nordwest-Afrikanischen Raumes zu überführen.

* Im Original war kein Datum eingesetzt. Die Weisung ist nicht unterzeichnet.

2. Befehlsregelung.
Die Führung der Operationen in Spanien obliegt nach meinen allgemeinen Weisungen den Oberbefehlshabern der Wehrmachtteile.
Die wichtigsten Aufgaben sind: a) Für den Oberbefehlshaber des Heeres (Führer in Spanien: Generalfeldmarschall von Reichenau) der Angriff auf Gibraltar und die anschließenden Maßnahmen in Nordwestafrika, der eventl. Einmarsch in Portugal, die Regelung der Eisenbahn- und Marschbewegungen sowie von Unterkunftsfragen usw. (wie im Operationsgebiet des Heeres, für die Versorgung ergehen besondere Anordnungen des Oberkommandos der Wehrmacht).
b) Für den Oberbefehlshaber der Kriegsmarine der Einsatz deutscher U-Boote, die zusätzliche Sicherung spanischer Häfen, die Sicherung der Meerenge nach der Wegnahme des Felsens, der Transport deutscher Verbände nach Spanisch-Marokko, die Ausnutzung des Seeweges für die Versorgung der in Spanien eingesetzten Verbände.
c) Für den Oberbefehlshaber der Luftwaffe (Führer in Spanien: General der Flieger Fr[ei]h[er]r v[on] Richthofen) der selbständige Angriff auf das englische Gibraltar-Geschwader und den Hafen, die Vorbereitung und Unterstützung des Angriffs auf den Felsen in Zusammenarbeit mit dem Heer, Schutz der in Spanien eingesetzten Verbände gegen feindliche Luftangriffe. Der Stab des VIII. Fl[ieger]-Korps übernimmt es neben seiner sonstigen Aufgabe, die Verbindung zur obersten spanischen Führung zu halten. Er ist zu diesem Zweck nach Bedarf durch Offiziere der anderen Wehrmachtsteile zu verstärken.
3. Verhalten gegenüber den Spaniern.
Während des Unternehmens ist von Führern und Truppe darauf Bedacht zu nehmen, daß wir in einem verbündeten Land operieren, das einen blutigen Bürgerkrieg überstanden und noch immer mit inneren und wirtschaftlichen Schwierigkeiten aller Art zu kämpfen hat. Spanische Vorräte sind nur im Ausnahmefall in Anspruch zu nehmen. Militärische Aufgabe der Spanier wird es in erster Linie sein, vor dem Eintreffen deutscher Truppen das Vorfeld von Gibraltar zu sichern, im übrigen den Inselbesitz gegen englischen Zugriff zu verteidigen und evtl. Landungsversuche auf dem Festland abzuwehren. Wird Hilfe bei der Wegnahme von Gibraltar angeboten, so ist sie anzunehmen.
Die oberste militärische Führung in Spanien hat nominell der Staatschef Franco. Verdienste der spanischen Führung und spanischer Verbände sind in geeigneter Form herzustellen.
4. Der zeitliche Ablauf aller militärischen Maßnahmen wird durch eine vom Oberkommando der Wehrmacht aufzustellende Zeittafel geregelt werden. Die Vorbereitungen sind darauf abzustellen, daß ich den Einmarsch (= F-Tag) und Einflug nach Spanien für den 10.1.41 befehlen kann.
Im großen sind folgende Abschnitte zu unterscheiden:
I. Abschnitt: Maßnahmen, die voll getarnt werden können.
a) Vorbereitung des Einsatzes in Spanien durch kleine Erkundungsstäbe (Inmarschsetzung durch den Chef Ausl[and]/Abw[ehr]).
b) Verstärkung der spanischen Abwehr von Gibraltar durch hierfür geeignete Sonderverbände (Chef Ausl[and]/Abw[ehr]).

c) Anlagen einer ersten Versorgungsbasis in Spanien, soweit unbedingt erforderlich, durch Wirtschaftstransporte.
d) Abgabe deutscher Batterien in der Form eines Verkaufs an die Spanier zur Verstärkung der Abwehrkraft insbesondere der Kanaren.
In Grenznähe dürfen Truppenbewegungen und sonstige Maßnahmen (z. B. Schutz der auf Irun führenden Verkehrswege, Lagern von Vorräten) in diesem ersten Abschnitt nur unauffällig erfolgen.

II. Abschnitt: Maßnahmen, die diesseits der Pyrenäen zwar z. B. gewisse militärische Vorbereitungen erkennen lassen, Spanien aber noch nicht unmittelbar belasten: a) Aufmarschbewegungen zur Grenze, b) Verlegen der erforderlichen Fliegerverbände in die Absprunghäfen, c) zeitgerechte Entsendung von U-Booten in das westliche Mittelmeer. Die Zeiten, zu denen diese Maßnahmen erforderlich werden, sind in die Zeittafel aufzunehmen. Tarnung ist auch in diesem Abschnitt durch den Anschein anzustreben, daß der Aufmarsch die Besetzung der bisher unbesetzten Teile Frankreichs vorbereitet.

III. Abschnitt: Einmarsch nach Spanien, Einflug der Flieger-Verbände.
Der Einmarsch ist vom Oberbefehlshaber des Heeres für alle beteiligten Verbände der Wehrmacht so zu regeln, daß a) schnell die ersten Teile vor Gibraltar eintreffen und dort der erforderliche Luftschutz sichergestellt wird, b) hinter dieser Sicherung frühzeitig der Artillerieaufmarsch und Artillerie-Kampf (besonders gegen die feindliche Artillerie und das verminte Gelände nördlich des Felsens) beginnen kann. c) die Versorgung der in spanischen Flughäfen eingeflogenen Fliegerverbände gesichert ist, d) dann die Verstärkung des spanischen Küstenschutzes und für Einmarsch nach Portugal bestimmten Verbände folgen.
Die Fliegerverbände sind vom Oberbefehlshaber der Luftwaffe so einzusetzen, daß a) möglichst frühzeitig (jedoch nicht vor dem F-Tag) ein kräftiger Schlag gegen englische Flottenteile und – sollte das Gibraltar-Geschwader nicht erreichbar sein – gegen die Hafenanlagen geführt wird, b) die Bekämpfung in Reichweite befindlicher englischer Flottenteile von Spanien aus fortgesetzt werden kann, c) der Erdangriff auf den Felsen nach den Anforderungen des Heeres zeitgerecht vorbereitet und unterstützt wird.
Voraussichtlich wird vom F-Tag an auch das unbesetzte Frankreich für Transporte zur Verfügung stehen.

IV. Abschnitt: Angriff auf Gibraltar.
Dieser Angriff wird etwa 25 Tage nach dem Grenzübertritt beginnen können. Er soll durch erdrückenden materiellen Einsatz (überreich munitionierte Artillerie und Sturzkampfverbände, Sprengungen, Feuerwirkung aus schweren Panzern) so vorbereitet sein, daß der Sturm selbst möglichst geringe blutige Verluste erfordert.

V. Abschnitt: Sperrung der Meerenge und Übersetzen deutscher Truppen nach Spanisch-Marokko.
Verantwortlich für diese Aufgabe ist der Oberbefehlshaber der Kriegsmarine, dem das

Heer erforderlichenfalls Batterien zur Verfügung stellt. Nach außen hin fällt die Bewachung der Enge den Spaniern zu, die im Rahmen ihrer Mittel zu beteiligen sind.
Die für Transporte nach Spanisch-Marokko bestimmten Schiffe sind zeitgerecht in geeignete Häfen nachzuziehen.

VI. Abschnitt: Heranziehen der auf der Iberischen Halbinsel eingesetzten Verbände zu neuer Verwendung (ebenso wie der evtl. Einmarsch in Portugal) von der Lage abhängig.
5. Meldungen der Herren Oberbefehlshaber, aus denen der in den einzelnen Abschnitten beabsichtigte Ablauf hervorgeht (Zeittafel nach bisherigem Muster), sehe ich zum 16.12.[1940] entgegen.

c) Weisung Nr. 19a: Unternehmen »Felix«

F. H. Qu., den 11. Dezember 1940

Oberkommando der Wehrmacht
WFSt/Abt. L Nr. 33395/40 g.K.-Chefs.

Geheime Kommandosache.

Chefsache! Nur durch Offizier!

Das Unternehmen »Felix« wird nicht durchgeführt, da die politischen Voraussetzungen nicht mehr gegeben sind.
Die zur Zeit laufenden Erkundungen sind vollends zu Ende zu führen. Alle weiteren beabsichtigten Maßnahmen unterbleiben; die begonnenen Vorbereitungen sind einzustellen.
Die zur Verstärkung der spanischen Inseln und Küsten vorgesehenen deutschen Batterien sind nicht abzugeben.
Der Chef des Oberkommandos der Wehrmacht *gez.* Keitel.
[Nach UuF, Band XVI., MitW. S. 78]

9 Zur Biographie des Atomphysikers Chi'en San-ching

Chi'en San-ching ist der Sohn des Historikers und Philosophen Chien Huang-tung, eines Revolutionärs, der an der »Revolutionsbewegung des 4. Mai« im Jahre 1919 teilnahm, als China die Unterzeichnung des Versailler Vertrages verweigerte, der den Japanern die ehemaligen deutschen Kolonien in Ostasien zusprach. Chi'en San-ching wurde 1910 in Tschinghua geboren; er betrieb ein gründliches Studium an der Universität seiner Geburtsstadt, wobei ein Freund seines Vaters die ungewöhnliche Begabung für Mathematik und Physik feststellte. Er schloß sein Studium an der Universität Peking mit dem Diplomexamen ab. Bald darauf heiratete er eine junge Wissenschaftlerin, die ihr Diplom auf der Universität von Shanghai gemacht hatte, mit Namen To Tse-hui. Auf den Ratschlag von Professor Hsiung Tsching-lai hin, entschloß sich das junge Paar zur Fortsetzung der wissenschaftlichen Studien nach Frankreich zu gehen.

Mit einem Empfehlungsschreiben von Professor Hsiung Tsching-lai stellte er sich Ende 1937 Chi'en San-ching dem Physiker Paul Langevin vor, der dem jungen Chinesen und seiner Frau bereitwillig die Pforten des Laboratoriums von Frédéric Joliot-Curie öffnete. Als im Jahre 1940 Frédéric Joliot-Curie seine Mitarbeiter aufforderte, Frankreich zu verlassen, um ihre Arbeiten ungestört im Ausland fortzusetzen, zögerte Chi'en San-ching. Joliot-Curie fragte ihn:

»Und was ist mit Ihnen? Wollen Sie nicht weggehen? Wollen Sie nicht Halban und Kowarsky begleiten? Sie werden Sie brauchen! Sie werden es später bereuen, in einem von den Deutschen besetzten Land zurückgeblieben zu sein.«

Chi'en San-ching fragte:

»Und was machen Sie selbst, Herr Professor?«

»Ich bleibe in Frankreich und werde höchstwahrscheinlich nach Paris zurückgehen.«

»Dann bleibe ich auch«, sagte Chi'en San-ching, »denn ich will meine Doktorarbeit fortsetzen und, soweit es in meinen Kräften steht, Ihnen, Herr Professor, helfen. Übrigens, ich riskiere in Paris gar nichts, denn mein Land befindet sich mit Deutschland nicht im Kriegszustand. Es unterhält sogar freundschaftliche Beziehungen mit Berlin, seitdem es zum Bruch zwischen Tchiang Kai-schek und der Chinesischen Kommunistischen Partei gekommen ist, und die sowjetischen Militärberater bei der Kuomintang durch deutsche Militärberater ersetzt worden sind. Ich bin entschlossen, hierzubleiben.«

Das Angebot von Canaris vom September 1940 lehnte er ebenso wie drei weitere Angebote von deutscher Seite ab. Chi'en San-ching blieb in Paris und arbeitete bei Joliot-Curie und Wolfgang Gertner. Aber er gab sich mit seiner Rolle als Studierender und Assistent nicht zufrieden. Unter dem Einfluß von Joliot-Curie nahm er Kontakte mit der französischen Widerstandsbewegung auf.

Nach dem Kriege erhielt er 1946 auf Vorschlag von Joliot-Curie hin, für seine Forschungsarbeiten auf dem Gebiete der Nuklearphysik zusammen mit Vigneron und Chastel, den Henri-de-Barville-Preis der Akademie der Naturwissenschaften in Paris. Seine Arbeit bezog sich auf die Dreierspaltung von Uran. Zwei Jahre später eröffnete

Chi'en Professor Joliot-Curie, daß er die Absicht habe, in sein Heimatland zurückzukehren. Dort hätten die Streitkräfte Mao Tse-tungs bald die Revolution beendet und das ganze chinesische Gebiet erobert. Joliot-Curie versuchte immer wieder, Chi'en in Frankreich zu halten, aber er lehnte höflich und bestimmt ab. Er kehrte mit seiner Frau nach China zurück. Kurze Zeit nach Ausrufung der Chinesischen Volksrepublik wurde er Mitglied der Kommunistischen Partei und einer der drei Sekretäre des Atomrats, den Mao Tse-tung gegründet hatte und Direktor des Atomwissenschaftlichen Instituts der Chinesen Akademie der Wissenschaften.

[Nach Angaben von Professor Joliot-Curie, Prof. Paul Langevin und Jacques Berger.]

10 Der Fall Paul Thümmel: Bericht Heydrichs an Bormann vom 16. Mai 1942

(Mit Genehmigung des Staatlichen Zentralarchivs in Prag)

a) Auszug aus Lagebericht

An den
Herrn Reichsleiter Bormann
Führerhauptquartier

Betr.: 20. Bericht über die Lage
im Protektorat Böhmen und Mähren.
Nr. 89/42

Prag IV, den 16. Mai 1942

Lieber Parteigenosse Bormann!
Da mein letzter Vortrag im Dezember 1941 war und der letzte Lagebericht vom 15. Februar 1942 datiert, möchte ich ohne Rücksicht auf die Frage eines Vortrags nunmehr einen weiteren Lagebericht übermitteln, in dem ich die laufenden Ereignisse möglichst kurz zusammenfasse, soweit ich sie nicht bereits in den beiden Ereignismeldungen berichtet habe.
In meinem 21. Lagebericht, den ich in den nächsten Tagen vorlege, werde ich dann nur die grundsätzlichen Probleme des Protektorats behandeln, so daß dann der Führer schriftlich durch Sie mir die entsprechenden Weisungen geben kann und bezüglich des Protektorats ein Vortrag sich erübrigt.
Stimmungslage:
Die Rationskürzungen, die englischen Einflüge, Angriffe auf Pilsen, der Absprung von Fallschirmagenten, die Flüsterpropaganda, gesteuert vom englischen Rundfunk, die Konzentrierung der Wirtschaft usw. usw. auf der einen Seite konnten selbstverständlich durch die sowieso immer skeptisch aufgenommenen militärischen Erfolge des Reiches besonders im Hinblick auf den Ablauf des Winters – nicht ausgeglichen werden. So ist die Stimmung nach wie vor abwartend und in gewissem Sinne sich versteifend, wenngleich zu Befürchtungen in der Gesamtlinie kein Anlaß besteht. Ich werde daher die Stimmungsentwicklung der nächsten Zeit abwarten, um gegebenenfalls im richtigen Moment durch wieder einmal blitzschnelles Zupacken die Tatsache zu unterstreichen, daß das Reich noch zupacken kann und die Milde keine Schwäche ist.

Widerstandsbewegung:
Von den wichtigsten politischen bzw. polizeilichen Maßnahmen ist besonders der weitere Einbruch in die tschechische Widerstandsbewegung bzw. den britisch-tschechischen Nachrichtendienst zu melden.

Nach der langwierigen Vernehmung des festgenommenen Funkers eines im Oktober 1941 ausgehobenen illegalen Senders wurden 41 weitere Personen ergriffen und der nachrichtendienstlichen Tätigkeit (die größtenteils seit dem Einmarsch ausgeübt wurde) überführt. Der Führer dieser Gruppe war der ehemalige tschechische Oberst Churavy, der bereits 1939 vom Wehrmachtgericht Böhmen wegen Sabotage in Abwesenheit zum Tode verurteilt war. Der Funker dieser Gruppe sagte bei der ersten Abhörung am Tatort aus, daß er nachmittags einen Wetterbericht nach London gefunkt und um die Entsendung eines Flugzeuges mit neuen Chiffrierschlüsseln gebeten habe. Tatsächlich erfolgte in dieser Nacht gegen 24.00 Uhr der Einflug eines britischen Flugzeuges, welches in der Umgebung von Parlubitz einen Fallschirmspringer mit Chiffrier- und Kuriermaterial absetzte. Der Fallschirmspringer wurde einige Tage später festgenommen. Durch die Auswertung der am Tatort vorgefundenen und anschließend dechiffrierten Funkunterlagen wurde die Existenz eines wichtigen britisch-tschechischen Agenten »René« bekannt, der am 27.2.42 in der Person des Hauptvertrauensmannes der Abwehrstelle Prag, Paul Thümmel, ermittelt wurde. Thümmel ist Reichsdeutscher, hat den Beruf eines Bäckermeisters erlernt und ist Ehrenzeichenträger der NSDAP unter der Mitgliedsnummer 61.574. Er arbeitete seit der Jahre 1928 nachrichtendienstlich, und zwar zuerst ehrenamtlich für den damaligen Nachrichtendienst der NSDAP bzw. der SA und ab 1933 für die militärische Spionage. Seit 1934 ist Thümmel hauptamtlicher Hauptvertrauensmann der Abwehrstelle Dresden; nach dem Einmarsch im Jahre 1939 wurde er zur Abwehrstelle Prag versetzt. Soweit bis jetzt überhaupt ein Gesamturteil über den Landesverratsfall Thümmel abgegeben werden kann, wird hier der Standpunkt vertreten, daß Thümmel ein sehr guter, wahrscheinlich sogar der beste Agent des tschechischen ND gewesen ist. Er hat vom tschechischen ND mindestens RM 40.000.– erhalten.
Am 21.3.42 wurden von SS-Führern der deutschen Sicherheitspolizei die bisher bekannten Anlauf- und Poststellen des ehemaligen Stabskapitäns Moravek, des Leiters der britisch-tschechischen Spionagegruppe und der Sabotageorganisationen der illegalen tschechischen Widerstandsbewegung überholt, nachdem Versuche, über eine Mittelsperson an Moravek heranzukommen, fehlgeschlagen waren.
Durch die Vernehmung einiger in diesen Anlaufstellen Festgenommener wurde in Erfahrung gebracht, daß ein Beauftragter des Moravek am 21.3.1942 gegen 1.00 Uhr in einem Park an der Peripherie Prags erscheinen würde. Einige Beamte besetzten kurz vor 19.00 Uhr diesen Park, um den Beauftragten festzunehmen und dadurch an Moravek heranzukommen. Der Beauftragte wurde gegen 19.10 Uhr nach Brechung erheblichen Widerstandes festgenommen, wobei der Gebrauch seiner entsicherten Pistole und ein anschließender Fluchtversuch verhindert wurden. Bei der ersten Abhörung des Festgenommenen ergab sich, daß dieser mit einem anderen Agenten einen Treff für 22.00 Uhr am gleichen Tage vereinbaren sollte, da Moravek verhindert sei, um 19.00 Uhr selbst zu kommen. Gegen 19.15 Uhr, als meine Beamten den Festgenommenen bereits abtransportierten, erschien aus einem Seitenweg unerwartet Moravek, sah seinen festgenommenen Beauftragten und eröffnete das Feuer, das sofort erwidert wurde. Moravek erhielt einen Schuß in die Wade und in die Unterschenkel und versuchte sich fortzuschleppen. Um 19.19 Uhr, als Moravek eingekreist war und keine Fluchtmöglichkeit mehr sah,

erschoß er sich, bevor meine Beamten zuspringen konnten. Moravek hat in dieser kurzen Zeit 50 Schuß abgegeben, ohne daß jemand verletzt wurde. Er ist von 10 Schüssen getroffen. Bei seiner Durchsuchung wurden 2 Pistolen 9 mm, 7 leere Reservemagazine, Schlüsselmaterial und Funksprüche aus London, die zurzeit dechiffriert werden, vorgefunden. Durch die Aufrollung der Gruppe Moravek wurden bisher 22 Personen festgenommen. Mit der Festnahme weiterer Personen und dem weiteren Eindringen in die britische Fallschirmspringer-Organisation ist zu rechnen. Unter den Festgenommenen befinden sich zwei ehemalige tschechische Mitlitärfunker, die bis in die letzte Zeit für Moravek Kurzwellenapparate gebaut und mit London gefunkt haben, und drei Schlafwagenschaffner, die höchstwahrscheinlich auf ihren Fahrten in das Ausland Kurierdienste für den britisch-tschechischen Nachrichtendienst leisteten. Weiterhin wurden bei dieser Aktion erfaßt: 3 Sender, 6 Empfänger, umfangreiches Material an Bestandteilen für Senderbau und eine große Anzahl Funksprüche. [Ende des Auszuges]

b) Brief Heydrichs an Bormann

An den 16. Mai 1942
Herrn Reichsleiter Bormann
Führerhauptquartier

Lieber Parteigenosse Bormann!
Unter Bezugnahme auf den Lagebericht an den Führer teile ich Ihnen mit:
Am 20. März 1942 wurde in Prag durch die Staatspolizeileitstelle Prag der deutsche Reichsangehörige Paul Thümmel, geboren am 15. Januar 1902 in Neuhausen/Erzgebirge, zuletzt wohnhaft Prag-Breunau, Markus-Maroigasse 8, wegen dringenden Verdachts des Landesverrates festgenommen.
Thümmel ist Ehrenzeichenträger der NSDAP unter der Mitglieds-Nummer 61.574 und wird unmittelbar bei der Gauleitung Sachsen in Dresden geführt.
Thümmel hat gestanden, von 1933/34 bis zu seiner Festnahme für den ehemaligen tschechischen Nachrichtendienst in Prag bzw. für den britisch-tschechischen Nachrichtendienst in London gearbeitet und mind. 40.000.– RM Verratsgeld erhalten zu haben.
Bis zu seiner Festnahme war Thümmel Hauptvertrauensmann der Abwehrstelle Prag, wohin er nach dem Einmarsch versetzt wurde. Vorher war er seit dem Jahre 1934 Hauptvertrauensmann der Abwehrstelle Dresden.
Da das Verfahren noch nicht abgeschlossen ist und Verdacht besteht, daß Thümmel auch Verratsmaterial von seinen früheren Mitarbeitern aus Dresden bezogen hat, wäre ich Ihnen dankbar, wenn möglichst unauffällig der Ausschluß des Thümmel aus der NSDAP unter Wahrung der Geheimhaltungsbedürftigkeit seiner Festnahme beschleunigt durchgeführt würde. Eine Benachrichtigung der Gauleitung Sachsen der NSDAP erscheint im Augenblick unzweckmäßig, da auf diese Weise die Festnahme Holms in interessierten Kreisen außerhalb der Gauleitung bekannt werden dürfte.
Heil Hitler!
Ihr gez. Heydrich SS-Obergruppenführer und General der Polizei.

11 Befehl des Oberkommandos der Wehrmacht zur Umgliederung des Abwehrdienstes 1944 im Juli

1. Der Führer hat die Schaffung eines einheitlichen deutschen geheimen Meldedienstes unter Führung des Reichsführer-SS befohlen.
2. Hierdurch wird eine Umgliederung der Abwehr notwendig.
3. Im *wesentlichen* treten folgende Änderungen gegenüber der bisherigen Organisation ein:
a) Zum Reichsführer-SS (Chef der Sicherheitspolizei und des Sicherheitsdienstes) tritt der ›geheime militärische Meldedienst‹, d. h. die entsprechenden Hauptgebiete des bisherigen Amtes Abwehr im OKW mit seinen Außenstellen.
b) Beim Oberkommando der Wehrmacht verbleiben die *Frontaufklärung* (einschl. des II und IIIF Dienstes im Frontbereich), d. h. die bisherigen Abwehrleitkommandos, die Abwehrkommandos und Trupps der Abwehrgebiete I, II und III;
die *eigentliche Truppenabwehr* der Wehrmacht von der bisherigen Abwehrabteilung III des Amtes Abwehr und die Abwehr-Offiziere der Feld- und Ersatzwehrmacht.
Die Neugliederung tritt ab 1.6.1944 in Kraft.

[Auszug, nach einem Befehl Hitlers vom 12. Februar 1944.]

12 Bericht eines V-Mannes der Abwehr über die Lage in Italien vom 2. Februar 1943

Anlage 1) zu »Bremen« Nr. 2518/42 g. v. 2.2.43 Betr. Italien. Meldung über die englischen Luftangriffe in Nord-Italien und deren Auswirkungen.
Quelle: »Galveston« (Industrieller in Italien), gut unterrichteter V-Mann.

In italienischen Industriekreisen wird das Ergebnis der bisherigen Luftangriffe auf norditalienisches Gebiet als sehr erheblich bezeichnet. Man befürchtet, daß weitere Bombardierungen des Industriedreiecks »Genua-Turin-Mailand« diesen wichtigsten Sektor der italienischen Kriegsindustrie ausschalten werden. Die Auswirkungen könnten auch politisch an Bedeutung gewinnen.
Genua erscheint den Italienern schon fast wie Pompeji. Nach den ersten beiden Luftangriffen wurden in Genua etwa 30.000 Personen obdachlos. Wer etwas von seinem Hab und Gut bergen und für Möbeltransporte in die Provinz einen Lastkraftwagen mieten wollte, mußte für etwa 30–40 km Transportweg bis zu 30.000 Lire bezahlen. Benzin ließen sich Begüterte aus Rom schicken.
Die Zahl der freiwillig aus Mailand Evakuierten wird auf 400–500 000 Personen geschätzt. Viele sind jedoch schon wieder nach Mailand zurückgekehrt, weil sie in der Provinz weder Wohnung noch Lebensmittel fanden.
Als Folge der Luftangriffe wurde in Genua, Turin und Mailand viel Geld von den Banken abgehoben. Die Obdachlosen liquidierten teilweise ihre gesamten Spareinlagen. Man schätzt die bei den Banken in Genua, Turin und Mailand abgehobenen Gelder auf rd. 5–6 Milliarden Lire. Dieser Vorgang hatte wiederum zur Folge, daß plötzlich in ganz Italien keine Banknoten in größeren Abschnitten mehr zu haben waren. Während in Friedenszeiten als Schanzer Finanzminister war, im Hinblick auf unvorhergesehene Fälle Banknotenreserven in fünffacher Höhe des Umlaufs vorhanden waren, gab es diesmal solche Reserven nicht. Man war gezwungen, Banknoten in Abschnitten zu 1000, 500, 100 und 50 Lire in den Umlauf einzuschalten, die seinerzeit für Ostafrika bestimmt waren, aber infolge der Kriegsereignisse liegenblieben. Es handelt sich um eine Sonderserie, deren Höhe unbekannt ist. Die inzwischen nach L'Aquila, in den Abruzzen, verlegte Notenpresse verfügte nämlich nicht über genügend Papiermengen. Aber auch die Ausgabe der Sonderserie genügte dem Bedarf keineswegs, um so mehr, als am 27. November die Staatsgehälter ausgezahlt werden mußten. So griff die Regierung zum weiteren Verlegenheitsmittel, indem sie einen Teil der Gehälter in Banknoten und den anderen in Schecks der »Banca d'Italia« auszahlen ließ. Als schließlich auch diese Schecks zur Neige gingen, und man bereits damit rechnen mußte, eventuell sogar Geldmissionen von Großindustrien, wie Fiat, in Umlauf zu setzen, konnte die Notenpresse in L'Aquila wieder mit dem Druck neuer Banknoten beginnen, da die notwendigen Papiermengen inzwischen beschafft werden konnten.

A. Danksagung des Verfassers

Ohne die tatkräftige Hilfe ehemaliger Offiziere der Abwehr und alter Freunde von Admiral Canaris hätte ich dieses Buch niemals schreiben können. Ihnen allen bin ich tiefsten Dank schuldig. Mein besonderer Dank gilt den Herren, die mich persönlich empfangen haben, die mir Hinweise gaben und mir als Zeugen berichteten und Dokumente lieferten: Dr. Gert Buchheit, General Henke, Dr. Kaltenhäuser, den Obersten Oscar Reile, Franz Seubert, Otto Wagner und dem italienischen General Cesare Amé. Zu großer Dankbarkeit fühle ich mich, leider posthum, all denen gegenüber verpflichtet, die mir die ersten Grundlagen lieferten und mir die Anregung zu diesem Buch gaben: Frau Hans von Dohnanyi, den Generalen E. F. von Bentivegni, Erwin von Lahousen und Hans Piekenbrock. Auch lieferten mir die Obersten Breithaupt, F. W. Heinz, Helfferich, W. Jenke, Kapitän zur See Leissner, Major Paul Leverkuehn, Fregattenkapitän Franz Liedig und Oberst Friedrich Rudolph wertvolle Erlebnisberichte.
Weiteren Dank möchte ich all denen sagen, die mich in meiner Arbeit unterstützt haben, ganz besonders Monsieur E. A. Amaury, meinen Freunden Raymond Lacoste, René Dunand und Colonel Rémy, die mich seit vielen Jahren dazu ermutigten, und meinen Herausgeber-Freunden, Hélène Bourgeois und Marcel Jullian, und ebenso dem gesamten Arbeitskreis der Librairie Académique Perrin.

B. Gesammelte und benutzte mündliche oder schriftliche Erlebnisberichte von:

1. ehemaligen Mitglieder der Abwehr:

Dr. Gert Buchheit, General Egbert von Bentivegni, Oberst Breithaupt, Andreas Folmer, Dr. Friedrich Grosskopf, General Gerhard Henke, Oberst Friedrich Wilhelm Heinz, Oberst Helfferich, Oberst W. Jenke, Dr. Kaltenhäuser, General E. von Lahousen, Kapitän zur See Leissner, Major Paul Leverkuehn, Fregattenkapitän Franz Liedig, General Hans Piekenbrock, General Alexander von Pfuhlstein, den Obersten Oscar Reile, Friedrich Rudolph, Franz Seubert, Otto Wagner.

2. anderen deutschen Persönlichkeiten:

Otto Abetz, Dr. Werner Best, General Sepp Dietrich, General Heinz Guderian, Otto John, Pater Leiber SJ, Helmut Maurer, Franz von Papen, Generalfeldmarschall von Rundstedt, Dr. Hjalmar Schacht, Walter Schellenberg.

Persönlichkeiten anderer Nationalität, deren mündliche oder schriftliche Zeugnisse bei der Niederschrift verwertet wurden:

General Cesare Amé Bernardo Attolico, Marschall Badoglio, Sir Winston Churchill, Allen Dulles, Präsident Eisenhower, Oberst Michael Garder, Lord Edward Halifax, Graf Francisco Jordana, Sir Ivone Kirkpatrick, Oberst Hans Mathiesen Lunding, Oberst Moravets, Admiral Mountbatten, Oberst J. G. Sas etc.

C. Nichtgedruckte Quellen

1. Bundesarchiv – Militärarchiv – Freiburg i. Br.

Canaris-Handakten; II M 65/2; III W 517 (OKW 1 087 b): III W 139/1 (OKW 1 060); II M (Pr) 2; OKW/217, 224, 225, 281.
Dokumentenzentrale; WO1-7/224; WO 1-7/238 (OKW 999); WO1-7/ 261; WO1-7/285; WO1-7/286;WO 1-7/288.
Führerhauptquartier; OKW; OKH. Kriegstagebuch des Kommandanten 1939–1942.
Pläne: »Unternehmen Felix«.
Abwehrstelle Frankreich und Abwehrstelle Paris, Tätigkeitsberichte 1942–1944 (85 492/206).
Akte Geheime Kommandosachen 1942–1943 (25).

2. Institut für Zeitgeschichte, München

Dokumente der Nürnberger Nachkriegsprozesse (NG, NI, NO, NOKW, PS, RF, USA, GB, URSS).
Nachlaß (Tagebücher) des Oberstltnt. Groscurth 1938–1940. Akten über General Hans Oster. Bericht über die Abwehr und Canaris von Oberst Friedrich Wilhelm Heinz; Prozeß gegen Roeder, Huppenkothen, Sonderegger, Kriegstagebuch der Abwehr, Kriegstagebuch der Abwehrabteilung II, (sogenanntes Lahousen-Tagebuch; I. Teil: Abschrift, II. Teil: Fotokopie).
Zeugenschrifttum von Abetz, Achenbach, Michel, Schleyer.
Reichsführer SS: Persönlicher Stab, Microfilme.
NSDAP.; Microfilme.

3. Bundesarchiv Koblenz

Reichskanzlei (R43-II).
Militärbefehlshaber in Frankreich (WO2-2) Abhörberichte: 1942 (16) Abwehrmaßnahmen 1941–1942 (13), 1942–1943 (19).
Reichsführer-SS (R 49) Archiv des RSHA.
Reichsinnenministerium (R 18).

4. Politisches Archiv des Auswärtigen Amtes:

Bericht und Übersetzungen des Gesandten Paul Schmidt, der Botschafter Ritter und Hewel, fünf Bände Botschaft Paris.

D. Literaturverzeichnis

Abetz, Otto, Das offene Problem. Köln 1951. *Abshagen*, K.H.: Canaris, Patriot und Weltbürger, Suttgart 1949. *Abshagen*, K.H., Canaris Stuttgart 1949. *Akten* zur Deutschen Auswärtigen Politik 1918-1945. Serie D, Bde. I-VII. Baden-Baden, 1950/56 [In Anmerkungen abgekürzt: AzdtAPol]. *Amé*, Cesare, Guerra Segreta in Itilia, 1940-1943. *Andreas-Friedrich*, Ruth, Der Schattenmann, Tagebuchaufzeichnungen 1938 bis 1945, Berlin 1947. *Badoglio*, Marschall Pietro, Italy in the Second World War, London 1948. *Bamler*, R., Der deutsche militärische Geheimdienst und die Durchführung des Zweiten Weltkrieges. In: Der Zweite Weltkrieg 1939 bis 1945 von der deutschen Sektion der Komission der Historiker der DDR und der UdSSR. *Bartz*, K., Die Tragödie der deutschen Abwehr, Salzburg 1955. *Beneš*, Eduard, Memoirs of Dr. Eduard Beneš, From Munich to New War and New Victory, London 1954. *Benoist-Méchin*, Jaques, Historire de l'Armée allemande depuis l'Armistice, Paris 1936 bis 1938. (Deutsche Ausgabe: Bd. 1 – 6, Stalling, Oldenburg i.O.) *Bernt*, Adolf. Der 20. Juli in der Bendlerstraße (Bericht eines Augenzeugen), ›Die Gegenwart‹, Ffm. 11/1956, S. 597–601. *Berthold*, W., Division Brandenburg, Bad Wörishofen 1960. *Best*, Hauptmann Payne S., The Venlo Incident, London 1950. *Bracher*, Karl Dietrich, Die deutsche Diktatur, Entstehung, Struktur, Folgen des Nationalsozialismus, Köln/Berlin 1969. *Buchheim*, Hans, Die SS – das Herrschaftsinstrument. Befehl und Gehorsam. In: Anatomie des SS-Staates, Olten/Freiburg i. Br. 1965. *Buchheit*, G., Der deutsche Geheimdienst, Geschichte der militärischen Abwehr, München 1966. *Buchheit*, G., Die anonyme Macht, Aufgaben, Methoden, Erfahrungen der Geheimdienste, Frankfurt 1969. *Buchheit*, Gert, Ludwig Beck, ein preußischer General, München 1964. *Buchheit*, G., Hitler, der Feldherr, die Zerstörung einer Legende, Rastatt 1958. *Bethge*, Eberhard, Dietrich Bonhoeffer, Theologe – Christ – Zeitgenosse, München 1967. *Bormann*, Martin, The Bormann Letters: the Private Correspondence between Martin Bormann and his Wife, from Jan. 1943 to April 1945, London 1954. *Boveri*, M., Der Verrat im 20. Jahrhundert, 2 Bde., Hamburg 1956 bis 57 u. 1976. *Brausch*, Gerd, Der Tod des Generalobersten Werner Freiherr von Fritsch, in: Militärgesch. Mitteilungen 1, 1970. *Broszat*, Martin, Das Sudetendeutsche Freikorps, in: Vjh. f. Zeitgeschichte 9, 1961. *Bullock*, Alan, Hitler – A Study in Tyranny, New York 1951, (Deutsche Ausgabe: Hitler – Eine Studie über Tyrannei, Droste, Düsseldorf 1953).

Calic, Edouard, Ohne Maske, Hitler-Breiting, Geheimgespräche 1931, Frankfurt/M. 1968. *Cartier*, Raymond, Der Zweite Weltkrieg, 2 Bde., München 1967. *Castellani*, Leandro/*Gigante*, Luciano, 6 Agosto. Storia della bomba atomica. Florenz 1964. *Československá* Akademie Ved, Acta Occupationis Bohemiae et Moraviae, [Die Deutschen in der Tschechoslowakei 1933-1947], Dokumentensammlung v. Václav Král, Praha 1964. *Ciano*, Graf Galeazzo, Tagebücher 1937/38, Hamburg 1949. *Colvin*, Ian, Vansittart in Office, London 1956. *Crozier*, Brian, Franco, München/Eßlingen 1967.

Dahlerus, Birger, Der letzte Versuch, London-Berlin Sommer 1939, München 1948. *Dallin*, Alexander, German Rule in Russia, 1941-1944, New York 1957. (Deutsche Herrschaft in Rußland, 1941 bis 1944, Droste, Düsseldorf 1948). *Dallin*, Alexander, Deutsche Herrschaft in Rußland 1941-1945. Eine Studie über Besatzungspolitik, Düsseldorf 1958. *Dallin, D. J.*,Die Sowjetspionage, Köln 1956. *Daves*, Melton S., Who defends Rome? (Dtsch. Ausgabe: Söhne der Wölfin, Deutsche Verlags-Anstalt, Stuttgart 1975.) *Der Prozeß* gegen die Hauptkriegsverbrecher vor dem Internationalen Militärgerichtshof. *Nürnberg*, 1947 bis 1949. Sitzungsprotokolle: Bde. I bis XXII, (abgekürzt: IMT), Beweisurkunden: Bde. XXIV-XLII). *Detwiler*, D. S., Hitler, Franco und Gibraltar, Wiesbaden 1962. *Deutsch*, Harold C., Verschwörung gegen den Krieg – Der Widerstand in den Jahren 1939-1940, München 1969. *Dulles*, Allen, Germany's Underground, New York 1947. (Deutsche Ausgabe: Verschwörung in Deutschland, Kassel 1949.)

Erasmus, J., Der geheime Nachrichtendienst (Göttinger Beiträge für Gegenwartsfragen, Hrsg. Institut für Völkerrecht/Universität Göttingen 2 Aufl., 1955). *Europäische Publikation*, Vollmacht des Gewissens, vgl. *Sendtner*.

Fest, Joachim C., Das Gesicht des Dritten Reiches, München 1963. *Fest*, J. C., Hitler, Eine Biographie, Berlin 1973. *Fest*, J. C., (Hrsg.), Himmlers Geheimreden, Berlin 1975. *Förster*, Wolfgang, Ein General kämpft gegen den Krieg, München 1949. *Foerster*, Wolfgang, Generaloberst Ludwig Beck. Sein Kampf gegen den Krieg, München 1953. *Foertsch*, Hermann, Schuld und Verhängnis. Die Fritschkrise im Frühjahr 1938 als Wendepunkt in der Geschichte der nationalsozialistischen Zeit, Stuttgart 1951. *Fraenkel*, Heinrich und Manvell, Roger, Canaris – Spion im Widerstreit, Bern/München/Wien 1969.

Gigante: vgl. Castellano. *Gisevius*, Hans Bernd, Wo ist Nebe? Erinnerungen an Hitlers Reichskriminaldirektor, Zürich 1966. *Gisevius*, Hans Bernd, Bis zum bitteren Ende, 2 Bde., Zürich 1949. *Gisevius*, Hans Bernd, Adolf Hitler, Versuch einer Deutung, München 1963. *Görlitz*, Walter, Der zweite Weltkrieg, 1939/45, 2 Bde., Stuttgart 1951. *Görlitz*, Walter, (Hrsg.), Generalfeldmarschall Keitel. Verbrecher oder Offizier? Erinnerungen, Briefe, Dokumente des Chefs OKW, Göttingen/Berlin/Frankfurt/M. 1961. *Greiner*, Helmuth, Die Oberste Wehrmachtführung, 1939-1945, Wiesbaden 1951. *Groscurth*, Helmut, Tagebücher eines Abwehroffiziers 1938-1940, hrsg. von Helmut Krausnick und Harold C. Deutsch, Stuttgart 1970. *Guderian*, Heinz, Erinnerungen eines Soldaten, Heidelberg 1951.

Halder, Franz, Hitler als Feldherr, München 1949. *Halder*, Franz, Kriegstagebuch. Tägliche Aufzeichnungen des Chefs des Generalstabes des Heers 1939 bis 1942, Stuttgart 1962/64. *Hassel*, Ulrich von, Vom anderen Deutschland. Aus den

nachgelassenen Tagebüchern von Ulrich von Hassel, Zürich und Freiburg 1946. *Heiber*, Helmut, (Hrsg.), Hitlers Lagebesprechungen, Stuttgart 1962. *Hitler*, Adolf, Mein Kampf, 204.-208. Aufl., München 1936. *Hitler*, Adolf, Hitlers Lagebesprechungen. Die Protokollfragmente seiner militärischen Konferenzen 1942 bis 45, hrsg. von Helmut Heiber, Stuttgart 1962. *Hitler*, Adolf, Hitlers Weisungen für die Kriegführung. hrsg. von Walther Hubatsch, Frankfurt/M. 1962. *Hitler*, Adolf, Hitlers Tischgespräche im Führerhauptquartier 1941-1942, hrsg. von Henry Pikker, Bonn 1951 und Stuttgart 1965. *Hitler's* Secret Conversations, 1941-1944, New York 1953. *Höhne*, Heinz, Der Orden unter dem Totenkopf. Die Geschichte der SS, Gütersloh 1967. *Höhne*, Heinz, Canaris, Gütersloh 1976. *Hoffmann* Peter, Widerstand, Staatsstreich, Attentat. Der Kampf der Opposition gegen Hitler, München 1969. *Hoßbach*, Friedrich, Zwischen Wehrmacht und Hitler 1934 bis 1938. Wolfenbüttel/Hannover 1949. *Hubatsch*, Walther, [Hrsg.], Hitlers Weisungen für die Kriegsführung 1939 bis 1945: Dokumente des Oberkommandos der Wehrmacht, Frankfurt/M. 1962.
John, Otto, Zweimal kam ich heim: Vom Verschwörer, zum Schützer der Verfassung, Düsseldorf-Wien 1969. *de Jong*, Louis, Die deutsche Fünfte Kolonne im Zweiten Weltkrieg. Stuttgart 1959.

Kaltenbrunner, Ernst, Spiegelbild einer Verschwörung, o.A. *Kordt*, Erich, Wahn und Wirklichkeit. Die Außenpolitik des Dritten Reiches. Versuch einer Darstellung, Stuttgart 1948. *Kordt*, Erich, Nicht aus den Akten. Die Wilhelmstraße in Krieg und Frieden. Erlebnisse, Begegnungen und Eindrücke. 1928-1945, Stuttgart 1950. *Král*, Václav, vgl. Československá Akademie Vd. *Kramarz*, Joachim, Claus Graf Stauffenberg, 15. November 1907 bis 20. Juli 1944. Das Leben eines Offiziers, Frankfurt/M. 1965. *Krausnick, H., Aus den Personalakten von Admiral Canaris, in: Vierteljahres*hefte für Zeitgeschichte, 10. Jahrg., 1962. *Kriegstagebuch* des Oberkommandos der Wehrmacht, hrsg. von Percy Ernst Schramm, 7 Bde., Frankfurt/M. 1961 ff.

Leverkuehn, P., Der geheime Nachrichtendienst der deutschen Wehrmacht im Kriege, Frankfurt/M. 1960.

Mader, Julius, Dokumentenfund zum 20. Juli 1944, Mitteilungsblatt der Arbeitsgemeinschaft ehem. Offiziere, Nrn. 11 bis 12/1968, 1-2/1969, S. 13-15, 9-12, 11-13. *McCloy* II, John J., Die Verschwörung gegen Hitler: Ein Geschenk an die deutsche Zukunft, Stuttgart 1963. *Michaelis*, Herbert, vgl. Ursachen und Folgen. *Müller*, Josef, Bis zur letzten Konsequenz. Ein Leben f. Frieden u. Freiheit, München 1976.

Nicolai, W. Geheime Mächte, Berlin 1921.

Paillat, Claude, L'échiquier d'Alger, Paris 1967. *Pechel*, Rudolf, Deutscher Widerstand, Zürich 1947. *Pfuhlstein*, Alexander von, Meine Tätigkeit als Mitglied der Berliner Verschwörerzentrale der deutschen Widerstandsbewegung vom 1. Oktober 1936-20. Juli 1944. (mimeogr.), Kreuzwertheim 1946. *Picker*, Henry, Hitlers Tischgespräche im Führerhauptquartier 1941-1942, Bonn 1951 u. Stuttgart 1965. Der *Prozeß* gegen die Hauptkriegsverbrecher, vgl. *Nürnberg*. *Pruck*, E., Der Abwehrchef, in: Der Notweg, Heft 7, 1954.

Rahn, Rudolf, Ruheloses Leben, Düsseldorf, Eugen Diederichs, 1949. *Rauschning*, Hermann, Gespräche mit Hitler, Zürich/Wien/New York 1940. *Reile*, Oskar, Geheime Ostfront, Wels 1962. *Reitlinger*, Gerald, The Final Solution. The Attempt to Exterminate the Jews of Europe, 1939 bis 1945, New York 1953. (Deutsche Ausgabe: Die Endlösung, Berlin 1956.) *Reitlinger*, Gerald, The SS – Alibi of a Nation, New York. (Deutsche Ausgabe: Die SS, München 1956.) *Ritter*, Gerhard, Carl Goerdeler und die deutsche Widerstandsbewegung, Stuttgart 1955. *Roeder*, M., Die Rote Kapelle, o.A. *Rommel*, Erwin, Krieg ohne Haß. Hrsg. von Lucie-Maria Rommel und Fritz Bayerlein, Heidenheim 1950. *Rothfels*, Hans, Die deutsche Opposition gegen Hitler. Krefeld 1949. *Rothfels*, Hans, Die deutsche Opposition gegen Hitler. Eine Würdigung, Frankfurt/M. 1958.

Schellenberg, Walter, Memoiren, Köln 1959. *Scheurig*, Bodo, Claus Graf Schenk von Stauffenberg, Berlin 1964. *Scheurig*, Bodo, Ewald von Kleist-Schmenzin, Ein Konservativer gegen Hitler, Hamburg 1968. *Scheurig*, Bodo, Henning von Tresckow, Eine Biographie, 3. Durchges. Auflage, Oldenburg u. Hamburg 1973. *Schlabrendorff*, Fabian v., Offiziere gegen Hitler, Zürich 1946. *Schlabrendorff*, F. v., Offiziere gegen Hitler, S. Fischer, Taschenbuchausg., Frankfurt/M./Hamburg 1959. *Schmidt*, P., Statist a. diplom. Bühne 1923-1945, Erlebnisse eines Chefdolmetschers im Auswärtigen Amt mit den Staatsmännern Europas, Bonn 1950. *Schramm*, Percy Ernst, vgl. Kriegstagebuch des Oberkommandos der Wehrmacht. *Schuschnigg*, K. v., Ein Requiem in Rot-Weiß-Rot, Zürich 1946. *Sendtner*, Kurt, Die deutsche Militäropposition im ersten Kriegsjahr, in: Vollmacht des Gewissens; hrsg. v. de, Europäischen Publikation, Bd. 1, 2, Aufl., München 1960. *Shirer*, William L., Aufstieg und Fall des Dritten Reiches, Köln/Berlin 1961. *Skorzeny*, Otto, Geheimkommando Skorzeny, Hamburg 1950. *Sommer*, Theo, Deutschland und Japan zwischen den Mächten 1935-1940, Tübingen 1962. Spiegelbild einer Verschwörung. Die *Kaltenbrunner-Berichte* an Bormann und Hitler über das Attentat vom 20. Juli 1944, Stuttgart 1961. *Suñer*, Rámon Serrano, Zwischen Hendaye und Gibraltar, Zürich 1948.

Thorwald, J., Der Fall Pastorius, Stuttgart 1953. *Trevor-Roper*, Hugh R. (Hrsg.), The Bormann Letters, The Private Correspondence between Martin Bormann and his Wife from January 1943 to April 1945, London 1954.

Ursachen und Folgen. Vom deutschen Zusammenbruch 1918 und 1945 bis zur staatlichen Neuordnung Deutschlands in der Gegenwart, hrsg. von Herbert Michaelis und Ernst Schraepler, Berlin 1958ff.

Vermehren, I., Reise durch den letzten Akt, Hamburg 1947.

Weizsäcker, Ernst von, Erinnerungen, München 1950. *Weygand*, Maxime, Rappeléau Service, Paris 1947. *Wheeler-Bennett*, John W., The Nemesis of Power: The German Army in Politics, 1918 bis 1945, New York 1953. (Deutsche Ausgabe: Die Nemesis der Macht: Die Armee in der Politik 1918-1945, Düsseldorf 1945.) *Wighton*, Charles, Heydrich, Hitlers most evil henchman, London 1962.

Zeller, Eberhard, Geist der Freiheit, 20. Juli, München 1963.

Zeittafel zum Leben von Wilhelm Canaris

1887 1. Januar: in Aplerbeck geboren.
1892 4. Dezember: Geburt von Francisco Franco y Bahamonde in El Ferrol.
1904 Tod des Vaters von Canaris.
1905 Abitur und Eintritt in die Kaiserliche Marine.
1907 Bordkommando im Herbst auf »Bremen«.
1908 Leutnant zur See.
1912 Bordkommando auf dem Kreuzer »Dresden«.
1914 Ausbruch des Ersten Welkrieges, Kriegserklärung an Rußland am 1. August.
2. August 1. Mobilmachungstag.
3. August Kriegserklärung des Deutschen Reiches an Frankreich.
4. August Kriegserklärung an England.
1. November Seeschlacht bei Coronel (Chile). Das deutsche Ostasiengeschwader vernichtet zwei britische Kreuzer.
8. Dezember Seeschlacht bei den Falklandinseln. Vernichtung des deutschen Kreuzergeschwaders (die Kreuzer »Scharnhorst«, »Gneisenau«, »Leipzig« und »Nürnberg«). »Dresden« entkommt.
1915 Kreuzer »Dresden« wird zur Selbstversenkung gezwungen.
1916 Ankunft von Canaris als »Reed Rosas« in Madrid
1917 Beförderung zum Kapitänleutnant. Übertritt zur U-Bootwaffe.
1918 28. Oktober: Beginn der Meuterei auf der deutschen Hochseeflotte.
9. November: Revolution in Berlin.
10. November: Kaiser Wilhelms II. Flucht nach Holland.
11. November: Abschluß des Waffenstillstandes in Compiègne.
30. Dezember: Gründung der Revolutionären Kommunistischen Arbeiterpartei.
1919 14./15. Januar: Canaris verläßt Berlin, Reise nach Süddeutschland und 20. Januar – Eheschließung mit Erika Waag.
15. Januar: Verhaftung und Ermordung von Liebknecht und Rosa Luxemburg.
1920 Kapp-Putsch.
Admiralstabsoffizier bei der Marinestation der Ostsee.
1922 Erster Offizier auf dem Kreuzer »Berlin«. Heydrich Seekadett.
1924 Berufsbelehrungsfahrt nach Japan.
1928 Versetzung nach Wilhelmshaven. Erster Offizier auf dem Linienschiff »Schlesien«.
1929 Beförderung zum Fregattenkapitän.
1. Dezember: Kommandant der »Schlesien«.
1931 April: Heydrich wird aus der Kriegsmarine entlassen.
1933 30. Januar: Hitler Reichskanzler.
1934 3. Januar: General d. Art. Freiherr Werner v. Fritsch Oberbefehlshaber des Heeres.
26. Januar: Deutsch-polnischer Nichtangriffspakt.
20. April: Himmler wird Chef des Geheimen Staatspolizeiamtes in Preußen.
14./15. Juni: Hitler trifft Mussolini in Venedig.

30. Juni: Sogenannte Röhm-Revolte.
20. Juli: die SS wird Hitler unmittelbar unterstellt.
2. August: Tod Hindenburgs. Sofortige Vereidigung der Streitkräfte auf Hitler.
19. August: Volksbefragung über das am 2. August verkündete »Gesetz über das Oberhaupt des Deutschen Reiches«. 84 Prozent Ja-Stimmen.
14. Oktober: Hitler erklärt das Verlassen der Abrüstungskonferenz und seine Absicht, aus dem Vökerbund auszuscheiden.

1935 1. Januar: Canaris wird Chef der Abwehr.
13. Januar: Abstimmung im Saargebiet. 91 Prozent für die Eingliederung an das Reich.
16. März: Wiedereinführung der Wehrpflicht.
1. Mai: Beförderung von Canaris zum Konteradmiral.

1936 7. März: Aufkündigung des Locarno-Vertrages und Besetzung der entmilitarisierten Rheinland-Zone.
1. August: Eröffnung der Olympischen Spiele.
24. August: Verkündung der zweijährigen Dienstpflicht.
18. Juni: Beginn des Bürgerkrieges in Spanien.
30. Juli: Verkündung einer Nationalregierung in Burgos.
30. September: General Francisco Franco wird Chef der national-spanischen Regierung und des Staates.
6. November: Beginn des Angriffs auf Madrid.
18. November: Anerkennung der spanischen Nationalregierung durch Italien und das Deutsche Reich.
25. November: Antikominternpakt zwischen Japan und Deutschland.

1937 12. Juni: Hinrichtung von Tuchatschewskij.
5. November: Hitler gibt den Oberbefehlshabern der Wehrmachtteile seinen Entschluß bekannt, gewaltsam gegen Österreich und andre Länder vorzugehen. Niederschrift des »Hoßbach-Protokolls«.

1938 4. Februar: Entlassung von Generaloberst Freiherr v. Fritsch als Oberbefehlshaber des Heeres. Blomberg nennt als seinen Nachfolger den General Keitel.
13. März: Einmarsch in Österreich.
18. März: Freispruch von Generaloberst v. Fritsch vor dem Kriegsgerichtshof.
3.-9. Mai: Hitler in Rom.
27. August: Rücktritt des Generaloberst Beck als Generalstabschef des Heeres.
16. September: Premierminister Chamberlain in Berchtesgaden bei Hitler.
22.-24. September: Zweite Zusammenkunft Chamberlains und Hitlers in Bad Godesberg.
29. September: Konferenz zwischen Chamberlain, Daladier, Hitler, und Mussolini in München. Vereinbarung über den Anschluß der Sudetengebiete an das Deutsche Reich.
1. Oktober: Sudeten-Krise, Einmarsch der deutschen Truppen.

1939 27. Januar: Franco in Barcelona. Letzte Phase des Bürgerkrieges.
27. Februar: Anerkennung Francos durch Großbritannien und Frankreich.

1. April: Anerkennung Francos durch die Vereinigten Staaten.
11. März: Treffen Paul Thümmels mit Hauptmann Fryc in Turnov.
15. März: Einmarsch deutscher Truppen in die Tschechoslowakei.
28. März: Franco in Madrid.
17. August: Unterredung Keitels mit Canaris über das Kommandounternehmen auf den Sender Gleiwitz.
23. August: Abschluß des deutsch-sojetischen Nichtangriffsvertrages.
1. September: Beginn des Zweiten Weltkrieges. Einmarsch in Polen.
3. September: Kriegserklärung Frankreichs und Großbritanniens.
12. September: Konferenz im Führerzug bei Ilnau.
17. September: Einnahme von Brest-Litowsk.
27. September: Kapitulation von Warschau

1940 8. April: Auslaufen eines alliierten Expeditionskorps.
9. April: Beginn der Operation »Weserübung«.
10. Mai: Beginn des Westfeldzuges.
18. Mai: de Gaulle verkündet in London die Fortsetzung des Widerstandes.
22. Mai: Waffenstillstand mit Frankreich.
17. Juni: Pétain bildet ein Kabinett und bittet um Waffenstillstand.
3. Juli: Vernichtung eines französischen Kriegsschiffverbandes vor Oran.
8. August: Otto Abetz wird deutscher Botschafter in Paris.
23. Oktober: Hitler trifft Franco in Hendaye.
24. Oktober: Hitler trifft Pétain und Laval in Montoire.
28. Oktober: Italienische Truppen marschieren in Griechenland ein.
12./13. November: Ergebnisloser Besuch Molotows in Berlin.
18. Dezember: Weisung Hitlers für den Feldzug gegen Rußland.

1941 27. März: Militärputsch in Belgrad. Hitler bereitet den Balkanfeldzug vor.
5. April: Jugoslowien und die Sowjetunion schließen einen Freundschafts- und Nichtangriffsvertrag.
6. April: Beginn der Invasion von Jugoslawien und Griechenland.
18. Mai: Tagung der Abwehr und des Sicherheitsdienstes in Prag.
22. Juni: Beginn des Feldzuges gegen die Sowjetunion.
27. September: Heydrich Reichsprotektor in Böhmen-Mähren.
19. Oktober: Stalin erklärt den Belagerungszustand für Moskau.
5./6. Dezember: Einsetzen russischer Gegenangriffe gegen deutsche Kräfte an der gesamten Mittelfront.
16. Dezember: Hitler befiehlt dem Heer die lineare Verteidigung.
19. Dezember: Hitler übernimmt den Oberbefehl über das Heer.

1942 26. Mai: Abschluß eines 20jährigen britisch-sowjetischen Freundschaftsvertrages in London. Zusage einer zweiten Front im Westen.
26. Mai: Attentat gegen Heydrich in Prag.
7./8. November: Landung amerikanischer und britischer Kräfte in Nordafrika.
19./20. November: Beginn russischer Operationen gegen die 6. Armee.

1943 2. Februar: Kapitulation der Reste der 6. Armee in Stalingrad.

13. Mai: Kapitulation deutscher und italienischer Kräfte in Tunesien.
10. Juli: Alliierte Landung auf Sizilien.
24. Juli: Versammlung des faschistischen Großrates. Verhaftung Mussolinis.
3. September: Marschall Badoglio läßt auf Sizilien geheimen Waffenstillstand unterzeichnen.
12. September: Mussolinis Befreiung auf dem Gran Sasso.
28. November: Beginn der Konferenz von Teheran zwischen Churchill, Roosevelt und Stalin

1944 20. Juli: Attentat auf Hitler durch Claus Graf Schenk von Stauffenberg.
23. Juli: Verhaftung von Canaris durch Schellenberg

1945 9. April: Ermordung von Canaris in Flossenbürg.

Namenverzeichnis

Abendschön 470f, 476ff
Abetz 379f, 382ff, 418, 422, 501, 601, 643f
Abrial 325
Abshagen 59, 179, 217, 296, 415, 422, 457, 505, 575, 602, 645
Abtey 106
Abdul Aziz 524f
Adam (Wilhelm) 213f
Alexandrowsky 121
Alksnis 113, 121
Allier 339
Alvensleben 585
Amado 186
Amé 56, 530, 535, 554f, 538ff, 564f,
Amin Al Husseini 56, 526ff, 534, 604
Antonescu 370ff, 373
Anwar El Sadat 527
Aranda 184
Ardenne 347f
Arranz 78ff
Attolico 273f, 643
Aubert 102f, 339
Auger 338
Azana 195

Badoglio 418, 557ff, 645
Bagge 600
Ballestrem 568
Bamler 50, 69, 94, 610
Barrio 195
Bartos 481, 497
Bassewitz, Graf 20
Bastian 46
Bastianini 556
Baun 437
Baudoin 378, 383
Bauer 534f
Beck 125f, 133f, 152, 156ff, 169f, 199, 210f, 215, 221, 236, 249f, 254f, 300, 308, 508, 541, 544ff, 580, 595ff
Bedell Smith 563
Behrens 119
Beigbeder 78, 376, 531
Bell 507ff
Benesch 120f, 209f, 223f, 242, 467, 493ff
Benoist-Méchin 596
Bentivegni, v. 108, 204, 277, 297, 364, 397ff, 403f, 419, 436, 473, 541, 552, 566, 570, 601f, 610, 643
Berger 556
Berlepsch (Frhr. v.) 563
Bernhardt 78ff, 615
Bernstorff 567f
Berthelot 372
Best 32, 69, 202, 277, 297, 594, 643
Bethge 204, 298, 322, 585, 598f
Bichelonne 338
Biron 159f
Bismarck (Otto Fürst v.) 134
Bismarck-Schönhausen (Gottfried Graf v.) 585
Blaskowitz 244, 286
Blomberg, v. 32f, 36f, 44, 48, 79f, 111, 123f, 131f, 135f, 152f, 183, 189, 205ff, 551, 619f
Blum 224
Blumel 224
Blumentritt 234
Bock, v. 451, 508
Bodenschatz 251
Boehm 263
Böhm-Tettelbach 138f, 222
Böhme 168, 174
Bohle 79, 613
Bonhoeffer (Klaus) 300, 584
Bonhoeffer (Dietrich) 11, 204, 300, 322, 507ff, 545ff, 574, 580, 584ff, 593, 598f
Bonhoeffer (Emmi) 551
Boris III. 57
Bormann 118, 298, 447, 464ff, 475f, 485, 498f, 505, 581, 603, 638f
Bosel 175
Bourget 391
Brandt 543f
Brauchitsch, v. 158, 211f, 215ff, 226, 235, 251, 265f, 306, 310f, 353, 597, 599
Bratiano 370
Braun (Eva) 261
Bredereck 28
Bredow, v. 42, 45, 60
Breithaupt 643
Bridoux 501
Brinon 379
Brockdorf-Ahlefeldt, v. 217f
Buchheit 125, 167, 207, 587, 594, 599, 602, 643
Budjonny 113f
Bülow, v. 19, 55
Bürckel 177
Bürkner 62, 204, 230, 283, 325, 419, 454, 504, 532, 566ff, 607, 624
Buhle 587

Buruga, Saenz de 77
Busch (Ernst) 214

Cadogan 12, 237f
Canaris (Erika) 14, 24
Carboni 29f, 108, 566, 588
Cadogan 12, 237f
Canaris (Erika) 14, 24, 29f, 108, 566, 588
Carboni 562
Carol 364ff
Castellani 342, 600
Castellano 562
Cavallero 251
Chamberlain 222f, 230f, 235, 245, 249, 257, 266f
Ch'ien San-chang 346, 636f
Christesco 373
Chruschtschow 114, 123, 433
Churavy 639
Churchill 32, 220, 225, 400, 426f, 433, 440, 525, 643
Ciano, Graf 77, 90, 137, 173, 188, 250, 258f, 363, 377, 394, 407, 528, 555ff, 623
Cierva, de la 614
Cincar - Markovic 410
Colvin 500, 597
Conwell-Evans 255
Coulondre 271
Crozier 187, 596, 602
Csaky, Graf 367f

Dahlerus 268f, 598
Daladier 224, 230, 271
Daluege 144
Danneberg 175
Dansey 12
Darlan 360, 418ff, 528ff
Dautry 339
Davila 183ff
Dick 563
Dieckhoff 78, 532, 594
Diels 156
Dietrich (Sepp) 491, 643
Dietrich (Otto) 464
Dirksen 437
Dönitz 537, 557
Dörnberg (Frhr. v.) 387
Dohnanyi, v. 159, 204, 219, 297f, 308f, 322, 326, 507f, 541ff, 565, 574, 581, 587, 605f, 643
Düsterberg 552
Dulles (Allen) 12, 643
Du Moulin de la Barthète 392f
Dunand 323
Duquesne 97f
Dybenko 114

Eden 508
Eichmann 174ff
Einstein 291ff
Eisenhower 563, 643
Eliaš 467, 604
Elser 307
Engel 251
Engelmann 243
Esau 292
Espinosa de los Monteros 387
Etzdorf 300

Falkenhausen 310, 585
Falkenhorst 316
Faulhaber 307
Faupel 89f, 185, 595, 614
Fest 593
Ficht 510f, 548
Figl 175
Fiorio 333ff
Fleischer 472
Flügge 294f
Foerster 211
Folmer 643
Fonck 379, 601
Franco (Francico) 57, 76ff, 130ff, 137, 180f, 201, 253, 374ff, 380ff, 393, 406ff, 412ff, 423ff, 528ff, 538, 596f, 600, 602, 613ff
Franco (Nicolas) 84, 184, 614
Frank (Alois) 241, 323
Frank (Hans) 136, 286
Frank (Karl) 229f
Frank (Karl H.) 468, 471, 493f
Freisler 580, 584f, 605
Freytag-Loringhoven v. 204, 566, 609
Frick 51, 144
Frisch 159f
Fritsch (Frhr. v.) 34f, 37, 46, 124, 131f, 136f, 141, 147f, 158, 189, 205ff, 298, 551, 619
Fromm 509
Fryc 238f
Funck, v. 193
Funk 157

Gabcik 481, 487ff, 493ff
Gamelin 118, 123, 191f, 323
Garder 64
de Gaulle 11, 326, 385, 520
Gehre 11, 568, 582, 585ff, 593
Geist 287
Georges 323
Gerlach 348f
Gersdorff (Frhr. Rud. Christoph v.) 542
Gerstenberg 368, 373
Gertner 343ff, 636
Geschke 472, 478
Gigante 342, 600
Gigurtu 368

Gilsa, v. 28
Giraud 501ff, 530, 604, 625
Gisevius 49f, 61, 109, 142, 148, 179, 204, 208, 247, 272ff, 299, 594, 598
Giskes 572
Glaoui, Sidi El 525f
Goebbels 57, 123, 166, 178, 225, 282, 414, 597, 626
Goerdeler 215, 236, 255, 300, 508, 576, 581, 584
Göring (Herbert) 582
Göring (Hermann) 32, 54, 79f, 88f, 124ff, 131f, 137f, 150ff, 160f, 169, 175, 186, 250ff, 265ff, 283, 305, 348, 374f, 380ff, 434, 441, 449, 538, 557, 595, 614, 619, 627
Götting 611
Goldschmidt 338
Goltz (Rüdiger Graf v. der) 159, 619
Grandi 555ff
Greiner, Dr. 263
Groener 28
Groscurth 67f, 94, 108, 167, 199, 203f, 219, 226f, 232ff, 249, 300, 303f, 310, 518, 545, 565, 598f, 609f, 644
Grosskopf 643
Gruhn-v. Blomberg (Eva) 138f, 142ff, 156
Guderian 171, 176, 596, 643
Guéron 338
Gürtner 158, 298, 459, 596
Guttenberg (Karl Ludwig Frhr. v.) 551

Habib Bourgiba 526f
Hacha 243f
Haeften 576
Haersma de With 599
Hahn 291f
Halban 338ff
Halder 60, 158, 215f, 223, 236, 251ff, 263ff, 272, 303ff, 434f, 448, 580ff, 598f, 603, 609
Halifax 221f, 268, 309, 598, 644
Hammerstein 300, 508
Hansen (Erik) 369
Hansen (Georg) 203, 566, 570f, 608
Hase, v. 218
Hassan I. 525
Hassell, v. 204, 215, 303, 580
Hauser 530
Haushofer (Karl) 40, 131
Heinrich 610
Heinz 219, 336, 643f
Heisenberg 291f, 343ff
Heitz 160
Helldorf, Graf v. 109, 140f, 204, 215ff, 255, 301
Helfferich 564f, 643
Henderson 266, 270f
Henke (Gerhard) 643
Henlein 226f, 232
Hess 40, 118
Hessen (Prinz Philipp v.) 10f, 172, 596
Heusinger 374
Heydrich (Lina) 39, 109, 486, 491
Heydrich (Reinhard) 13, 29f, 36ff, 47f, 69, 108f, 117f, 122f, 144ff, 155, 163, 175, 194, 206, 228, 241, 260, 265, 280, 285, 295, 301, 326ff, 396, 447ff, 456ff, 480ff, 493ff, 503ff, 539ff, 565, 594ff, 600, 603f, 609, 623ff, 638
Himmler 30, 36f, 47ff, 54f, 61, 108, 123, 137, 143f, 147f, 155, 163, 174f, 194, 206, 227, 274, 280, 285ff, 356, 392, 397, 431f, 436, 448ff, 457f, 463ff, 471f, 476, 482f, 490ff, 498f, 510f, 539, 544, 555, 565f, 569ff, 579f, 587, 598, 601f, 604, 641
Hindenburg 31f, 36
Hippel, v. (Theodor) 228
Hoare 359
Hoepner 218
Höttl 119
Höhne 594, 603f
Hoffmann, v. 25
Hoffmann (Peter) 593, 600, 604f
Hohenberg (Prinz zu) 175
Horaczek 288f
Horia Sima 370
Horthy 57, 234
Hoßbach 124f, 133, 141f, 146f, 160, 181, 216, 595ff, 629
Houtermans 346ff
Huebner 608
Huntziger 418
Huppenkothen 580, 587ff

Ickrath 510ff

Jagoda 116
Jakobsen 608
Jegorow 114f, 121
Jenke 230, 607, 643
Jeschonnek 251
Jeshow 116, 120ff
Jodl 166, 171, 282f, 317f, 352f, 374, 398f, 412ff, 420, 434ff, 448, 464, 521f, 557f, 602f, 608f, 627

John (Hans) 584
John (Otto) 204, 300, 584, 643
Joliot-Curie 344ff, 636
Jordana, Gomez 57, 186, 195f, 531f, 616, 644
Jost 42, 260, 623

Kaas 308f, 329
Kaiser 508
Kalla 242
Kaltenbrunner 539ff, 544ff, 563, 567ff, 579f, 584ff
Kaltenhäuser 336, 576, 643
Kanaris 14, 593
Kapp 25f, 28f, 45
Kaulbars 576ff
Kaupisch 317
Keitel 62, 140f, 157, 166ff, 177, 217, 235, 249, 251f, 257ff, 265, 270, 273ff, 281f, 292, 305f, 340, 348f, 374f, 391, 402, 410, 415ff, 434, 441, 446ff, 456, 464, 483, 502ff, 521f, 528, 531, 545ff, 552, 557, 564, 569, 574, 596ff, 602f, 623f, 626, 635
Kempka 244
Kenneth 563
Kesselring 557
Kienzl 436
Kiep 568
Kindelan 190, 616
Kjolsen 321
Klamroth 552
Klein 482, 486f
Kleist, v. (Ewald) 443
Kleist-Schmenzin (Frhr. Ewald v.) 219f, 597
Kluge, v. 310, 508f, 541f
Knochen 326
Kordt (Erich) 215, 237, 246f, 254f, 262, 300, 597f
Kordt (Theo) 222
Kornatzki 243
Koryzis 440
Kowarski 338ff, 600
Krancke 464
Krebs 445
Krohn, v. 21f, 612
Krupnik 175
Kubis 481, 487ff, 495ff
Kühlenthal 78
Kuenzer 568

Laborde de 528ff
Lacroix 223
Lahousen-Vivremont, v. 43f, 108f, 122f, 168, 175, 199ff, 222, 230, 259, 280f, 297, 302f, 317, 340, 361, 364ff, 403f, 419f, 437, 442, 452f, 502, 526, 531f, 536ff, 555ff, 566f, 573, 598, 600, 604, 609, 624, 643f
Lammers 157
Lang 48f
Langbehn 458, 507
Langendorf 335ff, 462f
Langenheim 78ff, 614
Langevin 636f
Las Torres, de 407
Laue, v. 347
Laval 379f, 382ff, 388, 391, 418, 422, 501, 528
Leeb (Ritter v.) 233, 310
Leiber 329, 599, 643
Leidl 470
Leißner 33, 361f, 442, 643
Lequerica 382
Leuschner 508
Leverkuehn 64, 569f, 594, 643
Levine 500
Leyerer 335
Liebknecht, Karl 26f, 45, 593
Liebitsky 169
Liedig 219, 315ff, 582, 585, 597, 643
Lipski 234
List 310
Lloyd (Lord) 219
Lopez Pinto 360
Lorenz 54
Ludendorff 146
Lüdecke 19
Lüttwitz, v. 29
Lunding 9ff, 585ff, 605, 644
Luxemburg 26f, 45, 594

Mackensen 55
Magaz 192
Maglione 325
Mallet 422
Mannerheim 56
Manoilescu 368
Manstein, v. 171, 213
Mae Tse-tung 346, 637
Marogna-Redwitz, Graf 167f, 179f, 199, 540ff, 623
Martinez, Anido 194
Martinez Campos 356, 412, 531, 600
Matsuoka 444
Maurer 566f, 576ff, 643
Meisinger 161
Metaxas 439ff
Michael (Kronprinz) 371
Miklas 166, 174f
Milch 251
Miller 117
Miranda 42, 614f
Mohammed V. 519f
Mahammed Amin Al Husseini s. Amin
Mola 76ff, 83f, 185, 356, 614

Molotow 401f, 445f
Moltke (Helmut, James Graf v.) 300, 454, 568
Moltke (Helmuth v.) 532
Moravek 477ff, 497, 639ff
Moravets 239, 493ff, 604, 644
Moreno 407, 602
Morusow 364ff
Moureux 338
Müller (Heinrich) 69, 293f, 327ff, 447ff, 453ff, 471, 474, 484f, 490ff, 504, 509f, 545, 564ff, 574f, 581f, 584, 587, 600
Müller (Josef) 11, 307ff, 322f, 325ff, 510f, 545ff, 565, 580ff, 599, 604f
Muños Grandes 543ff
Mussolini 76f, 81f, 168ff, 188, 234, 249f, 254, 258f, 266, 269ff, 330f, 358ff, 377, 385, 392f, 418, 424, 439, 418, 528, 553f, 562f, 596, 605, 623

Napoleon I. 405, 422, 538
Naujocks 119, 265
Nebe 69, 142ff, 156, 204, 215ff, 301, 459, 484, 490, 544
Necas 224
Negrin 195
Neurath, v. 55. 79, 124f, 131, 136, 157, 245, 466
Newton 224
Nicolai 5, 20, 42, 45, 57, 201
Niemöller 15
Nogués 419, 530
Norden 595
Noske 25ff, 317

Oberg 326, 483
Ohlendorf 42, 69, 609
Ohnesorge 347f
Olbricht 213, 509, 541
Orgaz 84
Osborne 309f
Oshima 56, 202, 380f, 446, 597
Oster 11, 50, 60f, 108f, 122f, 139ff, 148, 201ff, 214ff, 221, 230f, 237, 247, 272f, 287, 297ff, 307, 315f, 320ff, 403f, 419f, 431, 461, 482, 500, 504, 507ff, 544ff, 565ff, 580ff, 587ff, 594, 598f, 609f, 644
Osusky 224

Pabst 25f
Paget 604
Papen, v. 308, 643
Patzig 42f, 55, 60, 205f, 459
Paulus 302f, 521, 531, 537
Pena Boeuf 186
Perntner 175
Perles 584
Perrin 338
Peršinova 496
Pétain 360, 374ff, 380ff, 422ff, 501
Pfuhlstein, v. 522ff, 605, 643
Pheiffer 43, 47, 506
Picker 530, 603f
Piekenbrock 62, 92f, 103, 108, 137f, 142, 148, 156, 165ff, 179, 199ff, 224f, 245, 259, 325, 351ff, 361f, 394, 403f, 411, 442ff, 473, 502, 509, 523, 536, 541, 552, 566, 595, 608f, 643
Pius XII. 267, 307, 311, 444, 547
Plaasche, van 324f
Planck (Erwin) 582
Plettenberg, Gräfin v. 568
Popitz 215, 300, 582, 584
Prokop 469
Protze 571

Queipo de Llano 77, 83, 614
Quisling 321

Raeder 35, 39, 44f, 53ff, 124, 161, 217, 251, 266, 315, 374, 434
Raczynski 598
Rahn 562
Ranken 47f
Raschid Ali 518
Reckzeh 604
Reichenau, v. 33, 37, 43f, 48, 149, 214, 227f, 286, 306, 633
Reile 58, 66ff, 96, 335f, 343, 450, 462, 506, 571, 594f, 600, 610, 643
Reinecke 452ff
Reinhardt 306f
Rémy 11, 58, 643
Ribbentrop, v. 54f, 136, 157, 172, 190f, 193ff, 246, 250, 257ff, 269, 273f, 281f, 287ff, 356ff, 376, 383ff, 392f, 401, 407ff, 423f, 434, 440ff, 527, 530ff, 553, 596, 617f, 623
Richthofen (Wolfram v.) 89, 355, 633
Riebel 138
Rintelen 564
Roatta 56, 90, 259, 554f, 563f, 623
Roccamora 92
Rodezno (Comte de) 186
Röder 510ff, 538, 544ff, 604, 644
Röhm 34f

Rohleder 328
Rommel 576
Ronge 174
Roosevelt 267, 291f, 427, 525
Rosenberg 40, 55f, 187
Rothschild (Ludwig Frhr. v.) 175
Rougier 379
Rudloff 313, 354
Rudolph 334ff, 418, 504, 643
Rundstedt, v. 33, 235, 286, 303, 462, 643

Sack 11, 159f, 551f, 582, 585ff
Sanjurjo 75f
Sarowsky 117f
Sas 318, 324ff, 599, 644
Sawada 380f
Schacht 134, 149, 157, 215f, 236, 255, 272, 508, 582ff, 643
Schäfer 610
Schaposchnikow 114
Scheidemann 29
Scheljepin 115
Schellenberg 40f, 49, 109f, 114, 118f, 174f, 396f, 437ff, 447ff, 456f, 460ff, 470ff, 482ff, 490ff, 498f, 507, 529, 544f, 553f, 563ff, 578ff, 593, 600ff, 603f, 609, 643
Scherff 463
Schlabrendorff, v. 205, 221, 255, 509, 541ff, 582f.
Schleicher, v. 43
Schleicher (Rolf) 584, 605
Schleicher (Rüdiger) 584
Schmalschläger 437, 523
Schmidhuber 307, 322, 325f, 510f, 544f
Schmidt (Paul) 338ff, 394, 407, 601
Schmolinski 610
Schniewindt 251
Schobert 233
Scholl (Geschw.) 539
Schulenburg (Friedr. Werner Graf v. der) 269
Schumann 292, 348
Schuschnigg 163ff, 585, 596
Schutzbar (Baronin) 162
Schwarzenberg 234
Schwerin-Schwanenfeld, Graf v. 300
Seeckt 29, 134
Sellmer 160
Selzam 269, 598
Seubert 66, 277f, 297, 330ff, 526, 552, 597, 600, 643
Seyss-Inquart 172, 232f
Skoblin 116f, 122
Skorzeny 563, 605
Skubl 174f
Solf (Hanna) 567f
Solf (Wilhelm) 567f
Sonderegger 545ff
Sosnowski 66f, 594
Sotelo 75, 80
Speer 348f
Sperrle 89
Speigelglass 117
Stalin 80, 110, 114f, 119ff, 158, 260f, 265, 269f, 346, 397, 400, 433, 444ff, 538, 587, 598, 602
Stauffenberg, Graf Schenk, v. 575ff
Stawitzki 588, 605
Stehlin 238
Stieff 37, 543
Stohrer, v. 20, 188ff, 190ff, 360, 376, 410f, 415f, 423, 532, 596, 602, 616f
Stolze 437f
Straßmann (Ernst) 291, 482, 485
Strünck (Ehepaar) 11, 299ff, 582, 585ff, 593
Student 444, 605
Stülpnagel (Karl-Heinrich, v.) 158, 213f, 300
Stülpnagel (Otto v.) 462
Suanzes 186
Suñer 184ff, 376ff, 386, 403, 406ff, 531, 601f
Subhas Chandra Bose 57
Syrovy 241
Szilard 292
Szymanski 288f

Teleki 441, 602
Tena 77
Thadden (Elisab. v.) 567
Thierack 604
Thomas 213f, 272, 310, 582, 585, 599
Thorbeck 588
Thümmel 431ff, 470ff, 483ff, 500, 638ff
Tippelskirch 436
Titulescu 372
Tovar 407
Tresckow, v. 509f, 541f
Trotzki 115
Tschiang Kai-scheck 636
Tuchatschewskij 108f, 158, 206, 595

Udet 101
Umberto II. 555f
Ungria 192
Unterberg-Gibhardt 102ff, 595

Vansittart 219f, 254f, 597
Varela 85, 183f, 406f, 602

Vargas 92
Veuth 190, 616
Vermehren (Elisabeth) 568f
Vermehren (Erich) 568f
Viebahn 28
Vigón 57, 356ff, 406ff, 413ff
Viktor Emanuel III. 557ff
Villahermosa 189
Vissert t'Hooft 508
Vittetti 556
Vogel 27
Volkmann 89
Vormann 271

Waag 337ff
Wagner (Eduard) 213, 285, 300, 433f, 521
Wagner (Josef) 215
Wagner (Otto) 204f, 606, 643
Wangenheim 138
Warlimont 83, 235, 251, 263, 418f, 434, 437, 464
Wartenburg, York von (Graf Peter) 300
Wavell 439
Wegener 83, 614
Weichs 443
Weizsäcker (Carl-Friedrich v.) 291, 339ff, 600
Weizsäcker (Ernst) 55f, 192, 215, 236, 247, 255, 290, 596, 616f
Welczek, Graf 613
Wengler 454
Weygand 360, 378, 417ff, 501ff, 625
Winter 570
Witzleben, v. 213ff, 272, 310, 508
Wohlthat 287f
Wolff (Karl) 463ff
Woroschilow 114f, 121
Woyrsch 285

Yakir 113f

Zechlin 20
Zwetkowitsch 440

Inhaltsverzeichnis

ERSTER TEIL
Die Zeit der Illusionen

1. Wirklichkeit und Legende 9
2. Ein erfülltes Leben als Marineoffizier 14
3. Die Nazis ergreifen die Macht 31
4. Die SS strebt die Kontrolle über den militärischen Nachrichtendienst an 38
5. Die Vereinbarung Canaris – Heydrich: Die «Zehn Gebote» 47
6. Canaris reorganisiert die Abwehr 57

ZWEITER TEIL
Die Augen werden wach

7. Der Spanienkrieg 1936 75
8. Die Abwehr war auch ein geheimer militärischer Nachrichtendienst 92
9. Eine großangelegte Intrige: Der Fall Tuchatschewskij . . 108
10. Hitler enthüllt seine dunklen Pläne 124
11. Alle Mittel sind recht 137
12. Der Anschluß Österreichs 163
13. Mit Franco bis zum Sieg 180

DRITTER TEIL
Die Ungewißheit

14. Wahl zwischen zwei Möglichkeiten: Nazistaat oder deutsches Vaterland 199
15. Das erste Komplott gegen Hitler 209
16. Die Tschechoslowakei muß sterben 222
17. Am Scheideweg 245

18. Ist trotz allem ein Krieg vermeidbar? 257
19. Die Vernichtung Polens 276
20. Die deutsche Atomforschung 289
21. Friede ist unmöglich 295

VIERTER TEIL
Die große Wende 1940

22. Siege im Norden und Westen 315
23. Hitler wird keine Atombombe bekommen 337
24. Canaris – Franco – Hitler: Erster Akt 350
25. England bedroht die rumänischen Ölfelder 363
26. Zweiter Akt: Canaris – Franco – Hitler – Pétain 374
27. Hitlers Blicke richten sich nach Osten 395
28. Dritter Akt: Canaris – Franco – Hitler 403
29. Vierter Akt: Canaris – Franco – Hitler – Pétain 417

FÜNFTER TEIL
Der Kampf auf Leben und Tod:
Gestapo gegen Abwehr

30. Hitler bereitet Unternehmen Barbarossa vor 431
31. Heydrich lauert auf seine Beute 450
32. Heydrichs großer Trumpf 463
33. Wer hat Heydrich ermordet? 480
34. Die Gestapo umschleicht die Abwehr 505

SECHSTER TEIL
Der Triumph der Gestapo

35. Das englisch-amerikanische Landeunternehmen in Nordafrika 517
36. Das Ende des Spiels in Spanien 527
37. Die Gestapo geht zum Angriff über 538
38. Das Ende der Abwehr 553
39. Gehängt im Morgengrauen 570

ANHANG

Anmerkungen 593
Dokumente 607
Danksagung des Verfassers 643
Literaturverzeichnis 661
Zeittafel zum Leben von Wilhelm Canaris 649
Namenregister 653